抗 美 援 朝

항미원조

향미원조 하

초판 1쇄 인쇄 | 2021년 3월 10일
초판 1쇄 발행 | 2021년 3월 15일

지은이 | 리펑(李峰)
옮긴이 | 이재연, 정명기
펴낸이 | 이재연

펴낸곳 | 다른생각
주소 | 경기도 고양시 덕양구 향기5로 55 102동 1106호
전화 | 010-3693-0979
팩스 | 02) 3159-0979
이메일 | darunbooks@naver.com
등록 | 제2020-000002호(2002년 11월 1일)

ISBN 978-89-92486-30-9 (세트)
      978-89-92486-32-3 04910
값 18,000원

抗 美 援 朝

항미원조

리펑(李峰) 지음
이재연·정명기 옮김

다른생각

〈일러두기〉

1. 본문 하단에 있는 각주는 모두 독자들의 이해를 돕기 위해 옮긴이가 추가한 것이다.
2. 본문의 인명 뒤 ( ) 속에 생몰년과 영문명 역시 옮긴이가 추가한 것이다.
3. 원본에서 '南朝鮮'으로 표기한 것은, 문맥에 따라 '한국' 혹은 '남한'으로 바꿨다. 단 대화 내용이나 인용문 등에는 그대로 '남조선'으로 놔두었다. 그리고 북한을 지칭하는 표현은 원문대로 '조선' '북조선'으로 표기했으며, 화자(話者)에 따라 '북한'으로 고쳐 표기한 경우도 있다.
4. 중국의 지명과 인명은 모두 한어병음방안(漢語拼音方案)에 따라 표기했다. 단, 강(江)이나 산(山) 이름 등은 마지막 발음을 한국어 독음대로 '산'과 '강'으로 표기했다. 예를 들면, '長江'·'揚子江'의 경우 한어병음방안에 따르면 '창장'·'양쯔장'으로 표기해야 하지만, 이 책에서는 '창강'·'양쯔강'으로 표기했다.
5. 중국인 인명은 부록에 한자와 병기하여 〈중국인 인명록〉을 첨부했으니, 한자 독음을 확인하려면 이를 참조하기 바란다.

제5장   전쟁 국면의 변화 (2)   **543**

제6장   궁지에 몰린 미국의 정전 제의, 그러나!   **621**

제7장   개선가가 울려 퍼지다   **749**

         후대에 남겨진 몫   **912**

부록 1   불후의 공적—항미원조 전쟁의 개요   **917**

부록 2   군혼(軍魂)의 대결—맥아더와 펑더화이   **943**

부록 3   역사는 잊지 않는다
         —항미원조 전쟁 과정에서의 소련의 중국에 대한 군사 원조   **991**

부록 4   조선 상공의 매—미그-15와 F-86에 관한 이야기   **1011**

부록 5   항미원조의 에피소드—차오몐(炒麵)에 얽힌 이야기   **1035**

부록 6   서평 모음   **1050**

         〈서평 1〉 존엄은 용감한 자의 칼끝에 있다 / 다이쉬(戴旭)   **1050**

         〈서평 2〉 대가 없는 존엄은 없다 / 사수(薩蘇)   **1055**

         〈서평 3〉『決戰朝鮮』은 좋은 책이다 / 팡쥔(方軍)   **1060**

부록 7   중국인 인명록(한자 병기)   **1064**

참고 문헌   **1069**

제5장

전쟁 국면의 변화 (2)

전선은 서서히 38도선에 가까워지고 있는데, 중국군 병사들은 여전히 완강하게 전투를 벌이고 있었다.

제42군단에서, 우루이린은 이미 식량이 바닥난 지 이틀이 되었는데도 여전히 중원산(中元山: 경기도 양평군에 있는 산-옮긴이)에 웅거한 채 지키고 있는 제378연대를 교체하기로 결정했는데, 그 다음의 일이 우루이린을 깜짝 놀라게 했다. 이 연대의 간부와 병사들은 모두 숨이 끊어질 정도로 굶주려 진지에 쓰러져 있었고, 이미 산을 내려갈 힘도 없었다. 우루이린은 눈물을 흘리며 군단 사령부에 있는 모든 차오몐을 모아, 군단 작전과장 허우셴탕(侯顯堂)·조직부장 리러즈(李樂之)·보위부장 차오공허(曹共和)로 하여금 부하들을 인솔하여 황급히 올려 보내게 했다. 이 차오몐을 다 먹고 나서야, 제378연대는 힘을 내서 산을 내려올 수 있었다. 그러나 우루이린을 포함한 군단 사령부 내의 모든 인원은 반대로 이 때문에 연속 3일을 굶어야 했다.

진지를 방어하고 있는 지원군

제39군단장 우신촨(吳信泉, 1912~1992)이 지휘소에서 지도를 쭉 살펴보더니, 화천에 댐을 쌓아 발전을 하려고 만든 매우 커다란 호수가 있다는 것을 발견했다. 우신촨은 매와 같은 눈으로 이 인공 호수를 뚫어져라 바라보다가, 한참 뒤에 그는 정찰과장 차이우(蔡愚)를 불러왔다: "자네는 즉시 연락원을 대동하고 화천댐을 정찰하여, 댐의 갑문과 저수량의 상황을 정확하게 파악한 다음, 즉각 댐의 모든 수문을 닫아 댐의 수위를 높이게!"

우신촨은 조선판 수엄칠군(水淹七軍)[196]을 재현하려고 했다.

4월 8일, 제115사단 작전차장인 선무(沈穆)가 화천댐에 갔는데, 눈앞의 풍경이 그를 매우 기쁘게 했다. 10여 일 동안 물을 저장하자, 댐은 가득 채워져, 호수의 물이 곧 둑을 넘칠 듯했다. 선무는 이 호수의 고요한 맑은 물에 얼마나 무서운 에너지가 담겨 있는지 알고 있었다. 만약 갑자기 댐을 폭파하면, 끝없는 파도가 쏟아져 내려가 미국인에게 거대한 손실을 입힐 것이다. ……선무는 매우 아쉬워하며 이 생각을 포기했다. 조선 인민의 이익을 위해, 중국 군대는 수문을 열어 물만 방류하고 놔두기로 결정했다. 하지만 설사 그렇게만 하더라도 미국인들에게 충분히 피해를 입힐 수 있었다.

4월 9일 새벽 4시, "삐걱"하는 거대한 소리가 화천댐에서 울려 퍼졌다. 중국 군대가 열 개의 수문을 함께 들어 올리자, 오랫동안 저장되어 있던 화천 호수는 우렁찬 소리로 포효하며 내려갔다. 쏟아져 내리는 강물은 폭포처럼 세찬 물결을 일으키면서, 강을 건너고 있던 미국 해병대 제1사단을 행해 곧바로 돌진했다. 이날 밤, 우신촨은 군단 지휘소의 무선 감청기 옆에서 너무 기뻐 입을 다물지 못했다. 무선 송신기 속에서 미군의 목소리는 고함을 지르며 당황하고 있었다. 한쪽에서는 포병 진지 하나가 무너져 내렸고, 다른 쪽에서는 병사들과 텐트가 물에 휩쓸려갔다.

우신촨은 크게 웃으며 말했다: "이것은 '수엄(水淹) 미국 해병대'다!"

리지웨이마저도 중국 군대의 오래된 전술에 깊은 인상을 받았다: "4월 9

---

[196] 건안(建安) 24년(219년)에 관우(關羽)가 둑을 터뜨려 조조가 파견한 칠군(七軍)을 수몰시킨 일을 가리킨다.

일, 아군의 좌익과 우익 부대는 공격 출발지에 도착했다. 갑자기 적들이 화천댐 아래쪽에 있는 몇 개의 수문을 열었다. ……강은 한 시간 만에 물이 불어 수위가 몇 피트나 높아져, 공병이 가설한 우리의 부교 하나를 무너뜨렸고, 또한 우리로 하여금 다른 하나의 부교를 강변으로 끌어오게 하여, 무너지는 것을 면하게 했다. 공격은 잠시 중지되었다. 우리는 즉시 별동 부대를 보내 댐을 탈취하여 수문을 닫게 했다. 그러나 가시거리가 짧고, 지형이 험하고, 적들이 완강하게 저항한 데다, 상륙 도구가 부족하여, 이 시도는 성공하지 못했다. ……4월 16일, 밴 플리트가 제8집단군 사령관에 부임하고 나서야, 화천댐은 비로소 우리 손에 들어왔다."

중국 군대의 오래된 전술이 가장 현대화된 미국 군대를 꼬박 7일 동안 막아낸 것이다.

한 가지 소식이 펑더화이를 분발하게 했다. 제42군단의 관충구이(關崇貴)라는 병사가 적기의 폭격을 참을 수 없자, 기관총을 들고 14발의 탄환으로 초저공하며 소사하는 P-51 전투기 한 대를 추락시켰고, 미군 조종사는 낙하산으로 뛰어내리다가 자신이 폭격하여 부러뜨린 나무에 찔려 죽었다는 것이다. 작전처장은 난처해 하며 펑더화이에게 물었다: "어떻게 할까요? 규정에 따르면 이 병사는 군법에 의해 처벌을 받아야 합니다."

원래, 지원군은 경화기로 비행기에게 대공 사격을 해서는 안 된다는 철칙이 있었다. 이 규칙은 피의 교훈으로서, 경화기로 사격해서는 적기를 격추시키기가 매우 어려운 반면, 미국 공군의 대대적인 보복을 초래할 수 있기 때문이었다.

펑더화이는 이미 늘 폭격을 당하는 것이 능사가 아니라고 느끼고 있었는데, 관충구이의 방법은 경화기가 비행기를 격추시킬 수 있다는 것을 증명했다. 그렇다면 어찌 반격하지 않겠는가?

그는 미간을 찌푸렸다: "규정은 죽은 것이고, 사람은 살아 있는 것이다. 이 병사는 큰 공을 세웠다. 이후 부대에서는 비행기를 공격해도 된다. 다만 전술에 주의해야 한다!"

걱정하고 불안해 하며 영창에 갈 준비를 하고 있던 관총구이는 갑자기 '1급 전투 영웅'이 되었다.

이번에는 그의 기세가 더욱 넘쳐났다. 이어진 저지전 과정에서, 그는 1개 분대를 거느리고 대부대가 철수하는 것을 엄호했다. 최후에는 그 혼자만 남았는데, 대부대는 이미 멀리 가 있었다.

외롭고 의지할 데 없던 관총구이는 혼자서 진지에서 주워온 적군의 총으로 이틀 밤낮을 싸웠는데, 100명이 넘는 영국군이 그의 총부리 아래 쓰러졌으며, 연 수백 대의 미국 폭격기가 이 한 사람의 중국 병사에 대해 3일 밤낮으로 폭격했다. 군단장 우루이린은 적군의 후방에서 총포 소리가 끊이지 않는 것을 듣고, 정말로 마음이 놓이지 않자, 2개 대대에게 다시 돌아가 도대체 무슨 일이 있는지 알아보게 했다.

이미 배가 고파서 일어서지도 못하는 관총구이를 에워싸자, 그의 옆에는 주워온 30정의 적군 기관총이 쌓여 있는 것이 보였다. 2개 대대 수백 명의 산전수전을 다 겪은 중국 영웅들도 큰 감동을 받았다. 그는 진정한 강철의 투사였고, 두려움을 모르는 용사의 본보기였다.

펑더화이는 이 소식을 듣고 흥분했다: "진정한 영웅이다. 3계급 승진시켜 복무하게 하라!"

1급 전투 영웅이자, 부대대장인 관총구이의 가슴 앞에는 다시 조선 정부가 수여한 '1급 전사 영예 훈장'이 추가되었다.

펑더화이가 비행기를 격추시켜도 된다고 밝히자, 전선의 병사들 사이에서 즉각 비행기를 격추시키는 열기를 불러일으켰다.

사실 앞선 세 차례의 전역 과정에서, 중국의 보병들은 이미 총탄으로 17대의 적기를 격추시켰지만, 지원군의 규정을 고려하여, 비행기를 격추시킨 병사는 전공을 세운 것이 규정을 어긴 과실과 상쇄시키는 것으로 간주하여, 상도 주지 않고 처벌도 하지 않았다.

이제 비행기를 격추시켜 공을 세울 수 있게 되자, 중국 보병들이 곧바로 기술을 배우고 적기를 격추시키는 경쟁을 전개하면서, 대대적인 '비행기 격

고사기관총 사수 취시우산(왼쪽)은, 1951년 4월 25일에 세 발의 총탄으로 적기 한 대를 격추시켰으며, 4월 30일에는 다시 적기 두 대를 격추시켜, 2등 공훈을 세웠다.

추 운동'을 불러일으켰다. 그리하여 적기를 보면 곧바로 방아쇠를 당겼다. 갑자기 여러 명사수들이 잇달아 기적을 창조했다. 중기관총 사수 양더구이(楊德貴)는 열 발의 총탄을 쏘아 한 대의 중형 폭격기를 격추시켰다.

그러나 가장 적은 총탄으로 적기를 격추시킨 것은 고사(高射)기관총 사수인 취시우산(屈秀善)이다. 그는 단지 세 발의 총탄만을 쏘았는데, 적기 한 대가 지면에 떨어져 폭발해 가루가 되어버리는 것을 어안이 벙벙하여 바라보았다. 조종사가 낙하산을 펴고 뛰어내리지도 않은 것은, 아마도 그 세 발의 총탄에 맞아 죽은 듯했다. 이는 아마도 세계적인 기록일 것이다.

가장 비행기를 잘 격추시킨 야전군은 막 조선에 들어오기 시작한 제3병단 제15군단이었다. 명성이 전 세계에 널리 알려지게 될 이 강철 군단의 제133연대는 이틀 동안에 다섯 대의 적기를 격추시켰으며, 4일 동안에 전체 군단에서 11대를 격추시켰다. 개선하여 귀국할 때까지, 이 군단의 보병들은 모두 882대의 적기를 격추시키거나 손상을 입혔다.

중국 특유의 보병이 비행기를 공격하는 운동은 곧바로 미국 공군으로 하여금 비행 고도를 높이지 않을 수 없게 만들어, 미국 공군의 중국 지상 부대에 대한 폭격 정확도가 낮아지기 시작했다.

중국 군대가 격추시킨 적기의 숫자는 나날이 상승하기 시작했다. 전체 네 차례의 전역에서 모두 485대의 적기를 격추시켜, 하루 평균 다섯 대 내지 여섯 대의 적기를 격추시켰다. ……리지웨이가 북진함에 따라, 전세는 다시 중국 군대에게 유리한 방향으로 변화하기 시작했다.

바로 이때, 한 가지 소식이 세계를 뒤흔들었다.

25

1951년 4월 11일, 리지웨이가 육군성 장관(Secretary of the Army) 페이스(Frank Pace Jr., 1912~1988)와 함께 전선을 시찰했는데, 두 사람이 담소를 나누고 있을 때, 한 기자가 뜬금없이 리지웨이에게 물었다: "장군님, 혹시 저의 축하를 받을 일이 없으세요?"

리지웨이가 무슨 말인지 모르겠다고 하자, 그 기자는 웃으면서 더 이상 아무 말도 하지 않았다.

그날 밤, 천둥과 번개가 번갈아 치고 비바람이 크게 일었는데, 페이스는 갑자기 전보 한 통을 받았다. 하늘에서 다시 한바탕 천둥이 울리자, 페이스는 연속으로 두 번 깜짝 놀라면서, 급히 리지웨이를 불렀다: "매튜, 대통령께서 맥아더의 직위를 해임했소. 당신은 이미 동맹군 총사령관이자 유엔군 총사령 겸 극동 미군 총사령관이오!"

리지웨이도 크게 놀랐다: "세상에, 대통령께서 왜 그러셨습니까?"

트루먼은 당연히 그렇게 할 만했다. 맥아더를 해임하지 않았으면, 이 망할 자식은 그의 머리 위에 뛰어올라 똥을 싸고 오줌을 쌌을 것이다.

트루먼은 훗날 이렇게 회고했다: "나는 지금까지 다음과 같은 사실을 잊지 않고 있다. 즉 미국의 주요 적은 소련인데, 이 적이 아직 전장에 말려들지 않은 채 막후에서 조종만 한다면, 우리는 결코 자신의 힘을 낭비해서는 안 된다."

미국의 국가 정책은 이미 이렇게 확정되었다: "미국은 결코 아시아의 지구전에 빠져들어, 원래 유럽에 배치해야 할 군사력을 소모해서는 안 된다. 그런데 이는 아마도 크렘린 궁이 매우 바라는 바일 것이다."

미국의 군대와 정치의 수뇌들은 걱정이 태산이었다. 조선의 전장은 열기가 뜨겁게 고조되고 있는데, 유일하게 미국과 맞설 수 있는 소련은 의외로 기회를 엿보며 군사 행동을 하지 않았고, 이 전쟁에 말려들 생각이 없었다. 미국의 조종사들은 여러 차례에 걸쳐 무심코 소련의 비행장을 폭격했으나, 스탈린은 뜻밖에 아무 말도 하지 않았다. 이것은 더욱 미국을 매우 경계하고 두려워하게 만들었다. 영국과 프랑스 등의 동맹국들은 거기에 담긴 심오한 뜻을 알아챘다. 즉 소련은 중국·조선과 미국의 필사적인 소모전을 이용하여, 바로 자신은 힘을 기르고 축적하면서 휴식을 취하고 있었다. 따라서 그들은 중국과 전쟁을 확대하는 데 더욱 반대했으며, 중국과 협상할 것을 주장했다.

대전략(大戰略)[197]적 필요를 감안하여, 트루먼은 조선 전장에 그가 가진 모든 것을 쏟아 부을 생각이 없었다. 리지웨이가 다시 38선으로 돌아가자, 트루먼은 미국이 이미 화해할 체면을 세웠다고 느꼈다. 그는 이미 여러 차례 은밀하게 중국과 협상할 의사를 내비쳤고, 심지어 중국·조선과 정전 협상을 희망한다는 것을 명확하게 표명하려고 했다. 그러나 다시 겉으로는 그럴 듯하지만 실제로는 알맹이가 없는 외교적 수사로 가득한 성명만 발표했다. 그는 이 성명에서 평화를 이루려는 바람이 중국에게 이해될 수 있기를 기대함과 동시에, 또한 국제적 여론에서도 어느 정도 지지를 얻기를 희망했

---

197 Grand Strategy, 즉 국가 목표의 달성, 특히 전쟁의 정치적 목표를 달성하기 위해 한 나라 혹은 몇몇 나라들의 모든 자원을 조정하고 통제하여 가장 효과적으로 사용하는 방법을 말한다.

다. 그러나 바로 이때, 오직 한마음으로 끝까지 전쟁을 하겠다는 맥아더가 반란을 일으킨 것이다.

맥아더가 먼저 성명을 발표했다. 그는 이 성명에서, 붉은 중국이라는 이 새로운 적은 현대화된 전쟁을 진행하는 데 필요한 일체의 수단들이 부족하며, 중국 군대의 인원수에서의 거대한 우세가 그들의 낡아빠진 전쟁 기계의 커다란 결함을 상쇄할 수는 없다고 했다. 그러고 나서, 그는 다음과 같이 적나라하게 위협했다: "만약 유엔이 극력 전쟁을 한국 영토 내에 국한시키는 것을 용인한 결정 바꾸어, 우리의 군사 행동을 붉은 중국의 연해 지역과 내부의 기지에까지 확대한다면, 붉은 중국은 반드시 곧 군사적으로 붕괴할 위험이 발생하게 되어 있다……."

맥아더의 성명은 중국에게 보내는 최후통첩이나 마찬가지였다. 미국과 그 동맹국들이 전력을 다해 중국을 무너뜨리고 말 것이라는 최후통첩이었다.

만약 맥아더의 생각대로 한다면, 그것은 반드시 폭발하여 세계대전이 될 것이었다. 전 세계는 이 성명에 대해 빗발치듯이 비난을 퍼부었고, 미국의 서방 동맹국들마저도 이는 공산당에게 전쟁을 선포하는 "선전포고서"라고 말했다.

트루먼은 화가 나 온 몸을 부들부들 떨었다. 합동참모회의는 대통령에게 이렇게 보고했다: "이 유엔군 사령관은 정말이지 이보다 더 효과적으로 대통령을 대노하게 할 방법을 더 이상 찾아내지 못할 것입니다."

애치슨은 맥아더를 호되게 꾸짖었다: "이건 더러운 농사꾼이야."

맥아더의 성명이, 트루먼이 조선에서 몸을 빼려고 준비하던 계획을 완전히 깨뜨려버리자, 분노한 트루먼은 측근들에게 이렇게 말했다: "나는 나와 맥아더 사이의 애로를 과소평가한 적이 없소. ……나는 그가 대통령의 권력을 존중할 수 있기를 기대했지만, 나는 이 나라 최고의 전장 지휘관을 해임하는 것 이외에 달리 선택할 게 없다고 생각하오."

일이 여기까지 이르렀더라도 어쩌면 아직 마지막 한 가닥 반전의 기회가 있었지만, 4월 5일에 맥아더는 마침내 자신을 폭사시키는 수류탄을 던지고 말았다. 미국 하원의원 마틴(Joseph W. Martin Jr.)은 의회에서, 맥아더가 국민당 군대를 이용하여 조선에 들어가 싸우게 하는 것을 지지한다며 보내온 서신을 낭독했다. 맥아더의 군대 생애는 여기에서 끝났다.

트루먼은 이날의 일기에서 다음과 같이 썼다: "맥아더는 다시 마틴을 통해 정치적인 폭탄을 하나 던졌다. 이것은 최후의 치명적인 일격으로 보였으며, 비열하고 저급한 항명과 불복종이었다……."

최후의 순간에, 트루먼은 맥아더를 한번 호되게 모욕을 주어, 오랫동안 응어리진 분노를 길게 쏟아냈다. 즉 그는 뜻밖에도 기자회견의 방식으로 맥아더의 직무를 해임한다고 선언했다. 맥아더는 자신이 해임되었다는 소식을 아내가 아침 방송에서 뉴스를 듣고서야 알게 되었다.

4월 11일 밤, 리지웨이가 도쿄에 부임해오자, 맥아더가 리지웨이에게 말했다: "한 걸출한 의학 전문가가 말하기를, 트루먼의 머릿속에는 병이 있다고 합디다. 아마도 6개월도 살지 못할 거요." 맥아더는 불가사의하다는 듯이 고개를 저었다: "당신은 그 시간을 알고 있소?" 무슨 말인지 모르는 리지웨이는 당연히 고개를 가로저을 수밖에 없었다.

"트루먼의 딸이 콘서트를 열었는데, 음악 평론가인 폴 흄(Paul Hume, 1915~2001)이 날카로운 비평을 했소. 트루먼은 이 때문에 익명으로 폴 흄에게 이렇게 편지를 썼소. '나는 지금 막 부차적인 지면에 실려 있는, 당신이 쓴 비열하고 저급한 논평을 읽었소. 보아하니 당신은 마치 아무것도 이룬 것이 없는 불운한 늙은이 같고, 온 몸에 여덟 개의 종기가 난 사람 같소. ……나는 지금까지 당신을 만난 적이 없는데, 만약 만나게 된다면, 당신은 새로운 코 하나와 많은 싱싱한 소의 갈비뼈가 필요할 것이며(코를 뭉개버리고, 갈비뼈를 부러뜨리겠다는 뜻-옮긴이), 어쩌면 아랫도리에는 사타구니 보호용 삼각대도 필요할지 모르겠소.'"

맥아더는 여기까지 말했을 때 어쩔 줄 몰라 하는 리지웨이를 향해 몸을 기울이더니, 작은 목소리로 이렇게 말했다: "여보시오. 이게 바로 미합중국의 대통령 트루먼이오!" 같은 시각, 트루먼은 탁상용 전등 밑에서 펜을 들고 이날의 일기를 급히 썼다: "그는 항상 논란의 여지가 있는 인물이다. 그에게는 두 명의 아내가 있는데, 한 명은 그가 42세에 결혼한 사회적 명사이고, 다른 한 명은 50세에 이혼한 뒤 결혼한 테네시 주 출신 처녀이다."

이들 두 명의 미국 정치와 군사의 최고위급 인물들은 마침내 막돼먹은 여자들처럼 서로 상대방의 사생활을 공격하기 시작했다.

4월 16일, 맥아더는 일본을 떠나 귀국했다. 그는 이미 미국을 15년 동안이나 떠나 있었다. 그런데 비행기가 이륙하기 전 그는 다시 한번 실망했다. 그는 자신이 직접 구해준 A급 전범인 일본 천황 히로히토(裕仁, 1901~1989)가 배웅하러 나오리라고 굳게 믿고 있었지만, 히로히토는 그 시간에 낮잠을 자고 있었다. 아예 그는 일본 황실과 자신의 생명을 보전해준 맥아더를 전혀 대수롭지 않게 여겼다.

맥아더가 미국으로 돌아가자, 중국을 반대하는 호전적인 미국 국회의 열광적인 환영을 받았다. 매카시(Joseph McCarthy, 1909~1957)와 닉슨(Richard Milhous Nixon, 1913~1994) 등 우익 의원들은 잇달아 그를 위한 말을 했다. 맥아더는 눈부시게 마지막 한 방을 날렸다. 그는 트루먼에게 호되게 보복했다. 그는 증인으로서, 미국 의회가 "트루먼 정부의 냄새 나는 양말·더러운 셔츠와 피 묻은 속옷 바지를 온 바닥에 까발려놓고, 사람들에게 구경하게 하는 중국의 세탁소로 변해버렸다"고 자극했다. 하지만 단지 이것뿐이었다. 이때부터, 맥아더는 처량한 바람 앞의 촛불과도 같은 여생에 들어섰고, 그는 매우 빠르게 당대에는 잊어졌으며, 후세 사람들에게는 비웃음을 샀다.

1962년 5월, 세계적인 명장 맥아더는 마지막으로 대중 장소에 나타났다. 그는 그가 군인의 생애를 시작했던 곳인 웨스트포인트 사관학교에서 그 유명한 「노병은 죽지 않는다(Old Soldiers Never Die)」라는 연설을 했다. 이것이 그가 마지막으로 대중에게 자신을 내세운 일이었다.

2년 뒤, 그는 워싱턴의 육군 병원에서 병으로 세상을 떠났으니, 향년 84세였다. 트루먼의 정치 인생도 맥아더의 군사 인생을 끝장낸 일로 인해 크게 좌절을 겪었다. 이듬해, 선거에 참여하면 반드시 패배할 것을 감안하여,

트루먼 대통령은 모양새 좋게 재선 대통령에 입후보하지 않겠다고 선언했으며, 이렇게 정치계를 떠났다. 이 두 사람의 싸움은 결국 둘 다 상처만 입고 종말을 고했다.

맥아더의 최고 계급인 오성 장군은 다른 나라의 원수(元帥)에 해당한다.

미국 원수 맥아더가 중국 원수 펑더화이에게 무너진 것이다.

26

지원군 사령부의 광산 동굴 안에서, 희미한 등불 아래, 펑더화이는 20여 명의 중국 기자들과 인터뷰를 했다.

한 기자가 물었다: "얼마 전 트루먼이 맥아더의 직위를 해임했는데, 펑 사령관님은 이에 대해 어떻게 생각하십니까?"

"우선 그가 패전했기 때문이오. 인천에 상륙한 후에는, 트루먼이 어째서 그를 해임하지 않고, 그에게 훈장을 주었겠소? 바로 우리의 승리로 인해, 미 제국주의 내부의 모순이 격화되어 마침내 서로 물어뜯게 한 겁니다."

"미군이 중국에 상륙할 수 있을까요? 전쟁은 얼마나 계속될까요?"

"중국에 상륙할 것인지는 두고 봐야지, 확신할 수 없소. 우리의 승리가 커질수록, 적이 상륙할 가능성은 점점 작아질 것이오. ……전쟁이 얼마나 계속될 것인지는 말하기 어렵습니다. 장기전에 입각하여, 단기전을 쟁취해야 하오. ……우리는 많은 비행기·탱크·대포가 없으니, 무 껍질을 깎는 방법을 취할 수밖에 없으며, 단번에 그들 수만 명을 해치워 일망타진할 수는 없습니다. ……2년을 싸워서 끝내지 못한다면 3년을 싸우고, 2년을 싸워서 끝낼 수 있으면 3년을 싸우지 않겠지요. 안전하게 해야지, 모험을 해서는 안 됩니다. 만약 싸우느라 너무 지쳐 있는데, 적이 상륙해 오면, 또 몇 배의 대가를 지불하지 않겠소! 나는 꾐수에 넘어가지 않습니다. 애당초 서울도 점령해서는 안 되는 것이었습니다."

"우리가 장차 부산까지 갈 수 있습니까 없습니까?"

"조선은 좁고 긴 반도로, 양쪽 사이에 끼이면, 돌아오지 않을 수 없습니다. 우리는 해군이 없고, 공군 또한 능력이 되지 않습니다. 미국을 뛰어넘는 다는 건, 10년 혹은 8년 동안은 그런 환상을 가져서는 안 됩니다. 전망은 밝지만, 지금은 아직 그다지 좋지 않습니다. 장차 서양 요리를 먹겠지만, 지금은 아직 좁쌀을 먹어야 하는데, 먹지 않고 굶어죽으면, 더 무슨 장래의 서양 요리를 먹을 수 있겠습니까?"

"적들이 상륙 작전을 할 것 같습니까?"

"그럴 수도 있지만, 두렵지 않소! 전략상으로 문제없소. 우리 시대에 계급을 평등하게 하는 일은 어떠했습니까? 미국은 감히 모험을 감행하려 하지만, 우리는 나폴레옹의 웅대한 뜻이 있습니다. 중국은 지금까지 오늘날처럼 이렇게 강대했던 적이 없었고, 내부는 전에 없이 단결하고 있습니다. ……중국이 망하는 건 절대로 불가능합니다! ……영국과 프랑스는 이 점을 알고, 전쟁을 확대하는 것을 두려워하여, 중국에 빠져 들어가서는 안 된다고 여기고 있소. 소련도 옆에 있습니다. 로이터(Reuters)와 AFP가 가장 강하게 외치고 있어요. ……영국은, 중국을 공격해 들어가는 것은 곧 전략상의 실패라는 것을 알아챘습니다. 우리는 자신감을 강화하고, 서울에서는 철수해야 합니다. 38선을 포기하는 것은 주도권을 쟁취하기 위해서입니다. ……어쨌든 조선 전쟁은 매우 힘들고, 곤란한 점이 매우 많지만, 앞날은 밝소. 승리는 쟁취해야지, 쉽게 주울 수는 없습니다."

기자가 마지막으로 질문했다: "제4차 전역의 결과는 어떻습니까?"

"아직 통계가 나와 있지 않습니다: …… 그러나 나는 한 가지는 확실히 알고 있습니다. 제4차 전역에서 섬멸한 적의 수는 제3차 전역보다 더 많습니다. ……당연히 이것은 우리가 대가를 치르고 바꾼 것입니다, 거대한 대가를 치렀습니다."

1951년 4월 21일, 중국의 대규모 원군이 조선에 들어온 것을 발견하고 나서, 리지웨이는 마침내 북쪽으로의 진격을 중지했다. 중국과 조선 군대가 거의 38선 이북까지 철수하면서, 참혹한 항미원조 제4차 전역은 끝이 났다.

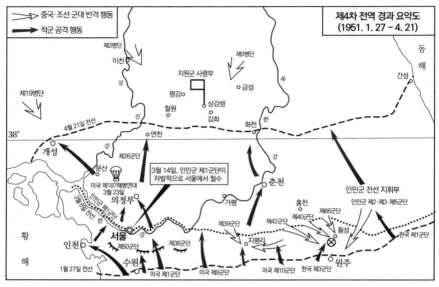

제4차 전역 경과 요약도

    이번 전역은 87일 동안 진행되었는데, 리지웨이는 겨우 북쪽으로 100킬로미터밖에 진격하지 못했다. 그는 7만 8천여 명이나 되는 병사들의 시체와 불구자를 대가로 삼아 이 100킬로미터를 확보했다. 매일 평균 그는 900여 명 사병들의 목숨이나 팔다리를 절단하고서야 겨우 1.3킬로미터를 나아갈 수 있었다. 그는 심지어 중국 군대의 어느 한 소대조차도 포위 섬멸하지 못했다. 그 자신조차도 이렇게 인정했다: "주요 목적은 적군의 병력을 포로로 잡거나 소멸시키고, 그들의 무기와 장비를 노획하고 파괴하는 데 있었다. 이러한 의미에서 말하자면, 이번 작전은 완전한 성공을 거두지는 못했다."

    중국 군대는 이번 전역 과정에서 손실이 막대했을 뿐만 아니라, 손실을 입은 것은 모두가 부대의 핵심 요원들이었다. 총 사상자는 5만 3천여 명으로, 적군과 아군의 사상자 비율은 1 대 0.67이었다. 항미원조 제1차 전역에서부터 줄곧 끊임없이 싸워온 제38·제39·제40·제42군단 등 4개 군단들은 조선 북부의 후방으로 물러나 휴식을 취하면서 정비했고, 제50·제66군단은 명령을 받고 귀국하여 휴식을 취하며 정비했다.

이때, 중국 군대의 최고 통수기구인 중앙군사위원회는 조선의 전장이 협소하여 부대를 펼쳐놓을 수 없고, 적군은 병력이 적으면서도 무기는 선진적인 반면, 지원군은 무기는 낙후되었지만 병력이 많다는 객관적인 상황을 감안하여, 국내에서 전쟁할 때 부대가 한 차례 큰 전투를 치른 다음 한 차례 휴식을 취하면서 정비하던 전통적인 방법을 포기하고, 교대로 전투를 벌이고 교대로 휴식을 취하는 전술을 실시하기로 결정했다. 그리하여 한 무리의 부대들이 한 차례 전투를 마친 다음 국내로 돌아가게 하고, 다른 한 무리의 부대들로 교체하여 조선에 들어가 전장에서 다시 싸우게 하는 새로운 전법을 사용했다. 이러한 현대판 차륜전(車輪戰)[198]은 장기간 충분한 병력과 왕성한 사기를 유지할 수 있고, 끊임없이 신예 부대로 공격할 수 있으며, 반대로 또한 적군으로 하여금 한숨 돌릴 기회를 갖지 못하게 만들 수도 있다. 동시에, 각 부대는 또한 현대화 수준이 가장 높은 미국 군대를 스파링 파트너로 삼아, 현대화된 전쟁을 하는 법을 배울 수 있어, 중국 군대의 전투력을 높일 수도 있었다.

이 뛰어난 전략 행동은 저우언라이 혼자서 기획하여 실시한 것이다. 훗날 통계에 따르면, 전체 전쟁 과정에서 중국은 모두 25개 야전군·79개 보병 사단·16개 포병 사단·10개 탱크 연대·10개 철도병(鐵道兵) 사단 및 12개 공군 사단이 번갈아 조선에 들어가 참전했으며, 또한 몇몇 지원 부대들도 더해져, 총 200여만 명의 중국 장병들이 조선의 전장에 갔다. 이외에도, 수십만 명의 동북 지방 노무자들이 조선에 들어가 전시 근무를 했다. 정식으로 선전포고를 하지 않은 이 전쟁은 사실상 중국 역사에서 가장 규모가 큰 대외 작전이었다.

한숨 돌린 펑더화이는 이제 막 조선에 들어온 신예 부대를 이용해 리지웨이에게 매서운 일격을 가하고, 장기전에 입각하여, 단기에 승리를 쟁취하려고 했다. 그는 단기에 승리를 쟁취하려고 생각했으며, 제5차 전역을 통해

---

198 몇 명의 사람이 교대로 번갈아가면서 한 명을 공격하여, 상대방으로 하여금 지쳐서 싸움에서 지게 만드는, 옛날 싸움 방법을 말한다.

조선에 있는 미군의 생명을 끝장내기를 희망했다.

27

양더즈의 제19병단과 천경의 제3병단은 두 번째로 조선에 들어와 작전을 펼치는 부대였다. 펑더화이는, 이들 두 신예 병단과 동부전선에서 휴식하며 정비를 끝낸 송스룬의 제9병단 등 모두 9개 군단을 주력으로 삼아 제5차 전역을 개시하고, 서부전선에서 줄곧 네 차례 전역을 지속해온 6개 군단은 이번 전역에 더 이상 참가시키지 않을 셈이었다.

미군의 북쪽을 향한 공격이 갈수록 맹렬해지면서, 펑더화이의 사령부는 전선에서 더욱 가까워졌다. 제4차 전역이 아직 진행 중일 때, 그의 사령부는 이미 전선에서 고작 수십 킬로미터 떨어진 김화(金化) 상감령(上甘嶺)에 있는 한 금광 갱도 안에 있었다.

제4차 전역 후반기에, 미군은 비록 여전히 공격을 하고 있었지만, 펑더화이는 이미 그다지 걱정하지 않았다. 제19병단과 제3병단의 부대들이 모두 빠르게 오기 시작하고 있어, 이제 펑더화이는 이미 극단적으로 수동적이던 국면에서 벗어나 한숨 돌릴 수 있게 되었으며, 그는 또한 어떻게 미국인들을 공격할 것인지 계획할 수 있었다.

마오쩌둥은 이때 이미 장기전의 준비를 마쳤지만, 여전히 단기에 해결되기를 바랐다. 그의 성격으로 볼 때, 그는 결코 쌍방이 38선에서 대치하는 것을 원치 않았다. 그는, 지원군은 당연히 이런 상황을 피하기 위해 최선의 노력을 해야 하며, 또 두 번째로 조선에 들어간 부대가 도착한 다음, 4월 15일부터 6월 말까지 두 달 반 동안 반격을 실시하여, 38선의 남북 지역에서 적군 부대를 통째로 수만 명을 섬멸한 다음, 한강 이남 지역으로 진격해야 한다고 생각했다.

국가 최고 지도자와 총사령관의 의견이 일치한 것은, 반격을 가하여 치고 나간다는 것이었다.

그런데 생각지 못하게, 장수들의 견해가 뜻밖에 일치하지 않았다. 그들은 다시 계속 적들이 북진하도록 유인하여, 적들을 포위망에 들어오게 한 다음 공격하자고 했다. 수십 년 뒤, 훙쉐즈는 회고록에서 이때 전술에 대한 의견 불일치를 상세하게 기록했다.

훙쉐즈가 작전 회의에서 가장 먼저 발언했다: "저는 적들을 김화와 철원 지역에 두고 다시 공격할 것을 주장합니다. 만약 철원과 김화 남쪽에서 공격하여, 우리가 출격하면, 적은 후퇴하여, 부대를 통째로 섬멸한다는 목적을 달성할 수 없게 됩니다. 적들을 조금 더 전진해 오게 해야, 우리가 허리를 끊을 수 있어, 문제를 쉽게 해결할 수 있습니다. 동시에 지금 막 조선에 들어온 부대들이 휴식을 취하며 전력을 비축했다가 피로해진 적을 맞이하여 싸울 수 있고, 좀더 많은 준비 시간을 가질 수 있습니다."

펑더화이는 고개를 저었다: "우리는 더 이상 물러날 수 없으니, 적들을 여기 최전선에까지 오게 하면 나쁜 점이 매우 많소. 철원은 평원이고, 매우 큰 개활지여서, 적의 탱크가 들어오면 상대하기가 매우 곤란하오. 그 밖에, 적들로 하여금 공격해 오게 한다면, 물개리(物開里: 평안북도 평산군과 서흥군 경계에 있는 마을-옮긴이) 안에 아직 매우 많은 물자와 식량들이 저장되어 있는데, 그건 어떻게 할 거요? 안 되오. 적들을 이곳까지 들어오게 한 다음 치면 안 되고, 금화·철원의 이남 지역에서 치는 게 좋소!"

펑더화이의 태도는 매우 단호했다.

뜻밖에도 훙쉐즈가 반대했을 뿐만 아니라, 제1부사령관 덩화·참모장 제광·정치부 주임 두펑도 함께 발언했는데, 모두 훙쉐즈의 방법이 좀더 좋다고 여겼다. 한셴추 부사령관은 당시 전선에 있었는데, 그의 의견도 훙쉐즈와 같았다.

펑더화이는 반문했다: "그렇다면, 물개리에 있는 물자들은 어떻게 할 거요?"

훙쉐즈가 살짝 가슴을 치면서 말했다: "그건 간단합니다. 제가 이틀 밤 내에 그것들은 전부 북쪽으로 옮겨놓을 것을 보증합니다."

홍쉐즈는 지금 확실하고 자신 있게 이 말을 한 것이다. 대량의 소련제 자동차가 이미 조선에 들어왔고, 운전병들도 미군 비행기들을 상대할 일련의 초보적인 방법들을 모색해냈으며, 고사포도 증가하기 시작했기 때문이다.

부하 장수들이 모두 자신의 방법에 동의하지 않자, 펑더화의는 기분이 좋지 않았다: "이번 전투에서 자네들은 도대체 싸울 거야 말 거야?"

여러 장수들이 펑더화이가 이런 말을 하리라고는 생각지도 못하여, 전체 회의장이 조용해졌다.

제팡이 잠시 생각하다가 말했다: "저도 생각을 좀 해보았는데, 총사령관님의 의견에 일리가 있고, 비교적 주도면밀하게 고려했다고 느껴집니다."

제팡의 이 말은 결코 분위기를 보고 기회주의적인 태도를 취한 것이 아니었고, 펑더화이는 자기만의 논리가 있었다. 당시에 이미 미군이 중국 군대의 후방에서 대규모 상륙 작전을 벌일 것이라는 정보가 전해지고 있었는데, 만일 그 정보가 사실이라면, 정면으로 공격할 준비를 하고 있던 수십만 명의 부대는 방향을 바꾸기가 어려웠다. 펑더화이는 미군이 상륙하기 전에 먼저 공격을 개시하여, 미군의 상륙 기도를 분쇄함으로써, 미군이 자신의 측후방에 또 하나의 전장을 여는 것을 결코 허용하지 않으려 했다.

홍쉐즈가 입을 열었다: "총사령관님, 싸우라고 하시면 싸우겠습니다. 저희는 참모의 역할을 하고 있고, 참모의 책임은 건의를 하는 것이며, 그 의견은 사령관님이 결정을 내릴 때 참고하시도록 제공하는 것입니다. 총사령관님이 전장의 통솔자이시며, 최후의 결심 또한 총사령관님이 내리시는 겁니다."

덩화도 말했다: "총사령관님, 총사령관님께서는 저희에게 견해를 제시하라고 하지 않으셨습니까? 저희는 바로 이렇게 보고 있는데, 받아들일 것인지 말 것인지는 총사령관님께서 정하시면 됩니다. 총사령관님께서 정하신 것은 저희가 결연하게 집행하겠습니다."

펑더화이가 침묵하며 말을 하지 않자, 덩화와 홍쉐즈가 다시 자신들의 이유를 밝혔다.

다 듣고 나서, 펑더화이는 일어서더니 문을 나가 전보 문안을 작성했는데, 역시 자신의 전쟁 방법에 따라 처리했다.

덩화 등은 점심을 먹은 후 모두 떠났고, 오직 홍쉐즈 한 사람만이 펑더화이를 모시고 계속 식사를 했다.

"총사령관님," 홍쉐즈가 이 기회를 이용해 말했다. "참모가 되면, 세 번의 건의권이 있습니다. 저는 이미 사령관님께 두 번 건의했습니다. 이제 저는 다시 사령관님께 마지막 한 번의 건의를 드릴 테니, 최종적으로 사령관님께서 결정하십시오."

홍쉐즈는 다시 한번 미국인들을 들어오게 해놓고 싸우는 것의 이점에 대해 말했다.

펑더화이는 다 듣고 나서 젓가락을 내려놓고 밥그릇을 마주한 채 멍하니 있더니, 한참 후에야 비로소 말했다: "자네의 의견에도 일리가 있네. 나는 전장이 좁아서, 적의 탱크가 들어오기 쉽지 않다는 걸 고려했네!"

홍쉐즈가 말했다: "적의 탱크가 들어오기는 물론 쉽지 않습니다만, 우리가 싸우기는 더 쉽지 않습니다. 우리가 전진하면, 적은 뒤로 물러날 것입니다. 우리는 두 다리에 의지하지만, 적은 자동차를 타고 달아날 겁니다. 우리 병사들은 또한 지쳐 있고, 지형도 익숙치 않아, 적들의 자동차를 추격할 수 없습니다. 그 밖에도, 멀리 가서 싸우면 어떻게 보급을 하시겠습니까, 보급선도 닿지 않습니다!"

펑더화이는 더 이상 말을 하지 않았고, 홍쉐즈도 더 말을 하지 않았다.

이것은 펑더화이가 수십 년에 걸쳐 전쟁터에서 보낸 생애에서 몇 안 되는 판단 착오의 하나였다. 수년 후, 그는 "홍쉐즈의 의견이 옳았다"고 말했다.

제4차 전역이 여전히 계속되고 있었는데, 제5차 전역의 준비 작업은 이미 긴박하게 진행되고 있었다. 이때, 중국 국내에서는 랴오청즈(廖承志, 1908~1983)가 인솔하는 중국 인민이 조선에 보내는 위문단을 파견했다. 수많은 국내의 유명 인사들과 모범 노동자들 및 연기자들이 고국 인민의 위문을 조선에서 피를 흘려가며 분전하는 장병들에게 전해주자, 중국 장병들의 전투 의지는 크게 고무되었다.

중국 인민의 제3차 조선 파견 위문단 단원들과 지원군 장병들이 전선에서 함께 사진 촬영을 했다.

위문단장인 랴오청즈는 어머니인 허샹닝(何香凝, 1878~1972)[199]—구중국의 걸출한 두 명의 여성 중 한 명—이 일부러 펑더화이를 위해 그린 한 폭의 그림을 펑더화이에게 건네주었다. 펑더화이가 족자 그림을 펼치니, 눈이 치켜 올라가고 이마가 흰 커다란 호랑이가 산 아래로 맹렬하게 달려가고 있었다.

"자당(慈堂: 남의 어머니를 높여 부르는 명칭-옮긴이)의 작품은 참으로 돈으로 살 수 없는 보물입니다!"

펑더화이는 크게 감동했다. 어쩌면 이 그림과 중국 인민의 기대가 맹호처럼 적을 향해 돌진하려는 그의 의지를 더욱 확고하게 만들었을지도 모른다.

28

4월 6일, 지원군 사령부의 광산 동굴 안에 맹장들이 구름처럼 몰려들고

---

199 중국의 혁명가이자 화가이다. 신해혁명 이전부터 쑨원을 따라 혁명에 투신했으며, 국민당 창당 원로들 중 한 명이기도 하다. 장제스가 국민당 내 좌파들을 숙청하면서 망명길에 올랐고, 이후 장제스의 정책에 반대하는 운동을 했다. 1948년에는 중국공산당에 입당했고, 이후 중앙인민정부 위원·정치협회 부주석·미술가협회 주석·전국부녀연합 명예주석 등을 역임했다.

책사들이 비처럼 모여들었다. 남쪽에서 적군이 공격해 오는 포성을 이미 뚜렷이 들을 수 있었는데, 지원군의 제5차 전역 배치를 위한 회의는 오히려 열기가 하늘을 찔렀다. 작전의 주력으로 예정된 제3·제9·제19병단의 주요 장교들은 저마다 투지가 대단했다.

제9병단의 송스룬은 싸우려는 마음이 간절했다: "우리 병단은 조선에 들어와서 첫 번째 전역을 치렀습니다. 해병대 제1사단 개자식들은 본래 손만 뻗으면 잡을 수 있는 독 안에 든 쥐였는데, 생각지도 못하게 하느님이 판단을 잘못하셔서, 영하 40도의 기온이 우리에게 손을 뻗을 힘조차도 없게 만드는 바람에, 해병대 제1사단으로 하여금 하찮은 목숨을 거저줍게 해버렸습니다. 우리는 줄곧 동부전선에서 휴식을 취하며 정비했는데, 지원군 사령부가 몇 차례나 우리를 귀국시키려 하자, 병사들은 따르지 않고, 모두 이 말에 불복했습니다. 날씨가 추우면 방법이 없지만, 날씨가 따뜻해졌으니, 희생된 전우들 대신 복수를 하지 않으면 안 됩니다!"

송스룬이 말한 것은 사실이었다. 제9병단이 조선에 들어와 작전을 하면서 비록 미국의 가장 사나운 해병대 제1사단과 보병 제7사단을 무찌르긴 했지만, 장병들은 모두 싸우며 울분을 느꼈다. 기온이 너무 춥지만 않았고, 굶주리고 헐벗지만 않았다면, 동부전선의 미군은 한 사람도 달아나지 못했을 것이기 때문이다.

제19병단 사령관 양더즈도 투지가 왕성했다. 비록 그가 조선에 들어와서 적지 않게 놀라긴 했지만 투지를 꺾진 못했다. 그의 병단 사령부가 탄 열차가 아래로 경사진 산의 동굴 안에 숨어서 방공을 하고 있을 때, 브레이크가 고장나면서, 열차는 조종하는 사람이 없는 상태에서 산 아래로 10분이나 미끄러져 내려갔고, 미끄러져 내려간 뒤에는 속도가 빨라 차체가 박살날 정도였다. 제19병단 사령부의 고위 장교들이 기겁을 하며 앞쪽 역 안에 있는 화물차가 점점 가까워지는 것을 발견하여, 10여만 명에 달하는 군대의 수뇌부가 곧 끝장나려는 판에, 다행히 겨우 열두세 살쯤 되는 한 조선 소년이 재치 있게 전철기(轉轍機: 철로가 교차하는 지점에 열차의 진로를 바꾸기 위해 설치한 장치-옮긴이)를 당겨 화물차의 진로를 바꿨다. 바로 이 꼬마가 중국 군대 1개 병단 사령부 전부를 구해냈다.

제3병단 사령관 천경은 족질(足疾)이 재발하여 국내에서 요양하느라, 임시로 부사령관 왕진산이 부대를 지휘했다. 왕진산은 제2야전군의 명성이 매우 뛰어난 인물로, 류보청과 덩샤오핑이 아끼는 장수였다. 그의 별명은 '왕 풍자(王瘋子: 왕씨 미치광이라는 뜻-옮긴이)'로, 그는 전투가 시작되면 미친 듯이 목숨을 아끼지 않았다(그가 세상을 떠난 후, 덩샤오핑은 그에게 손수 '一代名將'이라는 네 글자를 써서 추모했는데, 이는 아마도 덩샤오핑이 유일하게 한 사람의 중장을 위해 이렇게 한 경우일 것이다). 마오쩌둥은 항일 전쟁 시기에 '왕 풍자'의 명망을 알고 있었고, 중국을 침략한 일본군 우두머리 오카무라 야스지(岡村寧次, 1884~1966)는 그에 대해 한층 뼈에 원한이 사무쳤다. 당시 소부대를 이끌고 옌안(延安)으로 돌아오던 왕진산은 도중에 여러 차례 전투를 벌였는데, 그 결과 뜻밖에도 오카무라 야스지의 일본군 '초비(剿匪: 비적을 토벌한다는 뜻-옮긴이)' 관찰단을 전멸시켰다. 이 관찰단은 중대장 이상의 일본군 고급 장교들로 이루어져 있었고, 모두 180여 명이었다. 왕진산은 돌격하여 이 일본군 중·고위 장교들을 모조리 섬멸했는데, 대좌(大佐, 서방 군대의 준장에 해당함) 여섯 명을 모두 죽였고, 한 명의 소장 계급 여단장을 두 동강내버렸다.

이후 해방 전쟁 시기에, 왕진산은 더욱 영웅 본색을 드러냈다. 그의 지휘 스타일은 매우 용맹스러운, 틀림없는 용장으로, 마오쩌둥은 여러 차례 이렇게 칭찬했다: "왕진산은 대담하게 명령 없이 싸워서 승리를 거둔다." 덩샤오핑은 왕진산의 '미치광이 짓[瘋]'을 혁명 영웅주의라고 했다. 왕진산의 온 몸은 전투에서 입은 상처투성이로, 몸이 다 망가졌는데, 왼팔에 난 흉터는 커서 맥박을 잴 수 없었고, 오른쪽 허벅지는 골절된 다음 한 토막 잘라내는 바람에, 사령관인 천경과 함께 "제3병단의 두 절음발이"라고 불렸다. 한 명은 왼쪽 다리가 짧고, 한 명은 오른쪽 다리가 짧아서, 두 사람이 함께 걸으면 늘 장내에 떠들썩하게 웃음을 자아냈다. 이 밖에도 옆구리에는 총알이 가슴에서 등으로 뚫고 지나가, 앞뒤에 하나씩 두 개의 흉터가 있고, 머리

꼭대기에도 큰 흉터가 있는데, 정수리가 물렁물렁하여, 누르면 쑥 들어갔다. 바로 이러한데도 총소리를 들으면 여전히 달려나갔다.

중국의 두 위인(마오쩌둥과 덩샤오핑-옮긴이)에게 깊은 총애를 받은 '왕 풍자'는 하는 말도 "대단히 미쳐 있었다":

"그들은 병력이 얼마나 됩니까? 이승만의 괴뢰군을 더하더라도, 여전히 우리의 1개 군구(軍區)에도 미치지 못하고, 우리가 화이하이 전역(淮海戰役)[200]에서 한 번 싸운 것만도 못합니다! 제가 보기에 미국 놈들을 바다로 몰아넣는 것은 문제될 게 없어요. 조선이 어디 큰 곳입니까! 38선에서 오줌을 누면, 오줌이 부산까지 닿을 걸요!"

펑더화이는 이 말을 듣고 크게 소리 내어 웃었다. 전투 스타일이 치열한 펑더화이는 자연히 왕진산 같은 용맹한 장수를 좋아했다:

"그렇소!"

펑더화이의 마음은 열렬히 싸우려고 하는 장군들에게도 영향을 미쳤다: "적들은 자신들이 '연합군'이라고 하지만, 내가 보기에는 우리야말로 '연합군'이오. 제2·제3·제4야전군이 있고, 제1야전군도 곧 올 거요. 우리의 한 개 성(省)은 유럽의 저 나라들을 합친 것보다도 크지 않소……."

이번 당위원회 확대 회의는 열기가 대단히 뜨거웠다. 회의 참가자들은 위에서부터 아래까지 낙관적인 정서와 적을 얕잡아보는 생각들로 가득했다. 중국 장교들의 낙관적인 태도는 일리가 있었다. 대규모의 후속 부대가 끊임없이 조선으로 들어오고 있어, 이전에 물자와 인력의 공백 상태도 더 이상 발생할 리가 없고, 조선에 들어온 부대는 곧 95만 명에 이를 것이며, 인민군 부대까지 더하면 130만 명이 될 수 있었다. 이는 명실상부한 백만 대군이라고 할 수 있었다. 이렇게 많은 부대가 함께 나아가는데, 미국인들이 조선에서 여전히 발붙일 수 있겠는가?

---

200 1948년 11월부터 1949년 1월 사이에, 안후이성(安徽省) 일대에서 중국 인민해방군이 국민당 군대와 벌인 전투를 가리킨다. 이 전투에서 중국 인민해방군은 80만 명의 국민당 군대를 맞아 싸워 승리를 거두고, 국민당 군대에게 55만 명의 인적 손실(사망, 부상, 포로)을 입혔다.

뿐만 아니라, 새로 조선에 들어온 부대에는 새로 편성된 많은 특수 병종들도 포함되어 있었고, 4개 지상 포병 사단과 3개 고사포 사단들은 이미 들어와 있었다. 제3병단과 제19병단은 조선에 들어올 때, 모두 보충을 하여, 각 사단마다 1만 명이 넘었다. 소련에서 구입한 제1차분 37개 사단의 장비들이 이미 도착하기 시작하면서, 각 사단들은 포병 연대·고사포 대대를 설치했고, 각 연대마다 무반동포 중대·고사기관총 중대 및 미국인들이 매우 무서워하는 120밀리 박격포 중대를 증설했다. 지원군의 각종 화포들은 이미 6천 문으로 증가했는데, 그 가운데 중·대구경 화포가 1천여 문으로, 화력이 크게 증강되었다. 중국 군대의 장비가 이렇게 좋았던 적은 없었다.

막 조선에 들어온 2개 병단은 기본적으로 미국인들을 깔보고 있었다. 제13병단의 몇몇 오래된 부대들이 그들에게 경험을 소개할 때, 모두가 말하기를, 미국인의 방어는 계란 껍질 같아서, 겉껍질은 좀 단단한데, 깨뜨리고 나면 텅 비어 있으니, 이는 중국 군대 전통의 공격 방식인, 적의 후방으로 돌격하여 포위하는 전술을 발휘하는 데 매우 유리하지 않느냐고 했다. 부대 안에서는 '치약 한 통주의[一甁牙膏主義]', 즉 국내에서 가져온 치약 한 통을 다 쓰기만 하면 곧 승리를 거두고 개선하여 귀국할 수 있다는 생각이 성행하기 시작했다.

몇몇 짧은 곡조들이 부대에서 퍼졌다: "북에서 남으로, 한번 밀어붙이면 곧 끝난다네……."

중국 군대의 맹목적인 낙관 속에는 거대한 위험이 도사리고 있었다.

중국 군대의 힘은 비록 크게 증강되었지만, 미국인들도 가만히 있지 않았다. 중국 군대가 이전 단계에 사용했던 전술은 거의 다 간파되어, 미국인들은 자성전술(磁性戰術)[201] 등 효과적인 전법을 쓰면서 대처했다. 반면 중국 군대의 조선으로 들어오는 병력의 숫자는 크게 증가했고, 특히 화포 등 중

---

[201] '자성전술'이란, 쾌속 장갑 부대의 돌격·낙하산 부대의 낙하 및 지상 주력 부대가 "한꺼번에 공격하는" 연합 전법을 말하며, 적의 보급품을 빠르게 소진시킨다. 적의 후방에 낙하하는 것이 중요한 구성 부분이며, 특히 적의 종심 방어가 부족하고 기동전을 펼치고 있을 때, 큰 위력을 발휘한다.

장비는 갑자기 몇 배로 늘어남에 따라, 연료·탄약 물자의 소모도 급격히 증가했지만, 홍쉐즈의 수중에 있는 자동차는 겨우 1,400대만 증가했다. 미국 극동 공군은 이미 비행기가 1천 대에서 거의 3천 대로 증가했으며, 습격의 중점이 이미 중국 군대의 병참보급선으로 바뀌었다.

병단 사령관들이 의견을 발표한 후, 펑더화이가 제5차 전역의 작전 계획을 발표했다: "현재 적들의 조선 전선에 있는 병력은 14개 사단과 3개 여단의 24만 명 정도이며, 그 밖에 괴뢰군 제2·제8·제11사단 등 3만여 명이 춘천·대구·대전·마산 등지에 분포되어 있습니다. 적군이 4~5월 중에 획득할 수 있는 예비 병력은 12만 명 이상입니다. 각 방면의 정보와 각종 징후들로부터 판단해보면, 적군은 진격하여 38선을 점령한 후에도 계속 북진할 것입니다. 뿐만 아니라 측후방에서 상륙하여, 정면 공격에 보조를 맞춰 공격할 가능성이 매우 높아, 우리에게 대단히 큰 위협이 될 겁니다."

"우리는 반드시 4월 20일 무렵에, 늦어도 5월 상순까지는 전역 차원의 반격을 거행하여 적 몇 개 사단을 소멸시키고, 적의 계획을 분쇄하여, 주도권을 되찾아야 합니다. 전투 방법을 보면, 적은 이번에 병력이 비교적 밀집되어 있기 때문에, 아군은 반드시 전역(戰役) 분할과 전술(戰術) 분할[202]을 결합하여, 김화에서부터 가평에 이르는 선에 돌파구를 만들어, 적을 동서로 갈라놓은 다음, 각각 그들을 포위하여 섬멸해야 합니다."

펑더화이는 왕진산의 제3병단을 동원하여 정면에서 돌격하고, 송스룬의 제9병단과 양더즈의 제19병단을 이용해 좌측과 우측에서 돌격하려고 생각했다. 왕진산이 중앙을 돌파한 다음 양쪽 중 한쪽으로 가서, 양쪽 측면에서 공격하는 송스룬과 양더즈의 병단과 협력하여 한국 제1사단·영국 제29여단·미국 제3사단·터키 여단 및 한국 제6사단 등 모두 5개 사단을 포위 섬멸한 다음, 다시 병력을 집중하여 미국 제24·제25사단을 섬멸하려 했다. 이

---

202 전역 분할이란, 적들이 한 차례 전역을 치르기 위해 배치한 전체 구도를 분할시키는 작전 행동을 말한다. 통상적으로 적의 취약한 지점을 맹렬하게 돌격해 들어가 적의 병력을 둘로 분리시킴으로써 전투력을 약화시키는 작전 행동을 통해 실현한다. 전술 분할이란, 국지적 전투를 하면서 그 국지전을 담당하는 적군을 분리시키는 것을 말한다.

렇게 펑더화이는 결정적인 제5차 전역을 통해 유엔군의 주력을 먹어치우려 했는데, 그 가운데에는 미군이 3개 사단에 달했다. 의심할 여지 없이 펑더화이의 입은 너무 크게 벌어져 있었고, 그가 먹으려는 것은 그의 소화 능력을 초과했다.

작전 계획을 마치자, 펑더화이는 형형한 눈빛으로 홍쉐즈를 바라보며 말했다:"만약 하루이틀 동안에 먹어치우지 못하면, 아무리 좋은 계획이라도 끝장이네. 만약 이번에 승리를 거둔다면, 전체 지휘관의 공이 절반이고, 병참보급이 절반인 셈이네!"

중국 군대는 이미, 병참보급은 현대화 전쟁의 난제이며, 병참보급 부대의 중요성과 일선 전투 부대의 중요성이 동등하다는 것을 인식하고 있었다.

29

회의를 마친 당일 밤, 펑더화이의 사령부는 후방으로 옮기기 시작했다. 미국인들과의 거리가 갈수록 가까워지자, 함께 사고가 나는 것을 방지하기 위해 지원군 총사령부는 몇 그룹으로 나누어 출발했다.

홍쉐즈는 두 번째 그룹으로 출발했다. 막 출발하여 얼마 가지 않아, 곧바로 미국인들의 야간 비행기를 만났는데, 운전병이 이리저리 피하며 산골짜기로 숨어 들어간 덕분에, 다행히 아무 일도 없었다.

한 대의 트럭이 홍쉐즈의 지프차를 끌어올리자, 홍쉐즈가 기뻐하고 있는데, 뒤쪽에 있던 지프차 한 대가 깜깜한 데서 돌진해오더니 갑자기 그의 경호원을 들이받아 중상을 입혔다. 홍쉐즈는 어쩔 수 없이 경호원을 그 차에 태워 보낸 다음 계속 앞으로 나아갔다. 얼마 안 되어, 도로 건너편에서 오는 트럭이 길이 잘 보이지 않자 갑자기 헤드라이트를 켰다. 이것이 발단이 되어, 수많은 야간 비행기들이 날아와 맹렬하게 폭격했다. 트럭 운전사는 놀라서 불을 끄고 필사적으로 달렸는데, 홍쉐즈는 하나의 검은 그림자가 곧장 달려드는 것을 보고는, 단지 한마디밖에 할 수 없었다:"앞에 차가 온다!" 그는 막 노획한 미국의 새 지프차에 부딪혀 중상을 입었다. 홍쉐즈의 다리도 자동차의 측면에 세차게 부딪혔고, 이로 인해 그는 여러 날 동안 다리를 절었다.

우여곡절 끝에, 마침내 공사동(空寺洞: 북한의 강원도 판교군 용당리에 속하는 지역-옮긴이)에 있는 새로운 지원군 사령부에 도착했다. 날이 밝자 홍쉐즈는 한쪽 다리를 절룩거리면서 펑더화이의 방공호를 점검했다. 당중앙이 그에게 펑더화이의 안전을 특별히 책임지라고 지시했기 때문이다. 홍쉐즈는 동굴을 둘러보고 연신 고개를 저었다: "안 돼. 이 동굴은 곧고 짧으니, 즉각 더 깊게 하고, 입구에는 모래주머니로 삼각형 모양의 은폐 벽을 쌓아, 몇 번 구불구불 돌고 나서야 들어갈 수 있게 해라."

다음날 밤 1시, 세 번째 그룹으로 출발한 덩화도 도착했다. 덩화는 안배한 대로 펑더화이와 같이 기거하려고 하지 않고, 굳이 야전 침대를 황쉐즈 등이 북적대는 방으로 옮겨갔다. 그는 펑더화이 총사령관과 함께 기거하면 너무 거북했고, 또 이들 옛 형제들과 함께 자는 것이 좀 편안했기 때문이다.

새벽 5시, 부근의 방공 초소에서 총성이 울리자, 홍쉐즈, 제팡, 두핑은 놀라서 벌떡 일어났는데, 다시 덩화를 보니 여전히 드르렁거리며 코를 골고 있었다.

홍쉐즈가 연달아 크게 소리쳤는데도, 피로가 이미 극에 달한 덩화를 깨우지 못하자, 상황이 급박한 나머지 덩화를 침대에 있는 상태로 뒤집어엎었다. 모두들 함께 황급히 방공호로 뛰어갔다. 막 방공호에 도착했을 때, 꽁무니에서 연기가 나는 로켓탄이 날아오더니, 펑더화이가 기거하던 집을 폭파시켰다. 이어서 적기가 다시 돌아와서 기관포로 자신이 방금 빠져나온 건물과 펑더화이의 방공호를 향해 맹렬하게 갈겨대는 것을 보았다.

적기가 돌아간 다음, 몇 사람이 급히 달려가 보니, 세상에나! 홍쉐즈가 펑더화이의 방공호 앞에 쌓아 놓으라고 명령했던 모래주머니 은폐 담장에 70여 개의 작은 구멍들이 뚫려 있었다. 이 모래주머니들이 막아주지 않았더라면, 펑더화이는 말벌집이 되지 않을 수 없었을 것이다.

그들 자신의 집을 다시 살펴보면서, 덩화는 서늘한 기운이 곧바로 정수리로 몰려오는 것을 느꼈다. 그가 잠을 자던 곳에는 여러 개의 구멍이 뚫려 있었고, 심지어 잠을 자던 야전 침대에도 많은 구멍들이 있었다.

"훙 형, 오늘 자네가 아니었다면, 나는 이미 저승에 있을 거네!"

덩화는 여전히 훙쉐즈에게 장난을 치는 기분이었는데, 훙쉐즈는 무서워서 땅바닥에 엉덩방아를 찧었다. 지원군의 총사령관과 제1부사령관이 하마터면 모두 사라질 뻔했다.

다시 하루가 지나자, 훙쉐즈와 한셴추도 위험에 처했다. 밤에 두 명의 부사령관이 작은 방공호 입구에서 촛불을 켜놓고 장기를 두면서 전보를 기다리고 있었다. 막 재미있어지려고 할 때, 한 무리의 적기들이 맹렬하게 몰려왔다. 야단이 났다. 주방의 아궁이 불이 완전히 꺼지지 않아, 적기에게 발견된 것이다.

두 사람이 장기를 내던지고 방공호 안으로 달려 들어가자, 바로 밖에서 대여섯 개의 폭탄이 폭발하는 소리가 요란하게 들렸다. 폭탄이 떨어지면서 귀를 찢는 듯한 소리에 두 사람은 온 몸에 소름이 돋았다. 한셴추가 방공호 입구로 뛰어가면서 보니, 적기 한 대가 자신을 향해 돌진해 오고 있었다. 한셴추는 되돌아 뛰어가면서 외쳤다: "안 돼, 폭탄이 모두 방공호 입구 쪽으로 떨어지고 있다!" 두 사람은 겨우 3~4미터 깊이의 방공호 맨 안쪽에 꽉 틀어박힌 채 푸념을 쏟아냈다. 훙쉐즈는 짙은 고향 사투리를 섞어가며 그 주방에 욕을 퍼부었다: "한 형, 이놈의 주방이 정말로 천벌 받을 짓을 했어!"

한셴추가 진한 황안(黃安, 지금의 홍안紅安) 말투로 이어서 욕을 퍼부었다: "그래 맞아. 우리 둘 다 함께 큰일을 당할 뻔했잖아."

지원군 사령부 상공에는 적기가 매일 나타났다. 중국 군대의 통솔자들은 백만 대군의 어느 병사와 마찬가지로 목숨이 언제나 위험했다.

통솔자들조차 적군의 공군력에 이처럼 위협을 받고 있었으니, 천 리나 되는 병참보급선의 물자 손실은 생각해보면 알 수 있었다.

자동차 제4연대는 막 조선에 들어와서 경험이 부족했기 때문에, 한번에

73대의 자동차들이 파손되었는데, 이 자동차들은 시베리아 횡단 철도를 통해 막 수송해온 새 차들이었다.

4월 8일, 지원군의 병참보급 전쟁사에서 가장 비참한 한 페이지가 펼쳐졌다. 바로 삼등리(三登里)의 창고에 모아두었던 287만 근의 싱싱한 식량, 33만 근의 콩기름, 40여만 벌의 겉옷과 내의, 19만 켤레의 신발 및 헤아릴 수 없이 많은 물자들이 미군의 네이팜탄을 맞고 불타버렸다. 창고 안에는 콩기름이 무릎까지 잠길 만큼 고여 있어, 검은 연기가 하늘로 치솟았고, 동부전선의 부대가 철 따라 갈아입을 옷들이 전부 불타버렸다. 어쩔 수 없이 겨울철 솜옷을 입고 싸우느라, 더위를 참을 수 없자 옷에 있는 솜을 빼내버리고 겉옷으로 삼았다.

병참보급이 곤란한 국면에 처하자, 펑더화이와 홍쉐즈 및 중국 군대에서 오랫동안 병참보급을 담당해온 리쥐쿠이 상장 등은 병참보급 문제를 근본적으로 해결할 준비를 시작했다. 지원군의 병참 사령부를 설립할 준비를 시작했다. 이는 중국 군대가 최초로 전문적인 작전 구역의 병참보급 지휘 기구를 설립한 것이다. 이는 중국 군대 현대화 건설 역사에서 커다란 사건으로, 중국 군대가 이미 병참보급을 작전과 동등하게 중요한 위치에 두었다는 것을 상징한다.

중국 군대는 바야흐로 체제 면에서 국내 전쟁 때의 비교적 원시적인 조직 체계로부터 현대화된 군대의 구조로 이행하고 있었다.

30

1951년 4월 19일, 중국 군대의 말단 정치공작원이 싸우고 싶어 안달하는 병사들을 향해 제5차 전역 동원령을 큰 소리로 낭독했다:

"제5차 전역이 곧 시작된다! 적의 여러 개 사단을 섬멸하는 영광스러운 임무가 이미 동지들의 어깨 위에 얹혀 있다!"

"이번 전역의 의의는 대단히 중대하다. 왜냐하면 그것은 아군이 주도권을 획득할 수 있느냐 없느냐의 관건이자, 조선 전쟁의 기간이 단축되느냐 아니면 길게 늘어지느냐의 관건이기 때문이다."

"우리는 전쟁 기간을 단축하려고 노력해야 한다. 왜냐하면 그것이 중국과 조선 인민의 이익에 부합하기 때문이다. 우리는 이번 싸움에서 이기도록 노력해야만 한다. 왜냐하면 그것이 승리의 조건이기 때문이다."

"우리는 적을 향해 출격하며, 중국과 조선 인민을 위해 공을 세울 시기가 도래했다!"

"우리의 전투 구호는 다음과 같다: 전체가 동원하여, 각고 분투하고 어려움을 극복하는 정신을 발양하여, 싸우면 반드시 승리를 쟁취하자! 혁명의 영광스러운 전통을 이어 나가자!"

중국 군대는 단번에 일을 해치우고, 되도록 빨리 조선 전쟁을 마무리하려고 시도했는데, 미군의 신임 전선 지휘관인 밴 플리트 중장도 물론 그렇게 생각했다. 그는 또한 중국 군대에게 본때를 보여주고 싶어 했다.

리지웨이가 도쿄에 가서 맥아더의 직무를 이어받자, 제8집단군 사령관은 밴 플리트가 맡았다. 밴 플리트는 매우 재수가 없는 사람이었는데, 그 자신조차도 이 점을 인정했다.

마셜 5성 장군은 미국에게 제2차 세계대전의 승리를 안겨준 사람으로, 당시 전장에서 활약한 미군 고위 장교들은 거의 모두 그가 발탁한 사람들이었다. 마셜은 언제나 작은 노트를 들고 다니면서, 그 안에 전도가 유망하다고 생각하는 장교들을 기재했다. 아마도 맥아더를 제외하고, 미국 군대에서 이 공책에 오르기를 갈망하지 않은 장교는 단 한 명도 없었을 것이다. 불쌍한 밴 플리트는 그 부류에 들지 못했을 뿐만 아니라, 그는 또한 마셜에 의해 그와 이름과 성이 똑같으면서 술버릇이 나쁘기로 유명한 다른 장교로 여겨지고 있었다. 마셜 장군이 엄격하고 공정하며, 현명한 사람에게 일을 맡기고, 유능한 사람을 선발하며, 부하들을 배려하기로 미국 군대에서 명성이 자자하자, 밴 플리트는 눈물을 머금고 우스갯소리를 했다: "이것은 그가 늘 착오를 범하는 것보다 나는 훨씬 더 재수가 없는 것 같다!"

이리하여 밴 플리트는 제 2차 세계대전이 끝날 무렵이 되어서야 연대장이 되었다.

다행히 노르망디 상륙 작전에서 이 연대장은 뛰어난 활약을 보였고, 또한 브래들리 등 사관학교 동기들의 강력한 추천을 받자, 마셜은 그제야 자신의 착오를 깨달았지만, 밴 플리트의 계급은 한참 아래였다. 밴 플리트는 이 일을 생각하면 마음이 아팠다. 사관학교 동기동창들 가운데, 미식축구만 했던 아이젠하워조차도 곧 대통령이 되려 하고 있었고, 브래들리는

제5차 전역 전에, 지원군 지휘관들이 적을 섬멸할 방안 연구에 열중하고 있다.

이미 5성 장군이자 합참의장이었지만, 이들 두 사람은 웨스트포인트에서의 성적이 그보다 훨씬 아래였다. 심지어 2년 후배인 콜린스·리지웨이·클라크 등도 이미 만천하에 이름이 알려졌고, 작전 구역 사령관 같은 인물들이 되었으니, 다른 사람과 비교하면 화가 났다.

밴 플리트는 노익장의 마음을 품고 조선에 갔는데, 그는 이번이 생애의 마지막 공을 세울 기회라는 사실을 알고 있었다. 그는 은근히 이번 기회를 결코 놓치지 않겠다고 맹세했다. 그는 이미 중국 군대가 곧 공격을 개시하리라는 것을 감지하고 있었고, 자신이 '공산군'을 물리칠 수 있다고 믿었다.

4월 21일, 일본의 가장 유명한 신문인 『아사히신문(朝日新聞)』은 제1면에 「밴 플리트 장군: 공산군의 진격을 환영한다」라는 전단(全段) 제목의 기사를 실었다.

다음날인 4월 22일 저녁 5시, 조각달이 서서히 하늘가에서 떠올랐다. 200킬로미터 길이의 전선에서, 중국 군대의 수천 문에 달하는 화포들이 황혼의 정적을 뒤흔들어 깨뜨리면서, 무수히 많은 포탄들이 유엔군의 최전방 진지들을 산산조각내버렸다. 머지않아 중국 군대로 하여금 가슴을 치게 할 항미원조 제5차 전역이 시작된 것이다.

시작부터 순조롭지 못하여, 보병과 포병의 협력에 문제가 발생했다.

참전한 중국 포병 부대는 모두가 처음부터 조선에 들어온 숙련된 포병들로, 전투 경험이 매우 풍부했다. 그들은 제때에 정해진 장소에서 준비하고 있다가 교묘하고도 정확하게 공격했는데, 보병들이 따라오지 않을 거라고는 생각지도 못했다.

수많은 중국 보병 지휘관들은 포성을 듣자 깜짝 놀라 얼이 빠졌다. 그들은 여전히 국내 전쟁 시기의 이동 속도에 따라 전진했으므로, 공격 출발선에서 여전히 멀리 떨어져 있었다. 어찌 포병 아우들은 보병 형님을 기다리지 않는단 말인가? 부대가 제시간에 공격 출발선 위치에 도달할 수 없으니, 어찌할 것인가?

명령이 떨어졌다: "돌격하라. 직접 돌격하라!"

콰르릉대는 포성 속에서, 많은 중국 장병들은 숨을 헐떡이며 공격 집결지로 달려갔다.

포화의 준비가 끝나자마자, 20만 명의 병사들이 일제히 적군을 향해 공격을 개시했지만, 수많은 병사들은 공격할 때 모두 이미 지쳐서 두 눈의 초점을 잃고 물끄러미 쳐다보고만 있었다.

그날 밤, 중국 군대의 좌측·중앙·우측의 세 개 돌격 집단이 전체 전선에서 밴 플리트의 방어선을 돌파하면서, 치열한 전투가 시작되었다.

좌익의 송스룬 병단은 복수심을 불태우며 단숨에 동부전선의 적군 진지를 돌파하고, 주력이 즉각 종심을 향해 깊숙이 공격해 들어갔다. 이들은 하루에 30킬로미터를 남진하여, 한국 제6사단과 미국 제24사단의 일부 부대들을 섬멸했다.

중앙의 왕진산 병단은 적군 중부전선의 종심으로 공격해 들어가, 동부전선과 서부전선 적군 간의 연결을 갈라놓았다.

우익의 양더즈 병단은 제5차 전역에서 가장 훌륭한 몇 번의 전투를 치렀으며, 또한 지원군의 전투 역사에서 한 차례 중대한 교훈을 얻어냈다.

제63군단장 푸충비(傅崇碧, 1916~2003)는 기묘한 방법으로 승리를 거두었다. 중국 군대가 낮에는 감히 행동하지 못한다고 생각하는 적군의 심리를 이용하여, 제187사단을 대낮에 여러 방면으로 나누어 몰래 임진강에 접근시켜 놓았다가, 날이 어두워진 다음 일거에 적들이 엄밀하게 복병을 배치해 놓은 임진강을 돌파하고, 돌격하여 미군이 서울로 도주하도록 엄호하고 있던 영국 제29여단을 포위했다. 영국 제29여단의 벨기에 대대[203]가 가장 먼저 공격을 받아 소멸되었다. 그리하여 중국 군대의 전공 기록부에는 다시 한 나라의 군대를 무찔렀다는 기록이 추가되었다.

영국 제29여단의 주력 부대는 비록 강대한 화력의 엄호를 받고 탈출했지만, 글로스터셔 대대(The Gloucestershire Battalion)가 제187사단에 의해 설마리(雪馬里)[204] 지구에서 꼼짝없이 포위당했다.

글로스터셔 대대는 영국의 몇 안 되는 가장 유명한 공훈 부대들 가운데 하나로, 1801년에 이집트를 원정하여 왕실을 위해 뛰어난 공[205]을 세웠으므로, 모자에 두 개의 군대 표식을 달 수 있는 특별한 영예를 부여받아, "영국 황실의 두 개의 휘장을 가진 대대"로 유명했다.[206]

영국의 최고 부대를 맞이하여, 중국 병사들은 조금도 주저하지 않았다. 류광즈(劉光子, 1921~1997)라는 중국 병사가 영국인의 빗발치듯이 밀집하여

---

203 영국 제29보병 여단은 네덜란드·룩셈부르크·벨기에 등 비영국인 병력도 포함하고 있었는데, 벨기에인이 포함된 대대를 가리킨다.
204 설마리는 파주시 적성면 소재 마을로, 이 전투를 '글로스터 고지 전투' 혹은 '임진강 전투'라고도 부른다.
205 당시 나폴레옹 원정군이 이집트를 점령했으나, 영국과 오스만 제국의 연합군이 시리아와 이집트 등지에서 프랑스 군대를 격파했다. 그 결과 1801년에 프랑스는 이집트를 포기했다.
206 글로스터셔 대대 모자의 앞쪽에는 영국 육군 휘장이 달려 있고, 뒤쪽에는 1801년 이집트 원정의 승리를 기념하는 대대 휘장이 달려 있다.

쏟아지는 총탄을 무릅쓰고 혼자서 적진을 향해 돌진하자, 영국 병사들은 기겁을 하며 바라보았다. 이 중국인의 바지는 총탄에 찢어졌고, 사방에서 빗발치는 총탄을 맞아 흙먼지가 날렸지만, 기적적으로 점차 가까워지고 있었다. 그들은 이처럼 막무가내로 목숨을 걸고 덤벼드는 모습을 본 적이 없었으므로, "하느님!" 하고 외치며 뿔뿔이 흩어졌다.

류광즈는 진지로 돌격해 들어간 다음 다급하게 펄쩍펄쩍 뛰면서, 큰 소리로 외쳤다: "이렇게 공격을 견디지 못하면서, 지랄이나 아직도 무슨 놈의 왕립 대대라고 부르나?"

소리를 지르면서 궤멸되어 흩어지는 영국군을 향해 탄창 하나를 다 쏘았는데, 생각지도 못하게 이 몇 발의 총탄이 류광즈 발아래 산간 평지에 있던 한 무리의 많은 영국군들을 놀라게 했다. 이들 무리가 풀숲에서 우르르 몰려나오면서, 오히려 류광즈를 깜짝 놀라게 했다. 류광즈는 먼저 수류탄을 던진 다음, 한 손에는 자동소총을 쥐고 다른 한 손에는 수류탄을 든 채 직접 영국군 무리들 안에 있는 큰 바위로 올라가 외쳤다: "머저리 자식들은 내 앞에서 손을 들어라, 그러지 않으면 네놈들을 모조리 죽여버리겠다!"

영국 병사들은 이 천신(天神) 같은 중국 용사에게 놀라 멍하게 선 채 반항할 엄두조차 감히 내지 못하고, 전부 고분고분 두 손을 들었다.

지원군 총사령부는 류광즈에게 '일당백의 영웅'이라는 영예로운 칭호를 수여했다. 그는 지원군 중에서 가장 많은 포로를 잡은 분야의 기록 보유자인데, 혼자서 정확히 영국인 63명을 사로잡았다.

글로스터셔 대대가 곧 끝장나려 하자, 도쿄에 있던 리지웨이가 마침내 직접 조선의 전장으로 왔다. 영국에서는 누구나가 다 알고 있는 이 명예로운 부대가 만약 중국인의 수중에서 쓰러지면, 원래 매우 전쟁을 반대하던 영국인들이 더욱 격렬하게 떠들어댈 것이니, 맹방인 영국을 더 이상 난처하게 만들 수는 없었다.

미국 제3사단 지휘소에서, 리지웨이는 밴 플리트·군단장 밑번 및 제3사단장 소울(Rober H. Soule, 1900~1952)을 소집하여 회의를 열고, 어떻게 하면

글로스터셔 대대를 구할 것인지를 논의했다. 떠날 무렵에 리지웨이는 소울에게 한마디했다: "반드시 글로스터셔 대대를 구출해야 하오. 설령 이 때문에 당신이 부득불 모든 부대를 동원하여 우세한 중국공산당 군대에 대해 반격을 진행하더라도 말이오!"

제29여단장 브로디(Thomas Brodie, 1903~1993)는 더욱 초조하여 온 몸이 떨렸다. 그는 제3차 전역 때 이미 얼스터 대대를 잃은 적이 있었다. 만약 글로스터셔 대대가 끝장난다면, 이 여단장도 틀림없이 끝장날 판이었다.

24일 오전, 중국 군대는 또 한 나라의 군대를 격파했다.

필리핀 제10대대급 전투 부대가 8대의 영국 '센추리온' 중(重)탱크와 비행기 10대의 엄호 아래 설마리로 돌격하여, 글로스터셔 대대를 구출하려고 시도했다. 중국 군대 제561연대 제3대대 병사들은 조용히 산 위로 기어 올라가, 적 탱크를 도로가 비좁은 산어귀로 들어오게 한 다음, 기습 공격을 가하여 길을 열면서 선도하는 탱크와 맨 뒤에서 따라오는 탱크를 격파했다. 그런 다음에 진퇴양난의 적군을 산골짜기 안에 가두어놓고 맹렬하게 공격하자, 필리핀 병사들이 즐비하게 쓰러졌다. 영국 탱크 부대의 지휘관인 후스(Henry Huth) 소령은 놀라서 정신마저 붕괴되었다. 그는 먼저 여단장인 브로디에게, 도로는 좁고 탱크 몸집은 거대하여 통과할 수 없다고 거짓말을 한 다음, 길을 막고 있던 필리핀의 경(輕)탱크와 트럭을 들이받더니 길을 버리고 들판으로 도주했다.

필리핀군의 지휘관 오제다(Dionsio S. Ojeda, 1911~1998) 중령은 심하게 욕을 퍼부었다: "영국인조차도 영국인을 구하지 않는데, 우리가 뭘 믿고 그들을 위해 죽는단 말인가?" 욕설을 퍼붓고 나서 잔존 병력을 인솔하여 목숨만 부지한 채 도망쳐버렸다.

브로디 여단장은 이제 모든 희망을 미국인들에게 걸 수밖에 없었다. 그러나 미국인들은 그야말로 그가 피를 토할 정도로 화나게 했다. 이때, 미국 제3사단의 방어선이 이미 전체적으로 위급함을 알리며 구원을 요청해 오자, 소울 장군은 원래 글로스터셔 대대를 구출하는 데 쓰려던 제65연대의 주력과 필리핀 대대의 전부를 우익의 빈틈을 막는 데 투입하고, 브로디에게는 제65연대 제3대대만을 남겨두었다. 그러나 미국 제65연대장 해리스(William Harris) 대령은 매우 교활한 사람으로, 그는 마음속으로 잔꾀를 부렸다. 제65연대의 제1·제2대대가 모두 이미 중국 군대와 치열한 전투를 벌이고 있는데, 버티는 시간은 분명히 길지 않을 것이니, 철수할 때 제3대대를 이용하여 엄호를 받지 않으면 안 되었다. 그가 어찌 영국인 1개 대대를 구하려고 자신의 2개 대대를 잃겠는가! 해리스는 이미 나쁜 마음을 먹었으니, 구원 행동은 생각해보면 알 수 있을 것이다. 구원 부대의 예정 출발 시각인 새벽 6시 반부터 줄곧 8시까지 말다툼을 하느라, 브로디와 해리스는 구조 방안조차도 내놓지 못했다. 전투를 감독하러 온 부사단장인 미드(Armistead D. Mead) 준장은 내부의 미묘한 사정을 알지 못해, 자연히 그는 보고 있을 수가 없어 끼어들었다: "지금 가장 중요한 것은 시간인데, 두 사람이 이렇게 다투고 있으니, 부대는 도대체 언제 출발할 수 있소?"

화가 치밀어 오른 해리스는 눈이 뒤집혔다: "나는 내 임무를 분명히 알고 있고, 나와 브로디가 모든 것을 충분히 통제할 수 있으니, 다른 사람이 함부로 이래라저래라 할 필요 없습니다." 화가 난 미드 준장은 몸을 돌려 가버렸다.

영국 여단장과 미국 연대장은 다시 한 시간 동안 다투다가, 미국 연대장이 결국 양보하여, 1개 탱크 중대를 보내 구조하기로 했다.

브로디는 초조해서 피를 토할 것 같았다: "강대한 보병 부대의 협조가 없으면, 탱크 중대는 글로스터셔 대대 가까이에 전혀 가지 못할 거요."

해리스의 대답은 브로디를 화가 나서 까무러치게 했다: "그래요? 그럼 내가 먼저 1개 탱크 소대를 보내 시험해보겠소!"

이 이기적인 미국 연대장은 일부러 거만한 영국 여단장의 속을 뒤집어 놓으려 했다.

오전 9시까지 끌다가, 미국 구원 부대가 마침내 출발했다. 의기양양하게 1개 탱크 소대의 탱크 네 대가 서서히 앞으로 나아갔는데, 중국 군대가 이 소대에게 단지 몇 발의 총을 발사하자 다시 철수해 돌아왔다. 해리스는 보고를 받고는 웃으면서 말했다: "다시 1개 탱크 소대를 보내 운세를 시험해봐라."

또 하나의 미국 탱크 소대가 콰르릉대며 출발하자, 지금 막 도망쳐서 돌아온 영국의 후스 소령도 화가 나 펄쩍 뛰었다. 그는 탱크를 가로 막으며 말했다: "우리의 중장갑차인 센추리온 탱크도 소용이 없었는데, M24 같이 얇은 철판으로 만든 관(棺)짝은 전혀 쓸모가 없습니다. 당신들이 진심으로 사람을 구하려는 것이 아니라면 돌아가시오. 영국인들은 이렇게 치욕스러운 수작은 필요 없소."

해리스 연대장은 이 말을 듣고 화를 내기는커녕 오히려 함박웃음을 터뜨렸다: "좋소. 내가 명령을 집행하지 않은 것이 아니라, 영국 신사들 자신이 영웅처럼 행동한 것입니다. 지금부터는 내 명령 없이 글로스터셔 대대를 향해 단 한 명의 병사도 보내지 않을 것이오."

영국의 공훈 부대인 글로스터셔 대대의 마지막 날이 왔다. 4월 25일 정오, 전체 글로스터셔 대대의 4개 보병 중대·2개 포병 중대·1개 중형 탱크 중대가 연달아 중국 군대에게 전멸당하고, 1천여 명 가운데 겨우 39명만이 살아서 도망쳤다. 235고지와 존망을 함께하겠다고 맹세했던 칸(James P. Carne, 1906~1986) 대대장은 고지의 영국군 시체 더미 속에 숨어 죽은 척했지만, 안타깝게도 중국인들에게 발견되었다. 칸은 어쩔 수 없이 길게 한 숨을 내쉬며 땅에서 일어나서 군모를 벗더니, 얼굴이 눈물범벅이 되어 모자 앞에 있는 휘장에 결연하게 입을 맞춘 다음, 그것을 떼어버리고는 순순히 중국 군대의 포로수용소로 들어갔다.

영군 군대는 이리하여 "영국 황실의 두 개 휘장을 가진 대대"인 이 공훈 부대를 잃어버렸다.

전투가 끝났다. 훗날 중국 군대의 참모차장이 되는 제187사단장 쉬신(徐信, 1921~2005)이 영예의 2등 공훈을 세웠다.

임진강변에서 영국 제29여단은 참혹한 타격을 입었다. 50% 이상의 병력을 잃고, 철저하게 전투력을 상실하자, 영국의 조야는 이로 인해 깜짝 놀랐다. 미국인들이 죽어가는 영국군을 보고도 구원하지 않은 행위는 영국인들을 더욱 분노하게 만들었다. 리지웨이는 무척 난처해지자, 철저한 조사를 명령했다. 철저하게 조사한 결과는 뜻밖에도 칸 대대장의 행위가 잘못되었고, 미군 각급 지휘관들의 조치는 적절했다고 밝혀져, 아무런 책임도 지지 않았다.

제63군단이 연전연승을 거두고 있을 때, 양더즈 병단의 다른 두 군단은 뜻밖에 심각한 손실을 입었다.

제64군단은 임진강의 후방을 돌파하여 의정부로 돌격하는 중요한 임무를 맡았는데, 결국 강을 건넌 후 미군의 강대한 화력에 막혀서 전진하지 못했다. 병단 사령관 양더즈는 애가 타서 눈에 핏발이 선 채, 돌파하도록 재촉하는 전보 두 통을 연달아 보냈다. 그 표현의 엄격함은 정말이지 보기 드문 것이었다:

"……우리 군대의 주력은 이미 강 남쪽의 강을 등진 협소한 지역에 멈춰 있으므로, 만약 결연하게 공격하지 않는 것은 죽음과 같다. ……제64군단의 각 사단들은 만약 맹렬하게 돌격하여 목적지에 도달하고 전역의 임무를 완수하지 못한다면, 혁명 기율에 따라 처벌받을 것이다!"

그러나 혁명 기율에 따른 처벌이 적들의 강대한 화력을 소멸시키지는 못했다. 제64군단장이 부하들을 이끌고 아무것도 돌보지 않은 채 맹렬하게 공격해 나갔는데, 결국 단지 1개 대대와 병단의 정찰 파견 부대만이 적군 방어선을 돌파했다. 이 2개의 작은 부대는 20시간 동안 잠도 자지 못하고 쉬지도 못한 채 목숨을 걸고 싸웠다. 계속해서 미군의 일곱 차례에 걸친 저지를 격파하고, 미군 종심의 60킬로미터까지 진격해 들어가, 일거에 의정부 방면의 감제고지인 도봉산을 빼앗아 점령함으로써, 서울 이북의 적군 퇴로를 차단했다. 그 결과 서울 이북에 있던 적군의 배치를 교란시키자, 사방팔방에 있던 적군이 일제히 도봉산을 향해 몰려왔다. 이들 2개의 중국 부대는 상상할 수 없이 열악한 조건에서 꼬박 사흘 낮 나흘 밤을 버텨냈다. 절망적인 형세하에서, 그들은 눈이 빠지도록 대부대가 빨리 도착하기를 기다렸다. 그러나 제64군단의 주력은 이 시각에 임진강 강변에서 피를 흘리고 있었다.

제64군단은 목숨을 아끼지 않고 반복하여 공격했지만, 끝내 적군의 화력 봉쇄선을 돌파하지 못했다. 증원된 제65군단의 2개 사단도 도착하자, 결국 5개 사단 5만여 명의 병력이 모두 임진강 남안 약 20평방킬로미터의 협소한 공간에 몰려들어 움직일 수가 없었다. 나아가지도 못하고, 후퇴하지도 못한 채, 꼬박 이틀 밤낮 동안 미국인들의 공중과 지상의 화력이 반복하여 땅을 갈아엎자, 중국 병사들의 피범벅이 된 시체들이 임진강 남안을 가득 뒤덮었다.

모든 중국의 전쟁사에서는 이 전투 과정에서 발생한 중국 군대의 상세한 사상자 숫자를 발표하지 않은 채, 단지 "사상자가 막대했다"·"중대한 희생이 있었다" 등과 같이 피비린내 가득한 말들로 간단히 언급하고만 있다. 중국의 권위 있는 전쟁사는 이렇게 쓰고 있다: "이것은 지원군 전사(戰史)에서의 한 차례 중대한 교훈이다……."

미군 진지의 모습

4월 22일부터, 귀청이 떨어질 정도로 큰 총성과 포성이 꼬박 7일 밤낮 동안 들리다가 마침내 점점 잦아들었다. 이때, 중국 군대는 이미 남쪽으로 67킬로미터를 진격해 들어갔고, 양더즈 병단은 이미 서울 북쪽 외곽으로 다가갔다. 미군이 제4차 전역 과정에서 87일 동안 공격하고서야 획득했던 지역이 중국 군대의 겨우 7일 동안의 반격에 의해 대부분 탈환되었다.

펑더화이는 지휘소에서 전황 보고서를 보자 기쁘면서도 걱정스러웠다. 이 7일 동안 부대들이 적지 않게 전술적으로는 잘 싸웠지만, 임진강변에서의 비통한 교훈도 있었다. 총체적으로 보면, 중국 군대가 의심할 여지 없이 반격으로 승리를 거두었지만, 이 승리는 그다지 원만하지 못했고, 그다지 만족스럽지 않았다.

전체 제1단계에 섬멸한 적은 겨우 2만 3천 명이었고, 그 가운데 부대를 편성할 수 없도록 섬멸한 적군은 1개 연대로, 적군 5개 사단을 섬멸하기로 예정했던 계획과는 너무 차이가 컸다.

'적들이 교활하게 싸웠구나.' 펑더화이는 속으로 생각했다.

밴 플리트는 확실히 중국 군대가 많은 편의를 누리도록 놔두지 않았다. 그는 리지웨이의 방법에 따라 약을 처방했다. 즉 중국 군대가 야간에 공격하면, 그들은 점차 후퇴했는데, 하룻밤에 가장 많아야 단지 20킬로미터만 후퇴했다. 이는 바로 중국 군대가 하룻밤에 전진하는 거리와 같았다. 결국 중국 군대는 야간에 적을 잡지 못했고, 날이 밝으면 또 적군이 미리 구축해놓은 진지 앞에 진입했다가, 도리어 화력의 맹렬한 습격을 당했다. 게다가 밴 플리트는 특히 '계란 껍질 방어' 전법을 바꾸어, 병력과 화력이 밀접하게 협력하는 종심 방어를 확립하자, 중국 군대가 근접전을 하려고 해도 붙을 수가 없었다. 야간 전투를 하면 그날 밤에 전투를 해결할 수가 없었으며, 빨리 결판을 내려 해도 계속 대치하여 양보하지 않게 되자, 다시 펑더화이가 가장 꺼리던 일선평추(一線平推: 많은 병력이 한 방향으로 전개하여 평행으로 밀어붙이면서, 서로 호응하는 전술-옮긴이)가 되었다. 이리하여 비록 가평 방향에서 이번 전역의 돌파구를 만들어, 적군의 측면에 심각한 위협을 가하기는 했지만, 다시 부대의 식량이 부족했기 때문에 제자리에 머물면서 보충을 기다릴 수밖에 없었는데, 미군들이 재빨리 차량 등을 이용해 행군하여 돌파구를 막아버렸다. 이제 미군은 서울도 포기하려 하지 않았다. 밴 플리트는 화포를 전부 서울로 가는 도로로 끌어올려, 서울의 북·서·동쪽 세 방면에 밀집 화망을 형성해 놓았다. 부대가 휴대하고 있던 식량과 탄약이 다시 바닥나버리자, 펑더화이는 공격을 멈출 수밖에 없었다.

"병참보급이 따라오지 못하고, 화력도 약한 데다, 제공권이 전혀 없으니, 이 전쟁은 장기전이 될 수밖에 없겠어, 아아!"

펑더화이는 전쟁이 장기화될 것임을 이미 분명하게 알고 있었다. 그러나 중국 군대의 역사에서 규모가 가장 큰 이번 전역이 이런 결과를 내고 끝나는 것을, 펑더화이와 지원군 장병들은 전부 달가워하지 않았다. 백만 명이 넘는 군대를 투입하고도 이 정도의 전과를 얻는다는 것은 말이 안 되었다.

여러 장수들이 함께 토의하더니, 동부전선에 가서 이승만을 공격하기로 했다. 중국 군대는, 체면을 세우겠다고 무수한 병사들의 고귀한 생명과 미군이 엄밀한 방어망을 설치한 서울을 바꿔치기할 만큼 어리석지 않았다. 지금 미군의 주력은 서부전선에 집중되어 있고, 동부전선에는 단지 한국군 2개 군단의 6개 사단밖에 없었다. 만약 한국 군대를 전멸시키면, 미국인들은 외톨이 신세가 될 것인데, 한국에 여전히 남아 있을 수 있겠는가?

중국 군대는 다시 식량을 수송하고 탄약을 보충하기 시작하면서, 제5차 전역의 2단계 전투를 개시할 셈이었다. 전선이 바빠서 눈코 뜰 새 없을 때, 백만 대군의 병참보급을 책임지고 있는 훙쉐즈는 뜻밖에 국내로 달려갔다.

31

저우언라이가 프랑스에서 유학하고 있을 때, 몇몇 중국 동창들과 함께 농담을 하다가, 학교에서 가장 아름다운 여학생을 평가하고 나서 학교 내의 미남들을 평가했다.

청년 저우언라이가 웃으면서 말했다: "최고 미남자는 바로 자네들 옆에 앉아 있네!"

여러 동창들은 이렇게 야유했다: "자네 말이야? 좀 말랐잖아."

저우언라이는 물러서지 않았다: "나의 외모가 비록 말랐더라도, 천하는 반드시 살찔 거네!"

저우언라이의 일생 중에 가장 야위었던 시기가 세 번 있었다. 한번은 장정(長征) 과정에서 간농양(肝膿瘍)에 걸렸을 때이고, 한번은 병으로 세상을 떠나기 전에 암으로 고통받던 시기이며, 또 한번은 항미원조 기간이었다.

저우언라이는 중화인민공화국의 위대한 관리자이자, 지원군의 위대한 관리자였다. 그가 항미원조에 공헌한 내용은 수십 권의 책으로도 다 쓰지 못할 것이다. 지원군을 지원하는 복잡한 사무들 가운데, 저우언라이로 하여금 가장 고심하게 한 일은 바로 병참보급 업무였다.

"홍쉐즈 동지, 반갑소, 오시느라 수고했소."

저우언라이는 사무실 입구에 서서 온 몸이 진흙투성이인 홍쉐즈의 손을 꼭 잡았다. 그의 수척한 얼굴은 홍쉐즈를 깜짝 놀라게 했다. 수십 년 뒤, 홍쉐즈는 자신에 관한 이야기는 가급적 기록하지 않은 회고록에서, 자신이 저우언라이를 만났던 이때의 기억을 특별히 기록해 놓았다: "저우언라이 부주석님은 일이 너무 바빴으며, 매우 초췌해 보였다."

저우언라이가 홍쉐즈를 부른 것은, 일선 지휘관들로부터 지원군의 병참보급 과정에 존재하는 어려움과 문제를 파악하기 위한 것이었다. 그 외에도 홍쉐즈에게 털어놓을 수 없었던 한 가지 비밀도 있었다. 그것은 자신이 직접 홍쉐즈를 면밀히 관찰하여, 그가 곧 설립될 지원군 병참보급 사령부의 사령관에 부임할 수 있는지 없는지를 관찰하려는 것이었다. 이 일에 대해, 홍쉐즈는 이때까지 아직 아무것도 모르고 있었고, 오직 저우언라이와 펑더화이만이 알고 있었다.

홍쉐즈는 자리에 앉자마자 보고를 시작했다: "몇 차례의 전역이 진행되었는데, 우리는 안타깝게도 바로 제공권이 없어서 손실을 입고 있습니다. 적기의 폭격으로 인한 파괴는 아군에게 대단히 큰 손실을 입히고 있습니다. 적기는 언제나 한번 공격했다 하면 하루 종일 공격하여, 사람을 보면 맹렬하게 돌진해 와 드르륵 갈겨대고, 네이팜탄·화학지뢰·시한폭탄·삼각못을 마구 뿌려댑니다. ……야간에는 야간 비행기가 뜨는데, 병사들이 "흑과부(黑寡婦: 블랙 위도우, 즉 P-61 Black Widow-옮긴이)"라고 부르는 이 비행기는 선회도 하지 않고 폭탄을 떨어뜨려, 곳곳에서 큰불이 납니다……."

저우언라이는 매우 엄숙하게 말했다. "미 제국주의는 우리를 업신여기면서, 미친 듯이 날뛰고 있소. 하지만 그들이 생각지 못하게, 그들의 해·공군이 우세한 상황에서도, 우리는 도리어 38선까지 공격했어요. 미군은 이렇게 처음으로 세계에서 패배했지만, 지원군이 불리해지지 않으려면, 적의 폭격에 대처하는 방법을 연구해야 하오."

이어서 저우언라이는 보급 문제에 대해 물었다. 홍쉐즈가 보고했다. "지원군은 방공 능력이 없는데, 도로를 통한 수송 거리는 수백 킬로미터에 달합니다. 제3차 전역 때, 전방 병참과 후방 병참이 3~4백 킬로미터나 떨어져 있었고, 중간은 텅 비어 있어, 전방과 후방이 서로 분리되었습니다. 그 밖에도 병참보급은 매우 분산되어 있고, 자체의 독립적인 통신 체계도 없어서, 수시로 연락이 되지 않습니다. ……지금 병사들은 세 가지 두려움이 있는데, 첫째는 먹지 못하는 것, 둘째는 탄약 없이 싸워야 하는 것, 셋째는 부상을 당해도 후송되지 못하는 것입니다. ……적군의 참전한 비행기는 1천여 대에서 2천여 대로 증가했고, 또 보편적인 폭격에서 아군의 수송로를 파괴하는 쪽으로 방향을 바꿨습니다. 특히 네이팜탄은 아군의 지상 창고 시설들에 가장 큰 피해를 주고 있습니다. 적들은 또한 많은 특수 공작원을 파견해 우리의 후방에 잠입시켜 폭격 목표를 알려주고 있습니다……."

홍쉐즈의 보고를 듣고 나자, 저우언라이의 마음은 매우 무거웠다:

"외국의 군사 전문가들이 말하기를, 병참보급은 현대화된 전쟁에서 가장 어려운 일이라고 합니다. 지원군의 병참보급은 반드시 강화되어야 하고, 군사위원회는 지원군의 병참보급에 방공 부문과 통신 부대를 증파할 것입니다. ……당신은 아직도 보고할 다른 문제가 있습니까?"

홍쉐즈는 즉각 이렇게 말했다: "펑 총사령관님은 저에게 지원군의 병참보급사령부를 설립하는 문제를 부주석님께 보고하라고 하셨습니다. 조선 전

낙후된 병참보급 방식으로, 수많은 노새와 말을 이용하는 수송대를 조직했다.

쟁 동안에 펑 총사령관님과 저희들은 모두 현대화된 전쟁에서 병참보급의 역할을 점차 이해하게 되었습니다. 현대의 전쟁은 입체적인 전쟁으로, 공중·지상·해상·전방·후방에서 동시에 진행되거나 교차하여 진행되며, 전장의 범위가 넓고, 전황이 빠르게 변화하여, 인력과 물자의 소모가 큽니다. 지금 구미 국가들은 모두 대대적으로 병참보급 전략을 실행하고 있는데, 50리(里: 1리는 약 500미터-옮긴이) 이전까지는 전방 사령부의 업무이고, 50리 이후는 후방 사령부의 업무입니다. 전쟁은 전방에서 싸울 뿐만 아니라, 후방에서도 싸웁니다. 지금 미국은 우리의 후방에 대해 전면적으로 통제 폭격을 시행하고 있는데, 이것이 바로 우리의 후방에서 싸우는 전쟁입니다. 이 전쟁의 규모는, 우리가 전방에서 진행하는 전쟁의 규모를 결정할 뿐만 아니라, 전방에서 진행되는 전쟁의 승패도 결정합니다. 우리는 이 후방의 전쟁을 승리해야만, 우리의 전방 전쟁의 승리를 더욱 잘 보장할 수 있습니다. 병참보급은 이러한 특성에 적응해야 하며, 군사위원회는 우리에게 방공 부대·통신 부대·철도 부대·공병 부대 등 다양한 병종의 부대들을 파견해주어 연합 작전을 벌여야 합니다. 또 후방 전쟁의 영도 기구와 후방 비전투 사령부를 설립함으로써, 후방 전쟁에 참여하는 여러 병종들의 연합 작전을 통일적으로 지휘해야 하고, 이러한 것들이 보장된 상태에서 전투를 진행해야 합니다."

저우언라이는 연신 고개를 끄덕였다.

32

바삐 일을 마치고, 홍쉐즈는 조선으로 돌아갔다. 5월 14일 밤, 항미원조의 역사에서 큰 사건이 하나 발생했는데, 이 사건은 또한 중국 군대 현대화 건설사에서 하나의 이정표가 되었다.

펑더화이와 지원군의 당위원회 상무위원들은 공동으로 병참 사령부 인선을 상의했다. 홍쉐즈는 예감이 심상치 않아, 한쪽에 아무 말 없이 움츠리고 있었다. 그는 정말로 이 사령관을 겸하고 싶지 않았다. 그 이유는, 첫째로 그는 오랫동안 종사해 오던 군사 업무를 떠나 병참보급으로 옮겨가는 것을 아쉬워했기 때문이며, 또 한 가지 이유는 말년이 되어서야 그가 비로소 이렇게 밝혔다: "조선 전쟁의 병참보급 업무는 대단히 어려워서, 내가 잘 해내지 못해 그르칠까봐 걱정했는데, 설명할 방법이 없었어요."

홍쉐즈는 아무 말도 하지 않았는데, 다른 사람들은 도리어 매우 열렬하게 발언했다. 덩화·한셴추·제팡·두핑은 모두들 한마디씩 하여 홍쉐즈가 겸직하는 것이 좋겠다고 말했다.

홍쉐즈는 마침내 감정을 억제하지 못하고 말했다: "저는 이 사령관을 겸할 수 없습니다."

펑더화이는, 천하에 아무것도 두려워하지 않는 홍 곰보(홍쉐즈의 별명-옮긴이)가 오늘 왜 이러는지 의아해 했다.

펑더화이가 물었다: "왜 그런가?"

홍쉐즈는 필사적으로 이 직무를 사양하려고 했다: "이전에 한때 저에게 관리하게 했는데, 저는 잘 해내지 못했습니다. 지금 다시 저에게 이 병참 사령관을 겸하게 하더라도, 또 잘 못하지 않겠습니까! 저는 무슨 일이든지 잘 해낼 수 있어도, 이 일은 잘 할 수 없으니, 다른 사람에게 맡겨주십시오."

펑더화이는 기분이 언짢았다: "자네가 하지 않으면, 누가 하는가?"

홍쉐즈가 덩화에게 맡으라고 하자, 덩화가 자신은 총사령관을 도와 작전을 하고, 또 부정치위원을 겸하고 있어 정치 공작을 관리하고 있으니, 어떻게 겸직할 수 있겠냐고 했다. 홍쉐즈가 어쩔 수 없이 다시 한셴추가 겸직해야 한다고 하자, 한셴추는 고개를 가로저으며 말했다: "나는 언제나 일선에 가서 감독하고 독려하면서 점검하는데, 어떻게 병참 사령관을 겸할 수 있겠습니까?"

홍쉐즈는 정말로 초조했다: "그럼 후방에서 사람을 파견하게 하십시오!"

펑더화이의 얼굴은 이미 붉으락푸르락했지만, 여전히 끈기 있게 한마디 쏘아붙였다: "누굴 보내라고?"

"리쥐쿠이와 저우춘촨(周純全, 1905~1985) 둘 다 괜찮을 겁니다!" 홍쉐즈가 말한 두 장수는 모두 중국 군대에서 오랫동안 병참보급을 담당해온 사람들이었다. 리쥐쿠이는 또한 펑더화이와 함께 핑장(平江)에서 봉기를 일으킨 홍군 제5군(軍)의 노병으로, 홍군 제5군의 대대장 레이전후이(雷振輝, ?~1928)가 반란을 일으켜 펑더화이를 총으로 쏴 죽이려 했을 때, 리쥐쿠이가 달려들어 그를 안고 땅바닥에 넘어뜨려서 펑더화이의 목숨을 구한 적이 있었다. 그러나 이들 두 사람은 모두 동북 지역 병참보급의 최고 책임자들인데, 어떻게 올 수가 있겠는가?

펑더화이는 고개를 저었다: "후방의 임무도 매우 중요한데, 그들은 주로 그곳을 관리하고 있네." 홍쉐즈의 체면을 봐서 펑더화이는 무의미한 논쟁을 하고 있었지만, 다른 사람이었다면 그는 벌써 호통을 쳤을 것이다.

말이 이 정도까지 나아갔는데도, 홍쉐즈는 여전히 멈추지 않았다: "그렇다면 양리산(楊立三)을 보내면 되잖습니까."

양리산은 홍군 시절부터 병참보급을 맡아온 중국 군대의 총병참부장으로, 초원(장정 당시 스촨의 황량한 초원에서 대원들이 엄청나게 고생한 적이 있다-옮긴이)에서 그는 하마터면 병으로 죽을 뻔한 저우언라이를 들것에 둘러메고 나온 적이 있었다. 그가 죽은 후에 저우언라이는 직접 그를 위해 관을 들었다.

이는 잡수시오 할 때는 안 먹다가, 처먹어라 할 때 먹는 꼴이 아니겠는가?

펑더화이는 결국 화를 냈다. 그가 갑자기 탁자를 세차게 치자, 깜짝 놀라 홍쉐즈는 거의 뛰어오를 뻔했다.

"니가 맡지 않겠다고? 좋아! 니가 할 필요 없어!"

홍쉐즈는 이처럼 좋은 일이 어디 있으랴 싶어, 작은 소리로 물었다: "그러면 누가 합니까?"

펑더화이는 분노하여 소리쳤다: "내가 할 거야! 니가 가서 부대를 지휘해!"

홍쉐즈는 펑더화이가 이렇게 화를 내는 것을 보자 무서웠다: "총사령관님, 총사령관님께서 이렇게 말씀하신 것은, 아무래도 '장(將)'을 부르신 것 같습니다."

홍쉐즈는 늘 펑더화이와 장기를 두었다.

"내가 너의 군을 받을까, 아니면 니가 나의 군을 받을래, 어?"

펑더화이는 받아들이지 않았다.

홍쉐즈는 이렇게 오리가 내쫓겨서 횃대에 올라가듯이, 지원군 병참 사령관이 되었다. 펑더화이가 이렇게 몰아붙였는데, 뜻밖에도 홍쉐즈는 이후 중국 군대에서 유일하게 두 번이나 상장(上將) 계급을 받고 총병참부[總後勤部] 부장을 맡았다. 바로 이렇게 도처에서 전투가 끊이지 않는 조선 전장에서, 중국 군대는 현대화된 전쟁에 적응할 수 있는 완전하고 독립된 병참보급 체계를 확립하기 시작했다.

이때 중국 군대의 총참모장 대리를 맡고 있던 녜룽전 원수는 훗날 예리하게 총결했다: "엄밀하게 말하자면, 우리는 항미원조 전쟁 동안부터, 비로소 병참보급 업무가 현대화된 전쟁에서 갖는 중요한 지위를 충분히 인식했다."

1951년 5월 16일, 홍쉐즈가 압박을 받아 병참 사령관이 된 지 3일 후, 제5차 전역의 제2단계가 시작되었다. 바로 같은 날, 맥아더와 다투느라 기진맥진한 트루먼은 미국 국가안전보장회의(United States National Security Council)가 통과시킨 〈전쟁 전 상태의 38선을 회복하기 위해, 협상을 통한 적대 행위 종결 건의〉를 비준하고, 미국인들은 중국인들에게 화해를 요구하기로 결정했다. 그들은 사실 본래 유럽에서 사용해야 할 역량을 조선에서 계속 소모시키고 싶지 않았다.

그러나 전쟁은 일시적으로 여전히 자신의 관성에 따라 진행되었다.

펑더화이가 오로지 동부전선의 한국군만을 공격하는 전술은 신통한 효과를 거두었다. 서부전선의 양더즈 병단이 서울 침공을 가장하여 미군의 주력을 끌어들이자, 왕진산 병단이 다시 중앙을 돌파하여, 또 동부전선과 서부전선의 적들을 둘로 갈라놓아 버렸다. 동부전선의 주공격을 맡은 송스룬 병단과 인민군 3개 병단은 전에 없이 맹렬한 포화로 한국군의 방어선을 맹폭했다. 중국·조선 연합군이 저녁 무렵에 돌파하고, 야간에 돌진해 들어가, 새벽녘에 포위하여, 신속하게 한국 제3군단이 퇴각하기 위해 반드시 지나야 하는 오마치(五馬峙: 지금의 강원도 인제군 오미재-옮긴이)를 재빨리 점거하자, 공격을 받아 만신창이가 된 한국군 4개 사단은 전부 붕괴되었으며, 부군단장 등은 앞장서서 도망쳤고, 뿔뿔이 흩어져 큰 산으로 도주해 들어갔다. 그리하여 수많은 사람들이 남쪽으로 도망치는 과정에서 굶어죽었고, 4개 군단의 장비는 전부 지원군에게 넘어갔다.

미국인들은 크게 분노하여, 이렇게 무능한 부대는 존재할 필요가 없다고 했다.

리지웨이와 밴 플리트는 눈을 부라리며, 한국 제3군단의 번호를 폐지하고, 기한 내에 해산하라고 명령했다.[207]

전쟁을 도와달라고 요청받고 온 객군(客軍)이 뜻밖에 명령을 내려 본국의

지원군 병사가 적의 각 진지와의 거리를 모두 측정해 놓았다가, 일단 적을 발견하면, 단지 적힌 숫자에 따라 발사하기만 하여, 신속하게 적을 섬멸할 수 있었다.

군단급 부대를 해산시켰다. 미국인들의 이 조치는 사람들로부터 크게 비웃음을 샀다. 한국 사람들은 수십 년 뒤에도 여전히 이에 대해 비난을 퍼붓고 있는데, 이는 사실 독립된 국가에게는 커다란 치욕이다. 한국 제1군단장은 이후부터 사람들로 하여금 웃지도 울지도 못하게 하는 입에 발린 말을 자주 했다: "이른바 연합 작전이란, 바로 '참을 인(忍)'이라는 한 글자입니다."

한국 제3군단을 격멸시킨 다음, 동부전선의 부대는 계속 남쪽으로 맹렬하게 진격했다. 조선 중부의 산맥은 대부분 세로 방향이어서 부대가 가로 방향으로는 빠르게 이동할 수 없었으므로, 중국 군대는 어쩔 수 없이 줄곧 남쪽으로 달려갔다. 5일 동안 연속으로 분전하면서, 송스룬 병단은 동부전

---

207 1951년 5월 16일부터 5월 22일까지 강원도 인제군 일대에서 벌어진 전투를 '현리 전투' 라고 부르는데, 이 전투는 한국 전쟁 역사에서 보기 드문 대규모 패전 사례 중 하나이다. 이 패전으로 인해 제3군단의 병력은 심각한 타격을 입었고, 미군이 직접 한국군을 지휘하는 구도가 확립되었다.

지원군 병사들이 적 진지를 향해 공격하고 있다.

선에서 전체적으로 50～60킬로미터를 밀고 나갔다. 남쪽으로 가장 멀리 돌진한 제12군단은 이미 37도선에 도달했으며, 그 가운데 제92연대는 뜻밖에 150킬로미터나 진격하여, 37도선 이남에 있는 하진부리(下珍富里: 강원도 평창군 진부면에 있는 마을-옮긴이)에 도달했다. 밴 플리트의 방어선에 다시 구멍이 뚫리면서, 중국 군대는 또 대승을 거두었다.

애석하게도, 이미 중책을 감당할 수 없던 보급선은 이때까지 버티다가 마침내 완전히 끊어지고 말았다. 중국 군대의 군단장과 사단장은 모두 죽조차 마시지 못했다. 제60군단장 푸충비의 하루 식량은 바로 길에서 주워 온한 줌의 볶은 콩이었으며, 왕진산 병단의 대다수 병사들은 배가 고파 나무껍질과 풀뿌리를 먹다가 뜻밖에 중독되어 사망하자, 어쩔 수 없이 3일 동안머물며 보충을 기다렸다. 미국인들은 2개 사단의 자동차를 이용한 행군으로, 10여 시간 만에 100킬로미터 넘게 행군하여, 신속하게 전선의 돌파당한구멍을 막아버렸다. 펑더화이는 상황을 알고 길게 탄식했다. 보급이 힘들고,부대는 지쳐 있어, 더 이상 전역을 확대하여 승리할 방법이 없었다.

지원군 사령부는 곧 명령을 내려, 춘계 공세를 여기에서 마무리하고, 주력은 38선 이북으로 이동하여 휴식을 취하도록 했다. 2단계의 공격에서 모두 승리한 중국 군대는 8천 명의 부상자를 데리고, 득의양양하게 천천히 북쪽으로 철수했다.

경계심을 늦춘 분위기 속에서, 중국 군대에게는 큰 재난이 눈앞에 닥쳐왔다.

34

5월 18일, 중국·조선 연합군의 공세가 아직 고조되고 있었는데, 밴 플리트는 서부전선과 중부전선에서 반격 준비를 하라고 지령을 내렸다. 중국인들의 공세는 오직 5일 내지 7일만 유지하다가, 식량과 탄약이 다 떨어진 다음에는 반드시 철수했다. 그렇다면 만약 그들이 식량과 탄약이 전혀 없고 철수에 바쁜 틈을 타, 불의의 반격을 가한다면 결과는 어떨까? 이 문제를 생각하자 밴 플리트의 두 눈에 빛이 났다.

그는 또한 사관학교 후배인 리지웨이를 대단치 않게 여겼다. 리지웨이의 반격은 단지 많은 병력이 한 방향으로 늘어선 채 서로 호응하면서 평행으로 밀어붙여, 먼저 산 정상을 점령하는 것이어서, 중국인들로 하여금 여유롭게 도망치게 했다. 안 된다, 결코 그렇게 하면 안 된다.

미군 내에서 '산악 전투 전문가'로 불리던 밴 플리트는, 중국인들이 적군을 공격하여 뚫고 들어가는 방법을 채택하기로 결정했다. 그는 탱크와 자동화 부대 보병들을 이용하여 '별동대'를 조직하고, 강대한 공군이 엄호하여, 도로를 따라 중국인들의 후방으로 맹렬하게 뚫고 들어가, 먼저 교량과 나루터를 빼앗고, 후속 부대와 협력하여 철수하는 중국인들을 포위하기로 했다.

이 반격을 준비하기 위해, 밴 플리트는 후방을 수비하던 병력을 아낌없이 이동시켜 비워 두는 바람에, 남쪽의 인민군 유격대가 즉각 급격히 발전하자, 밴 플리트는 "정치를 모른다"는 오명을 쓰게 되었다.

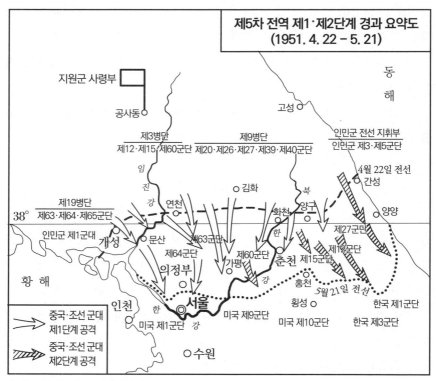

제5차 전역 제1·제2단계 경과 요약도

5월 22일, 중국 군대의 공격이 멈추자마자, 밴 플리트의 반격이 즉각 시작되었다.

기병 제1사단 제7연대의 돌격대와 미군 제25사단의 '델빈(Delvin) 장갑 지대(支隊: 연대나 사단에 해당하며, 임시로 편성하여 독립적으로 행동하는 부대-옮긴이)'와 미군 제10군단의 '뉴먼(Newman) 첨병' 별동대 등 치아까지 무장한 중(重)장갑 지대가 철수하고 있는 중국 군대의 후방으로 돌진해 들어갔다. 기동대의 뒤에는 정예 부대로 양성한 13개 사단들이 있었다.

승리를 거두고 귀환하던 중국 군대는 갑작스러운 공격을 받자 놀라서 어쩔 줄을 몰랐다. '뉴먼 첨병'이라는 1개 중대도 채 안 되는 부대는 3시간 내에 중국 군대의 가장 중요한 구역에서 20킬로미터를 거침없이 돌진했는데,

가는 곳마다 마치 무인지경 같았다. 그리하여 마침내 천혜의 험준한 장벽인 소양강 북안의 나루터를 점령하여, 이제 막 동부전선에서 대승을 거둔 송스룬 병단의 허리 부분을 향해 매섭게 칼을 꽂더니, 아직 37도선 근처에서 머물고 있던 제27군단과 제12군단의 배후까지 일거에 포위하여 공격했다. 중부전선의 제15군단과 제60군단의 우익도 철저하게 노출되었다. 이어서 제60군단의 방어선이 돌파당해, 중부전선의 왕진산 병단과 동부전선의 송스룬 병단의 연결이 완전히 차단되었다. 동부전선은 이미 매우 위태로워졌고, 중부전선도 대세가 심상치 않아지기 시작했다. 엎친 데 덮친 격으로, 왕진산의 제3병단이 막 후퇴하기 시작했는데, 무전 차량이 적기에게 폭격을 당해 망가지자, 병단 본부와 하급 부대의 모든 연락이 두절되었다. 맹장 왕진산은 다급하여 발을 구르며 욕을 퍼부었다. 그의 제60군단 제180사단의 양쪽 측면은 이미 철저하게 노출되어, 사실상 이미 포위되었으며, 송스룬에게 배속한 제12군단도 퇴로를 차단당했다.

펑더화이의 전투 배치는 순식간에 지리멸렬해졌고, 심지어 제대로 된 저지선마저도 없었다. 5월 24일까지, 제12군단 사령부와 거기에 소속된 2개 사단·제27군단 주력과 제60군단의 제180사단이 모두 미군에 의해 38선 이남에서 차단당하자, 전장은 혼란에 빠졌다.

잠시 깜짝 놀라고 난 다음, 중국 군대의 오랫동안 전장을 누벼온 정예군은 즉각 단호한 포위망 돌파 작전을 개시했다.

송스룬에게 배속된 제12군단 제31사단은 비록 이미 적의 후방에 고립되어 있어, 군단 사령부와 연락이 두절되었지만, 사단장 자오란톈(趙蘭田, 1918~2004)은 옛 홍군 출신으로, 결코 당황하지 않았다. 그는 부대와 자신의 전투 경험을 믿었다. 그는 단지 적의 뱃속으로 돌진해 들어간 제91연대만을 걱정했다. 제91연대는 이미 37도선을 통과했지만, 퇴로가 미군에 의해 철저히 차단되어 있었다. 저 홍군 제1방면군 제1사단 제1연대로부터 발전해온 옛 홍군 연대를 잃는다면, 어떻게 다시 얻을 수 있단 말인가. 그렇게 되면 군단의 위신을 완전히 꺾어버릴 것이다.

이때, 제31사단 양쪽 측면의 인민군과 제27군단이 모두 후퇴하고 있어서, 제31사단이 다시 후퇴하지 않으면 고립될 판이었다.

"우리는 제93연대를 데리고 적을 저지하여, 제91연대를 위해 뚫린 곳을 막아야 한다. 제91연대가 위험에서 벗어나지 않으면, 사단 지휘부는 이동하지 않겠다."

자오란톈 사단장과 정치위원 류수안(劉暄)은 눈물을 머금고 결심했다. 제31사단 작전과 부과장 펑팅(楓亭)은 두 명의 경호원을 데리고 죽음도 두려워하지 않으면서, 무수히 몰려오는 적들을 향해 남쪽으로 달려갔다. 그들의 임무는 제91연대를 찾아 구두로 사단장의 철수 명령을 전달하는 것이었다.

두 명의 경호원이 잇달아 적의 화망에 쓰러지자, 펑팅은 단기필마로 기적처럼 67킬로미터를 달려가, 적의 포위망 속에서 제91연대장 리창린(李長林, 1917~1999)을 찾아냈다. 리창린은 펑팅을 보자 깜짝 놀랐다. 펑팅은 더욱 놀랐는데, 리창린이 여전히 신바람이 나서 한국 제3군단 사령부를 공격하려고 했다.

전장의 형세를 파악하고 나서, 홍군 연대였던 제91연대는 전혀 당황하지 않았다. 전술에 정통한 리창린은 부대를 이끌고 먼저 적의 후방인 동남쪽으로 진격하여, 비밀리에 남한강을 건넌 다음, 다시 길을 돌아서 북쪽으로 갔다. 6일 후, 초근목피로 연명하던 제91연대 천여 명의 중국 장병들은 마침내 3개 사단에 달하는 적군의 저지를 뚫고, 부대가 온전히 대부대와 합류했으며, 도중에 60여 명의 한국군 포로도 사로잡았다.

동부전선에서 포위되어 있던 몇몇 중국군 부대들은 모두 전쟁 경험이 매우 풍부한 오래된 부대들로, 침착하게 모두 미군의 포위권을 몰래 빠져나왔다. 이때 제27군단은 전체 군단에 식량이 바닥난 데다, 조선 전장에서 유일한 미국 공수 정예 부대인 제187공수 연대와 많은 적의 탱크들에 의해 퇴로를 차단당했다. 일찍이 멍량구(孟良崮)를 공략하고 상하이로 공격해 들어갔던[208] 중국의 강력한 정예 부대는 조금도 흐트러짐이 없었고, 동양에 이름을 떨친 펑더칭(彭德清, 1910~1999) 군단장은 부대들이 교대로 엄호하도록 지휘하면서, 빈틈을 보면 곧 공격해 들어갔는데, 굶주린 채로 한번 공격해 들어갔다가, 하나의 작은 부대조차도 잃지 않고 무사히 북쪽으로 철수해 돌아왔다. 제12군단도 미꾸라지처럼 조용히 미군의 포위망을 빠져나왔다. 27일까지, 펑더화이는 전선에서 8개 군단을 전개하여 적을 저지했고, 마침내 진지의 최전방을 안정시켰다. 단지 중부전선 제60군단의 제180사단에서만 문제가 발생했다.

35

5월 29일 저녁 7시, 큰비가 억수같이 쏟아지고, 번개와 천둥소리가 사람을 깜짝깜짝 놀라게 하는데, 막 공사동에 있는 지원군 사령부에서 남정리 (楠亭里: 황해남도 재령군 재령면에 속하는 마을-옮긴이)에 있는 지원군 병참 사령부로 부임해온 홍쉐즈가 갑자기 펑더화이의 긴급 전화를 받았다: "즉시 돌아오게. 급한 일이 생겼네."

홍쉐즈가 다시 물어보려고 했는데, 펑더화이는 성가시다는 듯이 수화기를 내려놓았다.

홍쉐즈는 별안간 질겁을 했다. 그는 어젯밤에야 펑 총사령관과 헤어져 비를 무릅쓰고 남정리로 왔는데, 어째서 오늘 돌아오라는 것인가? 분명히 큰일이 일어난 것이다.

지금 지원군 사령부에는 단지 펑 총사령관 혼자서 주재하며 지키고 있었다. 전방의 사상자가 너무 많아, 한셴추는 파견되어 병력을 요청하려고 귀국했고, 덩화는 야간 행군 과정에서 얼굴이 지프차 바람막이 유리에 부딪쳐 중상을 입어, 역시 치료를 위해 본국으로 돌아갔다. 근심 걱정으로 애가 타는 홍쉐즈는 몇 분 후에 자동차를 몰고 망망한 폭우 속으로 달려갔다.

"비가 엄청나게 내려 온통 엉망진창이었어요. 마치 하늘에서 물이 새는

---

208 국공 내전 당시, 1947년 5월 13일부터 16일까지 산둥성 멍량구에서 장제스의 국민당 군대와 벌인 전투를 가리킨다.

것 같았고, 콰르릉대는 소리가 매섭게 울렸으며, 몇 발짝만 떨어져도 앞에 있는 것을 또렷이 볼 수 없었습니다. 지나가는 도로 위는 온통 물로 넘쳐났고, 강물은 엄청나게 불어났습니다."

이 비는 훙쉐즈에게 매우 깊은 인상을 남겼는데, 도중에 그는 하마터면 차에 탄 채로 홍수에 휩쓸려갈 뻔했다.

새벽 2시, 훙쉐즈는 마침내 지원군 사령부에 도착했다. 그는 펑더화이를 보고 깜짝 놀랐다. 원래 군인의 위용이 엄정하던 펑더화이가 짧은 바지만 입고 있었고, 웃통을 발가벗은 채, 땀을 뻘뻘 흘리면서, 두 눈은 피곤에 절어 토끼 같았다. 의심할 여지 없이, 이는 저 걸출한 중국 총사령관이 그의 눈부신 군인 생애에서 방황하며 의지할 데가 없다고 느낀 몇 안 되는 순간들 중 하나였다.

"지금까지 없던 일이 생겼네. 제60군단에 문제가 생겼네. 그 제180사단이 군단 사령부·제3병단·지원군 사령부 모두와 연락이 끊겼는데, 무전을 아무리 쳐도 연락이 닿지 않네……."

훙쉐즈는 그 순간을 회상하면서 단지 몇 글자로 펑더화이의 정신 상태를 설명했다: "펑 총사령관님은 몹시 초조해 하며 어쩔 줄 모르셨어요."

펑더화이가 제180사단과 연락이 되지 않는 것은 당연했다. 이때, 제180사단은 실수로 무전기를 망가뜨리는 바람에, 전체 사단이 흩어져서 포위를 돌파했다. ……펑더화이는 제181사단과 제45사단에게 되돌아가서 제180사단의 포위를 해제하여 구해내라고 무전으로 명령을 내리는 것 말고는 더이상 할 수 있는 일이 없었다. 그러나 그들 2개 사단도 이미 사상자가 막대한 데다 식량과 탄약도 바닥나, 이 명령은 공염불이나 마찬가지였다.

이때, 아쉬운 대로 제180사단과 관련된 일들을 처리한 다음, 훙쉐즈는 지도상에서 미군과 지원군 사령부의 거리가 고작 60~70킬로미터밖에 안 된다는 것을 알았는데, 그 사이에는 뜻밖에 지원군 부대가 없고, 단지 1개 경호 연대만이 지원군 사령부 옆에 있을 뿐이었다. 지원군 사령부가 위험했다.

펑더화이는 도리어 대수롭지 않다는 듯이 전체 국면만을 생각하면서, 개인의 안위를 전혀 마음에 두지 않았다. 홍쉐즈는 초조했다: "안 됩니다. 빨리 부대를 철원 앞쪽으로 이동시켜, 공사동 앞쪽의 빈틈을 단단히 지켜야 합니다. 그러지 않으면 공사동의 사령부가 위험합니다!"

펑더화이는 고개를 저었다: "각 부대들이 지금 적을 저지하면서 후퇴하고 있네. 임무도 매우 중요하고, 사상자도 무척 많은데, 어느 부대를 이동시키겠는가? 이동시키기 어렵네! 어려워!"

이 의지가 굳세고 과단성 있기로 유명한 중국의 총사령관은 보기 드물게 망설였다. 부대가 너무 고생하고 있었다.

"그래도 방법을 생각해내야 합니다. 급히 방법을 생각해내야 합니다!"

홍쉐즈는 한눈에 공사동 뒤쪽으로 100킬로미터 떨어진 양덕(陽德)에서 휴식을 취하며 정비하고 있는 제42군단을 보았다.

"제42군단을 휴식하며 정비하게 하지 말고, 그들을 여기로 오게 하십시오! 철원에서 공사동으로 통하는 이 산의 입구를 막아, 총사령부의 안전을 보장하십시오."

펑더화이는 마음이 내키지 않았다. 제42군단은 혈전을 치르고 나서 지금 막 양덕으로 돌아가 있었다.

홍쉐즈는 단호했다: "막 도착했어도 어쩔 수 없습니다. 막 돌아갔더라도 와야 합니다. 장기에서 궁(宮)을 잃고서 어떻게 장기를 둘 수 있습니까? 이 일에 대해 사령관님께서는 상관하지 마십시오. 제가 그들에게 통지하여, 그들 모두를 불러오겠습니다. 밤에라도 오라고 하겠습니다."

펑더화이는 홍쉐즈의 태도가 단호함을 보고 말했다: "와도 되지만, 전군을 오게 해서는 안 되네. 1개 사단만 오게 해."

홍쉐즈가 말했다. "1개 사단은 너무 적고, 2개 사단은 와야 하고, 군단 사령부도 같이 오게 하겠습니다."

이 장렬한 전쟁 과정에서 무수히 많은 경천동지할 사건들이 있었는데, 이 작은 에피소드는 바로 미국인들의 반격 작전이 펑더화이에게 얼마나 큰 정신적 충격을 가져다주었는지를 잘 설명해준다. 이 위대한 총사령관은 이 시각에도 주저하며 결정을 내리지 못하고 있었다.

제42군단장 우루이린은 전화를 받고 나서 눈에 핏발이 섰다: "펑 총사령관께서는 너무 목숨을 아끼지 않으시니, 잘못하면 포로가 될 수도 있겠어!"

남루한 차림의 우루이린은 신속하게 부대를 소집하여 상황을 분명히 설명했다. 혈전을 치르고 나서 막 철수해 온 제42군단 장병들은 크게 소리쳤다: "목숨을 걸고 총사령부를 보위하자. 목숨을 걸로 펑 총사령관님을 보위하자."

온 몸에 초연(硝煙)을 뒤집어쓴 채 굶주린 데다, 심지어 붕대를 감고 있던 중국 병사들은 다시 몸을 돌보지 않고 전선으로 돌진했다. 제42군단이 앞다퉈 진지를 점령한 다음날, 미국인들도 몰려오자, 우루이린은 놀라서 땅바닥에 털썩 주저 않았다. 위험천만이었다.

사령부가 안정되자, 제60군단 제180사단의 상황도 조사를 통해 밝혀졌는데, 이 사단은 엄중한 손실을 입었다.

제180사단이 엄중한 패배를 당한 데에는 매우 많은 원인들이 있었다. 상급 부대의 책임도 있고, 형제 부대들의 책임도 있었지만, 더욱 많은 원인은 바로 자신들에게 있었다.

이 사단은 중국 군대의 무수히 많은 큰 전투를 치러온 경험 많은 정예 사단들에 비해 상대적으로 말하자면, 확실히 펑더화이가 말한 대로 "비교적 약한 사단"이었다. 이 사단의 역사는 매우 짧아서, 1947년에야 산시(山西) 지방 부대가 승급되어 편성되었다. 이때는 해방 전쟁에서 이미 승전보가 빈번하게 전해지고 있던 때라, 이 사단은 비교적 순조로운 상황에서 성장했고, 아직 특별히 복잡한 곤란을 겪은 적이 없었다. 대부분의 지휘관들은 단독으로 작전을 지휘한 경험이 없었으며, 조선에 들어오기 전에는 또한 막 투항한 국민당 포로들을 대거 충원했다.

이 모든 불리한 요인들이 겹쳐졌을 때, 제180사단의 엄중한 실패는 곧 불을 보듯 뻔했다. 식량이 바닥났을 때는 뜻밖에도 며칠 동안 식용으로 공급할 수 있는 수백 필의 노새와 말을 도살해야 한다는 것을 알지 못해 흩어져 도망치도록 내버려 두었고, 적극적으로 연락하여 도움을 요청하기는커녕 도리어 무전기를 부수고 암호문을 불태워버렸다. 또 역량을 집중하여 포위를 돌파하기는커녕, 반대로 부대를 해산하고 운명을 하늘에 맡긴 채 뿔뿔이 도망쳤으며, 간부들은 부대에 편입되어 들어온 국민당 포로들이 몰래 자신들을 해칠지도 모른다고 염려하여 스스로 도망칠 궁리만 했다.

5월 27일이 되자, 제180사단장 정치구이(鄭其貴, 1913~1990)·부사단장 두안롱장(段龍章, 1920~1971)·참모장 왕전팡(王振邦, 1918~?)은 모두 도망쳐 나왔고, 수백 명의 간부들과 핵심 인원들도 전선을 몰래 빠져나왔다. 그들이 살아서 돌아올 수 있었다는 것은, 곧 만약 부대를 해산하지 않고 결연하게 포위를 돌파했다면, 제180사단은 빠져나올 수 있는 매우 큰 가능성이 있었다는 것을 이미 증명했다고 해야 한다. 그러므로 부대를 해산하고 제각기 따로 포위를 돌파하도록 한 결정은, 펑더화이로 하여금 이 사단의 고급 지휘관들의 목을 치게 하기에 충분했다.

제180사단 1만 1천 명의 병사들 중 도합 7천 명을 잃었는데, 그 가운데 5천여 명은 포로가 되었다. 이는 지원군이 전쟁 동안에 가장 많이 포로로 잡힌 경우였다. 사단의 정치부 주임 우청더(吳成德, 1912~1996)는 33명을 이끌고, 말도 통하지 않고 지형도 생소한 조선에서 꼬박 1년 동안 유격전을 벌이다가 결국 사로잡혔다.

우청더는 조선 전쟁 동안에 포로가 된 중국 장병들 가운데 가장 계급이 높았다.

1년 후, 우청더는 중국으로 돌아왔다. 그 당시는 특수한 시대였기 때문에, 또 중국 군대는 끝까지 싸운다는 전통 때문에, 적의 후방에서 1년 동안 분투했던 우청더는 말로 표현할 수 없는 수많은 고통을 견뎌내야만 했다. 그는 핍박을 받아 군대를 떠났고, 목숨처럼 여기던 당적을 잃었다.

제180사단의 엄중한 손실은 중국 군인들의 마음속에 영원한 아픔이 되었다. 웨이지에(韋杰, 1914~1987) 군단장은 줄곧 세상을 뜨기 전까지 여전히 몸을 부들부들 떨면서 영원히 끝마칠 수 없는 제180사단의 엄중한 손실을 총결하고 있었다. 제60군단장 웨이지에는 해임되었으며, 사단장 정치구이는 해임되어 1년 동안 당의 사찰을 받았고, 부사단장 두안롱장은 사임하고 1년 동안 당의 사찰을 받았다. 펑더화이는 제5차 전역을 자신이 일생 동안 군사적 실책을 범한 네 번 가운데 한 번으로 여겼다. ……꼬박 한 세대의 모든 중국 장교들은 이 사건을 끊임없이 한스러워했다.

36

　전쟁의 형세는 8개 군단들이 저지함에 따라 안정되었다. 제63군단과 제15군단은 저지전 과정에서 커다란 공을 세웠다. 제63군단은 폭이 25킬로미터에 달하는 철원의 정면에서 미군의 4개 주력 사단·1,600문의 화포 및 400대의 탱크와 무수히 많은 비행기들이 꼬박 10일 동안 맹렬하게 공격하는 것을 막아냈는데, 펑더화이의 명령은 이러했다: "제63군단을 다 잃더라도, 철원을 15일 내지 20일 동안은 다시 굳건히 지켜내야 한다!"

　그는 제63군단이 선혈로써 바꿔놓은 시간을 이용해 세 개의 방어선을 구축했으며, 또한 병력을 이동 집결시켜 적이 38선 이북까지 깊이 들어온 다음에 다시 한번 대규모로 반격할 준비를 했다.

　제63군단의 혈전은 하늘과 땅을 놀라게 하고 귀신을 울게 할 정도였다. 그들의 방어를 뚫기 위해, 리지웨이는 모을 수 있는 모든 역량을 옮겨와서 제63군단의 허약한 방어선을 향해 돌격했다. 단지 후세의 학자가 고증할 수 있었던 것은, 선후로 미군·영국군·한국군·벨기에군·캐나다군·오스트레일리아군·필리핀군·코스타리카군·프랑스군 및 네덜란드군 등 10개국을 포함한 군대가 연합하여 중국의 1개 보병 군단인 제63군단의 방어선으로 돌격했다는 것이다. 철원시는 유엔군의 극도로 맹렬한 화력에 의해 오늘날까지도 황폐한 폐허가 되어 있다. 2008년 2월, 한국의 역사학자 김용구(金勇求)는 무너져 내린 처량한 철원성에 서서 일본의 『아사히신문(朝日新聞)』 기자 나카노 아키라(中野 旭)에게 이렇게 말했다: "이 도시는 폭격과 시가전으로 완전히 파괴되었는데, 이곳은 여전히 민간인들에게 개방하지 않기 때문에, 당신이 전쟁의 공포를 온전하게 볼 수 있는 것입니다." 한국 학자와 일본 기자의 앞쪽 2천 미터에는, 여전히 58년 동안 연속 출입이 금지된 전쟁 당시의 지뢰밭이었다.

10개국의 군대도 제63군단의 방어선을 갉아먹지는 못했다. 제63군단은 완벽하게 펑더화이가 부여한 임무를 완수하여, 한 걸음도 물러나지 않은 채, 철원의 방어선에서 꼬박 14일 동안 싸워 중부전선을 안정시킴으로써, 중국 군대의 주력 부대로 하여금 휴식하면서 정비를 마칠 수 있게 했다. 펑더화이는 이리하여 다시 엄정한 전투 배치를 완성할 수 있었다. 그들의 용감한 행동이 중부전선을 굳게 지켜냈다.

제63군단이 펑더화이의 임무를 완수하고, 마침내 진지에서 철수하라는 명령을 받았을 때, 수많은 병사들은 몸에 단지 반바지 한 벌과 탄창이 텅 비어 있는 소총 한 자루밖에 남아 있지 않았다.

펑더화이는 직접 가서 용사들을 맞이했다. 그는 단지 "조국은 여러분들에게 감사한다"라고 한마디밖에 하지 않았는데, 제63군단의 장병들은 곧 통곡하기 시작했다. 희생된 전우들이 너무 많았기 때문이다.

군단장 푸충비는 얼굴이 온통 눈물범벅이 되어, 펑더화이에게 단 한마디만 말했다: "저는 병력이 필요합니다."

펑더화이가 대답했다: "내가 2만 명을 보충해주겠소."

제63군단이 철원에서 혈전을 벌이고 있을 때, 제15군단도 남쪽의 지포리(芝浦里: 강원도 철원군 갈말읍에 속하는 마을-옮긴이)에 있는 각홀산(角屹山: 해발 838미터-이하 옮긴이)·명성산(鳴城山: 해발 922미터)·박달봉(朴達峰: 해발 800미터)의 최전선에서 격렬한 전투를 벌였다.

제15군단장 친지웨이는 1980년대에 중국 국방부장(國防部長)을 역임한 매우 총명한 사람이었다. 제15군단의 역사는 그리 길지 않아서, 타이항 군구(太行軍區)의 10여 개 지방 부대들이 1947년에 승급되어 구성된 새로운 부대인데, 이 홍안 출신의 장군이 이들을 한 무리의 맹호들로 조련해냈다.

명령을 받고 철수할 때, 친지웨이는 명령을 그대로 전달한 게 아니라, 전군의 휴대용 무전기를 켜고, 모든 연대장들을 한 명 한 명 불러내어 직접 철수 시간과 노선을 알려주었다. 그는 수십만 대군이 철수할 때의 혼란함을 알고 있었다.

잡역 부대가 꾸물대어 일을 그르치는 것을 막기 위해, 그는 참모장이자 훗날 중국 핵 개발 사업의 시작과 발전에 거대한 공헌을 하는 국방과학기술공업위원회의 부주임을 맡는 장원위(張蘊鈺, 1917~2008년)를 파견

1951년 5월 21일, 중국 군대가 제5차 전역의 제2단계가 끝나고 북쪽으로 철수할 때, 적이 맹렬하게 반격하자, 중국군 제29사단과 제45사단은 목숨을 바쳐 지포리 지역에서 완강하게 저지함으로써, 적들이 한 발짝도 전진하지 못하게 했다.

하여 조직적으로 철수하게 했다. 영리하고 노련한 장원위는 잡역 부대를 긴급히 집합하라고 명령을 내려, 천 명에 가까운 잡역부들을 한데 모은 다음, 두말하지 않고 "뒤로 돌아, 앞으로 뛰어가"라고 함으로써, 각종 도구들을 버려두고 부대를 따라 주둔지를 떠나게 했다.

친지웨이의 과감한 행동이 제15군단 전체를 후퇴하게 했다. 단지 고사포 연대만이 규정을 어기고 낮에 제멋대로 발포했다가, 결국 적기를 공격한 고사포가 오히려 적기에 의해 19문이나 파괴되었다.

바로 이 사소한 일 때문에, 주판을 튀기며 세심하게 싸우는 친지웨이는 여전히 가슴 아파했다.

제15군단이 명령을 받고 적을 저지하고 있을 때의 상황도 매우 처참했다. 그렇게 많은 격렬한 전투를 치르느라, 줄어든 인원이 이미 3분의 1에 달했고, 식량은 일찌감치 바닥나자, 데리고 있는 미국 포로들조차 병사들과 함

박달봉(朴達峰: 경기도 포천시 이동면과 강원도 화천군 사내면에 걸쳐 있는 산-옮긴이) 저지전의 2급 영웅 류싱원(劉興文)이 수류탄을 던지는 모습

께 산나물을 캐서 허기를 채우는 법을 배웠고, 길가에 있던 말똥 속에 부풀어 있는 콩조차도 극도로 배가 고픈 병사들이 꺼내서 먹었다.

바로 이렇게 참혹한 광경이었는데, 펑더화이 총사령관이 직접 친지웨이 군단장에게 열흘간 굳건히 지켜달라고 요구했다는 말을 듣자, 제15군단 장병들은 다시 몸을 돌려 각흘산과 박달봉을 적보다 먼저 점령하고, 이틀 동안 공격해 오는 캐나다 여단을 싸워 물리쳤으며, 또 미국 제25사단과 제3사단의 맹공을 막아냈다. 모든 산봉우리에서 결국 백병전을 벌였다. 전투 중에 차이윈전(柴雲振, 1925~2018)이라는 분대장은 13명을 조직하여 세 방면으로 나누어 적을 향해 반격했는데, 단 7분 만에 미군 1개 대대를 격퇴하고, 빼앗겼던 산봉우리 세 개를 탈환했으며, 또 미국인들이 차지하고 있던 산봉우리 한 개를 빼앗았다. 세 번째 산봉우리를 공격할 때에는 차이윈전 혼자만 남았다. 그는 미국인들이 남긴 무기로 200여 명의 미국인들을 사살하거나 부상당하게 했다. 공격을 물리치고 난 다음, 이 중국 분대장은 뜻밖

에도 혼자서 네 번째 산봉우리를 공격하여 점령했다. 거기에 있던 모든 미국 병사들은 눈이 벌개져서 돌진하는 중국 병사에게 놀라 허둥지둥 산 아래로 목숨만 겨우 건져 도망쳤고, 오직 한 명의 흑인 병사만 미처 도망가지 못했다. 산봉우리로 돌진해 올라온 차이원전은 즉각 이 흑인 병사와 진지에서 머리끄덩이를 붙잡고 목을 조르면서 한데 뒤엉켜 싸웠다. 목숨을 건 육박전 과정에서 흑인 병사가 차이원전의 손가락 하나를 깨물자, 차이원전은 흑인 병사의 한쪽 눈알을 파내고 나서, 다시 돌덩이 하나를 집어 들고 흑인 병사의 머리를 매섭게 쳤다. 190여 센티미터 크기의 이 흑인 병사는 160센티미터 키의 중국 분대장에게 깜짝 놀라, 피가 뚝뚝 떨어지

조선 군사박물관에 걸려 있는 '중국 인민지원군 1급 영웅 차이원전'의 초상화. 차이원전이 1985년에 조선 방문 전투 영웅 대표단으로 참가했을 때, 조선 정부가 증정한 것이다.

는 눈두덩을 움켜쥔 채 도망쳤고, 겨우 숨만 몰아쉬는 차이원전은 줄곧 전우 순훙파(孫洪發)가 돌진해 올라올 때까지 끝까지 버티다가 기절하고야 말았다.

차이원전의 영웅적인 행위는 전체 전선의 진지들이 위험한 상황에서 벗어나 안전해지기 시작하는 데 중대한 작용을 했다. 전쟁이 끝난 뒤, 그는 특등공(特等功)과 1급 전투 영웅이라는 영광된 칭호를 얻었다. 이 두 개의 훈장은 제15군단의 본부 서류실 안에 꼬박 30년 동안 보관되어 있었고, 제15

군단도 차이원전을 꼬박 30년 동안이나 찾았다.

1983년, 제15군단은 우연히 차이원전이 스촨의 고향집에서 아직도 살고 있다는 사실을 알게 되었다. 그리하여 제15군단은 『스촨일보(四川日報)』에 연속으로 사람을 찾는 광고를 싣고, 자신들의 영웅을 불렀다.

늙은 농민인 차이원전은 부대에서 부르는 소리를 들었지만, 부대에는 이미 아무도 그를 아는 사람이 없었다. 세월이 흘러 상전벽해가 되었고, 본래 공명(功名)과 이익이나 출세에 관심이 없는 이 영웅도 이미 수많은 지난 일들을 잊고 있었다. 오로지 기억하고 있는 것은 순홍파라는 전우가 자신

1985년 10월, 차이원전은 조선 방문 전투 영웅 대표단에 참가하여, 김일성 주석을 접견했고, 아울러 1급 자유독립 훈장도 받았다. 사진은 조선 개선문 앞 전경으로, 오른쪽 세 번째가 차이원전이다.

을 등에 업고 진지를 내려왔다는 것뿐이었다.

제15군단은 확실히 확인하기 위해, 이미 오래 전에 전역한 순홍파에게 급히 전보를 쳐서 돌아와 달라고 요청했다. 순홍파는 기차에서 내리자마자 차이원전을 알아보았고, 두 명의 생사를 함께했던 전우들은 머리를 감싸 안고 한바탕 통곡을 했다.

몇 년 뒤, 늙은 영웅이 조선을 방문하자, 조선의 옛 동지들은 영웅기념관에서 상상으로 그려진 차이원전의 초상화를 가져와 증정했고, 국방부장 친지

웨이는 자택에서 연회 도중에 자신의 노병에게 가득 채운 술 한 잔을 권했다.

차이원전, 중국 군대가 조선 전장에서 소리 높여 외친 또 하나의 이름이다.

바로 장병들의 이렇게 끈질긴 전투 정신에 의지하여, 제15군단도 꼬박 열흘을 버텨냈는데, 1천 2백여 명의 사상자들을 대가로 적군 5천 7백여 명을 죽이거나 부상당하게 했으며, 또한 4대의 적기도 격추시킴으로써, 제5차 전역에서 잃은 것보다 얻은 것이 더 많은 몇 안 되는 야전군이 되었다. 펑더화이는 매우 보기 드물게 제15군단에게 감정적인 색채가 농후한 전보를 보냈다: "친지웨이, 나는 여러분들에게 깊이 감사드립니다! 펑더화이."

이때부터, 창설된 지 얼마 안 되는 제15군단은 자신의 전공으로 펑더화이의 기억 속에 영원히 지워지지 않는 흔적을 새겨놓았으니, 다음에 기회가 왔을 때, 펑더화이는 더욱 무거운 압력과 더욱 큰 영예를 이 부대에게 주게 될 것이다.

6월 10일, 미군도 끊임없는 공격 과정에서 많은 피를 흘렸다. 리지웨이는 이렇게 생각했다: '적은 또다시 공간으로 시간을 바꾸어 가졌고, 또한 그들의 많은 부대들과 보급이 완전하고 아무 손실 없는 상태에서 무사히 탈출할 수 있었다.'

리지웨이와 밴 플리트 모두 중국과 조선의 군대가 곧 대규모 반격을 거행할 거라고 예상하고, 즉시 이날 모든 전선에서 방어에 돌입하도록 명령을 내렸다. 수많은 희생자를 낸 제5차 전역은 이렇게 끝났다.

이 전역에서 중국 군대는 적군 8만 2천여 명을 섬멸했고, 작전 과정에서 8만 5천 명(사상과 실종 포함)의 손실을 입었으며, 부대가 후퇴하는 과정에서 2만 명이 실종되었다. 제3병단은 일시적인 혼란으로 인해 실종자가 가장 많았는데, 무려 1만 6천여 명에 달해, 그 수가 1개 사단을 넘어섰다. 미국인들은 5월 하순에 1만 7천여 명의 중국인들을 포로로 잡았다고 발표했다. 이 숫자는 전체 전쟁 과정에서 지원군의 포로로 잡힌 총 인원의 80퍼센트가 넘었다. 이는 중국 군대에게는 조선 전쟁 과정에서 단 한 번밖에 없었던 심각한 손실이었다.

37

공사동에 있는 지원군 사령부의 위장한 엄폐 천막 안에서, 100명이 넘는 중국의 고급 장교들은 쥐 죽은 듯이 펑더화이의 포효를 듣고 있었다: "웨이지에, 자네 일어서게!"

제60군단장 웨이지에는 고개를 숙이고 일어섰다.

"웨이지에, 자네의 제180사단은 포위를 돌파할 수 있었는데, 자네들은 어째서 자네들이 포위당했다고 말한 거야? 자네들은 결코 포위당하지 않았고, 적들은 바로 앞에서 지나갔고, 밤은 여전히 우리 세상이잖은가! 뒤쪽에도 적들이 없었고, 중간에도 적들이 없었고, 그냥 지나갔으니, 밤에는 올 수 있었는데, 어째서 이렇게 암호문을 태워버리고 무전기를 부숴버렸나?"

군단장 웨이지에는 한마디도 하지 않았다. 제180사단의 참사 소식을 듣고 나서, 그는 갑자기 땅바닥에 쓰러져 기절했다. 장윈이(張雲逸, 1892~1974)·덩샤오핑과 함께 바이서 기의(百色起義)[209]를 주도했던 이 노병은 이때 너무 부끄럽고 화가 났다.

펑더화이는 계속 소리쳤다: "그 제180사단장 이름이 뭐야? 돌아왔나?"

웨이지에는 낮은 소리로 대답했다: "그의 이름은 정치구이이며, 부사단장 두안롱장과 참모장 왕전팡 모두 돌아왔습니다."

펑더화이는 분노하여 말했다: "그는 무슨 낯짝으로 돌아왔나. 그런 사람은 마땅히 군법에 따라 처리해야지! 듣자 하니 제3병단과 자네들 제60군단은 그에게 표창하는 전문도 보냈다던데, 그에게 무슨 표창을 한 거야? 그가 사단을 전멸시킨 걸 표창한 건가?"

웨이지에가 천천히 고개를 들며 말했다: "저는 제180사단을 처벌하는 것은 불공정하다고 생각합니다."

펑더화이는 갑자기 얼굴이 붉으락푸르락해지더니, 화가 나서 두 손을 부

---

[209] 1929년 12월 11일, 덩샤오핑 등 공산당 지도자들이 광시(廣西)의 바이서에서 일으킨 무장 봉기를 가리킨다. 우강 폭동(右江暴动)이라고도 한다.

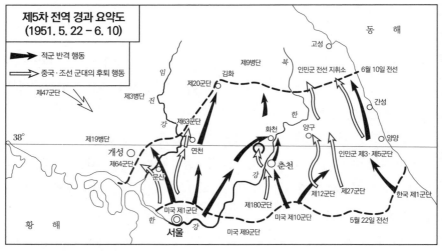

제5차 전역 경과 요약도
(1951. 5. 22 - 6. 10)

➤ 적군 반격 행동
⇨ 중국·조선 군대의 후퇴 행동

제47군단
제3병단
제20군단
제9병단
김화
고성
동   해
임   진   강
38°
제19병단
제63군단
제64군단
개성
연천
문산
미국 제1군단
서울
황   해
한   강
한   강
춘천
화천
제180군단
미국 제9군단
미국 제10군단
한   강
양구
북   한   강
인민군 전선 지휘소
6월 10일 전선
간성
양양
인민군 제3·제5군단
인민군 제3·제5군단
제12군단
제27군단
한국 제1군단
5월 22일 전선

제5차 전역의 전환 단계 경과 요약도

들부들 떨었다: "그럼 누구를 처벌해야 하나? 모두 자네 책임인가? 자네는 어떻게 군단장이 되었나? 자네 이게 군단장의 모습 같은가? 자네에게 철수하라고 명령했을 때, 자네들은 전보를 그대로 전달하기만 하고, 어찌하여 구체적인 상황에 따라 잘 안배하지 않았나? 자네 같은 지휘관은 목을 쳐야해! 내가 총살시키지……."

펑더화이의 고함소리가 소나무 숲을 뒤흔들자, 온 장내가 조용하여 솔잎 떨어지는 소리조차 들을 수 있었다. 분위기가 극도로 긴장되자, 군단장들은 하나하나 머리를 숙였다.

덩화는 일이 잘못되어 가는 것을 보자, 조용히 훙쉐즈를 찾아 상의했다. 훙쉐즈는 꾀가 많았는데, 우선 입구에 앉아 있던 천경을 찾아 에둘러 말했다. 천경은 앓는 몸임에도 불구하고 막 조선에 들어와서 제3병단에 대한 총결에 참가했다. 그는 관록이 오래되어, 펑더화이가 그에게는 화를 낼 수 없었다. 천경은 과연 일어나며 말했다: "총사령관님, 밥 먹어야지요, 배가 고픕니다."

펑더화이는 천경을 차갑게 바라보며, 한참 동안 멈춰 있다가 비로소 말했

다: "좋아, 밥들 먹게!" 말을 끝냈지만 그 자리에 선 채 움직이지 않았다. 장교들은 펑더화이가 움직이지 않은 것을 보고, 아무도 감히 움직이지 못하자, 또 천경이 빙긋이 웃으며 앞으로 나가더니 펑더화이의 팔을 끌어당기며 밖으로 나갔다: "식사하러 가시지요, 식사하러 가십시다."

펑더화이가 결국 천경에게 끌려가자, 장교들은 그제야 식당으로 향했다.

제5차 전역은 펑더화이를 갑자기 늙게 만들어, 이마의 주름살이 하룻밤 사이에 더욱 깊어지고 많아졌다. 그는 어느 누구도 총살하지 않았으며, 그는 잘못된 데에는 자신의 몫도 있다는 것을 알고 있었다. 그는 다른 사람의 잘못을 용서하지 않았지만, 자신의 과오는 더욱 용서하지 못하는 사람이었다. 여러 해 뒤에 감옥 속에서 강요에 못 이겨 여러 차례 되풀이하여 자서전을 쓸 때, 그는 여전히 자신의 일생 동안 네 번 있었던 군사적 실패를 끊임없이 반성했다. 제5차 전역이 그것들 중 하나였다.

일찍이 이렇게 사람들에게 잘 알려지지 않았던 이 사건은, 제180사단의 엄중한 손실이 지원군 장교들 내부의 논쟁과 고통을 어느 정도까지 격렬해지게 했는지를 매우 분명하게 말해준다.

제3병단 제12군단장 대리였던 샤오융인(肖永銀, 1917~2002) 소장의 전기에서는, 제12군단이 조선에 들어온 뒤 제5차 전역에서 진전이 순조롭지 못하자, 펑더화이는 화를 냈고, 결국 약간 조롱하듯이 비웃었다고 기록하고 있다: "그 사람은 권위자이고, 나는 졸병인데, 너희는 류보청(劉伯承)[210]의 병사들이 아니었나? 류보청은 전술을 중요시하지 않나? 너희는 어째서 중요시하지 않지?"

솔직히 말해, 펑더화이의 이 말은 분명히 좀 지나쳤다.

이 말이 전해지자, 원래부터 화가 치밀어 있던 제12군단 장병들은 감정이 격분했다: "당신이 우리의 손을 묶어놓고서, 우리에게 어떻게 싸우라고!"

왕진산은 총사령부 회의에서 결국 펑더화이를 마주보고 탁자를 내려치

---

210 중국 인민해방군 창건과 중국 군대의 정규화 및 현대화에 탁월한 공헌을 한 군사 지도자이다.

며 말했다: "이것은 무슨 전법입니까? 이렇게 싸우고 있는데, 아직 얼마나 많은 사람들이 채워 넣어지지 않고 있습니까?"

제12군단은 또한 부정치위원 리전(李震, 1914~1973)이 글을 쓰고, 5천 명이 연서명한 글을 중앙군사위원회와 삼총부(三總部) 및 각 병종(兵種)들에 제출했다. 펑더화이는 대장의 풍모로 이를 웃어넘겼고, 다시 샤오용인을 만났을 때는 웃으면서 말했다: "자네들 제12군단은 성깔이 만만찮군!"

강직한 펑더화이도 자신이 실언했다는 것을 알고 있었다.

펑더화이뿐만 아니라, 지원군의 모든 장병들도 고통스러운 반성에 몰두했다.

입을 크게 벌리고, 미군을 단번에 다 삼키려고 했는데, 생각과 달리 적들은 소멸되지 않았고, 오히려 자신의 이빨만 손상되었다. 이 전역이 시도한 것은 아군의 능력을 훨씬 뛰어넘는 것이었으며, 한국을 속전속결로 해방시키겠다는 것은 이미 물거품이 되어버렸다. 미군의 전투력은 반드시 다시 평가해야만 했다. 아군의 장비가 크게 낙후되어 있는 것은 일시에 바꿀 수 있는 것이 아니었다. 우리는 완전히 새로운 전법을 연구할 필요가 있었고, 완전히 새로운 병참보급 체계의 지원을 필요로 했으며, 완전히 새로운 장비를 필요로 했다. 요컨대, 아군 현대화의 길은 아직 너무 멀었다. "좁쌀에다 보병총만 있으면, 창고는 전방에 있다(小米加步槍, 倉庫在前方: 고난을 무릅쓰고 분투하면서, 필요한 보급품은 적군에게 빼앗아 쓴다는 의미이다-옮긴이)"라는 전통적이고 관성적인 사고는 철저하게 바뀌어야 했다. 우리에게 수많은 승리를 거두도록 도와주었던 많은 전통적인 방법들은 반드시 단호하게 버려야 하고, 우리가 현대화된 전쟁에서 승리하도록 도와줄 수 있는 많은 새로운 것들은, 설령 그것이 적들의 것이라고 해도 배워야만 했다.

마오쩌둥과 저우언라이 같은 지도자들도 경험과 교훈을 총결했다. 마오쩌둥은 덩화와 제38군단 정치위원 류시위안·제39군단장 우신촨·제40군단장 원위청·제42군단장 우루이린을 특별히 접견하고, 조선에 들어가면서부터 미국인들과 교전을 벌이기 시작했던 이들 장성들과 오랜 시간 동안 대화를 나누었다. 대화를 나누면서, 그는 아군이 왜 한번에 미군 1개 연대를 섬멸할 수 없는지, 왜 좁쌀에다 보병총을 가진 것이 비행기·탱크·대포에다 빵과 우유를 가진 것에게 제압당하는지를 알게 되었다. 그는 미국 군대에 대해 새로운 인식을 갖게 되었다:

"그들의 사기는 매우 높고, 자신감이 매우 강하다."

마오쩌둥은 자신의 조선 전쟁에 대한 작전 지휘 사상을 철저하게 바꾸었다. 그는 장기간 미국인들과 대치할 준비를 하면서, 철저하게 미국인들을 무너뜨리겠다는 생각은 곧바로 그만두었다. 이제 그가 펑더화이에게 요구한 것은 단지 이러했다: "아군의 한 개 군단이 한 차례 전투할 때마다, 미군이나 영국군 한두 개 대대를 완전히 섬멸할 수 있다면, 그걸로 족하오."

이것이 바로 항미원조에서의 그 유명한 "우피탕(牛皮糖: 사탕에 참깨와 전분을 섞어 만든 매우 단단한 엿-옮긴이)을 잘게 부숴 먹듯이, 작은 승리가 모여 큰 승리가 된다[零敲牛皮糖, 積小勝爲大勝]"는 전술이다.

음식은 먹어야겠는데, 조건의 제약으로 한 입에 크게 먹을 수 없다면, 조금씩 먹는 것으로 바꾸면 된다. 먹는 시간만 조금 길어질 뿐이다.

마오쩌둥과의 대화가 끝난 뒤, 덩화는 수장인 린뱌오에게 가서 보고했다. 린뱌오가 아주 상세하게 묻자, 덩화는 하나하나 설명해주었다. 그러나 나중에 덩화는 어쩔 수 없이 시계를 자주 보았다. 몇 명의 군단장과 정치위원들이 이미 기차에 타고 있어, 그는 가지 않으면 안 되었다.

몇 번 망설이다가, 덩화는 결국 린뱌오의 질문을 잘랐다: "린 총사령관님, 저는 정말 가봐야 합니다. 기차가 곧 떠나게 되어 있어, 더 이상 가지 않으면 늦습니다."

린뱌오의 얼굴이 즉각 일그러졌고, 눈은 매처럼 덩화를 노려보면서, 더 이상 아무 말도 하지 않았다. 단지 완만하면서도 단호하게 오른손을 들어 올리더니, 손바닥으로 짧고 힘차게 출입구를 향해 양쪽으로 휘두를 뿐이었다.

덩화는 린뱌오의 집무실을 떠날 때, 린뱌오가 의뭉스러운 눈빛으로 자신의 뒷모습을 뚫어지게 노려보고 있음을 느꼈다. 그는 잠깐 불안을 느꼈지만, 이내 마음이 편안해졌다. 후에 귀국하여 다시 린뱌오 총사령관에게 많이 보고하면 되었기 때문이다.

덩화는, 바로 자신이 대화하고 있던 그때, 린뱌오가 자신을 펑더화이의 사람으로 간주하고 있다는 것을 알지 못했다.

1959년에 펑더화이가 루산 회의에서 고초를 겪자, 린뱌오는 즉시 황용성(黃永勝)으로 하여금 군사위원회 확대 회의에서 덩화를 맹렬하게 공격하도록 지시했다: "당신은 린 총사령관과 그렇게 오랫동안 지냈고, 린 총사령관이 당신에게 그렇게 잘해주었는데, 당신은 도리어 늘 총사령관과 다른 마음을 품었소이다. 조선에 가서는 도리어 펑더화이와 단번에 한통속이 되었소이다. 말해보시오. 펑더화이는 누구나 다 꾸짖는데, 어째서 당신을 꾸짖지 않는지를?" 덩화 상장은 떳떳하게 말했다: "펑 총사령관이 당신을 질책한 것은 당신이 일을 팽개쳐두고 여인들과 놀아났기 때문이오! 나 덩화는 생활 태도에 문제가 없으니, 펑 총사령관께서는 당연히 나를 꾸짖지 않았을 것이오." 현장에 있던 수백 명의 중국 장교들이 갑자기 장내가 떠나갈 듯이 웃음을 터뜨렸는데, 오로지 린뱌오만은 웃지 않았다. 린뱌오가 싸늘하게 웃음소리를 중단시켰다: "나는 어젯밤 밤새도록 생각을 했는데, 아무래도 덩화는 위험 인물이며, 군대에 남아 있는 것은 좋지 않다고 느꼈소."

덩화, 중국 군대에서 신중국 수립 초기에 가장 밝게 빛났던 별 하나가 이렇게 지고 말았다.

전쟁의 형세는 수시로 변화하고, 물은 정해진 형태가 없는 법이다. 늘 이기기만 하던 중국 군대가 충격 속에서 깨어난 뒤, 참혹한 패배 앞에서 현대 전쟁의 본질을 진정으로 알게 되었다. 중앙군사위원회와 지원군의 상하 모두는 제때 경험을 총결함과 아울러 완전히 새로운 사고와 탐색을 진행하여, 기존의 전투 방식에 대해 대대적 비판을 가함으로써, 마침내 자신을 불패의 땅에 서게 했으며, 또한 최종적으로 전쟁의 승리를 거둘 수 있게 했다.

38

중국인들이 교훈을 총결하고 있을 때, 미국인들이 또 강화(講和)를 요청했다. 비록 제5차 전역의 끝 무렵에 작은 승리를 거두기는 했지만, 미국인들은 더 이상 이 전쟁에서 승리를 거둘 수 없다는 것을 분명히 알고 있었다. 무한한 인적 자원을 보유한 중국을 상대로 38선을 지켜낼 수 있었던 것만으로도 이미 감지덕지했다.

미군이 다시 38선에 나타났을 때, 미국과 그의 서방 동맹국들의 모든 전략적 안목을 가진 사람들은, 이것이 전쟁을 끝낼 가장 좋은 "심리적 시기"라고 생각했다. 전체 서방 세계는 모두가, 조선 전쟁의 가장 큰 수혜자는 전장에서 목숨을 걸고 싸운 중국·조선이나 미국과 그 동맹국들이 아니라, 수수방관한 소련이라는 것을 알아챘다.

영국인들은 미국인들에게, 미국과 중국의 교전은 마치 고래와 코끼리가 싸우는 것 같아, 누구도 누구를 그다지 많이 다치게 하지 못하지만, 중국은 간접적으로 미국과 유엔, 특히 영국과 프랑스에게는 오히려 큰 피해를 입힐 거라고 지적했다. 영국의 합동참모회의는 심지어, 설령 소련이 관여하지 않더라도, 만약 중국과 공개적으로 교전을 벌이면, 서방에게 치명적인 패배를 안겨줄 수도 있다고 여겼다.

영국 수상 애틀리는 트루먼에게, 주적은 소련이며, 중국에 대해 불필요한 도발을 하는 것을 현명하지 않다는 것을 잊지 말아야 한다고 거듭해서 환기시켜 주었다.

미국 정부는 마침내 고통스러운 인식의 일치를 이루었다: "오직 멍청이만이 공산주의 세계의 핵심(소련을 가리킴-옮긴이)에는 손도 대지 않은 상황에서, 중국과 대항한다."

이때, 오직 스탈린만이 웃고 있었다. 그러나 처칠조차도 스탈린을 약간 깔보고 있었다.

소련의 동맹국들에 대한 태도는 사람들의 비웃음을 샀다. 소련이 서방을 상대로 펼치는 졸렬한 연기는 서방 각국으로 하여금 그에 대해 존경하게도 하고 두려워하게도 하고 멸시하게도 했다. 소련은 이미 미국에게 명확한 메시지를 보내, 소련은 조선에서 싸우지 않을 것이라고 했다. 서방은 심지어 이로부터 추단하기를, 미국이 중국 국경을 넘었더라도 소련은 아마 참전하지 않았을 거라고 했다.

이제 소련의 호적수조차도 그의 문제는 소심하고 이기적인 데 있다는 것을 알아챘다. 처칠은 경멸적으로 트루먼에게 말했다: "소련 정책의 핵심 요소는 두려움입니다."

애치슨은 이렇게 말했다: "내가 보기에, 소련 문제의 핵심은 이 정권이 관심을 갖는 것은 자기가 권력을 장악하는 데 있다는 겁니다. 우선 소련 국내에서 권력을 잡은 다음에, 위성 국가들에서 영향력을 유지하는 데 있습니다."

미국인과 영국인은 확실히 스탈린을 철저하게 따져보고 있었다. 바로 이때, 스탈린이 인도 대사인 라다크리슈난(Sarvepalli Radhakrishnan, 1888~1975)에게 말했다: "소련은 단지 자신의 안전과 소련에 우호적인 국가들로 구성된 완충 지대를 구축하는 데에만 관심이 있습니다."

이제 미국과 그 동맹국들은 잔혹한 현실에 직면할 수밖에 없었다. 즉 조선에 깊이 빠져들수록, 진정한 적인 소련은 갈수록 커질 것이며, 자신들이 입는 손해는 갈수록 커질 것이다. 뿐만 아니라, 중국과의 교전도 승리를 거둘 거라는 희망을 가질 수 없게 되자, 출구는 오로지 중국과 협상을 벌이는 것 하나뿐이었다.

그러나 중국에 대해 온갖 나쁜 짓을 다하던 트루먼은, 중국에 대한 협상의 실마리를 어디에 가서 찾아야 할지 모르고 있다는 것을 고통스럽게 발견했다. 애치슨은 훗날 회고록에서 이렇게 말했다: "그렇다. 그래서 우리는 마치 사냥개처럼 곳곳으로 실마리를 찾아다녔다."

그런데 어디에 실마리가 있었을까?

이때 중국 국내에서는 '항미원조보가위국(抗美援朝保家衛國: 미국에 맞서 조

중국 인민은 '항미원조보가위국' 운동을 불러일으켰다.

선을 돕고 국가를 보위하자) 운동'을 거세게 벌이고 있었다. 중국공산당의 "방을 청소하여 다시 손님을 맞이하자"는 방침에 따라, 중국에 존재하는 서방세력의 잔당들이 말끔히 소탕되었고, 잠복해 있던 미국 중앙정보국의 스파이들이 거의 다 체포되자, 중국에 있던 워싱턴의 눈과 귀는 이미 철저하게 막혀버렸다. 트루먼이 초조해 하고 있는데, 뜻밖에 매우 운이 좋게도 홍콩에 보낸 사람이 "마오쩌둥의 먼 친척" 한 사람을 우연히 만났다. 이리하여 중국과 접촉할 대문을 열려고 시도했다. 이 사람은 당연히 아무런 성과도 거두지 못하고 돌아왔다. 미국 국방장관인 마셜 원수는 길게 탄식하며 말했다: "(이런 방법으로 중국과 연락하려는 것은) 한 통의 편지를 병 속에 집어넣고[이를 '표류병'이라 함-옮긴이], 샌프란시스코 부근 바다에 띄워놓는 것이나 마찬가지야……."

트루먼의 '표류병(漂流瓶)' 안에는 무엇을 넣었을까? 미국의 문헌 기록에 따르면, 트루먼은 중개인을 통해 마오쩌둥에게 다음과 같이 말하려 했다고 한다.

"미국과 소련이 한바탕 큰 전쟁을 벌일 수도 있는데, 그렇게 되면 중국을 말려들게 함과 아울러 중국이 1세기 동안 기대해 왔던 국면을 상실하게 할 것입니다. 미국 정부의 공식 의견은 합리적이고 평화적인 해결을 원한다는 것이며, 중국 지도자들이 '이성을 회복'하기만 한다면, 언제든지 그렇게 할 수 있습니다. 미국의 대중은 결코 중국을 그다지 적대시하지 않고 있으며, 신문과 방송도 중국인들을 모욕하지 않고 있습니다. 미국 국민에 대해 말하자면, 감정을 드러내지 않고 원한이 없는 전쟁을 하는 것은 새로운 현상입니다. 만약 중국이 미국과 전쟁을 멈추고 화해할 수 있다면, 그것은 친구와 타협을 하는 것이지 적과 강화하는 것이 아닙니다. 그러나 감정이 없다는 것에는 한 가지 위험, 즉 중국인을 죽이는 것이 미국인들의 습관이 될 수도 있다는 위험도 포함되어 있습니다. 마지막으로 미국의 한국 전쟁에 대한 관심은 결코 그다지 크지 않습니다. 진정한 강적은 크렘린 궁이지 중국이 아닙니다. 미국은 한국의 형세를 침략이 일어나기 전의 상태로 회복시키기를 바랍니다. 다시 말하자면, 즉 쌍방이 각자 38선의 자기 쪽으로 돌아가는 것입니다."

아무도 마오쩌둥과 저우언라이가, 트루먼의 위협과 유혹을 겸비하고 있고 당근과 몽둥이를 함께 휘두르는 이 "표류병"을 받아 보았는지는 모른다.

궁지에 몰리자 총명하고 유능한 국무장관 애치슨은 다시 가장 두고 싶지 않은 수를 둘 수밖에 없었다. 그는 국무부 고문인 캐넌(George F. Kennan, 1904~2005)으로 하여금 직접 가서 소련의 유엔 주재 대표인 말리크를 만나게 했다. 이렇게 해서 미국이 평화 협상을 하려 한다는 소식이 마침내 베이징에 전해졌다.

서방은 모두 스탈린의 속셈을 꿰뚫어볼 수 있었는데, 마오쩌둥과 저우언라이는 당연히 스탈린처럼 그렇게 단순하지 않았다. 의심의 여지 없이, 중국은 조선에서 이미 커다란 승리를 거두었고, 전선은 이미 중국 국경에서 400킬로미터나 남쪽으로 밀려났다. 그러나 마오쩌둥과 저우언라이는 마음속으로, 미국인들을 조선에서 몰아내고 이 전쟁에서 철저하게 승리를 거두는 것은, 지금의 국력으로는 불가능하다는 것도 알고 있었다.

중국은 소련에서 현대화된 무기를 구매하는 것이 불가능해졌고, 조선에서 미국인들을 물리치느라 이미 바닥을 보일 정도로 국고를 소모해버렸다. 뿐만 아니라, 스탈린의 몇몇 수법들은 실제로 중국인들로 하여금 실망하여 비웃게 만들었다. 중국인들이 먹을 것과 입을 것을 절약하여 사온 소련 무기들 가운데, 일부는 뜻밖에도 제2차 세계대전 동안 미국이 「무기대여법(Lend-Lease Act)」에 따라 소련인에게 보내준 물건들이었다. 매우 많은 탱크들은 소련이 제2차 세계대전에서 사용했던 낡아빠진 것들이었고, 일부 소총들은 제1차 세계대전에서 싸웠던 낡은 골동품들도 있었다.

이때, 소련의 조선에 대한 영향력도 이미 매우 제한적이었다.

김일성은 스탈린에게 아무리 광석을 팔더라도, 인민군의 무기와 장비 수요를 충족시킬 수 없었다.

마오쩌둥과 저우언라이는 분명히 알고 있었다. 소련은 말끝마다 중국에게 사회주의 진영을 보위하도록 요구하면서도, 이 진영의 우두머리로서, 스탈린은 조선에 출병하지 않았을 뿐만 아니라, 출병하여 싸우고 커다란 희생을 입은 중국에게 무기 비용을 지불하게 하였다. 이것은 너무나도 말이 안 되었다.

중국은 이기적인 소련과 동맹을 맺은 고통을 맛보기 시작했다. 중국과 소련의 동맹 사이에서는 이미 비록 일시적으로는 아무도 느끼지 못했지만 조용히 커지는 위험한 틈새가 덩굴처럼 생겨나고 있었다.

6월 3일, 김일성은 베이징으로 가서 마오쩌둥·저우언라이와 함께 정전회담의 정책과 방안을 상의했다.

마오쩌둥, 저우언라이, 김일성 등 중국과 조선의 거두들 세 명이 회동한 후, 회담의 수레바퀴는 매우 빠르게 움직였다. 6월 23일, 소련 대표인 말리크는 유엔 공보부에서 쌍방이 평화 협상을 희망하고 있다는 연설을 발표했다. 6월 29일, 미국의 국가안보회의(National Safety Council, NSC)는 리지웨이에게 다음과 같은 지시를 보냈으며, 동시에 단 한 글자도 틀림없이 정확히 집행하라고 명령했다:

대통령의 지시에 따라, 당신은 30일, 토요일, 도쿄 시간 오전 8시에 방송국을 통해 아래 문건을 조선 공산군 사령관에게 발표함과 동시에, 언론계에도 발표해야 한다:

본인은 유엔군 총사령관의 자격으로 귀군(貴軍)과 아래 사항들을 협상하라는 명령을 받았다. 이는 귀측이 정전 회의를 열 것을 희망리라는 것을 내가 알고 있기 때문에, 한국에서의 모든 적대 행위 및 무장 행동을 중지함과 아울러, 이 정전 회의의 실시를 적절하게 보장하기를 원한다. 나는 귀측이 본 문건에 대한 답변을 보내온 후에, 귀측 대표와 회동하도록, 곧 우리 측 대표를 파견함과 아울러 회의 날짜를 제시하겠다. 나는 이 회의가 원산항에 있는 덴마크 병원선 위에서 거행되는 게 좋다고 제의한다. 유엔군 총사령관 리지웨이 (서명).

7월 1일, 김일성과 펑더화이가 답전을 보냈다:

유엔군 총사령관 리지웨이 장군, 당신이 6월 30일에 발표한 평화 협상에 관한 성명을 받았다. 우리는 권한을 위임받아 당신에게 다음과 같이 밝히는바, 우리는 군사 행동을 중지하고 평화를 확립할 협상을 거행하기 위해 귀측 대표와 회동하는 것에 동의한다. 회동 장소에 대해, 우리는 38선상에 있는 개성 지구에서 할 것을 제의한다. 만약 당신이 동의한다면, 우리의 대표는 1951년 7월 10일부터 15일까지 당신의 대표와 회동할 계획이다.

조선인민군 총사령관 김일성, 중국 인민지원군 총사령관 펑더화이.

클라우제비츠는 이렇게 말했다: "전쟁은 맹목적인 충동이 아니라, 정치적 목적의 지배를 받는 행동이다. 왜냐하면 정치적 목적의 가치는 반드시 얼마나 큰 희생을 대가로 지불하기를 원하며, 희생하는 시간을 얼마나 오래 감당하기를 원하는가에 따라 결정되기 때문이다. 따라서 역량의 소모가 너무 커서, 정치적 목적의 가치를 초과할 때, 사람들은 정치적 목적을 포기하고 강화(講和)를 선택할 것이다."

전쟁 역사상 가장 힘든 협상이 시작되었다.

제6장

궁지에 몰린 미국의 정전 제의, 그러나!

1

"커농 동지, 내가 당신을 지명한 것은, 당신이 개성에 가서 주재하면서 미국인들과 협상하게 하려는 것이오." 마오쩌둥이, 안경을 쓰고 두 줄기의 멋진 팔자수염을 기른 리커농을 응시하면서 말했다.

리커농은 적색(공산당-옮긴이) 첩보의 왕으로, 중국공산당 정보계의 '전삼걸(前三傑)' 중 유일한 생존자였다. 그와 후디(胡底, 1905~1935)·치엔주앙페이(錢壯飛, 1895~1935) 세 사람은 일찍이 위기일발의 상황에서 전체 중국공산당 중앙 기관의 목숨을 구해냈으며, 이후에는 중국공산당 중앙연락국장이라는 직무를 맡았다. 리커농은 지혜와 용기를 겸비한 인재로, 그가 세상을 떠났을 때 미국 중앙정보국은 뜻밖에 3일간 휴무하면서 가장 두려운 적수가 사라진 것을 경축했다. 그는 인민해방군에서 유일하게 전장에 나간 적이 없는 상장(上將)이었다.

리커농의 전설적인 일생의 업적에서, 협상은 매우 중요한 위치를 차지한다. 이 신비한 막후의 영웅도 수시로 무대 앞으로 나아가 자신의 최고 경지에 도달한 교류의 기교를 펼쳐보이곤 했다. 시안사변(西安事變, 1936) 때, 그는 저우언라이가 장쉐량과 협상하는 것을 도왔다. 또 국민당과 공산당이 평화 회담을 할 때, 그는 예젠잉이 미국인·국민당 사람들과 협상하는 것을 도왔다. 오랜 기간에 걸친 혁명의 생애가 리커농의 확고한 신념과 엄격한 태도를 길러냈으며, 정보 공작의 특수성은 또한 그에게 소중한 대적(對敵) 투쟁 경험과 비범한 임기응변 능력을 길러주었다. 1928년부터, 그는 저우언라이의 직접적인 지도하에 공작을 했는데, 이 당시는 외교부 상무(常務)부부장 겸 군사위원회 정보부장이었다. 마오쩌둥이 이러한 인물을 발탁하여 미국인들과 협상하러 보냈으니, 사람을 잘 알아보고 적절한 임무를 맡겼다고 할 수 있다.

리커농은 이때 심한 천식이 재발했다. 중화인민공화국 수립 초기, 중국공산당의 많은 공로자들과 명장들이 갑자기 잇달아 병으로 몸져누웠는데, 이는 확실히 연구해볼 만한 가치가 있는 현상이었다. 오랫동안 극도로 긴장했던 전장에서의 생활이 갑자기 끝나면서, 20~30년 동안 긴장했던 신경이 갑자기 이완된 데다, 승리의 커다란 기쁨마저 더해지자, 많은 사람들의 신체가 이처럼 격렬한 변화를 감당하기 어려웠던 것 같다.

병이 중하여 일을 그르칠 것을 염려했기 때문에, 리커농은 자신이 조선에 가지 않고, 우슈추안(伍修權, 1903~1997)이나 지펑페이(姬鵬飛, 1910~2000)를 가게 하는 것이 어떻겠느냐고 제의했다. 마오쩌둥은 잠시 망설이다가 말했다: "그래도 당신이 가는 게 좋겠소."

리커농은 더 이상 다른 말을 하지 않았다: "저는 즉시 출발할 준비를 하겠습니다."

후에 리커농은 하마터면 심장병으로 조선에서 쓰러질 뻔했다.

이때, 중국의 살림꾼인 저우언라이도 너무 과로하여 끔찍하게 초췌해지자, 중앙이 강제로 휴식하라고 명령했다. 저우언라이가 또 어디에 드러누울 수 있었겠는가. 마오쩌둥도 저우언라이를 떼어놓지 못하고, 급전을 보내 외지에서 휴양하고 있던 저우언라이를 다시 소환하여 협상을 책임지게 했다.

저우언라이는 리커농에게 유능한 조수를 배속해 주었는데, 그가 바로 중국공산당의 '남북쌍교목(南北雙喬木: 남쪽과 북쪽의 두 그루 큰 나무라는 뜻-옮긴이)' 중 하나인 남교목(南喬木) 차오관화(喬冠華, 1913~1983)이다. 이후 국제 외교계에서 유명해진 차오관화는 재능이 넘쳐나고 문장 구상이 매우 민첩했으며, 국제 문제에 대해 상당히 많은 연구를 했으니, 리커농의 조수로 부임한 것은 더할 나위 없이 적합했다.

9월 5일, 차이청원이 특별히 평양에서 강을 건너 안둥으로 가서 이들 두 사람을 맞이했고, 일행은 곧바로 김일성을 접견했다. 중국과 조선 양국 공산당의 협의를 거쳐, 조선 전쟁 정전 협상의 제1선은 리커농이 주도하고, 차오관화가 보조했다. 중국의 전통적인 보안 유지 규칙에 따라, 중국의 협상 대표단은 "공작대(工作隊)"라고 불렸고, 리커농은 "리 대장(隊長)", 차오관화는 "차오 지도원(指導員)"이라고 불렸다. 이들 두 사람은 막후의 인물로, 직접 전면에 나서지 않았고, 전면에 나서 미국인들과 접촉한 것은 다섯 명의 협상 대표들이었다.

수석대표는 인민군 총참모장 남일(南日, 1913~1976) 장군이었고, 나머지 네 명은 지원군 부사령관 덩화, 참모장 제팡, 항일 투쟁 당시 타이항산에서 활약했던 조선의용대 대원이자 당시 인민군 장교인 이상조(李相朝, 1915?~1996), 전직 팔로군 연대장이자 당시 인민군 제1군단 참모장인 장평산(張平山, 1916~?) 소장이었다.

동시에 인민군 최고 사령부 동원국(動員局) 국장 김창만(金昌滿, 1907~1966) 소장이 수석 연락관을 맡았고, 중국의 조선 주재 무관 차이청원은 지원군의 연락관이 되었다. 사람들의 이목을 가리기 위해, 이들 두 사람은 모두 전쟁 시기 공산당의 보안 유지 규칙에 따라 이름을 바꾸었다. 김창만은 장춘산(張春山)으로 개명했고, 원래 이름이 제페이란(解沛然)과 차이쥔우(柴軍武)인 지원군 참모장과 조선 주재 중국 무관은 각각 제팡과 차이청원(柴成文)으로 개명했다.

리지웨이가 보내온 서신에서, 미국 쪽 연락관 세 명 중 계급이 가장 높은 사람이 대령이라고 했기 때문에, 김창만 소장은 어쩔 수 없이 졸지에 장춘산 상교(上校)로 바꿨고, 차이청원은 우습게도 중교(中校) 계급으로 낮출 수밖에 없었다.

이후의 협상 과정에서, 대표단은 3선(線)으로 나뉘었다. 직접 미국인들과 날카롭게 맞서는 건 군대를 대표하는 남일·덩화·제팡 등이었다. 제2선은 외교 투쟁 경험이 있는 "차오(喬) 나으리(老爺)" 차오관화였는데, 그는 중앙의 지시를 관철시키고 협상에 대한 구체적인 방안을 제시하는 책임을 졌다. 제3선은 현지에 주재하면서 지휘하는 중국 정부의 대표인 리커농이었다.

협상이 시작되자, 낮에는 제1선의 군대 대표와 상대의 대표가 대면하여 말다툼을 벌였고, 저녁에는 제1선과 제2선이 리커농에게 보고하고, 함께 새로운 문제를 논의하면, 마지막에 리커농이 총정리하여, 국내에 전보를 보내 상부의 지시를 요청했다.

정전 협상이 열리고 있을 때의 내봉장 전경(이 사진은 원본에는 없으나, 옮긴이가 수록했다.)

저우언라이가 가장 바쁜 때가 되었으며, 그야말로 실질적인 협상의 총지
휘자였다. 그는 매일 초저녁에는 전장의 문제를 처리했고, 자정이 넘어서는
"리커농 무전국[克農臺]"이 보내온 보고서를 본 뒤, 마오쩌둥과 대책을 논의
하여 답신을 보낸 다음에 다시 국내 사무를 처리하기 시작했다. 그의 주변
에 있는 수십 명의 직원들은 교대로 일을 하는데도 피로에 지쳐 있었는데,
저우언라이는 오히려 뛰어나게 굳센 의지로 늘 3~4일을 일하고 나서야 겨
우 한잠 자는 패턴을 지속적으로 견지했다. 하루는 그가 사무실에서 서 있
다가 거의 졸도할 뻔하자, 주변의 직원들이 이 모습을 보고 놀라서 말했다:
"사람이 어떻게 이렇게까지 열심히 일을 할 수 있을까!"

저우언라이는 피땀으로 윤활제를 만들어, 중국의 군사와 정치의 중추가
빠르게 가동하도록 유지하고 있었다.

"유봉래의(有鳳來儀: 날짐승의 왕인 봉황은 상서로운 징조를 가져온다)"라는 성어

(成語)는 말의 의미가 풍부하며, 중국어 가운데 사람의 마음을 움직이는 아름다운 느낌을 담고 있는 말이다. 중국 문화의 영향을 깊게 받은 조선에는 아름다운 정원이 하나 있는데, 그것을 건설한 사람은 분명히 중국 문화를 깊이 이해하고 매우 사랑하는 사람이었던 것 같다. 그는 자신의 아름다운 정원에 "내봉장(來鳳莊)"이라는 그럴듯한 이름을 지어주었다.

내봉장은 곧 세계에 이름을 떨치게 되는데, 그곳이 조선 정전 협상의 회담장으로 선정되었다. 사람들에게 잘 알려지지 않은 이 작은 별장은 이때부터 세계 지도 위에 자신의 좌표를 갖게 되었다.

2

중국과 조선이 물밑에서 분주하게 협상 준비를 하고 있을 때, 미국은 극동 해군 사령관 찰스 터너 조이(Charles Turner Joy, 1895~1956) 해군 중장을 수석대표로 지명했다. 이후, 이 해군 중장은 중국과 조선의 협상 대표들에게 꽤 깊은 인상을 남겼다.

"이 사람은 이후 협상장에서 매우 침착하고 노련함을 과시하여, 협상의 기술에서 중국과 조선쪽의 많은 협상 초보자들에게 깊은 인상을 남겼다. 그러나 그는 직업 군인으로서 단지 트루먼·애치슨·리지웨이의 의도를 확실하게 관철시킬 수만 있을 뿐이었다. 협상 과정에서 몇 차례의 회담은 결코 그의 본심이 아니었으니, 돌아간 후에야 명령을 받고 입장을 바꾼 것에서 알 수 있었다."

협상 연락관인 차이청원은 회고록에서 미국 수석 협상 대표를 매우 칭찬하면서, 공정하고 타당하게 평가했다.

조이는 명령을 받은 후, 자신의 부참모장 버크(Arleigh Burke, 1901~1996) 소장을 협상 대표로 추천했다. 미국 극동 공군 부사령관 크레이기(Laurence Cardee Craigie, 1902~1994) 소장, 밴 플리트의 부참모장이었던 호지(Henry I. Hodes, 1899~1962) 소장, 한국 제1군단장 백선엽 소장이 나머지 세 명의 대표가 되었다.

차이청원은 짤막하게 이 사람들을 묘사했다: "크레이기 장군은 분석이 정확하고, 언변이 뛰어났다. 호지 장군은……비교적 소박하고, 시원시원하고 입바른 소리를 잘했는데, 언변은 서툴렀고, 입에는 항상 시가를 물고 있었다. 버크 장군은 비록 매우 지혜롭고 재능이 있었지만(조이가 한 말이다), 협상 기간에는 눈에 띄게 드러나지 않았다."

차이청원은 한국의 백선엽에 대해서는 평가하지 않았는데, 왜냐하면 이 사람은 거의 꼭두각시나 다름없었기 때문이다. 사실 쌍방 협상 대표 구성만 보더라도, 중국과 미국 두 나라와 그 동맹국들 간의 실질적 관계를 알 수 있었다. 중국과 조선쪽의 대표 다섯 명 중 조선이 세 명을 차지하고 있는 데서 볼 수 있듯이, 전장에서 거의 대부분의 임무를 맡고 있던 중국은 위험한 재난에 처해 있는 조선에 대해 여전히 완전한 평등과 존중의 태도로 대했다.

그러나 상대방은 다섯 명의 대표들 가운데 미국인이 네 명을 차지했다. 오만한 미국인들이 보기에는, 한국은 명단에 들어갈 수 있는 것만으로도 이미 이승만의 체면을 크게 세워준 셈이었다. 이후의 협상 과정에서, 백선엽도 자신은 단지 장식품에 불과하다는 것을 충분히 증명했으니, 그는 거의 한마디도 발언하는 것을 허락받지 못했다.

장춘산과 차이청원 등 세 명의 중국과 조선 연락관들이 상대한 것은 경박하고 오만한 미국 공군 키니(Andrew J. Kinney, 1914~2005) 대령과 비교적 점잖은 미국 육군 머레이(James C. Murray) 대령이었다. 이 키니 대령이 처음으로 중국·조선쪽과 연락했을 때, 뜻밖에도 그의 엉덩이는 지원군 대표의 좌석 위에 있었다. 조선·중국쪽 연락관이 자기의 위치에 앉아 달라고 요청했을 때, 그는 난폭하게 말했다: "아니, 나는 여기 앉는 게 너무 편해." 돌아간 후에, 이 키니 대령은 의기양양하고도 뻔뻔하게 조이 중장에게 이렇게 자신의 공을 자랑했다: "제가 첫 회합에서 이겼습니다."

또 불쌍한 한국 연락관 이수영(李樹榮) 중령도 있었는데, 미국인들은 내내 그를 안중에 두고 있지 않다가, 한 차례 휴회할 때 뜻밖에도 이 중령을 중국과 조선 측 구역에 두고 잊어버리는 바람에, 놀라서 그는 바지에 오줌을 지렸다. 중국과 조선 측은 어쩔 수 없이 말로 위로하면서, 그에게 식사를 권했으며, 또한 무전으로 상대측에게 그를 데려가라고 통지했다.

7월 7일 밤, 중국과 조선 대표단은 갑자기 한 가지 심각한 일을 발견했다. 국제관례에 따르면, 쌍방 대표가 정식으로 대면할 때에는 상호 전권 위임장을 교환해야 하는데, 처음 국제무대에 등장한 중국과 조선 측에서는 전혀 이 문제를 생각하지 못하고 있었다. 조선 측에서는 즉각 사람을 보내 황급히 평양으로 돌아가 김일성에게 서명을 요청했다. 하지만 다시 연합 사령부에 가서 펑더화이에게 서명해달라고 했다가는 어떻게 하더라도 때맞춰 올 수 없었다.

리커농은 직원들이 초조해하는 모습을 보며 껄껄 웃더니, 펑더화이에게 전화를 걸어 상황을 설명하고는, 다른 서류에 있는 펑더화이의 서명을 본 다음, 펜을 들어 전권 위임장 위에 "彭德怀"라고 썼다.

"너무 똑같아요, 너무 똑같아! 그야말로 같은 거푸집에서 찍어낸 것 같습니다."

한쪽에 서 있던 덩화는 경탄해 마지않았다. 한번 보면 잊지 않고, 책을 거꾸로도 읽을 수 있는 특수 공작의 귀재인 리커농이 오래 전부터 남의 필적을 모방하는 특기를 익혀 두었다는 사실을 덩화가 어찌 알았겠는가!

3

내봉장은 사실 북쪽에서 남쪽을 향해 자리 잡고 있는 별장으로, 문 앞 화단에서는 사계절 향기가 났으며, 건물 주변에는 수양버들이 가볍게 흔들리고 있어, 전체 건물이 고색창연하며 전아하고 빼어났다.

7월 10일 오전 10시, 쌍방 대표가 내봉장 안의 통로에서 만난 다음, 걸어서 대청의 회의장으로 들어가 자리에 앉았다.

미국 대표 조이 중장의 안색은 매우 좋지 않았다. 미국은 세계 제일의 강대국인데, 전장에서 뜻밖에 100년의 전란을 겪고 건립된 지 갓 1년밖에 안 된 빈궁한 국가를 싸워서 이기지 못했고, 그 자신도 유엔군 총사령관의 대표로서 상대방이 통제하는 구역에 가서 평화 협상을 해야 했다. 그래서 협상 그 자체가 바로 조이 본인과 다른 미국 대표들로 하여금 내심 매우 고통스럽게 한 것이다.

동행한 한국 연락관 이수영 중령은 너무 긴장하여, 착석할 때 그냥 땅바닥에 엉덩방아를 찧고 말았다. 그런데 이 해프닝은 뜻밖에 회의장에 있던 어느 누구도 전혀 웃게 하지 못했다. 쌍방은 전장에서 이미 눈에 핏발을 세우고 서로를 죽였으므로, 마음속으로는 모두가 이 회의장은 비록 총포 소리는 나지 않았지만 마찬가지로 격렬하게 싸워야 하는 진지일 뿐이라는 것을 잘 알고 있었다.

조선의 정전 회담은 당혹해 하는 이수영 중령이 다시 자리에 앉으면서 시작되었다. 이것은 사실상 중화인민공화국과 아메리카 합중국의 첫 번째 정식 회담이었다.

중국과 조선 측은 최대한 평온하고 성의를 갖고 회담에 임했고, 그들이 제시한 협상 원칙 건의가 조금도 지나치지 않았기 때문에, 그들은 회담이 매우 빨리 마무리될 거라고 생각했다. 그들은 단지 상호 합의의 기초 위에서 쌍방이 동시에 일체의 적대적 군사 행위를 중단하자고 요구했다. 38선을 군사분계선으로 확정하고, 가능한 한 짧은 시간 내에 조선에서 모든 외국 군대를 철수하자고 했다.

중국과 조선 측에서는, 직접 협상에 참여한 조이 중장 등도 최대한 빨리 협상이 끝나기를 바랐다는 것을 나중에야 알았다. 조이는 회고록에서 말하기를, 그는 2개월의 시간만 있으면 회담이 성공할 수 있을 것으로 예상했다고 밝혔다. 이 협상이 2년간 지속되고, 쌍방이 또한 장차 수십만 군인들의 사망과 부상을 대가로 지불하리라고는 아무도 생각지 못했다.

협상이 시작되자마자, 중국과 조선 측에서는, 미국 측은 자신들이 주도적으로 제의한 협상에 조금도 성의가 없다는 것을 분명하게 느꼈다. 교활한 미국인들은 모든 기회를 놓치지 않고 압력을 가했는데, 맨 먼저 기자들을 회담에 출석시키자고 요구했다. 중국과 조선은 쌍방이 협의를 이루려면 아직 멀었다고 여기고, 기자들을 참석시키자는 요구에 응하지 않았다. 이런 사소한 일로, 미국 측 대표는 머리를 가로저으며 갔고, 13일에는 차를 타고 돌아가버렸다.

이어서 미국인들은 조선에서 외국 군대가 철수하는 것에 동의하지 않았을 뿐만 아니라, 심지어 자신들이 제시했던 38선을 따라 정전하고 전쟁 전의 상태로 회복시키자는 제의마저도 부정했다.

이때, 쌍방은 전장에서 각자 전쟁 전에는 상대방에게 소속되어 있던 일부 지역들을 차지하고 있었다. 중국과 조선 측은 38선 이남의 개성 지역·연안군(延安郡)·옹진 반도를 점령하고 있었고, 미국과 한국 측은 38선 이북의 김화(金華)에서 간성(杆城)에 이르는 지역을 점령하고 있었다. 비교하자면, 미국과 한국 측이 점령한 지역이 중국과 조선 측이 점령한 지역보다 조금 더 컸다.

미국 국무장관 애치슨은 38선에서 정전하자는 제안에 동의한다고 두 차례나 공개적으로 발표했었다. 그런데 뜻밖에도 협상이 시작되자, 중국과 조선 측에서, 미국인들은 동쪽의 산지를 떼어주고, 중국과 조선 측은 서쪽의 평원 지역을 떼어주어, 철저하게 전쟁 전 38선의 원상태를 회복시키자고 제안했을 때, 미국인들은 뜻밖에도 응하지 않았다. 그들이 말하는 이유는 매우 기괴했다. 만약 38선을 경계로 삼으면, 지형적으로 볼 때, 미군은 동부전선에서 철수한 뒤 다시 공격하여 차지하기가 어려운데, 중국과 조선은 서부전선에서 철수한 뒤에도 다시 공격하여 차지하기가 쉽다는 것이었다.

펑더화이에게 "군대 내의 제갈공명[軍中諸葛]"이라고 불리던 제팡은 곧바로 이 의견을 낸 호지 장군에게 반박하여 대꾸할 수 없게 만들어버렸다:

"우리가 여기에서 도대체 전쟁을 멈추고 평화적으로 조선 문제를 해결할 것을 토론하는 거요, 아니면 일시적으로 정전한 다음 더 큰 전쟁을 하자고 토론하는 거요?"

저우언라이는 한눈에 미국인들의 마음을 간파했다: "미국이 왜 원래 38선에서 전쟁을 중지하기로 찬성하더니, 지금은 다시 찬성하지 않는 것인가? 그 이유는 바로 38선에서 전쟁을 중지하는 것이 정치적인 의미를 띠고 있기 때문이다. 왜냐하면 만약 38선에서 전쟁을 중지한다면, 바로 그것은 미 제국주의가 침략을 일으켰고, 북조선의 독립을 침범했다가, 지금은 원래 상태를 회복했다는 것을 더욱 분명하게 밝혀주기 때문이다……."

이제 미국인들은 현재 자신들이 좀더 편리함을 차지하고 있는, 군사적으로 실제 통제하고 있는 선상에서 전쟁을 중지해야 한다고 제안했을 뿐만 아니라, 중국·조선 측만 현재의 진지로부터 전체 전선이 36킬로미터 내지 68킬로미터를 후퇴하여, 1만 2천 평방킬로미터의 영토를 그들의 우세한 해군과 공군 역량에 대한 보상으로 양도하라고 요구했다.

리커농이 대단히 날카롭게 지적했다: "보아하니 적들에게는 이미 캐넌이 말리크를 만났을 때의 긴박함이 없다."(1951년 6월, 미국은 전 소련 주재 미국 대사인 조지 캐넌으로 하여금 은밀하게 유엔 주재 소련 대사인 야코프 말리크와 접촉하여 휴전을 제의하게 했는데, 이를 가리킨다.-옮긴이)

확실히 미국 정부의 매파들은 중국과의 협상으로 이미 매우 체면이 깎였지만, 미국의 강대한 군사력은 더욱 많은 것들을 충분히 쟁취할 수 있다고 여기고 있었다.

미국인들 스스로도 자신들의 요구가 무리하다는 것을 알고 있었다. 미국인들이 현재의 전선을 지켜낼 수 있는 것은 육·해·공 3군의 협력에 의지해서야 비로소 해낸 것이었다. 리지웨이는 훗날 이렇게 말했다: "우리가 강력한 화력을 보유하지 못하여, 항상 근거리에서 공중 지원을 받지 못했더라면, 또한 바다를 확실하게 장악하지 못했더라면, 중국인들은 이미 우리를 무너뜨렸을 것이다."

현재의 전선이 3군의 협력에 의지해서야 겨우 지켜낼 수 있는데, 중국과 조선 측이 무슨 근거로 다시 미국인들에게 해군과 공군의 역량을 보상해준단 말인가?

남일 장군이 협상 테이블 앞에서 조이의 말문을 막히게 하자, 미국인들은 회의장 주변에서 끊임없이 사단을 일으켰다. 그들은 자신들이 원하는 것을 빼앗으려면 다시 싸워야 한다고 굳게 결심했다.

8월 19일 아침, 9명의 중국과 조선 헌병들이 중국 소대장 야오칭샹(姚慶祥)의 인솔하에 중립 지역을 순찰하고 있었는데, 한국군 30여 명이 난사하여, 야오칭샹이 즉시 피투성이가 되어 쓰러졌다.

이 중국 소대장은 수중에 총이 있었음에도 반격을 가하지 않았고, 그는 마지막 한마디를 남겼다: "이것은 세계적 문제이니, 차라리 자신을 희생하는 편이……." 그는 죽으면서까지 협상에서의 협의를 준수했다.

조선의 한 어머니는 마치 아들을 끌어안듯이 야오칭샹을 끌어안고 울면서 말했다: "이 분을 중국으로 돌려보내지 마세요. 이 분은 우리 조선을 위해 희생했으니, 이 분을 영원히 조선에 남겨두세요!" 그 자리에 있던 중국과 조선 병사들과 그곳 군중들은 눈물을 흘리지 않는 이가 없었다. 이것이 바로 당시 세계를 깜짝 놀라게 했던 중립 지대의 국사(國事) 경찰인 야오칭샹을 총살한 사건이다. 차오관화는 분노하여 매우 유명한 애도문을 썼다: "세상 사람 모두가 리지웨이를 알고 있으며, 온 나라가 다 함께 야오칭샹을 슬퍼한다[世人皆知李奇微, 擧國同悲姚慶祥]."

이어서 미국 비행기가 분명히 중국과 조선 대표단 주둔지를 여러 차례 폭격하고 소사했는데, 미국 연락관 키니 대령은 현장을 조사할 때, 뜻밖에도 포탄 구덩이 안에 있던 포탄의 파편을 가리키면서 휘파람을 불며 말했다:

"폭탄을 보았던 사람들은 모두 이것이 폭탄이라고 믿지 않을 거요. 당신들은 비행기가 왔다고 말하는데, 그 비행기에는 몇 개의 엔진이 있었소?"

분노한 중국과 조선의 대표들은 온몸을 부들부들 떨었다.

비슷한 사건들이 잇달아 발생했다. 중국과 조선 대표단의 구성원들은 장춘산과 차이청원이 일부 상대방과 연락하는 무전기를 가지고 여전히 개성에 머물러 있는 것 말고는, 어쩔 수 없이 흩어져서 옮겨 다녀야 했다. 잠깐 여기에 왔다가 잠깐 저기로 옮겨 다니느라, 업무는 고사하고 일상생활조차 정상적으로 할 수가 없었다.

마침내 리지웨이는 도쿄에서 이렇게 선포했다: "우리 유엔군의 위력을 이용하면, 유엔군 대표단이 요구하는 경계선의 위치에 도달할 수 있다."

미국 대표는 탁자를 치며 고함을 지르기 시작했다: "폭탄과 대포와 기관총을 보내 변론하게 합시다!"

협상은 이미 웃음거리가 되어버렸다.

회담 도중에, 협상의 베테랑인 조이는 괴상한 수작을 부렸다. 그는 아예 한마디도 하지 않고, 열심히 몰두하여 연필만 만지작거렸다. 전체 회담장이 적막했다. 1분, 2분…….

시간이 차츰 지나가면서, 쌍방 모두 어떤 사람은 수첩에 멋진 그림을 그리기 시작했고, 더욱 많은 사람들은 테이블 양쪽에서 서로를 노려보고 있었다.

쌍방이 한 시간 동안 버티고 앉아 있다가, 차이청원이 예정된 계획에 따라 회의장을 떠나 리커농에게 지시를 요청하자, 리커농은 쓴웃음을 지으며 말했다: "그냥 그대로 앉아 있으시오."

차이청원이 회의장으로 돌아온 다음 종이쪽지에 "앉아 있어요"라고 써서 중국과 조선의 각 대표들에게 전하자, 이제 대표들은 더욱 힘차게 앉아 있었고, 전체 회의장에서는 담배가 한 모금 세게 빨아들일 때 타면서 내는 "지지직" 소리밖에 들을 수 없었다.

두 시간 뒤, 조이는 마침내 더 이상 앉아 있지 못했다: "나는 휴회했다가 내일 오전 10시에 계속 회의할 것을 제의하오." 미국과 한국 측 대표들은 마치 대사면을 받기라도 한 듯이, 무감각한 엉덩이를 들더니 얼른 차를 타고 돌아갔다.

중국과 조선 대표단은 비록 마찬가지로 절룩거리기는 했지만, 정신적으로는 싸워서 승리했기 때문에 의기양양했다.

이때, 전장은 이미 엉망진창이 되어 있었다.

4

200킬로미터에 달하는 전선에서 지금까지 총성이 멈춘 적이 없었다. 제5차 전역 후기부터, 펑더화이는 줄곧 새로운 전역을 계획하고 있었고, 전선의 부대들은 한편으로는 대대적으로 방어 진지를 구축하기 시작했으며, 한편으로는 적군과 진지를 두고 다투었다.

제42군단장 우루이린 중장은 진지의 최전방에 숨어서 관찰하다가, 화가 치밀어 올랐다. 그는 제5차 전역 후기에 작은 승리를 거둔 미국 병사들이 매우 난폭해져, 그들의 탱크가 매일같이 소총 사정거리 안쪽까지 다가와 근접 사격을 가했고, 포병들은 정해진 시간에 맞춰 수백 발의 포탄을 쏘는 것을 보았다. 매일 이러한 일들을 마치고 나면, 미국 병사들은 남은 시간에 대포와 탱크 주위에서 맥주를 마시고 통조림을 먹고 담배를 피웠다. 우루이린은 심지어 육안으로도, 한 무리의 미국 병사들이 배불리 먹고 마시더니, 뜻밖에 경쾌한 춤을 추는 것을 볼 수 있었다.

"개자식들, 내가 네놈들을 춤추고 술 마시게 하다니!" 우루이린은 호되게 한마디 욕을 했다.

며칠 사이에 6개 포병 대대와 2개 대전차포 중대가 우루이린에 의해 비밀리에 진지 최전방 깊숙한 곳에 집결했다. 미국 병사들이 포를 다 쏘고 다시 즐거운 파티를 시작했을 때, 우루이린이 주먹으로 책상을 내려치자, 제126사단장이 즉각 수백 문의 화포를 통합 지휘하여 맹렬히 포격했다. 순식간에 미군의 두 개의 무리를 이루고 있던 수십 문의 대포와 일곱 대의 탱크가 포격을 받고 고철이 되었고, 미친 듯이 기뻐하며 파티를 즐기던 미국 장병들은 다시는 곡조에 맞추어 춤을 출 수 없게 되었다.

6월 30일, 30대의 T-34/85 탱크와 여섯 대의 IS-2 중(重)전차 및 네 대의 SU-122 자주포를 갖춘 중국의 첫 번째 탱크 연대가 미군 진지를 향해 최초의 탱크 포탄을 발사했다. 중국 장갑병들이 조선에 들어왔는데, 그들은 최초로 참전하여 탱크포 간접 사격법[211]을 발명했다.

지원군의 야간 공격 장면

　항미원조 기간 동안, 지원군은 모두 장갑병 3개 사단 외에 별도로 6개 연대가 참전했다. 1951년 3월 31일부터, 지원군 탱크 제1사단과 제2사단 제3연대의 장갑차들이 굉음을 내며 도처에서 전투가 벌어지는 조선 전장으로 돌진해 들어갔으며, 또한 탱크 제1사단의 사단 본부를 기초로 하여 지원군 장갑병 지휘소를 설립했다.

　그해 10월, 중국과 태국 두 나라의 장갑 부대가 철원 서북쪽 190.8고지에서 치열하게 싸웠는데, 이것은 또한 조선 전장에서 쌍방 모두가 탱크를 출동시켜 상대방을 공격한 몇 안 되는 국지전의 하나였다.

　조선 전쟁 기간 동안에, 당시의 특수한 역사적 이유로 인해, 태국은 일찍이 1개 대대를 파견하여 유엔군에 참가했다. 이 대대는 태국 황실 육군

---

211 장애물에 가려져 있는 목표물에 타격을 가하기 위해, 포탄을 고각으로 발사하여 적의 위쪽으로 떨어지게 하는 사격 방법을 가리킨다. 전차포는 자주포와 달리 고각으로 발사할 수 없기 때문에, 전차포로 간접 사격을 하는 것은 매우 어려운 일이다.

(Royal Thai Army) 제1여단 제21연대 소속으로, 태국 황실의 한 왕자[212]가 친히 소장 계급의 사령관을 맡았으며, 전체 병력은 1,057명이었다.[213]

1951년 10월, 태국 대대는 사상자가 심각한 미국 제3사단의 190.8고지 방어 임무를 인계받았다가[214], 즉각 지원군에게 일격을 당했다. 방어 임무를 인계받을 때, 지원군이 방어 부대를 교체하는 때를 이용하여 기습을 가한다는 전술에 대해 이미 들었기 때문에, 태국 군대는 이 작은 고지 위에서 1개 증원된 중대 전체를 동원해 엄밀한 방어진을 친 것 외에도, 6문의 유탄포와 9대의 탱크를 배치하여 고지의 방어를 강화했다. 그러나 지원군 탱크 사단이 맹렬하게 출격하여, 1개 연대와 함께 달빛에 의지하여 밤중에 고지를 습격하리라고는 생각지도 못하고 있다가(태국 군대는 중국 군대가 뜻밖에 장갑 부대를 이용해 야간전을 벌이리라고는 생각지 못했으므로, 너무 갑작스러워 미처 막아내지 못하고 30분 만에 고지에 있던 병력이 전멸했다), 태국 군대가 탱크를 출동시켜 반격했다. 그 결과 철판이 얇은 M-24 채피 탱크는 철판이 투박하고 두툼하며 화력이 강력한 T-34 탱크를 막아내지 못하고, 4대의 채피가 파괴되었으며, 퇴로가 차단되었기 때문에, 증원되어 방어한 태국군 탱크 9대와 유탄포 6문 모두 중국 군대에게 노획되었다.

큰 손해를 입은 태국 대대는 급히 국내로부터 병력을 보충한 다음 다시 출격했다. 태국군의 명예를 되찾기 위해, 이후 중국 군대를 맞아 공격할 때마다, 용맹한 태국군은 기필코 목숨을 걸고 맞서 혈투를 벌였다. 그 결과 귀국하여 전과를 집계하다가 크게 놀랐다. 태국 대대는 1,057명이 출정했는데, 뜻밖에 933명의 사상자가 발생했으니, 만약 국내에서 보충하지 않았다면, 사실상 전멸한 것이나 다름없었다. 동남아시아의 우림 지대에서 온 태국군이 얼마나 용맹하게 싸웠는지 어느 정도 알 수 있다. 현재 한국의 포천

---

212 피싯 디스퐁사-디스쿨(Pisit Dispongsa-Diskul) 황세자를 말한다.
213 한국 측 자료에 따르면, 태국이 파병한 육군 1개 보병 대대의 병력은 1,294명(1953년 7월 종전 당시의 숫자) 내지 2,274명(가장 병력이 많았던 시기)이었다고 한다.
214 한국 측 자료에 따르면, 1951년 10월 20일 태국 대대가 미국 제3사단 제15연대 제3대대로부터 천덕산(477고지)-덕산리 일대의 방어 임무를 이어받았다고 한다.

에는 아직도 태국 대대의 전사자들을 기리는 기념비가 세워져 있다.[215] 태국 대대의 용감함은 또한 자신에게 태국 군대 내에서 특별한 영광을 얻게 해 주었다. 그래서 오늘날 이 대대가 소속된 연대는 중국 인민에게도 매우 낯 익고 친숙한 태국의 시리낏(Queen Mother Sirikit, 1932~) 왕비의 왕실 호위 연대로, 태국 왕립 육군의 최정예 부대가 되었다. 일찍이 중국의 장갑 부대 와 조선에서 격전을 치렀던 이 연대는 열대 우림 지역의 작전에 적합한 중 국제 주력 탱크로 장비를 교체하고 있다.[216] 중국 군대가 조선 전장에서 보여준 용맹함과 전투력의 강력함이 태국 군대에게 깊은 인상을 남겨주었기 때문에, 오늘날 태국 육·해·공군의 수많은 주력 장비들이 중국에서 도입된 것들이며, 중국과 태국 양국은 또한 이미 관계가 매우 친밀한 우호적인 이 웃 나라가 되었다.

중국 군대의 장비는 조용히 개선되고 있었다.

전선의 도처에서 이런 소규모 전투가 벌어졌다.

6월 말, 중국 군대는 적극적으로 제6차 전역을 계획하기 시작했다.

펑더화이는 38선을 군사분계선으로 삼을 것을 고수할 준비를 했다. 그는 군사적 압력을 사용하여 적군이 이 조건에 동의하도록 만들려고 생각했다.

그는 마오쩌둥에게 이렇게 보고했다: "미국이 현재의 점령 구역을 고수한 다면, 저는 곧바로 8월에 반격할 준비를 하겠습니다."

개성의 협상이 시작되자, 지상의 전장은 한때 비교적 평온했다. 쌍방은 단지 소부대만 교전을 벌였고, 오직 미국 공군만이 여전히 빈번하게 중국과 조선 군대의 병참보급선을 폭격하고 있었다. 그러나 중국·조선 연합군은 잠시도 긴장을 풀지 않고, 끊임없이 대대적으로 방어 진지를 구축했다. 그리고 장교들은 마음속으로, 전장의 승리가 있어야만 협상 테이블에서 날카롭게 변론하여 승리를 거둘 수 있다는 것을 잘 알고 있었다. 마오쩌둥도 매우 분명하게 말했다: "협상하는 사람은 오로지 협상에만 신경 쓰고, 싸우는 사

---

215 태국군 참전 기념비는 포천군 영북면 문암리에 있다.
216 2016년 5월, 태국 육군은 중국이 개발한 제3세대 주력 전차인 VT-4 28대를 발주했다.

람은 오직 싸움에만 신경 쓰시오!" 이 위대한 전략가는 싸울 수 있어야만 비로소 평화를 말할 수 있다는 이 이치를 매우 잘 알고 있었다.

평더화이는, 미국인들이 38선을 경계로 삼으려 하지 않을 뿐만 아니라, 중국과 조선 측에 일방적으로 1만 2천 평방킬로미터의 땅을 내놓으라고 요구한다는 소식을 들었을 때, 매우 분노했으나 도리어 웃으면서 말했다: "미국인들은 식욕이 대단하군! 하하! 전장에서 얻지 못한 것을, 협상 테이블에서 얻으려 해? 걔들이 많이 먹은 것을 두들겨서 토해내게 하지 않으면 안 되지!"

7월 24일, 정전 협상이 이미 보름이나 진행되었지만, 협상의 의사일정 합의조차도 이루지 못했다. 평더화이는 미국인들의 환상을 완전히 깨뜨리고, 군사적 승리로 하늘 높고 땅 깊은 줄 모르는 미국인들을 정신 차리게 할 준비를 했다.

"중앙군사위원회에 보고하여, 제6차 전역을 시작해야 한다고 건의했소. 38선 남쪽을 쳐들어간 다음, 다시 물러나 38선을 경계로 삼아, 미국인들로 하여금 더 이상 헛된 망상을 하지 말고, 성실하게 협상에 임하도록 해야 하오." 평더화이가 몇 명의 부사령관들에게 이렇게 말했다.

마오쩌둥은 이틀 동안 숙고했다. 그는 난하이(南海) 호수의 푸른 물결을 바라면서 경멸적인 웃음을 지었다: "미국인들은 아마도 우리가 감히 더 이상 싸울 수 없다고 생각하는 것 같다. 이들 제국주의자는 중국 인민들이 이미 깨우쳤다는 것을 알지 못한다. 지금까지 백성들이 헌금한 돈으로 2천여 대의 비행기와 수백 대의 탱크를 살 수 있었다. 늙은 할머니들은 관(棺) 살 돈까지 바쳤고, 백발의 할아버지들은 자신의 노후 연금을 내놓았다. 인민들이 우리의 후원자가 되었는데, 우리가 설마 감히 싸우지 못하겠는가? 너희 미국인들이 오래도록 싸우겠다면 나 마오쩌둥이 오랫동안 함께해주마."

이틀 뒤, 마오쩌둥은 답신을 보냈다: "전쟁이 정말로 중지되기 전에는, 9월에 반격할 준비를 하는 것이 전적으로 필요합니다."

8월 17일, 평더화이는 정식으로 작전 명령을 하달하고, 지원군 13개 군단과 인민군 4개 군단 및 항공병 22개 연대를 출동시켜, 일거에 유엔군 방어선을 공격하여 돌파한 다음, 38선 이남을 공격한다는 계획을 세웠다. 중국의 대군은 이미 화살을 시위에 걸고, 칼을 칼집에서 빼든 채, 힘을 모아 출발할 준비를 했다. 바로 이때, 명장 덩화가 다른 건의를 했다.

덩화가 지도를 보며 생각하더니, 현지에서 정전하는 것이 중국과 조선 측에 결코 손해가 아니라고 깨달았다. 미군이 차지하고 있는 동부전선 지역이 면적은 약간 크지만 전부 산악 지대이고, 인구가 희박하며, 토지는 척박했다. 서부전선의 중국과 조선 측이 차지하고 있는 면적은 비록 약간 작지만 평원이고, 인구가 조밀하며, 토지는 비옥하고, 서울과도 가까워서, 적에 대한 위협이 마찬가지로 매우 컸다.

덩화가 직접 전선으로 달려가 적정을 살펴보았는데, 망원경 속에서 이 명장은 미국인들이 필사적으로 철근 콘크리트로 진지를 구축하고 있는 것을 보았다.

주도면밀하게 생각하더니, 그는 제6차 전역을 중지하자고 건의했다: "눈앞의 적들은 이미 강대한 종심(縱深)의 견고한 방어 시설을 갖추고 있는 데다, 또한 현대적인 입체 방어를 하고 있으니, 얕보아서는 안 됩니다. 만약 우리가 지금 보유하고 있는 역량과 장비로 공격한다면, 그 결과는 셋 중 하나일 겁니다. 첫째는 적진을 돌파하여 일부 적들을 섬멸하는 것이고, 둘째는 적진을 돌파하여 적들을 몰아내는 것이고, 셋째는 적진을 돌파하지 못하고, 어쩔 수 없이 전투에서 물러나는 것입니다. 결과가 어느 것이든 간에, 사상자와 물자의 소모는 매우 클 것이고, 특히 후자(물자-옮긴이)는 우리에게 대단히 불리합니다. 반대로, 만약 적들이 그들의 진지를 떠나 대거 우리를 공격해 오면, 우리는 현재의 역량으로 그들을 물리치고 일부 섬멸할 수 있을 것이며, 치러야 할 대가도 그다지 크지는 않을 것입니다."

이때 군사위원회와 총참모본부 모두, 다시 원래의 전법으로 공세를 취하면, 또 제5차 전역에서처럼 엎치락뒤치락할 거라고 생각했기 때문에, 펑더화이가 제6차 공세를 취하는 것에 찬성하지 않았다.

덩화의 건의는 마오쩌둥과 펑더화이의 높은 관심을 불러일으켰다. 덩화의 말은 일리가 있었지만, 최고 지도자와 총사령관 모두 한 가지 문제를 염려했다. 즉 중국 군대는 창설한 날로부터 매우 열세인 환경 속에 처해 있었으므로, 줄곧 싸워서 이길 수 있으면 싸웠고, 싸워서 이길 수 없으면 곧 달아나면서, 뛰어난 전술적 기동에 의지하여 위태로운 상황에서 적을 제압해왔고, 지금까지 진지전을 해본 적이 없다는 점이었다. 단지 독일인 리더(李德, 1900~1974)[217]가 중앙 소비에트[218] 지구에서 "나라[國門] 밖에서 적을 막아낸다"는 바보짓[219]을 한번 한 적이 있을 뿐인데, 그 결과는 중앙 소비에트 지구의 상실과 참으로 힘들고 어려운 장정(長征)을 하게 하여, 모두가 2만 5천 리 길을 도망치게 하는 해를 끼쳤다. 덩화의 건의와 리더의 전술은 별로 차이가 없었다. 그의 건의는 적과 대치하는 진지전을 벌이는 것으로 바꾸자는 것이었으며, 또한 그것은 바로 중국 혁명 전쟁사에서 한 번도 해본 적이 없는 장기 진지전을 하자는 것이었다. 문제는 미군의 그토록 강력한 화력 아래에서 중국 군대가 진지를 지켜낼 수 있느냐였다.

전장에서의 답안은 마오쩌둥과 펑더화이로 하여금 뜻밖에 기뻐서 어쩔 줄 모르게 만들었다. 리지웨이의 여름 공세와 가을 공세가 중국과 조선 연합군의 진지 앞에서 여지없이 참패를 당하고 말았기 때문이다.

---

217 독일인 오토 브라운(Otto Braun)이 중국식으로 개명한 이름이다. 코민테른이 중국에 파견한 정보원으로, 중국공산당이 홍군 시기에 초빙한 군사 고문이다. 1932년 봄에 소련군 총참모부에 의해 중국에 파견되어, 일본을 무대로 첩보 활동을 하던 소련 정부의 간첩인 리하르트 조르게(Richard Sorge 1895~1944)에게 경비를 전달했으며, 그해 가을에 상하이에 도착하여, 코민테른 집행위원회 극동국(極東局)에서 활동했다. 후에는 군사적인 판단과 건의를 하면서, 중국 혁명 전쟁의 전략을 지도하기 시작했다.
218 중앙 소비에트는 1931년부터 1937년까지 중국의 장시(江西)에 존재했던 사실상의 독립 국가로, "장시 소비에트"라고도 불렸다. 1934년에 국민당의 공격에 더 이상 버틸 수 없게 된 장시 소비에트는, 장시를 버리고 서북부의 새로운 근거지를 찾아 나섰는데, 이를 '대장정'이라고 부른다. 중앙 소비에트라는 명칭은 1937년까지 유지되었다.
219 원래 중앙 소비에트의 지도자는 마오쩌둥이었으나, 상하이 등지에서 피난해온 공산당 간부들이 마오쩌둥을 실각시키고 중앙 소비에트의 공산당 중앙위원회를 장악했다. 이들은 오토 브라운의 조언에 따라, 마오쩌둥의 게릴라 전술을 버리고 진지전을 펼쳤으나, 오히려 국민당 군대에게 대패하고 말았다.

8월 18일(한국 기록에 따르면, 8월 17일에 시작되어, 9월 3일까지 계속되었다고 한다-옮긴이), 밴 플리트는 동부전선의 미국 제10군단 방어선 내에서 하계 공세를 개시했다. 그는 승리하여 미국인들이 협상 테이블에서 얻지 못한 것들을 탈취하려 했다. 수십만 발의 포탄들이 메뚜기 떼처럼 날아와 80킬로미터 폭의 조선인민군 방어선 위에 떨어졌으며, 연 수천 대의 미국 비행기들은 빗발치듯이 폭탄을 투하했다. 화력 준비가 끝난 뒤, 한국 제1군단은 정자봉(丁字峰: 한국 기록에는 '정자봉'이라는 명칭은 보이지 않는다-옮긴이)에 대해, 미국 제10군단은 피의 능선과 소양강 동쪽 기슭에 대해 일제히 공격을 개시했다. 유엔군의 1951년 하계 공세의 첫 단계가 시작된 것이다.

한국의 최고 정예 사단이자 수도사단 사단장인 송요찬(宋堯讚, 1918~1980) 준장이 부대를 지휘하여 924고지를 공격했다.

이때 조선 중부 지방에는 폭우가 그치지 않았고, 강우량은 40년 이래로 최고였다. 빗물이 인민군 진지의 야전 참호까지 차오르자, 인민군 병사들은 온 몸이 물에 잠긴 채 전투를 계속했다. 전투는 극도로 참혹하여, 924고지가 함락되었을 때는, 큰비가 내렸음에도 참호들 속의 검붉은 핏물을 씻어낼 수 없었다.

그날 밤 폭우가 억수같이 퍼붓자, 인민군은 퍼붓는 비의 엄호를 받으며 반격하여, 924고지 위에 있던 한국군을 몰살시켰다. 다음날 낮, 더욱 강력한 화력의 엄호하에, 한국군이 다시 고지로 공격해 오자, 쌍방은 눈조차 뜰 수 없을 정도로 퍼붓는 폭우 속에서 돌진하여 한 덩어리가 되었다.

거듭된 공격을 거치면서, 한국군은 마침내 인민군의 주진지인 965고지로 진격했다. 인민군 제13사단 제21연대와 한국 수도사단 제26연대는 이 작은 산 정상에서 3일 밤낮 동안 혈전을 벌였다. 최후까지 싸우다가 각자 탄약이 모두 바닥나자, 쌍방 병사들은 산 위의 돌멩이로 육박전을 벌였다. 혈전을 벌이는 동안에 적군의 포화가 너무 맹렬했기 때문에, 인민군은 낮에는 진

조선 담가대(擔架隊: 들것으로 부상자나 보급품을 나르기 위해 편성한 조직-옮긴이)가 부상병을 후송하고 있다.

지에서 철수하여 살상을 피했다가, 밤에 다시 필사적으로 반격하여 진지를 탈환했다. 8월 24일 밤, 이명식(李明植)이라는 인민군 소대장이 몸을 던져 적의 총구를 막아, 부대가 반격에 성공하게 했다.

이 전사는 인민군의 영웅으로, 인민군의 전사(戰史)에서 황지광(黃繼光)이 중국 군대에서 차지하는 위치에 올랐다.

며칠 동안 혈전을 치르고 나서, 한국 수도사단은 막대한 사상자를 대가로 치르고, 보잘것없는 몇 개의 작은 산들을 점령했는데, 더 이상 공격할 힘이 없었다. 유엔군이 가전리(加田里) 일대에서 진행한 공격은 좌절되고 말았다.

한국 수도사단이 965고지를 공격할 때, 한국 제11사단의 오덕준(吳德俊, 1921~1980) 준장은 부대를 지휘하여 884고지를 맹렬히 공격했다. 이 고지는 해안에서 겨우 16킬로미터밖에 떨어지지 않아, 미국 해군의 중·대(中·大)구경 함포의 사정권 안에 있었다. 미국 해군은 전함 뉴저지(USN New Jersey, BB-62) 호와 위스콘신(USN Wisconsin, BB-64) 호의 16인치 대형 함포로 오덕준의 공격에 대해 화력을 지원했다(40년 후에, 당시 포격에 참가했던 2척의 전함은 다시 걸프전에서 이라크군에 대해 포격을 가했다).

16인치 대형 포탄은 한 발의 무게가 1.5톤에 달하니, 그 위력은 생각해보면 알 수 있을 것이다. 인민군 진지는 평지가 되어버려, 한국 군대의 정당철(鄭唐喆) 소령이라는 대대장이 순조롭게 884고지에 올라갔다. 884고지는 정자산(丁字山) 고지들 가운데 끄트머리에 있는데, 이 고지를 점령하면 인민군의 남강(南江)[220] 남쪽 기슭에 있는 진지의 측후방을 위협할 수 있었다. 밴플리트와 한국 육군 참모총장 이종찬(李鍾贊, 1916~1983) 중장 모두 부대가 이 작은 산을 탈취한 것에 대해 특별히 전보를 보내 축하했다.

마치 등에 까끄라기가 있는 것처럼 불편했던 인민군은 그날 밤 비가 오는 틈을 타 반격을 가해, 다시 한국군을 산 아래로 쫓아냈다. 이튿날 미국 군함이 더욱 많은 포탄을 쏘아대자, 정당철 대대장은 첫날보다 더 가볍게 고지를 탈환했다. 21일 밤이 되자, 엄청난 폭우가 퍼붓기 시작했을 뿐만 아니라, 짙은 안개까지 몰려왔다. 인민군 장병들은 한바탕 함성을 지르면서, 다시 산으로 돌격해 올라가 한국군에게 반격을 가했다. 부끄럽고 분한 나머지 화가 난 한국군이 세 번째로 산으로 공격해 올라오자, 인민군은 처방에 따라 약을 짓듯이 야밤에 세 번째로 다시 진지를 탈환했다. 쌍방이 일진일퇴의 쟁탈전을 한 번 벌일 때마다, 산비탈에는 빗물에 부풀어 창백해진 수많은 시체들을 남겨놓았다. 한 일본인은 이렇게 기록했다: "이렇게 세 번 884고지를 탈취했다가, 다시 세 번 빼앗겼고, 군대 수뇌부가 기뻐하며 축하 전문을 보낼 정도였는데도, 이 주요 거점은 결국 지켜내지 못했다."

밴 플리트는 어두운 표정으로 한국군 지휘소에 가서 전투를 독려했다. 전장에서의 진전은 유엔군이 요구한 것과는 너무 멀리 떨어져 있었다. 이렇게 많은 사람을 죽이고, 고작 보잘것없는 작은 산 몇 개밖에 빼앗지 못하자, 그는 정말로 이 사실을 믿고 싶지 않았다.

개성의 회담장에서 할 수 있는 일이 없던 한국 대표이자 제1군단장인 백

---

[220] 강원도 고성군을 동서 방향으로 흐르는 하천이다.

조선의 부녀자들이 산을 넘고 물을 건너며 탄약을 운반하고 있다.

선엽은 아예 부대로 달려가 웃통을 벗어부치고 적진으로 나아가 크게 싸움을 벌였다. 그는 부대를 지휘하여 26일에 다시 한번 공격을 개시하여, 3일 후에 마침내 정자봉을 점령했다. 이때에 이르러, 한국 제1군단은 이미 두들겨 맞아 불구가 되어버렸다. 병사들의 선혈과 빗물이 몇 개의 작은 산들을 온통 붉게 물들였는데도, 손에 넣은 것은 오히려 몇 개의 보잘것없는 작은 감제고지들뿐이었다. 전후에 한국 군대조차도 이렇게 자문했다: "그 몇 개의 작은 산 위에서 그렇게 많은 피를 흘릴 가치가 있었을까?"

한국군이 해안분지(亥安盆地)[221] 동쪽에서 분전했고, 미국 제2사단도 해안분지 서쪽에 있는 987고지(한국 측 자료에는 983고지로 되어 있다-옮긴이)를 맹렬히 공격했는데, 인민군이 손바닥으로 몇 번 때리고 지나가면서, 미국인의

----

221 강원도 양구군 해안면에 있는 분지로, 동서로 3.5킬로미터, 남북으로 7킬로미터 정도의 면적이다. 미군은 해안분지의 모양이 사발 같다고 하여, 펀치볼(Punch Bowl)이라고 불렀다.

얼굴을 모두 퉁퉁 붓게 만들어버렸다. 미국인들은 상심하여 이 산에 '피의 고개'라는 이름을 붙여주었다.

공격을 개시한 그날, 미국 제2사단장 루프너(Clark L. Ruffner, 1903~1982) 소장은 자신에게 소속된 한국 제5사단 제36연대를 총알받이로 삼았다. 한국 제5사단은 아직 정비하며 훈련하고 있었는데, 사단장 민기식(閔機植, 1921~1998) 준장은 이때 잘 싸웠기 때문에 용장이라고 찬양받았고, 후에 한국의 육군 참모총장이 되었다고 한다.

정상이라면, 정비하며 훈련 중인 부대는 참전하지 말아야 했지만, 미국인들의 피는 한국인들보다 더 값이 비쌌다. 미국인들은 "한국 부대를 단련시킨다"는 허울 좋은 구실을 찾아, 한국 병사들을 도살장으로 밀어 넣어, 미국 보병을 대신하여 산을 공격하게 했다. 그러나 루프너 사단장은 아직은 관대한 셈이어서, 그는 한국군에게 충분한 화력을 지원했다.

7개 대대의 미국 포병들이 이 공격을 지원했다. 그들은 공격할 폭 4킬로미터에 200문의 포를 배치하여, 평균 1킬로미터마다 50문을 배치했다. 루프너 사단장은 포병들에게 이렇게 말했다: "이번 공격에서 탄약 사용에 제한은 없다."

훗날 일본인의 통계에 따르면, 9일 동안의 전투에서 루프너는 포탄만 36만 발을 사용하여, 평균 1문의 대포가 2,860발을 발사했고, 평균 1문의 대포가 하루 동안 720발을 발사하여[222], 포탄에만 소모한 비용이 100억 엔이나 되었다고 한다. 이것이 바로 미국 국회의원들에 의해 미국 납세자들의 재산을 낭비한 것으로 비판받은 이른바 "밴 플리트 탄약량"이다. 화력을 맹신하는 밴 플리트는 강철과 화염을 이용하여 유엔군이 필요하다고 생각하는 전선을 얻으려 했다.

미국의 전사(戰史)에는, 표적이 된 고지와 중국·조선의 포병 진지는 완전히 포탄의 연기로 뒤덮여, 사람들은 한 명도 살아 있지 못할 것으로 느꼈다

---

[222] 이 수치들을 대입하여 계산하면 전혀 다른 값이 나오는 것으로 보아, 지은이가 인용 과정에서 계산 착오가 있지 않았나 싶다.

중국 인민지원군과 조선인민군이 전투에서 승리한 후, 웃으며 이야기를 나누고 있다.

고 기록하고 있다.

그러나 인민군 병사들은 놀라운 포격에서도 살아남았을 뿐만 아니라, 유엔군 시체가 온 들판에 나뒹굴게 했다.

진격하는 한국 부대가 가장 먼저 맞닥뜨린 것은 도처에 널려 있는 지뢰였다. 이 지뢰들은 이후 베트남에서도 효력을 발휘한 중국제 소형 지뢰였다고 전해진다. 한 일본인은 이렇게 말했다. "공격한 첫 날, 한국군은 줄곧 새벽부터 밤까지 지뢰와 분전했다."

이날, 지뢰 매설 지역에 수많은 시체를 남겨 놓은 것 말고도, 다리가 없어졌거나 다리가 짧아진 수많은 병사들을 등에 업고 되돌아간 것 외에, 루프너 사단장과 한국의 황엽(黃燁, ?~2015) 연대장은 아무것도 얻지 못했다.

다음날 공격은 계속되었다. 밤까지 싸워서, 그들은 다시 단지 2개 소대만 남은 2개 중대를 얻었을 뿐이다. 인민군은 영리하게도 엄폐물을 반대쪽 비탈면의 산에 구축하고, 미군이 포격할 때 그들은 산 뒤쪽의 동굴에 숨어 있다가, 포격이 멈추면 다시 산으로 돌진해 올라가는 보병이었다.

이 전투는 꼬박 9일 동안 진행되었으며, 쌍방 병사들의 선혈이 몇 개의 산을 붉게 물들였다. 미국 종군 기자들은 산기슭에서 핏물이 몇 개의 산을 전부 뒤덮은 것을 보자, 그들은 놀라서 "피의 능선(Bloody Ridge)"이라고 크게 소리쳤다.

이 별칭은 매우 빨리 다른 몇몇 산들의 별칭과 함께 세계로 널리 전해졌다.

동부전선에서 진지를 지키는 인민군 장병들의 환경은 대단히 어려웠다. 이때 조선 중부 지방에는 폭우가 한 달 넘게 계속 멈추지 않고 내리는 바람에, 산골짜기의 작은 개울이 모두 50미터 폭의 큰 강으로 바뀌어, 인민군 병사들은 하루 종일 물이 어깨까지 차오르는 참호 속에서 머리와 두 팔만 내놓고 분전했다. 탄약과 식량은 작은 뗏목과 간이 삭도(索道: 일종의 간이 케이블카–옮긴이)에 의지하여 운송할 수밖에 없었다. 이렇게 비인간적인 환경에서, 인민군은 적군에게 매우 큰 살상을 입혔다. 이 고지를 둘러싸고 전개된 전투는 두 달 동안이나 계속되었다. 1211고지는 조선 인민들에게 "영웅고지"라고 불리는데, 거기에 담긴 함의는 상감령(上甘嶺)이 중국어 어휘에서 대신 의미하는 정신과 같다.

한국군이 전투에서 격파된 다음, 미국의 정예 해병대 제1사단이 직접 진지를 공격했으나, 마찬가지로 참패하고 말았다. 미국인들이 크게 숫자를 축소하여 발표한 사상자 숫자에서도, 피의 능선을 공격하는 3주 동안 모두 합쳐 2,700여 명을 잃었다고 인정한다. 미국인들은, 그들이 3주일의 시간 동안, 계산할 수 없을 만큼 많은 비용과 참혹한 사상자를 내고도, 결국 마치 혹처럼 생긴 4평방킬로미터의 작은 산 하나 빼앗지 못하는 것을 고통스럽게 바라보았다. 인민군은 그들의 적 2만 4천여 명을 섬멸했으며, 그들이 방어하던 주진지는 조금도 손해를 입지 않았다고 한다.

6

밴 플리트 중장은 이미 병적인 편집증에 빠져 있었다. 그는 맥아더와 마찬가지로 전쟁을 확대하려고 했다. 호전적인 본성 외에, 그에게는 또한 말할 수 없는 개인적인 이유도 있었다. 즉 그는 사랑하는 아들을 위해 복수를 하려 했다.

밴 플리트의 아들은 미국 극동 공군 폭격기 부대의 대위였다. 밴 플리트는 그 아들에게 자신의 모든 희망을 걸었으나, 이 투쟁심이 강한 아들은 결국 지원군 병참보급의 중추인 물개리(物開里: 559쪽 참조-옮긴이)를 폭격할 때, 홍쉐즈가 지휘하는 중국 고사포병에게 피격당해 시신도 수습하지 못했다. 밴 플리트는 협상 과정에서 중국과 조선 측에 아들의 행방을 알려달라고 요구했지만, 중국과 조선 측은 한 대의 폭격기를 격추시켰다는 것을 반복하여 답변하는 것 말고 달리 무엇을 제공할 수 있었겠는가? 주니어 밴 플리트는 이미 종적도 없이 사라져버렸다.

노년에 아들을 잃은 밴 플리트는 복수심에 불타고 있었지만, 전장에서는 지푸라기 하나도 건지지 못하고 있었다.

일단 시작한 일은 끝장을 보고야 마는 밴 플리트는, 그렇게 많은 병사들의 목숨을 잃고서도 여전히 만족하지 못했다. 피의 능선 전투가 교착 상태에 빠졌을 때, 그는 다시 '맹금의 발톱[猛禽之爪]'(영문 자료에서는 'TALONS'라고 표현하고 있다-옮긴이) 작전 계획을 세웠다. 이 계획의 기본 내용은, 동부전선 인민군의 측후방인 원산항에 상륙전을 개시함과 동시에, 중부전선과 동부전선의 전면에 있는 부대들을 대거 북진시켜, 전선을 김화(金化)-금성(金城)-금강산-장전(長箭)을 잇는 선까지 밀고 올라가, 근본적으로 전쟁의 국면을 바꾼다는 것이었다.

지금 리지웨이는 오히려 다시 협상을 하고 싶어 했다. 하계 공세가 시작된 지 얼마 되지 않아, 그는 전과가 예상했던 것과는 완전히 다르다는 것을 발견했다. 수많은 생명과 헤아릴 수 없이 많은 비용을 들이면서 몇 개의 보잘것없는 산봉우리들과 교환했는데, 설령 미국인이라고 해도 그러한 싸움을 할 수는 없었던 것이다.

훗날 중국인들은 미국인들을 이렇게 풍자했다: "협상해야 할 때는 싸우

조선 인민이 지원군에게 미군의 폭행을 호소하고 있다.

려 하고, 싸워야 할 때는 협상하려고 한다."

개성의 협상이 이미 완전히 끝장나버리자, 리지웨이는 실력으로 중국과 조선 측을 끌어내는 것 이외에 다른 방법이 없었다. 그러나 전방의 전투 상황에 대한 보고는 "맹장(猛將)조차도 깜짝 놀라게 만들었다". 조선의 손실에 대한 것은 단지 추정치에 불과했지만, 자신들의 손실과 탄약 소모는 바로 그곳에 놓여 있는 냉혹한 사실이었다. 밴 플리트의 '맹금의 발톱' 작전이 초래할 손실은 감당할 수 없을 정도로 클 것이다. 더군다나 정치적으로도 허락받지 못할 것이다.

리지웨이는 밴 플리트의 상륙 작전 계획을 기각했고, 단지 정면 공격이라는 기존 방침의 작전에만 동의했다. 밴 플리트는 크게 실망하여, 어쩔 수 없이 축소판인 '맹금의 발톱' 작전 계획을 발동하여, 한국 제5사단에게 계속하여 '피의 능선'을 쟁탈하라고 명령한 것 외에, 또한 미국 제2사단에게는 931고지군(高地群)을 탈취하라고 명령했다. 이번이 더욱 참혹할 것이라고는 생각지 못한 채, '피의 능선'에 이어, 미국인들은 다시 '단장(斷腸)의 능선(중국에서는 상심령傷心嶺이라고도 표기한다-옮긴이)'에서 싸웠다. 인민군은 밴 플리트라는 맹금의 발톱을 잘라버렸을 뿐만 아니라, 맹금을 죽은 닭으로 만들어버렸다.

'단장의 능선'의 정식 명칭은 851고지인데, 한 일본인은 이렇게 표현했다: "이곳은 소심한 사람은 보기만 해도 겁에 질리는 고개로, 주맥(主脈)으로부터 동서로 뻗은 수많은 지맥(支脈)들이 사람들로 하여금 물고기의 등뼈를 연상시켜 모골이 송연하게 만든다." 이 고지의 지형은 매우 험준하여, 수비하기는 쉽고 공격하기는 어렵다는 것을 알 수 있다.

851고지의 전투를 목격한 미국 신문기자는 "Heart break ridge(단장의 능선)"라고 외쳤다. 이 이름은 매우 적절하여, 훗날 미국인들은 이 산봉우리에 지불한 희생을 떠올리면 마음이 찢어지는 듯한 고통을 느꼈다.

단장의 능선을 주도하여 공격한 것은 미국 제2사단 제23연대이다. 연대장 아담스(James Y. Adams) 대령은 웨스트포인트 출신으로, 신장이 2미터가 넘었으며, 용맹하고 강인하기로 유명했다. 그의 전임자는 바로 지평리를 굳게 지켰던 것으로 유명한 프리먼 대령이다.

아담스는 언제나 전임자를 능가하는 탁월한 공적을 세우고 싶어 했으나, 애석하게도 인민군이 그를 패배한 것으로 유명해지게 만들어버렸다.

제23연대가 출발하자마자, 빗방울처럼 박격포 포탄이 쏟아져 내렸다. 미국의 군사(軍史)는 인민군 포격의 정확함을 두려움에 질려 이렇게 기록하고 있다: "이번 사격은 치밀하게 계산한 것처럼, 첫 번째 포탄부터 유효 사격이었으며, 전체 종대(縱隊)를 정확하게 포착했다."

단장의 능선 전투 과정에서, 인민군은 교묘하게 박격포를 사용했다. 나중에 미군 통계에 따르면, 그들의 사상자의 5분의 4가 모두 박격포에 의한 것이었다고 한다.

하루 동안 격전을 치른 후, 아담스 대령의 첫 번째 부대는 한 치의 땅도 얻지 못했는데, "능선을 타고 가 단장의 능선 산등성이를 일거에 빼앗으려고 했을 때는, 마치 땅벌 둥지로 뛰어 들어간 듯했다".

튼튼한 진지를 구축하고, 적의 공격에 대비하고 있는 지원군 병사

　미국 제2사단은 바로 이렇게 궁지에 빠지고 말았다. 인민군 제6사단장 홍
영(洪寧) 소장은 지혜와 용기를 겸비하여, 포화로 맹렬하게 미군의 병참보급
선을 공격했고, 정찰조를 파견하여 바위산 위에 엎드려 있다가 어쩔 줄 모
르는 미군 병사들의 머리 위에 매섭게 수류탄을 던져댔다. 5일 후, 미국 제
23보병 연대가 무참히 무너지자, 낙동강 강변에서 '린치 별동대'로 이름을
떨친 저 제9연대장 린치 대령은 동료의 참상을 차마 보지 못하고, 자진해서
서로 돕자고 요구하여 나서더니, 측면에서부터 단장의 능선을 공격했다. 한
국 제7사단은 김용배(金龍培, 1921~1951) 준장이 통솔하여 전투에 투입되었
다. 그리하여 단장의 능선이라는 이 작은 산에 대한 공격은 대규모 전투로
바뀌었다. 아담스 대령은 크게 망신을 당했다고 느끼자, 9월 21일과 23일에
제23연대의 마지막 젖 먹던 힘까지 다해 공격을 개시했지만, 결국 여전히
완강한 인민군에게 패해 뿔뿔이 흩어져 도망쳤다.
　피비린내 나는 단장의 능선 전투는 2주일 동안 계속되었다. 최후에 미국
인들은 프랑스 대대까지도 전투에 투입했으나, 851고지는 여전히 굳게 선
채 꿈쩍도 하지 않았다. 강인하기로 유명한 아담스 대령도 무너지자, 직접
대놓고 영(Robert Nicholas Young, 1900~1964) 사단장에게 공격을 중지하자

는 의견을 제시했다. 영 사단장과 바이어스(Clovis E. Byers, 1899~1973) 사단
장은 어찌할 도리가 없자, 9월 27일에 공격을 중지했다. 자부심이 강한 영
사단장은 고통스러운 결론을 내릴 수밖에 없었다: "(851고지 전투는) 완전한
실패다."

이렇게 8월 18일부터 폭우 속에서 한 달 동안 혈투를 치르고 나서, 미국
인들이 7개 사단의 병력으로 시작한 '하계 공세'는 참패로 끝나고 말았다.
밴 플리트는 인민군을 상대로 한 80킬로미터의 전선에서 겨우 2킬로미터
내지 8킬로미터밖에 밀고 나가지 못했다. 그런데 중부전선과 서부전선에서
는, 중국 군대가 도리어 기회를 틈타 대대적인 공세를 벌여, 미국인들이 차
지하고 있던 적지 않은 산봉우리들을 빼앗았다.

미국 합참의장 브래들리 장군은 이렇게 탄식했다: "이번 공세는 시기를
잘못 선택하고, 장소를 잘못 선택하고, 적을 잘못 선택한 패배다."

펑더화이와 지원군 장수들은 이 말을 듣고는 크게 웃으면서, 보아하니 전
선을 지켜내고 진지전을 벌이는 데 그다지 큰 문제가 없다고 판단했다. 제6
차 전역의 시기는 다시 연기되었고, 사실상 취소되었다. 앞선 다섯 차례의
전역에서 사용했던 기동전 전법은 폐기되고, 중국군은 곧 새로운 형태의 진
지 공방전을 개시했다.

7

미국인들은 언어가 아니라 기관총과 대포를 사용하여 변론했다. 그 결과
전장에서 '비장한' 결과밖에 얻지 못했고, 국제적으로 정전을 요구하는 압
력이 갈수록 거세지자, 트루먼은 다시 협상을 하려고 생각했다. 미국인들은
매우 영리하여, 스스로 퇴로를 찾아내어 협상을 회복시켰다.

9월 10일 새벽, 피의 능선 전투는 바야흐로 한창 진행되고 있었고, 단장
의 능선 전투가 머지않아 시작되려 했는데, 한 대의 미국 비행기가 개성의
중립 지구로 돌진하더니 만월리(滿月里) 상공에서 소사하여, 여러 채의 민가

조선민주주의인민공화국이 중국 인민지원군 장병들에게 수여한 각종 훈장과 휘장들

들을 훼손했다.

이것이 바로 전쟁을 하는 쌍방이 협상을 재개하는 계기가 된 '만월리 사건'이다.

이때 미국에서 현장 조사에 나온 것은 더 이상 막무가내로 생트집을 잡던 키니 공군 대령이 아니라, 침착하고 냉정한 제임스 머레이(James C. Murray) 육군 대령으로 교체되어 있었다.

중국과 조선 측의 장춘산 대령이 탄흔을 가리키며 말했다: "증인과 물증이 다 있으니, 당신들이 합의를 위반했다는 사실은 매우 분명하지 않소?"

머레이 대령은 줄자를 들고 이리저리 재보더니 이렇게 말했다: "우리는 우리의 비행기를 보지 못했소."

일이 매우 공교롭게도, 머레이의 이 말이 끝나기도 전에, 거대한 비행기의 요란한 소리가 먼 곳에서부터 가까운 곳으로 들려오더니, 비행기들이 머리 위에 왔을 때는 이미 귀청이 찢어질 것 같은 소리를 내면서, 미군의 폭격기와 전투기들의 혼합 편대가 다시 한번 중립 구역 상공으로 날아와 있었다.

중국과 조선 측 연락관이 손으로 하늘의 비행기를 가리키면서, 비웃는 눈빛으로 머레이 대령을 바라보자, 대령은 난처하기 짝이 없었다.

이날 밤, 미군 총사령부 방송은 이 사건을 유엔군 항공기의 소행으로 인정했다. 이튿날, 미국의 수석 협상 대표인 조이가 정식으로 남일에게 편지를 보내, '만월리 사건'은 미국 측 비행기가 일으켰음을 인정함과 아울러 유감을 표시했다. 이어서 '단장의 능선'에서 전투가 치열하고 미군의 공격이 잇달아 좌절되고 있을 때, 리지웨이는 다시 자발적으로 김일성과 펑더화이에게 편지를 보내, 이번 사건의 책임을 인정하고 유감을 표시했다.

중국과 조선은 미국인의 추악한 연기를 경멸하며 바라보았다. 그들은, 상대방이 협상을 파괴하면서 갖가지 사건들을 계속 일으켰다는 것에 대한 인정 여부가 결코 '조사 결과'에 달려 있지 않다는 것을 간파했다. 만약 인정할 필요가 없을 때가 되면, 미국인들은 하느님 앞에서도 낮을 어두운 밤이라고 말할 수 있었다. 지금 미국인들이 자발적으로 잘못을 시인하는 것은, 구실을 찾아 협상을 재개하려는 것이 확실했다. 그러나 평화의 기회를 한번 주기 위해, 중국과 조선 측은 미국인들에게 사다리를 걸쳐주고 무대로 내려오게 하기로 결정했다.

9월 19일, 김일성과 펑더화이는 리지웨이에게 편지를 보냈다:

귀측에서 이미 최근에 한 차례 '유엔군'이 개성 중립 구역을 파괴한 사건에 대해 유감을 표시한 것을 감안하여, 개성 중립 지구 합의를 파괴한 데 대해서도 책임 있는 태도를 취하기 바라며, 이로 인해, 위의 미해결 사건들이 계속해서 쌍방의 협상 진행을 방해하지 않도록 하기 위해, 우리는 다음과 같이 제의한다: 쌍방 대표는 즉시 개성의 정전 협상을 재개해야 한다.

이튿날, 트루먼은 워싱턴에서 기자회견을 갖고, 미국은 "한국에서의 충돌이 평화적으로 해결될 수 있도록 가능한 모든 노력을 다하고 싶다"고 말했다.

회담 재개를 눈앞에 두고, 뜻밖에도 상황이 복잡하게 급변했다. 리지웨이는 3일 후에 갑자기 다시 편지를 보내, 지난 사건들의 책임을 전가했을 뿐만 아니라, 협상을 지연시킨 책임도 중국과 조선 측으로 떠넘겼다. 마지막으로 뜻밖에 협상할 장소를 변경하자고 요구하면서, 연락관들이 다음날 판문점에서 만나 쌍방이 만족하는 회담 재개 조건들을 논의하자고 제의했다.

원래 미국 정부 내의 매파들은 사실 마음속으로는 원치 않았다. 리지웨이도 주전파의 대표적 인물에 속했다. 하계 공세로 수만 명의 병력을 잃고, 엄청난 물자를 소모하고도, 결국은 오히려 두 손에 쥔 것은 아무것도 없었다. 리지웨이와 밴 플리트 및 미군 장교들이 깊이 검토하더니, 결국 이러한 결과는 쌍방 군사력의 정상적인 대비가 아니며, 단지 미군 스스로가 제한적으로 정면을 공격했고 또 공격하는 병력이 과도하게 사망하는 그런 전술상의 잘못을 범했기 때문에 비로소 초래된 실패일 뿐이라고 의견 일치를 보였다. 그리하여 만약 대규모 공세를 취한다면, 미국의 기관총과 대포는 여전히 미국인이 필요로 하는 협상 결과를 얻을 수 있으리라고 여겼다.

24일, 쌍방의 연락관들은 이후 세계에 명성을 떨치게 되는 판문점에서 회동했다. 이때의 판문점은 단지 초가집 한 채뿐이어서, 가련한 쌍방 연락관들은 나무걸상에도 앉지 못한 채, 길가에 서서 회담을 할 수밖에 없었다. 미국인들은 마음속으로는 여전히 다시 싸우려고 했으므로, 자연히 회담은 아무런 결과를 도출하지 못했고, 쌍방은 다시 교착 상태에 빠지고 말았다.

리커농은 이 무렵에 놀라기도 했고, 기쁘기도 했다. 놀란 것은 업무가 과도했기 때문인데, 어느 날 심장병이 갑자기 도지는 바람에, 땅바닥에 쓰러져 하마터면 죽을 뻔했다. 다행히 의사가 경험이 있어서, 그의 입 안에 구급약 한 조각을 집어넣고, 그를 그 자리에 한 시간 남짓 누워 있게 하고서야 겨우 구해낸 것이다. 깨어난 후, 리커농은 중앙에 이 일을 보고하는 것을 단호하게 반대했는데, 대표단이 저우언라이에게 전보를 쳐서 보고하자, 저우언라이는 우슈추안을 급히 파견하여 리커농을 교체했다. 우슈추안이 조선에 왔음에도, 리커농은 뜻밖에 "전쟁에 나가서는 장수를 바꾸지 않는다"는 것을 이유로 계속 개성에 머물겠다고 버텼다.

기쁜 일도 작지 않았다. 리커농이 할아버지가 되어 손자를 얻은 것이다. 남일 대장이 특별히 축하하자, 리커농은 싱글벙글 웃으면서 남일에게 만날 수 없는 손자의 이름을 지어달라고 부탁했다. 남일은 잠깐 생각에 잠기더니, 이렇게 말했다: "우리가 개성(開城)에서 설전(舌戰)을 벌이고 있으니 '카이청(開城)'이라고 하면 어떻습니까?"

리커농은 크게 웃었다: "이 이름은 의미가 있으니, 카이청이라고 하겠습니다!"

소식이 베이징에 전해지자, 리커농의 가족들은 매우 기뻐했으며, 또한 협상이 성공하여 리커농이 하루빨리 '개선(凱旋)'하기를 바라면서, '카이(開)'를 '카이(凱)'로 바꾸어,[223] 비슷한 발음도 취하고 두 가지 의미도 갖게 했다.

매우 눈치가 빠른 리커농은 미국인들의 음흉한 속셈을 간파했다:

"이번 협상은 승자와 패자의 협상이 아니다. 냉정히 말해, 전장에서 무승부를 거둔 협상일 뿐이다. 그러나 이 특성에 대해 상대방은 인정하지 않는다. 그들은 세계 최강국이며, 언제나 거만한 태도를 버리지 않지만, 우리는 막 승리를 쟁취한 인민으로, 누군가 우리를 압도하려 해도 불가능하다. 그가 너희를 압도하려 하는데, 너희도 압력에 굴복하려 하지 않으면, 이는 반드시 투쟁의 장기화와 복잡성을 초래할 것이다. 상대의 입장에서 말하자면, 그들은 싸울 때는 협상하려고 하다가, 협상이 목적을 달성하지 못하자 다시 싸우려 했고, 싸워서 성과를 내지 못하자 다시 와서 협상을 하려 했으며, 협상이 시작되자 다시 지연시키려고 하니, 결국 시원하게 합의를 이룰 수가 없다. 따라서 우리 동지들은 절대로 조급해 해서는 안 되며, 조급해 해도 소용이 없다."

과연 리커농의 말처럼, 9월 29일에 유엔군과 한국군은 대략 200킬로미터

---

223 중국어에서 '開'는 kai 1성(聲)으로 '열다'라는 뜻이고, '凱'는 kai 3성으로 '개선하다'라는 뜻이다.

에 달하는 전선에서 미국 장교들이 하고 싶어 했고 또 가장 큰 희망을 걸었던 대규모 공세를 개시했다. 9개 사단이 1천 대 이상의 비행기와 수천 문에 달하는 대포의 협조하에, 서부전선의 중국 군대 진지를 맹렬하게 공격했다. 리지웨이의 '추계 공세'가 다시 시작된 것이다.

8

펑더화이는 리지웨이의 공격에 대해 코웃음을 쳤다. 그는 적의 공세를 막아낼 수 있다고 자신했으나, 단지 병참보급만은 그로 하여금 계속 걱정하게

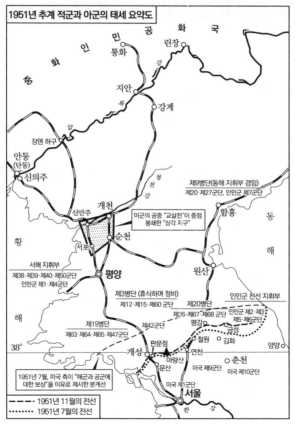

1951년 추계 적군과 아군의 태세 요약도

지원군 병사가 참호 안에서 조준 사격을 하고 있다.

만들었다.

  그해에 조선에서는 40년 만에 찾아온 대홍수가 발생했다. 산에서 물이 맹렬히 흘러내리자, 강물이 넘쳐흐르면서 범람하여 재난이 발생했다. 강물의 수위가 전체적으로 3~4미터 정도 불어나, 가장 높은 곳은 뜻밖에도 11미터에 달했고, 강물의 속도는 초속 4~6미터나 되었다. 큰물이 닿은 곳은, 교통이 두절되고, 제방이 크게 무너져 내리고, 집이 무너졌으며, 천신만고 끝에 전선으로 운송해 온 물자와 장비들은 휩쓸려가 파손되었다. 지원군의 주요 병참보급 집산지인 삼등(三䔖)[224]은 더구나 물바다가 되어, 높다란 전봇대까지도 물속에 잠겨버렸다. 삼등 주둔 고사포 대대 병사들은 갑작스러운 홍수에 쫓겨 고압선으로 올라갔는데, 전깃줄이 무게를 견디지 못하고 끊어지면서, 167명의 장병들이 전투 과정에 죽은 게 아니라, 뜻밖에 홍수에 의해 무참하게 빠져 죽고 말았다.

  지원군 후방의 도로 노면이 모두 홍수로 파괴되어, 도로의 기반이 무너졌

----

[224] 지금의 평안남도 강동군에 있던 옛 지명이다.

고, 205개의 교량들이 하나도 남김없이 전부 홍수로 유실되었다. 지원군의 병참보급이 가장 어려운 시기에 접어들었지만, 적군의 공세에 반격하려면 다시 대량의 물자가 필요했다.

바로 펑더화이와 홍쉐즈가 병참보급을 위해 밤낮으로 마음을 졸이고 있을 때, 다음과 같은 정보가 전해왔다. 즉 미국인들이 대홍수를 틈타, 정면으로 전장에서 추계 공세를 시작함과 동시에, 지원군의 후방에서 대규모 공중 공세를 개시하여, 수많은 미군 비행기들이 지원군 후방의 벌의 허리처럼 가장 좁은 부분에 장기간에 걸쳐 괴멸적인 폭격을 가함으로써, 지원군의 병참보급선을 철저하게 차단하고, 지원군의 전후방 연결을 저지하여, 지원군의 전선에 있는 부대들을 무참하게 목을 조여 서서히 질식시켜 죽이려 한다는 것이었다. 미국인들은 의기양양하게 이를 "차단 작전(Interdiction Operation)" 혹은 "교살 작전(Operation Strangle)"이라고 불렀다.

미국인들은 자신의 역량에 대해 이렇게 자신했다. 극동 제5공군 사령관 에버레스트(Frank F. Everest, 1904~1983) 소장은 교살 작전이 막 시작되자, 기자들에게 자신 있게 말했다: "철도 시설에 대해 전면적인 차단 공격을 하면, 적들을 이런 정도까지 약화시킬 수 있소. 즉 제8집단군이 한번 지상 공격을 가하면 곧 그들을 궤멸시키거나, 아니면 적들이 자발적으로 부대를 만주 경내 부근까지 철수하게 하여, 그들의 보급선을 단축시켜줄 수 있소."

펑더화이는 하늘 높은 줄 모르고 망언을 하는 미국 공군 소장을 보고, 콧방귀를 뀌더니, 성천(成川)²²⁵의 향풍산(香風山)에 있는 지원군 병참 사령부에서 한창 작전을 지휘하고 있는 홍쉐즈를 불렀다.

홍쉐즈는 훗날 자신의 당시 심정을 이렇게 짧게 회상했다: "낮에는 편치 못했고, 밤에는 잠을 잘 수 없었으며, 속에 불이 난 듯이 초조했다."

지원군 병참 사령관으로서, 홍쉐즈는 백만 명 가까운 대군에게 식량을 공급하고 탄약을 공급해 싸우게 해야 했으니, 그가 받은 스트레스는 생각

---

225 평안남도 동남부에 있는 군(郡)이다.

만 해도 알 수 있다.

펑더화이는 피로하여 얼굴이 누렇게 뜬 훙쉐즈를 보고 이렇게 말했다:

"훙 곰보, 적들은 전쟁을 우리의 후방으로 옮기려 하고 있다. 이것은 파괴와 반(反)파괴, 교살과 반교살 간의 한바탕 잔혹한 투쟁이다. 전방은 나의 것이고, 후방은 자네 것이다. 자네는 반드시 모든 방법을 다 동원해서 싸워 이 전투를 이겨야 한다. 상황을 수시로 나에게 보고하라!"

훙쉐즈는 명령을 받고 가서, 펑더화이가 중국과 조선의 전선 부대를 지휘하여 적들의 하계 공세와 추계 공세를 분쇄하던 같은 기간에, 중국 군대 최초의 여러 병종(兵種)들의 연합 병참보급전을 지휘하여 개시했다. 그와 수많은 지원군 병참보급 부대 장병들은 한마음으로 단결하여, 후세 사람들로 하여금 매우 탄복하게 한 지혜로 적의 비행기들과 대전투를 벌였다. 지원군의 후방 철도 부대·공병 부대·수송 부대·공안(公安) 부대·고사포병·항공병·병참 창고·병원과 긴밀하게 협력하여, 천 리에 달하는 교통선 상에서 미국 공군과 지혜와 용기를 겨루었다. 그리하여 중국식 지혜로 미국인의 가장 선진적인 과학 기술에 맞서, 그야말로 인간 기적 같은 승리를 거두었다.

천 리나 되는 철로에서, 지원군 장병들은 홍수로 파괴되고, 적기의 폭격으로 끊어진 서청천강교와 동대동강교 및 동비류강교 끝에, 천여 대나 되는 자동차를 집결시켜 화물차 2천 대 분량의 물자들을 반복해서 운반하고, 이어받아 운반하고, 배로 운반하면서, 길이 끊어지고 다리가 끊어졌어도 운송은 끊이지 않도록 보장했다. 이런 방법은 아마도 오로지 중국인의 머리로만 생각해낼 수 있었을 터인데, 이것이 바로 항미원조 전쟁사에서 그 유명한 '도삼강(倒三江: 위에서 언급한 세 개의 강에서 화물을 건네준다는 뜻-옮긴이)'이다.

'도삼강'은 지원군의 병참보급이 천재지변을 당하고 적의 공격을 받아 가장 힘들었던 시기에 부대를 유지시키는 결정적인 작용을 했다.

'도삼강'과 동시에, 철도병들은 홍수와 싸우고 폭격을 당하면서도 목숨을 걸고 다리를 수리하고 도로를 냈다. 적기가 낮에 다리를 폭파하면, 밤에 수리하여 즉시 기차를 통과시켰고, 다음날 적군과 아군 쌍방은 다시 각자 전

폭격에도 끊어지지 않은 다리 (소묘) / 사오위(邵宇)의 작품

날 했던 행동을 반복했다.

철도병 제1사단의 1개 중대는 백령천(百嶺川)[226]에서 혈전을 벌였다. 76일간 밤낮으로 행해진 26차례의 대대적인 폭격을 견뎌내면서, 전체 중대에서 99명이 죽거나 다쳤는데, 남은 40명이 변함없이 제때 응급 수리하는 임무를 완수했다. 특등 공훈을 세운 궈진성(郭金升, 1916~1970)은 혼자서 미국 비행기가 투하한 603개의 시한폭탄을 해체하여, 화약만 27톤을 긁어냈다.

천 리에 달하는 철도에서, 이와 유사한 영웅적 부대와 영웅적 병사들은 모두가 그렇게 했다.

10개 사단의 중국 철도병과 조선에 들어간 중국의 철도 기술자들은 모두 19만 명이나 되었다. 매우 용맹하고 강인한 전투 정신을 가졌을 뿐만 아니라, 대단히 총명하고 지혜로운 두뇌를 가진 그들은, 세계 철도사상 유일무이하다고 할 만한 수많은 시도들을 창조해냈다.

원래 있던 다리 옆에 그들은 몇 개의 가교(假橋)를 설치해 놓고, 그 다리가 폭파되면, 다른 다리를 사용했다. 나중에는, 기지가 넘치는 철도병들이 낮에는 아예 Z자 모양의 다리 상판과 강철 레일 등 중요 부자재들을 떼어

....
226 평안북도 구장군을 관통하여 청천강으로 흘러가는 작은 강이다.

놓아, 미국 비행기들이 얼핏 교량이 파괴된 것으로 보고 다시 폭격하지 않게 했다. 밤이 되어, 중국의 철도병들이 뛰어와서 강철 상판과 레일을 간단하고 교묘하게 설치하면, 무기를 가득 실은 열차는 즉각 굉음을 내며 전선으로 달려갔다.

미국과 일본의 많은 사료들에는 미국 공군이 이 방면에서 속아 넘어갔던 안타까운 사례들이 기록되어 있다.

가장 효과적인 방법들로는 또한 '편면운수(片面運輸)'·'합병운전(合幷運轉)'·'정우과강(頂牛過江: 떠밀고 끌어서 강을 건너다-옮긴이)'·'당당대(當當隊)'[227]·'수하교(水下橋)'[228]·'파행교(爬行橋)'[229] 등등이 있었다. 조선의 철도는 일반적으로 단선(單線) 궤도인 데다, 미국 비행기들 또한 광범위하게 폭격을 하여, 많은 철도역에서 기차들이 교행(交行)할 수 없게 되자, 중국인들은 아예 기차가 운행할 수 있는 야간에 모든 열차들을 하나의 같은 방향(북쪽 혹은 남쪽)으로 출발시켰고, 각 열차들의 간격은 일반적으로 단지 5분뿐이었다. 이 방법은 믿을 수 없을 정도로 효과적이어서, 중국 군대는 하나의 단선 궤도 철도를 통해 하룻밤 만에 47편의 열차를 전선으로 보내는 세계기록을 수립했다. 이는 평화 시기 운행 대수의 2.5배에 달했는데, 이를 '편면운수'라고 한다.

짧은 시간에 서둘러 안전하게 화물을 수송하기 위해, 중국인들은 두 편 이상의 열차를 연결하여 한 편으로 만들어, 동시에 두세 대의 기관차들을 사용하여 일반적인 열차보다 훨씬 긴 거룡(巨龍)을 끌게 했다. 이러한 방법은 단기간에 집중적으로 화물을 수송하는 데 가장 큰 효과를 발휘할 수 있

---

227 보급품을 실은 기차의 외벽에 대원들이 붙어 있다가, 적기를 발견하거나 방공 초소의 경보음을 들으면, 이 대원들이 북을 치거나 소리를 질러 이 사실을 알려주어, 기관사가 불빛이 새어 나가지 않게 하고, 증기를 배출하지 않게 하여 방공을 했는데, 이 대원들을 가리킨다.

228 강철 궤도와 피치를 바른 침목으로, 수면 아래로 약 40~50센티미터 정도 잠기도록 다리를 가설하여, 기관차의 배기관은 잠기지 않으면서도, 다리는 적기에게 노출되지 않도록 만든 다리를 가리킨다.

229 '爬行橋'란 '기어가는 다리'라는 뜻이다. 철강을 이용해 임시로 가설한 다리여서 튼튼하지 못했으므로, 열차가 천천히 통과해야 했기 때문에 붙여진 이름이다.

었는데, 이를 '합병운전(合幷運轉)'이라고 한다.

밤중에 서둘러 설치한 철도 교량은 적재 하중을 지탱하는 능력이 부족하여, 기관차의 하중도 견디지 못하자, 중국 군대는 아예 열차가 강을 건널 때 기관차를 열차의 꼬리 부분으로 옮겨, 기관차로 열차에서 비교적 가벼운 화물칸을 밀어 다리를 건너게 하고, 다리의 맞은편에서 다시 다른 기관차가 화물칸들을 끌어갔는데, 이를 '정우과강'이라 한다.

이 밖에도 무수히 많은 기상천외한 방법들로 보급품을 운송했다.

철도를 둘러싼 투쟁이 조선 전쟁의 처음부터 끝까지 내내 계속되면서, 일련의 완벽한 전시(戰時)의 철도 업무 관리 방법이 중국인들에 의해 창조되었다. 이러한 방법은 비록 세련되지는 못했지만, 완전히 세계 최초이자 독창적인 기술들이었다. 전후에 소련은 전문가들을 중국에 파견하여 중국 철도병들의 경험을 학습하게 했다. 이 서양의 전문가들은 '정우과강'과 같은 발명에 대해 칭찬을 아끼지 않으면서, 만약 소련이었다면 틀림없이 커다란 과학발명상을 받았을 것이라고 말했다.

전쟁 기간 동안에 10만여 톤의 미국 폭탄이 겨우 1천여 킬로미터에 달하는 조선의 철도 위에 투하되었는데, 이는 세계 전쟁사에서 전에 없던 기록이다. 그러나 폭탄이 많이 투하될수록, 중국 군대의 철도 수송량 증가는 점점 더 빨라졌다. 1951년 7월에 미군 비행기의 철도에 대한 폭격 회수는 1월의 5배였지만, 중국 군대의 철도 수송량은 도리어 1월의 2~3배나 되었다. 1952년 1월, 미군 비행기의 폭격 회수는 전년 1월의 63.5배였지만, 같은 기간 조선의 철도 수송량은 다시 전년 1월의 2.67배로 증가했다.

가장 감동적인 찬사는 적들로부터 나왔는데, 그들은 마음으로도 감복하고 말로도 탄복했다.

전쟁사상 유례가 없던 교살 작전이 시작되고 얼마 지나지 않아, 미국인들은 놀라운 사실을 발견했다: "북한에서 여전히 줄곧 기차가 운행되고 있다!"

미국 공군 대변인은 공개적으로 성명을 발표했다: "공산당 중국은 거의

지원군 병사가 생명의 위험을 무릅쓰고 적들의 불발탄 속에서 화약을 긁어내고 있다.

무한한 인력을 보유하고 있을 뿐만 아니라, 상당히 큰 건설 능력도 갖고 있으며, 공산군은 파괴된 철도 교량을 우회하여 가는 방면에서 불가사의한 기술과 결의를 보여주었다. ……솔직히 말해, 나는 그들이 세계에서 가장 완강한 철도 건설자들이라고 생각한다."

사납고 흉포한 밴 플리트조차도 진심으로 탄복했다. 그는 기자회견에서 공개적으로 중국 군대가 철도를 지키는 전투에서 승리를 거둔 것은 "놀라운 기적"이라고 말했다.

"놀라운 기적"은 철도에서만 일어난 것이 아니라, 동시에 도로에서도 일어났다.

1만 리의 도로에서, 홍쉐즈는 도로를 정비할 공사의 양이 너무 많다는 것을 알고는, 머리를 굴리더니, 다시 '도로 정비 할당법[承包修路法]'을 생각해냈다.

홍쉐즈는 지원군 부사령관 천경을 찾아갔다:

"전군이 함께 대대적으로 도로를 정비할 것을 건의합니다. 최전선의 부대를 제외하고, 기관이 됐든, 부대가 됐든, 잡역부가 됐든, 모두 나서야 합니다. 그밖에 조선 군중들도 나서야 합니다. 왜냐하면 인민군도 보충해야 하는데, 도로가 통하지 않아, 모두가 곤란을 겪고 있기 때문입니다. 구체적인 방법은 통일적으로 계획을 세우고, 합리적으로 역할 분담을 하는 것입니다. 각 군단·각 사단·각 연대가 확실하게 한 구간을 책임지고, 기간 내에 완성하여, 1개월 내에는 어떻게 하든 간에 자동차가 통행할 수 있게 해야 합니다."

일처리가 엄격하고 신속한 천경은 즉시 회의를 소집했다:

"이것은 싸우는 것과 똑같은 전투 임무로, 낮에 마치지 못하면 밤에 하여, 밤낮없이 전력을 다해야 합니다."

회의가 끝나자, 천경과 홍쉐즈는 도로 정비 할당에 관한 구체적인 방안을 가지고 펑더화이를 찾아갔다. 펑더화이는 이 방안을 다 살펴보고 나서 크게 기뻐하며 말했다:

"나는 지금 수송로를 걱정하고 있었소. 이 방법이 좋겠소. 이 방안에 따라 명령하시오! 이것은 전투 임무로, 모든 부대가 역량을 집중해서 해야 하오. 파괴된 도로를 신속하게 회복시켜야 하고, 전반적으로 도로를 넓혀야 하며, 몇 개의 표준 규격 도로를 건설하는 것은 전략적 가치가 있소!"

일시에 지원군의 제2선 부대인 11개 군단, 9개 공병 연대 및 지원군 후방 3개 공병 대대 등 수십만 명의 장병들은 백만 명이 넘는 조선 백성들과 20만 명에 달하는 인민군의 협조하에 놀라운 규모의 응급 도로 정비 열풍을 불러 일으켰다.

고작 25일 후, 홍쉐즈는 홍수로 파괴된 기존의 도로들을 모두 복구했을 뿐만 아니라, 수많은 우회 도로들도 새로 건설하여, 조선의 도로들을 촘촘한 그물망으로 연결시킴으로써, 이제 도로망은 더 이상 적기의 폭격을 두려워하지 않게 되었다. 홍쉐즈는 의기양양하게, 이는 "동쪽은 밝지 않아도 서쪽이 밝으니(비록 곤궁에 처하더라도 빠져나올 여지가 있다는 뜻-옮긴이), 모든 도로들이 전선으로 통하게 되었다[東方不亮西方亮, 條條道路通前線]!"고 말했다.

중국 군대 병참보급의 가장 위급한 고비가 마침내 지나갔다.

수송 부대는 온갖 방법으로 식량과 탄약을 전선으로 보냈다.

　이와 동시에, 중국의 자동차 부대는 순수한 동양의 지혜를 짜내 미국 공군의 폭탄을 이겨냈다.

　수많은 비통한 교훈을 얻은 후, 중국의 자동차 부대는 마침내 미국 비행기에 대처할 교묘한 방법을 찾아냈다. 그것은 바로 마오쩌둥이 크게 칭찬한, 고정된 야간 대공 감시 초소였다.

　북조선의 1만 리에 달하는 도로에, 중국 군대는 광범위하게 방공 초소를 설치했다. 2만 명의 장병들은 1만 리에 달하는 수송로에 1.5킬로미터 내지 2.5킬로미터마다 하나의 초소를 설치하고, 적기가 공중에 나타났을 때 즉각 총을 쏘고 호루라기를 불어 경보를 울렸다. 그러면 자동차 운전병들은 경보 총성을 듣고 나서, 즉각 라이트를 끄고 어둠 속을 엉금엉금 운전하거나 도처에 있는 자동차 엄폐소로 들어가 숨었으므로, 미국 비행기들은 혼란스러워 오락가락할 수밖에 없었다. 얼마 지나지 않아, 방공 초소의 임무에는 또한 적의 스파이를 방지하고 적기가 살포한 자동차 타이어에 펑크를 내는 마름쇠(사각못)를 제거하는 일도 추가되었다. 순전히 중국식인 이 토속

적 방법이 가져다준 수확은 매우 커서, 자동차가 매일 밤 행군하는 속도가 곧바로 120킬로미터로 향상되었고, 얼마 지나지 않아 다시 200킬로미터 이상으로 안정화되었으며, 자동차 손실률이 급격히 낮아졌다. 그리하여 항미원조의 첫 1년 동안은 자동차 100대당 40대가 폭격을 받았는데, 3년째에는 단지 0.5대밖에 폭격을 당하지 않았다. 이 방법은 펑더화이를 매우 기쁘게 했을 뿐만 아니라, 마오쩌둥도 이를 격찬했다.

교살과 반교살의 투쟁이 계속되면서, 중국 군대는 잔혹한 실전의 시련 속에서 조용히 현대화된 병참보급 체계를 확립하고 있었다. 중국 군대 총병참부[總後勤部]의 창시자인 홍쉐즈는 가장 현대화된 병참보급 이론을 축적해 가고 있었다.

이제 홍쉐즈는 마침내 잠을 편히 잘 수 있었고, 그는 교살전(絞殺戰: 목을 조여 죽이는 작전-옮긴이)에서 이길 수 있다는 자신감이 갈수록 커졌다. 또한 그가 이용하여 미국 공군과 대항할 수 있는 현대화된 군대의 병종들도 갈수록 많아졌다.

9월 25일, 놀랄 만한 기쁜 소식이 전해졌다. 지원군 공군 제4사단이 최초로 100여 대의 적기로 구성된 대규모 비행기 무리와 공중전을 전개했다는 것이다.

천둥처럼 맹렬한 중국 공군의 초대 사령관인 류야러우는 마침내 짧은 1년 만에 밑천을 충분히 축적하자, 이제는 밤낮없이 훈련을 거쳐, 그는 이미 9개 구축기(驅逐機, 즉 전투기) 사단과 2개 폭격기 사단을 갖추고 참전할 수 있게 되었다.

9

1951년 9월 12일, 공군 제4사단이 세 번째로 안둥의 랑터우(浪頭)비행장에 진주하면서, 우군(友軍: 소련군-옮긴이)의 지도하에 부대를 소규모로 단련하던 날들은 지나가고, 이제 공군 제4사단은 소련의 로보프(Georgy Lobov)

군단장의 직접적인 지휘를 받아, 명확한 작전 임무를 맡게 되었다. 대충 모양만 갖춘 중국 공군은 세계 최강의 미국 공군을 훈련 파트너로 삼아 큰 전투를 벌여야 했다.

랑터우비행장에서는 미그-15 전투기 엔진의 굉음이 매일 귀청을 찢을 듯이 울려 퍼졌다. 중국 공군의 종자(種子) 부대인 공군 제4사단은 매일 대규모 비행대인 단편대(團編隊: 연대 단위의 비행대-옮긴이)와 사편대(師編隊: 사단 단위의 비행대-옮긴이)[230]로 출동하여, 미국 비행기를 보기만 하면 돌격하여 맹렬하게 공격했다. 싸울수록 더 잘 싸웠고, 싸울수록 더 격렬해지다가, 9월 25일, 대규모 공중전이 최고조에 진입했다.

당일, 공군 제4사단은 잇달아 4개 단편대가 차례로 날아올라 전투를 벌였다. 오후에 110대의 소련군 비행기가 안주(安州: 평안남도에 속함-옮긴이)에 와서 전투를 벌였는데, 로보프 군단장은, 제4사단 제12연대 소속 16대의 전투기에게 합동 작전을 벌여 금천리(金川里) 대교를 보호하라고 명령했다.

제12비행 연대 제1비행 대대장 리용타이(李永泰, 1928~2015)는 적기를 발견했을 때 흥분하여 부들부들 떨었다. 빌어먹을, 이것은 또한 실전에서 처음 발견한 적기였다.

생각할 것도 없이, 리용타이는 6대의 미그기를 이끌고 8대의 미국 최신형 F-86 전투기를 향해 돌진했다. 리용타이가 적기를 쫓아가 흩어지게 한 다음 고개를 들어보니, 세상에나, 어떻게 단지 8대밖에 없었는데, 곳곳에서 미군기들이 돌진해오고 있었다. 중국 조종사들은 즉시 몇 배나 많은 적들과 함께 혼전 속으로 빠져들었다.

류용신(劉涌新, 1929~1951)이라는 신참 조종사는 처음으로 전장에 나갔는데 뜻밖에도 매우 영리하게, 단기(單機: 편대를 이루지 않고 단독으로 비행함-옮긴이) 비행으로 6대를 상대로 미친 듯이 발사하여 한 대의 F-86을 폭파시켰다. 이는 중국 공군이 처음으로 미국 공군 F-86 전투기를 격추시킨 것이다.

---

[230] 중국 공군은 4대의 비행기가 1개 편대를 이루며, 이를 비행 중대(飛行中隊)라고 한다. 그 위로 비행 대대(飛行大隊), 비행단(飛行團: 비행 연대), 비행사(飛行師: 비행 사단)가 있다.

미국 F-86 '세이버(Sabre)'는 당시의 가장 선진적인 전투기였다.

애석하게도 이 용맹한 조종사 자신의 전투기도 피격되어 손상을 입자, 저공에서 낙하산으로 탈출하다가 잇달아 땅에 추락하여 장렬하게 희생되고 말았다.

제12연대 제2대대장 화롱이(華龍毅, 1925~2009)는 1분 동안에 2대의 미군기를 격추시켰다. 마주하고 달려드는 14대의 적기들이 마구 공격하자, 다시 2대에게 손상을 입혔다. 이때, 화롱이는 비로소 자신이 타고 있는 비행기의 조종석 덮개가 이미 적기에 의해 깨져버렸다는 것을 발견했다.

다행히도 그는 낙하산을 펴고 탈출하는 데 성공했다.

리용타이는 더욱 운이 좋았다. 그가 전투 과정에서 여러 곳이 파손된 자신의 전투기를 몰고 비행장으로 돌아오자, 비행장에 있던 모든 사람들은 그의 비행기를 에워싸고 눈이 휘둥그레졌다. 이 미그-15 전투기는 무려 30발의 총알을 맞았고, 전체적으로 56곳이 손상을 입었으며, 조종석 덮개도 총알을 맞아 구멍이 나 있었다. 만약 철판이 막아주지 않았다면, 리용타이는 저세상 사람이 되었을 것이다.

리용타이가 창조한 기적은 소련인들조차도 깜짝 놀라게 했다. 로보프 군단장은 일부러 와서 온통 손상을 입은 이 미그기를 살펴보았다. 온갖 것을 다 본 적이 있는 이 소련 군단장은 다 보고 나더니, 감격하여 엄지손가락을 치켜세우며 말했다:

"하라쇼(Хорошо, 훌륭해), 이것은 비행기가 아니야. 이것은 공중의 탱크야!"

이리하여 리용타이는 중국 공군에서 "공격해도 부서지지 않는 공중의 탱크"라는 칭호를 얻었다.

이 전투가 끝나자, 류야러우는 매우 기뻤다. 중국 공군은 미군과 맞서 싸우는 과정에서 뜻밖에 적은 병력으로 많은 병력과 싸워 승리를 거두었고, 미국 공군의 최신형 전투기들과 싸워 이겼다. 이는 중국 공군의 전투력이 이미 질적으로 비약적인 발전을 이루었다는 것을 말해주었다.

너무 흥분하여, 류야러우는 다음과 같은 전문을 보냈다: "공군 제4사단 제12연대 조종사들은 모두 신참들이지만, 용감하게 노련한 미국 공군과 교전을 벌여, 백 대가 넘는 비행기들의 공중전 과정에서, 침착하고 냉정함을 유지했다. 반드시 이것은 승리라고 인정해야 한다."

이 전투는 미국 공군도 놀라게 했다. 성격이 급한 극동 공군 사령관 웨이랜드(Otto Paul Weyland, 1903~1979)는 격노했다. 그는 머지않아 중국 공군에게 "본때를 보여주려고" 했다.

이어서 이틀 동안 더욱 큰 공중전이 시작되었다. 공중전 결과 미국 극동 공군 제5항공대는 깜짝 놀라 말했다: "이번 3일간의 전투는 역사상 가장 길고 가장 규모가 큰 제트기들의 전투였다!" "(지원군 공군은) 유엔군이 공중에서 철도와 도로를 봉쇄하려는 활동을 엄중하게 저지하고 있다." "전폭기는 폭탄을 내버리고 사방으로 흩어져 목숨만 부지한 채 도망치는 것 이외에는 다른 방법이 없었다."

미국 공군은 다음과 같이 가슴 아픈 명령을 내릴 수밖에 없었다: "전폭기는 앞으로 '미그 앨리(MiG Alley, 米格走廊)'[231] 내에서는 교통로를 봉쇄하는 활동을 진행하지 말고, 지금부터는 청천강과 평양 사이의 철도 시설만을 공격하라."

풋내기 중국 공군은 막 전장에 출전하자마자, 우군과 함께 세계 공중전 역사에서 유명해진 "미그 앨리"를 만들어냈다.

앞날이 창창한 중국 용사들이 푸른 하늘을 향해 날개를 펴고 높이 날아올랐다.

38일 후, 공군 제4사단의 세 번째 참전이 끝났음을 선언했다. 이 38일 동안

지원군 공군 조종사가 미군기를 격추시킨 후 개선하고 있다.

그들은 연 508대가 출격하여 열 차례의 공중전을 벌였다. 그 가운데 200대 이상의 대규모 적기 무리와 일곱 차례 전투를 벌여, 모두 17대의 적기를 격추시키고 7대에게 손상을 입혔다. 반면 격추된 아군기는 14대이고, 4대가 손상을 입었다. 류야러우는 사단장 팡즈이(方子翼, 1917~2015)에게, 이것은 "수업료"라고 말했다.

마오쩌둥은 이 소식을 듣고 크게 기뻐하면서, 흔연히 붓을 들어 다음과 같이 썼다: "공군 제4사단이 용감하게 싸워서, 대단히 기쁘고 매우 위안이 된다!"

이 소식이 제4사단에 전해지자, 제4사단 장병들은 표현할 수 없을 정도로 기뻐했다. 처음으로 적기를 격추시킨 리한(李漢)은 너무나도 기뻐서, 옆에 있던 한 사람을 끌어안고 곤두박질쳤는데, 땅바닥에 쓰러져 있는 것은

---

231 미그-15 전투기가 자주 출몰하는 지역으로, 미국 공군이 설정한 구역이다. 청천강 하류에 인접한 평안남도 신안주(新安州), 자강도 희천(熙川), 평안북도 창주(昌洲)를 잇는 직선의 서쪽 지역으로, 대체로 개마고원을 중심으로 한 평안북도와 함경북도 일대를 가리킨다.

뜻밖에도 기뻐서 입을 다물지 못하는 공군 부부장(副部長)이었다.

공군 제4사단은 중국 공군 최초의 전투 부대로, 세계 군대의 관례에 따르면, 이 부대는 마땅히 제1사단이라고 불려야 했지만, 류야러우는 당초 이 번호에 두 가지 의미를 부여했다. 첫째는 공군으로 하여금 징강산에서 활동한 홍군 제4군의 전통을 계승하게 하려는 것이고, 둘째는 제1사단의 번호를 비워둠으로써 부대를 격려하려는 것이었다. 그는 미리 이렇게 말해 두었다: "누구든지 잘 싸우면, 제1사단의 번호는 누구에게나 줄 것이다!" 이것이 많은 명장들이 즐겨 사용하던 '격장법(激將法: 상대를 자극하여 분발하게 하는 방법-옮긴이)'이다.

지원군 공군 제4사단은 두 가지 영예를 모두 자신의 머리에 썼으며, 이후 그들의 번호는 중국 공군의 "공군 제1사단[空一師]"이 되었다.

중국 공군은 참혹한 전쟁의 불길 속에서 피를 흘리며 성장하고 있었다. 공군 제4사단의 뒤를 이어, 공군 제3사단도 뛰어들었다. 류야러우조차도, 1년 전에는 아직 육군의 독립 제209사단이었던 이 신생 부대가 갑자기 등장하여 탁월한 공을 세우리라고는 생각하지 못했다. 처음 전장에 나가자마자 전면적인 승리를 거두었는데, 86일 동안 격전을 치르고 뜻밖에도 적기 64대를 격추시키거나 손상을 입혔다. 훗날 중국 공군 사령관이 되는 왕하이(王海, 1925~2020) 상장, 베이징 군구 공군 사령관이 되는 류위티(劉玉堤, 1923~2015) 중장, 베이징 군구 공군 부참모장이 되는 자오바오통(趙寶桐, 1928~2003) 상교(上校)가 모두 제3사단 출신으로, 모두 당당한 에이스 조종사들이 되었다.

왕하이는 아마도 류야러우를 제외하고 중국 공군에서 가장 명성이 높은 인물일 것이다. 그가 아직 항공학교에 있을 때, 일본인 교관이 그에게 엄지손가락을 치켜세우면서 이렇게 말했다: "왕 선생, 당신은 매우 용감하니, 장래 크게 발전할 거요."

그러나 이 일본인 교관도 이 총명하고 용감한 학생이 장차 이렇게 큰 장래성이 있을 것이라고는 전혀 생각하지 못했을 것이다. 왕하이는 조선의 상공에서 중국 공군의 '사수왕(射手王)'이 되었다. 포상으로, 그의 대대는 뜻밖에 중국 군대에 의해 그의 이름으로 명명되었다. 왕하이는 훗날 또한 중국 군대 최초의 조종사 출신 공군 상장이 되었다.

잔혹한 공중전 과정에서, 왕하이는 자신의 대대를 이끌고 적기 29대를 격추시키거나 손상을 입혀, 중국 공군 대대가 적을 섬멸한 최고 기록을 수립했으며, '왕하이 대대'는 세계 공군 역사에서 명성이 혁혁한 '에이스 비행대'가 되었다. 왕하이 개인은 미군기 9대를 격추시키거나 손상을 입혔는데, 이는 중국 공군에서 지금까지 개인이 수립한 전적 중 최고 기록이다.

한 전투에서, 왕하이 대대는 매우 교활한 미국 비행 부대와 교전을 벌였다. 왕하이는 부대를 이끌고 자신들보다 4배나 많은 적기와 격렬한 전투를 벌여, 5분 만에 의외로 미군기 6대를 격추시키거나 손상을 입혔다. 왕하이 본인도 1대의 적기를 격추시켰는데, 미군 조종사가 낙하산을 펴고 바다 위로 떨어지는 것을 보았다. 그는 이 조종사의 이름이 가브리엘(Charles A. Gabriel, 1928~2003)이라는 것을 알지 못했고, 그는 훗날 그들이 만나게 될 것이라고는 더더욱 알지 못했다.

1985년, 미국 공군 참모총장 가브리엘 대장이 중국을 방문했다. 그는 중국 공군 사령관 왕하이 상장에게 말했다: "내가 당신에게 격추되었습니다."

왕하이는 미소를 지었다: "당신들이 다시 우리와 싸운다면, 나는 다시 당신을 격추시킬 것입니다!"

가브리엘이 이어서 말했다: "우리는 사이가 좋습니다. 우리는 사이가 좋습니다……."

이 전투가 끝난 다음, 왕하이가 상대방의 부대 번호를 들었을 때 놀랍기도 하고 기쁘기도 했다. 자신들이 싸운 것이 뜻밖에도 미국 제5공군 제51대대였던 것이다! 이 대대는 그야말로 미국 공군의 최정예 3대 에이스 전투기 대대들 중 하나였다.

중국의 에이스 비행대가 미국의 에이스 비행대를 무찌른 것이다.

류위티는 중국 공군에서 또 한 명의 명성이 혁혁한 인물이다. 그의 대담한 용기와 정교한 기술과 뛰어난 천부적 재능은 리한조차도 탄복할 정도였다. 이 창저우(滄州)[232] 출신의 사나이는 바로 15세에 어린 팔로군이 되었다. 항공학교에서 급강하 훈련을 할 때, 류위티는 동승하고 있던 일본 교관을 하마터면 놀라서 꼼짝 못하게 만들 뻔했다. 단독 비행도 아직 안 해본 이 녀석이 뜻밖에도 감히 비행기를 몰고 풀넘새조차도 맡을 수 있을 만큼 낮게 내려갔다가 비로소 끌어올린 것이다. 일본인 교관은 부들부들 떨면서 조종석에서 기어 나온 뒤 류위티를 한 차례 꾸짖은 다음, 눈을 부릅뜨고 소리쳤다:

"바카야로(ばかやろう: 바보 같은 놈)! 너는 이후에 큰일을 저질러, 분명히 대단한 하늘의 영웅이 될 거다!"

과연 일본 교관의 말대로, 류위티는 조선에서 8대의 미군기를 격추시키거나 손상을 입혔다. 한번은 전투 중에 그가 혼자서 16대의 미국 비행기 무리들 속으로 돌진해 들어가더니, 위아래로 한바탕 오르내리며 날아다니면서, 끝내 4대의 적기를 격추시켰다.

미국 공군의 노련한 조종사들이 이 중국 전투기가 홀로 최후에 이탈한 것을 믿을 수 없다는 듯이 바라보고 있을 때, 뜻밖에 미국인들의 방대한 비행기 무리들 속에서 매우 우아한 이멜만 반전(Immelmann turn)[233]을 하면서, 8천 미터 고도까지 비행한 다음, 포탄을 다 써버린 전투기는 표연히 떠나버렸다.

더욱 신기한 것은, 류위티가 1958년의 국토방공작전[234] 과정에서도 장제스 공군의 전투기 한 대에게 손상을 입혔는데, 당시 그는 이미 사단장이었다는 점이다. 수십 년 뒤, 그 장제스 공군의 조종사가 이미 퇴역한 류위티를 일부러 찾아왔다. 만났을 때 머리를 조아리며 경의를 표할 수 없는 것을 안

---

232 허베이성(河北省) 동남부에 있는 도시이다.
233 공중제비를 절반 정도 돌면서 기체를 180도 회전하는 기술로, 곡예 비행에서 자주 사용된다.
234 1958년 8월 23일부터 10월 5일까지, 진먼다오(金門島)에 주둔하고 있던 타이완의 장세스 군대와 푸젠성(福建省)에 주둔하고 있던 중국 군대 사이에 포격전을 벌인 사건으로, '진먼다오 포격전' 혹은 '제2차 타이완 해협 위기(Second Taiwan Strait Crisis)'라고도 한다.

타까워하면서, 그가 류위티에게 물었다: "애당초 장군께서는 몇 초만 더 추격하셨으면, 저는 격상을 입지 않고 격추당했을 텐데, 어째서 장군께서는 저를 추격하지 않았습니까?"

류위티가 크게 웃으면서 말했다: "공군은 내가 전투에 나가는 것을 허락하지 않아, 나는 몰래 이륙해서 당신을 공격했던 것입니다. 그때 내가 이륙하자, 부대에서는 나에게 끊임없이 착륙하라고 명령을 하여, 결국은 정말이지 재촉을 당해 어찌할 방법이 없었소이다. 그렇지만 좋습니다. 당신을 격추시켰으면 오늘의 만남은 없었을 테니까요."

자오바오통도 영웅으로, 그는 왕하이와 더불어 중국 공군의 조선 전장에서의 사수왕이었다. 그도 9대의 적기를 격추시키거나 격상시켰는데, 그 가운데 격추시킨 대수가 8대로, 왕하이보다 훨씬 많았다. 그의 중대는 '영웅중대'라고 명명되었는데, 안타깝게도 그의 명성이 너무 크다 보니, 문화대혁명 때 어느 파벌이나 모두 이 명성을 이용하려고 하는 바람에, 그를 매우 곤경에 처하게 만들었다.[235]

영리한 류야러우는 쇠뿔도 단김에 빼버렸다. 그는 마술을 부리듯이 중국의 어린 매들을 무리지어 풀어놓고, 그들을 전쟁의 불길이 치솟는 조선의 하늘로 보내 싸우면서 성장하게 했다. 공군 제2사단, 공군 제15사단, 공군 제17사단, 공군 제12사단, 공군 제6사단, 공군 제18사단, 공군 제14사단, 공군 제16사단 등등, 중국의 새로운 번호를 받은 부대의 이름들이 잇달아 미국 극동 공군의 전황 통보서 속에 나타났다.

10

중국의 비행 부대가 갈수록 맹렬하게 작전을 펼침에 따라, 극동 공군의

---

[235] 문화대혁명 기간 동안에 인민일보 기자였던 자오바오통의 부인이 반동분자로 지목되어 투옥당했고, 그는 이혼하라는 명령을 따르지 않았다. 그로 인해 그는 군 내부에서 온갖 핍박을 받았다고 한다.

손실은 갈수록 심해졌으며, 미국 공군의 에이스들이 잇달아 격추되었다.

더블 에이스(Double Ace)[236]인 피셔(Harold E. Fischer 혹은 'Hal' Fischer, 1925~2009)는 겨우 19세짜리 중국 조종사 한더차이(韓德彩, 1933~)에게 격추당했는데, 생포된 다음 피셔는 한더차이에게 크게 소리쳤다: "농담하지 마!"

그는 3천 시간의 비행 경력이 있고, 10대의 적기를 격추시킨 적이 있는 미국의 하늘 영웅인데, 뜻밖에도 총 비행 시간이 100시간도 안 되고, 나이가 고작 19세밖에 안 된 애송이에게 격추당했다는 것을 도저히 믿을 수 없었던 것이다.

훗날 역사소설 같은 이야기가 중국의 대지에서 꼬박 50년 동안 전해졌다. 포로로 잡힌 피셔가 한더차이를 만났을 때, 한더차이가 그를 격추한 경위를 상세하게 설명하자, 피셔는 화가 나서 큰 소리로 이렇게 말했다고 한다: "그들이 당신에게 봉급을 얼마나 주오?" 젊은 한더차이는 손가락을 펴며 말했다: "5억이요!"

피셔는 거의 기절할 뻔했다: "5억 달러라고?"

한더차이는 이 미국의 에이스를 뚫어져라 노려보면서 말했다: "5억 인민의 마음이오!"

피셔가 격추되었다는 소식은 미국을 뒤흔들었다. "미국의 일류 제트기 영웅이자, 더블 에이스 조종사인 헤럴드 에드워드 피셔가 9월 7일 작전 도중에서 실종되었다……." AP통신은 슬프게 애도하면서 보도했다.

세계를 깜짝 놀라게 하는 공중전 소식은 갈수록 많아졌는데, 데이비스(George Andrew Davis Jr., 1920~1952)도 싸우다 목숨을 잃었다.

미국 공군은 비통해 하면서 이렇게 발표했다: "한국에 들어간 미국 공군 제334대대장 데이비스 중령이 2월 10일의 공중전에서 격추되었다."

---

236 에이스는 공중전에서 적기 5대 이상을 격추시킨 조종사에게 부여하는 칭호이다. 10대 이상을 격추시킨 조종사에게는 더블 에이스(Double Ace), 15대 이상을 격추시킨 조종사에게는 트리플 에이스(Triple Ace)라는 칭호가 붙는다. 일반적으로 통틀어 에이스 조종사라고 한다.

피격된 미국 전투기의 잔해

　데이비스의 죽음은 조선 전쟁 과정에서 미국인들을 가장 놀라게 한 몇 가지 소식들 중 하나였다. 그는 미국 군대가 "가장 뛰어난 제트기 에이스 조종사"라고 공인하고, "백전불굴의" "특별히 용감하고 잘 싸우는" "하늘의 영웅"으로 일컬어졌으며, 생전에 셀 수 없이 많은 영예를 얻었으므로, 그의 전사는 미국과 미국 공군에 큰 파장을 불러일으켰고, 두려움이 미국 극동 공군의 모든 조종사들을 빠르게 감염시켰다.

　영국 방송은 이렇게 폭로했다: "데이비스가 일요일에 임무를 수행하러 나갔다가 귀환하지 않자, 한국에 있는 미국 제트기 조종사들에게 암담한 분위기를 초래했다."

　극동 공군 사령관인 웨이랜드는 침통하게 선포했다: "데이비스의 죽음은 극동 공군에게 커다란 타격이자, 비통한 손실이다."

　거만하고 횡포하며 안하무인인 이 미국 장교는 상대방이 강하다는 것을 인정하기 시작했다: "우리는 공중전에서 매섭고 숙련된 적과 싸우고 있다. 우리는 모든 기술과 지도 경험 및 결심을 다 꺼내 들어야 한다."

　데이비스의 죽음은 미국과 서방 세계에 대지진을 일으켰다. 공중전은 대부분이 개인의 경험과 지혜 및 용기의 종합 대결이었으므로, 개인 영웅주의를 숭상하는 미국인들은 뛰어난 영웅들이 뜻밖에도 조선에서 전사했다는 것을 도무지 믿으려 하지 않았고, 공화당은 이 때문에 크게 부르짖었다: "한국 전쟁은 미국 역사에서 가장 희망이 없는 충돌이다."

데이비스의 아내는 워싱턴에서 항의했고, 미국 국민들은 시위를 벌였으며, 영국 국민들조차 처칠에게 철군하라고 아우성이었다.

데이비스의 시신은 조선의 삼광리(三光里)[237] 북쪽 산비탈에서 발견되었다. 죽기 전, 그는 조선에서 11대의 미그 전투기와 3대의 Tu-2 폭격기를 격추했다. 그는 유엔군이 조선 전장에 개입한 뒤 개인의 전적이 가장 뛰어났던 에이스 조종사로, 제2차 세계대전 과정에서 그가 격추시킨 적기를 포함하면, 그가 격추시킨 적기는 모두 21대이다.

데이비스를 죽게 한 것은 중국 조종사 장지후이(張積慧, 1927~)이다. 미국인들은 줄곧 데이비스가 중국인에게 격추되었다는 것을 인정하지 않으면서, 이렇게 우수한 백인의 최고 영웅은 백인에 의해서만 격추될 수 있을 것이기 때문에, 분명히 소련인들이 그렇게 했을 거라고 여겼다. 소련 공군마저도 줄곧 데이비스를 격추시킨 월계관을 자신의 머리 위에 씌웠다. 소련 공군의 이러한 행동은 분명히 공을 빼앗는 짓이었다. 그들은 당시 중국 조종사 장지후이가 데이비스를 격추시켰으며, 당일 오전에는 단지 중국 공군만이 청천강 상공에서 작전을 벌이고 있었으며, 데이비스의 시신과 그가 탔던 전투기의 잔해는 장지후이가 낙하한 지점에서 겨우 500미터 떨어진 곳에 있었다는 것을 알고 있었다.

2001년이 되어, 소련 공군 장교가 비로소 글을 써서 장지후이의 전적을 실증하자, 미국 공군은 그제야 중국 공군을 향해 50년 동안이나 숙이려 하지 않던 오만한 머리를 숙였다.

마찬가지로 2001년에, 미국인들은 스스로 쑥스러워하면서 세계 항공계가

---

237 평안북도의 남서쪽에 있는 운전군(雲田郡)에 속하는 마을이다.

깜짝 놀랄 소식을 전했다: 미국의 제2차 세계대전 때 가장 유명한 하늘의 영웅이자, 제51전투비행단 단장을 역임한 가브레스키(Francis Stanley "Gabby" Gabreski, 1919~2002)도 격추되었다. 다행스러운 것은, 미국인이라면 누구나 알고 있는 이 영웅은 낙하산을 펴고 탈출한 후 구조되었다. 그리고 군심과 민심을 안정시키기 위해, 가브레스키가 격추되었다는 소식은 바로 미국 공군에 의해 50년간 철저히 봉쇄되었다. 그를 격추한 사람은 중국 조종사인 리란마오(李蘭茂, 1927~2008)인데, 애석하게도 미국인들이 이 소식을 은폐하여 리란마오로 하여금 여러 개의 훈장을 덜 받게 했다.

2004년, 항미원조 기간 동안에 7대의 적기를 격추시키거나 격상시킨 또 한 명의 중국 에이스 조종사인 장다오핑(蔣道平, 1930~2010)은, 중국 공군 사령부가 특별히 보내온 편지를 받고서, 미국 공군이 최근에 기밀 해제한 전투 자료에 근거하여, 자신이 1953년 4월 12일에, 미군의 트리플 에이스 조종사인 맥코넬(Joseph C. McConnell, 1922~1954) 대위를 격추했다는 사실을 확인했다. 그리고 맥코넬은 조선 전장에서 16대를 격추한 기록을 가지고 있으며, 장다오핑에게 격추되어 바다에 추락한 다음 미국 해군의 H-19형 수색 구조 헬리콥터가 구조했는데, 이후 1954년에 시험비행 사고로 사망했고, 미국에서는 그의 전기(*The McConnell Story*)를 출판했으며, 또한 그의 행적에 근거한 영화(영화 제목은 "Sabre Jet Ace"-옮긴이)도 제작되었다는 사실을 알게 되었다.

중국 공군의 용감한 공중전은 미국 공군의 사기에 큰 영향을 미쳤다. 그리하여 미국인들 스스로, 극동 공군은 "미래의 앞날에 대한 두려움과 불안을 느끼고 있으며, 마음을 졸이면서 큰 재난이 곧 닥쳐오면 어찌해야 할지 몰라 갈팡질팡하는 마음을 갖고 있다"고 인정했다.

사기가 줄곧 가장 높았던 미국 공군 구성원들은 온갖 수치스러운 수단을 써서 전투를 회피하기 시작했다. 심지어 통상적으로 비행을 하지 않거나 가끔씩 비행을 하는 조종사들까지도 감기·치질·일반적인 호흡기 및 정신 계통의 질병을 얻기도 했다. 김포비행장에서의 활동이 끝난 후에, 17명의 기장들

은 이미 비행을 할 수 없었다. 그러나 수많은 사람들은 정말로 병이 났다:

"제5항공대의 사기는, 중국 공군이 공격을 개시했을 때 매우 저하되어 있어, 항공대 군의관이 정신병 전문가의 도움을 요청할 정도가 되었다. 이렇게 해서야 비로소 공군 군의관으로 하여금 일찍 정신병 환자들을 확진하고 치료할 수 있게 하여, 그들을 심각한 정도로까지 악화되지 않게 할 수 있었다."

중국의 어린 매들이 뜻밖에도 미국의 노련한 매들을 쪼아대어 정신병에 걸리게 만든 것이다.

전쟁 혐오 정서의 전염병이 극동 공군에 널리 만연했다.

조선의 한 도로에서, 한 무리의 중국 병사들은 미국 폭격기들이 떼를 지어 와서는 지원군이 버리고 간 파손된 차량 한 대를 장난하듯이 둘러싸고, 계속 왔다 갔다 하면서 쉬지 않고 폭격을 하고 소사하는 것을 기이하게 지켜보았다. 빈궁한 중국인들도 버려두고 간 고철덩어리가 어떻게 미국인들에게는 보배로 여겨진단 말인가? 이것은 매우 기이한 일이었다.

중국 군대의 고사포병들은 호기심에 가득 차서, 한바탕 일제히 포격을 가해 한 미국 조종사를 '초청'해 놓고, 대관절 왜 그랬는지 이유를 물었다. 이 미국 포로의 대답은 중국 포병들을 배가 아플 정도로 웃게 만들었다:

"우리는 이것이 파괴된 자동차라는 것을 알고 있었지만, 그것을 이용해 사진을 찍어, 돌아가서 보고하려구요."

중국 공군의 발전은 세계를 뒤흔들었다. 프랑스인들은 "공산당의 제트기 조종사들은 모두 뛰어난 공군들이다"라고 말했다. 미국 조종사들도 대개 그들을 칭찬했다. "미국의 최고 공군 에이스"인 가브레스키 대령은 조선과 중국 지원군 비행기의 우수함을 인정한 다음, "그들의 조종사들은 더욱 능숙해졌으며, 그들의 방법도 더욱 좋아졌다"라고 말했다.

영국인들은 이렇게 말했다: "연합군 조종사들은, 공산군이 공중전에서 사용하는 전술적 기교가 자신들에게 깊은 인상을 주었다고 인정했다."

네덜란드 기자는 조선의 육지에서 쥐처럼 기어서 전선으로 갔던 오스트레일리아 조종사의 증언을 보도했다: "그 아밋(Ernest Donald Armit, 1926~

1951)²³⁸은 놀란 가슴을 진정시키지 못한 채, '저 공산당들은 모두 일등 조종사들이야'라고 말했다."

이전에 조선의 하늘을 제패하던 유엔군 조종사들은 더 이상 전쟁 초기처럼 미친 듯이 날뛰지 못했다. 미국인들 자신이 가장 공평 타당한 평가를 할 수밖에 없었다. 반덴버그 공군 참모총장은 이렇게 감탄했다: "공산당 중국은 거의 하룻밤 사이에 세계 주요 공군 강국들 중 하나가 되었다."

중국 공군은 확실히 하룻밤 사이에 굴기했다. 전쟁 중에 그들은 모두 연 2만 6,491대가 출동하여, 적기 330대를 격추시키고, 95대를 격상시켰으며, 231대가 격추당하고, 151대가 손상을 입었으며, 116명의 조종사들이 하늘에서 희생되었다.

사람들에게 잘 알려지지 않은 두 가지 소식이 있다. 지원군의 희생당한 조종사들의 유해는 찾을 수만 있으면 모두 중국으로 실어왔다. 새로 창건한 군종(軍種)은 반드시 자신의 영웅들을 추모할 곳을 가져야 한다.

옐친(Boris Nikolayevich Yeltsin, 1931~2007)은 소련이 해체된 다음, 소련 공군은 1,309대의 미국 비행기를 격추시켰다고 발표했다.

직접 중국 비행 부대를 지휘하여 미국 극동 공군과 대치했던 중국의 장군은 류전(劉震, 1915~1992)과 녜펑즈(聶鳳智, 1913~1992)이다. 이들 두 사람은 모두 중국 육군의 한 시대를 풍미한 명장들로, 뛰어난 천부적 재능과 놀랄 만한 각고의 노력에 의지하여, 그들은 신속히 전공 분야를 바꾸는 데 성공했다. 그리하여 세계 최강의 미국 공군조차 두려워하는 우수한 공군의 고위 장교들이 되었다.

공군 연합 사령부의 초대 사령관인 류전은 일찍이 중국 육군 제39군단장이었으며, 한셴추와 같은 훙안(紅安) 출신이다. 이들 두 사람은 이전에 쉬하이둥(徐海東, 1900~1970)의 홍군 제25군에서 같은 분대에 소속된 전우였고,

---

238 오스트레일리아 공군의 제77비행 중대(No.77 Squadron) 소속으로, 한국 전쟁에 참여한 조종사이다. 제77비행 중대는 1951년 12월 1일, 북한의 순천 상공에서 중국 공군의 기습을 받아 큰 피해를 입었다. 아밋은 이 전투 도중에 실종되었는데, 유엔군은 그가 전사한 것으로 추정하고 있다. 부산에 있는 유엔군 묘지에 그의 비석이 있다.

전장에서 서로의 목숨을 구해준 적이 있었다. 나라를 건립한 군단장들 가운데 걸출한 장수가 아닌 사람이 없는데, 지상 전장에서 마음껏 재능을 발휘한 뒤, 그는 다시 푸른 하늘을 향해 지혜를 발휘했다. 훙안 출신의 비장군(飛將軍)인 류전은 '미그 앨리'를 만들어냈으며, 부대의 구성원들과 함께 세계 공중전 역사에 유명한 제트기 시대의 공중전 이론을 종합하여 정리해냈다. 이는 중국 공군이 창조해낸, 최초로 세계에 영향을 미친 공중전 전술 이론이다.

공군 연합 사령부의 제2대 사령관은 제27군단장을 역임한 녜펑즈이다. 그는 쉬스요우(許世友, 1905~1985, 중국 개국 장수 중 한 명-옮긴이)가 가장 좋아했던 부하 장수로, 국내 전쟁 때 그의 부대는 가장 먼저 창강(長江) 남안으로 돌진했다. 그가 강남으로 돌격할 때, 뜻밖에도 그가 직접 마오쩌둥에게 시적인 정취가 가득한 간단한 전보를 보내자, 마오쩌둥은 격찬해 마지않았다: "녜펑즈가 창강 남안에 서 있다."

녜펑즈의 항미원조 기간의 생애는 연기 속에서 보낸 세월이었다. 매일 지휘소에 들어간 다음에, 그는 성냥 한 개비만으로 필터도 붙어 있지 않은 중화(中華)[239] 담배 4~5갑을 피워댔다(나중에 녜펑즈는 결국 폐암으로 세상을 떠났다). 세계적 기준에 따르면, 5대의 적기를 격추한 조종사를 에이스라고 부르는데, 녜펑즈는 몇 개 소대를 구성할 만큼 중국 에이스들을 배출해냈다.

녜펑즈는 학교를 다닌 적이 없었지만, 그의 부하들은 오히려 그가 "만나본 사람들 가운데 가장 총명한 사람"이라고 말했다. 그는 지식인을 매우 중시하여, 필사적으로 지식인들을 더욱 많이 파견해 달라고 요청했을 뿐만 아니라, 그들을 크게 중용했다. 옥스퍼드 대학을 졸업한 정찰참모 시옹더웨이(熊德偉)는 미국 폭격기 항로의 규칙을 간파하고는, 직접 녜펑즈를 찾아와서 고사포 위치를 바꿀 것을 요청했다. 즉 "만약 고사포의 위치를 이렇게 바꾸면, B-29가 날아오면 곧 격추됩니다!" 녜펑즈는 두말하지 않고, 즉시 이 전

---

239 중국 국내에서 유통되는 담배 상표 가운데 하나로, 1951년부터 발매되었다.

문적인 주제를 논의했다. 다음날, 일찍이 태평양의 전장을 제패했던 7대의 미국 대형 폭격기 B-29가 중국의 포탄에 맞아 그 파편이 온 하늘을 뒤덮었고, 수십 명의 미군 조종사들이 사라졌다.

류야러우는 기뻐하며 말했다: "녜펑즈는 노동자·농민 출신 간부가 지식화(知識化)한 전형이야!"

겨우 2년 만에, 맨땅에서 우뚝 일어섰고, 잔혹한 조선 전장을 훈련 기지로 삼아, 마치 신화처럼 1개 항공 사단과 수십 대의 전술기로부터 발전하여 23개 항공 사단과 3천 대에 가까운 비행기를 보유하게 되었다. 그 공중전 실력은 미국과 소련을 바짝 따라붙었다. 눈부신 속도로 100여 개 나라의 공군들 중에서 순위를 뒤집고 일약 세계 공군 3위가 되었다. 중국 최초의 공군 사령관인 류야러우는 곧 이 거대한 공헌으로 공화국의 역사책에 영원히 전해질 것이다. 애석하게도, 극도의 긴장과 피로는 조용히 그의 몸을 무너뜨리고 있었다. 1960년대 초, 맨손으로 중국 공군을 창립한 류야러우는 간암에 걸려 일찍 세상을 떠났다. 더욱 한스러운 것은, 그의 뛰어난 명성이 뜻밖에도 린뱌오와 예췬(葉群, 1917~1971)[240]에 의해 뤄루이칭(羅瑞卿, 1906~1978)[241] 대장을 무너뜨리는 도구로 사용되었고[242], 그의 러시아 혈통 부인과 가족들까지도 모두 연루되어 수년 동안 고생했다는 것이다.

---

240 린뱌오의 부인으로, 9.13사건 때 린뱌오와 같이 세상을 떠났다. 9.13사건이란, 중화인민공화국의 제2인자였던 린뱌오가, 당시 공군 장교였던 자신의 아들 린리궈(林立果)가 마오쩌둥을 암살하려고 모의한 '571 공정' 계획이 실패하자, 1971년 9월 13일, 소련으로 망명을 시도하다가 몽골 상공에서 비행기가 추락하여 사망한 사건을 가리킨다. '린뱌오 사건'이라고도 부른다.

241 1965년 국방위원회 부주석에 올랐으나, 문화대혁명이 시작되면서 당직에서 해임되었다. 이후 홍위병들의 박해를 받아 제대로 걷지도 못할 정도로 다리를 다쳤다. 1975년에 그는 공직에 복귀했고, 이후 덩샤오핑과 함께 4인방 등 문화대혁명의 잔재를 청산하는 데 힘을 쏟았다.

242 문화대혁명 직전에, 린뱌오는 마오쩌둥의 신임을 받는 중국 권력의 제2인자였다. 이 지위를 이용해 린뱌오는, 마오쩌둥에게 펑전(彭真)·뤄루이칭(羅瑞卿)·루이딩(陸定一)·양상쿤(楊尚昆) 등 네 사람이 반당 음모를 획책했다고 모함하자, 마오쩌둥은 1965년 12월 8일부터 15일까지, 중국공산당 중앙정치국 상임위원회 확대회의, 이른바 '상하이 긴급회의'를 소집하여 이들을 숙청하게 했다.

11

중국과 소련 공군의 행동이 미국 극동 공군의 교살 작전 계획에 심각한 타격을 가했지만, 당시 조건의 제약으로 인해 조선 전장에서 방공 작전의 주력은 여전히 지상의 고사포 부대였다.

미그-15 전투기는 당시 세계에서 가장 선진적인 제트 전투기였지만, 애석하게도 그것은 선천적으로 항속 거리가 짧은 약점이 있었다. 작전 반경이 너무 작아서, 단지 중국과 조선 국경에서부터 청천강과 평양에 이르는 일대에서만 작전을 펼칠 수 있었다.

펑더화이는 조선에 비행장을 건설하여, 미그기를 전선으로 나아가 작전하게 함으로써, 중국 군대의 지상 작전을 엄호하게 하려고 온갖 지혜를 다 짜냈다. 1951년 봄부터, 10개 사단의 중국 지상 부대와 대규모 국내 노동자 및 조선 백성들이 밤낮으로 조선에 17개의 비행장을 서둘러 건설했다. 미국 극동 공군은 중국 군대가 비행장을 건설하는 것을 발견했을 때 매우 놀라, 건설에 착공한 비행장에 밤낮으로 폭격을 시작했다. 수십만 명의 중국과 조선 사람들이 1년여 동안 분전했지만, 여전히 한 곳의 비행장도 준공하여 사용할 수 없었다. 비행장은 면적이 너무 넓어서, 어떻게 해도 엄호하지 못했다.

펑더화이는 어쩔 수 없이 탄식하면서 공사를 중지하라고 명령을 내렸고, 수많은 인력과 물자를 모두 헛되이 낭비하고 말았다. 중국 군대는 이 일로부터 다시 한 가지 교훈을 얻었다. 즉 전쟁 지역의 건설 공사를 계획할 때는, 반드시 자신의 실제 능력과 보장할 수 있는 조건을 고려해야 하며, 계획이 실현될 수 없음을 깨달으면 가능한 한 빨리 수정하여, 인력과 물자의 쓸데없는 낭비를 피해야 한다는 것이다. 전체 조선 전쟁 기간 동안, 인민군 공군은 활주로에 구애받지 않는 프로펠러 비행기만을 이용하여 조선에 있는 간이 비행장에서 여러 차례 산골짜기로 침투하여 적군을 기습했다. 한번은 서울 남쪽의 가장 중요한 공군 기지인 수원비행장에서 미국인들을 야간에 공습하여, 일거에 수십 대의 미군기들을 폭파시켰다. 또한 한 명의 여성 조

고사포병이 미군기를 향해 사격하고 있다.

종사가 초저공 비행으로 서울의 밤하늘에 잠입하여, 두 개의 폭탄을 정확하게 한국 국방부 건물 옥상에 투하하자, 깜짝 놀라서 서울은 밤새도록 정전되었다.

대규모의 최신 전투기들이 참전하지 못해, 인민군 공군의 이러한 승리는 단지 일시적으로 사기를 진작시킬 수는 있었지만, 지상의 부대와 병참보급선의 상공은 엄호를 받지 못했으니, 어찌할 것인가? 바로 대규모의 중국 고사포 부대가 조선으로 들어갔다.

중국 전체가 해방되었을 때(중국공산당이 중국을 통일한 것을 말함-옮긴이), 중국 군대에는 모두 고작 8개의 고사포 연대밖에 없었고, 전부 전장에서 노획한 낡아빠진 구식 고사포들이었다. 지원군이 압록강을 건넜을 때에는 단지 1개 고사포 연대가 36문의 일본제 75밀리 고사포를 가지고 조선에 들어가서 작전했지만, 안타깝게도 12문의 고사포는 남겨두어 압록강의 나루터를 엄호했다. 초기에 조선에 들어간 6개 군단은 각 군단마다 단지 18정의 고사기관총만으로 방공을 했으므로, 수십만 명의 지원군이 이 24문의 낡아빠진 고사포와 100여 정의 고사기관총에 의지하여 수천 대의 미국 전투기에 대처했으니, 그 처참한 광경은 가히 짐작해보면 알 수 있다.

엄중한 정세에 직면하자, 중국 지상 방공 부대는 풍선을 불듯이 팽창했다. 1951년 봄이 되자, 지원군에는 4개 고사포 사단과 1개 독립 고사포 연대가 있었으며, 또한 각 군단과 지상 포병 사단마다 1개 고사포 대대를 편성했다. 미국 조종사들은, 조선의 하늘에서 더 이상 제멋대로 휘젓고 다닐 수 없으며, 도처에 고사포 포탄이 폭발할 때 나오는 치명적인 파편과 거무튀튀한 연기 덩어리들이 있다는 것을 매우 빠르게 발견했다. 1952년이 되자, 중국 고사포 부대는 매월 평균 60대의 미군기들을 격추시켰다.(이후 류샤오치는 소련인들에게, 조선 전장에서 절대 다수의 미군기들이 중국 고사포에 의해 격추되었다고 말했다. 미국인들은 조선에서 모두 1만 대 이상의 비행기를 잃었다.) 밤에는 수많은 탐조등 빛줄기들이 쉴 새 없이 왔다갔다했는데, 그 강렬한 빛줄기가 자주 비추어 미군 조종사들로 하여금 머리가 아찔하고 눈이 어질어질하게 만들어, 착각을 일으키게 했다. 그리하여 4대의 B-29 대형 폭격기는 피격되어 추락한 게 아니라, 중국인들의 탐조등에 의해 추락했다.

지원군의 병참 사령관 홍쉐즈는 이제 그다지 꿈도 꾸지 않고 잠을 잘 수 있게 되었고, 갈수록 잠자리가 편안해지기 시작했다. 그로 하여금 1년 동안 편안히 잠을 잘 수 없게 만들었던 병참보급 문제가 점차 해소되었기 때문이다. 그해 10월 하순부터, 철도는 이미 비교적 확실한 야간 통행 시간을 획득할 수 있게 되었고, 자동차 손실률이 급속하게 하강하자, 전선으로 운송하는 물자의 양은 갈수록 많아졌다.

기쁨에 가득 찬 홍쉐즈는 곳곳을 다니면서 작업을 점검했다. 10월 어느 날 새벽녘, 홍쉐즈는 차를 타고 훤히 드러난 도로 위를 질주하다가, 갑자기 큰 무리의 B-26 경형(輕型) 폭격기들이 날아오고 있는 것을 보았다.

"이거 큰일났군!" 홍쉐즈는 속으로 좋지 않다고 외쳤다. "여기에서 끝장나겠군." 바로 목숨이 경각일 때, 홍쉐즈는 갑자기 그 미군기들이 무슨 이유인지는 모르지만 방향을 틀어 도망치는 것을 보았다. 다시 한번 돌아보더니, 그는 기뻐서 크게 웃었다. 크게 무리 지은 중국의 비행기들이 날아오고 있었던 것이다.

홍쉐즈가 남정리(楠亭里)의 창고에 가서 작업을 시찰하고 있는데, 마침 적기가 남정리의 창고 구역에 대해 전에 없는 대규모 폭격을 가했다. 아아! 지원군의 1개 고사포 대대가 연 400대의 적기와 새벽 6시 무렵부터 줄곧 오후 5시까지 혈전을 벌였다.

당시의 광경은 홍쉐즈처럼 오랫동안 전쟁을 경험한 노장조차도 보고 흥분하게 했다. 그는 산비탈에 있는 은폐된 막사 안에서 눈 하나 깜짝하지 않고 전투의 전 과정을 지켜보았다. 그는 용맹

고사포 진지의 야간 전투 광경

한 고사포 병사들이 완강하게 분투하면서, 메뚜기 떼 같은 적기들의 맹렬한 폭격에도 견디면서 용감하게 반격하는 것을 보았다. 한 무리의 대형 폭탄들이 날카로운 소리를 내면서 고사포 진지 주위에 하늘 높이 연기 기둥을 치솟게 했고, 줄지은 고사포 포탄들은 미군기 주위에서 울부짖으며 폭발하여 화망을 형성했다. 4연발 고사기관총의 맑고 낭랑하게 들리는 소리도 끊이지 않으면서, 비행기에 치명적인 손상을 입힐 수많은 불혀들이 급강하해 오는 적기를 향해 매우 맹렬하게 달려들고 있었다. 전투를 구경하던 조선의 백성들은 기뻐서 껑충껑충 뛰면서 좋다고 소리를 질렀을 뿐만 아니라, 목숨을 걸고 냇물이 흐르듯이 끊임없이 오가며 산 위에 있는 고사포 대대에 포탄을 날라주었다.

잇달아 중국 고사포 병사들이 포가 있는 곳에서 쓰러졌고, 조선 백성들은 포탄을 수송하는 길 위에서 계속 쓰러졌으며, 한 대 또 한 대의 적기는

공중에서 폭파되어 분쇄되었다. 더욱 많은 적기들은 연기와 화염에 휩싸여 필사적으로 남쪽으로 도망쳤다. 요행히 낙하산을 펴고 탈출하는 미국 조종사들은 번쩍번쩍하며 공중에서 바람 따라 흔들거렸다.

12시간 동안 쉬지 않고 이어진 혈전을 치른 뒤, 미국 극동 공군은 견디지 못하고 결국 어쩔 수 없이 전장을 떠났다. 하나의 조그마한 중국 고사포 대대가 그들을 모조리 물리친 것이다.

밤중에, 홍쉐즈는 매캐하여 사람들로 하여금 눈물을 줄줄 흘리게 하는 초연 속에서, 감격하여 이 영웅적인 고사포 대대를 시찰했다. 30여 명의 중국 고사포 병사들이 희생되었고, 포탄을 운반하던 조선 백성들도 30여 명이 죽거나 다쳤다. 이 격렬한 전투 과정에서, 7대의 미군기가 하늘 높이 솟구치며 폭발했고, 18대의 미군기는 기나 긴 불꽃과 연기를 내뿜으며 멀리 날아갔는데, 전과를 집계하는 데 매우 엄격한 중국 군대에서는 단지 그것들을 '손상을 입힌 것[擊傷]'으로 판정했다. 이는 조선 전장에서 중국 고사포 부대가 가장 훌륭하게 가장 용맹하게 싸운 전투였다. 이 부대의 번호는 고사포 제24대대이다.

미국인들은 판문점에서 '교살전(絞殺戰)'이 실패했음을 가장 직관적으로 느꼈다. 그들은 회의장을 경비하는 지원군 병사들이 추위가 뼛속까지 파고드는 찬바람 속에서도 득의양양하고 원기왕성하게 당직 근무를 서고 있는 것을 눈을 크게 뜨고 놀랍고도 기이하게 바라보았다. 그들이 뜻밖에도 새 솜옷과 새 솜바지를 입고 있었던 것이다.

중국 병사들이 배부르게 먹고 따뜻하게 입고 있음이 매우 분명했다. 그들은 의외로 유엔군보다 먼저 겨울옷을 입고 있었다.

미국 대표는 깜짝 놀란 나머지 마음속의 말을 하고 말았다: "폭격이 이렇게도 지독한데, 너희가 우리보다 먼저 솜옷을 입으리라고는 생각도 못했다!"

미국 육군은 분노하여 미국 공군에게 말했다: "당신들의 차단 격리 전술은 실패했소!"

리지웨이는 자신의 실패를 인정했다: "적들이 진지 방어에 필요한 보급품들을 실어오는 것을 저지할 수 없고, 또한 적들이 부대를 북한으로 수송해 들어오는 것도 저지할 수 없다."

그러나 그는 결코 단념하지 않았다: "만약 공중에서 교통로를 봉쇄하는 활동을 중지하거나, 혹은 이러한 활동의 규모를 축소한다면, 적들은 비교적 짧은 시간 내에 충분한 보급품을 축적할 수 있을 것이므로, 지속적인 대규모 공세를 개시할 능력을 가질 수 있을 것이다."

교살 작전은 여전히 계속되었다. 쌍방이 줄곧 이듬해 6월까지 혈투를 벌이고서야, 미국 극동 공군은 비로소 철저하게 실패했음을 인정했다. 그때 가장 호전적이었던 밴 플리트가 고개를 숙였다. 그는 서울에서 세계 각국의 기자들에게 이렇게 말했다: "비록 유엔군의 공군과 해군이 모든 역량을 다하여, 공산당의 보급을 차단하려고 시도했으나, 공산당은 여전히 믿을 수 없는 완강한 의지로 물자를 전선으로 수송하여, 놀라운 기적을 창조했습니다."

4만 대에 가까운 항공기를 보유한, 전 세계에서 가장 강대한 미국 공군도 패배를 인정했다: "공산군의 병참보급 시스템의 민첩함 때문에……교살 작전은 성과를 거두지 못했다."

홍쉐즈와 지원군의 수많은 병참보급 담당 장병들은 마침내 당시 세계에서 가장 선진적인 병참보급 전투에서 승리를 거두면서, 무수한 작전 물자들이 날마다 포화가 계속되는 전선으로 끊임없이 수송되었다. 굳건한 병참보급의 강철 같은 방패를 갖게 되자, 중국 군대는 최전방 전장에서 미국인들로 하여금 머리를 감싸 쥐고 황급히 도망치게 했고, 끊임없이 고통을 호소하게 만들었다.

12

맥아더의 뒤를 이어, 리지웨이와 밴 플리트 등 미국에서 가장 호전적인 매파들도 중국 군대의 강대함을 인정할 수밖에 없었다. 추계 공세는 다시 참패하고 말았다.

동부전선에서, 밴 플리트는 새로운 전술인 '탱크 벽입전(坦克劈入戰)'[243]을 실시했다. 명칭에서 알 수 있듯이, 그는 탱크 무리를 이용하여 중국 군대의 방어선을 분리시키려고 했다.

수많은 유엔군 보병들이 280여 대의 미국 탱크와 함께 막 제27군단 진지의 방어 임무를 인수한 제67군단을 향해 돌진함과 동시에, 매일 10만 발의 포탄들이 제67군단의 진지 위에서 터졌고, 연 130대의 비행기들이 폭탄을 투하하고, 급강하하여 폭격하고, 기관총을 갈겨댔다.

문등리(文登里)에서, 제68군단도 인민군 제5군단의 진지 방어 임무를 인수받고 있을 때, 똑같이 탱크 벽입전 공격을 받았다.

2개 군단의 중국 병사들은 진지 방어 임무를 막 인수받은 불리한 상황에서 용감하게 분투하면서, 낮에는 방어하고 밤에는 반격했다. 사단과 연대에는 대(對)탱크대(隊)를 조직했고, 대대와 중대에는 대탱크조(組)를 조직했으며, 포병들은 포화를 미군 탱크 무리를 맹렬하게 공격하는 데 집중했다. 엄청난 수량의 유탄·박격포탄·카농포탄이 메뚜기 떼처럼 미군의 공격 대형 속에 떨어지면서 날카로운 폭발음을 냈다. 보병들과 함께 작전을 펼치는 경포병(輕砲兵)들은 무반동포·로켓포를 어깨에 메고 적의 탱크에 대해 맹렬하게 사격하자, 잇달아 철갑탄과 로켓탄들이 시뻘건 금속사류(金屬射流)[244]를 내뿜으며 미국 탱크의 포탑 안쪽으로 들어갔다. 중국 군대가 막 보급하기 시작한 이들 두 가지 신형 무기들은 중국 무기 공장이 자체 생산한 것들이었다. 그것들은 제2차 세계대전 때 제40군단이 노획한 미국의 무반동포와 '바주카' 로켓포를 모방하여 만든 것이었다.

중국의 보병들은 길가에 엎드려 있다가, 큰 무처럼 생긴 대전차 수류탄을

---

243 한국 전쟁 과정에서 1951년 추계 공세 때부터 유엔군이 사용한 전술에 대해 중국인들이 일컫는 명칭이다. 탱크를 이용한 작전의 기동성과 우세한 화력에 의지하여, 지형이 유리한 조건하에서 취하는 전술로, 집단을 이룬 탱크를 앞세워 돌격해 들어가 적의 전선을 분리시키는 전술을 가리킨다.

244 영어로는 'Metal Jet'라고 한다. 철갑탄이 발사되어 날아가거나 목표물에 명중하여 폭발할 때, 탄두의 앞쪽에 씌워놓은 금속형 물질이 고온에 녹아 흘러내리는 액체 상태의 금속 물질을 가리킨다.

무반동포로 탱크를 공격하고 있는 중국 병사. 두디촨(塗狄川)이라는 이 중국 포병 병사는 18발의 포탄으로 5대의 적 탱크를 파괴했다.

50톤짜리 탱크를 향해 던졌으며, 공병들은 맷돌처럼 생긴 대전차 지뢰를 곳곳에 매설하거나, 아니면 아예 목숨을 걸고 앞으로 나아가, 그것을 적 탱크의 캐터필러 밑으로 집어넣었다. ……전장에는 미국 탱크가 불탈 때 뿜어내는 검은 연기가 하늘을 뒤덮었고, 탱크 잔해의 주위에는 유엔군 병사의 시신들이 너부러져 있었다.

10일 동안의 혈전 후, 39대의 미국 탱크와 그 승무원들은 더 이상 조국으로 돌아갈 수 없게 되었다. 함께 공격했던 2만 3천여 명의 유엔군 병사들이 제67군단의 진지 앞에 쓰러졌는데, 그 가운데 1만 명은 3일 이내에 전사하거나 부상을 입었다. 이는 조선 전쟁에서 중국 군대가 하루 평균 적을 살상한 최고 기록이다.

중국 개국 기념 열병식에 참여했던 제199사단이 이번 전투의 주력이었는데, 제199사단 장병들은 이를 자랑스럽게 여기며 이렇게 말했다: "드디어 미국인들에게 중국 수도사단의 매서움을 알게 해주었다!"

제199사단장이자 최초로 톈안먼(天安門) 사열을 받은 용맹한 장수 리수이칭(李水淸, 1918~2007)은 이 말을 듣고 껄껄대며 웃었다.

제67군단의 작전을 지휘한 군단장 직무대리 리샹(李湘, 1914~1952)은 중국에서 가장 많은 장군을 배출한 지역들 중 하나인 장시성(江西省) 융신현(永新縣) 출신으로, 이 전투 과정에서 자신의 뛰어난 재능을 모두 보여주었는데, 애석하게도 다음해 7월에 리샹은 병으로 조선에서 세상을 떠났다. 그는 조선에서 세상을 떠난 계급이 가장 높은 중국 장교였다.

제39군단 부군단장 우궈장(吳國璋, 1919~1951)도 이 전투가 치열하던 10월에 희생되었고, 이후 제23군단 부군단장 라오후이탄(饒惠潭, 1915~1953)이 1953년 2월에 희생되었으며, 제50군단 부군단장 차이정궈(蔡正國, 1909~1953)가 1953년 4월 12일에 공습을 받아 희생되었다. 그들은 조선 전장에서 숨진 4명의 중국 장성들이다.

제67군단이 적과 혈전을 벌일 때, 제68군단도 문등리에서 밴 플리트의 '탱크 벽입전'을 일거에 분쇄했다. 흰색 별이 그려진 28대의 미국 탱크가 제68군단의 진지 앞에서 불타 한 무더기의 고철이 되었고, 6천 7백 명의 적군이 중국인들에 의해 죽거나 불구가 되었다.

밴 플리트는 깜짝 놀랐다. 이것은 어떤 중국 부대란 말인가? 뜻밖에도 이렇게 사납고 용감하다니! 이 부대를 통솔하는 장교는 분명히 대단한 인물일 텐데, 그가 누구란 말인가?

정보는 즉각 도착했다. 이 인물의 약력을 살펴보고 나서, 밴 플리트는 길게 탄식했다: "어쩐지, 원래 경험이 풍부한 베테랑이었군……."

그 정보에는 이렇게 쓰여 있었다: "중국 공산군 제20병단 산하의 제67군단과 제68군단은, 1951년 중반에 북한에 들어왔으며, 사령관은 양청우(楊成武)임."

"양청우는 중국 공산군의 용맹한 장수로, 중국공산당이 자랑스럽게 여기는 장정 과정에서 길을 여는 선봉 연대의 지휘관을 맡아, 직접 중국 공산군의 유명한 페이둬루딩차오(飛奪瀘定橋)[245]와 라즈커우(臘子口) 기습[246] 등 여러 유명한 전투들을 지휘했다."

밴 프리트의 새로운 전술은 파산했다. 이 전투에서 양청우는 미국 장갑병들을 참패하게 하여, 소문만 들어도 간담이 서늘하게 만들었다. 이리하여 미국인들은 조선 전장에서 더 이상 감히 탱크로 중국 군대의 진지를 향해 돌격하지 못했으며, 또한 다시는 대규모 탱크 무리로 하여금 직접 보병들과 합동 작전을 하지 못하게 만들었다.

이후부터는 완전히 갓 창건된 중국 장갑병들의 천하였다.

13

미국인들이 전체 전선에서 벌인 추계 공세는 동부전선에서는 참패했고, 서부전선에서도 중국인들에 의해 치명적인 패배를 당했다.

영국의 제28·제29여단과 캐나다 제25여단으로 통합 편성된 영국 연방 제1사단은 마량산(馬良山)[247]에서 중국 제64군단과 치열하고 잔인한 일진일퇴의 공방전을 벌이면서 꼼짝할 수 없게 되었다. 이 작은 산은 3일 동안에 다섯 번이나 주인이 바뀌었는데, 주인이 한 번 바뀔 때마다, 수백 명의 영국인과 캐나다인들이 죽거나 부상을 입었다.

더욱 참혹했던 것은 미국의 최정예 부대인 기병 제1사단이었다. 그들의 이번 적수는 강자들이 즐비한 중국의 유명한 군단들 중에서도 방어전을 잘하기로 유명한 제47군단이었다. 2년 전의 동북 지방 전장에서, 바로 이 군단은 헤이산(黑山)을 사수하여, 국민당의 최정예인 랴오야오샹(廖耀湘) 병단

---

245 "날아가듯이 급히 가서 루딩차오 다리를 빼앗았다"라는 뜻이다. 1935년 5월 29일 새벽, 중앙 홍군 부대가 스촨성 서부에 있는 루딩차오(瀘定橋)라는 다리에서 국민당 군대와 벌인 전투를 가리킨다. 22명의 특공대가 목숨을 걸고 다리 건너편에 있는 기관총 진지를 점령함으로써, 홍군이 무사히 이 다리를 건널 수 있었다. 중국공산당은 이 전투를 장정 과정에서 벌인 가장 결정적인 전투들 중 하나로 여기고 있다.
246 라즈커우는 스촨성과 간쑤성(甘肅省) 경계 지역에 있는 중요한 교통 요지로, 이 지역을 돌파하려는 홍군과 이를 막으려는 국민당군이 1935년 9월 13일부터 17일까지 벌인 혈투를 가리킨다.
247 경기도 연천군에 있는 산으로, 지금은 휴전선 이북에 있다.

의 10만 정예병들을 더 이상 도망칠 수 없는 궁지로 몰아넣고, 참혹하게 전멸시켰다.

기병 제1사단의 첫 공격은 불길한 피의 안개에 휩싸였다. 제5기병 연대 제3대대의 첫 공격에 나선 장병들은 뜻밖에 중국의 포화와 중국 보병들의 수류탄 탄막(彈幕) 아래에서 전부 전사하여, 아무도 살아서 돌아가지 못했다.

미국인들을 가장 놀라게 한 것은 중국 포병 부대의 행동이었는데, 미국의 전사에는 이렇게 기록되어 있다:

"중국 포병이 이처럼 조직적으로 사격을 진행한 것은, 전쟁 이래 처음이었다. 중국 포병은 접근을 저지하기 위한 집중 사격과 공격을 분쇄하기 위한 저지 사격은 말할 것도 없고, 이 밖에도 심지어 지금까지 실시해본 적이 없던 포병 대 포병의 포격전도 실시했다. 이는 미국 포병을 매우 놀라 허둥대게 만들었다. 이것은 중국 포병이 지금까지 해본 적이 없는 전법이었다."

미국 기병 제1사단은 제47군단이 방어하고 있던 천덕산(天德山)과 월야산(月夜山) 진지를 연속 3일 동안 공격했지만, 매일 차량 수십 대 분량의 시체와 부상병들을 실어가는 것 외에 한 치의 땅도 얻지 못했다.

4일째가 되자, 제47군단의 좌익인 제42군단의 손이 근질거렸다. 제42군단의 장교 두 명은 회고록에서 이때의 포격전을 다음과 같이 기술했다: "4일째가 되자, 우리 제126사단의 4개 연대와 2개 대대의 포병을 집중하여, 대포로 천덕산의 아군 진지를 지원했다. 그 결과 두들겨 맞은 적들은 온 산가득 어지러이 도망치고 나뒹굴었으며, 시체가 들판에 즐비했고, 나머지 적들은 도망쳐 철원으로 돌아갔다. ……적들의 자동차와 헬리콥터가 콩을 줍듯이 그들의 시체와 부상병들을 수습했다. 아군의 산포(山砲) 대대가 또 그들을 조준하여 한바탕 포탄을 퍼부었다. 그들을 축하해준 셈이다."

두 명의 중국군 장교 회고록을 통해, 제126사단이 적어도 4개 연대와 2개 대대의 포병 지원을 받았다는 사실을 실증할 수 있다. 그런데 불과 몇 달 전의 제3차 전역에서는, 모두 합쳐도 단지 100여 문의 화포만으로 중국 군대 6개 군단의 공격을 지원했을 뿐이니, 당시 세계에서 현대화 수준이 가

지원군 포병이 대규모 훈련을 하고 있다.

장 높았던 조선 전장에서 중국 군대가 얼마나 빠른 속도로 진보했는지를
알 수 있다.

천덕산 방어전이 절정에 달했을 때, 기쁜 소식 하나가 제47군단 진지에
널리 전해지자, 진지에 있던 병사들은 그 소식을 듣고 곧바로 기뻐하며 펄
쩍펄쩍 뛰었다. '카츄샤(Katyusha)'가 온 것이다!

'카츄샤'는 소련 민간 전설에 나오는 아름다운 처녀의 감동적인 이름이
다.[248] 제2차 세계대전 시기에, 스탈린은 포병을 전쟁의 신이라고 불렀는데,
12연장 로켓포는 발명되자마자 즉각 신 중의 신이 되었다. 무수한 독일인들
은 로켓포가 하늘과 땅을 덮듯이 일제히 발사되자 시체도 남아나지 않았
다. 그 위력이 이처럼 거대하자, 소련 군대는 미친 듯이 기뻐했고, 가장 좋아

---

[248] 러시아의 여성 이름인 '예카테리나(Yekaterina)'의 애칭이다. 톨스토이의 소설 『부활』의
여주인공 이름이다.

하는 처녀의 이름인 '카츄샤'를 비할 데 없이 엄청난 위력을 가진 이 로켓포에게 붙여주었다. 스탈린은 군인들의 환심을 사려고, 소련인이 발명한 이 로켓포를 정말로 '카츄샤' 로켓포라고 명명했다.

한 발의 '카츄샤' 로켓포탄은 길이가 자동차 몸체만하고, 그 위력은 세 개의 유탄(榴彈)에 맞먹었다. 한 대의 '카츄샤' 로켓포차에는 통상 12발의 로켓포탄을 장착하고 있으며, 몇 초 내에 다 발사할 수 있었다. 1개 연대에는 100여 대의 로켓포차가 있어, 연대가 한 번에 일제히 발사하면, 1천여 발의 로켓포탄이 동시에 발사되었으니, 그 위력은 생각해보면 알 수 있다. 조선 전장에서, 미국 병사들은 '카츄샤' 로켓포를 두려워하여 "김일성의 큰 목소리"라고 불렀다.[249] '카츄샤'가 위력을 크게 떨친 다음, 중국 병사들과 조선 병사들은 그것을 열광적으로 좋아하여, "포병의 왕"이라고 불렀다. 행군 도중에 설령 아무리 혼잡하더라도 '84'라는 차량번호를 단 자동차를 보면 기뻐하면서 자발적으로 길을 양보했다. '84'는 '카츄샤' 부대가 조선에서 사용한 차량 번호였다. 제47군단이 바로 온전한 1개 로켓포 연대를 보강 받았다.

이날, 미국 보병들이 탱크를 앞세우고 양떼처럼 천덕산을 향하고 있을 때, 제47군단은 "김일성의 큰 목소리"를 포효하게 하여 몇 차례 일제히 포격을 가했는데, 중국 전사(戰史)는 다음과 같이 기록했다: "적의 집결 위치는 불바다가 되어, 그야말로 마치 제철소에서 갓 녹아내린 쇳물처럼 산골짜기와 평지를 가득 뒤덮자, 순식간에 적들은 한 줌의 재와 구운 고기가 되어버렸다……."

이렇게 며칠을 보내면서, 서부전선의 전장에서 제47군단은 좌·우익의 제42군단과 제64군단의 협조하에, 큰 힘을 들이지 않고 미국인들을 격파하고, 미국인들이 자행한 추계 공세를 가볍게 무찔렀다. 유엔군은 또 2만 2천여 명의 사상자가 발생했는데, 제47군단은 단지 4개 대대의 전투력만 상실했다.

---

[249] 카츄샤 로켓포가 발사될 때, 관악기와 유사한 특유의 소리를 냈기 때문이라고 한다.

리지웨이는 깜짝 놀랐고, 결국 정보원들에게 소련인들이 참전했는지 여부를 즉각 조사하여 밝히라고 명령했다.

지원군 사령부 내부는 기쁨으로 가득했다. 미국인들은 1개월 동안의 추계 공세를 헛되이 낭비하면서 고작 467평방킬로미터의 땅밖에 빼앗지 못했다. 이는 250킬로미터에 달하는 전선에서 평균 2킬로미터 미만, 하루 평균 60미터밖에 전진하지 못한 것이다. 이전의 하계 공세까지 합치면, 유엔군은 모두 25만 명, 중국 군대는 9만 1천 명이 희생되어, 적군과 아군의 손실 비율은 2.7 대 1이었다. 그런데 기동전을 펼치던 시기에는, 적군과 아군의 피해가 거의 비슷했고, 물자 소모는 진지전을 하던 시기보다 훨씬 컸다. 이러한 사실이 증명해주듯이, 중국 군대가 기동전에서 진지 방어전으로 방식을 바꿔 싸운 것은 옳았다.

펑더화이와 다른 중국 장성들은 제5차 전역 후기의 패배로 인해 쌓인 우울함의 그림자가 마침내 점차 사라지기 시작했다.

'덩화가 공을 세운 거야. 제6차 전역을 취소하고, 진지 방어전으로 바꾸자고 한 건의가 좋았어!' 펑더화이는 속으로 생각했다.

14

그러나 여전히 마지막 장애물이 조선 전쟁의 지상 전장 위에 가로막고 있었다. 중국 군대의 장수들은 하계 방어전과 추계 방어전에서 승리하여 기뻐하면서도, 동시에 막대한 사상자 때문에 매우 우려하고 있었다. 중국에 비해 수백 배에 달하는 미국인들의 화력 우세는 최전방 야전 진지를 지키고 있는 중국 부대에게 엄청난 사상자를 발생시켰다.

양더즈 병단이 진지 방어전에 돌입한 기간에, 적군이 그들에게 발사한 포탄만 해도 778만 발에 달했다. 이 포탄들은 5만 1천 대의 자동차나 4천 4백 칸의 기차를 사용해야만 실을 수 있었다. 양더즈 병단의 작전과장 위전(余震, 1922~2001)이 미국인들의 화력 강도를 구체적으로 한번 알아보려고,

노독산(老禿山)[250] 진지 위에 올라가 1평방척(가로 세로 각각 33.3센티미터의 면적-옮긴이)의 면적을 그어 놓았는데, 뜻밖에도 그 안에서 크고 작은 포탄 파편을 287개나 찾아냈으니, 이 얼마나 높은 살상 밀도였는가!

이렇게 강력한 화력의 폭격을 받고, 중국 군대의 진지는 땅이 3척(대략 1미터에 해당함-옮긴이) 깊이로 파헤쳐졌다. 풀 한 포기 남지 않았으며, 단단한 화강암조차도 폭파되어 무릎이 빠질 정도 깊이의 모래 같은 돌가루가 되어 버렸다. 병사들이 진지 위를 걸어가면, 푹신푹신한 땅이 때로는 발목까지 빠지거나 종아리까지 빠지기도 했다. 양더즈는 이렇게 회고한 적이 있다: "우리 진지는 매우 잘 분간할 수 있었다. 어떤 산, 어떤 고지라도 민둥민둥하면, 어디든 그곳은 바로 우리의 진지였다."

폭격을 받아 다급해진 중국 병사들은 마침내 무수한 혈전 과정에서 유엔군의 우세한 공중과 지상 화력에 대항할 수 있는 효과적인 방법을 찾아냈다. 그것은 바로 '갱도전(坑道戰: 땅굴전-옮긴이)'이었다.

이후 세계적으로 이름을 떨쳤고, 각 나라들의 군대가 경쟁적으로 배우는 학습 대상이 된 지원군의 땅굴 방어 체계는 미국인들에게 핍박을 받아 나온 것이다. 수백 배나 우세한 미군의 화력에 직면하자, 중국 군대의 농민 출신 병사들은 본능적으로 땅굴을 파서 하늘과 땅을 뒤덮는 미군의 포화를 피하기 시작했다. 이러한 1인용 포탄 방지용 동굴의 모양이 고양이 귀처럼 생겨서, 그것은 그로부터 30년 후에 라오산(老山)[251] 전장에서 다시 한번 울려 퍼진 이름인 "묘이동(猫耳洞)"이라는 이름을 그 당시에 이미 갖고 있었다.

미국인들의 포화가 거세질수록, 중국 병사들은 땅굴을 더 깊이 팠고, 왼쪽에서도 파고 오른쪽에서도 파서, 서로 인접한 동굴이 연결되자, 말굽 모양의 땅굴이 되었다.

땅굴 공사의 커다란 전략적 가치를 가장 먼저 감지한 중국의 고급 장교

---

250 DMZ 북쪽의 연천군 중면에 있는 산이다.
251 서방 세계에서는 비쑤옌(Vị Xuyên) 전투라고 부르는데, 1984년 4월, 중국과 베트남이 국경 분쟁으로 충돌한 지역이다.

지원군 제65군단의 한 부대 소속 제8중대는 판문점 이남의 86.5고지에서 잇달아 적군 5개 중대 병력의 공격을 네 차례 물리치고, 적군 2,500여 명을 섬멸했다. 이 사진은 포화의 엄호를 받으면서 제8중대가 적군에게 반격하고 있는 모습이다.

는 "세 명의 양씨[三楊]"들 중 한 명인 양더즈였다. 중국 군대의 명장 양더즈는 당시 지원군 부사령관 겸 제19병단 사령관이었는데, 그는 전선의 상황을 알고는 매우 초조했다.

강도가 대단히 큰 화력의 살상력 때문에, 개성 남쪽의 길수리(吉水里) 지역을 방어하고 있던 제65군단은 사상자가 매우 많았다. 진지의 최전방에서 일어난 문제를 해결하기 위해, 양더즈 상장은 정치위원 리즈민(李志民, 1906~1987) 상장과 함께 적의 포화를 무릅쓰고 제65군단을 시찰했다.

제65군단장 샤오잉탕(肖應棠, 1914~1980)은 용맹한 장수였지만, 이때 그는 매우 낙담했다: "요 이틀 동안 잘 싸우지 못해, 부대의 손실이 매우 컸습니다!" 샤오잉탕은 사상자들의 상황을 말하면서 하마터면 눈물을 흘릴 뻔했다.

양더즈는 이마를 툭툭 치며 말했다: "저들이 나를 공격하면, 나는 저들이 공격하지 못하게 할 것이오. 내가 저들을 공격한다면, 나는 저들을 죽도록 공격할 것이오. 지금의 문제는, 우선 방법을 생각하여 적들이 공격하지 못하게 하는 것이고, 그러고 나서 다시 적들을 공격하여 죽일 방법을 해결해야 하오. 이것에 대해 나는 여러분들과 많이 생각하고 많이 이야기하고 싶소."

제65군단은 녜룽전 원수의 화베이(華北) 야전군에 소속되었던 한 공훈(功勳) 부대로, 많은 간부들이 해방 전쟁 과정에서의 첫 번째 대도시 돌격전인 스자좡(石家庄) 전투에 참가했었다.

양더즈는 이 노병들에게 그 전투를 상기시키면서 말했다: "그 전투는 우리들에게 가장 힘들었던 첫 번째 돌격전이었는데, 견고한 방어 시설들을 갖추고 있던 대도시를 함락시켰소."

노병들은 조용히 듣고 있었다.

양더즈는 생각을 정리하면서 천천히 말했다: "이 어려움을 극복하기 위해, 우리는 공격 출발 진지를 구축하는 방법을 택해, 대부대의 활동과 집결을 적들이 발견할 수 없도록 참호와 땅굴 안에서 하면서, 적을 급습하여, 좋은 효과를 얻었소."

생각의 맥이 이렇게 열렸다.

샤오잉탕 군단장이 일어서서 말했다:

"최근에 병사들이 포탄을 방어하기 위해, 어떤 사람이 진지 뒷면에 방포동(防砲洞: 포탄을 방어하기 위한 동굴-옮긴이)을 파놓은 것을 발견했는데, 효과가 좋았습니다."

"좋소!" 양더즈는 계속 사기를 북돋웠다: "경험을 성실하게 종합하고, 지도를 강화하고, 병사들의 창조성을 끊임없이 불러일으켜야 합니다. 우리 병사들은 기적을 창조할 수 있습니다."

리즈민 상장은 비록 임무가 정치 공작이었지만, 군사와 정치를 겸비한 장수였다. 그도 한마디 거들었다: "일본놈들과 전쟁할 때, 우리는 허베이성 일대에서 땅굴전을 벌인 적이 있습니다. 땅굴이 없는 곳에, 우리는 방어 진지에 엄폐호를 파서, 적을 관찰할 수 있었을 뿐만 아니라, 은밀하게 사격을 할 수도 있었습니다. 이제 우리는 과거의 경험을 조선 전장의 구체적인 상황에 결합시키고, 더 나아가 이용하고 발전시키면, 더 좋지 않겠습니까?"

양더즈는 기뻐서 탁자를 쳤다: "백문이 불여일견이니, 최전방 진지에 가 봅시다!"

샤오잉탕은 깜짝 놀랐다. 병단 사령관과 정치위원을 진지의 최전방으로 가게 했다가, 만일 사고라도 생긴다면 어쩔 것인가! 그러나 그가 또 어떻게 양더즈를 막을 수 있겠는가?

한 무리의 중국 고급 장교들이 허리를 굽히고 진지의 최전방으로 갔다. 총탄이 때때로 그들 옆을 스쳐지나갔고, 포탄이 도처에서 터졌다. 양더즈는 전체 고지가 폭파되어 한 그루의 나무도 남아 있지 않은 것을 보았다. "가 끔씩 한두 그루의 나무 그루터기를 만났는데, 높이가 한두 척밖에 되지 않았고, 그 위에는 총탄 자국이 숭숭했다."

스촨 출신의 한 중대장이 의기양양하게 장군들을 데리고 자신의 중대가 파낸 사람 키 남짓한 깊이의 참호와 방포동을 참관했다. 이 중대의 병사들은 이미 몇 개의 방포동을 하나로 연결시키기 시작하여, 작은 땅굴로 만들어, 사람을 많이 숨길 수 있었다.

중대장은 이렇게 소개했다: "미국놈들이 대포를 쏘면, 우리는 이 방포동 안으로 들어가 숨습니다. 놈들의 포화가 멈추면 우리는 다시 참호로 갑니다."

양더즈는 껄껄대며 크게 웃었다. 그는 승리의 희망을 보았다.

양더즈는 엄지손가락을 세우며 말했다: "스촨의 쥐(중국인들에게 쥐는 영리한 동물로 상징된다-옮긴이)는 과연 대단해. 아주 좋아. 마음을 가라앉히고, 적들이 가까이 접근하도록 기다렸다가 쏠 수도 있으니, 이렇게 하면 적을 더 많이 섬멸할 수 있을 거야."

리즈민도 그가 일본인들을 무찔렀던 땅굴을 생각해냈다: "좀더 깊게만 판다고 되나? 그것들을 통하도록 파서, 연결시킴으로써, 하나의 땅굴망을 만들어야 한다. 거기에다 몇 개의 사격용 구멍과 관측용 구멍을 만들어, 자신을 엄호하고, 적을 소멸시켜야 한다!"

스촨 출신의 중대장은 크게 고무되었다: "좋습니다. 바로 그렇게 하겠습니다!"

양더즈가 병단 사령부로 돌아온 지 얼마 지나지 않아, 제65군단의 보고가 도착했다. 한다면 하는 병사들이 함께 작업에 착수하여, 별개의 참호들을 하나로 연결해, 거대한 하나의 땅굴로 만들었는데, 큰 것은 이미 1개 중대를 수용할 수도 있다고 했다. 일찍이 미국 포병에게 얻어맞고 "차라리 세 개의 산을 공격할지언정, 하나의 산을 지킬 수는 없다"고 큰 소리로 외치던 간부와 병사들은 이제 사기가 높아져, 진지를 굳게 지키고 땅굴에 의지해 적을 공격하는 것에 대해 자신감이 충만해졌다. 적군이 포를 쏘면, 병사들은 땅굴 속으로 들어가 숨었다가, 보병들이 공격해 오면, 병사들은 돌격하여 적들을 살상했다. 이제 부대의 사상자 비율이 급격히 낮아져, 미국인들은 진지 앞에 수많은 시체들을 남겨둔 것 말고는 아무것도 얻지 못했다.

양더즈가 즉각 제65군단의 땅굴 방어 시설을 지원군 사령부에 보고하자, 예리한 펑더화이는 매우 기뻐했다. 사병에서부터 시작한 이 중국 총사령관은 전장에 대해 매우 잘 알고 있어, 직감에 의지하여, 지원군의 지상 부대가 마침내 미국인의 우세한 화력에 대처할 가장 좋은 방법을 찾아냈다는 것을 알아챘다.

땅굴이, 마침내 중국 군대가 어떻게 미국인의 절대적으로 우세한 화력하에서 살아남고 또 미국인들을 소멸시킬 것인가 하는 가장 중요한 문제를 해결했다. 이러한 땅굴을 갖게 되자, 미국인들이 포를 쏘고 폭탄을 투하하면, 중국 병사들은 모두 굴속으로 들어가, 거의 다치지 않았다. 미국인들의 화력이 이동하고, 보병들이 공격할 때, 중국 병사들은 다시 땅굴에서 뛰쳐나와 적에게 반격을 가했다. 보병의 전투력에 대해 말하자면, 미국인들이 중국인의 적수가 되겠는가? 전투 결과는 생각해보면 알 수 있을 것이다. 제64군단의 1개 중대는 말굽 모양의 땅굴을 이용하여, 하루 동안에 미군의 3만 발의 포탄과 수백 발의 폭탄의 폭격을 견뎌냈을 뿐만 아니라, 보병의 21차례 공격도 물리쳤다. 아울러 미군과 한국군 700여 명을 살상하고도, 자신들은 단지 21명의 사상자밖에 발생하지 않았으니, 평균 한 차례 공격을 물리칠 때마다 단 한 명의 사상자밖에 발생하지 않았다.

펑더화이는 즉각 전군에게 지시하여, 각 방어 요충지들마다 모두 땅굴 공사를 하게 했다. 리지웨이의 추계 공세가 막 끝나자마자, 수십만 명의 중국 병사들은 곡괭이와 망치를 들고 신바람이 나서 석벽과 땅을 향해 전투를 개시했다.

땅굴 건설 장면

'진지를 지키는 데 큰 문제가 없어 보이니, 제6차 전역 계획은 취소해도 된다.'

펑더화이는 결심했다.

10월 22일, 리지웨이의 추계 공세는 실패로 끝났다. 10월 29일, 펑더화이는 정식으로 각 부대에 11월부터 연말까지 전체 전선에 대반격 전역을 준비하지 말라고 통지했다. 지원군은 마침내 기동전으로부터 진지 방어전으로의 전환을 철저하게 실현했다.

마오쩌둥은 웃으면서 저우언라이에게 말했다: "우리 쪽의 문제는, 처음에는 '싸울 수 있느냐'였다가, 그 다음에는 '지킬 수 있느냐'였는데, 이제는 보아하니 모두 해결되었군요."

미군의 하계 공세와 추계 공세를 분쇄한 것은, 중국의 군사·정치 지도자들에게 비할 데 없는 자신감을 가져다주었다. 아군의 공격은 적의 방어선을 무너뜨릴 수 있었고, 수비는 적의 공격을 막아낼 수 있었으니, 싸움이 이렇게 되면 최소한 무승부였다.

중국공산당 중앙위원회는 항미원조를 시작하면서부터 이미 중지했던 부대 인원 감축 작업을 재개하기로 결정했다. 전군의 총 인원을 611만 명에서 1년 반 이내에 4백만 명으로 감축하기로 했다. 조선 전장의 현 상황은 중국 고위층을 안심하게 만들었다.

중국인의 행복은 곧 미국인의 고통이었다. 이제 전장에서 싸워 이길 수 없자, 미국인들은 어쩔 수 없이 기관총과 대포를 내려놓고 협상에 나올 수밖에 없었다.

15

리지웨이는 하계 공세와 추계 공세를 이용해 협상 테이블에서 얻지 못한 것을 얻으려고 했지만, 하계 공세와 추계 공세가 끝나고 나자, 그의 상사인 브레들리 5성 장군조차도 그를 비웃었다:

"이런 전법을 사용하면, 리지웨이는 적어도 20년쯤 걸려야 압록강에 도달할 수 있을 것이다."

리지웨이 자신도 약간 정신을 차렸지만, 그는 나중에서야 비로소 이 점을 인정했다: "그 당시 군사적인 실상에 대해 분명히 알고 있던 사람은, 아무도 우리의 수중에 있는 이 한정된 병력에 의지해서는 어떠한 전면적인 승리도 거둘 수 있다고 믿지 않았다."

그는 또 국내에서 병력을 증원하려고 생각했지만, 이때 미국 국내의 지상군 병력의 3분의 1 이상이 한국에서 사용되고 있어서, 더 이상 그에게 새로운 부대를 파견하기가 어려웠다.

전장에서의 패배는 다시 미국 국내의 반전 정서를 전에 없이 고조시켰다. 가장 호전적인 미국 국회조차도 전체적인 형세가 결코 뚜렷이 개선되지 않자, 이처럼 막대한 사상자를 지불할 가치가 없다고 여겼다. 어쩔 수 없이, 1951년 10월 25일, 문산과 개성 사이에 있는 판문점의 새로운 회의장에 미국인들은 다시 앉아 중국·조선 측과 협상을 벌였다.

쌍방 모두 상대방의 다음 수를 탐색하고 있었는데, 미국 대표인 호지는 다시 자기들의 "해군과 공군의 우세"를 들고 나왔다.

제팡이 좋은 말로 타일렀다:

"나는 당신이 이렇게 감정을 자극하는 어떠한 보상론도 더 이상 언급하지 말기를 권합니다! 만약 꼭 언급하겠다면, 지상군의 우세는 보상할 필요가 없단 말이오? 지금의 문제는, 당신들이 38선을 군사분계선으로 삼는 것에 동의하지 않는 것인데, 우리는 결코 당신들의 무리한 주장을 받아들일 수 없소이다. 설마 우리가 이렇게 양보 없이 맞선 채 아무것도 하지 말자는 거요?"

억지를 부리다가 말문이 막힌 호지는 어쩔 수 없이 새로운 제안을 했다: "나는 우리가 지금 동전 던지기를 할 것을 제의합니다. 각자 한쪽 면을 선택하고, 동전을 던진 결과에 따라 누가 먼저 다음 단계로 갈 것인지 결정합시다."

호지의 제안은 훗날 세계 외교사에서 유명한 웃음거리가 되었다.

상대방이 지연시키지 못하게 하기 위해, 10월 31일에, 중국과 조선 측은 현재의 위치에서 전투를 멈추고, 약간의 조정을 하여, 군사분계선을 확정하는 방안을 제시했다.

상대에게 우리 측 조건을 받아들이도록 압박하기 위해, 펑더화이는 중국 군대 6개 군단에게 국지적인 반격을 가하라고 명령을 내렸다. 제5차 전역의 좌절과 하계와 춘계의 두 차례 방어전을 치른 후에, 중국 군대는 다시 유엔군에게 공격을 가했다.

그렇지만 이번에 한 달간 계속된 공격은 단지 진지에만 의지해 진행한 전술적 공격이었는데, 이렇게 정면으로 직접 마주하고 가하는 강공은 한 나라 군대의 진짜 전투력 수준을 가장 잘 드러낼 수 있다. 국지적 반격이 시작되자마자 사람들은 지금까지는 단지 보병에만 의지하여 공격하던 중국 군대가 변했다는 것을 놀랍고도 기쁘게 바라보았다. 그들은 이미 현대화된 다양한 병종들이 협동하여 공격전을 벌일 수 있게 되었다.

16

칠흑 같은 어둠 속에서, 모싱차이(莫性才)라는 한 중국 소대장은 병사 세 명을 데리고 삭녕(朔寧)-연천(漣川)간 도로에서 수색하면서 전진하고 있었다. 이 도로는 곳곳에 벌집 같은 포탄 구덩이들이 있었으며, 도로 폭은 고작 3미터 정도였다. 모싱차이는 이렇게 회고했다: "산을 기어오르는 것보다 더 어려웠다."

적기가 터트리는 조명탄 빛에 의지하여 네 명의 중국 장병들은 역곡천(驛谷川)[252]의 차가운 강물 속을 더듬거리면서 수심을 측정하고, 통로를 표시했다. 서둘러 끝내고 나서 다시 계속 조용히 역곡천 남쪽 기슭으로 기어 올라가, 맞은편의 높은 산을 향해 더듬어 가면서, 길을 따라 있는 흙 둔덕과 포탄 구덩이들을 기록했다. 미국 기병 제1사단의 병사들이 소란스럽게 영어로 대화하는 소리를 듣고 나서야 그들은 비로소 전진을 멈췄다.

놀라운 것은, 이들 네 명의 대담한 중국 장병들은 뜻밖에도 정찰병이 아니라, 중국 탱크 제2연대의 장갑병들로, 그들은 오로지 공격로를 자세히 조사하러 온 것이었다.

10월 3일은 유엔군을 깜짝 놀라게 한 날이다. 줄곧 야간에 공격을 개시했던 중국 군대가 뜻밖에도 밝은 태양 아래, 마량산(馬良山)[253]에서 웅거하며 지키고 있는 영국 제28여단 스코틀랜드 연대 제1대대에 대해 강공을 개시한 것이다.

60문의 중국 화포가 한편으로는 영국군 참호를 파괴하면서, 한편으로는 미국과 영국의 포병들과 포격전을 벌여, 적의 화포를 제압했다. 10여 대의 중국 탱크가 콰르릉거리며 최전방 진지로 나아가, 영국군의 화력 지점에 대해 직접 조준하여 사격하자, 한 발 한 발 저탄도(低彈道)의 탱크 유탄들이 영국

---

252 연천군 중면 북쪽을 흐르는 하천으로, 북측 DMZ 지역에서 임진강으로 합류한다.
253 연천군 왕징면 고잔리와 고잔상리 경계에 있는 산으로, 한국 전쟁 당시 유엔군은 317고지(Hill 317)라고 불렀다. 지금은 북측 DMZ 안에 있다.

군 화력 지점의 발사 구멍으로 뚫고 들어가, 대영제국의 가장 우수한 백성들을 폭파시켜 가루로 만들어버렸다. 미국 비행기들이 구원 폭격을 하러 갔지만, 정면으로 마주친 것은 무수히 많은 고사포 포탄들이었다. 수십 문의 중국 고사포들이 이미 빈틈없는 방공 화망을 형성하여 공격 지역의 상공을 엄호하고 있었다. 우와! 제64군단 3개 대대의 중국 보병들은 입을 다물지 못한 채 바라보았다. 세상에나, 산전수전 다 겪었지만 언제 이런 장면을 본 적이 있었던가!

지원군 고사포병들이 확실한 전투 태세를 갖춘 채 적을 기다리고 있다.

그들은 말할 것도 없고, 관전하던 중국 장군들조차도 눈이 휘둥그레졌다. 이건 정말이지 중국 군대가 조선의 전장에 들어온 이래 처음으로 보병·포병·탱크·공병 등 여러 병종들의 합동 작전을 조직해낸 것이었다.

맑고 시원스러운 돌격 나팔이 울려 퍼지자, 3개 대대의 중국 보병들은 사기가 충만하여, 함성을 지르며 방어가 엄밀한 마량산으로 돌격해 올라갔고, 불과 4시간 만에 1개 대대의 영국군 병사들은 전멸했다. 이는 얼마나 거대한 변화인가. 요 몇 달 전만 해도, 한두 개 사단의 중국 군대가 여전히 언제나 임시 야전 참호밖에 갖고 있지 않은 1개 대대의 영국군이나 미군조차도 공격하여 함락시키지 못했었다.

깜짝 놀란 영국인들은 황급히 병력을 이동하여 반격을 가했는데, 다시 몇 백 명의 목숨을 잃은 뒤에야 비로소 놀라서 중지했다. 이것이 유명한 마량산 전투이다. 지원군은 1,694명의 사상자를 대가로 지불한 대신, 1,740

지원군의 로켓포들이 적을 향해 반격을 개시하고 있다.

명의 영국군을 살상하거나 포로로 잡았다. 조선 전쟁 기간 동안, 영국은 4,435명의 장병들이 죽거나 부상당하거나 포로로 잡혔으니, 마량산 전투 한 번의 손실이 전체 손실의 39%를 차지한다. 영국 수상 처칠은 이 소식을 들은 뒤, 연신 고통스러워하며 "너무나 애석하다"고 말했다. 조선 전쟁 기간 동안, 영국군은 유엔군 가운데 미국 다음으로 손실이 컸는데, 영국이 조선에 파견한 부대들은 모두 160년 이상의 역사를 가진 영예로운 부대들로, 영국군의 "군중(軍中)의 꽃"이라고 부를 만했다. 즉 로열 라이플 연대 제1대대, 로열 전차 대대, 모자에 두 개의 부대 휘장을 부착하는 글로스터셔 연대 제1대대, 스코틀랜드 연대 제1대대가 차례로 중국 군대의 손에 전멸했다. 이 사실이 영국에 미친 충격은 대단히 컸으며, 영국으로 하여금 아편 전쟁 때부터 마음대로 유린할 수 있었던 상대에 대해 완전히 새로운 인식을 갖게 해주었다. 서방의 주요 국가들 가운데, 영국은 최초로 미국의 금지령을 개의치 않고 적극적으로 신중국과 대규모 무역 거래를 진행한 국가이다.

마량산 전투는 중국 군대의 작전 수준이 이미 초보적인 현대화 전쟁 단계에 진입했음을 상징한다. 미국인들은 영국인들이 전해온 전투 상황을 처

지원군 병사들이 미군 포로들을 전장에서 호송하고 있다.

음 들었을 때는, 그처럼 여러 병종들이 합동 작전을 할 수 있는 중국 군대
는 아마도 아직 존재하지 않을 거라고 여겼다.

웃음소리가 채 끝나지도 않았는데, 마량산 전투가 있던 바로 그날 밤, 기
병 제1사단의 1개 대대가 구축해 놓은 현대화된 철근 콘크리트 참호가 있
는 정동(正洞)[254]의 서산(西山)도 중국 제47군단에게 먹혀버렸다.

11월 4일 날이 막 어두워지자, 몇 대의 중국 탱크와 자주포들이 그 모싱차
이라는 탱크 소대장이 정찰했던 도로를 따라 정동의 서산을 향해 달려갔다.
몇 대의 탱크는 지뢰 지대와 포화의 봉쇄선을 돌진하여 6킬로미터를 잠행했
고, 다른 방면의 중국 중형(重型) 탱크 중대는 곧바로 기병 제1사단 제7연대
제1대대의 코 밑까지 에워쌌는데, 여전히 미국인들에게 발견되지 않았다.

그날 밤 22시 10분, 수많은 로켓포탄이 중국 진지의 후방에서 시뻘건 포
물선을 그리며 정동의 서산에 떨어지자, 이 산은 즉각 불바다가 되었다.

11대의 중국 탱크들이 곧 11개 중대의 중국 보병들을 엄호하여 엄청난

---

[254] 연천군 중면에 있는 마을로, '정골'이라고도 부른다. 앞에서 언급한 마량산의 동북쪽 방
향 임진강 건너편에 있다. 정동은 현재 남측 DMZ 안에 있다.

기세로 공격을 개시했다. 탱크 포탄들은 돌격하는 보병들을 위해 진로 상에 있는 미군 화력 거점을 제거했고, 보병과 공병들은 폭파통과 폭약주머니로 100개가 넘는 토치카들을 하늘로 날려 보내자, 미국인들은 더 이상 버티지 못하고, 법석을 떨며 진지를 떠나 살길을 찾으려고 했다. 하지만 너무 늦어, 좌우 측면이 포위되고 말았다.

미국의 정예 부대인 기병 제1사단의 1개 보병 대대가 이렇게 정동 서산에서 전멸하자, 기병 제1사단에는 모두 9개 보병 대대뿐이었다.

미국인들도 대낮의 영국인들처럼 중국 군대의 공격에 깜짝 놀랐다. 중국인들이 정말로 현대적인 전쟁을 할 수 있다니! 이렇게 짧은 기간 동안에 장비가 우수하고, 대대적으로 공중과 지상의 화력 지원을 받을 수 있고, 견고한 방어 진지를 갖춘 1개 정예 대대가 전멸했는데, 이는 중국 군대와 교전을 벌인 이래 지금까지 없었던 일이다.

기병 제1사단은 정말 이 분노를 참을 수 없자, 즉시 1개 증원된 대대를 파견하여 진지를 탈환하고, 30여 대의 탱크와 20여 대의 비행기들이 천 명이 넘는 보병들을 엄호하여 정동 서산으로 돌진했다. 그러나 미국인들의 공격을 저지한 것은 더 이상 중국 보병의 수류탄과 총탄만이 아니었다. 수많은 포탄들이 휙휙 소리를 내며 날아와 폭발하면서 미군의 공격 대형을 지리멸렬하게 만들었다. 곧 이어서, 눈을 휘둥그레지게 만드는 광경이 나타났다. 철저하게 위장한 한 무리의 중국 탱크들이 백주대낮에 진지를 공격하더니, 미국 탱크 두 대를 공격하여 온통 불길에 휩싸이게 만들어버렸다. 줄곧 거리낌 없이 제멋대로 굴던 미국 탱크병들은 놀라 어안이 벙벙해졌다. 중국인들이 뜻밖에 탱크로 맞서 싸우기 시작하자, 깜짝 놀라서 모두 도망쳐버렸다.

이날 밤, 10여 대의 T-34 탱크 무리가 또 중국 보병을 엄호하여 해질 무렵에 일부러 방어를 포기했던 정동 서산의 주봉을 공격했는데, 불과 1시간 20분 만에, 또 감히 반격에 나선 기병 제1사단의 그 증원된 대대를 섬멸했다. 훗날 당시 참전했던 한 중국 병사가 말년에 회고하기를, 두 번째 대대의 미국인은 첫 번째 대대보다 훨씬 운이 좋았다고 말했다. 왜냐하면 그들 가운데 많은 사람들이 현명하게 손을 들고 포로가 되었기 때문이라고 했다. 이들 많은 포로들에 대해 중국 병사들은 이리저리 훑어보면서, 기병 제1사단 정예 포로들은 보통의 포로들과 무엇인가 다른지 찾아내려고 했다.

펑더화이는 한 달 동안의 국지적인 반격을 마친 결과, 중국 군대는 9곳의 진지를 탈취함과 아울러 공고히 했다. 개성에 주둔하고 있던 제65군단은 여전히 기세등등하게 개성 이남 부근의 한국군을 전부 소탕하고, 280평방킬로미터의 땅을 확장했다. 리지웨이가 반년 동안 힘들게 공격하여 얻은 전과(戰果)는 곧 모조리 잃고 말았다. 바로 미국 장군들이 어안이 벙벙하여 지상 전장에서의 놀라운 변화를 보고 어찌할 바를 모르고 있을 때, 또 하나의 소식이 우레와 같이 전해졌다. 중국 군대가 뜻밖에도 육·해·공군 합동작전을 펼쳐, 일거에 바다를 건너가 조선 서해안의 대화도(大和島)·소화도(小和島) 등 10여 개의 섬들을 탈취함으로써, 미국인들이 협상 테이블 위에 올려놓았던 또 하나의 카드를 없애버렸다는 것이다.

17

다시 협상을 재개한 뒤, 리커농은 펑더화이에게 이렇게 보고했다: "청천강 하구부터 압록강 하구 일대에 있는 대화도와 소화도 및 그 주변의 단도(椴島)와 탄도(炭島) 일대에는, 이승만 부대 1,200여 명과 400여 명의 미국·한국 군사 정보 요원들이 있고, 섬 위에는 고출력 레이더와 관제탑 및 감청 감시 설비들이 설치되어 있어, 마음대로 아군의 정보를 수집하고 있으므로, 우리에게 매우 큰 위협이 되고 있습니다. 미국인들은 협상 테이블에서도 섬에서 철수하는 문제에 대해 끊임없이 분쟁을 일으키고 있으니, 이 못을 뽑아주시기 바랍니다."

정보 계통 출신의 리커농은 이렇게 작은 섬에 있는 적군 정보 기지들을 당연히 뼈에 사무치도록 미워했다.

펑더화이는 전화를 받고 나서 여러 장군들을 불러 모았다: "육·해·공 3

군이 연합하여 도해(渡海) 상륙 작전을 벌여, 이 못을 뽑아버리시오!"

1951년 11월 6일, 선양(瀋陽)의 위홍(于洪)비행장에 붉은 깃발이 펄럭이고 있었다. 공군 제8사단의 정치위원인 거전웨(葛振岳, 1917~2002)는 곧 출정할 조종사들 대열 앞에서 분기하여 큰 소리로 외쳤다:

"동지 여러분! 우리 폭격기 부대가 최초로 조선에 들어가 작전을 하니, 반드시 첫 전투에서 승리해야 합니다! 반드시 중국 인민의 위풍을 떨쳐야 합니다!"

8명의 문공단(文工團: 문화 선전 공작단-옮긴이) 단원들이 9대의 Tu-2 폭격기가 날아오름과 동시에, 8마리의 흰색 비둘기를 날려 보내면서, 중국 폭격 장병들이 서전을 승리로 장식하라고 기도했다.

한밍양(韓明陽, 1928~)은 중국의 유명한 폭격의 일인자였다. 이 건장하고 용감한 사나이는 공군 제8사단 제22연대 제2대대장이었는데, 그는 제2대대를 한 무리의 비호(飛虎)로 조련해냈다. 그의 제1중대는 전쟁 전 폭격 시합 훈련을 할 때 18발의 폭탄을 모두 지상 표적의 한가운데에 투하하여, 그 표적을 폭파시켰다. 그것을 설치했던 사람도 분간해내지 못할 정도로 과녁을 폭파시켰다. 이렇게 제2대대는 급히 이 임무를 맡아 수훈을 세웠다. 이번 출정에서, 한밍양은 9대의 폭격기에 81개의 폭탄을 가득 싣고 곧장 대화도로 가서, 적들이 미처 손을 쓸 수 없게 폭격했다.

사격주임 양전톈(楊震天)이 명령을 내리자, 9대의 폭격기는 동체와 꼬리 부분에 있는 기관포의 포탑(砲塔)이 동시에 수많은 불길을 뿜어대면서, 감히 반격하는 적 고사포 포병들을 매섭게 제거하자, 순식간에 대화도에 있는 고사포화는 벙어리가 되어버렸다.

항법주임 류위안공(柳元功)이 안전하게 폭격 목표를 조준구에 맞췄다.

"폭탄 투하!" 한밍양이 크게 소리쳤다.

무전은 즉각 그의 목소리를 편대에 두루 전했다.

"폭탄 투하!" "폭탄 투하!"…… 기장들의 고함 소리가 하늘로 울려 퍼졌다.

81개의 폭탄들이 침착하고 웅장하게 폭탄창을 빠져나가, 대화도에 있는 적군 지휘소·대대 막사·레이더 기지·감청 시설을 향해 곤두박질쳤다.

10여 초 후, 폭격한 병사들은, 폭탄 불꽃송이가 적의 목표물 위에서 터지더니, 순식간에 대화도의 불빛이 하늘로 치솟고, 짙은 연기가 자욱해지는 것을 놀랍고도 기쁘게 바라보았다. 폭격기의 비행을 호위하던 전투기 편대의 지휘관 장화(張華)는 흥분하여 크게 소리쳤다: "폭격이 훌륭합니다! 여러분 축하합니다. 영웅 1호!"

중국 군대가 후에 현지를 실사하고 포로를 심문한 결과에 따르면, 한밍양이 투하한 81발의 폭탄 가운데 71발이 명중하여, 명중률이 90%였으며, 적의 소장 계급인 작전과장과 해군 정보대장을 포함하여 모두 60여 명이 폭사했고, 건물 40여 동, 식량 20여 톤, 탄약 15만여 발과 상륙정 2척을 폭파시켜, 목표물들을 철저하게 파괴했다고 한다.

이는 중국 공군 폭격기 부대가 처음으로 적에게 대규모 폭격을 감행한 것이었는데, 작전은 완전히 성공을 거두었다.

폭격이 진행됨과 동시에, 제50군단은 배를 타고 바다를 건너 곧바로 단도로 돌진했다. 황진밍(黃金明)이라는 부중대장은 당시의 광경을 이렇게 기억했다:

"11월 6일, 공군과 우리가 합동 작전을 하기로 하자, 동지들은 흥분을 억제하지 못해, 어떤 이는 노래를 부르고, 어떤 이는 껑충껑충 뛰었는데, 마침내 기다리고 기다리던 그날이 왔어요. 합동 작전은 모두에게 새로운 시도였지만, 우리는 자신감이 넘쳤습니다. 제10분대장 거우윈펑(勾雲朋)은, '동지들, 공군이 적의 목표와 함선들을 폭파할 테니, 우리는 섬에 있는 적들이 한 명도 도망가지 못하게 합시다'라고 말했어요."

"이날 오후, 나는 동지들을 이끌고 첫 번째 배에 승선했습니다. 그때 폭격기 무리의 엔진에서 나는 붕붕 소리가 진지 상공을 스쳐 지나가더니, 곧바로 이어서 한 층의 작고 검은 점들이 섬 위로 떨어졌습니다. 몇 초 후, 단도 위의 불길이 하늘을 핥았고, 폭발로 인한 폭풍이 폭파되어 날아가는 적의 함선과 건물들을 휘감아, 수십 미터 높이까지 솟구쳐 오르게 했어요. 우리는 배를 타고 화살처럼 섬을 향해 나아가, 40분도 안 되어 단도에 도사리고 있던 400여 명의 적들을 해치웠습니다."

"다음날 새벽, 병사들은 해변에 잔존하는 몇 척의 파괴된 함선들과 폭파되어 지리멸렬한 적의 탄약고와 지휘소를 보자, 기쁘게 소리쳤습니다: '지원군 공군 만세!'……."

이는 중국 군대 최초의 육·해·공 3군 합동 도해 작전이었는데, 매우 훌륭하게 잘 해냈다.

줄곧 폭탄을 다른 사람의 머리 위에 투하하는 것이 습관이 되어 있던 미국인들은, 도무지 중국인들이 폭탄을 자신들의 머리 위에 투하할 수 있다는 것을 감히 믿을 수 없었다.

AP통신은 이날 밤에 깜짝 놀라 이렇게 타전했다: "이번 습격은 중국인들이 했을 리가 없다."

미국 신문들도 곧 이구동성으로 보도했다: "이번 전투는, 소규모 팀이 신형 경폭격기를 몰고 성공적인 폭격을 진행했는데, 아시아인들이 한 짓이 아닌 것으로 보인다."

『한국 전쟁에서의 미국 공군』이라는 책은 다음과 같이 기록하고 있다: "1951년 11월 6일, 한 무리의 쌍발 엔진 Tu-2 프로펠러식 경폭격기들이 대화도에 대해 성공적인 폭격을 가했다."

미국인들이 중국인들에게 폭격을 당했다.

아직 끝난 게 아니다.

18

공군 제10사단장 류산번(劉善本, 1915~1968)은 중국 내전 역사에서 유명한 인물이다. 1946년 6월, 그는 혼자서 거대한 B-25 대형 폭격기를 납치하여 옌안으로 날아와 공산당에 의탁했는데, 그는 마오쩌둥을 만나자, 첫 마디가 이랬다: "주석님, 제가 마침내 주석님께 왔습니다."

류산번은 국민당에서 최초로 비행기를 몰고 의거를 일으킨 조종사로, 그가 목숨을 걸고 옌안을 향해 날아가던 도중에, 중국의 전면적인 내전이 발발했다. 그의 행위는 해방구 인민의 사기를 크게 고무시켰고, 장제스의 위세를 크게 꺾어 놓았다.

기술이 뛰어난 이 조종사는 공화국에서 한 시대를 풍미한 인물로, 그는 개국대전(開國大典: 중화인민공화국 건국 행사-옮긴이)에서 첫 번째로 사열을 받는 비행기 무리의 지휘자였으며, 이후에도 여러 차례 건국 기념일 비행 사열을 받는 총책임자를 맡았다. 지금, 5년 전까지만 해도 국민당 공군의 상위(上尉)였던 그는 이미 폭격기 제10사단의 사단장이 되었고, 최초로 비행기를 몰고 압록강을 건너는 중국 공군 사단장이 되었다.

공군 제8사단이 이미 중국 공군이 낮에 무리를 이루어 폭격한 최초의 기록을 세우자, 류산번은 이를 악물고 공군 제10사단이 뒤질 수 없다며, 다시 하나의 신기록을 세우려고 했다. 그는 밤에 대화도를 폭격하기로 했다. 뿐만 아니라, 명예욕이 매우 강한 류산번은 또한 중국 공군 최초로 통신 방해 행동을 조직하려고 했다.

11월 29일 밤, 공군 제10사단 제28연대 야간 비행 대대는 대대장 야오창찬(姚長川)의 인솔하에, 어두컴컴한 하늘로 돌진해 들어갔다. 이 대대는 류산번이 길러낸 중국 공군 최초의 야간 비행 부대로, 그것은 류야러우가 애지중지하는 중국 공군의 보배 덩어리였다.

야간 비행 대대의 첫 번째 폭격 목표는 대화도 부근의 해상에 있는 적 함정이었다. 만약 적 함정이 도망치면, 다시 두 번째 목표인 대화도 등대탑 부근의 레이더 기지를 폭격하기로 했다.

편대장은 편대를 인솔하면서 통신 방해 장비를 이용하여 적의 방공 레이더를 향해 적극적으로 통신 방해 행동을 진행했다. 호위기(편대장기의 옆에서 비행하면서 편대장기를 호위하는 전투기-옮긴이)의 기관총 사격병들은 비행하면서 끊임없이 공중에 금속 재질의 석박(錫箔: 한쪽 면에 얇게 주석 막을 입힌 금속-옮긴이)들을 살포했다. 이는 당시 세계 공군에서 가장 선진적인 작전 양

대화도 상륙 작전 (유화) / 류칭(柳靑) 작품

식이었으며, 오늘날까지도 각국 공군의 표준 작전 양식이다.

불과 1년여 만에, 처음 창설된 중국 공군이 이미 세계에서 가장 선진적인 수준의 대열에 올라섰다.

대화도 부근에 이르렀을 때, 지상의 눈부신 장관이 비행사들로 하여금 넋을 잃고 바라보게 만들었다. 수많은 '카츄샤' 포탄의 꼬리에서 뿜어내는 불꽃들이 이어져 놀랄 만큼 거대한 불혀를 이루고 있었다. 그것은 육군이 대화도를 향해 사격하는 것이었다. 그들은 하늘에 있는 야간 비행 폭격기들을 위해 목표를 알려주고 있었다. 이는 중국 군대가 세운 또 하나의 신기록인, 육군과 공군의 야간 합동 작전이었다.

매우 애석하게도, 조명탄 밑의 대낮처럼 밝은 바다는 텅 빈 채, 적 함정들은 도주해버리고 없었다. 비행사들은 약간 마음이 언짢았다. 이들이 도망치지 않았다면, 야간 비행 대대는 또 하나의 중국 군대에서 신기록을 세울 수 있었을 것이다. 그것은 바로 '공대함(空對艦) 작전'이다.

야오창찬은 한숨을 쉬었다. 그러나 개의치 않고, 예비 계획에 따라 새로 두 번째 목표를 폭격하기로 했다.

10대의 폭격기는 곧바로 대화도로 돌진했고, 한 대의 폭격기가 조명탄 몇 발을 터뜨려, 인공 불빛이 밝게 비추자, 야간 비행 대대는 예정된 목표를 맹렬하게 폭격했다. 비행기들이 회항한 지 한참이 지났는데도, 폭격기 후미의 기관포탑에 있는 사수들은 대화도 위의 불빛이 밤하늘을 비추는 것을 여전히 또렷이 볼 수 있었다.

매우 안타깝게도, 폭격으로 겁을 먹은 적군들이 숨어버리는 바람에, 폭격은 전과를 거두지 못했다.

류산번은 매우 속이 상했다.

사실 그럴 필요가 없었다. 그의 야간 비행 대대는 통신 방해, 야간 폭격, 조명탄 투하 등 중국 공군의 이정표 같은 기록들을 많이 창조했다. 이러한 것들은 모두 당시 세계 공군이 가장 어려워하는 폭격 기술이었다. 뿐만 아니라 모든 전투 행동들이 주도면밀하고 흠 잡을 데 없이 완벽하여, 만약 교활한 적들이 숨지만 않았다면, 정말이지 완전무결했을 것이다.

상대방이 가장 공정한 평가를 내렸다. 극동 공군 제5공군은 대경실색하여 상부에 보고했다: "공산군이 처음으로 전자전(電子戰)으로 대항했으며, 조명 수단들을 사용하여 아군의 전략적 요지를 야간에 공습했다. 항로의 양 옆에는 뜻밖에도 폭 40킬로미터의 통신 방해 구역이 형성되었다."

1964년, 중국 공군의 얻기 어려운 뛰어난 장군감인 류산번은 소장으로 진급했는데, 그의 나이 겨우 49세였다.

그의 마지막 직책은 공군학원 부교육장이었다.

그는 10년에 걸친 '문화대혁명' 기간에 사망했다. 그가 괴롭힘을 당해 죽었다는 것을 알고 난 뒤, 마오쩌둥은 매우 격노했다.

삶의 마지막 순간까지도, 류산번은 자신의 선택을 후회하지 않았다. 그는 이미 자신의 평생의 이상이 실현되는 것을 보았으니, 중국 공군은 이미 세계에서 가장 강한 공군의 하나가 된 것이다.

19

공군 제10사단의 야간 공습이 공을 세우지 못하고 돌아온 다음날, 공군 제8사단이 다시 대화도를 대대적으로 폭격했다. 이것이 바로 중국 공군 역사상 매우 유명한 '대화도 제3차 폭격[三炸大和島]'이다.

제3차 폭격은 손실이 막대했다.

아직 제1차 폭격의 승리에 젖어 있던 공군 제8사단은 너무 낙관하고 있었다.

그들은 제1차 폭격과 같은 항로, 같은 고도, 심지어 거의 완전히 같은 폭격 시간을 선택했다. 전술적으로 하나의 방식을 고집했다.

단지 폭격에 유리한 대형을 이루고, 오로지 승리만을 생각하느라, 공중방어를 망각하여, 대부분의 항법사들은 공중전 과정에서 반격을 할 수 없었다. 폭격 전에 확성기가 뜻밖에 비행장에서 3일 동안 크게 떠들어댔다. 비밀 보안을 완전히 망각한 채, 적을 너무 얕보고 있었다.

가장 끔찍한 것은, 합동 작전이 완전히 균형을 잃어, 폭격기는 5분 앞당겨 호위하는 미그 전투기와의 회합 지점을 통과했고, 구식 프로펠러 전투기인 La-11이 호위하러 온 시간은 무려 10분이나 앞당겼다. 그런데 공중전 과정에서는 1초가 생사가 결정하는 법이다.

복수를 하고 치욕을 씻기에 급급하던 미국 극동 공군의 최첨단 F-86 전투기 수십 대는 과연 기회를 잡자, 방어력이 취약한 중국 폭격기들을 향해 치명적인 공격을 가했다. 중국 조종사들은 경계심이 무뎌져, 돌진해 오는 비행기가 불혀를 내뿜기 전에는, 뜻밖에도 그들이 자신을 호위하러 온 미그-15기인 줄 알았을 정도였다.

진짜 미그-15기가 왔을 때는, 30여 대의 임무를 마친 미국 비행기들은 이미 떠나버렸고, 나머지 중국 폭격기들조차 모두 이미 폭탄 투하를 마치고 돌아가버렸다.

그것은 깜짝 놀랄 만한 공중 혈전으로, 20여 대의 구식 프로펠러 비행기들이 30여 대의 신형 제트기들의 포위 공격하에서, 생존을 위해 완강하게 굴하지 않고 진행한 악전고투였다.

호위하던 16대의 La-11은 필사적으로 온 힘을 다해 성능이 자신들보다 훨씬 뛰어난 적기와 공방전을 벌여, 부대대장 왕톈바오(王天保, 1926~)는 세계 공중전 역사상 전무후무한 기록을 창조했다. 미국 전투기가 폭격기를 향해 급강하하며 공격할 때, 그는 "내가 있으면 폭격기에 있다"라고 소리치면서, 목숨을 아끼지 않고 정면으로 달려들어 그와 근접 전투를 벌였다.

이 중국 조종사는 매우 총명했다. 그의 프로펠러 비행기는 제트기에 비해 단 하나의 장점이 있었는데, 그것은 속도가 느려서 회전 반경이 작다는 것이었다. 왕톈바오는 바로 이 장점을 이용하여, 자신을 포위하여 공격하고 있는 10여 대의 적기들 가운데에서 끊임없이 반경을 맞물리도록 동그라미를 그리자, 무리를 이룬 미국 조종사들은 이 교활한 중국 조종사를 뻔히 보면서도 어찌할 방도가 없었다. 제트기가 속도를 높여 한번 돌진해 오자, 그 중국 조종사는 동그라미를 그리며 피해버렸다. 그뿐 아니라, 그는 뒤로 돌아가서 기관포를 사용하여 미군 제트기의 엉덩이를 맹렬하게 쪼아버렸다.

이 '동그라미 대전'에서 왕톈바오는 세계 공중전 역사에서 기적을 창조했다. 10여 대의 적기와 격투 과정에서, 그는 여섯 차례 발포했는데, 가장 가까운 사격 거리는 100미터밖에 되지 않았다. 그는 뜻밖에도 잇달아 4대의 F-86 적기를 격추시키거나 격상시켰는데, F-86은 La-11보다 꼬박 한 세대 앞서는 전투기였다. 이는 세계 공중전 역사에서 피스톤식 전투기로 제트 전투기에 맞선 최고의 공중전 기록이다.

오늘날, 베이징 다탕산(大湯山) 공군항공박물관 안에는, 일련번호 24의 La-11 한 대가 여전히 머리를 치켜들고 우뚝 서 있는데, 그것이 바로 왕톈바오가 몰던 비행기이다.

왕톈바오의 주위에서, 그의 전우들도 적과 혈전을 벌였다. 16대의 La-11 기들이 잇달아 자신의 몸으로 폭격기를 향해 쏘는 총탄들을 막아냈다. ……공군 제2사단의 조종사 저우종한(周宗漢)·허웨신(何岳新)·위창신(于長新)이 잇달아 희생되었고, 3대의 La-11기가 바다를 향해 곤두박질쳤다.

남아 있는 조종사들의 눈은 모두 붉어져, 필사적으로 온 힘을 다해 적기와 한데 뒤엉켜 싸우면서, 느리고도 둔중하며 기체가 커다란 폭격기를 엄호하려고 시도했다. 대대장 쉬화이탕(徐懷堂), 조종사 왕용(王勇)·류롄성(劉連生)도 3대의 F-86을 격추시키거나 손상을 입혔다.

La-11기들은 별로 큰 피해를 보지 않았는데, 폭격기는 처참했다.

장푸단(張孚淡)의 06호기는 좌우 양쪽이 피격당해 불이 붙었으나, 이 용맹한 중국 폭격기는 짙은 연기와 맹렬한 불길 속에서도 여전히 총구에서 불꽃을 내뿜으며 목숨을 걸고 반격했다.

송펑성(宋鳳聲)의 09호기는 기나긴 화염을 내뿜으면서도, F-86 4대가 번갈아가며 사격하는 것을 개의치 않고, 여전히 편대를 바짝 따라붙어 대화도를 향해 돌진했다.

량즈지엔(梁志堅)의 10호기 양쪽 날개는 공격을 받아 벌집처럼 되었지만, 그도 완강하게 대형을 유지했다.

징가오커(邢高科)의 08호기는 동체 뒤쪽 해치 커버가 벌떼처럼 몰려온 적기들에 의해 박살나자, 피투성이의 통신장(通信長) 류샤오지(劉紹基)가 달려가 중상을 입은 사격장(射擊長) 우량공(吳良功)을 교대하더니, 온통 선혈로 범벅이 된 비행기의 기관포를 잡고 한바탕 맹렬한 포격을 가했다. F-86 한 대가 기관포에 맞아 공중에서 느리게 움직이듯이 뒤집어져 곤두박질치더니, 이어서 하늘로 높이 치솟으며 폭발했다. 그 미국 조종사는 낙하산을 펴고 탈출도 해보지 못하고 폭발하여 산산조각 나버렸다. 류샤오지는 피스톤식 폭격기로 제트 전투기를 격추시킨 선례를 창조했다.

3분 뒤, 완강한 편대의 06호기는 마침내 버티지 못하고, 공중에서 폭발했고, 장푸단 등 4명의 중국 승무원들도 사망했다.

09호기도 견디지 못하고, 화염이 이미 조종실까지 태워버리자, 기장 송펑성은 단호한 표정으로 말했다: "너희들은 빨리 낙하산을 타고 뛰어내려라. 나는 남아서 임무를 완수하겠다."

중국 공군 비행사들이 어찌 싸움터에서 도망칠 수 있겠는가! 항법사·기관총 사수·통신장은 뜨거운 불길 속에서도 태연자약하게 말했다: "살아도 같이 살고, 죽어도 같이 죽겠습니다."

송평성은 다급하게, 한쪽 발을 들어 항법사 천하이촨(陳海泉)을 뜨거운 불길에 활활 타오르는 조종실에서 밖으로 내찼다. 이어서 그의 비행기는 하늘에서 폭발하여 무수한 파편들이 되어버렸다.

천하이촨은 몸에 중상을 입었으나, 그는 4대의 파괴된 폭격기에 탑승했던 16명의 비행사들 가운데 유일한 생존자였다.

이어서 량즈지엔의 10호기는 마치 하나의 유성처럼 바다를 향해 곤두박질쳤고, 4명의 폭격기 승무원들은 아낌없이 목숨을 바쳤다. 그들은 굳건하게 최후의 순간까지 전투기와 함께 버티다가 동시에 순국했다.

나머지 상처투성이가 된 6대의 폭격기들은 비통함을 참고, 줄곧 40여 차례에 걸친 적의 공격을 물리치면서, 마침내 대화도 상공으로 돌진했다.

미국 조종사들은 다급해지자, 10여 대의 F-86이 이미 중상을 입은 비우빈(畢武斌)의 04호기를 에워싸고 맹렬하게 공격했다. 비우빈은 적기의 포위공격을 피하면서, 기관총 사수와 통신장에게 포를 쏘아 반격하라고 명령했지만, 아무도 응답이 없었다. 두 사람 모두 이미 희생된 것이다.

편대장기의 가오위에밍(高月明)은 04호기가 마치 횃불처럼 타오르는 것을 보자, 그는 자신의 전우 때문에 애가 타서 눈에 핏발이 섰다:

"04호, 04호, 빨리 낙하산을 펴고 뛰어내려라, 빨리 낙하산을 펴고 뛰어내려라!"

수화기 속에서 가오위에밍은 단지 두 마디밖에 듣지 못했다. 비우빈은 먼저 매우 차분하게 작은 목소리로 말했다: "저의 폭탄은 아직 투하되지 않았습니다."

가오위에밍은 훗날 만면에 눈물을 흘리며 회고했다: "그의 목소리는 완전히 혼잣말이었지요!"

이어서 비우빈의 격앙된 목소리가 전체 편대에 전해졌다: "전우들, 다시 만납시다!"

죽음도 두려워하지 않는 이 중국 조종사는 이렇게 외치고는 조종간을 밀어, 뜨거운 불길이 활활 타오르는 폭격기와 9발의 대형 폭탄을 조종하여 대화도에 있는 적군 목표 구역을 향해 직접 충돌했다. 그는 자신의 생명을 대가로 임무를 완수했다.

"대화도 위에 신응(神鷹)이 떨어지니, 공군에 동춘루이(董存瑞, 1929~1948)[255]가 출현하다[大和島上神鷹墜, 空軍出現董存瑞]."

이것은 이후에 전우들이 그를 추도한 글이다. 비우빈은 중국 공군 역사상 최초로 비행기를 몰고 적을 들이받은 폭격기 조종사이다.

나머지 5대의 Tu-2 폭격기에 타고 있던 중국 비행사들은 온 얼굴에 흥건한 눈물을 닦으며, 적에게 모든 폭탄을 투하했다. 폭격 지표들의 오차가 너무 커서 명중되지는 않았다.

공군 제3사단 소속 24대의 미그-25기가 전장에 도착했을 때, 적기들은 이미 돌아가고 없었다. 대대장 모우둔캉(牟敦康, 1928~1951)은 해면에 바짝 붙어 비행기를 몰면서 낙하산을 타고 뛰어내린 전우를 수색했다. 해면에서 물기둥이 하늘로 솟구쳐 올랐다. 전우를 구하려다가, 모우둔캉이 바다 속으로 추락해 희생된 것이다.

비장했던 제3차 대화도 폭격이 끝났다. 그날 밤, 제50군단의 육군 병력이 대화도와 소화도에 상륙하여, 섬에 있던 적군들을 모조리 섬멸하고, 공군의 원수를 갚았다.

제3차 대화도 폭격은 비록 전술에서는 실패였지만, 영웅들의 장렬한 행동은 곧 이후 수많은 중국 폭격기 장병들이 용감하게 전진하도록 격려했다. 처음 창립된 군종(軍種)은 자신의 영웅이 군혼(軍魂)을 단련시킬 필요가 있다.

중국 폭격기들을 공격한 미국 조종사들 가운데에는 미국의 유명한 공중 영웅인 조지 A. 데이비스가 있었는데, 그의 개인 전적에는 3대의 Tu-2 폭격기를 격추시킨 기록이 있었다.

얼마 후, 중국의 공중 영웅인 장즈후이(張積慧, 1927~)가 피로써 피를 갚

---

255 1948년 5월 25일, 허베이성(河北省) 룽화현(隆化縣)에서 국민당군과 전투를 벌이다가 자신의 몸에 폭탄을 두르고 적의 진지로 뛰어든 공산군의 영웅이다. 당시 그의 나이는 만 19세였다고 한다.

았다. 그는 데이비스와 그의 동료 조종사를 조선의 박천(博川) 상공에서 나란히 격추시켜, 폭격기 전우들의 원수를 갚았다.

20

싸우면 싸울수록 강해지는 중국 군대가 전장에서 몇 차례 승리를 거두자, 미국인들은 마침내 1951년 11월 23일에 중국과 조선이 제시한 원칙에 따라, 쌍방 부대가 실제로 접촉하고 있는 선을 군사분계선으로 삼기로 하여, 제2항의 쟁점에 대해 합의를 이루었다. 리지웨이는 더 이상 그 "1만 2천 평방킬로미터의 해·공군 보상 면적"을 제기하지 않고, 현재의 전선을 지킬 수 있는 것만도 감지덕지하게 여겼다.

27일, 쌍방 대표단은 전장의 실제 접촉선을 군사분계선으로 하는 합의를 승인한 다음, 조선 정전 협상은 계속하여 제3, 제4, 제5항의 의제에 대한 토론을 이어 나갔다. 이 협상 과정에서 미국인들은 다음의 한 조항을 보충했다: "만약 30일 이내에 정전 협정에 서명하지 못하면, 곧 쌍방은 이때의 접촉선을 임시 군사분계선으로 확정한다."

이 의미는, 쌍방이 실제 군사분계선을 획정하고 나서 한 달이 지나도 만약 정전 협정이 이루어지지 않는다면, 여전히 계속 힘겨루기를 할 수 있다는 것이다. 미국인들은 다시 자신의 역량을 과대 평가하는 고질병이 도진 것이다.

공교롭게도, 이때는 아직 세 가지 의제가 합의를 이루지 못하고 남아 있었는데, 이후 미국인들은 매번 도발할 때마다 손해를 보다가, 정전이 되어서야 이를 멈췄다. 중국 군대의 전선은 잇달아 세 차례 남쪽으로 밀고 내려갔고, 점령하는 면적은 그때마다 커졌다.

제2항의 의제가 합의를 이룸에 따라, 쌍방의 군사 참모 요원들은 즉각 군사분계선을 수정하는 작업을 개시했다. 이것은 아무렇게나 대충대충 할 수 있는 일이 아니었다. 어떠한 한 가지라도 소홀히 한다는 것은 모두 그가 자신의 일부 땅을 잃는다는 것을 의미했다. 이 작업 과정에서, 중국 군사 참

모들은 미국 군사 참모 인원들과는 완전히 다른 책임감과 전문가적 자질을 보여주었다.

중국 측 참모 인원들은 전력을 다해 현장에 가서 전장의 상황을 파악하여, 전장의 변화에 대해 손바닥을 보듯이 알고 있었다. 그들은 매일 회의 전날 모두가 하루 전날 밤의 전황, 심지어 새벽 시간의 전황을 손에 넣고 있었다. 그들은 심지어, 펜을 들면 곧 5천 분의 1 군사용 지도 위에 중국과 조선 군대의 최전선에 있는 작은 부대들의 정확한 위치를 그려낼 수 있을 정도로 숙지하고 있었다.

이는 비전문가가 듣기에는 별로 어려울 것 같지 않지만, 오로지 전문가만은 이것이 얼마나 심오한 능력인지를 안다. 5천 분의 1 군사용 지도는 집 한 채·우물 하나 및 큰 나무 한 그루까지 나타낼 정도로 정밀한데, 전체 전선은 길이가 250킬로미터에 달했다.

그러나 미국인들은 이러한 신중함과 책임감이 부족하여, 그들은 전황의 변화를 즉시 파악하지 못했다. 이 때문에 회의장은 자주 소란스러워 견딜 수가 없었다. 누군가 접촉선을 여기에 그려야 한다고 말하면, 다른 사람은 저기에 그려야 한다고 말했다. 미국 참모 인원들은 즉각 "우리가 헬리콥터를 타고 현장에 가서 보는 것이 가장 좋겠소."라고 입에 발린 말을 함으로써, 중국과 조선 측의 주장을 맞받았다.

중국과 조선 인원들은 코웃음을 쳤다. 협상은 회의장에서 진행하는 것이고, 협상 대표는 전황 보고에 근거하여 협상 테이블에서 협상하는 것이지, 어찌 협상 대표가 전장으로 가서 협상을 한단 말인가?

그들은 즉각 한마디로 반박했다: "아니오. 만약 당신이 반드시 가겠다면, 내가 보기에 우리는 말을 타고 가는 게 좋겠소. 말을 타고 보면 좀더 잘 보일 거요."

회의장에서는 일정한 간격으로, 쌍방이 이 두 마디를 죽은 사람 머리맡에서 독경을 하듯이 상대에게 한 번씩 읊어댔다.

전쟁을 치른 쌍방은 전쟁이 끝난 후에 두 차례의 매우 흥미로운 사건들을 각자 기술했다.

차이청원의 회고에 따르면, 상대방이 11월 24일에 고망산(高望山)에서 대덕산(大德山)까지의 몇 개의 산들을 자신들에게 넘겨주어야 한다고 주장했으나, 그때 상대방의 군대는 아직 이 지역을 공격하고 있었다. 상대방은 확실히 승세를 잡고 있다고 여기는 게 확실했다. 그러나 11월 27일이 되자, 미국인들은 풀이 죽어 이 일을 언급하지 않았다. 3일이 지나도록 한 치의 땅도 얻지 못한 것이다.

서방의 저작에는 이렇게 기록되어 있다: 지원군 대표인 제팡이 상대방과 산 하나의 귀속 문제를 논쟁하고 있을 때, 상대 쪽에서 이 산 봉우리가 자신들의 소유라고 말하자, 제팡은 더 이상 논쟁하지 않고, 단지 작은 목소리로 옆에 있는 참모에게 이렇게 말했다: "걱정할 것 없네. 이곳은 오늘밤이면 우리의 것이 될 거야."

운이 사납게도 상대방의 한 미국 국적 중국인 통역관의 귀가 밝아, 그도 이 말을 들었다. 그가 즉각 미국 측 대표에게 이 일을 보고하자, 유엔군은 즉시 수비를 강화하고, 진지를 정비하여 적을 대비하면서, 이곳을 사수했다. 그러나 그 다음날이 되자, 제팡은 만족한 표정으로 와서 회의에 참석했는데, 그 이유는 이랬다: "바로 그날 밤, 그 고지는 중국 군대의 것으로 바뀌었다. 도무지 예상하지 못한 대규모 군대로 공격을 가한 것이다."

미국인들은 또한 제팡에 관한 재미있는 일 하나를 기록하고 있다: "한번은 중국의 제팡 대표가 화를 내기 시작했다. 그는 미국의 헨리 호디즈(Henry I. Hodes, 1899~1962) 대표에게 화를 내면서, 호디즈에게 '왕바단(王八蛋: 한국말의 개자식 혹은 쌍놈자식 정도로 번역할 수 있다-옮긴이)'이라고 심한 욕설을 하고, 큰 소리로 고함을 치며 말하기를, 오직 귀신만이 유엔군이 성실하고 평화를 사랑한다는 걸 믿을 거라고 했다……." 그러자 일본인이 다만 세상이 혼란스럽지 않는 것만이 두렵기라도 하다는 듯이 이 말을 해석해 주었다: "'왕바단'이라는 말은, 중국에서 상대방을 모욕하는 말들 가운데 가장 심한 말입니다." 호디즈는 당시 욕을 먹고 어리둥절했다. 왜냐하면 그는 성격이 좋기로 유명한 제팡 대표가 왜 저렇게 크게 화를 내는지 알지 못했기 때문이다. 일본인이 그에게 말하기를 "그것이 너무 갑작스러운 일이었기 때문에, (호디즈는) 참고 또 참았습니다……"라고 했다.

이후, 미국인은 분노하여 제팡을 때로는 졸렬하다고도 했지만, 언제나 매우 유능한 "제팡 소장"이라고 했고, 미국의 공개된 사료에서는 제팡 장군을 "가장 무서운 협상 상대"라고 칭송했다.

펑더화이는 제팡에 대해 매우 만족해 하면서, 여러 차례 이렇게 말했다: "이렇게 얻기 힘든 인재이니, 나중에 귀국하면 저우언라이 총리에게 외교 관련 일을 하도록 추천할 거야!"

협상 대표들이 격렬한 설전을 벌였다. 엄격히 말하자면, 쌍방의 군사 참모 회담 과정은 주로 순전히 군사적인 시각에서 논의의 문제를 출발했기 때문에, 분위기가 비교적 화기애애했고, 문제 해결도 빨랐다.

26일 오후, 쌍방이 공동으로 승인한 점과 선을 한 치의 착오도 없이 도판으로부터 가조인(假調印)할 지도에 고쳐 그릴 때, 머레이 대령이 뜻밖에도 중국과 조선 측에 넘겨주기로 확정했던 1090고지를 다시 자기 측에 넘겨달라고 했다. 차이청원은 단호하게 말했다:

"안 되오. 이것은 어제 이미 합의한 것이니, 바꿀 수 없소!"

머레이 대령은 할말이 없자, 얼굴이 온통 붉어지면서 소리쳤다:

"우리는 이미 네 개를 양보했소. 안 돼. 다섯 개의 산을 양보하다니, 젠장, 우리는 충분히 양보했소. 양보하느라 머리가 아파 죽겠어!"

차이청원도 소리쳤다:

"당신 이러면 안 되오. 당신은 이런 태도를 거둬들여야 하오."

곁에 있던 키니 대령은 스스로 지나치다고 느끼자, 일어나서 머레이가 고쳐 그린 선을 원상태로 돌려놓고, 난감해 하는 머레이 대령과 몇 마디 속닥거리더니, 머레이가 냉정해졌다. 잠시 후, 그가 차이청원에게 미안하다고 말했다:

"차이 대령, 매우 유감스럽소. 방금 내가 화를 내지 말았어야 했는데, 당신이 양해하시오."

차이청원은 고개를 끄덕이며 사과를 받아들였다: "이제 됐습니다. 우리는 참모 인원들로서, 어쨌든 협력해서 일을 처리하지 않으면 안 됩니다!"

실제 접촉선이 정해지자, 남은 것은 쌍방이 각각 2킬로미터씩 물러날 비군사 구역(이른바 '비무장지대'-옮긴이)의 남쪽 선과 북쪽 선을 그리는 것이었다. 그러나 접촉선이 구불구불하다보니, 구불구불하고 비좁은 지대가 4킬로미터가 안 될 때는, 어디까지 물러나야 할 것인가? 중국 측 지도 제작 요원은 초조해서 얼굴이 온통 땀투성이가 되었다. 어떻게 그릴 것인가? 왕씨 성을 가진 이 지도 제작 요원은 연필을 쥐고도 착수하지 못했다.

중국 대표단에는 인재들이 즐비했는데, 통역을 하던 장정하오(蔣正豪)는 칭화(淸華)대학에서 배운 것이 토목공학이었다. 그가 지도를 그리는 탁자 앞으로 갔다:

"이것은 아주 간단합니다. 접촉선 위의 어떤 한 점을 원의 중심으로 삼고, 반경 2킬로미터의 원을 그리면, 원주의 궤적이 바로 남쪽 선과 북쪽 선이 됩니다."

지도를 그리는 요원들은 갑자기 깨닫자, 그 다음날 가조인에 사용할, 각각 2킬로미터씩 후퇴하는 지도가 매우 빨리 그려졌다.

다음날 회의가 시작되자, 미국인들은 난처해 하며 중국 측 인원들에게 말했다:

"우리는 지금 중대한 기술적 난제를 만났소. 바로 실제 접촉선으로부터 각각 2킬로미터씩 떨어진 비군사 구역의 남쪽 선과 북쪽 선을 그리지 못했는데, 이것은 전문가만이 해결할 수 있는 기술적인 문제여서, 도쿄의 전문가가 온 다음에야 해결할 수 있는 문제요. 그들이 와야만 이 문제를 해결할 수 있소."

중국 측 인원들은 미소를 지으며 지도를 펼쳐놓았다: "당신들이 보기에 이렇게 그리면 되겠소?"

그 나무랄 데 없는 지도를 보자, 미국인들은 놀라서 어리둥절했다.

군사분계선이 확정된 이후, 전장에서 적의 교살 작전이 여전히 진행되는 것을 제외하고는, 이미 비교적 평온해졌다. 중국과 조선 측은 매우 빨리 휴전 협정이 이루어질 수 있으리라 생각했고, 마오쩌둥도 전보를 보내와 1951년 내에 협정에 조인하라고 지시했다.

마오쩌둥은 마음속으로, 세력 범위를 획정하는 것이 가장 어려운 일이라고 생각했다. 세력 범위까지 잘 나누면, 다른 문제를 해결하는 것은 당연히 어렵지 않았다.

중국과 조선 측의 구상에 따르면, 남은 것은 의사 일정에 따라 조선 경내에서 전쟁을 멈추고 휴전을 실현할 구체적 처리 방안을 토론하고, 국제관례에 따라 각자 전쟁포로들을 교환하는 것뿐이었다. 이것들은 모두 약간 기술적인 문제들로, 마땅히 매우 빨리 해결될 수 있는 것들이었다. 그들은 미국의 제국주의 국가로서의 교활함과 탐욕 및 전 세계를 향해 이른바 자유정신을 선전하면서 계속 모험을 하겠다는 결심을 낮게 평가했다.

21

회담이 다시 막혀버렸다.

뜻밖에 미국은 조선민주주의인민공화국이라는 주권을 가진 독립된 국가가 전쟁이 끝난 후에 비행장을 건설하는 것을 허락하지 않았다.

중국과 조선 대표는 이렇게 말했다:

"우리 측은 당신 측의 비행장 설비를 규제한다는 건의에 동의할 수 없으며, 우리는 이 문제에 대해 절대로 양보할 수 없소. 우리 측은 내정 간섭을 용납할 수 없소!"

미국인들의 말은 패권주의의 민낯을 철저하게 드러냈다:

"지금 우리는 당신들의 내정에 간섭하고 있소. 당신들이 비행장을 건설한다면, 건설해도 좋소. 우리는 당신들을 폭격해버릴 것이고, 당신들이 다시 건설하면, 우리는 다시 폭격할 거요. ……당신들은 주권·내정이라는 이런 지리멸렬한 말들을 잊어야만 할 거요!"

중국과 조선 대표는 정말이지 미국인들의 후안무치함에 놀라 멈춰 섰다. 당시 그들은 여전히 그것이 단지 미국 장군의 입에서 나오는 대로 거침없이 지껄이는 말일 뿐이며, 군인의 정치에 대한 무지는 이상할 것도 없다고 생각했다. 나중에 조이 장군의 회고록을 보고서야, 그들은 비로소 이렇게 적나라한 제국주의적인 말들의 저작권이 미국 백악관과 국무부에 속하는 것이었음을 알았다.

조이는 회고록에서 이렇게 변명했다: "전쟁은 본래 쌍방의 내부 정무(政務)에 대해 최대한의 간섭을 하는 것이며, 정전은 바로 전쟁의 또 다른 기술 형태이다. 단지 협정을 성립시켰기 때문에, 간섭의 정도를 감소시켰을 뿐이다."

이것은 철저한 힘의 논리였다.

중국과 조선 인원들은 미국인들이 자신감이 없다는 것을 꿰뚫어보았다. 미국인들은 사실 싸울수록 강해지는 중국과 조선 연합군의 지상 부대가 다시 강대한 공군력의 지원을 받을까봐 두려워하고 있었다.

1952년 1월 27일, 차이청원은 "이치에 맞지 않아 말문이 막힌 상대방이 마구 생트집을 잡는다"고 말했다.

그날, 쌍방은 다시 휴회하기로 합의하고, 단지 참모 회의만 열어, 이미 달성한 원칙 합의를 세부적으로 토론했다.

미국인들은 다시 무력으로 중국과 조선 측이 양보하도록 압박하려고 시도했다. 이번에 그들은 세균전을 선택했다.

22

1월 28일, 판문점 협상이 휴회한 다음날, 몇 대의 미국 비행기가 이천(伊川: 본문에는 '伊州'라고 되어 있는데, 오타인 듯함. 이천은 지금의 북한 측 강원도에 속한다-옮긴이) 동남쪽 상공으로 날아와서 조용히 몇 바퀴 돌았다. 평화로운 그곳 주민들은 미국인들이 왜 오늘은 폭탄을 투하하지 않는지에 대해 서로

의논하고 있었을 때, 갑자기 지상에서는 지금까지 보지 못했던 세 종류의 작은 벌레들이 많이 발견되었다. 이 작은 벌레들 중 어떤 것들은 무리를 지어 덩어리를 이루고 있었고, 어떤 것들은 바쁘게 사방으로 마구 뛰어다니면서, 사람들을 매우 기분 나쁘게 했다.

다음날, 추운 이천에는 다시 벼룩과 이 계절에는 나오지 않아야 할 곤충인 파리가 많이 출현했다.

이어서, 중국 군대의 많은 전방 진지와 일부 조선 주민 거주지들에서도 대량의 종이봉투와 종이통에 담겨 있는 벼룩·거미·개미·파리·귀뚜라미·이 같은 작은 벌레들이 출현했다.

지원군의 의무 부대는 경계심을 갖고, 즉시 샘플을 채취하여 분석을 했는데, 초보적인 결과는 사람들을 깜짝 놀라게 했다. 미국 비행기가 살포한 이러한 작은 벌레들에는 페스트·콜라라 등 많은 세균들이 있었다. 이것은 세균전이었다.

나중에 중국과 조선의 의학 부서들에서 조사한 결과, 미군이 살포한 곤충 등의 동물들에는 페스트 박테리아균·콜레라 세균·장티푸스 박테리아균·이질 박테리아균·뇌막염 쌍구균·뇌염 바이러스균 등 모두 10여 종이 묻어 있음이 밝혀졌다. 이러한 독성 균들은 배양을 거쳐 동물이나 곤충의 몸 혹은 나뭇잎·면화·식품 및 선전물과 같은 잡동사니에 묻혔으며, 세균탄이 만들어진 다음에는 대포나 비행기로 살포했고, 또한 수원(水源)·교통 요충지 및 주민 밀집지를 목표로 삼았다. 그 작전 대상은 중국과 조선 군대나 주민들 외에, 가금류와 농작물도 포함되었다.

세균전은 모든 국제법과 세계가 공인하는 인도주의 원칙에 위배되기 때문에, 미군은 모두 비밀리에 실시했고, 이 임무를 집행하는 인원에 대해서도 철저하게 비밀을 지켰으며, 단지 세균전을 "폭발하지 않는 폭탄"이라고만 불렀다.

인간성을 완전히 상실한 이들 미국 조종사들은 속으로는 알고 있으면서도 말은 하지 않았지만 흔쾌히 임무를 완수하러 갔다. 이 임무를 집행하고

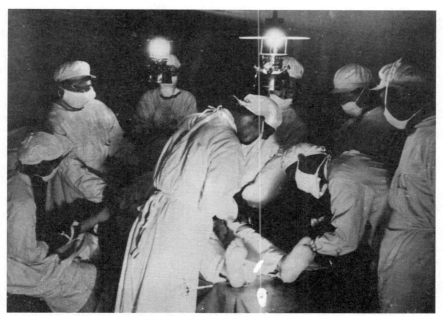

의무 요원들이 긴박하게 부상병들을 응급처치하고 있다.

있을 때에만 해도, 최소 25명의 미국 조종사들이 중국과 조선 연합군에게 격추되어 생포되었다.

이들 세균탄이 땅에 떨어짐에 따라, 조선 역사에서 일찍이 자취를 감추었던 페스트와 콜레라 등 전염병이 다시 발생했다. 회귀열(回歸熱)·천연두·장티푸스도 유행하기 시작했다. 3월에 지원군에는 페스트 환자가 13명, 뇌염과 뇌막염 환자가 44명, 기타 급성 질병 환자가 43명 발생했고, 그 가운데 36명이 사망했다.

미국의 모든 공개된 역사 문헌들은 이 추악한 한 페이지를 결코 언급한 적이 없지만, 당시 이와 같이 후안무치한 행위는 일부 미국인들을 포함한 국제적인 정의로운 인사들에 의해 폭로되었다.

미국의 가장 영향력이 있는 잡지 『라이프(*LIFE*)』는, 미군의 세균 작전 부서는 매우 일찍부터 세균 무기를 연구하기 시작했으며, 이미 공기와 물을 이용해 전파하여 대량의 인명을 살상할 수 있는 16종의 세균 무기들을 발명했다고 보도했다.

1951년 5월 18일, 정의감이 있는 AP통신 기자는 한국의 거제도로부터 다음과 같은 보도를 발송했다: "선상(船上)의 실험실은 거제도 위에 설치되어 있는 전쟁포로 수용소로부터, 입과 위장의 병균 배양물을 취득해, 매일 3천 번의 실험을 진행하고 있다. ……섬의 절반에 쳐놓은 울타리 안에 갇혀 있는 12만 5천 명의 북한 포로들 가운데, 1,400명은 병이 매우 위독하고, 나머지 사람의 약 80%는 각종 질병에 감염되어 있다." 미국의 다른 신문들도 함정 번호가 '1091'호인 이 미군의 세균전 상륙정이 저지른 짓이라고 잇달아 발표했다.

12월 5일에 양곤(Yangon)으로부터 전해진 소식은 중국인들을 더욱 분노하게 했다. 이름을 밝히기를 거부한 두 명의 미국 관리가 폭로한 소식에 따르면, 세 명의 일본 세균 전문가들이 리지웨이 사령부의 명령을 받고, 세균전을 진행하는 데 필요한 일체의 장비들을 휴대하고 도쿄를 떠나 조선으로 가, 조선과 중국 인민 부대의 포로로 잡힌 인원들을 세균전의 실험 대상으로 삼을 준비를 하고 있으며, 또한 겨울에 세균전 계획을 진행한다는 보고서를 제출했다는 것이다.

일본인이 다시 한번 조선 전쟁에 등장했는데, 이들 세 명의 '세균전 전문가'의 우두머리는 유명한 변태광(變態狂)인 일본 육군 군의중장(軍醫中將) 출신의 이시이 시로(石井四郎, 1892~1959)였다. 중국 인민들은 이 변태광을 매우 잘 알고 있었다. 그는 바로 중국 동북 지방에 주둔하면서 금수조차도 하지 못할 수많은 죄악을 저지른 '731방역급수(防疫給水) 부대'의 창시자 겸 사령관이었다. 다른 두 사람은 수의소장(獸醫少將)인 와카마츠 지로(若松次郎)와 기타노 쇼조(北野正蔵)이다. 이들 세 명의 변태광들은 중국 인민들의 철천지원수로, 중국에서 무수히 많은 세균전을 진행한 중대한 전범들이었다. 소련인들조차도 그들에 대한 원한이 뼈에 사무쳐 있었다. 그들은 또한 소련이 국제 군사법정을 설치하여 심판하자고 제안했던 5대 전범들 가운데 세 명이다(다른 인종의 박테리아에 대한 반응을 연구하기 위해, 이시이 시로 등은 일

찍이 각종 수단을 써서 적지 않은 소
련인들을 데려가, 그들에 대해 '생체 해
부' 등의 실험을 진행했다. 시간이 흐름
에 따라, 수많은 일본인들조차도 침묵
을 깨고, 미국인들이 '731부대'의 세균
전 경험과 성과를 이용하기 위해, 진즉
에 처단했어야 할 이시이 시로 등을 비
호하면서, 여유 있는 생활 조건을 제공
하여 그들로 하여금 말년을 편안히 보
내게 해주자, 이시이 시로 등은 당연히
서로 도우면서 친밀하게 지냈다고 폭로
했다).

　미국인들이 뜻밖에도 이처럼 이
미 인류라고 불릴 자격이 없는 추
악한 짐승들과 함께하면서, 중국
과 조선에 대해 세균전을 벌였으

지원군이 땅굴에서 방독 훈련을 하고 있다.

니, 그 민낯에 대해 사람들이 또 무슨 말을 할 수 있겠는가?

　미국의 세균전 범행은 인류의 모든 양심과 모든 전쟁 법칙을 위배한 것이
다. 1952년 3월 8일, 퀴리 부인의 사위이자, 노벨상 수상자이며, 세계 평화
평의회(World Peace Council) 총장인 졸리오 퀴리(Jean Frédéric Joliot-Curie,
1900~1958)는 분개하여 다음과 같은 성명을 발표했다: "1월 28일부터 2월
17일까지, 미국의 군용 비행기가 조선의 전선과 후방에 페스트·콜레라·장
티푸스 및 기타 무서운 전염병 세균을 살포했다. 이렇게 사람을 깜짝 놀라
게 하는 행동—두뇌가 정상인 사람이라면 지금까지 생각할 수 없었던 행
동—이 뜻밖에도 발생했다. 이는 원자폭탄으로 몇 초 내에 히로시마와 나
가사키의 수십만 인민들을 사라지게 한 그런 극악무도한 범행의 뒤를 잇는
또 하나의 범행이다. 세균 무기의 사용은 명백히 국제법을 위반하는 것이

며, 이런 범죄 행위는 세계 평화 평의회 바르샤바 회의(1950년에 개최되었다-옮긴이)가 통과시킨, 전 인류의 염원인 세균 무기와 화학 무기 및 기타 대량 인명 살상 무기를 금지하도록 요구한 결의를 직접적으로 위반한 것이다."

졸리오 퀴리는 직접 전 인류를 향해 분노하여 호소했다: "5억의 남녀는 스톡홀름 어필(Stockholm Appeal)[256]을 옹호하며, 이러한 무기를 금지할 것을 요구한다. 이는 그들이 이러한 살상이 재현되지 않기를 바란다는 것을 분명하게 말해준다. 지금, 사람들은 그들이 직면한 위험 및 누군가가 자신들을 비굴하게 굴종시키기 위해 취하는 잔혹한 공포의 방법을 분명하게 볼 수 있다. 여론이 반드시 들고 일어나 이러한 범죄 행위를 질책해야 한다."

4월 1일, 전 인류가 공인하는 19명의 과학계 대가들이 전 세계를 향해 「미국 세균전을 반대하며 세계의 남녀에게 고하는 글」을 발표하고, 직접 전 세계인들에게 강력한 행동을 취해, 가장 비열하고 가장 놀라운 무기를 사용하는 저들 전쟁 범죄자들을 법으로 제제할 것을 요구했다:

"우리는 현재 중국과 조선에서 세균전을 진행하고 있는 것에 관한 문건들을 자세하게 검토하고 나서, 깊은 초조함과 놀라움을 느낀다. ……우리의 두 번째 의무는 바로 모든 인민을 보위하여, 그들로 하여금 세균전의 대재난을 면하게 하는 것이다. 우리는, 미국만이, 바로 대국들 가운데 유일하게, 1925년 6월 17일에 독가스와 세균전 무기의 사용을 금지한 국제 의정서(제네바 의정서-옮긴이)를 비준하지 않았음을 알고 있다. ……우리는 동시에 강력한 행동을 취하여, 저렇게 가장 비열하고 놀라운 무기를 사용하는 전쟁 범죄자들을 전범으로 재판에 회부하여 법에 의해 처벌할 것을 요구한다."

세계를 뒤흔든 이 성명의 마지막 한마디는 이랬다: "우리는 인류가 일어나 스스로 지킬 것을 호소한다!"

미국의 반인류 전쟁 범죄의 심각성 및 전체 지구 사람들에게 가져올 수 있는 치명적인 피해를 감안하여, 각국의 과학자들은 '국제민주법률가협회

---

[256] 1950년 3월 15일, 세계 평화 평의회는 스톡홀름에서 원자력 무기를 사용하는 정부는 인류의 범죄자로 간주한다는 선언을 발표했는데, 이를 가리킨다.

(International Association of Democratic Lawyers) 조사단'과 '조선과 중국의 세균전 사실을 조사하는 국제과학위원회(International Science Commission for the Investigation of the Facts Concerning Bacterial Warfare in Korea and China)'를 결성했다. 이들 두 국제적인 조직이 차례로 조선과 중국의 지역에 와서 현지 조사를 진행했다. 얼마 지나지 않아, 그들의 조사보고서[257]는 다시 전 세계를 분노하게 만들었다:

"조선과 중국 동북 지역 인민들은, 확실히 세균 무기의 공격 목표가 되었으며, 미국 군대는 수많은 다른 방법으로 이러한 세균 무기들을 사용했다. 그 가운데 일부 방법들은, 일본군이 제2차 세계대전 시기에 세균전을 진행하면서 사용했던 방법을 발전시켜 완성한 것으로 보인다."

이와 동시에, 미군 포로들도 미국이 조선에서 세균전을 진행한 것에 대한 유력한 증거를 제공했다.

미국 제3사단의 병사 한 명(본문에는 '马汉 勃朗'으로 되어 있으나, 정확한 영문 명을 확인할 수 없다-옮긴이)은 다음과 같이 증언했다: "나는 미군이 세균 포탄으로 공산군을 사격했음을 증명한다……"

이어서, 25명의 포로 조종사들이 중국과 조선 군대의 관대한 전쟁포로 정책에 감화되어, 세균전에 참여하여 진행했던 상세한 경과를 자백하자, 원래 이미 곤경에 처해 있던 미국 정부는 더욱 수동적인 처지가 되었다.

펑더화이는 담화를 발표했다: "적들의 이 범행은 결코 우연적인 것이 아니다. ……지난해 1월 일본의 세균전 전범 이시이 시로가 서울에 온 것은, 바로 조선에서 인간성을 말살하는 이 치욕스러운 음모를 실현할 준비를 하기 위해서였다. ……그러나 적들이 어째서 바로 이 시점에 세균 무기를 사용한 것일까? 사실은 다음과 같이 명백하게 밝혀졌다. 적들은 원래 비행기와

---

257 이 보고서의 정식 명칭은 "*Report of the International Scientific Commission for the Investigation of the Facts Concerning Bacterial Warfare in Korea and China*"로, 조사단장인 영국의 생화학자 조지프 니덤(Joseph Terence Montgomery Needham, CH, FRS, 1900~1995)의 이름을 따서 『니덤 보고서』라고 부른다. 이 보고서의 전문은 2013년 영국의 한 고서점에서 발견되었다고 한다.(연합뉴스, 2015년 6월 9일, 〈美, 6·25에서 세균전 『니덤 보고서』 전문 나와〉, 참조)

대포가 만능이라고 과시하면서, 군사력으로 조선을 점령하고, 나아가 중국 동북 지방으로 진격하려고 했다. 그러나 1년여 동안의 전쟁을 거치면서, 적의 계획이 철저하게 분쇄되자, 어쩔 수 없이 조선 정전 협상을 진행했다. 협상 기간에 적들은 이른바 '추계 공세'를 진행했는데, 결국 다시 실패했다. 적들의 모든 치욕스러운 행위는, 중국과 조선 인민 부대의 심각한 타격을 받고 나자, 조선에서 대규모의 세균전을 진행함으로써, 조선 인민과 조선·중국의 부대를 위협하려고 시도한 것이다."

펑더화이는 리지웨이에게 마지막 경고를 했다: "나는 정식으로 적들에게 고한다. 너희들은 너희가 '의미가 중대하다'고 여기는 세균전으로 중국과 조선의 인민과 군대의 강인한 의지를 위협하려고 하는데, 이 방법은 통하지 않는다. 너희들이 이루려는 속셈은 전 세계 인민의 정의로운 규탄을 받아, 결코 원했던 결과를 얻을 수 없을 것이다."

강력한 국제적 압력에 겁을 먹고, 미국인들은 마침내 세균전 계획을 조용히 중지했다.

중국과 조선은 대규모 방역 멸균 위생 행동을 개시했다. 중앙군사위원회는 연속하여 두 차례에 걸쳐 다음과 같이 지시했다: "각급 지도 간부와 기관들은 반드시 방역을 부대와 주민을 위한 업무들 가운데 가장 중요한 당장의 임무로 삼아야 한다.", "환자 발생 유무와 관계없이 모두 반드시 신속하고 단호하게 방역 작업을 진행해야 하며, 어떠한 망설임과 동요도 허용하지 않는다."

조선에서 명장 덩화는 직접 '총방역위원회' 주임을 맡았다. 전군의 상하 모두가 일제히 반세균전에 동원되었고, 별로 지식이 많지 않은 중국의 농민 출신 병사들은 현대 위생 방역 지식 교육을 받았으며, 심지어 지원군 주둔지 부근에 있던 130만 명의 조선 주민들까지도 모두 백신 주사를 맞았다.

이와 동시에, 중국 국내에서는 전국에 걸쳐 위생 청결 운동을 전개하여, 중국 백성들이 중국의 구석구석까지 두루 파리 박멸·모기 박멸·이 박멸·청소 등의 일들을 개시했다.

이것이 바로 훗날 유명한 '애국 위생 운동'의 맹아로, 중국의 위생 방역 사업은 이로부터 일거에 세계 선진 대열로 매진했으며, 중국의 의약 사업도 이 운동에 따라 크게 발전했다.

1년 가까운 노력을 거쳐, 미군의 세균전은 결국 철저하게 분쇄되었다.

이상한 것은, 중국과 조선이 미군의 세균전 범죄를 판문점의 협상 테이블에 올려놓지 않았다는 점인데, 차이청원이 나중에 회고록에서 이 수수께끼를 풀어주었다:

"트루먼 정부가 세균 무기 사용을 공개적으로 인정할 리가 없어, 중국과 조선 측은 극도로 큰 분노를 참아가며 회담장에서 이 문제를 제기하지 않았다. 전 세계 인민 모두가 협상이 타결되기를 기대하고 있었는데, 일단 그것을 협상 테이블 위에 옮겨놓으면, 상대를 구석으로 몰아붙여 완전히 박살내는 것 말고는, 다른 결과가 있을 수 없었기 때문이다."

역사는 영원히 미국의 이 치욕을 기록하고 있다. 바로 "전 세계에서 단지 두 나라만이 대규모의 세균전을 일으켰다. 하나는 일본이고, 다른 하나는 바로 미국이다"라고.

이 점에서 그들은 모두 히틀러의 독일을 뛰어넘었다.

23

중국 총사령관 펑더화이의 사명은 거의 완수되었다. 그는 귀국할 준비를 했다. 그는 1년 내에 세계에서 가장 강력한 미국인들이 규합한 16개국 연합군과 한국군을 압록강 강변으로부터 38선까지 물리쳤고, 지금은 전선이 이미 완전히 안정되었다.

펑더화이는 안심하고 조선 전장을 떠났다. 이때, 미국인들을 속수무책으로 만든 지원군의 최전방 땅굴 방어 진지가 이미 거의 완성되었다. 그 기간 동안, 미국인들은 지상에서 포를 쏘았고, 중국인들은 지하에서 발파하느라(땅굴을 팠다), 전체 방어 진지 안에서 콰르릉대는 폭발음이 밤낮으로 멈추지 않았다. 전사들은 한 손에는 총을 들고 한 손에는 정을 들고서, 전장에서 건설을 진행했다.

세계 전쟁사에서 지금까지 이처럼 효과가 탁월한 땅굴 방어망은 없었다. 하나의 땅굴 참호를 골간과 지탱점(支撑點)258으로 삼는 방식의 방어 체계가 조선에서 점차 형성되었다. 그것은 무수히 많은 갈래의 지하 만리장성이었다. 이 지하 땅굴 속에는, 사격 참호·교통호(交通壕)·간선 통로·지선(支線) 통로 등의 작전 시설들이 모두 갖추어져 있었고, 숙소·식당·변소와 심지어 강당까지도 중국 군대에 의해 거대한 산맥 속으로 반입되었다.

훗날 통계에 따르면, 중국 군대가 뚫은 땅굴의 길이가 1,250킬로미터에 달해, 중국의 해안 도시인 렌윈강(連雲港)에서부터 곧바로 서부의 유명한 도시인 시안(西安)에 이르는 대규모 바위 터널을 뚫은 것과 맞먹었다.

중국 군대가 판 각종 참호와 교통호의 총 길이는 6,240킬로미터에 달해, 만리장성보다도 더 길었다.

이런 진지를 건설하기 위해, 중국 군대가 파낸 흙과 돌의 부피는 무려 6천만 입방미터에 달했다. 만약 1입방미터로 배열하면, 이것이 지구의 적도를 한 바퀴 반 둘러쌀 수 있는 긴 제방이었다. 이는 인류의 전쟁 역사상 전에 없던 진기한 광경이었다.

이 모든 것은 중국 병사들이 두 손으로 해낸 것들로, 1개 중대가 한 달 동안에 항상 천 개가 넘는 강철 정을 굴을 파느라 무뎌지게 만들었고, 수백 개의 곡괭이를 닳게 하여 쇠망치 같은 쇳덩어리로 만들어버렸다. 어느 병사의 손바닥을 펴 보아도, 모두가 층층이 매우 딱딱한 피멍과 굳은살들이었다.

땅굴 진지가 기본적으로 완성됨에 따라, 중국 군대의 방어 진지는 갈수록 공고해졌다. 하계와 추계 방어 작전 때는, 미국인들이 평균 40발 내지 60발 정도에 이르는 포탄들을 쏴야 중국 군대 한 명을 살상할 수 있었다. 그

---

258 지탱점이란, 방어 지구 내에서 지탱 작용을 하는 요충점을 가리킨다. 또한 특별히 중대나 소대가 방어할 때 요충지를 지키는 요충점을 가리킨다. 따라서 당연히 공고한 환형 진지, 엄밀한 화력 배치 체계가 있어, 독립적으로 굳게 지킬 수 있어야 한다.

런데 1952년 1월부터 8월까지는, 미군이 660발의 포탄을 쏴야만 중국 군대한 명을 살상할 수 있게 되었다.

일본인의 연구 결과는 이러했다: "중국 군대의 전술 변화는 매우 뚜렷했다. 가을 이전에는……한결같이 이동성이 매우 강한 방어 전술 같은 이전의 상투적인 전법을 취했지만, ……분계선 문제가 해결되자, 마치 즉각 전면적인 진

지원군이 대대적으로 땅굴을 파고 있다.

지 방어로 바꾼 듯했다. 20 내지 30킬로미터의 종심으로 참호를 파고, 통나무와 돌로 벙커를 구축했으며, 반대쪽 경사면에는 횡으로 기나긴 동굴을 팠다. 그 밖에, 포병들도 증가한 것 같았는데, 새로운 대포 발사구로 생각되는 매우 많은 구멍들이 횡으로 산허리 곳곳에서 사람들을 두렵게 만드는 그림자를 드러냈다. ……만약 공중에서 보면, 서해안에서부터 동해안까지 마치 길이가 220킬로미터에 달하고, 폭이 20 내지 30킬로미터에 달하는 거대한 벌집이 출현한 것 같았을 것이다. 그들은 선천적인 토목 공사 능력을 충분히 발휘했다."

미국인들은 두려워하며 지원군을 "동굴 속에 사는 용"이라고 부르기 시작했다. 지원군의 방어선은 "넘을 수 없는 죽음의 심연(深淵)"이었다.

일본인은 이렇게 말했다: "중국과 조선 군대의 진지는 견고하여 용맹한 장수조차도 감히 경솔하게 건드릴 수 없을 정도였다."

미국 참모진들은 공격을 가할 경우 초래될 후과를 연구하여, 리지웨이에

게 이렇게 보고했다: "그것은 아마도 20만 명 가까운 희생을 대가로 지불해야 기본적으로 해낼 수 있을 것입니다."

미국 공군도 감히 북진할 수 없었다. 신임 극동 공군 사령관 웨이랜드 장군은 전선을 북쪽으로 옮기는 것에 반대했다. "왜냐하면 동북 지방의 기지에 가까워질수록, 제공권을 유지하고 지상 작전을 지원하는 게 더 어려워질 것이기 때문이었다."

가장 기세등등하던 미국 해군도 물러가려고 했는데, "해군도 중국과 조선 공군이 증강되자 함정들이 피해를 입을 것을 걱정하기 시작했기 때문이다."

유엔군의 사기는 지루한 진지 대치 과정에서, 이미 위험한 정도까지 떨어졌다. 심지어 만약 정전이 좀더 빨리 이루어지지 않으면, 유엔군은 곧 내부에서부터 붕괴될 수도 있다는 우려를 나타내기도 했다.

걱정이 멈추지 않았던 밴 플리트는 중국 군대로부터 배우기로 결정하고는, 매복을 설치하여 포로를 잡음으로써 지루함에서 벗어나고 사기를 높이려고 했다. 그러나 영하 10도의 전장에서 매복을 하는 것은 서구 각국 군대에게는 지나친 요구였다.

그것은 참패였다. 1개월 동안 제8집단군 전군이 모두 247차례의 매복을 설치했지만, 단 하나도 얻은 것이 없었다.

초조한 밴 플리트는 다시 한 가지 실험을 하기로 결정했다. 땅굴에 나 있는 사격용 구멍을 파괴하기로 한 것이다.

중국과 조선 군대가 구축해놓은 진지의 강도는 보통의 총탄으로 사격해서는 어찌해볼 도리가 없자, 그는 탄도가 비교적 똑바른 화포들을 집중시켜 지원군의 땅굴 입구와 사격용 구멍들을 직접 파괴함과 동시에, 대형 폭탄으로 중국인들의 땅굴을 폭파하여 무너뜨리려고 생각했다.

이 실험은 중국 군대에게 경미한 손실을 주었다.

대형 폭탄 하나가 이수동(梨樹洞)에 있는 지원군의 한 사단 지휘소 땅굴을 무너뜨리자, 운산시 외곽에서 미국 기병 제1사단을 저지하여 한 발자국도 움직이지 못하게 했던 그 연대장 왕푸즈가 굴속에 묻혀버렸다. 이때, 그는 이미 사단장 직무대리였다. 그의 정치위원인 선톈빙(沈鐵兵)은 머리 위에 내려앉은 흙을 털어낸 다음 응급 구조를 지휘하면서 침통하게 지시했다:

"살아 돌아올 가능성이 그다지 크지 않은 것 같다. 아마도 모두 폭파되었을 것 같으니, 푸즈의 관을 준비해라. 그는 홍군 출신이다. 그의 부인에게도 통지해라."

지원군이 긴박한 전투 준비를 하면서 참호를 구축하고 있다. 이들은 동해안을 파괴할 수 없는 강철 같은 진지로 바꿔 놓겠다고 결의했다.

펑더화이는 급전을 쳤다: "생사를 막론하고, 반드시 꺼내도록 하라."

응급 구조대가 이미 절망을 느끼고 있을 때, 공병 중대장이 갑자기 폭파되어 무너진 동굴의 틈새로 날아 나오는 파리 두 마리를 발견했다. 선톈빙은 매우 기뻐하며 말했다: "파리가 살 수 있다면 사람도 살 수 있다. 파라, 빨리 파!"

36시간이 지나자, 기적이 일어났다. 왕푸즈와 작전과 부과장 왕성스(王盛軾)가 1.5평방미터도 되지 않는 좁은 공간 속에서 구출되었다. 그들은 아직 살아 있었다. 비록 간신히 숨만 쉬고 있었지만······.

펑더화이의 급전이 1960년대 중국 최연소 장군의 목숨을 구해냈다. 큰 재난을 당하고도 죽지 않은 왕푸즈는 훗날 중국 군대의 총참모부 작전부장과 우루무치(烏魯木齊) 부사령관을 역임했다.

중국 군대의 땅굴은 즉각 완벽하게 발전하여, 땅굴 입구의 두께가 보통 10미터 내지 15미터에 달했으며, 후기에는 어떤 땅굴의 천장 두께는 초기의 30미터에서 50미터로 되었으니, 원자폭탄이라 해도 무너뜨릴 수가 없었다.

또한 땅굴은 적어도 두 개의 출구를 만들었고, 방공·방화(防化: 화학무기 방어-옮긴이)·방탄·방독 등 일곱 가지 방어 요구를 달성했다. 밴 플리트는 다시 눈이 휘둥그레졌다.

24

1952년 3월 22일, 펑더화이는 평안남도 회창(檜倉)에서 중국의 저명한 작가인 바진(巴金, 1904~2005)에게 자랑스럽게 말했다:

"현재 적은 진퇴양난이어서, 싸우자니, 그들은 이길 수 없고, 출구가 없습니다. 싸움을 끝내고 화해하자니, 대자본가의 폭리도 없어져, 경제 위기도 오겠지만, 우리는 그렇지 않습니다. 평화는 원래 우리가 원하는 것이고, 우리는 바로 평화를 위해 싸우러 온 것입니다. 전쟁, 우리는 두렵지 않습니다. 우리는 싸울수록 강해집니다!"

펑더화이가 귀국할 날이 점점 가까워졌는데, 얼마 전 의사가 그의 신체검사를 할 때, 그의 머리에 작은 혹이 나 있는 것을 발견했다. 암일 수도 있다고 걱정하여, 중앙군사위원회는 즉각 그에게 귀국하여 치료하고, 아울러 군사위원회 일을 주관하라고 명령했다. 펑더화이가 귀국한 다음, 지원군 사령관직은 천경이 대신했다.

귀국 전, 펑더화이가 조선에서 마지막으로 여러 장군들의 전체 회의를 열자, 각 방면 야전군 지휘관들이 급히 회창으로 날아왔다. 이번 회의에서, 그는 조선을 떠나기 전에 마지막 중요한 군사적 결정을 내렸다. 그는 지원군의 전략 예비대인 제15군단으로 하여금 전선으로 올라와, 제26군단의 오성산(五聖山)·두류산(斗流山)·서방산(西方山)의 최전선 방어를 이어받도록 명령했다.

회의가 끝난 뒤, 펑더화이는 제15군단장 친지웨이 혼자만 남게 했다.

펑더화이는 친지웨이를 지도 옆으로 데리고 오더니, 오성산을 가리키며 말했다: "오성산은 조선 중부전선의 문이니, 오성산을 잃으면 우리는 곧 200킬로미터를 쉽게 돌파당해 후퇴해야 할 거네."

친지웨이 군단장이 제45사단 출국 결의 대회에서 훈시하고 있다.

펑더화이는 고개를 돌려 형형한 눈빛으로 친지웨이를 바라보았다: "자네는 확실히 기억해 두게. 누구라도 오성산을 잃으면, 조선 역사에 대해 책임을 져야만 하네!"

친지웨이 상장은 늠름하게 대답했다: "제15군단이 있으면, 곧 오성산은 있습니다!"

반년 후, 제15군단은 오성산 상감령(上甘嶺)에서 대승을 거두었다. 두 개의 작은 산('저격 능선'과 '삼각 고지'를 가리키며, 이 두 개의 고지에서 벌어진 전투를 함께 일컬어 '상감령 전투'라고 부른다-옮긴이)에서 2만 명의 적군을 완전히 섬멸했다. 이것이 한 시대의 영웅인 펑더화이가 조선에 배치한 부대의 마지막 전투였다.

고별의 시간이 마침내 왔다. 펑더화이는 여러 장수들과 돌아가며 대화를 나누고 있는데, 그가 천경과 이야기하고 있을 때 홍쉐즈가 도착했다. 펑더화이는 급히 일어나 홍쉐즈의 손을 끌어당겼다. 이것은 펑더화이에게는 보기 드물게 친밀한 행동이었다: "쉐즈 동지, 수고했네!"

"펑 총사령관님 지도 아래 구체적인 일을 하기가 얼마나 힘든지 말할 수 없습니다."

펑더화이는 홍쉐즈를 응시했다. 그는 홍쉐즈가 전쟁의 승리를 위해 얼마나 큰 공헌을 했는지 알고 있었다:

"나는 자네의 일이 많고 잡다하여, 너무 바쁘다는 것을 알고 있어서, 본래 자네를 부르지 않으려 했네. 그러나 나의 이번 귀국이, 말은 병을 치료하기 위한 것이지만, 실제로는 군사위원회가 돌아오라고 한 것이라, 돌아간 다음에 반드시 다시 오는 것도 아니기 때문에, 자네를 만나는 편이 좋다고 생각했네."

천경: "펑 총사령관님께서는 귀국하여 군사위원회의 상무 부주석이 되셔서, 군사위원회 일을 주관하셔야 합니다. 저우 총리께서는 이미 너무 바쁘시니, 펑 총사령관님께서 돌아가지 않으시면 안 됩니다."

펑더화이: "내가 돌아가면 구체적으로 무엇을 할지 모르오. 아직 나와 얘기하지 않았습니다. 내가 간 뒤에, 지원군의 모든 직무는 천경 동지가 대신할 겁니다. 그는 1922년에 가입한 오래된 당원으로, 경력이 나보다 오래되었으니, 여러분들이 그의 일에 잘 지지하고 협력해주시오."

농담을 잘하는 천경이 즉각 말했다: "하지만, 저는 지원군 경력이 홍쉐즈 동지보다 오래되지 않았고, 제가 그 다음입니다!"

홍쉐즈: "펑 총사령관님, 마음 놓으십시오. 저는 그의 영도에 분명하게 복종할 것입니다."

천경이 소리쳤다: "무슨 복종 불복종입니까. 당신은 당신 뒤에 있는 그 산더미 같은 일들에 매진하면 됩니다."

펑더화이는 기쁨과 안도의 미소를 지었다: "좋아!"

천경은, 2개월 후에 자신도 조선을 떠나 세계에서 가장 크면서도 가장 작은 군사 대학인 하얼빈군사공정학원(哈爾濱軍事工程學院)을 창설하러 가게 될 거라고는 생각하지 못했을 것이다.

중국 군대는 이미 조선 전장에서 현대화된 무기의 중요성을 깊이 인식하고 있었다. 그들은 고급 장교 한 명을 선출하여 이러한 군대의 현대화 발걸음을 크게 촉진할 수 있는 대학을 특별히 창설하기로 했다. 그들은, 천경이 길러낸 수많은 군사 과학 기술 지식에 정통한 학생들이 끊임없이 졸업한 후에는, 중국 군대가 다시는 조선 전장에서처럼 무기가 낙후하여 고통당하지 않기를 바랐다.

이어서 펑더화이는 마지막으로 당의 상무위원회를 소집했다.

회의가 끝났을 때, 펑더화이가 훙쉐즈를 바라보며 말했다: "쉐즈 동지, 또 무슨 일이 있는 거야?"

훙쉐즈는 펑더화이를 감개무량하게 바라보았다. 1년 반 동안 펑 총사령관과 함께 조선의 곳곳에서 전투를 벌여 결정적인 승리를 거두었는데, 무슨 말을 해야 좋을까?

훙쉐즈는 펑더화이에게 단 한 가지 요구를 제시했다: "펑 총사령관님. 사령관님께서 저에게 묻지 않으셨으면, 저도 말하지 않으려 했습니다. 사령관님께서 이왕 저에게 물으셨으니, 제가 한말씀만 드리겠습니다. 사령관님 가십시오, 저는 별일은 없고요, 사령관님께서 저에게 하신 약속을 잊지 않으시기를 바랄 뿐입니다."

펑더화이는 어리둥절했다: "무슨 약속이었지?"

원래 훙쉐즈가 병참보급을 담당하기로 동의하던 그날, 한 가지 조건을 제시했었다. 즉 자신은 군사 간부이니, 귀국한 후에는 다시 원래 하던 일을 하고, 병참보급 업무를 하지 않는다는 것이었다. 펑더화이가 자신의 입으로 직접 동의했었다.

훙쉐즈는 말했다: "작년에 사령관님께서 당 상무위원회의에서 직접 승낙하시기를, 제가 지원군에서는 병참보급 업무를 하지만, 항미원조가 끝나고 귀국한 다음에는 하지 않게 하겠다고 하셨습니다. 바로 이 말씀은, 그때 당 상무위원회에서 토론하여 통과된 것입니다."

펑더화이는 생각이 났다: "자네가 제기하지 않았으면 그만인데, 자네가 기왕 제기했으니, 나도 자네를 비판하겠네! 공산당원은, 당을 위해 일하는 것은 무조건적이고, 당이 무엇이든 하라고 하면 해야 하네!"

홍쉐즈는 애가 탔다: "사령관님께서 그때 동의하셨잖습니까!"

이것은 아마도 정직하고 솔직한 펑더화이가 일생 동안 신용을 지키지 못한 유일한 순간일 것이다.

"동의한 일도 바꿀 수가 있네. 내가 자네에게 말하건대, 귀국한 뒤에 내가 만일 참모총장이 된다면, 자네는 병참보급 업무에서 벗어날 수 없네!"

홍쉐즈를 제외하고, 펑더화이까지도 포함한 장수들이 일제히 크게 웃었다.

펑더화이의 이 말이 홍쉐즈의 후반기 인생의 운명을 바꿔놓았다. 이때부터 전장을 누비던 이 장수는 중국 군대의 병참보급 업무에 몰두하여, 중국 군대의 현대화된 병참보급 체계를 확립했다.

1952년 4월 7일, 중국 인민지원군 사령관 펑더화이 원수가 귀국길에 올랐다. 그는 100년 동안 굴욕을 당해온 민족을 위해, 그 민족으로 하여금 세계 민족들의 숲에서 다시 우뚝 서게 하는 입국(立國) 전쟁의 승리를 바쳤다. 그는 중화민족의 영원한 민족 영웅이자, 세계 각국의 군 관련 인사들이 인정하는 세계의 명장이기도 하다.

펑더화이는 베이징으로 돌아왔다. 주더는 옛 전우의 피로를 풀어주기 위해, 펑더화이를 데리고 중난하이의 작은 무도장으로 춤을 추러 갔다. 신중국 성립 초기에는 별다른 오락거리가 없어, 중난하이에 특별히 관악대와 문공단(文工團)을 하나씩 갖추어 두고, 중앙의 영도자들을 위해 춤 파트너가 되거나, 영도자들을 위해 신경을 이완시켜주고, 긴장을 조절해주는 일을 했다.

뜻밖에 펑더화이는 무도장에 오더니 불만스럽게 작은 목소리로 한마디 했다: "한가하게 무슨 뱃가죽이나 문지르나? 내가 군사위원회 일을 주관하게 되면, 첫 칼에 이 관악대와 문공단을 없애버리겠어."

주더 원수가 이 말을 듣고는, 급히 펑더화이의 팔을 끌어당겨 그를 데리고 갔다.

이후 1959년에 루산에서 박해를 당할 때까지, 펑더화이 원수는 줄곧 중앙군사위원회의 일상적인 업무를 주관했다. 군 출신 인사들은 그의 재임 시기는 중국 군대에게 신중국 수립 후 현대화 건설의 첫 번째 황금기였다고 공인하고 있다.

펑더화이는 다시 한번 조선으로 돌아가게 되는데, 그는 승리자의 모습으로 조선에 돌아가 정전 협정에 서명한다.

25

1952년 4월 28일, 펑더화이가 귀국한 지 21일째 되는 날, 리지웨이는 유럽으로 가서 드와이트 아이젠하워(Dwight David Eisenhower, 1890~1969) 5성 장군이 맡고 있던 북대서양조약기구의 군 최고 사령관 직무를 인계받았다. 아이젠하워는 제34대 미국 대통령 선거에 입후보하려 했는데, 미국 헌법에 따라, 그는 반드시 퇴역함과 동시에 현재 맡고 있는 군직을 사임해야만 했다.

리지웨이는 감지덕지한 마음으로 도쿄를 떠났다. 그가 어렵사리 쌓아 올렸던 명망이 조선의 전장에서 다시 타격을 입지는 않은 셈이다. 그는 매우 운이 좋았던 사람으로, 1993년 7월 26일, 피츠버그에서 향년 98세로 세상을 떠났다. 세상을 떠난 지 나흘 뒤, 워싱턴의 알링턴 국립묘지에 묻혔다.

그의 말년은 매우 쓸쓸했다. 조선 전장에서의 고통스러운 체험으로 인해, 리지웨이는 미국이 베트남 전쟁에 개입하여, 중국 군대와 두 번째로 대결하는 것을 단호히 반대했다. 이 때문에 그는 미국 매파들의 총애를 잃고 관직에서 물러나 한거했다.

리지웨이에 이어 부임한 사람은 마크 클라크(Mark Wayne Clark, 1896~1984) 4성 장군인데, 그는 리지웨이의 웨스트포인트 동기동창으로, 제2차 세계대전 때는 리지웨이의 직속상관이었다.

그도 매우 호전적인 사람이었다. 그는 1947년에 공개적으로 소련인들은

"사기꾼"이라고 심하게 모욕하여 명성이 자자해졌다. 그는 전국 방송에서 이렇게 말했다: "소련의 행동에는 조금도 정정당당한 미덕이라고는 없습니다. 그들은 오로지 거짓말을 하여, 약자를 희생시키는 것을 용감한 것으로 여기는 타고난 사기꾼들입니다. 세계 패권을 쥐는 데 유용한 것에 대해서는 아무것도 꺼리지 않고 달려들며, ……공공연히 조약을 무시하고도 조금도 개의치 않습니다. 그들은 정직함과 인간의 본성이 부족합니다."

한바탕 호되게 꾸짖은 다음, 그는 큰 파문을 일으킬 결론을 내렸다: "사기꾼과 포커 게임을 할 때, 손해를 보는 건 사기꾼이 아니라 사기꾼과 함께 게임을 하는 상대입니다."

마크 클라크 장군은 전쟁에서 이길 수 있다는 강한 자신감을 가지고 조선에 왔다. 그러나 그는 미국 역사상 최초로 승리를 거두지 못한 정전 협정에 서명한 사령관으로 역사책에 기록되었다.

제7장

개선가가 울려 퍼지다

1

미국 대통령 후보인 드와이트 아이젠하워는 미국 장병들 사이에서 겸손하고 온화하며 상냥하고 친근하기로 유명했다. 그가 퇴임한 후에 관례에 따라 지은 대통령도서관 안에서, 사람들은 그의 개인 문서들 속에 있던, 미국의 말단 장병과 일반 백성들이 그에게 보낸 편지들은 발견했다. 이 편지들은 모두 미국의 조선에 대한 침략 정책을 강력하게 비난했다. 그 중 한 통이 특히 아이젠하워의 마음을 뒤흔들었다.

편지를 보낸 사람은 조선 전장에서 싸우고 있는 보통의 미국 군인이었는데, 그는 아이젠하워에게 이렇게 털어놓았다: "병사들은 '늘 맥주를 마시면서 세계의 대사와 개인의 앞날을 의논합니다.' 의논의 결론은 '죽이지 않으면 죽임을 당한다. 죽인다는 생각은 그들로 하여금 혐오하게 만들고, 죽임을 당할 거라는 전망은 그들로 하여금 두렵게 만든다'는 것입니다."

이 병사는 자신의 동료들을 대표하여 아이젠하워에게 질문했다: "우리의 이 시대 사람들이 정말로 직업 살인자가 될 필요가 있을까요? 모두가 한국 전장에 있는 노병들을 그렇게 부르는 것처럼 말입니다."

패튼은 일찍이 자신의 직속상관인 아이크(아이젠하워의 애칭)는 군인이 되지 말았어야 했다고 슬며시 비꼬았는데, 과연 직업을 바꾸어 정치가가 되었다. 솔직히 말해 패튼의 평가는 틀리지 않았다. 일찍이 제2차 세계대전 중에 아이크는 군사적 재능으로 이름을 떨친 게 아니라, 탁월한 정치적 수완에 의지하여 각자 못된 생각을 품고 있던 동맹군들을 한데 단결시킨 것으로 명성을 얻었다.

아이젠하워는 확실히 정치적 소질이 있었다. 그는 이러한 군중이 보내온 편지들 속에서 자신의 대선을 승리로 이끌 가장 좋은 쐐기 포인트를 예리하게 알아챘다. 그것은 바로 인심을 얻지 못하는 조선 전쟁을 끝내겠다고 약속하는 것이었다.

이때, 전쟁의 부당성 때문에, 미국의 조선 침략 정책은 이미 미국 국민들의 격렬한 반대를 초래했다. 미국을 조선 전쟁에 빠뜨린 트루먼은 이미 감히 문밖을 나갈 수 없었다. 그는 엄청나게 많은 썩은 계란과 썩은 토마토 세례를 받았다. 이러한 때, 누군가 조선 전쟁을 끝낼 수 있다면, 그는 곧 미국 국민의 지지를 받을 수 있어, 백악관에 주인으로 들어갈 것이 거의 확실한 상황이었다.

미국 국내의 반전 정서는 고조되었고, 조선 전장의 미국 병사들은 매일 두려움 속에서 애를 태우고 있었다. 밤에는 신출귀몰하는 중국 군대가 도처에서 포로를 잡아가고 진지를 습격했으며, 낮에는 중국 진지의 귀신같은 명사수와 명포수들이 언제 치명적인 총탄과 포탄들을 쏠지 알 수 없었다.

1952년 4월까지, 중국 군대 최전선의 땅굴 진지가 거의 완공되었고, 물자 공급도 과거의 곤궁한 처지에서 벗어나 모든 사단들이 3개월치 식량을 비축할 수 있게 되었다. 몇 달 전만 해도 눈 녹인 물밖에 먹지 못하고 때때로 차오멘조차도 먹지 못하던 병사들이, 이제는 매일 아침에 요우티아오(油條)와 도우장(豆漿)[259]을 먹을 수 있게 되었다. 소련의 신식 무기도 끊임없이 도입되어 장비를 교체하자, 부대의 사기가 크게 진작되어, 싸우려는 의욕도 크게 고양되었다. 4월 중에, 유엔군은 소규모 부대로 중국 군대를 향해 60여 차례 공격했으나, 중국 군대는 진지를 끝내 단 하나도 잃지 않았다.

미국 제3사단 제15연대 K중대가 4월 16일 밤에 당한 경우가 더없이 좋은 사례이다.

밴 플리트가 이 중대에게 부여한 임무는 임진강 서안에 있는 중국군의 작은 초소 하나를 습격해 포로를 잡아오라는 것이었다. 이번 작전은 8문의 155밀리 카농포와 6문의 105밀리 유탄포의 지원을 받았다. K중대는 사전에 매우 충분한 훈련을 했고, 또 비슷한 지형에서 반복해서 연습하여, 자신감이 매우 강했다.

그날 밤은 큰비가 억수로 내렸고, 칠흑같이 어두웠으며, 도로 위는 수렁

---

[259] 일반적인 중국의 아침 식사이다. 요우티아오는 밀가루를 기름에 튀겨 꽈배기 모양으로 만든 음식이며, 도우장은 콩을 갈아 거른 다음 끓여서 만든, 두유 같은 음료이다.

으로 변했는데, K중대 전체 구성원들은 나일론 방탄조끼를 입고 "활기차게" 출발했다.

K중대의 계획은 경계조가 길을 열고, 진지 앞의 철조망과 지뢰를 제거하면, 이어서 지원조와 습격조가 돌격하고, 마지막에는 12명의 한국인들로 구성된 운반조가 시신을 수습하고 부상자들을 운반할 준비를 하는 것이었다.

계획은 매우 주도면밀했지만, "시작하자마자 지뢰를 밟아 폭발하여, 전진하는 기세를 약화시켰다". 늦게 온 위생병과 운반병도 지뢰 구역 안에 온통 이리저리 쓰러져 있어, K중대는 막 출발하자마자 족히 30분이나 뒷수습을 했다.

다시 출발한 지 얼마 되지 않아 또 성가신 일에 부닥쳤는데, 이번에는 같은 편이 성가시게 했다. 인접해 있던 제1대대가 계속 정면을 향해 조명탄을 발사하자, K중대는 마치 중국 군대가 하듯이 조명탄이 꺼진 틈을 이용해 앞으로 뛰어갈 수밖에 없었다.

"예정보다 한 시간 늦게 위치에 도착한 뒤, 가레이(Zenaido Garay, 1911~1992) 상사가 지휘하는 습격조(26명)는 광활한 논 가운데 나 있는 작은 길을 따라 목표 고지로 접근했다. ……'누구냐!' 갑자기 이렇게 큰 고함이 울리면서 고요한 밤하늘을 갈랐다. 이것은 일본 장병들이 대륙에서 들어서 익숙한 그 소리였다. 즉시 맹렬한 구령 소리와 철컥철컥 하는 노리쇠 당기는 소리들 속에 아수라장이 되어 사격을 개시했다. 중국 군대가 설치한 것은 'V' 자 형태의 구대진(口袋陣: 자루 형태의 진-옮긴이) 매복이었다. 이는 이 중대가 선택한 접근로가 이전에 다른 중대가 여러 차례 이용한 적이 있는 도로였기 때문이다."

중국 초병들이 한바탕 사격하고 나자, K중대 습격조는 한 명이 전사하고, 세 명이 부상당했다.

죽은 그 미국 병사는 세계 최초로 방탄조끼를 입고 전사한 사람이었다고 한다.

잠시 후, 중국 군대의 사격이 서서히 잠잠해졌다. 가레이 상사는 반격을 시작한 다음 도주했고, 그의 몸에 있던 전화기와 무전기는 모두 중국군의 총탄에 의해 박살났다. 다른 쪽에 있던 지원조는 아직 발포도 못한 채 상대방의 집중 사격을 받아, 한 병사가 곧장 중상을 입자, 나머지 병사들은 어쩔 수 없이 민둥민둥한 제방에서 허리까지 차오르는 물속으로 뛰어들어 피난했다.

습격조와 지원조 두 조의 병력이 가까스로 합류했을 때, "운반조 인원들은 이미 흔적도 없이 도망쳤음을 발견하고는, 소총과 작업복으로 임시 들것을 만들어 사상자들을 운반할 수밖에 없었다. 그러나 이때 제1대대의 정면에서 아직도 계속 조명탄을 쏘고 있었기 때문에, 매번 엎드려서 기어갔으므로, 정말이지 매우 힘들었다."

이렇게 이번 K중대의 습격은 중국 군대의 교묘한 매복으로, 헛되이 사망자만 보태고 끝났다.

미국의 공개된 사료는 이렇게 평가하고 있다: "K중대의 경험은 1951년부터 1952년까지의 겨울과 봄에 발생한 수백 건의 이러한 사례들 가운데 단지 하나일 뿐이다. ……대부분 이렇게 부정적인 보고들이었다."

미국인들이 이렇게 공격해 오지 못하자, 중국인들이 공격해 갔다. 진지가 공고해짐에 따라, 중국 군대의 전체 전선에서는 조직적인 소규모 부대 활동을 전개하여, 적들을 밀어내고 중간 지대를 야금야금 먹어 들어가면서, 주도적으로 적의 돌출된 진지 최전방의 방어 요충지를 적극적으로 공격했다. 전투의 주도권을 완전히 장악하자, 중국 군대는 매우 빠르게 쌍방의 투쟁 초점을 유엔군 진지로 옮겨갔다.

중국 군대의 전투 방법은 철저히 바뀌었다. 이제 몇 달 전과 같이 순전히 보병만 공격하던 방식은 이미 완전히 폐기했고, 그 대신 취한 것은 다양한 병종들의 협동 공격이었다.

2

7월의 어느 날 한밤중에, 다섯 개의 검은 그림자가 조명탄의 빛을 피해 역곡천 가장자리로 왔다. 이는 중국 군대의 한 정찰조가 포병 정찰 소대장과 통신병을 호송하여 적의 후방으로 가는 행렬이었다.

일행은 나뭇가지로 걸쳐서 만들어 끊임없이 흔들거리는 작은 다리를 몰래 기어가, 미군의 포화 봉쇄선을 비켜갔고, 적군과 아군 사이의 중간 지대를 넘어가더니, 미군 기관총의 끊임없는 무차별 사격 소리가 들리는 가운데 곧바로 노독산의 좌측 전방까지 침투해 들어갔다.

여기에서 다섯 명의 중국 병사들은 서로 껴안으면서 작별했다. 정찰병의 호송 임무는 이미 완수했고, 나머지는 포병 정찰 소대장 류젠화(劉建和)와 통신병 리바오장(李寶江)의 일이었다.

늦은 밤중에, 류젠화와 리바오장은 망원경과 10킬로그램 정도 무게의 워키토키를 가지고 마침내 노독산 뒤쪽의 346.6고지로 몰래 기어 올라갔다. 두 명의 중국 병사는 가시덤불 속에 서서, 놀랍고도 기뻐서 어쩔 줄을 몰랐다. 이 지점이 너무 좋아, 노독산 뒤쪽 경사면에 구축된 적군의 진지들이 한눈에 다 들어왔기 때문이다.

원래, 중국 군대는 노독산이라는 독침을 뽑아내기로 결정했지만, 공격당하는 것을 두려워한 미국 병사들이 이제는 중국 군대의 방법을 배워 진지를 구축하기 시작했다. 그들이 노독산 뒤쪽에 많은 벙커를 구축해놓아, 노독산을 공격하려면 먼저 이들 벙커를 평평하게 깎아내지 않으면 안 되었다. 두 명의 중국 병사는 바로 이것을 위해 온 것이다.

어둠 속에서, 두 병사는 온 몸이 긁히고 찔리는 것도 마다하지 않고, 가시나무 숲과 관목 덤불 속을 헤치며 이리저리 다니더니, 마침내 가파른 비탈에 있는 한 그루의 큰 나무 밑에서 훌륭한 잠복 지점을 찾아냈다.

통신병 리바오장은 머리 위쪽 200미터 지점에서 미군 병사들이 마구 갈겨대는 탄창 일곱 개 분량의 기관총탄 소리를 엄폐물로 삼아 큰 나무로 기어 올라가 안테나를 설치한 다음, 미끄러져 내려와 류젠화 소대장이 가시덤 불 속에 파놓은 위장 엄폐호 속으로 들어가 숨었다.

5시에 날이 점차 밝아오자, 류젠화는 곧바로 미군 벙커 22개를 발견했다. 그가 들고 있는 좌표지(坐標紙) 위에는 즉각 매우 많은 동그라미들이 늘어 났다. 리바오장은 류젠화가 써준 적의 벙커 좌표가 있는 암호를 받고 나서, 즉각 머리를 무전기에 갖다 대고 암호로 미군 벙커의 좌표를 중국의 포병에 게 전해주었다.

첫 번째 포탄이 적군 총지휘부가 있는 벙커 부근 100미터 지점을 타격했 다. 이는 8천 미터 떨어진 곳에서 쏘는 장거리 사격이었다. 그런데 얼마 전 까지만 해도 중국 포병은 아직 간접 사격[260]을 할 줄 몰라, 어쩔 수 없이 "대포로 백병전을 벌이듯이" 가까운 거리에서 포신으로 직접 조준하여 사 격할 수밖에 없었는데, 이번의 가장 현대화된 전쟁이 신중국의 전쟁 무기들 을 신속하게 세계 선진 수준에 도달하게 해주었다.

잇달아 눈이라도 달린 듯한 포탄들이 미국인을 벙커 안에서 폭파시켰고, 산비탈 곳곳에는 벙커를 지탱하고 있던 철골들과 마대자루가 폭파되어 날 아다녔다. 미국인들은 깜짝 놀라 산비탈에서 마구 도망치느라 야단법석이 었다. 중국 포병 정찰 소대장은 흥분하여 하마터면 자신이 미국 진지 한복 판에 있다는 것을 잊을 뻔하다가, 마침내 직접 통신병에게 포화의 수정된 좌표를 알려주었다. 그러나 통신병은 이미 심상치 않다는 것을 느끼고 있었 다. 그의 워키토키는 너무 오랫동안 켜놓아, 이미 뜨거워서 손을 대기 어려 웠다. 과연 잠시 후에, 워키토키가 작동하지 않았는데, 이때 또한 포격도 막 절정에 들어서고 있었다. 통신병이 고장을 수리하자, 한동안 작동하더니, 워 키토키는 마침내 완전히 먹통이 되어버렸다. 포병들은 목표 지시가 없어지 자 사격을 멈출 수밖에 없었다. 이때 노독산의 벙커는 겨우 절반 정도만 제

---

260 직접 사격이란 시야에 보이는 목표물을 직접 겨냥하여 사격하는 것이고, 간접 사격이란 멀리 있거나 지형지물에 가려져 있어 직접 조준하여 사격할 수 없는 목표물에 대해, 좌 표를 설정하여 타격하는 것을 가리킨다.

거된 상태였다. 매우 실망한 두 명의 중국 병사는 잠깐 상의하더니, 저녁에 돌아가서 무전기를 바꾼 다음, 다시 돌아와 미국 병사들의 관에 마지막 못을 박기로 결정했다.

밤 12시쯤, 두 명의 중국 병사가 다시 연대 지휘소에 나타났는데, 초조한 연대장은 두 번째 포병 정찰조를 보낼 준비를 하고 있었다. 결국 이 두 정찰조의 중국 병사들은 말다툼을 벌였다. 방금 막 돌아온 정찰조는 이미 상황을 잘 알고 있으니 마땅히 자신들이 임무를 계속 수행해야 한다고 했고, 출발하려던 정찰조는 그들은 이미 하루 밤낮을 고생했으니, 어찌됐든 자신들이 올라가겠다고 했다.

연대장은 이리저리 떠져보더니, 역시 류젠화와 리바오장을 다시 출발시켰다.

다음날 이른 아침, 노독산에 있는 수많은 미국 병사들의 아침 식사는 벙커 안으로 직접 배달된 중국 포탄이었다.

전날 호흡을 맞췄기 때문에, 중국 화포의 명중률은 매우 높았다. 22개의 미국 철근 콘크리트 벙커들은 정오가 되자 18개가 완전히 파괴되었고, 또 3개의 벙커는 무너졌으며, 단지 총지휘부가 있는 벙커 하나만 남았다. 두 명의 중국 병사들이 바로 포화 위치를 조정하여 그 벙커를 없애 버리려고 할 때, 두 대의 탱크가 노독산으로 올라와 미군 병사들의 시신을 수습하기 시작하자, 리바오장은 곧바로 류젠화가 알려준 탱크의 좌표를 전달했다. 그야말로 불가사의하게도, 잠깐 사이에 중국의 장거리 유탄 한 발이 정확하게 첫 번째 탱크의 조종석을 뚫고 들어가 이 철거북을 사분오열시켰고, 두 번째 탱크도 포탄을 맞고 하늘로 솟구쳐 올랐다. 오후 2시 30분이 되자, 3면이 고랑으로 둘러싸여 있어 약간의 편차만 있어도 명중시킬 수 없는 총지휘부의 벙커도 포격을 당해 평평해졌다.

하루가 지나고, 돌격 신호가 울리자, 몇 대의 탱크와 함께 중국 보병 부대가 가뿐하게 노독산으로 돌격하여 나머지 적군을 섬멸했다. 판문점 협상 테이블에서 이 감제고지는 이제 중국과 조선 측 소유가 되었다.

노독산 전투는 서로 대치 상태에 있던 쌍방 군대가 무수히 많이 벌였던

1952년 6월 13일, 관대리 서쪽 산 전투에서, 지원군 제12군단은 땅굴에 의지하여, 적과 10일 밤낮 동안 쟁탈전을 반복하여, 적군 2천여 명을 살상함으로써, 적의 공격 목적을 달성하지 못하게 했다.

유사한 전투들 가운데 하나였다. 비교적 큰 전투로는 제39군단이 1908고지에서 벌인 방어전 과정에서, 땅굴을 이용해 적과 8일 밤낮 동안 반복해서 쟁탈전을 벌인 것과, 제12군단이 관대리(官垈里) 서쪽 산 방어전에서, 적과 10일 밤낮 동안 쟁탈전을 벌인 것이다. 이들 두 차례 전투에서, 지원군은 모두 견고한 진지를 이용하여 적군의 공격을 좌절시키고, 적들을 대량 살상했다.

중국 군대의 작전 방식에 서서히 변화가 나타나고 있었다. 중국의 포병 부대는 "진지에 학교를 짓고, 참호를 연병장으로 삼아" 3개월의 대대적인 훈련을 거친 다음, 마침내 기본적으로 간접 사격·산지 관측·지도를 이용한 사격 및 통일된 지휘 사격 등 현대 포병전 방법들을 거의 숙달했다.

포병은 현대의 과학 문화 지식을 필요로 하는 전문 직종이다. 부대의 문화 수준을 높이기 위해, 중국 포병 사단의 교도대(敎導隊: 군대의 훈련소-옮긴이)는 모두 문화 속성(速成) 학교로 바뀌어, 농촌 출신의 문맹 병사들을 위해 문맹을 퇴치했다. 이후 중국 고위 장교들 중 문맹 퇴치반에서 평생의 혜택을 입었다고 절감하는 사람은 한두 명이 아니었다.

조선 서해안에서 방어하고 있는 지원군 포병 진지

"문화가 없는 군대는 어리석은 군대이며, 어리석은 군대는 적과 싸워 이길 수 없다." 마오쩌둥의 이 명언은 조선 전장에서 더할 나위 없이 확실하게 검증되었다.

대대적인 훈련을 받고 난 중국 포병은 마침내 중국 군대 지상 화력의 핵심이 되었다. 중국 포병의 위력은 크게 향상되어, 공격하기 전의 준비 포격 과정에서 적의 진지를 70% 이상 파괴할 수 있었고, 방어 과정에서는 집중 포격으로 적의 공격 대형을 흐트러뜨리고, 아군의 지상 진지를 점령하려는 적을 저지할 수 있었다. 이뿐만 아니라, 그들은 이미 미국 포병과 대규모의 포격전을 벌일 수 있게 되었다.

항미원조 전쟁은 중국 군대에게 단숨에 17개 포병 사단을 만들어내게 했다. 이 숫자는 전쟁이 시작되었을 때보다 10배나 많은 것이었다.

이 밖에도 7곳의 포병 학교와 3곳의 포병 군수품 기지 및 3곳의 포병 간부 훈련 기지를 설립하는 등, 완전한 포병 훈련·양성 체계를 갖추었다.

35년 후, 미군 측이 중국군 측에 제공한 데이터에 따르면, 조선 전쟁 과정에서 발생한 그들의 사상자 중 62%는 포화에 의한 것으로, 포병이 적을 살상한 수가 마침내 보병이 살상한 수를 뛰어넘었다. 이는 중국 군대 역사에서 하늘과 땅이 뒤집힐 만한 큰 변화였다. 그 전에는, 총격전이 줄곧 중국 군대가 적을 죽이는 주요한 수단이었다. 이때부터 포병의 화력이 정식으로 보병 화력을 대체하여, 중국 군대의 적을 죽이는 주요한 수단이 되었다. 오늘날 중국 육군의 포병 중대는 일찌감치 보병 중대의 수를 훨씬 넘어섰다. 조선 전쟁은 중국 군대에게 현재의 전 세계에서 가장 강한 지상 포병 역량을 만들어내게 했다.

상대방의 돌출된 진지를 공격함과 동시에, 중국 군대의 명사수들은 유엔군에게 더욱 큰 심리적인 충격과 인명 손실을 안겨주었다.

3

중국 군대는 저격 활동에 대해 매우 중국적 특색이 풍부한 이름을 붙여주었는데, 바로 "냉창냉포살적운동(冷槍冷砲殺敵運動)"[261]이 그것이다. 대개 중국에서 '운동'이라는 말이 붙여지는 활동은, 모두 상당한 규모를 갖는 대중성 활동이다. 저격수는 세계 전쟁사에서 오래 전부터 존재했으나, 조선 전쟁 전에는 각국 군대가 모두 소수의 저격병들만이 진행하는 이러한 저격

---

261 "냉창냉포타활파(冷槍冷砲打活靶)"라고도 한다. 냉창(冷槍)이란, "불시에 총을 쏜다"는 뜻이고, 냉포(冷砲)란 "불시에 포를 쏜다"는 뜻이다. '냉창냉포' 전술은 지원군의 저격 활동과 협력하여 작전 효율을 배가시켰으며, 각 병기는 병기의 성능에 따라, 목표의 특징에 명확한 임무 구역과 사격 구역이라는 역할 분담이 있었다.
첫째, 냉창 운동이란, "저격수 활동(狙擊手活動)"이라고도 부르며, 대량의 저격수나 정찰병을 배양함으로써, 유엔군 진지 주위에서 이리저리 옮겨 다니면서 유엔군 병사를 저격하거나 몰래 습격하거나, 혹은 목표를 조사하여 냉포(冷砲)를 위해 좌표를 제공했다. 냉창은 주로 500~1,000미터의 목표물을 저격했고, 정찰병은 쌍방의 진지 사이를 빈번하게 드나들면서 습격하여, 냉창을 위해 목표를 조사하거나 지뢰를 옮겨 매설하는 방식으로 유엔군 진지 앞의 지뢰를 유엔군 후방의 교통로에 옮겨서 매설하기도 했다.
둘째, 냉포 운동이란, "유격포(游擊砲) 운동"이라고도 부르며, 주로 500~3,000미터의 목표를 타격했다. 포화의 지원이나 로켓포의 매복을 이용하여 최소의 탄약을 소모하면서 유엔군의 수비 참호나 탱크 등 냉창이 타격할 수 없는 목표를 살상하거나 파괴했으며, 또한 상대방이 반격하기 전에 신속히 진지로 이동했다.

활동을 하나의 보충 전술로 삼았을 뿐이고, 중국 군대가 조선 전장에서 했던 것처럼, 그것을 일종의 대중성을 띠고 어떤 전략적인 색채를 띤 대규모 저격 운동으로 삼은 것은 세계 전쟁 역사에서 아직까지 없었다. 이러한 전략적 주도권을 쟁취한 저격 활동은 전쟁이 끝날 때까지 줄곧 활발히 이루어졌다.

1952년 5월 중에, 땅굴 진지의 형성은 저격 활동에 확실한 보장을 제공해주었다. 견고한 진지를 갖게 되자, 저격병들은 적군 포화의 보복을 두려워하지 않게 되어, 전선에서는 일시에 총소리가 사방에서 울려 퍼졌다. 이런 운동의 선례를 처음 만들어낸 사람은, 제40군단의 우락부락하고 덜렁대기로 유명한 부중대장 쉬스전(徐世禎)이다.

쉬스전은, 황계산(黃鷄山) 최전방 진지에서 맞은편의 영국군 병사들이 진지에서 노래하고 춤을 추다가 아군 진지를 향해 똥을 싸고 오줌을 누는 것을 보았다. 방해가 되지 않는 바위에도 이단옆차기를 하는 이 부중대장은 증오감이 마음속에서 생겨나자, "마음대로 총을 쏘지 마라"는 규율을 어기지 않을 수 없다고 결심하고는, 소련제 '모신나강(Mosin-Nagant)' 소총 한 자루를 집어 들더니, "탕탕탕" 쏘아 하루에 일곱 명의 영국군을 죽였다. 깜짝 놀란 반대편의 영국군은 이때부터 토끼보다 더욱 얌전해졌다.

와, 이제 큰일이 났다. 상부에서 쉬스전의 방식을 승낙하자, 중국 군대에서 사격술이 뛰어난 사수들이 잇달아 총대를 들고 사격하기 시작했다.

며칠 지나지 않아, 유엔군 병사들은 바보처럼 얻어맞기만 했다. 그들이 진지 위로 고개를 한번 내밀기만 해도, 곧 어디서 날아왔는지도 모르는 치명적인 총탄을 맞았고, 심지어 갑자기 이상한 소리를 내며 떨어지는 포탄을 맞기도 했다. 중국 병사들은 그들을 살아 있는 과녁으로 삼아, 그들의 목숨을 걸고 공을 세우는 데 힘을 쏟았다. 이전의 유엔군은 참호를 만들지 않고, 탱크에 의지하여 막으면 그만이었는데, 이제는 감히 그렇게 할 수 없게 된 것이다.

미국 병사, 영국 병사, 한국 병사들은 잇달아 욕설을 퍼부으면서 참호를

병사들이 진지하게 '냉창냉포살적운동' 계획을 세우고 있다.

팠다. 참호를 팠는데도 소용이 없었다. 어쨌든 참호를 떠나서 밥을 먹고 물을 마시고, 똥을 누고 오줌을 싸야 하지 않겠는가? 참호를 나가기만 하면 목숨을 보장받기 어려웠다. 한 달 정도 후에, 유엔군의 전선에 있는 병사들은 전체 전선에서 주간 활동이 제약을 받게 되었다. 밥을 먹고 물을 마시는 것조차 곤란해졌고, 대소변은 모두 빈 깡통 안에 싸서 참호 밖으로 던질 수밖에 없었다. 이것은 당시 조선 전장의 매우 기이한 모습이었다. 유엔군 병사들이 매우 두렵고 불안한 나날을 보내게 되면서, 사기가 마침내 조선 전쟁 과정에서 가장 낮아졌다. 그러나 맞은편 중국 진지의 무수한 저격수들은 기가 살아, 서로 도와가며 공을 세웠다.

가장 멋지게 싸운 사람은 제24군단의 장타오팡(張桃芳, 1931~2007)이라는 청년 병사였다. 장타오팡은 천부적으로 "총 솜씨"를 타고난, 그야말로 "귀신같은 저격수"였다. 그는 조준경 사용하는 것을 매우 싫어했으며, 단지 가늠

쇠만 이용하여 사격하는 것을 좋아했다고 한다. 그는 이 때문에, 세계 전쟁사에서 소총 조준경을 사용하지 않은 가장 유명한 몇 명의 전설적 저격수들 중 한 명이 되었다.

장타오팡은 처음 상감령에 올라 뜻밖에도 사람들을 깜짝 놀라게 했다. 당시 그는 전선에 나간 지 4개월도 되지 않았고, 나이는 22살도 안 되었다. 전선에 온 다음, 장타오팡은 나이든 전사들의 가슴에 주렁주렁 달린 훈장들에 몹시 부러움을 느끼고, 열심히 사격 솜씨를 연습하기 시작했다. 당시 중국 군대가 맹렬한 "살적백명저격수(殺敵百名狙擊手: 적군 백 명을 죽이는 저격수-옮긴이)" 활동을 경쟁적으로 전개하자, 장타오팡은 더욱 신이 나서, 중대장이 식사하라고 소리쳐도 오지 않고, 온 종일 사격장에 엎드려 있었다. 그는 18일 동안에 뜻밖에도 225발의 총탄으로 적 70명의 목숨을 빼앗았으니, 대략 총탄 3발마다 1명을 사살했고, 매일 평균 3~4명을 사살했다.

당시 지원군의 전과 통계는 매우 엄격하여, 적 1명을 사살했을 경우 적어도 2개의 증거가 있어야 했고, 피격당한 적은 반드시 땅바닥에서 적어도 15분 동안은 몸을 일으키지 못해야 사살된 것으로 계산했다. 제24군단장 피딩쥔(皮定均, 1914~1976)은 군단 운영이 매우 엄격하여, 아무래도 장타오팡의 이 전과를 믿을 수 없었다. 결국 자신이 직접 전선으로 가서 장타오팡의 전적을 허위로 보고하지는 않았는지 관찰했다. 당시 마침 두 명의 미국 병사가 말다툼을 하고 있었는데, 그 두 사람은 다투느라 평상심을 잃어, 지원군 저격수의 매서움을 잊고 있었다. 결국 이들은 엄폐된 벙커에서 다투다가 참호 밖으로 나와 서로 멱살을 잡고 목을 조르자, 장타오팡이 피딩쥔을 바라보며 말했다:

"제가 쟤들의 싸움을 말리겠습니다."

말을 마치고, 총열을 내밀어 방아쇠를 한 번 당기자, 미국 병사 한 명이 즉각 명중되어 뒤로 벌렁 나자빠졌고, 또 다른 병사는 뜻밖에도 장타오팡이 자신의 화풀이를 해준 것에 감사 인사도 하지 않고, 놀라서 곧바로 재빨리 높고도 가파른 산비탈을 굴러 내려갔다. 장타오팡은 불만스럽게 말했다:

"정말이지 예의가 없군. 고맙다는 말 한마디 없다니."

피딩쿼은 그 모습을 보고 크게 기뻐하면서, 즉석에서 장타오팡에게 가죽으로 만든 방한화 한 켤레를 상으로 주었다. 그제야 그는 비로소 장타오팡의 전적을 믿었다.

피딩쿼은 사람들이 "피 호랑이"라고 불렀고, 마오쩌둥이 매우 좋아하는 용맹한 장수였다. 국공 내전이 발발했을 때, 그는 5천 명의 희생될 준비가 되어 있는 고립된 군대를 이끌고, 리셴녠(李先念, 1909~1992)과 왕전(王震)이 이끄는 중원의 주력 부대가 포위를 뚫고 서쪽으로 도망칠 수 있도록 엄호했다. 그가 수행한 것은 필사의 임무였다. 당시 마오쩌둥은 리셴녠과 왕전의 부대를 희생시킬 준비를 했고, 리셴녠과 왕전도 피딩쿼의 부대를 희생시킬 준비를 했으며, 아무도 그가 살아 돌아올 수 있으리라고 믿지 않았다. 결국 피딩쿼은 전쟁사에서 기적을 창조했다. 그는 5천 명의 고립된 군대를 이끌고 엄호 임무를 완수했을 뿐만 아니라, 30만 명의 적군이 무리 지어 있는 세 개의 성(省)을 돌진하여, 보름 동안 2천여 리의 혈전을 벌였다. 그리고 마침내 부대를 완전무결하게 포위망에서 구해낸 다음, 후베이에서 안후이(安徽)로 돌진하여 천이(陳毅, 1901~1972) 부대에 의탁했다. 피딩쿼은 이 활약으로 유명해졌으며(그의 독립 여단이 포위망을 뚫은 행동은 훗날 많은 소설로 씌어졌고, 여러 편의 텔레비전 드라마로 방영되었다), 그가 소속된 부대는 당중앙에서 "피딩쿼 여단"이라는 정식 명칭을 붙여주었다. 이 독립된 정예 부대는 해방 전쟁 과정에서 유일하게 5대 전략 지역을 전전하며 싸운 철군이었다. 1955년에 중국 군대가 장군을 임명하면서, 군사위원회가 피딩쿼을 소장으로 결정했는데, 마오쩌둥은 피딩쿼의 이름을 보았을 때, "皮有功, 少晉中(피딩쿼은 공적이 있으니, 소장에서 중장으로 진급시키시오)"라는 글을 큰 붓으로 썼다. 그리하여 그는 중국 군대에서 가장 나이가 어린 중장 중 한 명이 되었다.

피딩쿼은 장타오팡의 어깨를 두드리며 말했다: "훌륭하네. 저격수 훈련 부대로 가서 다시 좀더 배우게!"

인재를 알아보는 혜안을 가진 피딩쿼은 장타오팡이 지원군에서 병사 혼자 적을 사살한 신기록을 세우기를 바랐고, 장타오꽝도 과연 군단장의 바람을 저버리지 않았다. 2주 동안 배우고 돌아온 다음, 장타오꽝의 총 솜씨는 최고의 수준에서 다시 한걸음 더 발전했다. 진지로 돌아온 지 13일 만에 뜻밖에도 220발의 총탄으로 140명의 적을 사살했으니, 평균 3발의 총탄으로 적 2명을 사살했고, 매일 평균 적군 1개 분대를 해치웠다. 합계하면 30일 동안에 437발의 총탄으로 적 211명을 사살했다. 그의 분대는 장타오꽝의 격려하에, 모두 합쳐서 적을 사살한 숫자가 760명에 달해, 거의 2개 대대에 맞먹었다. 그의 분대는 영광스럽게도 단체3등공을 세웠고, 9명의 병사는 영예로운 개인3등공을 세웠다. 장타오꽝과 그의 분대는 각각 지원군에서 개인이 적을 섬멸한 기록과 분대가 적을 섬멸한 기록을 창조했다. 장타오꽝은 한 가지 뛰어난 사격 방법에 의지하여 중국 군대에서 유명한 1급 영웅이 되었다. 그는 조선 전장에서 중국 군대의 최고 킬러였다.

단지 이러한 저격 활동만 놓고 보면, 전과가 그다지 크지 않은 것처럼 보이지만, 모든 전선 도처에서 이런 활동이 벌어지면서, 티끌 모아 태산이 되듯이, 나날이 쌓여 대단한 전과를 거두었다. 제12군단의 통계에 따르면, 3개월 동안 제12군단 전체가 적군 2,506명을 섬멸하는 데, 단지 소총 탄환 5,843발밖에 소모하지 않았고, 아군 사상자는 11명뿐이었다.

제15군단 제135연대는 상감령 537.7고지의 진지를 세계 저격 작전 역사에 울려 퍼지는 이름이 되게 했다.

제135연대가 진지에 올랐을 때, 맞은편에 있던 미국 제7사단은 그야말로 미친 듯이 제정신이 아니었다. 화기애애한 야유회를 즐기고, 레슬링 시합을 하고, 알몸으로 일광욕을 즐기고, 여인들을 껴안고 얼굴을 비벼대면서 춤을 추었다. 심지어 길게 줄을 지어 가랑이 사이의 물건을 꺼내더니 중국군 진지를 향해 누가 더 오줌을 멀리 싸는지 겨루기도 했다…….

천펑러우(陳鳳樓)라는 이름의 신병은 이가 갈릴 정도로 화가 나자, 한 방에 알몸으로 일광욕을 하고 있던 온 몸의 하얀 살이 눈부신 한 미군 병사를 더 이상 1분도 일광욕을 즐길 수 없게 만들어버렸다. 이 제15군단 병사들은 마치 운동선수가 출발 신호 총성을 들은 것처럼, 잇달아 사격을 시작했다. 상감령에 주둔하면서 537.7고지를 지키던 제15군단 제135연대의 제1중대는 2개월 동안 냉창(冷槍)으로 적 300여 명을 사살하여, 미국 제7사단의 2개 중대를 격파했다. 미국인들은 두들겨 맞아 정말로 견딜 수 없자, 어쩔 수 없이 한국군 제2사단으로 하여금 방어 임무를 교대하게 하여 희생양으로 삼았다. 방어 임무를 교대할 때, 미국 병사들은 부들부들 떨면서 한국 병사들에게 말했다: "맞은편 저 산은 '저격병 고개'로, 아무 때라도 죽을 수 있다!" 과연 한국 제2사단은 단지 방어 임무를 인계받는 며칠 동안에만도 갖은 고생을 다 겪었다. 그들은 자신들의 민족적 관습에 따라 맞은편 산을 "저격 능선"이라고 불렀다.

훗날 통계에 따르면, 제135연대는 9개월 동안 냉창으로 적 3,558명을 사살했으며, 이들과 맞섰던 한국의 정원을 채워 재편성한 1개 연대가 무참하게 그들에 의해 격파되자, 어쩔 수 없이 새로운 부대로 바꾸어 수비를 대체했다. 그들이 만들어낸 "저격병 고개"와 "저격 능선"은 조선 전쟁에서 가장 유명해진 지명들 중 하나이다. 이들 두 지명은 모두 미국과 한국의 공식 역사서 속에서 계속 사용되고 있다.

이것은 또한 세계 전쟁사에서 유일하게 저격 활동으로 인해 이름을 떨친 전투 사례이다. 같은 기간에 제15군단 전군은 1만 9,921명의 적을 섬멸했는데, 그 가운데 40% 이상이 냉창에 의한 것이었으며, 자신들의 전체 사상자는 단지 35명뿐이었다. 적군과 아군의 사상자 비율이 569 대 1이니, 이 거래로 큰 이익을 보았다.

군단장 친지웨이는 전과 통계와 사상자 보고서를 보자, 좋아서 입을 다물지 못했다.

친지웨이만 기뻐한 게 아니라, 모든 "냉창냉포운동"을 전개했던 부대의 간부와 병사들도 다 기뻐했다. 저격 활동이 가장 빈번했던 것은 1952년 4월부터 8월까지로, 중국 군대가 저격하여 적을 섬멸한 수가 1만 3,600여 명에 달했다. 냉창은 이미 중국 군대가 가장 좋아하는 대중적인 스포츠 활동처럼 되었다. 고참 전사가 쏘고, 신참 전사도 쏘자, 마침내 식사를 운반하던 '고참 취사병'조차도 손이 근질근질해졌다.

제68군단의 팡즈룽(龐子龍)이라는 취사병은 저격병들에게 식사를 배달해주는 책임을 맡았는데, 배달하러 오가면서 자신의 손도 근질거리자, 식사 짐을 내려놓고 두 방을 쏘았다. 방금 전까지만 해도 살아서 펄쩍펄쩍 뛰던 적군이 땅에 쓰러지는 것을 보자, 팡즈룽은 도취되어, 식사도 배달하지 않고 아예 역할을 바꿔 저격을 계속했다. 3개월 동안 이 취사병은 냉창으로 적군 54명을 사살하여, 충분히 만족해 했으며, 유명해졌고, 또한 영웅이 되었다.

냉창뿐만 아니라 냉포(冷砲)도 있었다.

중국 군대의 일부 뛰어난 포수들은 보병에 뒤처지고 싶지 않아, 몇 문의 경포(輕砲)를 메고 산으로 올라갔다. 이것이 세계 군대 역사상 전례가 없는 '유동포(遊動砲)' 사격이다. 이들 포수들은 온 산을 어슬렁거리다가, 목표를 정확히 조준하여 한 발 쏘고 장소를 옮겨가면서, 7개월 동안에 거의 9천여 명의 적군을 해치웠다.

펑량이(彭良義)라는 19살짜리 박격포수는 86발의 박격포탄으로 121명의 적을 사살하자, 그는 아예 일을 자신의 즐거움으로 바꾸었다. 매일 이른 아침에, 그는 포를 메고 산에 올라가서, 어떤 적군이 식별하지 못하여 표적을 드러내면, 곧바로 치명적인 포탄 한 발을 쏘았다. 이 총명한 병사는 방법을 생각해내어 적을 제거했을 뿐만 아니라, 적의 무기를 소모시키려고 온갖 생각을 다 짜냈다. 그는 수류탄 위에 풀을 태운 재로 두툼하게 덮고, 안전핀에 긴 끈을 묶어 두었다가, 포를 한 방 쏜 다음, 자신은 멀찌감치 숨어서 끈을 잡아당겨 재가 사방으로 흩날리도록 수류탄을 폭발시켰다. 그리하여 자기의 포 위치를 속였을 뿐만 아니라, 또한 적군 포병이 반격을 하도록 유인했다. 이러한 방법으로 그는 하루에 18명의 적군을 사살하고, 적군의 대구경 포탄 400발을 소모시킨 적도 있다. 이것은 결코 적은 숫자가 아니었다. 400발의 포탄은 거의 8문의 대포를 보유한 유엔군 포병 중대의 탄약 기준량에 해당하는 것으로, 거의 10대의 트럭이 있어야만 다 실을 수 있었다. 그리고 대구경 포탄 한 발은 금 한 냥(대략 37.5그램으로, 현재 시세는 240만 원 정도이다-옮긴이)보다 훨씬 더 비쌌다.

지원군 포수가 박격포를 사용하여 옮겨 다니며 적을 사살하고 있다.

"냉창냉포운동"과 수많은 진지를 빽빽하게 구축한 활동은, 중국 군대로 하여금 대치 단계에 있던 전장의 주도권을 철저하게 장악하게 했고, 유엔군의 사기를 최악의 상태로 떨어지게 했다. 귀순한 한국 병사는 이렇게 진술했다: "나는 신병인데, 고참이 나에게 말하기를, '할일 없으면 참호 안에 웅크리고 앉아 있어야지, 밖에 함부로 나가지 마라. 지원군의 불의의 저격은 지독해서, 너의 머리를 쏜다고 해놓고서 너의 어깨를 쏘지는 않을 거다'라고 했습니다."

한번은 야간 기습 과정에서, 중국 군대의 한 소부대가 미군의 벙커 하나를 가볍게 빼앗았다. 한 미국 병사의 행동이 매우 이상했다. 그는 이 벙커에서 유일하게 당직을 서는 보초병이었는데, 뜻밖에도 총을 벙커의 천장에 걸쳐놓고 방아쇠에 끈을 묶어 손으로 붙들고, 이따금씩 잡아당겨 한 번에 몇 발씩 총탄을 발사하면서, 머리는 오히려 낮게 파묻고 있었다. 이 벙커는 당연히 통째로 빼앗겼다. 중국 병사가 이 미국 초병에게 왜 밖을 살피지 않느냐고 묻자, 그는 이렇게 대답했다: "머리를 쳐들 수가 없어요."

4

미국인들은 이제 중국에서 말하는 "기호난하(騎虎難下: 호랑이 등에 타고 달리면 도중에 내려오기 어렵다)"라는 말의 뜻을 이해하기 시작했다.

미국 공군은 "중국의 용이 동굴과 지하 참호를 파고 들어가 나오지 않기 때문에, 미국의 매는 그 보급을 차단하기 위해 순회하며 사냥한다"는 교살 작전은 실패하고 있었다. 미국 육군은 지상 전장에서 더욱 속수무책이었다. 중국을 침략했던 몇 명의 일본의 장교들이 저술한, 무지와 편견으로 가득한 『조선 전쟁』이라는 책에서조차 이렇게 인정하고 있다: "유엔군 측은 국제 정치 측면, 전략 측면, 전술 측면 및 판단 측면에서 진퇴양난의 곤란한 국면으로 빠져 들어갔다."

당연히 이들 몇 명의 현직 일본 자위대 장교들도 잊지 않고 어리석게도 이렇게 한 구절을 덧붙여 놓았다: "하지만 중국과 조선 측도 이와 똑같았던 것 같다."

밴 플리트는 시간이 거꾸로 흐르는 느낌을 받았다. 모든 것들이 마치 35년 전의 제1차 세계대전 때의 서부전선 전장으로 되돌아간 것 같았다. 가시철조망·지뢰와 한 줄로 쭉 이어진 복잡한 참호들로 구성된 종심 진지, 포병과 박격포로 구성된 화력 조직, 정찰과 순찰 및 습격…… 이런 것들을 보자 이 미국 장군은 매우 초조해졌다. 쌍방의 이러한 소규모 공방전과 매일 중국 저격병들의 불의의 사격과 포격으로 한 무더기씩 발생하는 사상자들을 제외하면, 전체 전선에서는 아무런 성과가 없는 대치 속에서 잠잠했는데, 부대의 사기는 이미 갈수록 떨어지고 있었고, 또 사랑하는 아들의 피맺힌 복수도 남아 있었다.

밴 플리트는 잇달아 공격을 개시하라고 요구했다. 군대란 오로지 전쟁을 해야만 활력을 불어넣을 수 있다.

'빅 스틱 작전(Operation Big Stick)'·'홈커밍 작전(Operation Homecoming)'·'찹스틱 6호 작전(Operation Chopstick 6)', '찹스틱 16호 작전(Operation Chopstick 16)' 등, 밴 플리트는 하나하나 작전 계획을 세워 나갔는데, 앞의 것은 리지웨이에게, 뒤의 것은 클라크에게 차례차례 퇴짜를 맞았다. 리지웨이와 클라크는 싸우고 싶지 않은 게 아니라, 밴 플리트보다 조금 더 안목이 있었던 것이다. 그들은, 중국과 조선의 진지는 이미 쉽게 돌파할 수 없어, 싸우면 이득을 볼 수 없고, 판문점의 협상 테이블에서 압력을 가하지도 못한 채, 헛되이 사상자만 증가시키는 것 외에는 어떠한 이익도 거둘 수 없다는 것을 매우 잘 알고 있었다.

쌍방의 대규모 대치는 바로 이렇게 줄곧 1951년 11월부터 1952년 7월까지 이어졌다. 이때, 판문점의 협상장도 전체 회담 과정에서 가장 심각한 교착 상태로 빠져들었다.

전장에서 얻을 수 없는 것은 회의장에서도 얻으려고 해서는 안 된다. 1952년 4월 28일, 유엔군은 마침내 어쩔 수 없이 "조선이 전쟁 이후 비행장을 복구하거나 건설하며 항공 설비를 확충하는 것을 허락할 수 없다"는 요구를 포기했다. 대신 그에 대한 반대급부로, 유엔군 대표는 중국과 조선 측도 소련을 중립국으로 삼아 정전을 감독하자는 요구를 철회하라고 요구했다.

쌍방은 협상에 합의한 뒤, 스웨덴·스위스·폴란드·체코슬로바키아 등 4개국으로 중립국 정전감독위원회를 설립하고, 정전에 대한 감독을 진행했다.

하지만 리커농도 오판할 때가 있었다. 리커농은 일찍이 다섯 가지 항목의 의제들 가운데 전쟁포로 문제가 가장 잘 해결될 걸로 생각했다. 전쟁 쌍방이 전쟁을 멈춘 뒤에는, 서로 전쟁포로를 교환하는 것은 본래 당연한 일이며, 이는 국제적인 관례였으므로, 더 이상 문장으로 쓰는 것은 수치스러운 일이며, 미국 측도 당연히 그 정도로 머리가 안 돌아가지는 않으리라고 생각했다.

중국 대표단의 회의에서, 리커농은 좀 낙관적이었다: "전쟁포로 문제에 대해 우리는 얼마든지 받아들이고 얼마든지 교환하자고 주장할 것입니다. 포로야말로 정말 불행한 사람들입니다. 포로를 교환하는 것은, 국제적으로 공인된 준칙이 있을 뿐만 아니라, 또한 인도주의의 문제이니, 합의를 이루기가 어렵지 않을 거라고 예상합니다."

사실 리커농뿐만 아니라 마오쩌둥조차도 이 문제에서 판단을 잘못했다. 그도 일찍이 포로 문제는, 있는 대로 다 교환하겠다고 주장하면서, 합의를 이루기가 어렵지 않으리라고 생각했다.

오로지 차오관화만이 이 문제가 그렇게 간단하지 않다고 예리하게 느끼고 있었다. 이에 앞서 밴 플리트 사령부의 군법처장 험프리 대령은 성명을 발표하여, 지원군 제81사단 제23연대가 미국 포로를 살해했다고 주장했다. 가소로운 것은, 중국 군대에는 원래 그런 번호를 가진 부대가 없었고, 미국 국방부조차도 험프리의 발언은 사실적 근거가 없다고 공개적으로 말했다. 리지웨이는 비록 험프리의 성명을 지지한다고 말은 했지만, 감히 험프리를 기자와 대면시켜 주지는 않았다. 더욱 이상한 것은, 트루먼이 뜻밖에도 험프리가 성명을 발표한 다음날 펄쩍 뛰면서 이렇게 비난을 퍼부었다는 점이다:

"중국 군대가 북한에서 미군 포로를 살해한 것은, 백여 년 만에 가장 야만적인 행위이다."

미국 대통령이 의외로 미국 국방부조차 부인한 일개 집단군 군법처장의 성명을 지지했는데, 여기에는 분명히 어떤 사정이 있었다.

차오관화의 불길한 예감은 이 신중국 외교가의 선견지명을 분명히 보여주었다. 얼마 지나지 않아, 그의 예감은 과연 현실이 되었다. 1952년 5월 이후, 전쟁포로 문제는 정전 협정을 달성하는 데 유일한 장애가 되었다. 이 문제에서, 미국인들은 그들의 역사에 가장 수치스러운 한 페이지를 기록했다. 당연히 그들 자신도 이것으로 인해 체면을 잃을 대로 잃고, 추태를 부렸으며, 손해도 보았다.

5

전쟁이 있으면 곧 포로가 있게 마련이다. 인류는 무수히 많이 서로 싸우며 죽이고 난 뒤에야, 마침내 전쟁포로는 전쟁 과정에서 운명이 가장 비참한 사람이라는 것을 알게 되었다. 인도주의 관점에서, 제1차 세계대전 후인 1929년에 체결한 〈제네바 전쟁포로 대우에 관한 협약(Convention relative to the Treatment of Prisoners of War, Geneva July 27, 1929)〉에서는, 교전국은 반드시 각자의 전쟁포로에게 양호한 인도주의적 대우를 해주어야만 한다고 규정했다. 그 가운데 제118조는 이렇게 규정하고 있다: "포로는 적극적인 적대 행위가 종료된 뒤 지체 없이 석방하여 송환해야 한다."

제7조의 규정은 이렇다: "어떠한 상황에서도, 전쟁포로는 이 협약이 부여한 그들의 권리의 일부 또는 전부를 포기할 수 없다."[262]

이처럼 〈제네바 협약〉은, 전쟁포로는 전쟁 후에 반드시 강제 귀국시키도록 규정하고 있다. 이 국제 협약의 조인국으로서, 미국은 전쟁포로 문제에 관련된 자신의 모든 국제적 약속을 위반했다. 솔직히 말해, 전쟁포로 문제에서 미국의 행동은 히틀러보다도 못했다. 히틀러는 영국과 미국의 전쟁포로들에 대해 어느 정도 격식을 갖추기도 했다. 이런 평가는 결코 너무 과도한 것이 아니다. 미국의 전 미네소타 주지사였던 벤슨(Elmer Austin Benson, 1895~1985)조차도, 미국의 조선과 중국 전쟁포로에 대한 행위는 "나치의 야만적인 행위와 똑같다"고 비난했다.

아울러, 당시 〈제네바 협약〉에 아직 서명하지 않고 있던 중국은 이 국제 협약을 엄격하게 준수하고 있었다. 중국이 유엔군 포로들을 잘 대우했다는 것은 리지웨이조차도 인정할 수밖에 없었다. 만약 '전쟁포로 문제'의 관점에서 조선 전쟁을 본다면, 이 전쟁은 그야말로 문명과 야만 간의 대결이었다.

1951년 12월 11일, 전쟁포로 문제를 논의하는 분과 회의가 시작되었다. 회의가 시작되자, 중국과 조선 측은 곧 정전 이후 모든 전쟁포로를 신속하게 송환하자는 원칙을 제시했다. 이 원칙은 세계 전쟁사의 관례와 국제 협약에 부합하는 것이었다. 그러나 생각지도 못하게, 미국 측 대표는 뜻밖에도 먼저 전쟁포로 자료부터 교환하자고 고집했다.

같은 날 유엔군 사령부 대변인(원문에는 李維 중령이라고 되어 있는데, 정확한 영문명을 확인할 수 없음-옮긴이)은 뜻밖에도 무심코 미국 측의 진정한 속내를 드러냈다: "유엔군은 공산군에게 매우 많은 인원을 주지 않을 것이며, 전쟁

---

262 정확한 협정의 내용은 다음과 같다: "부상자, 병자, 의무 요원 및 종교 요원은 어떠한 경우에도 본 협약 및 전조(前條)에서 말한 특별 협정(그러한 협정이 존재할 경우)에 의해, 그들에게 보장된 권리의 일부 또는 전부를 포기할 수 없다."

포로를 석방하여 돌려보내기를 원치 않는다."

사실 미국 정치인들의 진짜 목적은 이 유엔군 사령부 대변인이 드러낸 것보다 더욱 비열했다. 훗날 트루먼은 회고록에서 그가 전쟁포로 문제에 대해 가졌던 진짜 생각을 밝혔다: "이른바 공산주의는, 인류의 존엄과 인류의 자유를 무시하는 제도이다. 우리들로서는 결코 자유를 갈망하는 사람들을 그러한 제도 속으로 강제로 송환할 수 없었다."

"바로 내가 언제나 주장했듯이, 우리는 자유를 위해 싸우는 한국 국민들을 포기할 수 없었다. 그러므로 그렇게 포로의 의지를 거슬러 그들을 공산주의의 지배하로 송환하는 결정은, 그것이 어떠한 해결 방안이든 간에, 나는 승인을 거부하지 않을 수 없었다."

이렇게, 트루먼은 순수한 전쟁포로 문제를 공산당을 추악화하는 도구로 만들어버렸다.

미국 국방부조차도 전쟁포로를 이용하여 정치적 촌극의 연기를 펼치는 것은 좀 추악하다고 느끼고 있었다. 국무장관 애치슨은 이렇게 회고했다: "이 문제(전쟁포로 문제)는 적과 아군 사이에서만 해결을 촉구한 것이 아니라, 국무부 내에서도 해결을 촉구한 중대한 쟁점이었다. ……적 측에서 수용하고 있는 아군 전쟁포로들의 송환을 보장하기 위해, 펜타곤은 오히려 북한과 중국의 전쟁포로 및 억류되어 있는 민간인들을 그들의 의사와 상관없이 모두 돌려보내는 것에 찬성했다."

펜타곤은 군사적 시각에서 전쟁포로 문제를 고려했는데, 정치가들이 오히려 순수한 군사적 문제를 무턱대고 정치로 끌어들이려 했다. 어떠한 것도 한번 정치로 끌어들이면 그렇게 단순하지가 않은데, 애치슨은 파렴치하게도 이렇게 자백했다: "공산당의 병사가 한번 우리 수중으로 들어오면 곧 (공산당으로부터-옮긴이) 도망칠 수 있다면, 이 점은 공산당에 대해 위협적인 작용을 할 것이다."

기왕 미국인들이 집요하게 전쟁포로 문제를 이용해 '공산당 세계'를 추악화하려고 하자, 판문점에서는 원래 가장 간단한 전쟁포로 문제가 곧 가장 복잡한 문제로 되어버렸다. 그러나 미국인들이 생각지도 못하게, 그들은 이 문제를 이용하여 중국과 조선 측을 망신시키려다가, 결국 자신의 체면만 구기고 말았다.

"사태가 예상을 벗어나, 그것은 어떻게 해도 제어할 수 없는 괴물로 변해버렸다." 미국인들은 결국 이렇게 낙담했다.

6.

조선의 이상조 소장과 중국의 차이청원 상교가 포로 송환 협상을 위한 분과 위원회의 중국과 조선 측 대표였는데, 그들은 상대측에게 "가장 능수능란한 협상자"로 여겨졌다.

"이들의 임명은 중국과 조선 측이 포로 문제를 매우 중요하게 여기고 있음을 증명하는 것으로 여겨졌다. 이 두 사람과 지혜를 겨루도록 선출된 사람은 유엔군 측 대표이자 새로 임명된 루스벤 E. 리비(Ruthven E. Libby) 해군 소장과 조지 W. 히크만(George W. Hickman, Jr.) 육군 대령이다."

리비 소장은 미국 해군의 성격이 대단히 거칠고 급한 노련한 수병으로, 말을 신랄하게 하여 상대를 자극하는 것으로 유명했다. 미국의 공개된 사료에서는 다음과 같이 평가하고 있다: "그는 적을 상대하기 위해 파견되어 온 대표로, 가장 좋은 적이든 가장 나쁜 적이든 막론하고, 어떤 상대와 맞붙어도 어려움을 느끼지 않는 사나이이다. 머리 회전이 빠르고, 지식이 풍부하여……공산군 측과 협상을 진행하기에 가장 적합한 사람이다."

히크만 대령은 이성적인 참모형 인재여서, 리비 소장과 짝을 이루기에 꼭 알맞았다. 1951년 12월 12일, 이상조는 중국과 조선 측을 대표하여 국제적인 관례에 따라, 강제로 모든 전쟁포로를 송환하자는 원칙을 정식으로 제안하면서, 승낙할 것인지 여부를 캐물었는데, 미국인 자신조차도 나중에 이렇게 말했다: "만약 유엔군 측이 이 원칙적인 말을 받아들였다면, 공산군 측은 기꺼이 포로 명단을 제공했을 것이고, 또한 사실상 판문점에서 교환하는 것에도 동의했을 것이다."

실제로 만약 미국인들이 마음속으로 못된 생각을 품지 않았다면, 협상은 곧바로 성공할 수 있었을 것이고, 그랬다면 전쟁은 1952년 여름이나 가을쯤에 끝났을 것이다.

그러나 미국인들은 그러지 않았고, 그들은 중국이나 조선 같은 "공산주의 국가"들로 하여금 체면을 구기게 만들려고 결심했다. 리비 소장은 즉시 교환할 포로 명단을 교환하고 나서, 다시 송환 문제를 다루자고 제의했다.

중국과 조선 측은 재빨리 눈치를 챘다. 즉 지금 중국과 조선 측 수중에 있는 전쟁포로는 유엔군 측 수중에 있는 전쟁포로의 숫자보다 훨씬 적었다.

인천에 상륙하기 전에는, 인민군의 유엔군에게 붙잡힌 인원이 아직 천 명도 안 되었고, 인민군은 오히려 수만 명의 한국군 포로와 천 명이 넘는 미군 포로를 잡았다. 그러나 맥아더의 인천 상륙이 전세를 역전시키자, 인민군 포로 숫자가 급증하여, 그해(1950년-옮긴이) 11월까지 13만 명이 포로로 잡혔다. 지원군은 8개월 동안의 기동전 기간에도 3만 6천 명의 적군을 사로잡았는데, 그 가운데 미군이 6천 명이었다(전쟁포로 명단을 교환하기까지, 미국 국방부는 미국 군인들은 용맹하고 잘 싸워서 결코 항복하지 않는다고 선전했다. 결국 자신들은 169명밖에 잡히지 않았다고 공표하고, 나머지 인원은 전부 가소롭게도 실종으로 분류했다. 이로부터 알 수 있듯이, 미국인들이 공표한 전쟁 통계 숫자는 믿을 게 못되었다). 하지만 국제적 전쟁의 경험이 부족했기 때문에, 중국 군대는 여전히 국내 전쟁의 오랜 전통에 따라, 포로들을 교육시킨 다음 대부분 석방했다. 이들 가운데 많은 한국 포로들은 인민군에 가담하기도 했다. 그래서 이때까지, 중국과 조선 측의 수중에는 전쟁포로가 1만 1,551명밖에 없었다(그 가운데 한국군이 7,142명, 미군이 3,193명, 기타 국가의 군대가 1,216명이었다). 그리고 제5차 전역 후기의 패배로 인해, 지원군의 포로 숫자가 급증했다. 미국인의 발표에 따르면, 1951년 10월까지 중국 국적의 전쟁포로는 총 2만 800명(절대 다수는 제5차 전역에서 포로가 되었다)이었다. 여기에 인민군 포로를 더하면, 중국과 조선 측에서 포로가 된 인원은 15만 명에 달해, 상대방 전쟁포로 숫자와의 비율이 14 대 1에 달했다.

이때, 만약 숨김없이 모조리 전쟁포로 자료를 내놓았다면, 미국인들이 무슨 꼬투리를 잡지 않았을까?

이상조 소장은 리비 소장과 설전을 벌이기 시작했다. 리비는 중국과 조선 측이 명단 교환에 동의하지 않자 풍자하며 이렇게 말했다: "귀관은 비누와 뜨거운 물도 준비되지 않았는데 빨리 목욕하라고 재촉하오!" 이상조도 되받아치며 비난했다: "비누와 뜨거운 물은 준비되어 있는데, 귀관이 오히려 욕조로 들어가지 않는 것이오. 문제는 가능한 한 빨리 포로들을 풀어주는 것이므로, 명단 교환에 구애받지 않는 편이 좋소."

5일 후, 교착 상태를 해소하기 위해, 중국과 조선 측은 뜻밖에도 갑자기 오전에 전쟁포로 명단을 이날 오후에 교환하자고 동의했다. 중국과 조선 측은 마음에 거리낌이 없자, 명단을 교환하더라도 뭔가 큰 문제될 게 없으니, 명단을 교환하고 나서 포로를 교환하면, 정전 협정은 곧 실현되지 않겠느냐고 생각했다.

비록 낯가죽이 두꺼워, 입만 열면 먼저 명단을 교환하자고 말했던 리비 소장은 한참을 멍하니 있었다. 그는 자신의 수중에 있는 전쟁포로 명단이 믿을 만한 게 아니라는 것을 알고 있었다.

과연 그날 오후, 미국 측이 제출한 한 부의 명단은 폐지 같은 자료였다. 이 자료에는 단지 영어 알파벳으로 표기한 이름과 포로 번호들만 있고, 중국인은 한자 이름이 없고, 조선인은 한글 이름이 없었다. 더구나 대조하여 확인할 수 있는 부대 번호·직무·계급도 없었다. 뿐만 아니라, 이 명단은 미국 측이 발표한 포로 숫자보다 1,456명이 적었고, 미국 측이 국제적십자사를 통해 중국과 조선 측에 전달한 전쟁포로 명단보다 4만 4,205명이나 적었다.

반대로 중국과 조선 측 명단은 상세하고 질서정연하여, 모든 포로의 성명·부대 번호·계급·군번이 말끔하게 완비되어 있었다. 중국과 조선 측이 이 명단을 공표한 뒤에야, 미국 측은 비로소 당혹스러워하며 딘 소장이 전사하지 않았다고 인정하자, 남편을 잃은 고통을 다 겪은 딘의 부인은 당연히 기대하지 않았던 소식에 기뻐했다.

41일이 지나서야, 전에는 한 치의 양보도 없이 전쟁포로 명단부터 교환해야 한다고 주장하던 리비는 비로소 13만여 명의 전쟁포로에 대한 상세한 자료를 보완하여 제출했다. 그러나 누락된 부분에 대해서는 여전히 아무런 해명도 하지 않았다.

이 기간 동안, 중국과 조선 측에서는 이미 미국인들이 전쟁포로 문제에서 인류의 양식과 국제 협약을 위반하고, 음흉한 장난을 칠 것이라는 것을 알았다. 과연 쌍방이 〈제네바 협약〉에 규정된 전쟁포로가 가족과 연락할 수 있는 권리를 이행할 때, 미국인들의 속임수가 여지없이 드러났다.

중국과 조선 측은 전쟁포로의 가족들이 즐거운 성탄절을 보내도록 하려고, 미국과 영국 등 전쟁포로들의 편지 980통을 상대측에게 건네주었다. 그 전에도 중국과 조선 측은 803통의 편지를 상대측에 전달해 주었는데, 같은 기간 동안에 중국과 조선 측은, 2만여 명이나 되는 중국 전쟁포로들의 이른바 "지원군이 가족에게 보내는 편지"를 모두 합쳐서 고작 43통밖에 받지 못했다.

이 '편지'들은 모두 인쇄된 32절지 종이에 씌어 있었는데, 내용은 중국과 조선 측을 매우 격분하게 했다. 이 43통의 편지들은 네 가지 서로 다른 연필 필체로 씌어 있었다. 이는 네 명의 특무요원들이 한 짓임이 분명했다. 편지의 수신자와 수신 주소는 더욱 후안무치하기 짝이 없었다. 어떤 편지는 뜻밖에도 수신자 주소가 "베이징 극권가(極權街: 독재자 거리)"로 되어 있었으며, 수신자는 "자오씨네 큰 형님[趙老頭]"·"장씨네 셋째[張老三]"·"리씨네 다섯째[李老五]" 등으로 되어 있었고, 심지어 "판진롄(潘金蓮)"[263]도 있었다. 그리고 43통의 "가족에게 보내는 편지"들 가운데 39통 전체의 내용이 단지 "성탄절을 축하합니다. 저는 잘 지내고 있습니다."라는 몇 글자뿐이었다. 그

---

[263] 중국 고전 소설 『금병매(金甁梅)』에 나오는 여자 주인공 이름이다.

러나 모두가 알다시피, 당시의 중국인들에게 성탄절은 기념일이 아니었다.

1952년 1월 2일, 더 이상 전쟁포로 송환 문제를 지연시킬 수 없게 된 미국인들은 결국 자신들의 전쟁포로 문제 해결 방안을 내놓았는데, 그 방안은 노예시대로 돌아가 인구 거래를 하는 방안이었다. 미국인들의 기본 원칙은 "1 대 1" 교환이었다. 그러나 이때 쌍방의 전쟁포로 숫자 비율은 14 대 1이었다. 미국 측의 방법은, 만약 한쪽이 다 교환하여, 전쟁포로 인원수가 모자랄 때는, '평민'으로 대체하고, 다시 부족하면 교환할 사람이 없는 그 전쟁포로들로 하여금 "나는 이후에 다시는 전쟁을 하지 않겠습니다"라는 선서를 하게 한 다음, 그들을 가석방하고, 그들로 하여금 자신들의 특무기구와 군사력의 협박하에 "원하는" 곳으로 가게 하자는 것이었다. 이것이 바로 악명 높은 "자유 의사에 따른 송환"이다.

미국인들도 자신들의 "자유 의사에 따른 송환"이 인류의 전쟁 규칙에 위배되는 대단히 후안무치한 불량배와 무뢰배의 행동이라는 것을 알고 있었다. 그들의 진정한 정치적 목적은, 바로 이렇게 비열한 수단을 통해 중국과 조선의 얼굴에 먹칠을 하는 것이었다. 즉 그들은 이렇게 하여, 중국과 조선은 침략자이고, 그들의 포로가 된 병사들마저도 본국에 돌아가려 하지 않고, 서방의 "자유" 세계로 의탁하고 싶어 한다고 전 세계에 알리려 했다.

중국과 조선 측은 분노했다. 이상조 소장이 탁자를 치며 일어섰다: "당신들은 전쟁포로의 석방과 송환은 인신매매가 아니며, 20세기인 오늘날은 더구나 야만적인 노예시대가 아니라는 것을 알아야 하오."

"전 세계 인민들은 당신들의 이 제안을 저주할 것이며, 우리에게 잡혀 있는 당신들 자신의 포로들과 그들의 가족들도 당신들의 제안을 저주할 것이오. 왜냐하면 당신들의 이 제안이 전체 전쟁포로들을 석방하고 송환할 가능성을 가로막고, 정전을 신속하게 달성할 앞길을 가로막고 있기 때문이오."

중국과 조선 측에 수용되어 있는 일부 미국과 영국 전쟁포로들조차도 미국인들의 이 방안을 듣고 나서, 모두가 매우 분노했다. 도대체 누가 자신을 노예로 삼아서 교환하기를 원하겠는가?

그들은 분노하여 전 세계를 향해 공개 서한을 발표했다: "비록 지금은 이미 20세기이지만, 우리가 보기에, 우리는 오히려 경매대에 놓여 매매되는 상품이 되어 물물교환에 쓰이고 있다."

안타깝게도, 이상조나 미국과 영국 포로들의 비난이 또 어찌 오만한 리비를 움직일 수 있었겠는가? 미국인들은 노예를 매매하고 노예를 착취하는 데 의지하여 굴기했고, 또한 대규모 내전을 치르고서야 비로소 본국 내부의 노예제를 폐지했다는 사실을 알아야 한다. 노예시대를 부활시키는 이 문제에서, 미국인들은 조금도 부끄러움을 느끼지 않았을 것이다.

50차례가 넘는 분과 위원회 회의가 열리고 나서, 완전히 교착 상태에 빠졌다.

중국과 조선 측은 다시 한번 엄청나게 큰 노력을 했다. 상대방이 "전쟁포로를 석방하는 것은 군사력을 증강시키는 것과 마찬가지다"라는 평계를 해소하기 위해, 송환된 포로가 다시 전쟁 행동에 참가하지 않도록 보장하는 것 등 일련의 합리적인 조치들을 제시했다. 이 새로운 방안이 상대측의 가능한 모든 핑곗거리를 제거하자, 많은 서방의 기자들조차도 다음과 같이 논평했다: "이것은 오래 끌 수도 없고 교착 상태를 타파할 수도 있는 좋은 방안이다." 심지어 중국과 조선 측 협상 상대인 리비 자신조차도 이렇게 말했다: "마침내 향불 연기로 한 가지 방안을 구워냈군."

그러나 협상 대표인 리비 본인조차도 만족했던 방안은 여전히 미국 정부의 동의를 얻지 못했다. "자유 의사에 따른 송환"이라는 이 문제에서, 미국 정부는 조금도 고집을 꺾으려 하지 않았다. 1952년은 미국의 대통령 선거가 있는 해였는데, 트루먼은 자신이 선거가 있는 해에 조선 전쟁 실패의 책임을 지게 될 것을 걱정하여, 중국과 조선 측이 건네 준 올리브나무 가지(평화를 상징하는 것이다-옮긴이)를 내팽개치고, 이랬다저랬다하더니, 그들이 이전에 송환하기로 동의했던 11만 6,300명의 전쟁포로 숫자를 7만 명으로 줄였다. 한 권위 있는 군사 전략가는 다음과 같이 평론했다: "상대측이 전쟁포로를 7만 명 정도 송환하겠다고 제시했을 때, 조선과 중국 측이 하기로 했던 각종 양보들은 물거품이 되었다." 4월 25일, 중국과 조선 측이 벌컥 화를 내며 전쟁포로 문제에 대한 행정적인 회의를 중지한다고 선언하자, 상대측은 아예 "무기한 휴회"를 제안했다.

이렇게 하여, 어리석은 미국인들은 다시 조선 전쟁을 1년 4개월 연장시켰다. 중국과 조선 측의 전쟁포로 수만 명을 억류하기 위해, 그들은 또 다시 전장에서 수십만 명에 달하는 사상자를 대가로 지불했다.

제4항 의제인 전쟁포로 문제가 난항을 겪고 있는 것과 동시에, 제3항 의제인 비행장 건설 제한과 중립국이 추천한 회의장에도 변화가 발생했다.

고집스레 자신의 중국어 번역 이름을 "하이리승(海立勝)"으로 번역하려고 하던 미국 대표 해리슨(William Kelly Harrison Jr., 1895~1987) 소장은, 회의장에서 개인 수양과 인격 면에서 대단히 비열한 행위들을 하면서 회담의 진행을 방해하기 시작했다.

중국과 조선 측 대표가 발언할 때, 이 아메리카 정부 대표는 뜻밖에도 다리를 꼬고 앉아서 크게 휘파람을 불었다. 뿐만 아니라, 국제적인 회의에서 해리슨 장군은 다시는 어느 누구도 뛰어넘을 수 없는 한 가지 기록을 세웠다. 이것은 인류 교류사에서 기적이었다. 매일같이 해리슨은 가죽 가방을 옆구리에 끼고, 시가를 문 채 마지못해 천막으로 들어가서는, 엉덩이가 의자에 닿자마자 말했다: "나는 휴회할 것은 제의하오." 그런 다음 일어나서 가버렸다.

2분, 1분, 30초, 갈수록 짧아졌다. 마침내 어느 날, 해리슨의 엉덩이는 의자에 잠깐이라도 닿으려 하지 않고, "나는 휴회할 것을 제의하오."라는 한마디를 하고는 고개를 돌려 가버렸다. 이번 회의는 단지 25초밖에 걸리지 않았다. 이렇게 그는 그 전에도 없었고 앞으로도 거의 볼 수 없을 세계 기록을 세웠다.

비록 해리슨이 이렇게 계속 질질 끌면서 4월 28일까지 미루다가, 비행장 문제와 중립국 문제가 마침내 미국인들의 양보로 끝나자, 이제 미국인들은 오로지 전쟁포로 문제만으로 트집을 잡을 수밖에 없었다. 바로 미국인들이, 좋은 대우를 받고 있는 공산당 전쟁포로들이 스스로 "자유"를 찾아가려 한다고 의기양양하게 떠벌이던 그때, 피비린내 나는 거제도에서 놀라운 사건이 발생했다. 중국과 조선 포로들을 관리하던 미국의 도드(Francis Townsend Dodd, 1899~1973) 준장이 도리어 자신의 포로들에게 포로가 된 것이다.

7

오늘날까지, 비교적 공정한 미국의 역사학자들도 조선 전쟁 과정에서 미국이 중국과 조선의 전쟁포로들을 어떻게 대했는지에 대한 이 문제를 언급하려 하지 않고 있다. 왜냐하면 미국의 행동은 미국 자신의 수치일 뿐만 아니라, 인류 문명사의 치욕이기도 하기 때문이다. 10여만 명의 무장 해제된 포로들은, 미국인들도 서명한 〈제네바 협약〉에서 규정하고 있는 권리를 누리지 못했을 뿐만 아니라, 또한 그들이 겪은 피비린내는 사람들의 머리털을 치솟게 할 정도였다. 중국의 많은 르포 작가들은 모두 뜨거운 눈물을 머금고 중국 전쟁포로들의 비참한 운명과 불굴의 항전을 기록했다. 솔직히 말해, 그해(1952년-옮긴이)에 미국인들이 '전쟁포로를 어떻게 대할 것인가'라는, 인류의 양식과 존엄에 관련된 이 문제에서 보여준 행동은 확실히 금수만도 못했으며, 야만적으로 포로들을 학살한 것으로 유명한 일본인들과 우열을 가릴 수 없었다고 할 수 있다.

대부분의 인민군 전쟁포로와 지원군 전쟁포로들은 거제도에 갇혀 있었는데, 이곳은 이미 인간 지옥이었다. 다섯 겹의 촘촘한 철조망이 각 수용소 구역들에 삼엄하게 둘러쳐져 있고, 망루와 초소가 수용소 구역의 네 귀퉁이에 즐비하게 서 있으며, 탐조등 빛이 밤을 대낮처럼 밝게 비췄다. 전쟁포로들이 소용소로 들어갈 때마다, 미국 병사들이 멋대로 와 하고 소리를 지르며 몰려와, 포로들이 가지고 있는 것을 모조리 빼앗은 다음, 50명씩 하나의 천막에 밀어 넣었다. 침상이 없어, 모두가 축축한 진흙 바닥에 옆으로 누웠다. 말을 하면 안 되었고, 심지어 두리번거려도 안 되었으며, 화장실에 가는 것도 보고를 해야 했다. 매일 식량은 400그램의 곰팡이가 슨 쌀이었고, 매일 하는 일은 무기 등을 들어 옮기는 중노동이었다. 이러한 것들은 모두가, 〈제네바 협약〉에서 전쟁포로들을 반드시 인도주의적으로 대우하도록 한 규정을 심각하게 위반하는 것이었다. 더욱 비참한 것들은 뒤에 언급하기로 한다.

수많은 미국 군대와 헌병들이 언제라도 전쟁포로들을 진압할 준비를 한 것 이외에, 미국·한국·장제스 군대의 특무(첩자나 비밀요원-옮긴이)들도 대거 포로수용소에 들어갔다. 그들은 포로들 중에서 이른바 "해방된 특무"들을 선발하여, 미국 지휘부 및 행정 장교들을 돕게 하면서, 매우 잔혹한 통치망을 형성했다. 총탄·총검·비수와 몽둥이로 유지하는 이 통치망 하에서, 전쟁포로들은 극도로 비참한 생활을 시작했다. 미국 병사들은 성욕이 강하기로 세계에서 유명하니, 여성 전쟁포로들이 어떤 일을 당했을지는 생각만 해도 알 수 있다. 한번은 몇 명의 미국 병사들이 중국 여군 네 명이 있는 천막으로 박차고 들어가서, 백주 대낮에 그들을 강간했다. 치욕을 당한 중국 여군 한 명이 미군이 땅바닥에 둔 카빈총을 집어 들더니 자신을 욕보인 미국 병사를 향해 맹렬하게 갈겨, 그를 벌집으로 만들어버렸다. 많은 미국 병사들이 오더니, 그들이 10여 정의 기관총을 들고 천막 안에 있는 중국 여군 네 명을 향해 미친 듯이 갈겨대자, 천막 속에서 "조국 만세"라는 고함 소리가 갑자기 뚝 끊겼다.

남자 포로들은 작은 상처라도 있으면 팔다리를 절단했다.

더욱 처참한 것은 이른바 '선별(選別)'이었다. 왜냐하면 트루먼·리지웨이·클라크가 이미 세계를 향해 이렇게 거짓말을 했기 때문이다: "9만 명의 공산당 전쟁포로들은 이미, 전쟁도 좋고 평화도 좋은데, 공산당이 있는 곳으로는 영원히 돌아가고 싶지 않으며, 차라리 죽을지언정 돌아가고 싶지 않다고 밝혔다. 전쟁포로들이 돌아가려 하지 않으니, 우리는 그들을 비호해주지 않을 수 없다. 만약 억지로 그들을 송환하면, 그것은 인도적이지 않으며, 그것은 바로 그들을 불구덩이 속으로 보내는 것과 같다."

트루먼은 이렇게 말했다: "이것이 근본적인 원칙으로, 최소한 총검으로 그들을 핍박하여 돌려보낼 수는 없다."

미국인들은 확실히 총검으로 전쟁포로들을 집으로 돌아가도록 핍박하지 않았다. 왜냐하면 그들은 총검으로 전쟁포로들을 집으로 돌아가지 못하도록 핍박했기 때문이다.

9만 명이 차라리 죽을지언정 집으로 돌아가지 않으려 한다는 허풍을 쳤는데, 그렇다면 설명을 할 수 있어야 했다. 하지만 사리 분별을 할 줄 아는 사람이 전쟁포로수용소 안에서 받는 대우를 본다면, 곧 그렇게 많은 사람들이 돌아가지 않으려 할 만큼 어리석은지 아닌지를 알 수 있을 것이다. 어떻게 할 것인가? 계책은 어쨌든 계속 만들어져야 한다. 전쟁포로들이 송환되기를 원하는지 여부를 '선별'하는 의식이 시작된 것이다.

한 무리의 미국 헌병들은 총검을 쥐고 포로들의 가슴을 겨누고, 미국·이승만·장제스의 특무들은 비수를 쥐거나 큰 몽둥이를 메고 포로의 곁에 서서, 포로를 차례로 압박하여 미리 써 놓은 "송환을 거절한다"라는 청원서에 지문을 찍도록 핍박했고, 누구라도 감히 따르지 않으면 동시에 몽둥이로 두들겨 팼다. 한바탕 물씬 두들겨 팬 다음, 그에게 다시 "한번 생각해 보도록" 하든가, 혹은 아예 두들겨 패서 기절시킨 다음, 아무런 의식이 없는 전쟁포로의 손가락을 잡아당겨 지문을 눌러 찍었다. 가장 심한 경우는 그 자리에서 때려 죽여 '일벌백계'했는데, 만약 전쟁포로들이 집단으로 반발하면, 완전 무장한 미군들이 즉시 무력으로 진압했다.

잔인무도한 유혈 사건들이 잇달아 발생했다.

2월 18일, 한 미군 부대가 전쟁포로 수용소의 제62호 건물을 포위하더니, 미국·이승만·장제스의 특무들이 전쟁포로들에 대해 차례차례 '선별'을 했다. 중국과 조선 포로들이 모욕당하고 싶지 않아, 들고일어나 거부하자, 미군은 즉각 기관총을 마구 갈겨댔고, 탱크가 밀어버렸다. 주로 서방 인사들로 구성된 국제적십자위원회조차도 사후에, 373명의 전쟁포로들이 이번 "거제도 사건"이라고 불리는 참사 도중에 피바다 속에 쓰러져 갔다고 보고

했다.

이러한 참사는 매일 발생했다.

훗날 불완전한 통계에 따르면, 1951년에만 미국인들이 1만 7천여 명의 전쟁포로를 총살했다고 한다.

장제스와 중국 타이완의 국민당 사람들은 조선 전쟁포로 문제에서 대단히 추악한 역할을 했다.

미국의 피비린내 나는 '선별'을 돕기 위해, 수많은 타이완 특무들이 포로수용소에 왔다. 타이완의 특무 리다안(李大安)은 심지어 이 일을 위해 50명의 암살단까지도 데리고 왔다. 한 가지 밝혀둘 것은, 조선에 들어온 중국 부대는 해방 전쟁 후기에 많은 수의 국민당 포로들을 보충했는데, 심사가 엄격하지 않았기 때문에, 일부 악질 분자들은 조선 전장에 도착해서는 자진해서 적에게 투항했다는 사실이다. 예를 들어 포로수용소에서 직책이 가장 높은 연대장 왕순칭(王順淸)은 원래 국민당 대대장이었고, 전쟁포로들 가운데 초대 국민당 지부 서기였던 웨이스시(魏世喜)는 원래 국민당 중위였다(이들 두 사람은 후에 특무가 되었다가, 모두 아군에 사로잡혀 엄벌에 처해졌다). 후에 아군 측이 추산하기로는, 확실히 3천 명은 귀국을 원치 않는 이른바 "반공포로"였다. 이들은 미국과 이승만의 특무와 결탁하고 나서, 동포를 잔혹하게 살해하는 수단들이 특무보다도 훨씬 끔찍했다.

"염라대왕 궁전"으로 불린 제72호 전쟁포로 연대에서는 62명의 귀국을 요구한 전쟁포로들이 산 채로 살이 도려내져서, 결국 세숫대야 세 개를 가득 채웠다. 특무들은 칼끝으로 도려낸 살점들을 이용해 아직 태도를 밝히지 않은 전쟁포로들을 협박하면서, 이 살점들로 "교자(餃子)를 만들어" 먹겠다고 공언했다. 유명한 린쉐부(林學逋, 1930~1952) 열사는 바로 이때 살해되었다. 린쉐부가 특무들의 제의를 거절한다고 대답하자, 도살자들이 그의 가슴을 갈랐다. 삶의 마지막 순간에 린쉐부는 눈빛을 번뜩이며 "중국공산당 만세" "마오 주석 만세"라고 고함을 질렀다. 이 웅장한 목소리는 린쉐부 열사의 심장이 산채로 도려내지고 나서야 멈췄다.

장즈룽(張子龍, 1925?~1952) 열사는 더욱 참혹한 일을 당했다. 그가 '시위행진'에 참가할 것과 반동적 구호를 외치는 것을 거절하자, 특무들이 우르르 몰려오더니, 먼저 장즈룽의 따귀를 매섭게 갈긴 다음, 그를 매달아 놓고 가죽 채찍으로 6시간 동안 갈겨댔다. 6시간 뒤, 특무들은 다시 장즈룽을 거꾸로 매달아 놓고, 나무 방망이로 그의 머리를 맹렬하게 쳤고, 불로 그의 배를 태웠으며, 큰 쇠못을 그의 머리에 박고, 칼로 그의 관자놀이를 찔렀다.

　"아직 죽지 않았어. 그놈 죽지 않았어. 그놈의 생식기를 잘라버려!" 특무들은 미친 듯이 소리쳤다.

　선혈이 장지룽 발밑의 땅을 물들였고, 그는 마지막 힘을 다해 머리를 들고 중얼거리며 욕을 했다. 특무들은 달려들어 철삽으로 그의 심장을 파냈고, 다시 그의 간을 꺼낸 다음 시체를 자르기 시작했다. 국민당 특무 천푸성(陳福生)은 장즈룽의 심장을 냄비에 넣고 삶아, 전쟁포로들을 이렇게 위협했다: "모두 한 조각씩 먹는다. 누구라도 먹지 않으면, 그것은 장즈룽을 동정하는 것이고, 이는 바로 대륙으로 돌아가려는 것이니, 곧 그와 똑같은 말로를 맞이할 것이다."

　이어서 미국 극동군사정보국의 특무도 이승만과 장제스의 특무들에게 한 가지 방법을 알려주었다. 전쟁포로의 몸에 "주더와 마오쩌둥을 죽이자[殺朱拔毛]"·"청천백일(青天白日)"·"공산당과 러시아에 반대한다[反共抗俄]"라는 표어들을 새겨 넣으면, 이 전쟁포로들은 감히 돌아갈 수가 없을 거라고 여겼다.

　더 대규모의 강압적인 '선별'이 시작되었다. 미국인들은 거제도의 공터에 높고 큰 심사실을 설치하고, 모든 전쟁포로들은 총검의 위협 아래 심사실에 들어가 판결의 선고를 기다렸다. 심사실의 출구에는 타이완 특무들이 좁은 통로에 두 줄로 늘어서 있었고, 한 줄은 생화(生花)를 잔뜩 깔아놓았다. 이것은 타이완으로 가는 "자유와 영광의 길"이었다. 다른 하나는 양쪽에 총검과 비수를 들고 있는 타이완 특무들이 있었다. 이것은 "귀국의 길"이었다. 귀국을 하려면 반드시 목숨을 걸고 여기에서 밖으로 달려 나가야 했는데, 느리게 뛰면 칼에 맞아 다치거나 죽었다. 처음에 밖으로 달려 나간 지원군 병사 스전칭(石振靑)은 백주대낮에 칼을 맞고 사망했다.

중국과 조선 포로들의 지옥 같은 운명은 절대로 중국인들이 꾸며낸 것이 아니다. UPI 기자의 긴급 보도는 폭로하기를, "거제도 수용소의 한복판은 공포의 섬으로 바뀌었으며", "폭동·고문·암살은 이곳 포로들의 일상생활 속에서 한 폭의 공포스러운 그림을 그려내고 있다"고 했다.

정의감 넘치는 두 명의 서방 인사들, 즉 영국인 앨런 위닝턴(Alan Winnington, 1910~1983)과 오스트레일리아인 윌프레드 버쳇(Wilfred Graham Burchett, 1911~1983)은 신문기자로서 전체 조선 전쟁 기간 동안 전선·판문점 회담장·조선과 중국 측의 포로수용소 및 석방된 조선과 중국 포로들에 대해 광범위한 조사와 인터뷰를 진행했다. 전쟁이 끝난 다음에 그들은 『조선 전쟁포로 문제의 내막』[264]이라는 책을 함께 저술했다. 이 책은 서방 세계에서 조선 전쟁과 관련된 금서(禁書)로, 이들 두 기자는 사람들이 잘 알지 못하는 많은 자료들을 제공했다.

그 자료에 따르면, 정전 협정의 관련 조항에 따라, 거제도와 제주도에 억류되어 있던 약 8천 명의 조선 포로와 1만 5천 명의 중국 포로 및 조선에 억류되어 있던 350명의 유엔군 포로가 비무장 지대 내에서 교환되었다고 한다.

중립국송환위원회가 설립된 뒤 몇 주 내에, 그 위원들은 모두 매일 인도가 관리하는 부대의 수용소에서 도망쳐 나온 포로들이 말하는 중세적인 야만적 행위들과 사람들로 하여금 분노하게 하는 다른 여러 가지 일들을 들을 수 있었다. 처음에는 이들 위원들 모두가 반신반의했다. 그러나 이에 대해 가장 회의적인 태도를 갖고 있던 사람들조차도, 서로 다른 수용소와 서로 다른 시기에 탈출했던 사람들—그들 중에는 조선인도 있고 중국인도

---

264 원래 제목은 *Plain Perfidy—The Plot to Wreck Korean Peace*이며, 1954년 런던의 Britain-China Friendship Association에서 출간되었다. 이 책의 중국어 번역본 제목은 『歸來的幽靈 : 朝鮮戰爭俘虜問題內幕』(中國青年出版社, 1990)이다. 이 책을 쓴 위닝턴과 버쳇은 공산주의와 중국에 우호적인 성향을 보였던 지식인들로 서방 세계에서 논란이 되었다. 특히 위닝턴은 1954년에 영국으로 돌아왔을 때, 정부로부터 여권 갱신을 거부당하기도 했다.

있었다—이 말하는 일들이 조금도 다르지 않고 일치한다는 것에 주의를 기울였다. 뿐만 아니라, 그들은 사람들을 수용소로부터 싣고 온 트럭에서 내리자마자 설명하기 시작했고, 또한 매우 많은 기자들이 제기하는 문제들에도 대답했다. 이렇게 되자 그것이 사람들로 하여금 믿게 하는 힘이 더욱 확실해졌다. 아무도 그들이 말하기 전에 그들에게 이러쿵저러쿵 말하라고 명령한 사람은 없었음이 분명했다.

사람들에게 가장 깊은 인상을 준 기자회견은 9월 27일에 열렸다. 그날 65명의 중국 인민지원군 장병들이 돌아왔는데, 그 중 절대 다수는 장교들이었다. 그들은 아직 차에서 내릴 시간이 안 되었는데도, 국민당 깃발이 찍혀 있는 내의를 찢어버리고, 온몸에 가득 표어가 새겨진 신체를 드러냈다. 이 건물 안에서는 오랫동안 지속되면서 점점 커지는 울음소리밖에 들을 수 없었다. 미리 정해진 순서에 따라, 마땅히 한 사람씩 이어서 자신이 겪었던 일들을 이야기해야 했다. 하지만 막 시작한 지 얼마 되지 않아, 하루 이틀 전에 혹독한 고문을 당하고 돌아온 한 명의 포로를 밖으로 데리고 나가 응급처치를 하지 않을 수 없었다. 또 한 사람은 자기 동포들이 당한 고통을 말할 때 괴로워서 기절을 하자, 또 어쩔 수 없이 그를 업고 밖으로 나갔다. 어떤 사람은 귀를 잘렸고, 동시에 그의 복부에도 국민당의 칼에 의해 베인 후에 남은 구불구불한 커다란 상처 자국이 있었다. 그들 가운데 절반 이상의 사람들이, 조국으로 돌아가는 것을 방해하는 문신 표어를 새기는 것을 거절한 "죄"를 "범했다". 이 때문에 그들의 사지에 붙어 있는 살들은 온통 베이고 곪아, 사람들이 차마 눈 뜨고 볼 수 없는 상처 자국들을 남겨 놓았다.

포로가 된 지원군들은, 새로운 문신이 8월 20일부터 시작되었다고 회고했다. 왜냐하면 특무들이 조사하고 있을 때, 수많은 포로들이 1951년 4월에 새긴 문신과 표어들을 도려내거나 불로 지져버린 것을 발견했기 때문이다. 특무들은 우레와 같이 펄쩍펄쩍 뛰고 노발대발하면서, 수용소 안의 모든 사람들에게 문신을 하라고 명령했다. 가슴에는 국민당의 깃발과 휘장을 새기고, 양팔에는 구호를 새겼다. 심지어 등의 한가운데에 국민당의 깃발이

나 중국 타이완의 지도를 새기기도 했다. 문신을 거절한 사람은 죽도록 맞았고, 또 침상 위에 묶였다. 한 번에 세 놈이 진행한 문신은 줄곧 4시간 동안 지속되었다.

8월 31일까지, 10곳의 수용소에 있는 1만 5천 명의 포로들은, 극소수를 제외하고 모두가 문신을 당했다. 나이가 가장 어렸던 텐중쥔(田忠俊)은 가장 마지막 순번이었다. 그는 이렇게 말했다: "그때, 나는 마치 국가와 인간이 속세에서 사라진 것처럼 느꼈습니다. 만약 내 몸에 그런 문양이 새겨지면, 나는 분명히 수치스러워 어쩔 줄 몰라, 절대로 다시 조국으로 돌아올 면목이 없었을 겁니다. 어찌 햇빛 아래 나의 등을 드러낼 수 있겠습니까? 다른 것은 차치하고, 내 몸에 이미 그런 문양들이 있으면 망가진 겁니다." 9월 1일 새벽녘, 텐중쥔은 철조망 속을 기어서 나왔다. 그가 빠르게 마지막 철조망을 기어 나올 때 발각되어, 총탄이 그의 발목뼈를 관통했다. 그는 병원에서 마음씨 좋은 간호사의 도움을 받아, 마지막으로 송환되는 포로들 무리 속에 섞여 들어갔다. 텐중쥔은 일개 보통 포로에 불과했으므로, 그는 대규모의 문신을 새기도록 막후에서 획책한 자들의 심리를 이해할 수 없었다. 지금은 사람들이 이미 다음과 같은 사실을 다 알고 있다. 즉 당시 미군의 심리작전부 도쿄 지부 책임자인 하인슨(실제 인물의 정보를 확인할 수 없음—옮긴이)은, 만약 문신을 끝까지 진행하기만 하면 "포로가 된 사람들이 집으로 돌아가려는 생각을 품지 못하게 보장하는" 목적을 이룰 수 있다고 생각했다는 것이다.

전쟁포로 교환 장소에서, 퓰리처상 수상자인 『시카고 데일리 뉴스(Chicago Daily News)』의 기자 케예스 비치(Keyes Beech, 1913~1990)는 폐결핵을 앓고 있는 중국 인민지원군 포로가 마지막 온 힘을 다해 미제 군화를 벗는 것을 보고 매우 놀랐다. 그가 슬픈 어조로 물었다: "그러면, 이 사람들은 왜 군화조차도 가져가려 하지 않습니까? 이 군화는 상당히 좋은 거잖아요! 내가 생각하기에, 조선과 중국에는 이렇게 좋은 군화가 많지 않을 것 같은데요." 그러나 비치와 다른 미국 기자들은, 포로들이 왜 미국인들이 가한 고문과 그 요괴 같은 물건을 회상하면 이처럼 뼈에 사무치는 원한을 갖게 되는 지, 또 왜 그것을 갖는 것에 대해 치욕으로 여기는지에 대해서는 한마디도 묻지 않았다.

사실 살인과 공포의 분위기는 줄곧 포로들이 수용소를 떠날 때까지도 만연했다.

이 여성 포로는 해주(海州)대학[265]을 졸업한 학생이었다. 전쟁이 발발한 지 얼마 지나지 않아, 그는 조선인민군에 입대했다. 미군이 인천에 상륙한 후, 그는 인천에서 사로잡혔다. 그는 어여쁜 처녀로, 보기 좋은 검은 머리가 양 어깨까지 곧게 드리워졌고, 이름은 김경숙(金京淑)이다. 그와 고생을 함께했던 그의 전우들은 이렇게 회고했다: 적들은 수사를 명분으로, 그들의 옷을 모두 벗긴 다음, 한 칸의 방에 몰아넣었다. 몇 분 후, 실오라기 하나도 걸치지 않은 남자 포로들도 끌려 들어왔다. 한 미국 장교가 말했다. "우리는 너희들 공산주의자들이 춤추는 것을 매우 좋아한다고 들었다. 그럼 이제 춤을 춰라! 춤을 추라고!" 대검과 권총의 위협하에, 그들은 어쩔 수 없이 춤을 추었다. 미국 장교들은 담배를 피워 물고는 매우 흡족해 하며 크게 웃더니, 담배로 그들의 가슴을 불로 지지면서, 의학 잡지나 법률 기록책에서나 찾아볼 만한 추행을 저질렀다.

포로수용소 안에서 적의 잔인한 행위를 벗어날 수 있는 사람은 아무도 없었다. '전쟁포로'라는 죄명으로 체포된 14세의 한 여자아이가 겁탈을 당했다. 인천의 포로 수용소에서는 갓난아기를 업은 두 명의 어머니가 몇 번이나 총칼의 위협하에 강간을 당했다. 이때 그들은 아기의 입을 틀어막았다. 전기 고문을 당한 후 신경 착란 상태의 한 처녀는, 화장실에 갈 때 한 미군 하사에 의해 저지당하자, 비록 다른 동료들이 분발하여 급히 구조했지만, 그도 역시 강간을 당했다. 결국 그는 완전히 미쳐버렸다.

유격대원들과 조선인민군으로 간주되어 체포된 수많은 임산부들은, 아무

---

[265] 당시에 해주대학은 없었고, 초등학교 교원을 양성하는 해주교원대학이 있었다.

런 의료 조치조차도 없는 상태에서 분만했다. 비록 나중에 산모방(産母房)을 설치하기는 했지만, 미국인들이 분유 같은 식품을 제공하지 않아, 늘 굶주린 상태에 있는 어머니는 충분히 나오지 않는 젖으로 갓 태어난 아기를 양육했다. 얼굴이 몹시 하얗고, 매우 아름다운 23세의 어머니이자, 평양 김일성종합대학 졸업생인 김숙자(金淑子)는 이렇게 말했다: "나와 나의 어린 딸은 운 좋게도 살아남았지만, 나는 한 동지가 의식이 뚜렷하지 않은 상태에서, 갓난아이가 배가 고파서 우는 처절한 울음소리를 차마 들을 수 없었기 때문에, 아기를 손으로 목 졸라 죽이는 것을 직접 보았습니다. 우리가 여러 번 시위를 벌여 항의를 표시한 뒤에야, 미국인들은 비로소 아기에게 먹을 것을 조금 주었어요. 그러나 그들은 수시로 처벌 수법으로 삼아, 우리에게 주는 식량 공급을 중단할 수 있었습니다. 우리는 '아기들은 포로가 아니다. 그들은 반드시 인도주의적 대우를 받아야 한다' 등의 구호를 쓴 표어판을 철조망에 걸어 놓았지만, 아무런 도움이 되지 않았습니다."

"3월 8일 여성의 날, 우리가 갓난아이를 업고 즐겁게 노래를 부르자, 미국인들은 우리에게 최루탄을 던졌습니다. 그들이 23명의 어머니와 23명의 아기들에게 30여 발의 최루탄을 던져, 많은 아이들이 그 이후로 모두 몇 달 동안 병을 앓았습니다." 정전한 그날부터, 여성 포로들이 송환될 때까지, 적들은 거의 하루도 빼놓지 않고 그들에게 한두 번씩 최루탄을 던졌다.

내과 및 외과 의료 방법을 사용하여 사람에게 폭행을 가했다는 증거는, 미군이 관할한 죽음의 수용소에서 돌아온 포로들 사이에서 찾아볼 수 있었다. 미국의 정보들도 이렇게 내과와 외과 치료 범위를 이미 뛰어넘는 놀랄 만한 범죄 행위를 확인해주었다. 이런 행위에 대한 증거의 확실성은, 아마 미국인들도 부인하지 못할 것이다.

1953년 제4호 『월간 미국 의학협회지(*The Journal of the American Medical Association*)』는 한 편의 논문을 실었다.[266] 이 논문에서, 저자는 실험자가

---

266 논문의 자세한 정보는 다음과 같다. Bernard T. Garfinkel,(MC); Gerald M. Martin,(MC); James Watt, M.D.; et al, Antibiotics in Acute Bacillary Dysentery: Obser-

1,408명의 세균성 이질 환자들에 대해 사용했던 여섯 가지 치료 방법들을 분석했다. 그 여섯 번째 치료 방법은, 침대에 누워 휴식을 취하기, 전기 치료법, 필요할 때 진정제 복용, 영양의 보양과 유지 요법 등이었다. 좀더 쉽게 말하자면, 이런 것들은 치료를 하지 않은 것과 같다. 환자를 침대에 눕혀 땀을 흘리게 함으로써, 그들의 체질을 더욱 허약하게 만들었다. 치료를 해주지 않았을 때, 이 질병이 어떤 속도로 확산되며, 각종 치료법의 효과는 어떤지를 검사하기 위해, 이 환자들을 점점 허약해지게 했지만, 죽게 하지도 않았다. 일부 환자들은 치료를 받기도 했지만, 사실 이것은 실험에 지나지 않았다. 단지 독시사이클린(Doxycyline)[267]만으로, 어떤 환자에게는 매일 8정을 복용하게 하고, 어떤 환자는 매일 16정을 복용하게 했으며, 심지어 32정을 복용하게 하여, 굶주림으로 인해 걸린 각종 질병들이 각기 다른 상황에서 설파닐아미드(Sulfanilamide)[268]를 흡수하는 능력을 테스트했다. 이런 실험을 당하다가, 많은 환자들이 중독된 다음 사망했다. 1950년 10월부터 1951년 8월까지, 4천 명 이상의 환자가 죽었다. 사망자들은 거의 모두가 이질을 앓았다. 당시 수용소 안에서 얼마나 많은 사람들이 죽었는지는 집계할 수 없다. 단지 병원 당국은 설사가 심한 사람들을 그대로 수용소로 돌려보내자, 그들은 그곳에서 계속 이 질병을 퍼뜨림과 아울러, 그곳에서 죽었다.

외과 방면에서 실시한 실험 과정에서 드러난 대량의 증거들은 더욱 부인할 수 없었다. 판문점에서, 모든 사람들은 놀라서 가슴이 두근거릴 정도로 팔다리가 절단된 사람들이 많다는 것에 보편적으로 주의를 기울였다. 조사에 따르면, 많은 사람들의 팔다리나 사지 전부가 마치 소 꼬리처럼 잘려, 몇 토막이 났다고 한다. 심지어 한쪽 다리만 대여섯 번씩 잘리기도 했다. 치료

....

vations in 1,408 Cases with Positive Cultures, *The Journal of the American Medical Association*, April 4, 1953, Vol. 151, No. 14.

267 세균이나 기생충에 의한 질병을 치료하기 위해 사용되는 항생 물질로, 분자식은 $C_{22}H_{24}N_2O_8$이다. 구조식으로 나타낼 경우, 네 개의 고리가 나열되어 있는 모양이기 때문에, Doxycycline 혹은 사환소편(四環素片) 등으로도 불린다.

268 상처의 감염을 늦추고 2차 감염을 막기 위해 사용한 약물로, 지금은 대부분 항생제로 대체되었다. 분자식은 $C_6H_9N_2O_2S$이다.

수단과 전혀 무관한 기관지염과 늑막염에 걸린 일부 사람들도 갈비뼈를 여러 차례 잘려야 했다. 1951년 4월부터 1952년 7월 사이에, 제1포로수용소에서 행해진 그런 극악무도한 수술들을 받고 나서 요행히 살아남은 사람은 단지 37명의 포로들뿐이었다. 그 가운데 진춘산(金春山)이라는 포로는 다섯 개의 갈비뼈를 절단당했는데, 매번 모두 다른 의사가 절단했다. 그는 회상하면서 말하기를, 적들이 병원 안으로 느닷없이 뛰어 들어오더니, 자신의 필요에 따라 환자를 골랐다고 한다. 만약 누군가가 저항하면, 곧 주사를 놓은 다음에 강제로 끌고 갔다고 한다.

중국 군대의 외과 의사들은 동상에 걸린 포로들을 철저하게 진찰했다. 그들이 제공한 통계 보고에 따르면, 동상자는 모두 267개의 팔이나 다리를 잃었으며, 이 사람들이 중국으로 돌아온 포로들의 전체 동상자들 중에서 차지하는 비율은 놀랍게도 70%나 되었다. 그들은, 조선의 전선에 주둔하고 있는 미군 의무(醫務) 부대 사람들이 이렇게 말했다고 지적했다: "매우 오래전부터, 보존성 치료법[269]은 동상 치료의 기본 원칙이다." 그런데 미국 측에서는, 이렇게 순수한 동상의 범위에 속하는 팔다리의 하부를 절단하는 수술 과정에서, 84%는 정확한 수술 부위에서 10센티미터 이상 되는 곳에서부터 수술을 했고, 심지어 어떤 환자는 정확한 수술 부위의 50센티미터 이상 되는 곳에서부터 수술을 하기도 했다.

2,172명의 부상을 당한 중국 포로들 가운데, 거의 절반의 사람들이 양다리를 절단당했다. 모두 6천 명의 중국으로 돌아온 포로들 가운데 1,172명이 외과 환자였고, 그 중 84%는 불구가 되어 활동 능력을 상실했다. 4명은 사지를 모두 절단당해, 단지 조금도 의지할 데 없는 몸통만 남았다. 제2차 세계대전 때, 전체 미국 군인들 중 사지를 절단당한 사람은 단 22명뿐이었고, 조선 전쟁에서 전체 유엔군 부대들 중 이러한 불운을 당한 사람도 단지 4명뿐이었다.(수백만 명에 달하는 제2차 세계대전에 참전한 전체 미군에서 22명,

---

[269] 동상 치료 방법들 중, 37~42℃의 온수에 30~60분 정도 담가 녹인 다음, 혈액응고억제제·항염증제·항생제 등을 처방하는 방법이다.

한국 전쟁에 참전한 수백만 명의 전체 유엔군에서 4명에 비하면, 6천 명의 포로들에서 4명이 사지를 절단되었으니, 발생률에서 엄청난 격차가 있다.-옮긴이)

이것이 바로 트루먼의 입으로 말한 미국 문명과 자유세계였다!

8

미국인들의 야만적인 전쟁포로 학살은 장차 금수만도 못한 죄행으로 인류 역사의 치욕기둥에 영원히 기록될 것이다. 비인간적인 학대를 당하자, 중국과 조선 전쟁포로들은 불굴의 반항을 했다.

1952년 2월 19일 새벽, 미국 극동 사령부 연락 부대의 해리슨 상사는 C-46 수송기를 몰고 조선 황해북도 곡산군 상공으로 날아가서 극비 임무를 수행했다. 그의 사명은 중국과 조선 진지 후방에 지원군 포로들 중에서 선발하여 일본인이 훈련시켜 양성한 특무 5명을 공중 투하하는 것이었다. 이전에 그는 이미 14번 출동하여, 34명의 특무를 공중 투하했다. 4명의 특무는 잇달아 기내에서 뛰어내렸고, 전 지원군 견습 통신병이었던 장원룽(張文榮)의 차례가 왔다. 기지가 넘치고 용감한 이 중국 병사가 중요한 일을 하기 위해 굴욕을 참아가며 기다린 것은 바로 이 순간이었다. 비행기에서 뛰어내리는 찰나, 장원룽이 수류탄을 꺼내 기내에 던지자, 쿵쾅 하는 소리가 크게 울려 퍼졌다.

장원룽은 밤하늘에서 그 C-46이 폭발하여 한 송이 거대한 꽃불이 되는 것을 보았다. 땅에 내려오자, 그는 신속하게 지원군 부대를 찾아 상황을 설명했다.

낙하산을 타고 내려와 포로가 된 해리슨 상사가 장원룽의 설명을 실증해주었다: "내가 비행기를 몰고 곡산군 상공에 이르자, 5명의 지원군 포로가 비행기에서 낙하산을 타고 뛰어내리고 나서, 갑자기 기내에서 커다란 소리가 들리더니, 비행기에 불이 나면서 추락했다. 그날 그 지역에는 고사포가 없었고, 비행기는 이륙하기 전에 엄밀한 검사를 거쳤으므로 사고는 아니었을 것이다……."

장원룽이라는 이 기지 넘치는 중국의 영웅은 영광스럽게 부대로 돌아왔고, 그는 다시 지원군 주력 부대 안에 모습을 나타냈다.

이때 거제도에서는, 전쟁포로들 가운데 사로잡힌 수많은 중국공산당원들은, 개별적인 사람들의 자발적인 투쟁이 특무에 의해 조직적이고 계획적으로 진압당하는 비통한 교훈을 목도하자, 인민군 전쟁포로들이 장교들의 지도 아래 조직적으로 투쟁한 경험을 받아들여, 재빠르게 비밀스러운 당(黨) 세포 그룹과 대중적인 투쟁 조직을 결성했다. 중국 전쟁포로수용소의 지하당 조직의 지도자는 재빨리 인민군 전쟁포로 지도자와 연락을 취해, 통일적으로 전쟁포로 투쟁을 지도하는 비밀 기구인 '연합 사령부'를 결성했다.

'결사대'도 조직했다. 잔혹하게 전쟁포로들을 박해하던 변절자들은 사람이 없는 구석진 곳에서 호되게 얻어맞았고, 전쟁포로들을 밀고하고 감시하는 책임을 지고 있던 특무들은 종종 "실종"되기도 했다.

곧바로 변절자들과 반역자들은 감히 멋대로 행동하지 못하게 되었고, 많은 수용소들에는 "해방구"와 "소옌안(小延安: 옌안은 마오쩌둥이 대장정을 마치고 중국공산당 중앙이 있던 곳이자, 중화인민공화국의 임시 수도가 있던 상징적인 곳이다-옮긴이)"들이 만들어졌다. 앞에서 언급한 그 '생화(生花)'와 비수의 대규모 선별을 할 때, 바로 지하당의 조직이 있었기 때문에, 비로소 5천여 명의 중국 전쟁포로들이 총검과 비수로 무장한 적들을 무너뜨리고, 직접 전쟁포로를 송환하는 제602연대로 달려 들어갔다.

1952년 5월 7일, 전 세계를 깜짝 놀라게 하고, 미국인들의 체면을 구기게 한 '도드 사건'이 발생했다.

9

미국인들이 지어낸 "전쟁포로들이 송환을 원치 않는다"는 허상을 까발리고, 세계에 조선과 중국의 전쟁포로들이 비인간적인 대우를 받는 진상을 설명하기 위해, 조선노동당 거제도 지하 조직은 전쟁포로수용소장 도드 준장을 구금할 방법을 찾기로 결정했다. 그날 오전, 이미 연속으로 단식 시위 행진을 하던 중국 전쟁포로들은 도드와 직접 협상할 것을 요구했다. 중국 포로들이 효과적으로 도드의 경계심을 누그러뜨린 다음, 인민군 전쟁포로들을 수감하고 있던 제76연대도 도드에게 협상을 요청했다.

도드가 대문 밖에서 오만하게 인민군 전쟁포로 대표에게 "전쟁포로는 전쟁포로답게 생활하라"라고 말할 때, 손에 아무런 무기도 갖지 않은 10여 명의 인민군 전쟁포로들이 갑자기 전쟁포로수용소의 대문을 열더니, 허리를 껴안은 이는 허리를 껴안고, 다리를 든 사람은 다리를 들어, 몸집이 비대한 도드를 철조망 안으로 끌고 들어감과 동시에 즉각 문을 잠가버렸다. 오직 이미 한 차례 포로가 된 적이 있던 레이븐(Wilbur R. Raven) 중령만이 영리했다. 그는 문 옆의 기둥을 마치 하느님의 다리를 붙들기라도 하듯이 껴안아서, 결국 안으로 끌려 들어가지 않았다.

도드 준장은 온몸을 부들부들 떨면서, 마치 웅덩이에서 퍼낸 진흙처럼 땅바닥에 털썩 쓰러지더니, 놀라서 말조차 못했다. 그는 더구나 그의 전쟁포로수용소 안에서 무슨 일이 일어났는지 분명히 알고 있었다. 솔직히 말해, 중국과 조선 전쟁포로들은 그를 1만 번 죽이더라도 지나치지 않았다.

그러나 인민군 대표는 도리어 상냥한 얼굴로 도드에게 말했다: "우리는 당신들과 달리 진정한 인도주의자이니, 당신은 두려워하지 말기 바라오. 우리는 당신의 생명 안전을 절대적으로 보장합니다."

생명을 보장한다는 말을 듣더니, 도드 준장은 갑자기 힘을 냈다: "당신들이 나를 빨리 풀어주길 바랍니다. 그러지 않으면 내 부하들이 화를 낼 것입니다."

인민군 전쟁포로들은 비웃으며 말했다: "석방되는 시간은 당신 자신이 협상 과정에서 전쟁포로들의 합리적인 요구에 빨리 동의하느냐 않느냐에 따라 결정될 거요."

수용소 문밖에는 많은 탱크·장갑차와 미군 보병들이 이미 제76연대를 삼엄하게 포위하고 있었고, 그들의 맞은편에는 길이 7미터에 폭 2미터의 다음과 같은 영문 표어가 걸려 있었다:

"우리는 전쟁포로수용소 소장 도드 준장을 생포했으며, 그의 생명 안전을 절대적으로 보장한다. 우리는 그와 진행하는 정당한 협상이 끝나고 나면, 안전하게 당신들에게 돌려보낼 것이다. 만약 엄중한 무장으로 인해 초래되는 좋지 않은 결과는, 완전히 당신들이 책임져야 한다."

자신의 생명 안전을 위해, 도드는 문 밖의 미군에게 직접 손으로 글을 써서 명령했다: "사태의 확산을 방지하고 나의 안전을 보장하기 위해, 나는 절대로 발포 금지를 명령한다. 아울러 즉시 섬 전체의 북한과 중국 전쟁포로 회의를 개최하여, 협상으로 문제를 해결하는 데 동의하며, 곧 콜슨 대령에게 대표들을 맞이해 오고, 동시에 부대를 제76연대에서 철수할 것을 명령한다."

도드 준장은 〈제네바 협정〉을 위반하고 전쟁포로들로 하여금 비인간적인 생활을 하게 했는데, 전쟁포로들은 도리어 〈제네바 협정〉에 따라 그에게 포로가 마땅히 받아야 할 좋은 대우를 해주었다. 그들은 도드 준장에게 100명이 거주하는 천막을 비워 거주하게 해주었고, 또한 담요와 흰 천으로 침실과 사무실을 분리해주었으며, 미군으로 하여금 전화기 한 대를 보내오게 하여 도드가 외부 세계와 연락을 할 수 있게 해주었다. 또한 바깥쪽의 미군이 시간에 맞춰 식사를 전달하는 것도 허락했고, 심지어 미군 측으로 하여금 무기를 휴대하지 않은 두 명의 미군 병사를 배치하여 도드를 시중들게 했다. 따라서 도드는 갇혀 있는 게 아니라, 오히려 휴가를 보내는 것 같았다.

리지웨이와 밴 플리트는 모두 다급해졌다. 언론계가 이미 이 사실을 전 세계에 알려, 그들의 체면이 크게 손상되었다.

밴 플리트는 제2병참사령부의 참모장 크레이그(William H. Craig) 대령을 비행기로 거제도에 급파하여 사태를 수습하게 했다. 크레이그는 거제도에 와서 한 가지 유치한 수작을 생각해냈다. 그는 단독으로 구금되어 있는 인민군 제13사단 참모장인 이학구(李學九) 대좌를 보내 전쟁포로들에게 도드 준장을 석방하도록 설득시키려 했다. 이학구는 인민군 제2군단의 작전부장을 역임한 인물로, 전쟁포로들 사이에서 명망이 높았다.

그러나 이학구 대좌는 제76구역의 원내에 들어서자, 갑자기 태도를 바꾸어 포로들의 지도자가 되어버렸다. 속임수에 걸려든 미국인들은 후에 이를 갈면서 말했다: "마치 일부러 한 명의 지도자를 보낸 것처럼 되어버렸다."

5월 7일은 곧 이렇게 지나갔는데, 중국과 조선 전쟁포로들의 장거는 이미 전 세계를 뒤흔들었다.

다음날, 제76호 전쟁포로수용소에서 회의가 열렸다. 전쟁포로들이 수많은 사실들을 근거로 도드 준장에게 미국 측이 중국과 조선 사람들을 박해하고 사살한 죄행을 울면서 하소연하자, 도드는 부끄러워서 어쩔 줄 몰랐다. 회의 의장은 전쟁포로들이 하는 말이 사실인지 아닌지를 끊임없이 물었는데, 전쟁포로들의 강제로 절단되어 불구가 된 팔다리와 눈을 뜨고는 볼 수 없는 수많은 상처들을 보자, 도드는 단지 고개를 끄덕이며 인정할 수밖에 없었다.

이때, 제76연대의 문 밖에는 밴 플리트가 이미 미국 제1군 참모장 콜슨 준장(Charles Frederick Colson, 1896~1970)을 파견해 도드의 직무를 교체시켰다. 콜슨은 거제도에 와서, 가장 먼저 1개 탱크 중대와 1개 보병 대대를 파견했고, 이어서 다시 제8집단군의 모든 특등 사수들을 집합시켜 전쟁포로들을 진압할 준비를 했다. 이 조치들을 하고 나서도 아직 성에 차지 않자, 그는 다시 보급소에서 대량의 방독면을 받아와 병사들에게 나누어 주었다. 그는 독가스를 뿌려 전쟁포로수용소의 많은 포로들을 잔인하게 학살하려 했다.

미국인들은 도드 장군의 목숨조차도 신경을 쓰지 않았다. 솔직히 말해, 리지웨이 등은 도드가 당장 죽었어야 하는데 그러지 않은 것을 안타까워했다. 그렇게 되면 그들은 중국과 조선의 얼굴에 먹칠을 할 수 있었고, 더구나 전쟁포로들을 잔인하게 학살할 구실도 가질 수 있었다.

그러나 도드 준장은 "마치 국왕처럼 대우받았고", "심지어 그의 위궤양을 치료할 약조차도 포로들의 요구에 의해 들여보내게 하여, 약간의 위안을 제공하기도 했다."

영리한 전쟁포로들은 미국인들에게 조금도 꼬투리를 잡히지 않았다.

셋째 날, 리지웨이 대장과 그의 후임인 클라크 대장 및 밴 플리트 대장이 거제도에 모여 이 일을 어떻게 처리할 것인지를 논의했다. 백만 명의 대군을 거느리고 있는 세 명의 미국 4성 장군들이 뜻밖에 함께 손에 아무런 무기도 갖지 않은 조선과 중국의 전쟁포로들을 어떻게 대처할지를 논의한 것이다. 이는 전쟁사에서 보기 힘든 이야기로, 이 일이 세계에 미친 충격이 어떠했는지를 잘 말해준다. 전 세계는 마침내 미국인들이 말하는 "자유 의사에 따라 송환하고" "포로들이 차라리 죽을지언정 공산주의 세계로 돌아가고 싶지 않다"고 하는 말이 얼마나 허무맹랑한지를 알게 되었다.

세 명의 미국 장군들이 가장 먼저 결의한 것은 "일체의 언론 인터뷰를 불허한 것"이니, 미국이 가장 강조하는 언론의 자유가 한쪽에 내팽개쳐지고 말았다.

이어서 리지웨이는 밴 플리트에게 매섭게 명령을 내렸다: "만약 적색분자들이 우리의 요구를 실행하기를 거부하거나 혹은 지연시키면, 나는 곧 사격을 개시할 거요. 뿐만 아니라 가장 효과적으로 사격을 진행하도록 할 것이오!"

클라크도 이렇게 말했다: "나는 우리가 마땅히 무력을 사용해야 한다고 생각합니다……."

다만 콜슨과 포로들의 협상에서 약간의 진전이 있었기 때문에, 전쟁포로수용소를 피로 물들일 계획은 간신히 집행되지 않았다. 클라크는 훗날 뜻밖에 회고록에서 뻔뻔스럽게도 그 짓을 하지 않은 것을 이렇게 한탄했다: "그러나 콜슨과 포로들의 협상은, 쌍방 모두가 조금씩 양보하여, 무력으로 구출하라는 명령은 미뤄졌다. ……갇혀 있던 도드와 전화 통화를 한 것이 도리어 콜슨으로 하여금 고생하게 했다."

세 명의 미국 장성들이 전쟁포로들을 대한 태도만 보면, 리지웨이·클라크·밴 플리트는 모두 장군이 될 자격이 없었으며, 심지어 군인이 될 자격도 없었다. 그들은 단지 도살자가 될 자격밖에 없었다.

개인의 인격과 장군으로서의 도리를 논하자면, 그들은 여전히 전쟁포로들을 가능한 한 잘 대우하려고 했던 파시스트 장군인 롬멜(Erwin Johannes Eugen Rommel, 1891~1944)이나 게르트 폰 룬트슈테트(Karl Rudolf Gerd von Rundstedt, 1875~1953) 같은 자들보다도 못했다.

이날, 조선과 중국의 전쟁포로 대표는 「중국과 조선 전쟁포로 대표 회의가 전 세계 인민에게 보내는 고발장」을 작성하여, 세계 인민에게 전쟁포로 수용소의 진상을 폭로함과 동시에, 도드에게 다음과 같은 네 가지 조건을 제시했다: 제1항, 모욕·고문·학대·감금 및 전쟁포로들을 이용하여 독가스나 세균 무기 등의 실험을 즉각 중지하고, 국제법에 따라 전쟁포로들의 인권과 생명을 보장하라. 제2항, 전쟁포로에 대해 불법적으로 진행하는 이른바 '자유 의사에 따른 송환'을 즉각 중단하라. 제3항, 무력으로 협박하여 진행되는 '선별'을 즉각 중지하라. 제4항, 전쟁포로 대표단을 승인하라.

이 네 가지 요구는 조금도 지나치지 않았다.

10일, 콜슨과 도드는 공동 성명에 서명하고, 유혈 사태가 발생했음을 시인했다. 이 사건 과정에서 유엔군은 많은 전쟁포로들을 죽거나 다치게 했지만, 앞으로는 국제법에 따라 전쟁포로들에게 인도적인 대우를 하겠다고 승낙했다. 자유 의사에 따른 송환 문제는 판문점에서 결정하기로 했다. 강압적인 선별 문제는, 도드가 안전하게 풀려나기만 하면, 곧 더 이상 강압적인 심사를 진행하지 않고, 승인을 받기만 하면, 인민군과 지원군 전쟁포로 대표단을 조직하기로 동의했다. 이렇게 제2항을 제외하고, 미국인들은 전쟁포로수용소에서 벌어진 잔혹한 박해를 전부 인정했다.

이때 곧 조선을 떠나게 될 리지웨이는 밴 플리트에게 왜 그가 "모든 필요한 무력을 사용하여 질서를 확립하고 유지할 것에 관한 지시"를 집행하지 않는지를 물었다. 그리고 진압할 능력을 더욱 충실하게 하기 위해, 리지웨이는 심지어 거제도에 제8집단군의 전략 예비대—명성이 자자한 제187공수연대—를 파견했다.

이것은 바로 미국 장군 리지웨이가 조선에서 내린 마지막 명령—탱크로 아무런 무기도 갖지 않은 포로를 진압하라—이었다.

목적이 이미 달성되었음을 감안하여, 11일에 도드 장군이 전쟁포로수용소에서 풀려나자, 조선과 중국의 전쟁포로들은 일제히 열을 지어 그를 환송했다. 한 전쟁포로 대표가 도드에게 물었다: "당신은 우리가 사는 이곳에서 며칠 동안 생활했는데, 어떤 의견을 갖고 있습니까?"

양심이 아직 완전히 소멸되지 않은 편인 도드는 미리 써놓은 쪽지 한 장을 그 대표에게 건네주었다:

"나는 당신들에게 여기에서 최고의 인도주의적인 대우를 받았다. 매우 어려운 전쟁포로수용소 환경에서, 나의 생활은 결코 아무런 영향을 받지 않았다. 우리의 협상 과정에서, 여러분들은 나에게 언론과 행동의 자유를 보장해주었다. 오늘 이후, 나는 반드시 나의 힘을 다해 합의를 준수할 것이며, 또 이 합의를 실현하기 위해 노력할 것이다. 나는 제76호 전쟁포로수용소의 모든 조선인민군 전쟁포로들에게 감사하며, 당신들의 몸이 건강하기를 기원한다."

대문을 나간 다음, 전쟁포로를 관리하는 이 미국 장군은 78시간 38분 동안의 포로가 되었다가, 모자를 흔들어 전쟁포로 대표에게 작별을 고했다.

도드가 전쟁포로수용소를 떠나자, 리지웨이의 후임으로 유엔군 사령관이 된 클라크는 즉시 전 세계 앞에서 민국인들이 전쟁포로에게 했던 약속을 파기했다: "콜슨 장군의 공산당 전쟁포로에 대한 답변은, 도드 장군의 목숨이 위험에 처해 있는 중대한 위협하에서 제출된 것이다. 공산당의 요구는 순수한 협박이었다……."

전쟁포로에 대해 미친 듯이 잔혹한 새로운 보복 행위가 또 시작되었다. 조선과 중국의 전쟁포로 대표단 성원들은 "전쟁 범죄자"가 되어 감옥에 갇혔으며, 손에 무기를 갖지 않은 100여 명의 인민군 전쟁포로들은 다시 미국 최정예 공수 부대원들에 의해 참살되었다.

그러나 전쟁포로들은 마침내 전 세계에 진상을 알렸다.

10

미국인들이 포로들을 학대하고 죽인 추악한 행위는 전 세계에 분노를 불러일으켰으며, 심지어 가장 강력한 동맹인 영국도 항의했다. 국제적십자위원회의 조사 보고가 문제의 엄중함을 한층 더 실증해주자, 국제 여론 또한 들끓었다.

영국 주간지 『레이놀즈 뉴스(Reynolds News)』는 기사에서, 거제도에서의 사건은 "미국의 주장과 미국의 '선별' 방식으로 하여금 확실히 악취가 하늘을 뒤덮기 시작하게 했으며", "도드와 콜슨 사건이 발생한 후에는, 사람들이 더 이상 미국이 말하듯이 전쟁포로들이 그들의 조국으로 돌아가고 싶어 하지 않는다는 주장을 믿지 않게 되었다"라고 보도했다.

유엔군 전쟁포로들 가운데, 전쟁사상 가장 인도주의적인 대우를 받은 영국 전쟁포로들은, 거의 만장일치로 서명하여 한국을 시찰하고 있던 해럴드 알렉산더(Harold Alexander, 1st Earl Alexander of Tunis, 1891~1969)[270] 장군에게 한 통의 청원서를 전달하고, 그에게 전쟁을 중지하는 데 협조하고, 중국과 조선의 전쟁포로들을 학살하는 것을 중지하도록 협조해 달라고 요구했다. 그들은 동시에 이렇게 지적했다: "중국 인민지원군과 조선인민군은 결코 우리에게 아무런 보복도 하지 않았다."

영국 정부는 심지어 자신들의 대표를 파견하여 판문점 협상에 직접 참가하게 해달라고 강력하게 요구했다.

미국인들 스스로도 겸연쩍어 했다.

미국 정부 대변인은 쑥스러워 하며 어색하게 말했다: "(도드 사건은) 미국으로 하여금 이렇게 긴박한 때, 전체 동양에서 망신당하게 했다."

미국 육군 자신에게도 매우 낭패였다. 정부가 편찬한 『미국 육군사(History of the United States Army)』에서 군사 역사가인 러셀 와이글리(Russel

---

270 당시 해럴드 알렉산더는 캐나다 총독으로 재직하고 있었다. 한국 전쟁 때는 영국 육군 원수라는 직책 때문에, 주한 영국군 총사령관 역할을 맡았다.

Frank Weigley, 1930~2004)는 이렇게 말했다: "육군 스스로도 거제도에서 발생한 전쟁포로 폭동으로 인해 매우 난감해졌다. 또 그 때문에 준장 한 명이 자신의 포로수용소에서 포로가 되자 부끄러워 어쩔 줄을 몰랐다."

미국의 정의로운 인사도 말했다. 전 미네소타주 주지사인 벤슨은 미국 군대가 전쟁포로를 학살한 행위는 "나치의 야만적인 행위와 판에 박은 듯하다"고 비난했다.

언제나 자신에 차 있던 애치슨은 이렇게 인정할 수밖에 없었다: "이번의 어리석은 군사 행동은, 마치 맥아더 장군이 압록강을 향해 일으킨 재앙적인 군사 공격과 마찬가지로, 우리 동맹국으로 하여금 우리 사령부의 뛰어난 판단과 능력에 대한 믿음을 흔들리게 했다."

판문점에서, 철판보다 단단한 얼굴을 가진 해리슨도 더 이상 할말이 없었다. 남일 대장의 이치에 맞는 날카로운 질책을 당하자, 미국인들 자신이 이치에 닿지 않는다는 것을 알고는 할말이 없었지만, 염치불구하고 뻔뻔스럽게 버텼다.

남일: "어째서 당신들 쪽 포로수용소에서 발생한 수많은 학살 사건은 단 한 번도 설명하지 못하는 거요?"

해리슨: "나는 휴회를 제의합니다."

남일: "보아하니 당신은 답변할 수가 없는 것 같소. 내가 다시 묻겠소. 당신은 당신들이 우리 포로들에 대해 공공연하게 학살을 진행하면서도, 책임 있는 해명도 하지 않고 있는데, 당신들은 지금 공공연하게 대규모 군대를 집합시켜 놓고, 심지어 화염 방사 탱크까지 모아놓고, 계속해서 대규모 학살을 진행할 준비를 해도 된다고 생각합니까?"

해리슨: (5분 동안이나 할말을 잃고 있다가) "나는 지금도 이후에도 이러한 문제를 토론하고 싶지 않습니다. 이 천막 바깥에서 관련된 사실을 이미 이야기 했습니다. 휴회를 제의합니다."

남일: "우리 포로들의 생사나 안전에 관련된 일체의 문제는 모두 이번 회의와 직접적으로 관련이 있으며, 우리는 지금 천막 안에서 회의를 하는 것

이지, 천막 밖에서 회의를 하는 게 아니오. 때문에 당신은 반드시 천막 밖이 아니라, 천막 안에서 우리의 질문에 대답해야 합니다."

해리슨: (침묵)

남일: "어째서 당신들은 4월 10일의 유혈 사태를 44일 동안이나 숨겼소?"

해리슨: (길게 숨을 내쉬더니, 여전히 침묵)

남일: "당신들은 무슨 이유로 포로들의 식사를 차단하는 수단을 사용하여, 그들에게 이른바 선별을 받아들이라고 압박했습니까?"

해리슨: (고개를 숙인 채, 여전히 침묵)

남일: "당신들은 무슨 이유로 전쟁포로들의 생명과 안전에 관련된 항의와 질문에 답변을 거부합니까?"

해리슨: (무려 5분 동안이나 침묵)

남일: "당신이 시간을 갖고 이러한 질문들을 검토하도록 하기 위해, 나는 내일 통상적으로 개회하는 시간까지 휴회하는 것에 동의합니다."

해리슨: "(통역원의 통역이 끝나기를 기다리지 않고) 동의합니다." (일어나서 나갔다.)

트루먼은 바늘방석에 앉은 듯했다. 이제, 그는 철저하게 안팎으로 곤경에 처해 어찌할 바를 몰랐다.

미국 국민들의 반전 정서는 이미 억누를 수 없는 지경에 도달했다. 전쟁은 벌써 2년 4개월 동안이나 진행되었는데, 끊임없이 국내로 돌아오는 시체를 담은 포대와 갈수록 증가하는 군비 지출과 인플레이션을 제외하면, 미국 국민들은 어떠한 전쟁의 성과도 보지 못했다. 국제적으로는 동맹국들조차도 미국에게 항의했다. 특히 불리한 것은, 이 해는 또한 미국 대통령 선거가 있는 해여서, 국내 정치 투쟁의 격렬함은 트루먼을 더욱 난감하고 곤혹스럽게 만들었다. 반면 공화당 대통령 후보인 아이젠하워는 도처에서 "체면이 서는 정전 협정"을 체결하기 위해 노력하기를 바란다고 말했으며, 심지어 만약 대통령에 당선되면 "곧 직접 한국에 갈 것이고, 또한 이 전쟁을 끝내겠다"고 공개적으로 약속했다.

형세에 쫓기자, 트루먼은 매우 고통스러운 결정을 내렸다. 자신은 차기 대통령 선거에 입후보하지 않겠다고 했다. 이렇게 트루먼의 정치 경력은 결국 자신이 직접 시작한 조선 전쟁 때문에 끝낼 수밖에 없었다. 하지만 퇴임하기 전에, 트루먼은 다시 한번 공격을 개시하여 체면을 회복하기로 결심했다. 그리하여 그는, "트루먼은 미군이 여전히 진격하고 있을 때 퇴임했다"고 세계에 알리려고 했다. 그러나 트루먼이 공격하기를 기다리지 않고, 중국 군대가 먼저 급히 공격을 개시했다. 제5차 전역 이후의 방어 작전과 소규모 반격전을 벌이면서부터, 중국 군대는 다시 대규모 출격을 개시하려 했다. 1952년 추계 공세가 머지않아 시작될 것이다.

11

클라크가 리지웨이의 지휘봉을 이어받았을 때, 많은 사람들이 연민의 눈으로 그를 바라보았다. 이 직무는 사실 쉬운 일이 아니었다. 그러나 클라크는 그렇게 생각하지 않았다. 미국은 이렇게 강력한 군사 조직을 갖고 있으니, 끝까지 버티며 싸우기만 하면, 중국과 조선이 양보하지 않을 수 없을 거라고 생각했다.

중국과 조선이 미국의 전쟁포로 송환 방안을 받아들이도록 압박하기 위해, 클라크는 8가지 계획을 제안했는데, 주요 내용은 두 가지였다. 하나는 판문점에서 협상을 질질 끄는 것이고, 다른 하나는 원래의 방법인 '폭격'이었다. 클라크는 평양을 폭격하고, 평양과 개성 사이의 교통로를 폭파하고, 조선의 모든 목표들을 폭파하려 했다. 그 밖에도 그는 또한 개전 이래 금지 구역이었던 중국 동북 지방에 전기를 공급하던 압록강의 수풍발전소를 폭격하려고 했다.

1952년 6월 23일, 연 590대의 전투기들이 압록강 상공으로 날아가 수풍발전소를 폭격했다. 이 발전소는 중국과 조선이 함께 이용하는 발전소였다. 7월 11일에는 연 746대의 미국 전투기들이 평양의 폐허를 다시 한번 뒤집어놓았다. 특히 언급할 만한 것은, 클라크는 심지어 표시가 명확한 전쟁포로수용소 소재지를 여러 차례 폭격하여, 수많은 영국·미국·한국군 전쟁포로들이 죽거나 다쳤다는 점이다.

7월 13일, 미친 듯이 무차별 폭격을 가함과 동시에, 판문점에서 미국인들은 다시 한 가지 새로운 방안을 제시했다. 이 방안은 비록 형식만 바뀌고 내용은 바뀌지 않은 것이었지만, 송환할 인원수를 증가시켜, 원래 송환하기로 결정했던 7만 명을 8.3만 명으로 늘렸다. 그와 동시에, 미국 대표는 중국과 조선 대표에게 매우 험악하게 말했다: "이것은 최후의, 확고부동한, 바꿀 수 없는 방안이오……."

해리슨은 심지어 중국과 조선 대표의 면전에서 공개적으로 중국과 조선의 관계를 이간질했다: "중국은 4억 명이나 되는 인구를 갖고 있으면서, 수천 명의 지원군 전쟁포로들을 위해 돌아갈 생각을 하지 않고 충돌을 연장시키느라, 적은 인구와 한정된 자원밖에 갖지 않은 북한이 계속해서 고통과 재난을 당하는 것을 돌보지 않고 있소이다."

해리슨의 위선적인 태도 뒤에는, 송환되는 포로의 숫자 속에 중국과 조선을 이간시키려는 음모를 포함하고 있었다. 즉 80%의 인민군 전쟁포로들이 곧 송환될 것이지만, 단지 32%의 지원군 전쟁포로들만이 귀국할 수 있다는 것이었다.

중국과 조선 대표단은 동요했다. 내부 검토를 마친 다음 이 방안을 수용하는 것으로 기울었다. 리커농은 마오쩌둥에게 전보를 쳤다:

"이 총 숫자는 우리가 예상했던 것보다는 많고, 우리가 책정한 9만 명 정도의 최소치와 그다지 큰 차이가 없습니다. ……상대측은 인민군 전쟁포로들 가운데 7만 7천 명을 송환하기로 동의했는데, 대체로 인민군 가운데 성향이 좋은 자들은 이미 돌아왔고, 돌아오지 않은 자들은 아마도 대부분 적들이 인천에 상륙한 후에 새로 입대한 사람들일 것입니다. 지원군에 대해 말하자면, 국민당의 특무들이 장기간 공작을 벌였다는 것, 이것이 상대방이 억류하고 있는 중요한 점입니다."

조선 동지는 더 말할 필요가 없고, "정치적인 관점에서 생각해보면, 적들은 4월 28일에 제시한 방안이 '최후의, 바꿀 수 없는 것'이라고 스스로 말했지만, 지금은 자발적으로 바꾸어 새로운 방안을 제시했으니, 이것은 매우 큰 진보입니다. 때문에 우리는 적들이 이번에 양보한 기회를 포기하지 말 것을 제의합니다."

마오쩌둥과 김일성은 함께 상의한 다음, 동시에 대표단의 의견을 거부했다. 선견지명을 가진 정치가로서, 두 사람은 모두 미국인들의 수법을 꿰뚫어 보고 있었다. 즉 한편으로는 압록강 수력발전소를 폭격하면서 다른 한편으로는 새로운 방안을 제시했다는 것은, 공격을 하여 협상을 재촉하려는 게 아니라, 굴욕적인 항복 문서를 받아내려는 것이라고 생각했다.

마오쩌둥은 대표단의 근시안적인 안목에 화를 냈다: "우리 동지들은 너무 순진하오. 협상은 숫자 싸움에 있는 것이 아니라, 정치적·군사적으로 유리한 상황에서 정전을 쟁취해야 하는 것인데, 적의 압력하에 이 방안을 받아들이는 것은 항복하는 것이나 마찬가지이며, 우리에게 불리합니다!"

마오쩌둥은 위대한 정치가답게, 그는 미국인들이 겉으로는 강한 척하지만 실제로는 허약하다는 것을 간파했다: "장기간 공격하면 미국에게 불리하며, ……사람이 죽어나갈 것입니다. 적들은 1만여 명의 포로들을 억류하기 위해 분투하다가, 3만여 명을 죽였습니다. 그들의 인구는 우리보다 훨씬 적습니다."

"누가 누구를 두려워한단 말인가?"라고 마오쩌둥은 마음속으로 말했다. 그는 미국인들이 굴복하지 않는다는 것을 믿지 않았다.

설전이 다시 계속되기 시작하여, 입씨름이 또 여름부터 가을까지 이어졌다. 가을은 아마도 조선에서 가장 아름다운 계절일 것이다. 온 산과 들에는 갖가지 꽃들이 활짝 피고, 짙푸른 소나무 숲은 바람 속에서 낮은 소리로 노래했다.

애석하게도 가을은 또한 조선에서 출정하여 싸우기에도 가장 좋은 계절이다. 질척거리는 우기는 이미 지났고, 혹독하게 추운 겨울은 아직 오지 않왔다. 옛 사람들은 오래 전에 가을이 깊어갈수록 하늘은 높고 말이 살찌는 걸 알고 출정하여 전쟁하기에 바빴는데, 요즘 사람들이 더구나 이 기회를 놓칠 리가 없었다.

8월, 협상이 휴회 상태에 빠져들었을 때, 클라크는 일련의 병력 이동 배치를 실시했다. 제187공수 연대를 전선으로 이동시켜 미국 제7사단 방어 구역을 강화했고, 중부전선에서는 끊임없이 각종 전투 훈련을 진행했으며, 3척의 항공모함이 한국 서해안으로 이동해 왔고, 클라크·밴 플리트·이승만은 도처의 부대들을 시찰했다. 미국 해군장관 페첼러(William Fechteler, 1896~1967)는, 원자탄 탑재기가 이미 한국에 배치되었음을 암시했다. 공군 참모총장 반덴버그는 연설에서, 미군이 일단 공격을 받으면, 미국 공군은 즉시 원자폭탄을 사용해 보복할 것이라고 했다. 이는 미국인의 중국인에 대한 또 한 번의 핵 위협이었다.

지원군 사령관 대행인 덩화는 적의 상황을 세심하게 주시하고 있었고, 그의 전임자인 천겅 사령관 대행은 이미 직무를 마치고 하얼빈 군사공병학원을 설립하기 위해 귀국했다.

덩화와 제2부사령관 양더즈·부(副)정치위원 간스치(甘泗淇, 1903~1964)와 '연합 사령부'의 조선 부사령관은 부대에 적의 상륙 작전에 대항할 준비를 잘하라는 명령을 내렸다. 사실대로 말하면, 그들은 정말로 미국인들이 올 것으로 생각하고 있었다. 제1선과 제2선의 땅굴 참호는 완성되었고, 제3방어 지대 중점 구역의 핵심 진지들조차도 구축되기 시작했다. 또 전선의 보급이 개선되었고, '교살 작전'에 대한 반격도 이미 철저하게 승리를 거두었으며, 특수병도 매우 강화되었고, 군대 전체에 대구경·중구경 대포들이 이미 3,800여 문이나 되었다. ……이렇게 모든 것이 다 갖추어지자, 오로지 미국인들이 오면 교훈을 주는 일만 남았다. 지원군 장병들은 미국인들이 와서 자신들로 하여금 공을 세우게 해주기를 간절히 바라고 있었다.

미국인들은 감히 오지 못했다.

12

1952년 9월 초, 펑더화이가 모스크바에 도착했다. 스탈린은 이 신비로운 동양의 군사 지도자를 매우 만나고 싶어 했다.

스탈린은 성대한 국빈 환영 연회를 열어 펑더화이와 동시에 초청을 받아 방문한 김일성을 초대했다.

소련의 유명한 장수들이 모두 국빈 환영 연회에 참석했는데, 주렁주렁 달린 훈장과 견장이 크렘린 궁의 수정 샹들리에 불빛에 반사되어 금빛이 번쩍이고, 찬란하게 눈이 부셨다. 낡아빠진 누런색 코트를 입은 펑더화이는 유달리 초라해 보였는데, 이것이 오히려 스탈린으로 하여금 더욱 놀랍고도 의아한 눈빛으로 끊임없이 펑더화이를 주시하게 만들었다. ……이 걸출한 동양의 최고 사령관이 어째서 우크라이나의 농민과도 같은 차림을 하고 있는 것일까?

스탈린이 술잔을 들고 펑더화이 앞에 가서 서자, 펑더화이가 일어섰다. 두 사람은 오랫동안 마주하고 바라보다가, 스탈린이 입을 열었다: "나는 당신과 마음껏 이야기하고 싶습니다. 전쟁포로 송환 문제에 관해, 당신들의 투쟁은 매우 강력했습니다."

스탈린은 갑자기 할말이 없다고 느꼈고, 그는 또 생각했다: "전쟁 초기에 우리 공군의 출동이 좀 늦었습니다."

펑더화이의 눈이 순식간에 실눈이 되어 가늘고 길어졌다. 전쟁이 가장 어려웠던 시기에 소련 공군의 지원을 얻기 위해, 그는 중국 주재 소련 군사 총고문인 자하로프 대장과 한바탕 말다툼을 벌였지만, 아무런 도움을 얻지 못해, 얼마나 많은 훌륭한 병사들을 희생시켰던가.

펑더화이는 스탈린을 한참 동안 바라보다가, 담담하게 한마디했다: "모두가 견뎌냈습니다. 스탈린 동지께서도 나름대로의 어려운 점이 있었겠지요."

스탈린은 잠자코 있었다. 그는 이 중국 최고 사령관의 솔직함과 순박함을 알아챘고, 연회장 안은 온통 조용해졌다. 모두들 소련의 대원수가 중국의 최고 사령관에게 무슨 말을 할지 기다리고 있었다.

"당신은 현대 전쟁에서 기적을 창조한 분입니다. 마치 칼과 창을 사용하여 라이플과 싸운 것과 같습니다. 사령관께서는 한동안 머물러 주세요. 흑해 옆에 있는 소치(Sochi)에 가서 묵다 가십시오. 흑해의 가을은 대단히 아름답습니다. 소치에는 전 세계에서 가장 훌륭한 휴양지가 있습니다."

스탈린이 펑더화이 앞에서 한 말은 전부 진심이었다. 그는 어떻게 해야 펑더화이의 눈을 마주하고 거짓말이나 인사치레 말을 할 수 있을지 알지 못했다.

펑더화이는 스탈린이 진심으로 자신을 초대했다는 것을 알고, 웃으며 말했다: "스탈린 동지의 호의에 감사드립니다. 전쟁이 끝나야만 제가 마음을 놓고 휴양할 수 있습니다."

스탈린은 할말이 아직 다 끝나지 않았다고 느끼고 말을 이어갔다: "사령관께서 보시기에 판문점에서 협상으로 결과를 낼 수 있을 것 같습니까?"

펑더화이는 고개를 저었다: "저는 그렇지 않다고 봅니다. 미국인들은 전장에서 얻지 못한 좋은 것들을 협상 테이블에서 얻으려고 하니, 우리는 당연히 응할 수 없습니다."

스탈린은 갑자기 영감이 샘처럼 솟아나자, 솔직한 펑더화이를 향해 자신이 평생 무수한 외교 무대에서 했던 말들 가운데 가장 진심어린 말을 했다. 이 말들은 솔직해서 펑더화이로 하여금 놀라움을 금치 못하게 했다. 이것은 외교의 본질에 관한 명언이었다: "이 세계에는 메마른 물이나 쇠로 된 숲이 없는 것과 마찬가지로, 이른바 진실한 외교란 국제 사회에 존재하지 않습니다. 판문점도 예외는 아닙니다."

펑더화이가 매우 호쾌하게 말했다: "합의가 안 되면 싸워야지요."

스탈린은 중국의 최고 사령관 펑더화이와 외교적인 대화를 나누는 동안에 매우 유쾌했다. 이는 세계에서 극히 드문 일로, 설령 스탈린일지라도 완전히 신임하는 사람이었다.

스탈린이 웃었다. 이것은 이미 죽음의 그림자에 가까이 다가간 이 걸출한 정치가의 일생에서 극히 드물었던, 가장 진실하게 웃는 모습 가운데 하나였다. "장군의 말씀은 늘 시원시원합니다."

13

합의가 안 되면 싸운다. 클라크는 새로 부임하여 기세가 등등했다. 덩화는 그에게 첫 시작부터 호된 맛을 보여줌으로써, 그에게 중국 군대의 매서움을 알게 해주려고 했다. 클라크는 취임한 이래, 아직 제대로 된 싸움을 벌이지 못하자, 자연히 싸움을 벌이고 싶어 안달이 났고, 덩화는 지휘권을 이어받자, 한바탕 붙어보려고 더욱 단단히 벼르고 있었다.

1952년 9월 18일부터 10월 31일까지, 적막이 깃든 지 1년이나 된 전선에서 1천 문이 넘는 대포들이 일제히 울부짖었다. 180킬로미터에 달하는 전선에서, 중국과 조선의 군대 8개 군단이 유엔군의 60개 목표를 향해 77차례(지원군의 공격이 74차례)의 공격을 가했다. 이 전역의 주요 목적은 땅을 빼앗아 점령하는 것이 아니라, 적을 살상하여, 판문점의 미국 대표들에게 조금 더 솔직해지라고 압박하는 것이었다. 빼앗은 목표는 지킬 수 있으면 지키고, 지킬 수 없으면 포기했다.

이것은 현대 전쟁이다!

리지웨이는 회고록에서 놀라움을 감추지 못했다: "유엔군의 방어선에는 하루에 9만 3천 발의 포탄이 떨어지는 기록을 창조했다. 적군은 사격의 정확성을 높였고, 전술을 개선했을 뿐만 아니라, 화력을 집중하여 하나의 단독 목표에 사격할 줄도 알았다. 그 후에는 불시에 대포를 이동시킴으로써, 발사한 진지의 위치가 우리에게 측량되지 못하게 했다."

하루에 9만 3천 발의 포탄을 발사했는데, 이 숫자는 중국 군대가 조선에 들어온 초기의 몇 차례 전역에서 발사한 포탄의 숫자보다도 많았다. 100문의 대포로 6개 군단을 엄호한 것이 고작 1년도 안 된 일이었는데, 이때는 단지 미군의 1개 중대만을 공격하는 데에도 최소 40문의 중국 대포가 포효했다. 항미원조를 시작한 지 고작 1년 남짓 만에, 중국 군대에 천지개벽의 변화가 일어나자, 마오쩌둥조차도 포병의 기적에 경탄했다: "대포의 맹렬함과 사격의 정확성이 사실상 승리의 관건이다."

천지를 뒤흔드는 대포 소리 속에, 유엔군이 근 1년 동안 구축해 놓은 진지들은 잇달아 무너지고, 붕괴되고, 손상되었다.

포화의 엄호를 받으면서, 두려움을 모르는 중국 보병들이 돌격했다. 관대리 서쪽 산에서, 황쟈푸(黃家福)라는 중국 부소대장은 빗발치는 총탄을 무릅쓰고, 15차례에 걸쳐 총 중량 수백 킬로그램의 강력한 폭약을 메고 돌진하여 폭파시켜, 단숨에 200명의 적군을 하늘로 보내버렸다. 이어서 다시 세 곳에 총상을 입고도 진지를 굳게 지키면서, 7차례나 적의 반격을 격퇴했다. 그는 특등공을 세우고, '1급 폭파 영웅' 칭호를 얻었다.

우셴화(伍先華)는 중국의 분대장으로, 20킬로그램의 폭약을 안고 적군이 중국 군대를 모방하여 만든 갱도로 돌진해 들어가, 40여 명의 적군과 함께 산화했다. 그는 특등공과 '1급 폭파 영웅' 칭호를 받았다. 조선 측은 그에게 '조선민주주의인민공화국 영웅' 칭호와 1급 국기(國旗)훈장·금성(金星) 메달을 수여했다.

중국에서는 누구나 알고 있는 이름이 또 있다.

철원 동북쪽 391고지에서, 제15군단의 장병 500명이 적으로부터 불과 60미터 떨어진 풀숲에 잠복해 있었는데, 그들 중에는 추샤오윈(邱少雲)이라는 병사가 있었다.

391고지와 지원군 최전방 사이에는 3천 미터의 개활지(開豁地: 앞이 탁 트인 평지-옮긴이)가 있었다. 이 개활지에서 살상당하지 않기 위해, 추샤오윈과 전우들은 첫날밤에 391고지 아래까지 기어갔다. 이 기나긴 낮을 참고 견디기만 하면, 날이 어두워졌을 때 지키고 있는 적에게 치명적인 일격을 가할 수 있었다.

시간은 1분 1초 흘러갔는데, 한낮 11시에 이곳을 지나가던 4대의 적기가 잠복하고 있는 지역에 갑자기 몇 발의 소이탄을 투하하자, 사방으로 흩뿌려

1952년 10월, 중국 인민지원군 부대가 적군의 전체 전선을 향해 전술적 반격을 전개하여, 일거에 391고지·381동북쪽의 무명 고지·상가산(上佳山) 서북쪽의 무명 고지 등을 점령했다. 이 사진은 중국 병사들이 야간에 391고지를 공격하는 장면이다.

진 휘발유가 추샤오윈의 다리를 위장한 나뭇가지에 튀었고, 불꽃이 추샤오윈이 입고 있는 솜바지로 서서히 번져갔다.

추샤오윈이 고개를 가만히 돌려보자, 뒤쪽 50센티미터 지점에 도랑이 있어서, 굴러 들어가기만 하면 불은 꺼질 것 같았다.

추샤오윈이 천천히 전방을 바라보니, 한국 병사들의 말소리조차 똑똑히 들을 수 있어, 자신이 조금만 움직여도 발견될 것이 분명했다. 그렇게 되면 옆에 있는 500명의 전우들은 단 한 명도 살아남지 못할 판이었다.

바로 이 순간, 추샤오윈은 누워서 움직이지 않기로 결심했다. 그는 몸 밑에 있는 폭파통을 옆에 있는 전우인 리스후(李土虎)에게 밀어주며 말했다:

"승리는 우리 것이네. 나는 임무를 완수할 수 없으니, 나를 대신해서 놈들을 몇 명 더 죽이게."

말을 마치자, 추샤오윈은 눈을 감더니, 몸을 더욱 바짝 진흙에 밀착시켰다. 그는 이 자세를 몸이 다 타버릴 때까지 곧장 유지했다.

추샤오윈의 몸에 불이 붙은 모습을 그린 상상도

지금 중국 인민혁명군사박물관 안에는, 아직도 이 강철 같은 전사의 몸 밑에 있던 솜옷 한 조각과 그의 몸 밑에 있던, 개머리판이 이미 타서 그을린 자동소총이 보존되어 있다.

그가 희생된 곳인 391고지의 절벽에는 큰 글씨로 다음과 같이 깊게 새겨져 있다: "모두를 위해, 승리를 위해 스스로 희생한 위대한 전사 추샤오윈 동지는 길이 빛나리라."

불꽃이 타오르는 잠복 지역을 바라보면서, 200여 명의 한국 병사들은 마음을 놓았다. 거기에 사람이 움직이는 기미가 없었다. 날이 막 어두워졌을 때, 그 불길이 지나간 곳에서 갑자기 귀청이 떨어질 듯이 커다란 고함소리가 울려 퍼졌다: "추샤오윈 열사를 위해 복수하자!"

500명의 중국 병사들이 불과 몇 분 만에, 놀라서 허둥대는 200여 명의 한국 병사들을 몰살시켰다. 이어서 분노로 가득 찬 이 병사들은 다시 7개 대대의 적군 반격을 물리쳤다. 이렇게 사살한 적군이 모두 2,700여 명에 달했다.

추계 공세에서 중국 군대는 1만 700여 명의 사상자를 내면서, 적군 진지 17곳을 점령하고, 2만 7천여 명의 적을 살상했다. 만약 제38군단이 백마산(白馬山)에서 패배하지만 않았다면, 그야말로 완전한 승리였다.

제38군단이 패배한 것은 전적으로 변절자가 나왔기 때문이다.

14

백마산은 요충지로, 산의 동쪽은 평원이며, 산의 남쪽은 유엔군의 주요 군사 보급로 중 하나였다. 만약 이 고지들을 잃는다면, 미국 제9군단은 어쩔 수 없이 몇 킬로미터를 후퇴해야 하고, 이 교통망도 다시는 이용할 수 없었다. 중국 군대가 일찍이 이곳을 공격하려 하자, 유엔군은 더욱 중점적으로 방어 병력을 배치했고, 온 산에는 지뢰·철조망·참호와 콘크리트 지하 벙커들이 가득했다. 이 몇 개의 작은 산들에 주둔하고 있는 병력은 한국 제9사단의 2개 대대와 프랑스 대대의 1개 증원된 중대였다.

제42군단은 이미 여기에서 손실을 입었다. 제38군단과 방어 임무를 교대하기 전에 제42군단은 백마산을 여러 차례 공격했는데, 그 중 한 번은 산으로 공격해 올라갔다. 그러나 돌격해 올라간 다음 몇 시간 동안에 1만 3천 발의 포탄을 맞아, 423명의 사상자를 내고도 적을 30여 명밖에 섬멸하지 못했다. 제42군단이 분노를 금치 못하며 떠난 뒤, 제38군단이 왔다.

노련한 군단장인 양싱추는 전공이 혁혁하여, 이미 서해 전선 지휘부의 부사령관으로 승진하면서, 한셴추의 부관이 되어 갔다. 새로 부임한 부군단장 장융후이는 지금까지 패배한 적이 없었는데, 이번에 다시 새로 부임한 지휘관의 위세를 보여주려고 했다.

182문의 화포, 59문의 고사포, 122정의 고사기관총에다, 심지어 17대의 탱크도 있었다.

제38군단은 아직 이렇게 호화로운 싸움을 해본 적이 없으므로, 위에서부터 아래까지 자신감이 넘쳤다.

이런 상태에서 하필이면 변절자가 나왔다.

10월 2일, 제340연대 제7중대의 문화교원(文化敎員)인 구중원(谷中蚊)이 적에게 투항하자, 장융후이는 부끄러워서 견딜 수 없었다. 지원군은 제5차 전역 후기의 교훈을 받아들여 한 차례 대대적인 정리 작업을 실시했다. 1952년 1년 동안에 백만 대군 가운데 단지 수십 명만이 적에게 투항하여,

지원군 제38군단의 한 부대가 석현동(石峴洞) 북쪽 산에서 반격을 가하여, 모두 290명의 적군을 살상하거나 포로로 잡았다. 이 사진은 석현동 북쪽 산에서 전투를 벌이고 있는, 제38군단의 한 포병 부대 지휘소 모습이다.

총 인원수의 1만 분의 1도 안 되었지만, 구중원이 하필이면 그 1만 분의 1 가운데 한 명이었다. 더욱 나쁜 것은, 이 자는 돌격 부대의 간부여서, 공격 상황을 그가 어느 정도 알고 있었다는 것이다. 공격은 불시에 실시하는 돌연성이 매우 중요한데, 이 돌연성이 이미 사라져버렸으니, 공격을 해야 할 것인가, 말아야 할 것인가?

용맹한 장수인 장융후이는 주저했다.

맞은편에 있는 한국 제9사단장 김종오(金鍾五)는 깜짝 놀랐다. 중국의 정예군이 직접 칼자루를 들고 백마산을 공격해 온다고? 그러나 그의 부대는 아직 체육대회를 하고 있었다.

훗날 한국 육군의 김종오 대장은 다음과 같이 회고했다: "전투가 시작되기 2~3일 전, 장교 한 명이 아군 제31연대에 투항해 왔다. 그의 진술에 따르면, 중공군 제38군단이 이미 제42군단과 방어 임무를 교대했고, 곧 대규모 공격을 개시할 거라고 했다. ……그래서 나는 즉시 지휘관 회의를 소집하여, 귀순자의 진술 내용과 저간의 정황을 논의하고 검토한 끝에, 적들이 곧 공격해 올 거라는 사실을 인정했다. 그리하여 각 부대에 명령하여 충분한 보급품과 식수를 내려보내, 1주일 이상 굳건히 버틸 수 있게 했으며, '백마' 고지를 점령하고 있는 좌익의 제30연대의 방어선을 강화하고, 예비대인 제28연대에게도 출동 준비를 마치도록 명령했다."

이렇게 김종오와 그의 참모장이었다가 훗날 한국 대통령이 된 뒤 암살당한 것으로 유명해지는 박정희는 철저한 준비를 하여, 전투 채비를 끝냈다.

진지를 튼튼히 정비하고 적을 기다리고 있던 한국 제9사단을 마주하자, 장융후이는 이 전투가 쉽지 않으리라는 것을 알았다. 그런데도 싸운다면 강공을 해야 했다.

그는 병단에 무슨 수를 써 달라고 요청했다. 이 당시 중국 군대는 병단이 몇 개의 고정된 군단만을 지휘하는 편제를 이미 폐지했는데, 제38군단은 이때 제3병단에 예속되어 있었고, 제3병단 사령관은 바로 "왕 풍자(王瘋子: '왕씨 미치광이'라는 뜻-옮긴이)"라고 불리던 왕진산이었다. 용맹한 장수인 왕진산은 생각지도 않고 있었다: "자네는 이렇게 큰 소를 잡는 칼로 단지 닭 한 마리를 잡으면서도 벌벌 떠는 거야?"

장융후이는 이 말을 듣더니, 머리에 열이 났고, 한 걸음 걷자 머리가 띵해졌다.

10월 6일 밤, 공격이 시작되었다. 27분 동안의 경천동지할 포격으로 단지 상대방 23명에게 부상을 입혔을 뿐이다. 아아, '카츄샤'조차도 노래를 불렀는데…….

『한국전쟁사─'백마' 고지 전투』에는 이렇게 기록되어 있다: 미리 준비해 두었기 때문에, 비록 중국 군대의 화력이 급습하여 "아군 진지 앞에 5~6겹으로 된 철조망과 지뢰 지대를 흔적도 없이 사라지게 하여, 분명하게 커다란 돌파구가 형성되었지만, 아군 진지의 참호가 완비되어 있었고, 통신 선

백마산에서 격전을 벌이고 있는 지원군 병사들

로는 땅속에 묻혀 있었기 때문에, 적이 포격했을 때는 단지 2~3명만 부상을 당했을 뿐, 유선 통신은 영향을 받지 않았다."

한국 제9사단에 배속된 포병의 지원 대포들은 한 줄로 늘어선 포탄들을 이용하여, 제38군단의 공격로에 포탄을 터뜨려 불로 담장을 쳤다. 돌격 중대가 주봉에서 300미터 떨어진 두 번째로 높은 봉우리를 점령했을 때는, 전체 중대원 중 단지 10여 명밖에 남아 있지 않았다. 그러나 제38군단이라는 이 부대는 단 한 사람만 남아도 싸울 수 있었다. 중대의 정치공작원 가오룬톈(高潤田)은 중상을 입은 중대장을 대신하여 계속 대원들을 거느리고 주봉으로 돌격했는데, 최후에는 주봉의 남쪽에서 마침내 공격을 할 수 없게 되었다. 8정의 한국군 중기관총들이 쥐조차도 빠져나갈 수 없는 화망을 형성하여, 가오룬톈을 주봉 아래에서 꼼짝달싹 못하게 제지했다. 적은 그들을 쫓아내지 못했고, 그들도 적을 움직이게 하지 못했다. 양쪽이 이렇게 대치한 채, 모두 자신의 증원 부대가 올라오기를 기다렸다.

한국의 후속 부대가 먼저 올라왔다.

가오룬텐은 다음날 오전 9시까지 기다렸는데, 화약 연기 사이로 어렴풋이 한 줄로 늘어선 사람들이 올라오는 것이 보였다. 처음에 그는 자기편 사람들이라고 생각했다가, 다시 한번 보니 철모 아래가 온통 새까만 머리였다. 야단났다. 적이었다. 지원군 병사들은 공격하기 전에 먼저 머리를 빡빡 밀었기 때문이다.

가오룬텐은 생각도 하지 않고, 곧바로 중대원 3명·2정의 소총·18발의 총탄을 가지고 늑대가 양떼 속으로 달려 들어가듯이 돌진했다. 그야말로 허풍을 떠는 것 같지만, 30여 명의 한국 병사들은 결국 소총도 모자라고 총탄도 적은 이들 4명의 중국 병사들에게 12명은 사로잡히고, 나머지는 모두 싸우다 죽었다. 만약 그들이 선물로 가져온 그렇게 많은 총과 탄약이 아니었으면, 가오룬텐은 어떻게 하더라도 그 다음날 한국 제9사단의 중대 규모 내지 대대 규모의 15차례에 걸친 공격을 연속으로 견뎌낼 수 없었을 것이다.

가오룬텐은 잘 싸웠는데, 아무래도 형세가 좋지 않았다.

장융후이가 1개 대대를 투입하면, 김종오는 곧바로 2개 대대를 내보냈고, 장융후이가 1개 연대를 투입하면, 김종오는 곧바로 1개 증원된 연대를 내보냈다. 결국, 이는 나라 밖에서 벌이는 작전이었으므로, 중국인들이 어떻게 보충하더라도 한국인들이 보충하는 것보다 넉넉할 수는 없었다.

쌍방은 몇 개의 작은 고지들에서 일진일퇴의 전투를 벌였다.

김종오의 제30연대가 가장 먼저 무너지자, 거의 4천 명에 달하는 주력의 증원된 연대인 제28연대가 다시 이어서 올라왔다. 제28연대가 궤멸되자, 그는 눈도 깜짝 하지 않고, 또 다시 한국 제39연대를 채워 넣었다. 김종오가 밑천을 장융후이에게 필사적으로 소모하자, '백마산' 전투는 이미 이승만을 놀라게 했다. 이승만이 직접 군대의 전투를 독려하고, 끊임없이 패잔병들을 수습하여 긴급하게 반격할 부대를 편성하라고 명령했다. 또한 후방에서 편성하여 훈련하고 있는 사단에서 1만 명 이상의 신병들을 이동 집결시켜 명령을 기다리게 했다가, 1개 연대가 패배하면 즉각 병력을 보충하고, 장교들을 증파하여, 매우 빠르게 전투력을 회복시켜주고 다시 공격을 가하라고 명

지원군 병사가 중기관총으로 맹렬하게 사격하고 있다.

령했다. 이렇게 치고받으면서, 한국 제9사단에서 북진에 참가했던 고참병들은 모조리 사망하여 한 명도 남지 않았지만, 각 대대마다 600~700명의 정족수 편제는 항상 유지할 수 있었다.

장융후이는 처참했다. 이것은 나라 밖에서 벌이는 싸움으로, 부대의 사상자들은 모두 국내에서 보충해 와야 했으니, 어떻게 상대방처럼 그렇게 싸우면서 보충할 수 있겠는가? 그의 고민은 즉시 상감령에 있는 부대에게도 한 차례 닥쳐왔다. 나라 밖에서 작전을 벌이는 것은 확실히 중국 군대에게 적지 않은 새로운 과제를 안겨주었다.

어쩔 수 없이 장융후이는 끊임없이 새로운 부대를 끌어올려 사상자가 심각한 공격 부대를 대체할 수밖에 없었다. 최후에 그는 제38군단의 최고 주력 연대인 제334연대와 이미 사단 참모장이 된 판톈언조차도 불러 올렸다. 하지만 맹호도 무리를 지은 늑대를 당해내기 어려운 법이다. 제38군단은 꼬박 9일 동안 201시간의 혈전을 벌여, 잇달아 한국 제9사단과 프랑스 대대의 9천 8백여 명을 무찔렀고, 자신들도 6천 7백여 명의 사상자를 냈다. 한국군 1개 사단의 편제에 따르면, 이제 한국 제9사단은 마땅히 오로지 김종오와 박정희만이 남아 직접 부대를 이끌고 돌격해야 했지만, 이들 4개의 한국군 연대는 적지 않게 움직이고 있었다. 이때까지, 제38군단은 이미 13개 보병 대대와 2개 중대를 써먹어버렸다.

장용후이는 냉정해졌다. 비록 제38군단이 이미 백마산의 대부분 고지들을 점령했지만, 미국인들이 이미 많은 대형 포들을 옮겨다 놓아, 다시 싸우면 사상자가 더욱 커질 판이었다. 그는 이를 악물고, 비록 고통스럽지만 이성적인 결정을 내려, 백마산 지역에서 철수하기로 했다.

왕진산은 전보를 받고 길게 탄식했다. 이 용맹한 장수도 다시 싸우면 불리하다는 것을 알고는, 원통해 하며 제38군단이 철수하는 것에 동의했다. 제38군단은 아직 이렇게 싸우다가 중단한 적이 없었다.

한국 제9사단이 백마산 진지를 지켜내자, 이때부터 '백마 부대'라고 불리며, 한국 군대에서 가장 영예로운 부대들 중 하나가 되었다. 백마산 전투는 한국군이 전체 조선 전쟁에서 가장 잘 싸운 전투들 중 하나였다. 그러나 단지 이것뿐이었다.

장용후이는 총사령부 사령관에게 스스로 패전의 책임을 졌고, 제38군단의 장병들은 마음속의 분노를 참고 경험과 교훈을 총결하면서, 다시 한번 출격하여 적을 섬멸하고 설욕할 준비를 했다. 애석하게도 제38군단은 더 이상 조선의 전장에서 실력을 발휘할 기회가 없었다. 얼마 지나지 않아, 중국의 만세 군단[萬歲軍]이 먼저 서해안에 도착하여 상륙을 저지할 준비를 했고, 이어서 이동 명령을 받고 귀국하게 되자, 제15군단 병사들이 그들을 대신하여 한국 제9사단에게 쌓인 울분을 표출하는 것을 지켜볼 수밖에 없었다.

오늘날, 제38기계화 집단군은 이미 중국 육군의 최정예 전략 담당 부대가 되었다. 이 부대는 이미 철저하게 장갑화·기계화를 실현한 혼성 집단군이며, 아울러 전자화·정보화를 향해 성큼성큼 매진하고 있다. 시야를 아시아 전체로 넓혀 봐도, 이 부대에 필적할 부대는 없다. 전 지구를 보더라도, 이 부대와 자웅을 겨룰 수 있는 장갑 군단은 5개가 넘지 않는다. 제38집단군은 국내 전장에서 강력한 군대였는데, 조선에서 가장 현대화된 전쟁의 피비린내 나는 세례를 겪으면서, 마침내 혁혁한 전공을 세움으로써 강호들이 즐비한 중국 육군 내에서 자신만의 독자적인 지위를 다지게 되었다.

바로 장융후이가 백마산 쟁탈전을 포기하던 날인 1952년 10월 14일, 조선 전쟁에서 가장 유명한 "고기 분쇄기[絞肉機]" 전투가 상감령에서 시작되었다.

클라크와 밴 플리트가 이끄는 유엔군 6만여 명이 포위 공격하는 상태에서, 제38군단과 '만세 군단'의 칭호를 다투는 또 하나의 강력한 중국 군대인 제15군단은 단지 1개 중대 병력밖에 배치할 수 없는 두 개의 작은 산 위에서, 유엔군 시체가 쌓여 산을 이루고, 피가 흘러 강을 이룰 정도로 싸웠다. 이 싸움에서 밴 플리트가 관직을 잃고 현역에서 물러나자, 왕진산은 분노를 다 토해냈다. 이 용맹한 장수는 곧장 산 정상에 올라가 남쪽을 향해 길게 웃으면서 외쳤다: "밴 플리트야, 밴 플리트야, 이번에 마침내 너에게 나의 매서움을 알려주었구나!"

15

중국 육군과 미국 육군은 모두 1952년 10월 14일, 이날을 영원히 잊지 못할 것이다.

그날은 본래 화창하고 맑은 날이었지만, 첫날 전투에 참가했다가 요행히도 살아남은 쌍방 장병들은 오히려 줄곧 흐린 날씨였다고 생각한다. 왜냐하면 시종일관 흩어지지 못한 포화의 화약 연기와 돌가루와 흙먼지가 온 하늘을 뒤덮고 있었기 때문이다.

320문의 대구경 화포와 27대의 탱크가 동시에 상감령 597.9고지와 537.7고지를 향해 맹렬하게 포격을 가하자, 평균 1초마다 6발의 포탄이 중국 군대 2개 중대의 진지에 떨어졌다. 포탄이 떨어진 곳에는 돌가루가 날아다녔고, 쇳조각이 비처럼 쏟아졌다. 하늘에서는 100여 대의 폭격기와 공격기들이 번갈아 가며 폭격했다. 대형 포탄이 쉭 소리를 내며 떨어져 화강암을 가

상감령 지구에 우뚝 서 있는 579.9고지와 537.7 북쪽 산 고지의 웅장한 모습

루로 폭파시켰고, 네이팜탄이 산봉우리를 태워 맹렬한 불길이 하늘로 치솟았다. 짧은 하루 동안에, 상감령 봉우리는 2미터나 깎여 나갔고, 단단한 바위산은 폭파되어 돌 부스러기 산이 되었다. 예전에는 강철 끝에도 꿈쩍하지 않던 암석이 이제는 밟기만 하면 곧바로 무릎까지 빠졌다.

"지옥이야!"

첫날 포격을 견뎌낸 중국 병사들은 모두 똑같은 말로 포화가 얼마나 맹렬했는지를 표현했다.

땅굴 안에서, 거의 모든 중국 병사들은 포격의 진동으로 인해 입 안 가득 피를 흘렸다. 한 병사는 회고하기를, 당시 감각이 완전히 착란을 일으켜서, 포탄이 마치 땅속에서 뚫고 나와 발바닥을 때려 마비시키는 것 같았고, 엉덩이는 마치 물결 따라 떠다니는 것 같았다고 했다. 잠을 자고 있던 17세짜리 한 어린 병사는 영원히 다시 깨어나지 못했다. 그는 산 채로 충격을 받아 죽었다.

상감령은 흡사 광풍과 사나운 파도에 흔들리며 언제라도 뒤집힐 수 있는 작은 배와 같았다. 미국인들의 '쇼다운 작전(Operation Show Down)'은 12일 새벽 4시에 마침내 비장의 카드를 꺼내들었다.

작전 계획 이름은 밴 플리트가 지었다. 9월 초, 밴 플리트는 오성산(五聖山) 건너편에 있는 계웅산(鷄雄山)에 올랐는데, 그는 오성산 앞에 있는 두 개의 작은 고지를 가리키며 미국 제9군단장 젠킨스(Rubin Ellis Jenkins, 1896~

1975) 소장에게 말했다: "저기 두 개의 고지가 보입니까? 삼각 고지와 저격 능선이 아군의 방어선에 쐐기를 박고 있으니, 그것들을 점령하지 않으면 안 되오."

젠킨스가 고개를 끄덕였다: "패를 까놓고 공산군과 한바탕 싸워야지요!"

밴 플리트가 웃으며 말했다: "좋소. 공격 작전 명칭은 '쇼다운(Show Down)[271]으로 합시다."

밴 플리트의 계획에 따르면, 단 5일이면 이 두 개의 고지를 손에 넣을 수 있고, 그는 단지 200여 명 정도의 사상자만을 낼 거라고 예상했다. 그는 이 작은 두 개의 산에 43일의 시간을 쓰고, 2만 7천여 명을 채워 넣고, 마지막 에는 뜻밖에도 그의 군인 생애에서 최후의 '일전(一戰)'을 참패로 끝낼 것이 라고는 꿈에도 생각지 못했다.

덩화와 친지웨이는 모두 미처 손을 쓸 틈도 없이 얻어맞았다. 그들은 적 군이 곧 한 차례 비교적 대규모의 공격을 개시하리라는 것은 알고 있었지 만, 공격 방향이 어디인지는 아무도 확신하지 못했다. 오성산은 비록 하나 의 공격 방향일 수 있다고 여겨졌지만, 충분히 중시할 만하지는 않았다. 이 곳 지형은 험준하여 적군 기계화 부대가 작전을 펼치기에 불리했다. 그렇다 면 미군이 공격하기에 가장 유리한 곳은 응당 지세가 평탄한 평강(平康) 골 짜기인데, 거기에는 제38군단에서 가장 강한 제114사단과 제15군단에서 가 장 강한 제44사단이 협력하여 철통같이 방어하고 있었다.

밴 플리트가 하필 오성산의 제45사단을 선택할 거라고는 생각하지 못 했다.

공격 당일, 지원군 총사령부와 제15군단은 여전히 미군의 공격 방향을 판 단하지 못하고 있었다. 미군은 제15군단이 맡고 있는 30킬로미터에 달하는 전선의 도처에서 위장 공격을 개시했기 때문에, 이때 제15군단은 여전히 주 자동(注字洞) 남쪽 산과 상가산(上佳山)의 무명 고지를 반격할 준비를 했으

---

271 포커 게임에서 배팅이 끝나고, 승자를 결정하기 위해 패를 까 보이는 것을 말한다. 여기 에서 파생되어 '최후의 결전'이라는 뜻으로도 쓰인다.

상감령 전투에서, 지원군 제15군단 제45사단이 진지를 굳게 지키면서, 참호와 진지에 의지하여 완강하게 적들의 공격을 막아내며 반격하고 있다.

며, 거의 모든 포병들이 이 두 방향으로 이동했다. 나중에 전투가 끝난 뒤, 대승을 거둔 친지웨이는 여전히 반성하면서 이렇게 말했다: "만약 우리가 적의 공격 방향을 예상했다면, 적군은 첫날 기어오르지 못했을 것이다. 적의 공격 지속력에 대해서도 충분히 예상하지 못했기 때문에, 지휘에서 착오를 일으켰다."

사실 이미 천기를 누설한 사람이 있었다. 밴 플리트가 공격하기 9일 전, 한국 제2사단의 참모인 이길구(李吉求)라는 대위가 전선을 넘어와 제45사단에 투항하여, 유엔군이 곧 대거 오성산을 공격하려 한다고 밝혔지만, 애석하게도 이 정보는 등한시되었다.

홍쉐즈는 회고록에서 상감령 혈전의 첫날에 대해 이렇게 썼다: "아군 진지는 하루 종일 전화가 불통이어서, 상황이 불분명했다."

제45사단장 추이젠공(崔建功, 1915~2004)은 포격으로 인해 잠이 깼다. 그는 땅굴을 뛰쳐나가, 진래동(眞萊洞) 산 정상으로 뛰어 올라가 최전방을 바라보고는 깜짝 놀라 어리둥절해졌다. 어둠 속으로 보이는 전선에는 포탄이 터진 지점들이 서로 잇닿아 있었고, 여기저기서 터지는 무수한 섬광들이 하나로 이어져 있었으며, 두 곳의 포탄이 터진 지점들이 마치 맹렬하게 분출하는 화산 분화구처럼 밀집해 있었다. 그것은 4킬로미터 지점에 있는 597.9고지와 537.7고지의 북쪽 산이었다. 그러나 추이젠공은 최전방의 구체적인 상황을 분간할 수 없었다. 최전방에 부설한 전화선이 폭파되어 이미 무수히 많은 지렁이만한 길이의 폐물이 되어버렸고, 무전기조차 터지지 않았기 때문이다.

밴 플리트의 전역 시도가 드러나지 않아 전에 없는 성공을 거두었다.

땅굴 속에 있는 부대는 모든 방법을 사용하여 후방과 연락을 취했다. 공격이 시작되자, 그들은 즉각 겨우 천 미터 밖에 있는 대대 지휘소를 호출했는데, 연락에 실패했다. 포화가 너무 맹렬하여 휴대용 무전기의 안테나 하나가 폭파되어 없어져버린 것이다. 단 몇 분 만에, 13개의 예비용 안테나들이 모두 폭파되어 없어져버렸다.

대대 본부의 통신 분대 부분대장인 니우바오(牛保)는 그야말로 죽음을 두려워하지 않고 천지를 뒤덮는 포화 속으로 돌진해 들어가 전화선을 조사하다가, 순식간에 포격에 의해 세 곳에 부상을 입었다. 이 병사는 이를 악물고 최전방으로 헤치고 나아갔고, 한 타래의 전화선이 몽땅 다 연결되고 바닥나버렸다. 마지막 한 곳의 단선된 곳에 이르렀는데, 그의 피는 이미 빠르게 다 흘러나왔고, 전화선도 없었다. 니우바오가 간신히 몸을 엎드렸는데, 다행히도 딱 두 팔의 길이만큼 떨어진 절단부를 잡아당기자, 몸이 전기를 통하게 해주었다.

나우바오가 일생에 마지막으로 느낀 감각은 찌릿한 전류가 그의 온 몸에 두루 퍼지는 느낌이었다. 죽음의 순간, 그는 웃었다. 전류가 있다는 것은 전선 수리가 성공했다는 것을 말해주었기 때문이다.

부연대장 왕펑장(王風江)은 목숨과 바꾼 3분의 통화 시간을 이용해 긴급 작전 명령 하달을 끝마쳤다. 3분 후, 전화는 더 이상 통하지 않았다.

꼬박 1시간 동안의 포격이 끝난 뒤, 미군의 포화가 중국 군대 최전방 진

상감령 진지를 굳게 지키고 있는 지원군의 한 부대 통신병이, 제때 정확하게 포병에게 목표를 알려주고 있다.

지의 후방으로 확대되기 시작하면서, 보병이 돌격해오기 시작했다.

597.9고지를 지키던 11호 진지의 18세짜리 어린 분대장은 참호 입구의 바위 틈새 속에서, 연무 속으로 한 줄로 늘어선 철모들이 번쩍이는 것을 보자, 자동소총을 들고 크게 고함쳤다: "개자식들이 온다. 나가서 싸워라!"

분대 전체가 뛰어나갔고, 상감령 전투는 이렇게 시작되었다.

네 차례의 돌격을 물리친 후, 이 분대는 한 명의 부상당한 병사만 남았다. 그는 어쩔 수 없이 땅굴로 돌아가 고수했다. 이렇게 11호 진지를 잃었는데, 이것은 상감령 전투 과정에서 중국 군대가 잃어버린 최초의 진지였다.

2호 진지를 지키는 소대장은 애가 타자, 즉각 2개 분대를 보내 반격했다. 한바탕 포탄이 날아와, 2개 분대는 출발하자마자 포격으로 단지 5명의 부상당한 병사들만 남아, 이 2호 진지도 지킬 수 있는 사람이 없었다. 2호 진지를 잃자 7호 진지가 고립되었는데, 이번엔 그것도 끝장나버렸다.

다행히도 가장 중요한 9호 진지는 경험이 풍부한 부정치공작원 친경우

(秦庚武)가 지키고 있었다. 9호 진지는 주봉(主峯)의 입구로, 9호 진지를 굳게 지켜내면 597.9고지는 지켜낼 수 있었다. 친경우는 몇 개의 진지들을 잃은 가장 중요한 요인이 어디에 있는지 간파했다. 즉 이렇게 포화가 맹렬할 때는, 진지에 병력을 많이 투입할수록, 사상자가 더욱 많아지고 더욱 빨라진다는 점이었다.

친경우는 병사를 금처럼 아껴 사용했다. 매번 진지에는 단지 세 명만 남겨두고, 사상자 한 명이 생겨야만 땅굴 안에서 다시 한 명을 내보내주었다. 이 방법으로, 친경우가 이끄는 제3소대는 전체 고지의 대들보가 되었다. 단지 오전에만 미군 보병 제7사단 제31연대의 2개 대대는 70%의 병력을 잃었다. 1천여 명의 미국인이 천경우의 진지 앞에서 쓰러진 것이다. 오전에 치른 혈전에서만, 미국의 완전 무장한 정원을 꽉 채운 보병 연대가 중국군 1개 중대에 의해 불구가 되어버렸다. '쇼다운 작전'이 시작된 지 5~6시간 만에, 밴 플리트가 597.7고지에서 잃은 것은 그가 전투 전에 전체 전투에서 잃을 것이라고 예상했던 인원의 6~7배를 초과했다. 이날 오후, 밴 플리트는 어쩔 수 없이 제7사단 제33연대로 바꾸어 계속 공격을 가했다. 그러나 이들 2개 연대도 친경우를 당해내지 못해, 이날 해질 무렵까지 친경우는 여전히 20여 명을 데리고 9호 진지를 굳게 지켜냈다.

친경우가 힘들게 싸워서, 597.9고지에 있는 몇 개의 가장 중요한 진지들은 상감령 전투의 첫째 날을 위태위태하게 견뎌냈지만, 인접해 있는 537.7고지의 지상 진지는 모두 잃었다. 공격 부대는 한국 제2사단이었다. 한국 제2사단장은 이전에 한국의 육·해·공군 총사령관을 맡을 준비를 하던 정일권(丁一權, 1917~1994) 중장이었다. 그러나 미국인들은 정일권은 반드시 말단 사단장에서부터 시작해야 한다고 명령했다. 중장이 사단장이 되는 것은 여러 국가의 군대에서 보기 드문 현상이다. 화를 억누르고 있던 정일권은 미국인들에게 자신의 재능을 과시해 보이려고 생각했는데, 처음부터 잔혹한 육박전이 되리라고는 생각지 못했다.

천즈궈(陳治國)라는 병사는 자신의 몸을 부중대장에게 기관총 거치대로 삼게 해주었지만, 곧바로 포탄에 맞아 시체도 남지 않았다. 또 중상을 입은 중국 병사 순즈밍(孫子明)은 몇 발의 수류탄을 쥐고 돌진해 올라가, 10여 명의 한국 병사들과 함께 폭사했다. 순즈밍은 상감령 전투에서 적과 함께 산화한 38명의 용사들 가운데 첫 번째 사람이다.

한국 제2사단은 1천 명에 가까운 사상자를 대가로 지불하면서, 새벽부터 정오까지 혈전을 벌이다가, 7시간 뒤에 마침내 제1중대의 주진지로 공격해 올라갔다. 그들을 기다리고 있는 것은 20여 분 동안의 참혹하기가 비할 데 없는 죽음의 백병전이었다. 뼈를 부러뜨리는 "우두둑" 소리, 총검이 살을 찌르는 "푹" 소리, 분노하여 미친 듯이 질러대는 소리, 죽어가면서 내는 비명 소리가 제1중대의 주진지에서 함께 울려 퍼졌다. 끊임없이 힘을 다 써버린 중국 병사들은 수류탄·폭파통을 끌어당겨 메뚜기 떼처럼 몰려오는 한국 병사들과 함께 폭사하여 산화했다. 오후 2시가 되자, 고작 20여 명만 남은 제1중대는 많은 적을 당해낼 수 없었다. 할 수 없이 전부 지하 땅굴로 들어가 고수하자, 537.7고지 지상의 진지들은 함락되었다.

첫날의 이 전투에서 미군과 한국군은 모두 7개 보병 대대와 18개 포병 대대 및 연 200여 대의 비행기를 투입했으며, 중국 군대 2개 중대와 1개 소대를 상대로 포탄만 30만 발을 쏘았고, 항공 폭탄 500여 발을 투하했다.

이에 대응하여, 2개 중국 중대는 40만 발의 총탄을 쏘았고, 1만 발의 대전차수류탄과 수류탄을 사용하여, 전투 전에 비축해 두었던 탄약을 거의 모두 소모해버렸다. 또 10정의 기관총, 62정의 기관단총, 90정의 보병 소총이 파손되어, 파손된 무기들이 2개 중대 전체 무기의 80% 이상을 차지했으니, 전황의 참혹함은 생각해보면 알 수 있을 것이다.

상감령은 필연적으로 곧 시체가 산을 이루고 피가 바다를 이루는 전투가 될 운명이었다. 이날, 중국 군대의 포화는 매우 미미해 보잘것없었다. 제15 군단의 화포는 거의 전부가 주자동 남쪽 산 방향으로 이동하여, 반격할 준비를 하고 있었다.

14일 날이 어두워졌을 때, 중국 군대는 여전히 적군의 공격 방향을 정확하게 파악하지 못하고 있었다. 친지웨이는 40년 뒤에 이렇게 회고했다: "1952년 10월 14일, 이날은 내 일생에서 가장 초조했던 날이다."

밴 플리트는 효과적으로 중국 장교들을 현혹시켰다. 16일까지 그는 여전히 두 곳에서 상륙작전 연습을 하면서 연막을 피웠다. 상감령 전투가 벌어지고 3일 후인 17일 밤, 친지웨이는 여전히 진중일기에 이렇게 기록했다: "아군 진지의 앞에서는, 서쪽에서부터 동쪽까지 모두가 긴박하다."

이날, 최전선에 있는 제45사단장 추이젠공은 좌불안석이어서, 쌀 한 톨도 못 먹었는데, 그의 포병과 주력 부대 전부가 주자동 남쪽 산 방향으로 가버렸다. 눈에는 초연이 사방에서 피어오르는 것이 보이고, 귀에는 천둥소리 같은 포성이 들렸지만, 상황을 알 수도 없었고, 수중에는 병력이 없으니, 마음이 얼마나 초조했을지는 생각해보면 알 수 있을 것이다. 온 종일 그는 작전과장과 쉬지 않고 서로 물었다: "적은 도대체 얼마나 큰 싸움을 하려는 것일까?"

해질 무렵, 대략적인 전황이 전해졌다. 제135연대장 장신위안(張信元)이 전화를 걸어와, 최전방에서 이미 10여 개의 고지를 잃었다고 했다. 추이젠공은 이 말을 듣자 다급해졌다. 추계 공세를 펼치는 다른 부대들에서는 승전보가 계속 날아들었고, 곳곳에서 적의 진지를 빼앗았다는 좋은 소식들이 전해지는데, 오직 제45사단만이 진지를 잃었으니, 말이 안 되었다.

"밤에 반격하여 진지를 탈환하라!"

이것은 제45사단 지휘부가 상감령에서 교전을 벌인 첫날 하달한 최초의 명확한 명령이었다.

이날 밤 7시, 4개 중대의 중국 병사들은 아무런 포화의 엄호도 받지 못한 채, 두 개 고지에 있는 적들을 향해 순전히 보병만으로 강공을 개시했다. 탐조등·조명탄·신호탄이 대낮처럼 밝게 비추는 상태에서, 중국 군인들은 미국과 한국의 군대와 피와 살이 튀는 살육전을 벌였다. 순잔위안(孫占元)과 수전린(粟振林)이라는 두 명의 중상을 입은 중국군 소대장들은 거의 동시에 대전차수류탄을 가지고 자신들을 포위하고 있는 미국과 한국의 군인들 무리 속으로 굴러 들어갔다.

양쪽이 미친 듯이 2시간 반 동안 싸우고 나서, 제135연대는 낮에 잃었던 진지 모두를 탈환했다.

이날, 중국 군대의 사상자는 550명이었고, 미국과 한국 군대는 1,900명을 잃었다.

밤 10시, 추이젠공은 긴급히 작전 회의를 열어, 주자동 남쪽 산을 반격하는 모든 역량을 즉각 상감령으로 이동시켜 사용한 다음, 사단 지휘부를 덕산(德山) 고개로 전진 이동했다.

이날 밤부터 꼬박 43일 동안, 상감령은 잠시도 조용할 틈이 없이, 밤낮으로 쌍방 군인들이 엄청난 기세로 돌격하는 가운데 몸살을 앓았다.

16

둘째 날, 미국과 한국 군대가 다시 맹공을 퍼부었고, 또 하루 종일 혈전을 벌였다. 해질 무렵이 되었을 때, 두 개 고지의 지상 진지들을 또 다시 거의 모두 빼앗겨버렸다.

셋째 날까지 싸우면서, 제45사단은 이미 15개 중대를 쟁탈전에 투입했으며, 섬멸한 적이 거의 5천 명에 달했다. 두 개의 작은 고지에서는 피가 흘러 강을 이루었고 시체가 산처럼 쌓였는데, 상감령 전투는 이제 겨우 서막을 열었을 뿐이다. 이날, 친지웨이는 마침내 밴 플리트의 의도를 대체적으로나마 파악했다. 그는 즉시 군단의 주력 부대와 군단과 사단의 포병들을 전부 상감령 방향으로 이동시켰다.

갑자기 닥쳐온 강력한 공격 앞에서, 제15군단은 단지 보병에만 의지하여 밴 플리트의 이처럼 매서운 첫 번째 맹공을 견뎌냈으니, 최고 군대의 풍채를 남김없이 보여주었다고 할 수 있다.

17일, 전투는 4일째로 접어들었고, 전황은 갈수록 참혹해졌다. 포탄을 쏘고 지뢰가 폭발했으며, 삽으로 베고 총검으로 찔렀다. 쌍방의 병사들은 단지 2개 중대 병력밖에 배치할 수 없는 작은 진지에서 서로 번갈아가며 공격했다. 전장이 협소하여, 쌍방은 모두 차츰차츰 병력을 증가시킬 수밖에 없었다. 1개 소대씩 고지에 올려 보내 채워 넣었고, 진지는 하루에도 몇 번씩 주인이 바뀌었으며, 온 산에는 피투성이가 된 시체들과 잘린 팔다리들로 가득했다. 한국군 제2사단의 한 소대장은 전쟁이 끝난 뒤 이렇게 회고했다: "고지의 주인이 바뀔 때마다, 1평방킬로미터도 안 되는 저격 능선은 선혈로 빨갛게 물들었다."

선혈이 가득하자 밴 플리트의 분노가 하늘을 찔렀다. 단지 200명의 사상자만 낼 것으로 계획했던 싸움에서 5~6천 명을 잃었고, 탈취하려던 두 개의 종기만한 크기의 산은 오히려 여전히 중국 군대의 수중에 있었다. 이 고집 센 미국의 노회한 군인의 명예감·자신감·자존심은 중국 군인에게 전에 없이 큰 타격을 입었다. 밴 플리트는 최전방 지휘소로 달려가 끊임없이 명령을 내렸는데, 모든 명령은 대동소이했다.—공격하라! 퇴각해 오는 각 잔존 부대들을 합쳐서, 다시 공격하라! 밴 플리트는 눈이 벌게졌다. 이 정도까지 싸우자, 중국 군대도 적군의 공격 방향을 파악했다. 지원군 총사령부의 모든 장수들은 고개를 가로저었다. 밴 플리트가 이렇게 여기에서 피를 아까워하지 않으면서 전략적 가치가 결코 그리 크지 않은 작은 산을 미친 듯이 공격하다니, 참 어리석구나! 게다가 너에게 넘겨주지도 않았다! 곧 너를 여기로 끌고 와 목 졸라 죽일 것이다! 많은 포병들이 오성산을 향해 결집하기 시작했고, 무수한 탄약과 물자들이 상감령을 향해 수송되기 시작했다.

양더즈는 제3병단 참모장 왕윈루이(王蘊瑞, 1910~1989)에게 전화를 걸었다: "전투가 막 시작되었지만, 적의 배치와 공격 기세를 보면, 이것은 드물게 힘든 전투가 될 것이오. 나 양더즈는, 당신이 제15군단 동지들에게 꼼꼼하게 일을 잘 처리하고, 큰 대가를 치를 준비를 하라고 전해주기 바라오. 오성산은 우리의 방어막이니, 반드시 굳건하게 지켜내시오."

"사령관님께서는 마음 놓으십시오." 왕윈루이가 대답했다. "제15군단은 이미 '한 사람이 목숨을 포기하면, 열 사람이라도 당해내기 어렵다[一人舍命, 十

人難當]'라는 강건한 운동을 전개하고 있습니다!"

제3병단 사령관 왕진산은 밴 플리트가 직접 공격을 지휘한다는 소식을 듣고 나서, 지휘소의 산꼭대기에 올라가 크게 외쳤다: "밴 플리트, 밴 플리트, 이번에 이 몸이 너에게 이 몸의 무서움을 알게 해주마!"

바로 17일 이날, 미국과 한국 군대는 마침내 고지 위의 중국 병사들이 생존하는 비밀을 알아냈다. 한국 제2사단의 한 유능한 중령 참모가 직접 몇 명의 정찰병들을 이끌고 고지로 기어 올라가, 중국 군대의 수송병 한 명을 사로잡아, 중국 군대가 땅굴에 의지하여 화력의 살상을 피한다는 자백을 받아냈다.

18일, 부대 번호가 모두 제17연대인 밴 플리트 휘하의 2개 부대─미국 제7사단 소속의, 제2차 세계대전 중에 콰잘레인(Kwajalein: 마셜 군도에 속하는 섬-옮긴이) 섬 상륙 작전에 참가했던 명예로운 연대인 제17연대와 한국 군대에서 가장 잘 싸우는 한국 제2사단 제17연대(이 연대는 조선 전쟁에서 최선봉이었다)─가 일제히 맹공을 개시했다. 정오가 되자, 피를 너무 많이 흘린 중국 수비 부대는 땅굴로 물러나 지킬 수밖에 없었다. 밴 플리트는 처음으로 한국과 미국 사병들의 시체로 상감령의 모든 지상 진지들에 깔아놓았다.

제45사단의 작전과장 송신안(宋新安)은 군단장 친지웨이에게 사상자 현황을 보고할 때 큰 소리를 내면서 울었고, 우느라고 말을 하지 못했다.

친지웨이는 어쩔 수 없이 추이젠공을 불렀다: "제15군단은 피는 흘려도 눈물을 흘리지 않는다. 누구도 울어서는 안 된다! 천 일 동안 군대를 기르고 일시에 군대를 쓰는 건 전체 국면의 승리를 위해서인데, 제15군단은 아쉬울 것 없이 싸웠다! 국내에 제15군단과 같은 부대는 많지만, 상감령은 오직 하나뿐이다!"

추이젠공은 홍군의 포로였는데, 그 당시 그의 사단장은 유명했던 인물로, 마오쩌둥과 펑더화이가 직접 지휘했던 장정의 "정초식(定礎式: 건물을 지을 때 초석을 놓는 기념식으로, 여기에서는 결정적인 역할을 한 것을 비유하는 말이다-옮긴이)" 전투인 즈뤄전(直羅鎮) 전투 과정에서 총에 맞아 죽은 동북군(東北軍)의 사단장 니우위안펑(牛元峰, 1891~1935)이었다. 장쉐량(張學良)이 이끄는 동북군의 이등병이던 추이젠공은 뛰어난 군사적 재능 때문에, 공산당 군대에 가입한 뒤 빠르게 성장하여 사단장이 되었다. 그는 이런 필사적인 싸움을 어떻게 해야 하는지 알고 있었다.

친지웨이의 전화를 받고 난 뒤, 그는 사단 지휘부 인원들에게 말했다: "싸우자. 내 손 안에는 아직 약간의 밑천이 있어, 놈들이 한바탕 갉아먹기에 충분하다. 제45사단이 싸워서 단 하나의 대대가 남으면 내가 대대장이 되고, 싸워서 단 하나의 중대가 남으면 내가 중대장이 된다!"

송신안은 눈물 자국을 닦으면서 말했다: "사단장님, 제가 사단장님의 분대장이 되어 드리겠습니다. 압록강을 건넜으니 저는 돌아가지 않겠습니다."

19일 밤, 중국 군대의 44문의 대형 포와 24문의 로켓포가 일제히 울부짖으면서, 제15군단의 첫 번째 대반격이 시작되었다.

포격은 매우 성공적이었다. 아직 공고하지 않은 진지에 있던 미군들은 포격을 받고 참혹하게 목숨을 잃었다. 3개 중대의 중국 병사들의 공세는 마치 조수(潮水)처럼 매우 빠르게 전진하여, 20분 만에 곧 지형이 간단한 537.7고지를 탈환했다.

지세가 복잡한 597.9고지는 피바다가 되었다.

5개 중대가 우렁찬 함성을 지르며 쇄도해 올라간 후에, 수십 개의 크고 작은 벙커를 마주쳤다. 기관총 사수 라이파쥔(賴發鈞)은 고장난 기관총을 던져버리더니 대전차수류탄을 쥐고 지하 벙커로 돌진했다. 나이가 고작 19세인 묘족(苗族) 병사 롱스창(龍世昌)은 포탄에 부상을 입자, 남아 있는 오른쪽 다리를 끌면서 미친 듯이 총구에서 불꽃을 토해내고 있는 커다란 벙커를 향해 필사적으로 기어 올라가더니, 사격 구멍으로 다가가 폭파통을 쑤셔 넣었다. 토치카 안의 적들이 폭파통을 밖으로 밀어내자, 롱스창은 가슴으로 폭파통을 버티면서, 마지막 힘을 내서 안쪽으로 밀어넣었다. 잠시 후 그와 벙커 안의 적들은 모두 아무도 남아나지 못했다. 그의 중대장 리바오청(李寶成)이 멀지 않은 곳에서 그의 행동을 보았는데, 다음과 같이 회

고했다: "아아. 그 훌륭한 병사는 어떠한 흔적도 남지 않았습니다. 그렇게 불빛이 한 번 번쩍이더니 사라져 버렸습니다. 그때 우리 중대는 눈물조차 나오지 않았습니다. 사망자가 너무 많아, 심장도 굳어버려, 울음이 나오지 않았습니다. 그러나 저는 너무 감동하여, 당시에는 단지 '정말 용감하구나, 롱스창은 정말 용감하구나!'라는 말밖에 못 했습니다."

0호 진지를 공격해 올라갔을 때, 하늘이 빠르게 밝아왔다. 멀지 않은 곳에 있던 추이젠공은 597.9고지 위에서 들려오는 굳어버린 듯한 총성과 포성을 듣자, 탄식하며 말했다: "오늘밤은 보아하니 가망이 없구나."

1953년 1월 1일(설날), 지원군은 오성산의 석벽에 황지광의 불후의 공적을 새겼다. 이 사진은 병사들이 황지광의 비문 앞에서 엄숙하게 선서하는 모습이다.

그가 이 말을 했을 때, 황지광이라는 병사가 이미 선혈이 흐르는 몸을 끌면서, 고지 위에 있는 적군의 마지막 커다란 벙커의 총구멍을 향해 힘겹게 돌진해 갔다. 황지광의 정치지도원인 펑파칭(馮發慶)은 미군의 기관총이 틀어 막혀 있는 그 순간, 심장과 허파가 찢어질 듯이 고함을 지르며 벙커를 향해 돌진해 올라가, 그 안쪽에 꼬박 100발의 기관총탄을 쏟아 부었다. 그런 다음에 기관총을 버리고 가슴과 복부에 총격을 받아 커다란 사발만큼 큰 구멍이 난 황지광을 끌어안았다. 중대장 완푸라이(萬福來)는 경이롭게 이 광경을 바라보았다. 황지광의 몸은 벙커 앞으로 돌격해 올라가면서 7곳의 총상을 입었는데도 뜻밖에도 한 군데에서도 피를 흘리지 않았고, 심지어 벙커 앞에도 혈흔이 전혀 없었다. 이 영웅적인 병사의 몸에 있던 피는 최후의 돌격을 하기 전에 이미 모두 다 흘려서 말라버렸던 것 같다. 의학 이론에 따른다면, 그의 육체는 이미 사망했지만, 그는 완전히 의지력과 사명감에 의지하여 이 깜짝 놀랄 일을 완수한 것이다.

지금까지, 중국 군대에서는 오직 양건스와 황지광 두 명의 말단 병사만이 '특급 영웅'이라는 최고 등급의 영예를 얻었다. 지금, 이 영웅이 생전에 속했던 중대는 중국 군대에 의해 '황지광 중대'로 명명되었으며, 매일 저녁 점호할 때, 중대장이 먼저 "황지광!"이라고 외치면, 전체 중대의 병사들은 기세가 산과 강을 뒤흔들 듯이 대답한다: "네!"

17

황지광이 목숨으로 덮쳐 껐던 전쟁의 불길은 단지 한 시간 동안만 잠시 멈추었다가, 곧 더욱 맹렬하게 타올랐다. 날이 밝자, 30여 대의 미군 폭격기들이 함께 편대를 이루어 상감령 상공으로 진입하여 융단 폭격을 진행했고, 40여 대의 대형 탱크들이 중포(重砲)들과 협력하여 맹렬한 포격을 가한 다음, 독전대(督戰隊: 전투를 감시하고 독려하는 부대-옮긴이)에게 총으로 강요당한 한 무리의 보병이 돌격을 개시했다.

클라크와 밴 플리트는 눈에 불을 켜고 돌진했음에도 패하고 말았다. 그들은 2개 사단을 동원해서 중국 군대의 2개 중대가 지키는 진지를 공격한 것조차 성공하지 못했을 뿐만 아니라, 또한 듣는 사람으로 하여금 깜짝 놀라게 할 정도의 사상자를 대가로 치렀다는 것을 절대로 믿고 싶지 않았다.

이때까지, 유엔군은 이미 17개 대대 병력을 투입하여, 사상자가 이미 7천 명을 넘어서자, 100개에 가까운 중대들은 중대마다 40명도 남지 않았다.

미국 기자 윌슨은 놀랍고 두려운 마음으로 자신이 본 광경을 국내에 보고했다:

"한 중대장이 점호를 하자, '네'라고 대답하는 사람이 오직 상사 한 명과 일등병 한 명뿐이었다."

AP 통신의 존 랜돌프 기자는 다음과 같이 보도했다:

"출발할 때는 병력 정족수를 채웠던 그 부대원들이, 오늘 아침에 돌아왔을 때는 단지 가련할 정도로 적은 인원밖에 남지 않았다. 가장 영리하고 가장 용감한 장교들은 이처럼 놀라운 손실을 보자, 모두 울기 시작했다."

한 한국 중대가 한 미군 중대에게 방어 임무를 인계받았을 때 보니, 200명에 가까웠던 미

1963년 3월, 마오쩌둥 주석이 황지광의 어머니 덩팡즈(鄧芳芝) 씨를 친절히 접견하고 있다.

군의 증원된 중대는 "진지 위에서 내려온 사람이 30명도 안 되었고, 단지 5자루의 소총밖에 메고 있지 않았다. 절반은 모자도 쓰지 않았고, 덥수룩하고 흐트러진 머리에, 온 몸은 흙투성이인 것이, 그야말로 사람 같지가 않았다. 그 가운데 네 명은 시체를 메고 있었는데, 포탄 한 발이 떨어졌다. 그 포탄은 매우 먼 곳에서 폭발했지만, 그들은 놀라서 들것을 내던지고 죽기 살기로 달아났다."

황지광이 희생된 대반격의 밤에만, 제45사단은 적 2천 5백 명을 사살했다고 보고했다. 다음날, 중국 군대의 한 감시초소에서는, 597.9고지의 남쪽에 있는 산골짜기에서만, 미국인들이 트럭 30대 분량의 시체를 운반해 가는 모습이 관찰되었다.

미국 포로는 중국인에게 이렇게 말했다: "유엔군의 참전한 18개 대대는, 각 대대와 중대가 모두 순서대로 돌아가면서 세 번씩 싸웠다. 미군 제17연대는 첫날 사상자가 절반을 넘었고, 어떤 중대는 단지 소위 한 명밖에 남지 않았다."

미국 국민은 미국 정부의 침략 정책 때문에 심각한 대가를 치르고 있었다.

클라크와 밴 플리트는 이번의 예상치 못한 혈전 과정에서 체면을 지키기 위해, 필사적으로 무리하게 버티면서 공격을 유지하느라, 어쩔 수 없이 한국 신병 연대를 통째로 데려다 미국 제7사단에 채워 넣었다. 괴멸된 미국 제7사단이 서방산(西方山)으로 철수할 때, 그 일대의 곳곳에 연기를 피우고 불을 지르면서 상감령에서 합동 작전을 펼치던 제15군단 제44사단이 미국 제7사단 소속 병사 12명을 포로를 잡았는데, 그 가운데 뜻밖에도 6명이 한국 병사였다.

중국 장교들은 기뻐서 입을 다물지 못했다. 이것은 정말이지 미국이 어리석은 짓을 하여, 기름진 고기를 입가에 가져다준 것이었다.

덩화는 전화를 걸어 친지웨이를 격려했다: "지금 적들은 대대와 연대 단위로 아군 진지로 돌격하고 있는데, 이는 적들이 용병을 잘못하는 것이니, 야외에서 적들을 섬멸할 좋은 기회요. 마땅히 이 기회를 단단히 틀어쥐고, 적들을 대량 살상해야 하오."

그러나 제45사단도 이미 완전한 대대를 내놓을 수 없었다. 친지웨이는 명령을 내렸다: "여인네들과 어린애들도 다 같이 나간다!"

제15군단의 많은 잡역부와 기관 간부들도 호응하여 돌격 행렬에 가담했다.

20일, 쌍방은 10여 차례 교전을 벌인 후, 손실이 너무 큰 중국 수비 부대는 끝내 반격할 힘이 없자, 다시 땅굴로 들어가 방어했다.

이날 밤, 덩화가 명령을 내렸다: "우리의 최전방 부대는 모두 물러나 땅굴로 들어가라."

서로 머리가 깨져 피를 흘리는 두 상대는 모두 지쳐서 땅바닥에 주저앉아 숨을 헐떡였다. 잠깐 동안은 크게 싸우려고 해도 싸울 힘이 없어, 상감령 전역의 첫 번째 절정이 지나갔다.

"고기 분쇄기"는 결코 작동을 멈춘 게 아니라, 단지 조금 천천히 움직이고 있었을 뿐이다. 이는 더욱 미친 듯이 고속으로 돌기 위한 힘의 축적이었다.

친지웨이는 깊은 생각에 잠겼다. 7일 동안 혈전을 벌여, 제45사단 혼자서 적의 2개 최정에 사단을 물리쳤다. 이는 그 자체로도 이미 거대한 승리였다. 그러나 다음에는 어떻게 할 것인가?

오랜 생각을 하고 나서, 친지웨이의 입가에 한 가닥 미소가 떠올랐다. 상감령의 부대는 이미 땅굴로 들어갔다. 그렇다면 먼저 땅굴전으로 적을 지치게 하여 무너뜨린 다음에, 결정적인 대반격을 가하면 된다!

<h1 style="text-align:center">18</h1>

비할 데 없이 힘든 지하 땅굴 작전이 개시되었다. 거의 모든 중국인들은 영화 〈상감령〉을 통해 이 장면들을 알고 있다. 하지만 노병들은 모두가, 〈상감령〉에 나오는 땅굴은 실제 전투에서는 존재하지 않았던 천당 같은 곳이고, 진짜 상감령의 땅굴은 영화 속에 나오는 것보다 백 배나 더 불결하고, 천 배나 더 피비린내가 나고, 만 배나 더 잔혹했다고 말한다.

미국인과 한국인들은 중국인들의 머리 위에서 밟고 있으면서, 항상 발밑에 있는 중국인들이 몰려 나와서 자신에게 치명적인 일격을 가할 것을 경계했으며, 생각해낼 수 있는 온갖 방법들을 다 짜내어 약 100개의 크고 작은 땅굴들을 파괴했다. 곡사포를 고각으로 발사하고, 화염방사기로 태우고, 유황탄으로 연기를 피우고, 구멍을 뚫고 폭약을 넣어 폭파하고, 있는 힘을 다해 커다란 바위를 끌어와 굴 입구를 막아버리고, 돌로 보루를 쌓거나 철조망으로 굴 입구를 막아버렸다.

미국인과 한국인들의 엉덩이 밑에 있는 중국인들은 항상 적들이 땅굴을 파괴하려는 시도를 저지하는 데 주의를 기울여야 했을 뿐만 아니라, 밤이 되면 또 기어 나와 사방으로 야간 기습을 하여, 상대방이 편안하게 지내지

땅굴로 물러나서 수비를 한 이후의 한 가지 심각한 문제는 물 부족이었다. 사진은 기관총의 엄호하에 산을 오르내리며 물을 구해 나르는 모습이다.

못하도록 해야 했다.

땅굴 속의 환경은 비인간적이었다. 사망한 병사의 유해, 중경상을 입은 부상자, 전투원, 무기와 탄약, 각종 땅굴 보강 자재, 식량 등등, 낮고 길고 매우 협소한 공간 안에서 빽빽이 들어차 생활하면서 전투를 했으니, 어떤 심정이었겠는가? 산소조차도 충분히 들이마실 수 없었다. 어쩔 수 없이 순서대로 돌아가면서 땅굴의 입구에 가서 머리를 내밀고 숨을 쉬면서 질식을 방지했다. 미국인들은, 한곳에서 뜻밖에도 높이가 1미터나 되는 흰색 공기 기둥을 뿜어내는 것을 놀랍고도 신기해 하며 발견하고는, 뛰어가서 살피다가 매우 교묘하게 은폐된 땅굴의 입구를 찾아냈다. 이 1미터나 되는 흰색 공기 기둥은 바로 땅굴 속에 있는 중국 병사들 몸에서 땀이 지상으로 뿜어져 나온 뒤 응결되어 만들어진 것이었다. 땅굴 속에서는 어떤 냄새가 났을까? 온도는 얼마나 되었을까? 물자·식량·탄약·의약품 등 모든 것이 부족했으며, 특히 물이 부족했다. 사람 체중의 70%는 물이며, 먹지 않으면 7일을 살 수 있지만, 물이 없으면 3일밖에 살 수 없다. 물 부족은 적보다도 더 무서웠다.

땅굴 안에는 물이 없었다.

먼저 치약을 먹었고, 그 다음에는 소변을 마셨으며, 최후에는 목숨을 대가로 걸고 몇 병의 물을 빼앗으러 나갔다.

친지웨이와 추이젠공은 초조했다. 식량이 없고 탄약이 없고 물이 없으면 땅굴은 없다. 병참보급 담당 병사는 매일 밤에 귀중한 물자들과 물을 짊어지고 땅굴로 기어갔는데,

생존 조건이 극도로 열악한 환경에서, 땅굴을 굳게 지키며 싸우는 지원군 병사들은 완강한 의지로 온갖 어려움을 극복했다. 사진은 모범 위생병인 천전안(陳振安)이 돌 틈 사이로 한 방울씩 떨어지는 물을 받아, 부상병을 응급 처치하는 모습이다.

종종 몇 명의 목숨을 바치고서야 비로소 한 병의 물과 한 포대의 무[272]를 들여보낼 수 있었다.

홍쉐즈는 이렇게 회고했다: "전투가 격렬할 때, 1개 연대가 작전을 하면, 2개 연대가 작전에 필요한 물자를 수송하는 책임을 져야 했다. 적의 포화 밀도는 1킬로미터마다 299문에 달한 데다, 대량의 항공 병기·탱크 및 화포까지 가세하여, 최전선에서부터 전술적 종심 20킬로미터까지의 지역 내에는 층층이 화망과 화력 방어막을 형성하여, 밤낮으로 끊임없이 엄밀한 봉쇄를 실행했다. 전선의 수송 병력들은 물자를 수송하고, 부상병을 실어 나르느라, 종종 수십 개의 봉쇄선을 통과해야만 했다. ……땅굴에 접근했을 때는, 적과 불과 20~30미터밖에 떨어져 있지 않았고, 종종 3면에서 적의 토치카들과 탐조등에게 봉쇄되어 제압되었다. 아군 지역의 지상 진지는 1미

---

[272] 물은 운반 과정에서 물통에 구멍이 나면 다 흘러 버리기 때문에 운반하기가 어려웠다. 따라서 중국 군대는 물보다 운반하기도 쉽고, 수분을 많이 함유하고 있어 식수를 대체할 수도 있는 데다, 허기도 달랠 수 있는 무를 물 대신 최전방에 공급했다.

터가 넘는 깊이의 돌가루가 되어버렸고, 어떤 진지는 중간에 끊어졌으며, 땅굴은 잘려 있어, 수송병들은 늘 방향을 잃고 길과 땅굴 입구를 찾지 못해, 적의 진지로 잘못 들어가기도 했다. 수송 부대는 1개 소대 40~50명이 물자를 가지고 올라가면, 단지 2~3명밖에 돌아오지 못했다."

어떤 땅굴 부대는 무를 너무 많이 먹어 속이 쓰리자, 사과로 바꿔주기를 희망했다. 제15군단이 한밤중에 평양 일대에서 3만여 킬로그램의 사과를 사오자, 제45사단은 다음과 같이 명령을 내렸다: "사과 한 광주리를 올려 보내주는 자는 누구든지 2등공을 1회 세운 것으로 기록하겠다!"

3만 킬로그램의 사과들 중 오직 한 개만이 땅굴로 들어왔다. 이 한 개의 사과는 행운아였다.

이 사과는 사람들을 놀라게 하는 한 토막의 아름다운 이야기를 만들어 냈다. 수십 명의 중국 병사들이 서로 전해주며 두 바퀴를 돌았는데도 그 사과를 다 먹지 않았다. ……오늘날, 끝내 자신의 책임을 다한 그 행운의 사과는 이미 중국의 소학교 교과서에 수록되어 있다.

물자 말고도, 땅굴 속에는 끊임없이 병력도 보충해야 했다. 매일 싸우고, 매일 사상자가 발생했으므로, 제때 충원하지 않았다면, 땅굴 속에 있던 인원이 모두 죽었을 때, 상감령은 정말로 미국인들의 손에 들어갔을 것이다. 잇달아 중국군 중대가 깜깜한 밤중에 목숨을 돌보지 않고, 폭격을 당해 이미 모습이 완전히 변해버린 땅굴 입구를 향해 기어갔다. 기어서 전진하는 중국 병사의 몸 아래에는 무수히 많은 잘린 손발과 형체가 사라진 시체들이 즐비했다. 그들의 주위는 밀집된 포화의 봉쇄 구역이었으므로, 그들 중 많은 사람들은 땅굴에 도착하지도 못하고 그 시체들 가운데 하나가 되어버렸다.

친지웨이의 군단 경호 중대조차도 모두 땅굴로 올라갔다. 중대 정치공작원 왕뤼(王虜)는 항일 전쟁 시기에 친지웨이의 경호원이 되어, 여러 번 친지웨이의 목숨을 구했으므로, 두 사람은 관계가 매우 깊었다. 왕뤼가 땅굴에 올라갔을 때, 간부부(幹部部) 부부장이 그에게 조용히 말했다: "왕뤼, 군단장님이 자네에게 포화를 조심하고, 살아서 돌아오라 하셨네."

키가 180센티미터에 잘생긴 왕뤼는 매우 자신 있게 말했다: "군단장님께 저는 반드시 살아서 돌아온다고 전해주십시오."

왕뤼는 다시 돌아오지 못했다. 96명의 경호 중대에서 오직 한 명의 부소대장만이 24명의 병사들을 이끌고 목표 땅굴로 돌진해 들어갔고, 나머지 병력은 전부 1,500미터 폭의 포화 봉쇄선에서 쓰러져 갔다.

친지웨이는 즉시 사람을 보내 시체를 수습하게 했지만, 포탄 구덩이를 제외하고는 어떠한 것도 찾지 못했다.

24일, 친지웨이의 보고는 지원군 사령부 지도자들을 깜짝 놀라게 했다. 이때 제45사단의 사상자 현황이 이미 밝혀졌는데, 고작 3.7평방킬로미터밖에 안 되는 두 개의 작은 산에서 제45사단의 사상자가 이미 4천 명을 넘어섰다.

7일 만에 이 손바닥만한 고지 위에서 1개 정예 보병 사단이 불구가 되어 버렸다.

큰 싸움과 어려운 싸움에 익숙한 왕진산조차도 놀라서 숨을 들이켰다. 그날 밤 왕진산은 형형한 눈빛으로 친지웨이를 바라보며 말했다: "두 가지 방안이 있소. 첫째는 싸우는 것이고, 둘째는 철수하는 것이오."

왕진산이 "철수하라"라는 이 말을 하는 것은 정말이지 하늘에 오르는 것보다도 어려웠다.

"단호하게 싸워 나가겠습니다. 우리는 힘들지만, 적들은 더 힘듭니다." 친지웨이가 천천히 말했다.

왕진산은 그 말을 듣고 크게 기뻐서, 이를 부드득 갈면서 말했다: "상감령을 지켜낼 수만 있다면, 필요한 것은 뭐든 당신에게 주겠소!" 제3병단에 있는 67문의 대구경 포들이 즉시 오성산을 향해 출발했고, 1,200명의 신병이 제45사단에 보충되었다.

친지웨이는 군단 작전 회의에서 단호하게 말했다: "지금 조선 전체의 싸움이 상감령 전투에 집중되어 있는데, 이는 제15군단의 영광이다! ……우리

제15군단 지휘부는 밤낮 없이 적의 정황을 논의하면서, 작전을 지휘했다(왼쪽에서 두 번째가 군단장 친지웨이, 왼쪽에서 세 번째가 군단 참모장 장원위이다).

는 이미 매우 강경한 태도로 싸워 왔다. 이를 악물고 다시 버티고 있는데, 적들은 그런 강인함에서 어림도 없다. 상감령에서 싸워 이기면, 미국 군대의 사기를 크게 꺾어 놓을 수 있다. ……상감령 전투에서 결연히 싸우려면, 바로 미국인들과 이러한 불굴의 정신과 사나움을 겨루어야 하며, 이는 조선 전장 전체에서 필요한 것이다!"

제3병단이 제15군단을 지원했을 뿐만 아니라, 지원군 전체가 제15군단을 지원했다. 지원군 사령부는 제12군단에게 오성산으로 이동하여, 언제라도 제15군단의 예비대로 전투에 참가하라고 명령했다. 지원군 병참 사령부는 모든 수송 수단을 동원하여 밤낮으로 끊임없이 오성산에 탄약을 긴급히 수송하자, 제15군단은 무엇이든 필요한 것은 즉시 받을 수 있었다.

각 부대들은 잇달아 마주한 적을 향해 작은 반격을 하면서, 제15군단과 서로 호응하여 싸웠다. 제45사단의 형님격인 제44사단은 더욱 더 서방산

사람들이 탄약을 짊어지고 나르느라, 북적대는 수송로의 모습

도처에서 분기탱천하여 싸웠다. 훗날 난징(南京) 군구 사령관이 되는 사단장 샹쇼우즈(向守志, 1917~2017)는, 침착하게 유엔군의 몸을 매섭게 쿡쿡 찌르면서 상감령 전투를 마쳤다. 샹쇼우즈는 과연 여전히 용감하게 싸웠고, 마침내 그는 4천 명의 적을 섬멸했을 뿐만 아니라, 방어 진지를 일거에 11킬로미터나 앞쪽으로 밀고 나아감으로써, 평강(平康) 지구의 방어 태세를 매우 크게 개선시켰다.

밴 플리트는 아연실색했다. 그는 중국인들을 이렇게 공략하기 어려우리라고는 생각하지 못했다. 백만 발이 넘는 포탄과 수천 개의 폭탄, 그리고 거의 1만 명에 달하는 생명을 바치고도 뜻밖에 중국 군대 2개 중대가 지키는 진지를 교환하지 못했다. 그는 수치스러움을 느꼈을 뿐더러 또한 분노도 느꼈다. 미국 제7사단은 이미 싸울 수 없게 되어, 교체되었다.

그는 다시 막 백마산을 지켜낸 한국 제9사단을 꺼내들었다.

전 세계가 모두 이 두 개의 작은 산에 관심을 가졌다.

중국 국내의 크고 작은 신문과 방송들은 2개월 연속 헤드라인 뉴스가 모두 상감령이었다.

상감령은 바로 이렇게 작은 전투로부터 시작하여 세계의 초점을 모으는 대전투가 되었다.

30일 정오, 10일간의 땅굴전을 치르고 나서, 중국 군대는 마침내 준비를 끝냈다. 지원군 고위 장교들이 오랫동안 방책을 강구하여, 땅굴 속의 병사들이 간절하게 기다리던 대반격이 시작되었고, 상감령 전투는 두 번째 절정으로 진입했다.

133문의 대구경포와 30문의 120밀리 대형 박격포가 4시간 동안이나 포효했다.

한 포병은 연거푸 세 개의 포 발사용 당김줄이 끊어지자, 결국 철사를 연결했다. ……수백 개의 포신들이 신축하면서 진동함에 따라, 산처럼 쌓여 있는 포탄들이 눈 깜짝할 사이에 고지 위에 있는 적군 진지로 미친 듯이 날아가 박살내버렸다. ……한 수송병은 하마터면 척추가 부러질 정도로 힘들게 유탄 4발을 짊어지고 10여 리 길을 와서는 멍하니 바라본 다음, 우는 듯 웃는 듯 노하여 포병들을 꾸짖었다: "우리는 나귀처럼 짊어지고 왔는데, 너희는 어찌 이 따위로 쏘느냐!" 얼굴이 온통 새까맣게 그을린 포병은 새하얀 이를 드러내며 말했다: "포탄을 남겨둔다고 새끼를 낳나? 모두 미국 놈들에게 쏴라!"

땅굴 속의 중국 병사들은 진동으로 비틀거렸지만, 도리어 기뻐하며 크게 소리쳤다: "쏴라, 쏴, 좀더 많이 쏴라!"

중국 포병은 전쟁 중에 이미 강대한 적수와 입신(入神)의 경지에 이른 기예를 겨루어 보았다. 미친 듯이 4시간 동안 발사한 뒤, 중국 포병들이 포격을 멈추자, 한국 병사들은 부들부들 떨면서 진지를 급히 수리하기 시작했다. 한 시간 반 뒤, 바로 한국 병사들의 진지 수리 작업이 점차 고조되고 있을 때, 중국 포병들이 다시 갑작스럽게 5분 동안 포를 쏘아대자, 진지를 수리하던 그 한국 병사들은 폭파되어 삽과 함께 하늘로 날아가 버렸다.

5분 뒤, 포화는 종심을 향해 콰르릉대며 날아갔다. 제15군단의 보병 부대가 뒤에서 깃발을 흔들고 함성을 지르면서 기세를 올리자, 맹렬하게 돌격 나팔을 불었고, 중국 보병들의 돌격 개시를 알리는 수십 발의 신호탄들도 하늘로 날아올랐다. 포격에서 살아남은 한국 병사들은 다시 엄폐호 속에서 혼비백산하여 기어 나와 진지로 들어갔는데, 그들을 기다리고 있는 것은 갑자기 되돌아오는 또 한바탕의 포화였다. 중국의 포병들은 한국 병사들로 하여금 정신을 못 차리게 만들었다.

이렇게 몇 차례 두들겨 맞은 한국 제2사단의 수비 부대는 모두가 곧 녹초가 될 지경이었지만, 진짜 포화의 성찬은 아직 뒤에 남아 있었다.

22시, "김일성의 큰 목소리"도 울부짖기 시작했다. 22문의 '카튜샤' 로켓포가 8초 동안에 352발의 로켓탄을 적군의 중심 지역과 종심 포병 진지를 향해 발사했다. 미국 포병들은 섭씨 수천 도의 고온에 타 재가 되어버렸고, 적군의 종심에 있던 포화는 얻어맞아 벙어리가 되었다. 이때, 허약해져서 혼자서는 변을 보러 갈 수도 없는 추이첸공이 두 명의 참모에 의해 7일 밤낮 동안 부축을 받고 있던 지휘소는 한시름 놓았다. 그는 땅바닥에 앉아서 '카튜샤'포가 싸우는 장관을 보고 입을 열 수 없어 말을 하지 못하다가, 한참이 지나고 나서야 정신을 차리더니, "야아, 전쟁이 사람을 죽이지만 않는다면, 세상에 이보다 더 재미있는 놀이는 없어!"라고 말했다.

22시 25분, 중국 보병들은 맹호가 산에 나타난 듯이 공격했다. 땅굴 부대도 동시에 뛰쳐나와 호응했다. 제45사단과 제29사단에서 차출해온 공격 부대 총 11개 중대가 함께 두 개의 고지를 맹렬히 공격했다. 전투는 매우 잔혹했으므로, 10일 동안 작업을 하여, 미군과 한국군은 이미 대량의 참호를 구축해 놓았다. 중국 군대의 1개 소대가 한 번 공격하면 곧 몇 명 남지 않았고, 1개 중대가 바닥나면 즉각 다시 1개 중대를 돌격하여 올라가게 했는데, 단 한 명의 겁쟁이도 없었다. 불빛 속에서, 앞쪽 병사가 쓰러지면 뒤쪽 병사가 이어서 올라갔다. 포격으로 두 눈을 실명한 병사 왕허량(王合良)은 포격으로 두 다리가 잘린 부분대장 쉬에즈가오(薛志高)를 업고 돌진해 올라갔다. ……깜짝 놀랄 만한 영웅적인 행위들이 곳곳에서 벌어졌다.

왕진산은 이렇게 말했다: "막대한 사상자가 발생할 것에 대비하여, 모든 병사들은 분대장이나 소대장을 맡을 준비를 해야 할 뿐만 아니라, 대대장이나 중대장을 맡을 준비도 해야 한다!"

정말 그렇게 되었다. 입대한 지 갓 3개월 된 병사가 곧바로 중대장이 되었다. 전쟁은 미쳐 돌아갔다!

새벽 2시, 1,500여 명의 한국 병사들이 597.9고지에 쓰러졌는데, 그 중 4개 중대는 뜻밖에 단 한 명도 살아남지 못했다. 중국 군대의 붉은 깃발이 다시 핏빛이 하늘을 찌르는 이 고지의 주봉에서 높이 휘날렸다.

이날 밤, 2천 개의 마대자루와 상대적으로 평온한 서부전선의 3개 군단으로부터 긴급히 수집한 수류탄과 대전차수류탄들이 597.9고지로 갑자기 운반되어 왔다. 이날 밤, 중국 군대의 수송로는 몸살을 앓았는데, 탄약만 해도 제15군단은 144대 트럭 분량을 실어 날랐다.

한국 제2사단장 정일권은 노기충천했다. 그는 곧 군단장으로 승진하게 되어 있어, 이렇게 중요한 때 전투에서 결코 패해서는 안 되었다.

날이 밝자, 한국 제2사단 제31연대와 에티오피아 대대가 연합하여 반격을 개시했다. 7시간 뒤, 597.9고지는 여전히 붉은 깃발이 펄럭였고, 한국군 제31연대는 이렇게 전쟁에서 패하여 물러났다. 그 부대원들은 모두 죽었고, 전쟁이 끝날 때까지도 이 연대는 원기를 회복하지 못했다.

까마득히 먼 아프리카에서 조선에 온 에티오피아 대대는, 에피오피아 중대로 재편성할 수밖에 없었다. 에티오피아군의 조선 전장에서의 경험은 에티오피아 정부가 신중국을 인식하는 데에 매우 큰 작용을 했다. 줄곧 오늘날까지, 중국과 관계가 좋은 아프리카의 여러 나라들 가운데 에티오피아는 중국에 우호적인 국가로 유명하다. 1971년 중국이 다시 유엔에 복귀할 때, 에티오피아가 매우 중요한 역할을 했다. 에티오피아는 내륙 국가로, 국방력은 육군과 공군밖에 없는데, 에티오피아의 국방력에서 무기의 근간이 되는 장비인 81식 소총[273] 계열과 69-II식 주력 탱크(MBT)[274] 부터 J-7전투기[275]에

---

[273] 중국이 1981년에 연구 개발하여 1983년부터 정식으로 생산한 소총이다.

상감령 전선에서 격전을 벌이고 있는 중국 병사들

이르기까지 모두가 중국제 장비들이다.

　이날의 전투에서, 제15군단은 30여만 발의 총탄과 2만 1천 발의 포탄을 쏘았고, 3만 발의 수류탄과 대전차수류탄을 투척했으며, 260개의 폭파통을 사용했다. 이것은 중국 군대가 상감령 전투 과정에서 하루 동안에 사용한 탄약 소비량의 최고 기록이다.

　미국 제9군단장인 젠킨스 소장은 어쩔 수 없이 공격 중지 명령을 내렸다. 그는 한국 제9사단 제30연대를 정일권에게 주면서 말했다: "내일은 반드시 제인 러셀(Jane Russell)[276] 고지를 탈환해야 하오."

....

274 69식 중형(中型) 탱크(Type 69 Medium Tank)는 1960년대부터 1970년대까지 중국이 59식 중형 탱크를 기초로 개량하여 만든 중형 탱크이다. 이 탱크는 중동과 아프리카 등지로 활발하게 판매되었다. 이라크의 후세인 정권이 1,500대 이상 구입했으며, 이란 혁명 정부도 500대를 구입했기 때문에, 이란-이라크 전쟁에서 69-Ⅱ식 전차끼리 전투를 벌이기도 했다. 걸프전에서는 미군에 의해 1천 대 이상 파괴된 것으로 알려져 있다.

275 소련의 미그-21 전투기를 중국식으로 개량한 것이다.

276 1940년대와 1950년대에 미국에서 인기가 많았던 여배우 이름이다. 유엔군 측에서는 상감령에 있는 세 개의 봉우리와 두 개의 능선을 각각 삼각 고지(Triangle Hill), 파이크스 봉(峰)(Pike's Peak), 제인 러셀 고지(Jane Russell Hill), 샌디 능선(Sandy Ridge), 저격 능선(Sinper Ridge)이라고 명명했다. 본문에 나오는 597.9고지와 537.7고지는 각각 삼각 고지

전투가 이때에 이르자, 쌍방 군대는 거의 이미 더 이상 전략 전술을 겨루는 게 아니라, 이제 그들이 겨루는 것은 용기이고 결심이었다. 한마디로 그들이 겨루는 것은 군대의 위력이었다.

쌍방은 모두 두 진영의 세계가 주목하고 있는 작은 산에서 망신당하고 싶지 않았다. 그들은 세계를 향해, 또한 상대방에게 "우리야말로 최강이다!"라는 것을 증명하려고 했다.

그런 입심으로 버티지 않았다면, 미국인들은 절대로 그렇게 끔찍하고 린뱌오가 "고기 맷돌"이라고 불렀던 싸움을 절대로 하지 않았을 것이다. 훗날 클라크조차도 고통스러워하며 이렇게 인정했다: "그것은 제한된 목표에 대한 공격으로 시작했다가, 체면을 찾으려는 잔인한 악성 도박으로 발전했다……."

한국 제9사단장 김종오의 회고에 따르면, 직접 "쇼다운 작전" 계획을 창안하여 수립했던 밴 플리트가 상감령 전투 기간 동안에, 거의 매일 와서 그의 부대를 시찰했다고 한다. 밴 플리트는 정말로 치욕을 당하지 않으려 했다.

19

11월 1일, 전투 첫날에 버금가는 맹렬한 포화의 지원을 받으면서, 바로 얼마 전에 중국의 정예 부대인 제38군단의 공격을 물리쳤던 한국의 백마 사단 제30연대는, 병력을 네 방면으로 나누어 다시 597.9고지를 맹렬하게 공격했다. 아침부터 밤까지, 연거푸 23차례의 중대 규모와 대대 규모의 집단 공격을 가했다. 그들을 맞이한 것은 제15군단의 무궁무진한 포탄·대전차수류탄·수류탄이었다. 이날을 친지웨이는 "가장 통쾌한 하루"라고 했다. 백마 사단은 중국 군대에게 죽임을 당해 시체가 나뒹굴어 포개져 있고 부패한 피가 넘쳐흘렀다. 한국 제30연대장이자 얼마 후에 이름을 떨치는 임익순(林

와 저격 능선 부근의 봉우리를 가리킨다.

益酬, 1917~1997)이 황혼 무렵에 부대를 철저히 점검했을 때, 1,500명은 이미 연대장의 호명에 대답하지 못했다. 그런데 제15군단은 오히려 아직 부족하기라도 하다는 듯이, 그날 밤 증원하여 올라온 2개 중대가 돌격하여 다시 597.9고지의 나머지 모든 진지들을 탈환했다.

바로 이날 밤, 제5차 전역 때 적의 후방 90킬로미터 지점에서 전체가 포위되었지만 뜻밖에 온전하게 빠져나온 기적의 연대이자, 중국 공농홍군(工農紅軍) 제1군단 제1사단 제1연대가 발전해온 제12군단 제31사단 제91연대가 상감령 전투에 가세하기 시작했다. 제45사단은 이미 4~5개의 분대급이나 소대급 진지들밖에 방어할 수 없을 만큼 필사적이었다.

이튿날, 미래의 중국 공수부대가 미국의 공수부대와 전투를 벌였다. 패배하여 초조해진 밴 플리트는 뜻밖에도 집단군의 최후의 전략 예비대인 공수 제187연대를 꺼내들었다.

조선 전쟁에서 매우 많은 결정적인 순간들마다, 모두 이 미국 공수 연대의 이름을 들을 수 있다. 그들은 조선 전장에 있는 미군의 소방대였다. 제187연대에는 4천여 명의 장병이 있었는데, 이는 원래 미군에서 가장 유명했던 제82공수 사단(오늘날, 우리는 미국이 참가한 모든 전쟁들에서, 맨 먼저 듣는 것이 바로 이 사단의 번호이다: 82nd Airborne Division)의 제505연대였다. 이 부대는 미국 공수부대의 가장 오래된 연대로, 당초에 만약 맥아더가 단호하게 요구하지 않았다면, 미국 합동참모회의는 원래 이 연대를 한국에 보내지 않았을 것이다. 그런데 밴 플리트는 뜻밖에도 이러한 정예 공수부대를 동원하여 보통 보병이 하는 "궂은일"을 하게 했으니, 그의 머리는 이미 이 정도로 열을 받아 있었다는 것을 알 수 있다.

미국의 최정예 공수부대도 제15군단의 진지를 당해내지 못했다. 나중에 제15군단의 회고에 따르면, 제187공수 연대는 미국 제7사단의 어느 연대보다도 완강하게 싸웠다. 막 거제도에 있는 중국과 조선 전쟁포로들에 대해 도살을 자행했던 미국 공수부대는 용맹하게 죽음을 두려워하지 않고, 계속 이어서 돌격해왔다고 한다. 그러나 제45사단은 훨씬 총명하여, 진지에는 단지 몇 명의 병사들밖에 없었고, 많이 있는 것은 포화였다. 화산이 폭발하는 것 같은 포화가 제187연대의 계속된 공격을 저지했다. 이날 오후 4시까지, 제187연대는 그야말로 무모하게 10호 진지로 돌진해왔다. 그러나 중국 병사는 더욱 매서웠다. 10여 명의 병사들은 포탄의 폭발 지점들을 따라가며, 목숨을 걸고 거꾸로 미국 공수부대에게 눈을 부릅뜨고 한바탕 대응 사격을 하여, 진지를 다시 탈환했다.

이날 오후 5시 무렵, 미국 공수 제187연대는 최후의 맹공을 개시했다. 제15군단의 1개 보병 중대 정치지도원인 류화이전(劉懷珍)은 이렇게 회상했다: "2개 중대의 미군은 결사 항전을 표명하기 위해, 1개 소대씩 서로 밧줄로 팔을 묶어, 마치 메뚜기를 꿰어서 묶은 것 같은 꿰미가 되었습니다. 대열의 맨 뒤에 선 것은 흰색 완장을 찬 독전대로, 누구라도 감히 한 발짝이라도 후퇴하면 곧바로 총살했습니다."

두 명의 중국 병사는 각각 병렬로 연결한 폭파통을 받쳐들고, 억수 같이 빗발치는 탄환 속을 비틀거리며 미군 무리 속으로 가서 꽂아 넣었다. 이 두 병사들의 이름은 주여우광(朱有光)과 왕완청(王萬成)이다. 왕완청은 영화 〈영웅 아녀(英雄兒女)〉에서 적과 함께 목숨을 잃은 왕청(王成)을 모델로 했다고 한다.

이날, 중국 군대는 또 1,500여 명의 적군을 섬멸했는데, 자신들은 단지 190명의 사상자밖에 발생하지 않았다. 지원군 사령부는 이 때문에 특별히 표창하는 전보를 보냈다: "이렇게 싸워 나가면, 반드시 적들을 죽음에 이르게 할 것이다!"

이것은 마오쩌둥의 말이었다.

1952년 10월 2일은 제45사단이 매우 자랑스러워 하는 날이다. 중국 유일의 공수부대인 제15군단이, 아직 보병일 때인 바로 그날 미국의 같은 공수부대를 물리쳤다.

하루 종일 혈전을 치르고도, 미국과 한국 군대는 한 치의 땅도 얻지 못했다. 그날 밤, 제12군단 제91연대장 리창성(李長生)은 진지에 올라갔다가, 고지에 무려 10여 개에 달하는 중대 편제의 부대들이 있는 것을 발견했다. 지휘에 혼란이 발생하는 것을 피하기 위해, 그는 제91연대의 9개 중대를 순번에 따라 번갈아가며 싸워서 적들을 지치게 만들기로 결정했다. 1개 중대가 하루를 싸우면, 사상자가 얼마나 발생했는지에 관계 없이 물러나 휴식을 취하면서 정비를 하고, 중대장은 남아서 다음 중대장의 고문 역할을 하게 했다. 그 결과 전투가 뛰어나면서도 질서 있게 이루어졌다.

10월 3일, 적군은 17시까지만 싸우고 중지했다.

10월 4일, 이미 적의 공격 법칙을 파악하고 있던 리창성은 로켓포 연대와 합동 작전을 펼쳤다. 자신이 파견한 정찰병의 지시에 따라, 이날 새벽 4시 30분에 로켓포를 일제히 발사하자, 수천 발의 포탄이 순식간에 적군이 공격하기 전에 매일 집결하던 숲을 쑥대밭으로 만들었다. 중국 군대는 미국과 한국 군대가 영원히 밝히지 않을 이번 포격 과정에서의 실제 사상자 숫자를 줄곧 정확히 알아내지 못했다. 다만 이전에는 이른 새벽에 공격을 개시하던 적 보병들이 이날은 정오 12시가 되어서야 공격을 개시했다는 것은 알고 있다. 앞쪽에 있던 병력이 모조리 죽어버렸기 때문이다.

그 다음날인 10월 5일, 오후 3시에 적군은 싸우지 않았는데, 상감령 전투에 관련된 거의 모든 중국의 저작들은 이날 전장에서 있었던 기이한 광경을 언급하고 있다. 이날 유엔군의 마지막 집단 공격이 분쇄될 때, 저공으로 비행하면서 보병을 지원하던 미군 F-51 공격기 한 대가, 중국 군대가 지상에서 발사하여 매우 높은 탄도로 날아가던 유탄과 충돌했다. 그 전투기는 황혼의 하늘에서 폭발하여 즉각 매우 현란하게 눈부신 빛 덩어리가 되면서, 순식간에 자욱한 초연 속에 있던 전체 상감령 전장이 온통 휘황찬란했다. 이어서, 시뻘건 수많은 금속 조각들이 공격해 들어오는 미군과 한국군 무리 속에 날아들자, 놀란 미국 병사들은 고개를 돌리며 시체의 발목을 묶어 끌고 가던 밧줄을 내던지고 달아나버렸다. 중국 병사들마저도 잠시 동안 모두가 극도로 공포스러운 전장의 기이한 광경으로 인해 몸서리치며 놀랐다.

이때부터, 미군 비행기들은 다시는 감히 상감령 상공에서 저공으로 비행하지 못했다. 이 전투에서 중국의 지상 부대와 고사포 부대들은 270대의 미군기들을 격추하거나 손상을 입혔다.

이날 오후, 온몸에 붕대를 감고 있던 한 대위(원문에는 이 대위의 이름이 '基里'라고 되어 있는데, 그에 해당하는 영문 이름을 한국이나 미국 자료에서 확인하지 못했다-옮긴이)는 부상병을 위문하러 온 밴 플리트에게 이렇게 말했다: "우리는 공격을 받고 참패했습니다. 제 옆에 있던 무전병과 중사도 모두 전사했습니다. 그리고 우리 중대가 증원하러 갔던 제6중대는 단지 10여 명밖에 남지 않았습니다. 거기에는 거의 몸을 숨길 곳이 없었는데, 중국군은 박격포를 1초마다 한 발씩 쏘아댔습니다. 정말 끔찍했습니다."

밴 플리트는 고개를 깊이 숙였다.

20

그날 밤, 제15군단 제45사단 보병 부대는 597.9고지에서 철수하기 시작하여, 후방으로 물러나 휴식을 취하며 정비했다. 단지 포병·통신·정찰·병참 기구들만을 남겨두어 제12군단이 597.9고지를 지키면서 537.7고지 북쪽 산을 향해 반격하도록 보장했다. 제45사단의 피는 이미 다 흘러서 말라버렸다.

제15군단의 다른 2개 사단은 아직 각자의 임무가 있어, 중국 군대는 전투 예비대인 제12군단을 상감령 전투의 주력으로 삼기 시작했다.

제12군단은 중국 군대에서 또 하나의 용맹한 부대로, 군단장 대리를 맡고 있던 사람은 훙안현(紅安縣) 출신의 장군 샤오융인이었다. 이 군단은 전투를 매우 총명하게 하여 지금까지 손해를 보는 역할을 맡지 않았고, "8백 리를 휩쓸었다[橫掃八百里]"고 일컬어졌다. 이 군단의 부정치위원은 훗날 '문화대혁명'에서 유명한 의문의 사건으로 사망한[277] 공안부(公安部) 부장 리전(李震)이

---

[277] 리전은 문화대혁명 기간 중에 공안부의 실권을 장악하고 있었는데, 1973년에 베이징의 공안부 건물 지하에서 목을 매 자살했다. 그러나 그 동기는 알려지지 않고 있다.

었으며, 부군단장은 명장 리더성(李德生, 1916~2011)이었다.

제12군단은 조선에 들어온 뒤 제5차 전역에서 마음속의 화를 잔뜩 억누르고 있었다. 비록 이후에는 싸울수록 더 잘 싸웠지만, 안타깝게도 아직 명성을 사방에 떨칠 일을 하지 못한 채 형제 부대들을 바라보고만 있었으니, 상감령이라는 이 기회를 다시 놓칠 수는 없었다. 그러나 샤오융인은, 지휘를 편리하게 하기 위해, 제12군단은 부대를 참가시키기만 하고, 상감령 전투의 지휘에는 개입하지 않는 것이 좋다고 판단했다. 왕진산은 자신이 아끼는 장군의 말에 일리가 있다고 보아, 곧바로 동의했다. 그러나 샤오융인이 전체의 형세를 고려하여 취한 행동이 하마터면 제12군단의 공로를 묻히게 할 뻔했다. 대중의 여론은 단지 제15군단이 상감령 전투에서 싸웠다는 것만 알고 있었으며, 드물게 몇몇 사람들만이 제15군단에 배속된 제12군단의 부대가 상감령 전투의 후반부에 싸웠다는 것을 알고 있었다.

제12군단 부군단장 리더성은 명령을 받고 제31사단을 인솔하여 덕산현(德山峴)으로 가서, 이미 몸을 가누지 못하는 추이젠공을 교대하여, 그 편제를 제15군단의 통일된 지휘 체계에 편입시켰다.

다음날인 10월 6일, 미국 제8집단군의 대변인은 솔직하게 세계에 알렸다: "지금까지 유엔군은 삼각 고지에서 패배했다."

흐루쇼프와 악수하는 사진 한 장 때문에 '문화대혁명'에서 비판을 받았던 용맹한 장수인 리창성은 3일 만에 597.7고지를 단단히 굳혔다. 이때부터, 이 고지는 중국 군대의 수중에서 안전하게 통제되었다.

같은 날, 낙담한 트루먼은 백악관을 떠났고, 그의 모든 정치적 명성도 이미 이 실패한 전쟁에서 훼손되었다. 그가 백악관을 떠날 때까지, 뜻밖에도 한 번의 전투도 아직 이겨보지 못했다.

같은 날, 아이젠하워가 백악관에 주인이 되어 들어갔다. 중국 군대는 597.9고지에서의 승리를 그에 대한 환영식으로 삼았다.

이때, 537.7고지의 지상 진지들은 아직 미군과 한국군의 수중에 있었다.

537.7고지는 유엔군이 이미 크게 실패한 '쇼다운 작전'에서 약간 체면을

"오성산(五聖山)은 영웅산(英雄山), 뛰어난 포병들이 적을 섬멸했다." 문예공작대원들이 오성산의 포병
진지 깊은 곳까지 들어가 위문 공연을 하고 있다.

세울 수 있는 유일한 한 가닥 지푸라기였다. 제인 러셀 고지는 공략하지 못
했고, '저격 능선'을 구하는 것도 그만둘 수 있었다. 만약 중국 제15군단이
다시 537.7고지에 대해 반격을 하지 않는다면, 상감령 전투는 이렇게 끝날
가능성이 매우 높았다.

덩화·왕진산·친지웨이 등 중국 장교들은 서로 관계가 없었지만, 그들은
이번 전투에서 미국인들을 쳐서 굴복시켜, 전 세계 앞에서 완전히 망신을
주지 않으면 안 된다고 결심했다.

11월 11일 오후 4시, 포화가 진눈깨비가 몰아치는 상감령을 붉게 물들였
다. 제15군단의 100문 가까운 화포들이 1시간 동안에 537.7고지를 향해 1
만 발이 넘는 포탄들을 쏟아 부어, 전투 기간 동안 매시간당 발사한 포탄
양의 최고 기록을 세웠다. 날씨가 좋지 않아 적기가 출동하지 못하는 틈을
타, 제12군단 제92연대의 1개 대대와 2개 소대의 보병이, 흩날리는 진눈깨
비 속에서 537.7고지를 향해 맹렬하게 돌진했다.

제92연대장 리촨구이(李全貴)는 안절부절못했다. 대오가 너무 황급하게
올라간 것이다. 부대는 장거리 행군을 하고 오성산에 도착한 지 겨우 3일밖

에 되지 않아, 지형이 익숙하지 않았고, 탄약이 부족하여, 제15군단이 이전에 반격하려고 비축해 놓았던 탄약들을 거의 소모해버렸다. 그러나 반격은 사실 더 이상 늦출 수 없었다. 한국이 매일 밤낮으로 진지를 보강하는 건 말할 것도 없고, 고지 위의 땅굴 부대는 10일이 넘게 어떠한 지원도 받지 못해, 7호 땅굴에서는 이미 17명이 추위와 굶주림으로 죽었다. 더 이상 그들을 구하지 않는다면, 어쩌면 한 명도 남아나지 못할 판이었다. 그렇게 되면 더욱 싸우기가 어려웠다.

다행히도 리찬구이가 한 무리의 맹호들을 훈련시켜 놓았으므로, 비록 많은 분대장과 소대장들이 연거푸 공격 목표에 착오를 일으켰지만, 매우 뛰어난 병사 개개인의 작전 기교와 소규모 병력 전술에 의지하여, 제92연대의 공격 부대는 여전히 혼란한 가운데에도 수류탄을 537.7고지의 모든 진지들에 터뜨렸다.

상감령은 경화기들을 시험하기에 가장 좋은 장소였다. 환경이 극히 열악하고, 싸움 또한 일대일의 육탄전이었기 때문에, 개인용 폭파 무기를 병사들이 가장 좋아했다. 중국 병사들이 가장 좋아한 것은 바로 수류탄과 위력이 더욱 큰 '방어수류탄(防禦手榴彈: 주로 방어 작전에 사용하는 수류탄으로, 폭발 후에 약 0.4그램 정도의 살상 파편들이 인마를 살상한다-옮긴이)'이었으며, 대전차수류탄과 폭파통은 더욱 좋아하는 무기였다. 어떤 중국 병사는 소총조차도 갖지 않고, 온 몸 위아래에 수류탄과 대전차수류탄을 잔뜩 매달고서, 폭파하면서 돌진하고, 돌진하면서 폭파하여, 기어코 537.7고지 북쪽 산을 헤집어 놓았다. 수많은 한국 병사들은 바로 이렇게 비처럼 쏟아지는 수류탄과 대전차수류탄 아래 쓰러졌다.

다음날, 한국의 제2사단 제32연대가 다시 필사적으로 공격해 왔다. 제92연대는 오후 5시가 되자, 진지를 거의 모두 잃었다. 이때 진지에 올라온 지 겨우 하루밖에 안 된 연대는 사상자가 이미 600여 명에 달했다. 진지 위에서는 간신히 살아남은 중국 병사들이 한국 병사들과 하루 동안 서로 죽고 죽이면서, 몇 개의 근거지들을 지켜냈다. 밤이 되자, 물러설 줄 모르는 중국 군대가 다시 공격해 올라갔다. 리촨구이는 이번에는 수송을 담당하는 제2 대대까지 내보냈다. 제2대대는 한바탕 돌격하여, 7호와 8호의 두 개의 작은 진지만을 제외하고 나머지 근거지들을 탈환했다. 이때, 제92연대는 단 이틀을 싸웠는데 사상자가 1,400명이나 되었다. 리더성은 어쩔 수 없이 또 하나의 주력 연대인 제93연대를 내보냈다.

제93연대는 명성이 매우 높은 '주더 경호 연대'로, 그 전신은 팔로군 총사령부의 경호 연대이다. 이 정예 연대도 겨우 3일을 싸우고는 불구가 되어버려, 여전히 온전하게 537.7고지를 지켜내지 못했으며, 7호와 8호 진지는 여전히 적의 수중에 있었다. 아무런 가치도 없고 굳게 지켜낼 조건도 갖추지 못한 이들 두 개의 작은 고지는, 단지 1개 분대밖에 배치할 수 없어, 올라가는 것은 곧 죽음이었다. 이 두 개의 진지를 쟁탈하는 것은 순전히 조선을 대신하여 국토를 조금 더 지켜내기 위한 것이었다. 훗날의 통계에 따르면, 이 두 개의 손바닥만한 진지에서 자신의 몸을 던져 적과 함께 죽음을 택한 [同歸於盡] 중국의 영웅들이 10여 명이나 되었다.

리더성은 어쩔 수 없이 세 번째 연대인 우샤오시엔(武效賢)의 제106연대를 꺼내들었다. 우샤오시엔은 샤오용인이 아끼는 장수였다. 샤오용인은 교활하고 간교하게 싸우기로 유명했으니, 우샤오시엔은 당연히 만만한 사람이 아니었다. 그는 왕진산이 직접 조선에 들어가도록 지명한 연대장이었다.

리더성은 우샤오시엔 부대로 하여금 상감령 전투를 마무리하게 하려고 마음먹었다. "더 이상 다른 연대를 올려 보내지 않는다. 몇 개의 주력 연대가 다 바닥나버리면, 이후에는 어떻게 하겠나? 너희 106연대가 끝까지 싸워 끝내도록 해라. 내가 너희에게 1개 대대를 더 보충해주겠다."

우샤오시엔은 가슴을 쫙 펴고 쑥 내밀었다. 엉덩이만한 고지인데, 4개 대대가 지켜내지 못하겠는가?

포화가 하늘로 치솟는 북쪽 산으로 돌진해 올라가서야, 우샤오시엔은 비로소 상감령 전투를 잘 마무리할 수 없다는 것을 알았다. 산 위의 진지는 진즉 폭파되어 평평해졌고, 몇 십 일 동안의 잔혹한 전투를 치르고 나자,

381개의 총탄 구멍이 뚫린 군기(軍旗)가 상감령 주봉 위에 꽂혀 있다.

목숨을 지켜줄 땅굴 대부분이 무너져버렸다. 이것이 가장 심각한 일이었다. 즉 민둥산 위에 부대를 얼마나 배치해야 폭사하여 죽지 않을 것인가?

처음 며칠 동안, 중국 병사들은 명령에 복종하고 가서 진지를 바꿔냈다. 가오쇼우위(高守余)라는 병사는 포격의 충격으로 정신을 잃었다가, 깨어나서 맨 먼저 한 일은 이미 중상을 입은 동생 가오쇼우룽(高守榮)을 찾으러 나섰는데, 찾아 헤매다가 큰 포탄 구덩이 속에서 동생의 한쪽 발을 찾아냈다. 가오쇼우위의 눈동자가 즉각 벌게지면서, 혼자서 산처럼 쌓인 수류탄 더미 안에 앉아 필사적으로 싸우며 물러서지 않았다.

UPI 통신 기자 케네디(한국이나 미국 자료에서는 확인되지 않는다-옮긴이)는 목숨을 돌보지 않고 악행을 저지르는 사람처럼 중국 병사가 온 몸을 부들부들 떠는 것을 아연실색하여 바라보았다. 그는 세계에 이렇게 알렸다: "남한군이 산꼭대기로 돌진해 올라갔지만, 한 명의 중국 병사가 일어나더니 팔을 휘둘러 남한군을 향해 수류탄을 투척했다. 그는 거의 혼자서 이번 공격을 격파했다."

'2급 일당백 영웅' 가오쇼우위는 120여 명의 한국 병사의 목숨으로써 동생에 대한 원수를 갚았다.

3일 후, 우샤오시엔은 리더성을 똑바로 쳐다보며 싸우는 방법을 바꾸자고 요구했다. 이번 3일 동안에 그는 600여 명을 잃었는데, 다시 이렇게 채워 넣는다면, 제106연대는 며칠도 안 되어 불구 상태가 되어버릴 판이었다. 그는 야전 진지를 구축해야 한다고 요구했다. 일주일 뒤, "하루 밤낮에 1미터 이상의 묘이동(698쪽 참조-옮긴이)을 파면 공적을 세운 것으로 기록해주겠다"는 정신적 격려를 받자, 제106연대 장병들은 적과 싸우면서 7개의 땅굴, 12개의 둔병동(屯兵洞: 병사들이 머물며 쉬는 동굴-옮긴이), 5개의 피탄갱(避彈坑: 폭탄과 포탄을 피하는 대피호-옮긴이)을 파냈다. 싸움은 이때부터 활기를 띠었다.

이렇게 목숨을 지켜주는 진지에 의지하여, 11월 25일에 제106연대는 마침내 한국 제2사단의 마지막 척추를 으스러뜨렸다. 이미 10차례나 정비하여 인원을 보충한 한국 제2사단은 철저하게 무너져버려, 그 부대는 더 이상 피 한 방울조차도 짜낼 수 없었다. 중국 군대는 이날을 상감령 전역을 끝맺는 날로 잡았다. 그러나 미친 화산은 아직도 타다 남은 게 있어 연기를 내뿜고 있었다.

백마 부대라는 한국 제9사단이 다시 올라왔는데, 8일 후에 이 '백마'는 중국 군대에 의해 죽은 말이 되어버렸다. 한국 제9사단도 무너져버렸다. 우샤오시엔은 마침내 약속을 지키고, 훌륭하게 끝냈다.

이제, 미국인과 한국인들은 결국 철저하게 굴복하고 말았다.

왕진산은 산 정상에 올라 남쪽을 바라보며 크게 웃었다. "밴 플리트, 밴 플리트, 내가 너에게 오줌을 지리게 했느냐? 하하하!"

얼마 후 11월 25일에 끝난 상감령 전역의 여파도 잦아들었다.

21

이번의 경천동지할 대혈전 과정에서, 단지 2개 중대밖에 있을 수 없는 고지 위에, 중국 군대는 차례로 2개 정예 야전군 9개 연대, 즉 2천 명의 신병과 11개 포병 대대 및 1개 로켓포 대대, 총 4만 3천여 명을 투입했다. 유엔군은 10개 보병 연대와 1개 공수 연대 등 모두 11개 연대와 2개 대대, 그 밖에도 편성하여 훈련하던 1개 사단과 4개 신병 연대 등, 총 6만여 명을 투입했다. 중국 군대는 7,100여 명이 전사하고, 8,500여 명이 부상당했다. 이를 대가로 2만 5천 명의 적을 섬멸했는데, 그 가운데 미군이 5,200여 명으로, 적군과 아군의 사상자 비율은 1.6 대 1이었다. 쌍방이 모두 10여만 명을 투입하여, 길이가 고작 2.7킬

『인민일보(人民日報)』는 연속으로 상감령 전역의 전황에 관해 보도했다. 사진은, 상감령 전역이 끝난 뒤, 『인민일보』가 발표한 사설 「상감령 전선에서 거둔 아군의 위대한 승리를 축하한다」이다.

로미터, 폭이 겨우 1킬로미터밖에 안 되는 협소한 지역 안에서 목숨을 걸고 필사적으로 싸웠다. 그리하여 43일 동안에, 모두 4만 6천 명의 병사들이 2.7평방킬로미터 넓이의 지역 안에서 쓰러져 갔다. 이것은 영락없는 '고기 분쇄기' 전투였다. 이 전투는 당시 AP통신에 의해 "조선 전쟁의 베르됭(Verdun)[278]"이라고 불렸으며, 린뱌오는 그것을 "고기 맷돌"이라고 불렀다.

이 대전은 또한 중국 포병의 승리이기도 했다. 그들이 쏜 40여만 발의 포

---

[278] 제1차 세계대전 때 서부전선에서 1916년 2월 21일부터 12월 18일까지 벌어졌던 전투이다. 이 기간 동안 독일군과 프랑스군 쌍방은 총 100만 명에 가까운 사상자를 냈다.

탄이 없었다면, 중국 보병은 어떻게 해서도 이 작은 두 개의 고지를 지켜낼 수 없었을 것이다. 이 숫자는 중국군 전투 역사상 단위 면적당 화력 밀집도에서 최고 기록을 수립했다.

미군은 포탄 190여만 발과 항공 폭탄 5천 발을 소모했다. 이렇게 작은 고지에 이렇게 밀집된 화력과 인력을 투입했는데, 이는 세계 전쟁사에서도 보기 드문 일이다.

상감령 전역은 당시에 이미 세계를 뒤흔들었다. 그 며칠 동안, 서방의 언론계는 모두가 이렇게 상감령 뉴스를 보도했다: "조선 전장의 베르됭", "미군 병력으로 가득 채울 수 없는 바닥이 없는 동굴", "원자폭탄을 사용한다고 해도 파파산(Papa-san mountain)[279] 위에 있는 중국 군대를 모조리 섬멸할 수는 없다". 이때부터, 미국 군인들은 마음속으로 중국 군인들의 용감함과 굳은 의지와 전술이 모두 최고라는 것을 인정했다. 미국 군대는 이때부터 중국 군대를 가장 강력한 적수로 간주했다. 오늘날, 미국 군사학교 교과서에 실려 있는 유일한 중국과의 전투 사례가 바로 상감령 전역이다. 그리고 이 세계에서 아무리 작은 규모의 군대라도 상감령 전역의 사례를 배우지 않는 군대는 없을 것이다.

미국인들은 자신들이 패배자라는 것을 인정했다. 클라크는 다음과 같이 솔직하게 말했다: "사망자가 너무 많다. 철의 삼각 지대에서의 맹렬한 전쟁은 사실상 미국 역사상 가장 민심을 얻지 못한 전쟁으로 변해 버렸다. …… 이것은 제한된 목표의 공격을 위해 시작되었는데, 체면을 만회하려는 잔인한 악성 도박으로 발전해 버렸다. 어느 한쪽이 한때 잠시 우세할 때, 다른 한쪽은 곧 판돈을 올렸다. 맹렬한 전투가 14일간 계속되다가, 이후 간헐적인 충돌이 다시 한 달간 있었다. 나는 이번 작전이 실패했다고 생각한다."

제15군단과 제12군단의 혈전은 중국 군대의 위세를 떨쳤고, 중화인민공화국의 국가 위세를 떨쳤다. 지원군 부사령관 양더즈 상장은 백발이 성성함

---

279 유엔군 측에서는 오성산의 최고봉을 가리켜 파파산 혹은 1062고지(Hill 1062)라고 불렀다.

도, 여전히 격정을 억누르지 못하면서 말했다: "우리와 우리의 적들은 모두 그것을 하나의 상징으로 여기고 있습니다. 아무도 그것을 잊지 못할 것입니다."

가장 기뻐한 것은 제15군단 장병들이었다. 그들은 원래 제38군단이 "만세 군단"이라는 명예로운 칭호로 불리는 것에 승복하지 못하여, 수많은 짓궂은 병사들이 스스로를 "구천세 군단[九千歲軍]"이라고 불렀다고 한다. 그리하여 상감령 대전이 끝나고 나서, 그들은 펑더화이에게 논공행상을 요구하면서,

전투가 끝난 뒤, 상감령에 집결한 지원군의 모습

제38군단의 머리 위에 있는 "만세 군단"의 월계관을 벗겨서 제15군단에게도 한번 쓰게 하여 만족을 느끼게 해달라고 요구했다 한다. 그러자 펑더화이는 여전히 빙그레 웃으면서 진지하게 고려해보겠다고 대답했다고 하는데, 나중에 어떻게 이 사태가 수습되었을까? 전해지기로는, 귀국한 뒤에 제15군단은 명성이 매우 크게 알려져 있다는 것을 알았기 때문에, 비로소 제38군단과 "만세"라는 호칭을 다투지 않게 되었다고 한다.

1961년, 중국 육군의 3개 최정예 군단들이 동시에 공군 사령관 류야러우 앞에 도열했다. 중앙군사위원회는 그에게 하나의 부대를 선택하여 중국 유일의 공수부대로 개편하게 했다.

그러자 류아러우는 잠시 생각한 뒤, 과감하게 제15군단을 선택했다. 그는 당시의 군단장인 자오란톈과 정치위원 랴오관시엔(廖冠賢, 1914~1983)에게 이렇게 말했다: "이번 개편에서 왜 여러분의 제15군단을 선택했을까요? 이

것 또한 선별과 비교를 거친 것입니다. 제15군단은 싸울 줄 아는 부대로, 여러분은 상감령에서 국가의 위세를 떨쳤습니다. 중국뿐만 아니라, 전 세계 모두가 제15군단을 알고 있습니다. 비교한 후에, 군사위원회가 결정을 내렸습니다."

오늘날, 제15공수 군단은 중국 군대 최정예의 전천후 신속 대응 부대이다. 중국의 모든 지역에서, 그들은 어디든지 낙하할 수 있고, 언제든지 싸울 수 있다. 그들은 세계 각국의 군대가 공인하는 공수부대의 에이스이다.

상감령은 중국과 세계 모두에서 이미 하나의 정신적 상징이 되었다.

22

상감령에서의 혈전은 쌍방의 조선 전쟁 형세에 대한 시각을 바꾸어 놓았다. 이 두 개의 작은 산봉우리에서 진행한 대전투는 조선 전쟁의 진행 과정에서 중대한 전략적 의의를 갖는다. 중국과 조선 측 입장에서는 지켜낼 수 있느냐 없느냐에 대한 마지막 한 가닥 남모르는 우려를 철저하게 일소해줌으로써, 전쟁이 아무리 길어지더라도 그들은 두려워하지 않게 되었다. 그들은 자신들이 반드시 최후의 승리자가 될 거라고 굳게 믿었다.

미국 군부와 정계 지도자들은 현실을 인정하지 않을 수 없었다. 중국과 조선 군대의 정면 전선이 돌파되지 않자, 미국 국내에 있는 군대 안에서 전쟁을 혐오하는 정서가 급격히 확산되었다. 아이젠하워는 방법을 생각해내어 조선 전쟁을 끝내지 않을 수 없었다.

1952년 12월 2일, 상감령 전역이 막 끝난 지 7일째 되는 날, 미국의 신임 대통령 아이젠하워가 살을 에는 찬바람 속에 한국에 도착했다.

아이젠하워는 한국에서 3일 동안 머물렀다. 이 전직 미국 5성 장군은 대량의 비밀 군사 문건들을 열람하고, 클라크로부터 '삼각 고지 전투'의 보고를 들었다. 그는 덜레스 국무장관에게 말했다: "나는, 우리가 한국에서 싸우고 있는데, 이 전쟁을 이길 기회가 없다고 생각하오. 왜냐하면 압록강을 공격해 가면 국제 여론을 악화시킬 것이므로, 사람들을 골치 아프게 하는 이 전쟁을 가능하면 빨리 끝내야만 하기 때문이오."

그에게는 전선에서 복무하고 있는 아들—약간 반전(反戰) 사상을 갖고 있는 존 아이젠하워(John Sheldon Doud Eisenhower, 1922~2013)—도 만나러 갔다. 그는 사랑하는 아들을 전선으로 보낼 때 했던 말을 다시 한번 은밀하게 반복했다: "너는 어떠한 상황에서도 적의 포로가 되면 안 돼."

밴 플리트는 최대한 사관학교 동기동창의 호감을 사려 했지만, 애석하게도 아이젠하워는 이미 4년간 학교에서 같이 공부한 정을 잊고, 밴 플리트에 대해 매우 냉담했다. 밴 플리트, 이 고집 센 늙은 군인은 마음속으로 한바탕 비애를 느꼈다. 상감령에서의 참패 때문에, 자신이 군대에 있을 날이 마지막에 이르렀다는 것을 그는 알고 있었다.

2개월 뒤, 밴 플리트는 소환 명령을 받고 귀국했다가, 해임되어 퇴역했다. 그가 일찍이 매우 즐기며 싸운 이 전쟁은 그의 군인 생애를 망가뜨렸을 뿐만 아니라, 그의 사랑하는 아들의 목숨도 빼앗아갔다.

그는 가해자이면서 또한 피해자이기도 했다.

아이젠하워는 결코 선한 부류는 아니었다. 그의 혈관 속에는 정치가와 군인의 두 가지 피가 동시에 흐르고 있었다. 본질적으로 그는 정치가였지만, 그는 진정 정치를 하기 전부터 줄곧 군인이었을 뿐 아니라, 꽤 훌륭한 군인이었다. 군인에게 패전의 쓴 열매를 삼키라고 요구하는 것은 하늘을 오르는 것보다 더 어려운 일로, 진정한 군인이라면 그 굴욕을 견딜 수 없다. 감정적으로는, 그는 조선 전쟁에서 철저하게 결과를 내려고 안달했다. 하물며 그의 배후에서는 매우 많은 미국의 매파 정치 집단과 군수산업 거두들이 그에게 절대로 약하게 보여서는 안 된다고 정중히 촉구하고 있었다. 미국이 조선에 개입한 초기에, 그는 이렇게 말했다: "우리나라가 여러 가지 군사력들을 사용한 이상, 반드시 성공을 보증해야 한다." 그러나 이성과 현실은 오히려 그에게, 더 이상 싸울 수 없다고 말했다. 그는 바로 이렇게 고통스러워하며 이리저리 배회하고 있었다.

선거 운동을 할 때, 그는 전 미국 국민들에게 이렇게 약속했다. "평화를 위한 활동은 자유 시민들이 보기에는 소중한 보배로, 새로운 정부의 첫 번째 임무는 바로 미국의 수많은 가족들과 연루되어 있고, 제3차 세계대전의 위험을 배태하고 있는 이 비극적인 충돌을 끝내는 것입니다."

그는 자신이 "체면이 서는 정전 협정을 위해 노력하겠다"고 말했다.

아이젠하워는 국제 정세에 대해서도 비교적 명확하게 알고 있었다. "소련과 시베리아 및 중국은 점령할 수 없다. 설령 공산당이 철수하여, 세력 범위를 내놓더라도, 미국도 이들 공백이 된 지역들을 채울 수 없다. ……현대 전쟁에서, 승리를 거둘 수 있는 유일한 방도는 바로 전쟁의 발생을 저지하는 것이다."

다들 알다시피, 미국의 대통령들이 대통령에 당선된 다음 한 일은, 대통령 선거 때 한 말과 항상 그다지 일치하지 않는다. 정말이지 아이젠하워는 중국이라는 "동아병부(東亞病夫)"가 가장 강력한 미국을 무찔렀다는 것을 받아들여야 한다는 게, 그는 사실 달갑지 않았다. 뿐만 아니라 그는 미국 역사상 최초로 승리하지 못하고 전쟁을 끝낸 대통령으로 역사책에 기록되고 싶지 않았다. 더구나 미국의 사정은 대통령이 말했다고 해서 곧 그대로 실현될 수 있는 것도 아니었다. 그는 공화당이 밀어서 정권을 잡았지만, 공화당의 저 핵심 인물들을 보라. 덜레스·맥아더·매카시·태프트(Robert Alphonso Taft, 1889~1953)[280] 등등……. 아이젠하워가 대통령 선거에 출마했을 때, 이 공화당의 우두머리들은 이렇게 떠들어댔다. "공화당이 정권을 잡으면, 온 힘을 다해 이 전쟁에서 승리할 것이다."

이 사람들이 단지 말로만 떠들어댈 거라고 생각해서는 안 된다. 이 사람들의 배후에는 미국 군수산업 그룹·공업 그룹·미디어 그룹 등 각양각색의 우익 세력들이 있으며, 그들이야말로 정말로 미국을 장악하고 있는 사람들

---

[280] 미국 제27대 대통령인 윌리엄 태프트(William Howard Taft, 1857~1930)의 아들이다. 예일 대학과 하버드 대학 로스쿨을 졸업한 뒤, 1936년에 상원의원이 되었다. 1948년에 하틀리와 함께 미국의 노사 관계를 규정한 이른바 "태프트·하틀리 법"을 제정했다. 이 법은 노동자의 권리를 대폭 제한하는 규정을 담고 있는 매우 보수적인 노사관계법이다.

이다. 그 사람들은 대대적으로 싸워야 한다고 강력히 주장했고, 그들의 의견은 아이젠하워가 감히 듣지 않을 수 없었다.

한국에서 미국으로 돌아가는 길에, 아이젠하워는 또한 덜레스 국무장관, 험프리(George M. Humphrey, 1890~1970) 재무장관, 맥케이(James Douglas McKay, 1893~1959) 내무장관과 회담을 가졌다. 그는 훗날 이렇게 회고했다:

"전장의 지휘관들은, 만약 일정한 시간 이내에 협상이 여전히 성공하지 못하면, 우리의 유일한 방법은 마지막으로 모든 위험을 마다하지 않고 온 힘을 다해 한바탕 공격을 개시할 수밖에 없다는 데 동의했다."

이번 회의에서 아이젠하워는 이렇게 결론을 내렸다: "우리는 고정불변의 전선에 언제까지나 머문 채, 어떠한 결과에도 도달하지 못하는 사상자들을 계속 감당할 수는 없다. 작은 산등성이에서의 소규모 공격은 이 전쟁을 끝낼 수 없다. ……우리는 한국의 충돌이 무기한으로 계속되는 것을 용인할 수 없다."

전쟁을 끝내는 데에는 두 가지 방법이 있다. 하나는 상대방을 땅바닥에 때려눕히는 것이고, 다른 하나는 상대방과 평화 협정을 체결하는 것이다. 아이젠하워는 정말로 대통령이 된 뒤, 이렇게 거대한 국력을 손에 쥐었다. 게다가 그의 몸에 절반은 군인의 피가 흐르고 있어, 그는 다시 자신도 모르게 트루먼과 마찬가지로 시험 삼아 한번 싸워보고 싶어졌다. 그는 갑자기 트루먼을 조금이나마 이해하게 되었다. 중국인들에게 무릎을 꿇고 평화를 구하는 것은 정말이지 어려운 일이었다.

얼마 전에 대패한 클라크는 아이젠하워의 비위를 맞추려고, 즉각 다시 〈8-52 작전 계획(Plan 8-52)〉을 만들었다. 이 계획의 골자는 뜻밖에도 대규모 공세로 평양-원산을 잇는 선까지 밀고 올라간다는 것이었다. 미국 군대는 정말이지 패배로 인해 제정신이 아니었다. 이 계획에서, 그들은 또한 지원군의 진지 후방에 대규모 상륙 작전과 중국 국경 내의 목표로 돌격하여 폭격하려고 했다. 그들은 또한 정말로 실제 행동을 취했다. 새로 창설된 한국의 2개 보병 사단·6개 독립 연대·28개 포병 대대가 급히 편성되어, 상륙 훈련과 공수 작전 훈련이 빈번하게 진행되었으며, 대규모 스파이들이 조선으로 잠입했다.

전쟁을 확대하는 군사적 준비가 비밀리에 진행되고 있던 그때, 미국인들은 전쟁을 끝내겠다는 약속을 믿고 자신들이 선출한 대통령이 또 다시 전쟁을 확대해야 한다고 소리치는 것을 비통하게 바라보고 있었다.

1953년 2월 2일, 정식으로 권력을 잡은 아이젠하워는 「연두 교서」를 발표하여, "자유세계는 반신불수의 긴장 상태 속에 기약 없이 있을 수 없습니다. ……나는 이제 제7함대가 더 이상 공산당의 중국을 보위하는 데 사용되어서는 안 된다고 명령합니다"라고 선언했다.

아이젠하워는 뜻밖에도 "장제스를 꺼내서[放蔣出籠]" 중국을 위협하려고 했지만, 안타깝게도 그가 만난 상대가 마오쩌둥이었다.

23

마오쩌둥은 1952년 연말에 매우 즐거웠다. 전장의 승전보가 빈번하게 전해진 것이야 그렇다 쳐도, 더욱 기쁜 것은 국내의 형세가 좋아진 것이다. 그 한 해 동안, 국내의 토비가 거의 모조리 소탕되어, 국내 형세가 전에 없이 안정되면서, 조선 전쟁이 비록 여전히 군사비를 높여 놓아 낮아지지는 않았지만, 국민경제 건설에 사용되는 국가 지출이 이미 군사비를 초과했다. 이 숫자는 의미가 매우 컸다. 이것은 아편 전쟁이 발발한 이래 100여 년 동안에 중국에서 처음으로 나타난 일이었다.

이것은 무엇을 말해주는가? 이것은 바로 중국 인민들이 강산에 확고하게 자리 잡았을 뿐만 아니라, 100년 동안의 전쟁의 상처를 거의 회복하여, 곧 대규모 경제 건설을 시작한다는 것을 말해주었다. 저우언라이는 이미 제1차 5개년 계획을 수립하고, 곧 실시하려 했다. 조선에서 계속 싸우는 것이 국내에 미치는 영향은 그다지 크지 않았고, 좋은 점도 적지 않았다. 전체 조선 전장은 바로 대규모 군사학교였으니, 마오쩌둥은 이미 모든 육군은 한

번 가서 배우라고 제안했다. 그는 심지어 이것이 군사학교를 세우는 것보다 더 좋다고 생각했다. 게다가 항미원조가 중국의 민심과 인민의 의협심을 얼마나 크게 고무시켰는가? 줄곧 사람이라는 요인을 첫 번째에 두는 마오쩌둥은 틀림없이 여러 차례 손익 계산을 했을 것이다. 마오쩌둥은 잠재력을 따져볼수록 만족스러웠다. 그는, 중국 군대는 평화를 쟁취할 것이며, 늦어지는 것을 두려워하지 않는다고 말했다.

아이젠하워의 위협에 대해, 마오쩌둥은 그저 웃을 뿐이었다. 그가 만약 일이 잘못되는 걸 두려워하는 사람이었다면, 반란(신해혁명 이후에 참여했던 일련의 반봉건 혁명 활동을 가리킨다-옮긴이)을 일으키지 못했을 것이니, 아이젠하워는 내심 겁을 먹고 있었다. 그는 판문점의 리커농에게 마음을 조급해하지 말라고 했다:

"우리가 준비가 되어 있으니, 적들이 감히 오지 못하고 있습니다. 설령 오더라도, 우리는 두렵지 않습니다. 아이젠하워는 지금 호랑이 등에 타고 있어 내려오기 어렵습니다. 싸우고는 싫은데 힘이 생각처럼 따라주지 않고, 강화를 하자니 마음이 내키지 않는 겁니다. 따라서 우리는 지금 움직이는 것보다 가만히 있는 것이 낫습니다. 현 상태를 질질 끌면서, 미국이 타협을 원하고 아울러 그들이 행동을 취하여 중지할 때까지 끌고 가세요."

아이젠하워의 전쟁 위협을 겨냥해, 마오쩌둥은 진지하게 받아들이지 않고 도리어 그를 비난했다. 마오쩌둥은 중국 인민정치협상회의 위원들에게 말했다: "미 제국주의가 중국과 조선 전쟁포로 억류를 고집하기 때문에, 정전 협상을 결렬시켰을 뿐만 아니라, 조선 전쟁을 확대하려는 망상을 하고 있습니다. 따라서 항미원조 투쟁은 강화되어야 합니다."

"우리는 평화를 원합니다."

마오쩌둥은 온 정신을 집중하고 있는 위원들을 바라보며 말했다: "그러나, 미 제국주의가 하루라도 그 무지막지하고 무리한 요구와 침략을 확대하려는 음모를 포기하지 않는 한, 중국 인민의 결심은 바로 오직 조선 인민과 함께 계속 싸워나간다는 것뿐입니다. 이것은 우리가 전쟁을 좋아해서가 아닙니다. 우리는 즉시 전쟁을 멈추고, 남은 문제들은 장차 해결해 나가길 원합니다. 그러나 미 제국주의가 그렇게 하기를 원치 않습니다."

마오쩌둥은 다시 잠깐 멈췄다. 그는 이 순간 아이젠하워가 그의 앞에 서서 다음과 같은 말을 듣기를 얼마나 바랐던가: "그렇다면 좋습니다. 싸워나갑시다. 미 제국주의가 몇 년을 싸우고 싶어 하든, 우리도 그들과 얼마든지 싸울 준비를 하고 있습니다. 미 제국주의가 손을 떼고 싶어 할 때까지 싸우고, 중국과 조선 인민이 완전히 승리할 때까지 싸웁시다."

마오쩌둥의 후난 지방 사투리가 아직 끝나지 않았는데, 인민정치협상회의 위원들은 우레와 같은 박수를 쳤다.

전략상으로 경시하고, 전술상으로 중시하며, 변증법을 최고의 수준으로 구사하는 마오쩌둥은, 당연히 몇 마디 구호만으로 아이젠하워를 놀라자빠지게 할 수 있으리라고 생각하지 않았다. 그는 또한 지원군의 여러 장수들에게도 훈계했다:

"조선 전황은, 정전 협상은 이미 중단되었고, 미군이 조선에서 입은 손실이 아직 그들이 손을 떼지 않으면 안 될 정도에 이르지 않았기 때문에, 아마도 향후 일정 기간 동안(1년으로 가정함) 격렬해질 것입니다. 아이젠하워는 그가 집권한 뒤의 조선에 대한 군사 행동을 위해 준비하고 있습니다. 조선 전장의 군사 행동만을 추측해보면, 적들이 정면에서 아군의 비교적 견고한 종심의 진지를 향해 공격할 가능성은, 아군의 후방 양 측면으로 상륙 작전을 펼칠 가능성보다 낮습니다."

이미 베이징으로 돌아온 펑더화이는 즉각 전보를 보내 덩화로 하여금 상륙 작전을 저지할 준비에 착수하도록 명령했다. 마오쩌둥은 심지어 덩화에게 세 가지는 틀림없다고 제시했다: "틀림없이 적들은 상륙할 것이며, 틀림없이 서해안으로 상륙할 것이고, 틀림없이 적들은 청천강과 한강 사이로 상륙할 겁니다."

중국 군대의 상륙 작전을 저지할 준비는 클라크의 〈8-52 작전 계획〉과 마찬가지로, 모든 게 철저했다. 원래 귀국하기로 정해져 있던 제38·제39·제

40군단 등 조선에 들어가면서부터 지금까지 싸우고 있는 3개 정예 부대들은 서해안으로 가서 상륙에 대비했을 뿐만 아니라, 또한 곧 제2진으로 교대할 예정이던 국내의 제1·제16·제21·제54군단 등 모두 4개의 주력 야전 군단들이 즉시 조선에 들어가 배치되었으며, 6개 철도병 사단도 조선에 들어가 예비용 새 철로를 급히 건설했다. 1953년 3월이 되자, 조선에 있는 지원군은 이미 19개 야전 군단에 달했고, 8개 포병 사단, 5개 고사포 사단, 2개 탱크 사단, 10개 철도병 사단 및 공안(公安) 사단까지 모두 135만 명에 달했다. 이때가 중국 군대가 조선에 가장 많이 있던 때이다. 조선에 파병한 야전군의 숫자는 심지어 국내에 남아 있는 숫자보다도 많았다.

중국 공군은 14개 사단 500대의 비행기를 준비하여 작전에 투입할 계획이었고, 이어서 사오징광(蕭勁光, 1903~1989) 대장의 해군도 1개 어뢰정 대대를 압록강 어귀로 이동하여 정박하게 했으며, 한 무리의 중국 해군 장병들도 조선에 들어가 수뢰 설치 작전에 참가했다. 이렇게 중국 군대의 육·해·공 3군이 잇달아 항미원조 작전에 참가했다.

마오쩌둥은 감히 전쟁을 확대하려는 아이젠하워와 한바탕 큰 싸움을 할 준비를 확실히 하고 있었음을 알 수 있다.

1952년 말부터 1953년 봄까지, 180만 명의 중국·조선 연합군은 연속으로 조선의 수많은 백성들과 함께 밤낮으로 진지 공사를 했다. 1953년 4월 말까지, 조선은 중국을 등지고 있는 압록강 라인을 제외하고, 정면의 전선에서부터 동해안과 서해안에 이르기까지 확대하여, 모두 참호·땅굴 및 철근 콘크리트 진지를 골간으로 하는 활 모양의 방어 체계를 형성했다. 종심이 20~30킬로미터에 달하는 이 방어선은 총 길이가 뜻밖에도 1,100킬로미터에 달했으며, 조선을 철통같이 에워쌌다.

중국과 조선 군대는 미군이 상륙할 가능성이 있는 동서 해안에 종심 10킬로미터의 방어 지대를 설치했으며, 그 외에도 참호와 교통호 3,100여 킬로미터 및 숫자를 헤아릴 수 없는 화력 기지와 벙커를 설치했다. 이 밖에, 홍쉐즈는 또한 지원군 전체 병력이 8개월 반 동안 먹을 2억 5천만 근(斤)의

해안선을 경계하여 지킨 것은, 적이 아군의 측후방에서 상륙하여 공격하려는 기도를 분쇄하기 위한 것이었다.

식량과 12만 3,800톤의 탄약을 단숨에 실어왔다. 중국 군대는 결국 전투가 이루어지지 않은 상륙 저지 작전 때문에 준비하고 소모한 물자는 항미원조 과정에서 있었던 어떤 한 차례의 전역에서 소모한 물자보다도 많았다.

　이처럼 강력한 방어 체계를 보자, 미국인들은 감히 반 발짝도 함부로 움직이지 못했다. 조선 전쟁에서 충분히 망신을 당한 CIA의 이번 정보는 비교적 정확했다:

　"현재 북한에 있는 부대는, 대략 19개 중국 군단과 5개 북한 군단이다. 그 가운데 약 30만 명이 상륙 작전을 벌일 수 있는 해안 지대에 배치되어 있어, 즉시 해안 지역의 작전에 투입될 수 있다. ……일단 유엔군이 계획대로 북한에서 공격을 개시한다면, 중국 군대는 최대한도의 지상 방어를 전개하면서, 유엔군의 공격에 항거함과 아울러 단호한 반격을 가할 것이다."

상륙 작전을 입안한 클라크조차 맥이 빠졌다:

"지원군의 해안 방어 체계는 전선의 방어 체계와 마찬가지로, 종심의 거리가 매우 긴 데다, 또한 그것의 효력은 대부분 지하 시설에 의지하고 있다. 하지만 지하에 파놓은 참호 이외에도, 드러나 보이는 참호들이 줄줄이 백사장에서부터 뒤쪽으로 분포되어 있다. 이 때문에 해상으로부터 공격하는 어떤 부대라도, 일단 그들이 해안에 근거지를 획득하면, 어쩔 수 없이 곧바로 가서 한 줄씩 한 줄씩 참호를 공격해야 한다. 지뢰 구역이 도처에 즐비하다. 대부분의 논들은 물에 잠겨 있는데, 그것들이 전차의 커다란 함정이 되어, 우리의 장비들을 진흙탕 속에서 한 치도 움직이지 못하게 한다."

중국 군대의 강력한 위협은 마침내 미국인들로 하여금 전쟁을 확대하려는 망상을 포기할 수밖에 없게 만들었지만, 한 번도 싸우지 않는 것도 말이 안 된다고 여긴 아이젠하워는 결국 한 차례 위험을 무릅쓰고 말았다.

1953년 1월 25일, 많은 미국 국회의원·고위 장교·신문기자들이 '정자산(丁字山)'(지산동 남쪽에 있는 고지)에 가서 클라크의 공군·탱크·보병의 합동 작전 시험을 관전했다. 17만 발의 포탄과 22만 파운드의 폭탄이 작디작은 정자산을 향했다. 포화가 지나간 뒤, 1개 대대의 미국 보병이 산을 향해 돌격하자, 산 위의 유일한 수비 부대인 중국 제23군단 제301연대의 1개 소대는 수류탄으로 미군의 공격을 가볍게 격퇴했다. 단지 11명의 사상자를 대가로 적 150명을 섬멸했다. 상감령에서의 대패로 겁을 먹은 미국 군대는 서둘러 공격을 중단했다. 우레 소리는 컸는데, 비는 조금밖에 내리지 않은 것 같았던 '스맥 작전(Operation SMACK)'은 다시 참패로 끝나고 말았다.

이 소규모 전투의 영향은 매우 컸다. 관전한 고위급 내빈들과 기자들이 정말 너무 많았던 것이다.

많은 국회의원들은 클라크가 미국인의 목숨을 이용하여 투사 역할의 연기를 했다고 매섭게 꾸짖었다. 미국 군대 스스로도 이렇게 인정했다: "총체적으로 말하자면, '스맥 작전'은 참패이다."

미국인의 조선 전장에서의 마지막 한 차례 공세는, 바로 이렇게 한바탕 황당한 코미디로 끝나고 말았다. 이후부터는 완전히 중국 군대의 천하였다.

상륙 작전을 저지할 준비를 함과 동시에, 지원군은 적의 중대와 소대의 거점을 목표로 삼은 47차례의 공격 전투를 개시했는데, 공격하면 이기지 않은 적이 없었고, 싸우면 이기지 않은 적이 없었다. 승리의 저울추는 이미 완전히 중국과 조선쪽으로 기울었다. 형세가 점점 나빠지는 것을 직접 보자, 아이젠하워는 마침내 학질에 걸린 증상을 멈추었다. 그는 이제 진심으로 전쟁을 멈추기 위한 강화를 요구했다. 마오쩌둥이 마침내 그의 갑자기 추웠다 갑자기 더워지는 학질을 치료해주었다.

1953년 2월 22일, 미국인들이 무기한 휴회를 제시한 뒤 4개월 2주일 만에, 조선에 오기 전에는 허풍을 떨었던 클라크가 자발적으로 중국과 조선 측에 서한을 보내, 전쟁 기간에 부상당했거나 병을 앓는 전쟁포로들을 우선 교환하자고 제의했다. 미국인들이 다시 협상을 요구한 것이다.

중국과 조선 측은 며칠 동안 미국인들을 상대하지 않기로 결정했다가, 다시 그들을 용서하기로 했다. 미국은 세계 최강국으로, 체면을 좀 세워주지 않으면 태도를 바꾸기 어렵다는 것을 고려하여, 중국과 조선 측은 오랫동안 질질 끌면서 결정을 내리지 못하는 전쟁포로 문제에서 약간의 필요한 타협을 할 준비를 하고 있었다. 결국 협상이란 바로 쌍방이 서로 양보하는 일이다.

바로 중국·조선·소련이 긴박하게 대책을 협의하고 있을 때, 한 가지 돌발적인 사건이 전 세계를 혼란에 빠뜨렸다.

스탈린이 세상을 떠난 것이다.

24

스탈린은 매우 갑작스럽게 죽었다. 그는 평생 동안 방비해온 자객이나 정적들의 손에 죽은 것이 아니라, 머릿속의 아주 작은 혈관이 파열되었기 때문에 죽은 것이다.

전해지기로는, 스탈린이 뇌일혈로 갑자기 쓰러졌을 때, 그의 곁에는 단 한 사람도 없어, 2시간 뒤에야 하인에게 발견되었다고 한다. 하인이 발견했을 때는, 전 세계 혁명과 인민의 지도자이자, 전체 소련 인민의 우두머리는 이미 죽어 있었다.

그가 총애하던 베리야 등 측근들은 의사도 부르려고 하지 않았다고 한다.

전해지기로는, 그가 고통 속에서 눈을 뜰 때마다, 베리야와 측근들은 그를 둘러싸고 "친아버지"라고 크게 소리쳤는데, 스탈린은 곧 아무도 알아듣지 못하는 악담을 했다고 한다.

스탈린이 죽을 때의 진짜 장면은 아마도 영원히 전해지는 말로 알 수밖에 없을 것이다. 그 자리에 있던 흐루쇼프가 의외로 매우 상세하게 기록하기는 했지만, 누가 또 그의 그 거짓말로 가득하고 몰래 서방에 가져가서 발표한 자서전을 감히 믿겠는가?

어쨌든, 스탈린은 중국과 소련의 관계가 가장 좋을 때 죽었다. 그는 이때 확실히 중국에게 진심으로 많은 도움을 주었다. 선량한 중국인들은 영원히 이 점을 잊지 않을 것이다. 바로 그가 중국에게서 수탈해간 이익을 잊지 않고 있듯이.

부고가 전해지자, 마오쩌둥은 눈물을 흘렸다고 전해진다. 그들 자신을 제외하고, 이 세상에는 더 이상 그들 간의 대단히 미묘하고 복잡한 관계와 감정에 대해서 아는 사람은 없을 것이다.

3월 28일, 스탈린이 사망하고 25일 뒤, 김일성과 펑더화이는 클라크에게 보낸 답신에서, 부상당했거나 병을 앓는 전쟁포로를 교환하는 데 동의했다. 아울러 부상당했거나 병을 앓는 전쟁포로 교환 문제를 전체 전쟁포로 문제의 합리적인 해결로 이끌어, 조선의 정전을 하루 빨리 실현해야 한다고 여겼기 때문에, 즉각 판문점의 협상을 재개하자고 제의했다. 이렇게 조선과 중국 측은 간절히 원하면서도 얻지 못하던 미국인들에게 타고 내려갈 사다리를 내주었다.

이틀 뒤, 저우언라이는 성명을 발표하여, 조선과 중국 군대의 정전 협상

대표는 마땅히 즉시 유엔군 정전 협상 대표와 전쟁 기간에 병을 앓고 있거나 부상당한 전쟁포로를 교환하는 문제에 관한 협상을 시작해야 하며, 더 나아가 전쟁포로 문제의 전체적인 해결을 꾀해야 한다고 주장했다.

협상의 명수인 저우언라이는 성명에서 다음과 같은 새로운 제안을 제시했다:

"협상 쌍방은 정전 후에 즉각 각자가 수용하고 있는 전쟁포로들 가운데 변함없이 송환을 요구하는 모든 전쟁포로를 송환하도록 보장하고, 나머지 전쟁포로들은 중립국으로 넘겨주어, 그들의 송환 문제에 대한 전체적인 해결을 보장해야 한다."

이 제안은 서로 양보하는 방안이었다. 조선과 중국의 양보는, 더 이상 모든 지원군 전쟁포로와 한국에 있는 인민군 전쟁포로의 송환을 계속 요구하지는 않겠지만, 직접 송환하지 않는 전쟁포로를 중립국에 넘겨주고, 아울러 사람을 보내 설명해야 한다는 입장을 견지했다.

미국 측의 양보는, 일방적인 '선별' 작업을 거쳐 송환 인원의 숫자를 결정하자고 고집하지 않고, "송환을 원하지 않는" 전쟁포로들을 중립국으로 넘겨줌과 아울러, 조선과 중국 측에서 사람을 파견하여 송환을 설득하는 것에 동의한다는 것이었다.

저우언라이의 새로운 제안은 즉시 세계 각국 인민들의 일치된 지지를 얻었다. 1만 명의 중국 전쟁포로를 억류하기 위해 20여만 명의 사상자를 낸 미국도 버틸 수 없었는데, 저우언라이의 새로운 제안은 그들이 간절히 원하는 것이었다. 이후 전쟁포로 문제는 완전히 저우언라이의 제안대로 해결되었다.

새로운 제안과 동시에, 중국과 조선의 군대는 한시도 긴장을 늦추지 않았다. 미국인들이 다시 끝내 고집을 부린다면, 또 무력을 사용하여 그들을 협상 테이블에서 고분고분하게 만들어야 했다.

25

1953년 3월 31일, 제9병단 사령관 왕젠안(王建安, 1908~1980)이 5월 상순에 모든 전선에서 반격을 개시하여, 적의 내부에 혼란을 조성하자고 건의했다. 양더즈 부사령관은 즉각 이를 군사위원회에 보고하고, 다시 반격을 개시하는 것이 매우 좋다고 생각했다.

마오쩌둥은 이 건의를 보고 매우 기뻤다. 무관이 전쟁에 유능해야만 문관이 평화를 말할 수 있는데, 군대가 바로 이러한 힘을 갖고 있었던 것이다.

이 지도자는 또 간절히 전투를 요구하는 지원군의 여러 장수들에게 불을 질렀다: "평화를 쟁취하려면, 지연되는 것에 대비해야 합니다. 그리고 군대 쪽은 응당 지연될 것을 계산에 넣고, 싸움에만 관여하고, 협상에는 관여하지 말아야 하며, 긴장을 늦춰서는 안 됩니다. 모든 것은 원래의 계획에 따라 진행합니다."

또 한 무리의 중국 명장들이 계획대로 조선에 들어갔다.

제2야전군 참모장 리다(李達, 1905~1993)는 조선에 들어가 지원군 참모장 제팡과 교대했으며, 쉬스유(許世友, 1905~1985)[281]는 제3병단 사령관 왕진산과 교대했다. 또 양용은 제20병단 사령관 대리 정웨이산(鄭維山, 1915~2000)과 교대했으며, 황용성은 제19병단 사령관 한셴추와 교대했다.

마오쩌둥은 중국 군대의 고위 장교들이 모두 조선에 가서 많은 것들을 배우기를 원했다.

4월 20일, 쌍방은 연락조를 파견하여 판문점에서 회의를 열었다. 4월 22일, 쌍방은 부상당했거나 병을 앓는 전쟁포로들을 교환했다. 중국과 조선의 전쟁포로 수용소에서 잘 먹어 얼굴 가득 붉은 빛이 도는 684명의 유엔군 전쟁포로들이 환하게 웃으면서 우리 쪽 인원들과 악수하며 작별했다.

6,670명(그 중 1,030명은 지원군 전쟁포로)의 중국과 조선 전쟁포로들은 금방

---

[281] 하남성(河南省) 출신의 중국 인민해방군 장군이다. 그는 어린 시절에 소림사에서 무술을 배운 적이 있었기 때문에, 쉬(許) 화상(和尙: 승려를 높여 부르는 말)이라는 별명으로 불렸다.

이라도 숨이 끊어질 듯한 상태로 우리 쪽에 돌아왔다. 대부분의 사람들은 이미 발이나 다리가 잘려져 있었는데, 교환 현장에 도착하자마자, 미군들이 겉모습을 속이려고 임시로 그들에게 갈아입힌 새 옷과 새 신발을 벗어던지더니, 큰 소리로 울면서 발버둥치며 우리 쪽 사람들에게 달려왔다.

4월 26일, 수백 명의 세계 각국 기자들이 전쟁 쌍방의 협상 대표들이 판문점의 천막으로 들어가는 것을 주시하는 가운데, 6개월 18일 동안 중단되었던 회담이 다시 회복되었다.

전장에서 철저하게 겁을 먹은 미국인들이 이번에는 성실하게 임하여, 협상은 즉각 빠르게 궤도로 진입했다. 각국 인민들은, 전 세계를 끊임없이 요동치게 하면서 2년여 동안 계속된 전쟁이 마침내 머지않아 끝나려 하는 것을 기쁘게 바라보고 있었다.

오직 두 사람만이 당황하고 있었다. 왜냐하면 그들의 이익은 오직 전쟁이 계속되어야만 보장될 수 있었기 때문이다.

"대륙으로 반격하자"고 2년여 동안 소리 높여 외쳤던 장제스는 즉각 일찍이 진먼(金門)에서 승리를 거두었던 후롄(胡璉)에게 명령을 내려, 둥산다오(東山島)에 상륙 작전을 할 준비를 하게 했다. 조선의 정전이 정말로 실현되면, 그가 대륙으로 돌아가려는 꿈은 끝장날 판이었다.

이승만은 더욱 초조했으며, "고통스럽고, 혼란스러워 우울하고 즐겁지 않았다."

미국인들이 싸우지 않는데, 그가 어떻게 천하를 공략하여 전체 조선의 황제가 될 수 있겠는가?

마침내, 이승만은 뜻밖에도 미국인들을 매섭게 위협했다:

"만약 중국인들이 북한에 남아 있는 것을 허용하는 평화 제의를 체결한다면, 대한민국은 곧 그것이 적들을 압록강 이북의 국가로 몰아내는 일에 참여하기를 원하는 국가들을 제외하고, 모든 동맹국들이 이 나라를 떠나도록 요구할 이유를 갖는다고 생각한다."

실성한 이승만은 뜻밖에도 미국인들에게 노골적으로 말했다:

"만약 미국 무장 부대가 남아서 머물려면, 그들은 최전방 진지의 병사들과 동행하면서 그들을 지원해야 하고, 아울러 비행기·장거리 대포 및 한반도 주변의 함포들을 사용하여 그들을 엄호해야 한다."

미국인들은 초조하면서도 화가 나는 것을 금할 수 없었다. 3년 동안, 자신들이 진행한 전쟁이 정의로운 것이었음을 증명하기 위해, 미국은 일찍이 세계를 향해 꼭두각시 이승만을 "민주의 투사"·"자유의 본보기"가 되었다고 허풍을 떨었는데, 이제 너무 커져서 자신들이 시키는 대로 따르지 않자, 비로소 이승만은 필경 이렇게 교활한 소인배라는 것을 알았다.

관건은 이승만에 대해서는 장제스에 대해 하듯이 할 수 없다는 것이었다. 장제스에 대해서는 상관하지 않아도 되었지만, 이승만에 대해서는 아직 상관하지 않으면 안 되었다. 미국인들이 언제 싸우려고 하지 않은 적이 있었던가? 하지만 전장을 살펴보면, 중국 군대는 5월 13일부터 4개 군단을 동원하여 13일 동안 연속으로 29개의 최전방 진지들을 공격했다. 유엔군은 3월과 4월 두 달 동안에만 3만 명을 잃고 나서, 또 1만 명을 잃었으니, 지금은 반격할 힘조차도 없었다.

아이젠하워는 백악관에서 굳은 표정을 짓고 있었다. 그는 이승만의 편지를 다 읽고 나서, 다시 미네소타 주민의 호소문을 읽었다:

"전 세계 90% 이상의 시민들은, 한국 전쟁에 대해 분노의 마음을 갖고 있으며, 당신은 국민들의 지지를 조금도 얻지 못하고 있습니다. 당신은 단지 대형 신문·방송국·제너럴 모터스·듀퐁의 도움밖에 기대할 수 없을 것입니다. ……전쟁은 영원히 공산주의를 억제할 수 없습니다. 제1차 세계대전은 공산주의가 러시아에서 승리하게 했습니다. 제2차 세계대전은 공산주의가 절반의 세계에서 승리하는 것으로 끝났습니다. 새로운 세계대전에서는 장차 어떻게 끝날까요? 누가 알겠습니까? 공산주의가 전 세계에서 승리를 거둘지도 모릅니다……."

길게 한숨을 내쉬고 난 뒤, 아이젠하워는 중얼거리며 악담을 퍼붓더니,

참을성 있게 긴 편지를 써서 이승만을 위로하면서, 이렇게 약속했다: "미국 정부는 필요한 국회의 지출 결의를 취득하는 조건하에서, 계속하여 대한민국을 경제적으로 원조해 줄 준비를 하고 있습니다. 이는 장차 대한민국으로 하여금 평화로운 상황에서 극심하게 파괴된 국토를 회복할 수 있게 해줄 것입니다."

미국 대통령은 사탕을 이용하여 꼭두각시의 입을 틀어막으려고 했는데, 누가 3년 동안 예스맨이었던 이승만이 이번에는 뜻밖에도 이렇게 고집을 부릴 줄 알았겠는가. 전쟁이 계속되기만 한다면, 미국인들이 그에게 원조를 주지 않을 수 있겠는가? 이 작은 미끼는 조선에서 군림하려는 이승만으로서는 삼킬 만한 가치가 없는 것이었다.

이승만은 미국인들을 무시하기 시작했다.

한국 정부는 "어떠한 타협도 반대한다"·"압록강까지 진군하자"·"혼자서라도 싸우자" 등의 호전적인 구호들을 소리 높여 외치기 시작했다. 이승만 집단의 위협하에, 서울과 부산에서는 대규모의 정전을 반대하는 "군중 시위 행진"이 출현했다. 더욱 심각한 것은, 한국 정부의 협상 대표가 결국 단독으로 협상에서 철수한 것이다.

중국 장교들은 정말로 이승만이 좀더 힘차게 떠들어주기를 바랐다. 전쟁이 지금까지 진행되면서, 중국 군대는 이미 전장에서 절대적인 우세를 차지하고 있었다. 중국과 조선 연합군 병력을 합치면 이미 180만 명에 달했다. 지상 부대만 해도 25개 군단이 있었고, 장비는 이미 전쟁 초기와 같은 수준에서 논할 수 없었다. 방어 진지는 반석처럼 견고했고, 오랫동안 작전을 곤란하게 했던 병참보급 문제도 이미 철저하게 해결되자, 전체 군대의 상하 모두가 적극적으로 싸우고자 했으며, 사기가 비할 데 없이 고양되어 있었다. 이러한 모든 것들은 개전 이래 있어본 적이 없는 유리한 조건들이었다. 정말로 즉시 협상이 타결되면, 싸울 수 없게 되는데, 이렇게 가볍게 적을 용서한다면, 정말이지 장교들의 마음속은 그다지 편치 않았을 것이다. 지금 이승만이 때려달라고 요청하는데, 중국 군대가 그를 놓아주는 것이야말로 이상

한 일이었다.

26

비록 민간에서는 명성이 크지 않았지만, 맹장들이 무수히 많은 중국 군대 내에서 정웨이산 중장은 "잘 싸우기로" 유명했다. 양청우가 병이 난 뒤, 그는 펑더화이가 직접 지명하여 조선에 들어간 제20병단의 사령관 직무대리였다. 1955년에 승진 발령하면서, 항미원조 과정에서 병단급 주요 간부들은 거의 대부분이 상장 계급이었는데, 장웨이산은 보기 드물게 중장 계급의 병단 사령관이었다. 이것만 봐도 정웨이산이 뛰어난 장수라는 것을 알 수 있다.

비록 조선에 들어간 뒤 몇 차례 잘 싸웠지만, 정웨이산은 여전히 펑더화이가 자신을 중용한 것에 대해 좀 부끄러워 했다. 그가 가장 잘라내어 버리고 싶어 했던 "세 개의 대접받침[牛腿]"[282]이 여전히 아군의 목을 짓누르고 있었다.

당초 정웨이산은 양청우를 교대한 뒤에, 재빨리 제20병단의 진지들을 돌아보았다. 그는 883.7고지와 949.7고지 및 십자가산(十字架山)[283]이 중심을 이루어, 금성(金城) 지역의 적군이 아군 측의 진지를 향해 돌진해오는 하나의 "쐐기"를 구성하고 있다는 것을 발견했다. 폭 20킬로미터에 종심이 9킬로미터이고, 높은 곳에서 굽어보고 있는 이 산악 지대는, 아군의 종심 10여 킬로미터의 지역을 굽어볼 수 있어, 아군에게 매우 위협이 되었다. 당시 정웨이산은 이 몇 개의 지탱점(支撑點)들을 뽑아 버리려고 했는데, 애석하게도 여러 가지 원인들 때문에, 줄곧 착수하지 못하고 있었다. 지금, "삼양(三楊)[284]" 가운데 마지막 한 명의 장수인 양용이 조선에 들어와서 이미 자신과

---

282 목조 건물의 기둥 맨 위쪽의 장식물로, 주두(柱枓 혹은 柱頭)라고도 한다. 기둥과 처마를 떠받치는 공포(栱包 혹은 貢包)를 연결시켜주는 역할을 한다.
283 좌수동(座首洞)의 남쪽에 있는 산으로, 한국 측에서는 수도 고지(首都高地)라고 부른다.
284 한국 전쟁 당시 전장에 투입되어 싸웠던 세 명의 양씨(楊氏) 성을 가진 장수들로, 양청

교대했는데, 정웨이산은 떠나기 전에 이 "세 개의 대접받침들"을 잘라버리지 않으면 안 된다고 결심했다.

정웨이산의 작전 방안은 전투를 구경하고 있던 쉬스유까지도 깜짝 놀라게 했다. 하늘도 두려워하지 않고, 땅도 두려워하지 않으며, 단지 노모(老母)와 마오쩌둥만을 두려워하던 제3병단 사령관 쉬스유는 조선에 들어올 때, 브랜디 한 상자를 제외하고는 아무것도 가져오지 않다. 제3병단의 부하 장수들과 함께 단번에 이 한 상자의 브랜디를 마셔버리고는, 쉬스유는 곧바로 두이더(杜義德, 1912~2009)·리톈유(李天佑, 1914~1970)·리청팡(李成芳, 1914~1984) 등의 명장들과 함께 제20병단으로 가서 정웨이산이 어떻게 싸우는지 보았다.

정웨이산의 계획은 매우 대담했다. 그는 적들의 수류탄이 도달할 수 있는 곳에 3천 명을 잠복시키려고 했다.

정웨이산은 회의장에 참석한 그 혁혁한 명장들을 둘러보며 자신 있게 말했다: "적과 아군의 주요 진지의 거리가 가장 먼 것이 3킬로미터이고, 중간에는 깊은 계곡을 사이에 두고 떨어져 있는데, 어떻게 싸우겠습니까? 보병이 어떻게 집결할 수 있겠습니까? 제가 보기에는, 부대를 앞당겨 적의 최전방에 숨어 있다가, 이튿날 날이 어두워진 다음에 공격을 개시하여, 당일 밤에 공격 전투를 마치고, 4~5시간을 벌어 진지를 급히 수리하여, 탄약을 보충하면, 날이 밝은 뒤에 효과적으로 적의 반격을 격퇴할 수 있습니다. 우리가 얼마나 많은 인원을 잠복시킬 것인가에 대해서는, 제가 추산해보니, 적어도 3천 명은 되어야 합니다."

회의장에 있던 50여 명의 중국 장교들은 쥐 죽은 듯이 조용했다. 이 장교들은 20여 년 동안 격렬한 전투를 치러온 사람들이었으니, 어떠한 장면인들 보지 않은 게 있었겠는가? 그러나 적 앞에 3천 명을 잠복시키는 이러한 기묘한 계책은 너무나 대담했다.

....
우·양더즈와 양용을 일컫는 말이다.

정웨이산은 무모하게 하는 게 아니었다. 반년 전에 그가 진지를 순시할 때, 제60군단장 장주량(張祖諒, 1911~1961)에게 명령하기를, 잠복할 지대의 식물들을 잘 보호하고, 결코 적이 산을 내려오는 것을 허락해서는 안 되며, 감히 내려오는 자가 있으면 곧바로 저격수로 하여금 가차없이 사살하도록 했다. 그의 군사 전문가로서의 안목은 실로 사람들을 탄복하게 했다.

정웨이산이 제시한 방책의 대담함은 아직도 더 있었다. 그는 단숨에 적 2개 연대를 전멸시킴과 아울러, 적군 2개 연대의 진지를 빼앗으려고 했다.

진지전을 1년여 동안 벌이면서, 마오쩌둥이 제시한 "영고우피당(零敲牛皮糖)"[285] 전술에 따라 "공격 목표는 1개 대대를 초과하지 않는 것을 원칙으로 삼아, 각 군단은 한 번 공격할 때마다 1~2개 소대 내지 1~2개 중대를 섬멸하는 것이 가장 좋다"는 전술을 채택했으므로, 지원군이 싸운 것은 모두 소규모 돌격전이었다. 지금은 중국 군대의 여건이 비록 크게 개선되었지만, 제공권은 여전히 미군의 수중에 있었고, 기술 장비는 여전히 꽤 격차가 컸는데, 이런 대규모 돌격전을 벌여 이길 수 있을 것인가?

제60군단장 장주량이 쥐 죽은 듯이 조용한 가운데에서 일어나 말했다: "병단의 작전 방안을 지지하며, 단호히 명령을 집행하여, 883.7고지와 949.2 고지를 점령하고, 적 1개 연대를 섬멸하라고 병단이 부여한 임무를 완수하겠습니다."

제60군단은 제5차 전역 후기에 큰 손실을 입었다. 특히 제180사단이 극심한 손실을 입었다. 제60군단의 신임 군단장으로서, 장주량은 어떻게 해야만 패배를 당한 부대가 다시 고개를 들 수 있는지 알고 있었다. 그는 전투에서 승리를 거두어 다시 제60군단의 명성을 떨치고자 했다. 뿐만 아니라, 그는 또한 새로 편성된 제180사단으로 이 전투를 치르려고 했다.

제67군단장 치우위(邱蔚, 1913~1957)는 바로 영화〈낭아산의 다섯 용사

---

[285] 우피당은 중국 강남의 전통 과자이다. '영고우피당'이란, 큰 것을 잘게 부숴 먹는다는 뜻이다. 한국 전쟁 당시 우세한 전력의 미군을 상대하려면, 전면전 대신 소규모 작전을 펼쳐 지속적으로 소규모 승리를 거두어야, 결국 전쟁에서 승리할 수 있다는 것을 비유하여 표현한 것이다.

〈狼牙山五壯士〉)에 나오는 팔로군의 치우(邱) 연대장이다. 바다에 빠져 뜻밖에 일찍 세상을 떠난[286] 이 명장도 제60군단보다 약해 보이고 싶지 않았다. 제60군단이 세 개의 고지들 가운데 두 개를 빼앗았으니, 마지막 한 개는 지켜내지 않으면 안 되었다. "십자가산은 제가 맡겠습니다. 그곳 1개 연대는 제가 맡겠습니다."

두 장수가 서로 자신이 맡겠다고 다투자, 사령관은 매우 기뻤다. 정웨이산이 결정을 내리려 할 때, 덩화 총사령관 직무대행이 전화를 걸어왔다:

"지원군 사령부가 여러분들의 작전 계획을 검토해보았는데, 우리는 883.7고지와 949.2고지를 칠 조건이 성숙되지 않았다고 생각합니다. 우리의 의견은 공격하지 말라는 것이니, 여러분들은 고려해주기 바랍니다."

정웨이산은 결단성 있고 단호하게 말했다: "저의 결심은 이미 정해졌습니다. 잘못되면 제가 책임지겠습니다!"

정웨이산은 지원군 사령부뿐만 아니라, 병단 내부에서도 매우 많은 사람들이 이 기발한 작전을 반대하고 있다는 것뿐만 아니라, 또한 양용 사령관과 왕핑(王平) 정치위원이 이미 도착해 있는데, 이런 때 싸우지 않으면 안 된다니, 좀 너무하다는 것도 알고 있었다. 군대에서는 크게 패하면, 평생 고개도 들지 못할 수도 있다.

정웨이산은 그렇게 많은 것들까지 생각할 수 없었다. 군인의 책임감과 명예심이 이미 모든 사심과 잡념이 끼어드는 것을 배척했다.

덩화에게 건 전화에서, 정웨이산은 안색이 새파랗게 되어 말했다: "이 전투는 반드시 해야 합니다. 잘못되면 제가 책임질 테니, 제 목을 치십시오!"

장주량도 감격하여 말했다: "저도 사령관님과 함께 책임을 지겠습니다!"

정웨이산이 탁자를 치자 산이 울렸다: "당신은 책임질 필요가 없소. 당신은 잘 싸우기만 하면 됩니다. 잘못되더라도, 머리는 하나만 있으면 족하오!"

쉬스유가 이 장면을 보고 탄복했다: "나 쉬(許) 화상(和尙)의 전투는 원래부

---

[286] 1957년 8월 19일, 칭다오에서 휴양을 하던 중에 바다에 빠져 사망했다고 한다.

터 대담했지만, 당신은 나보다도 훨씬 대담하구만!"

27

6월 10일 아침, 정웨이산·쉬스유·장난성(張南生, 1905~1989)·두이더 및 와서 전투를 관찰하던 수많은 난징군사학원의 장군 교관들과 생도들이 함께 용문산(龍門山)에 도착했는데, 이곳은 883.7고지로부터 3킬로미터도 떨어지지 않았다.

태양이 높이 장대 끝에 걸리자, 쉬스유와 100명이 넘는 고위 장교들은 망원경을 들고 아군 잠복 지역을 샅샅이 살펴보았는데, 바람 따라 흔들거리는 나뭇가지와 풀덤불 말고는 아무것도 없었다.

"정(鄭) 형, 계획을 바꾼 거 아닙니까?" 어리둥절한 장교들이 잇달아 물었다.

정웨이산은 기대했던 것 이상으로 크게 기뻤다. 그곳에는 어젯밤에 잠복에 들어간 15.5개 보병 중대와 4개 기관포 중대의 3,500명이 엎드려 있었지만, 이렇게 오랫동안 전쟁을 경험했던 노련한 장교들조차도 그들을 찾지 못하니, 적들은 더구나 생각할 필요도 없었다.

그날 밤 20시 20분, 259문의 화포가 1만 발이 넘는 포탄들을 갑자기 적군 진지를 향해 퍼부었다. 몇 분 후, 포화가 종심으로 옮겨가자, 한국 군대는 분분히 엄폐물에서 기어 나와 야전 진지로 들어갔다. 몇 분 후에 포화가 다시 고개를 돌려 공격해 오리라고는 생각지 못했다.

쉬스유는 탁자를 치며 훌륭하다고 절찬했다: "좋아, 정 사령관은 이제 후식을 올리시오!"

정웨이산이 웃으며 말했다: "기다리십시오. 아직 양놈들 볶음요리[紅燒洋鬼子]가 남았습니다!"

말이 떨어지자마자, 이어서 '카츄샤' 로켓포의 제21사단도 제3차 화력 급습에 가담했다. 홍쉐즈는 다음과 같이 기록했다: "공격을 마친 후, 적들의 진지는 온통 불바다가 되었다. 지상에서 피어오르는 연기와 먼지는 붉었고,

하늘에서 소용돌이치는 구름 색깔도 붉었다."

이어서 제180사단의 3천여 장병들이 성난 함성을 지르며 돌격하자, 단지 50분 만에 한국군 제27연대는 자신들이 2년 동안 파놓은 견고한 참호 속에서 모두 전멸했고, 902.8고지, 973고지, 883.7고지는 모두 점령되었다. 제180사단은 철저하게 변화된 모습으로 싸웠다.

수십 년 후에 중국의 권위 있는 역사서인 『당대 중국(當代中國)·항미원조전쟁(抗美援朝戰爭)』에서는, 이 전투가 "전쟁사의 기적을 창조했다"고 기록했다.

날이 밝은 뒤, 한국군이 대대적으로 반격해 왔다. 제60군단은 밤새도록 급히 수리한 야전 진지에 의지하여, 그들의 10여 차례에 걸친 공격을 물리쳤다. 정오가 되자, 탄약이 바닥났다.

정웨이산은 다시 기발한 계책을 냈다. 그는 탄약 보관 땅굴의 입구에 가서 몇 분을 관찰한 다음, 10여 대의 적기가 급강하하여 공격한 다음 솟아오르는 틈새를 타, 탄약을 가득 실은 트럭 10대를 단숨에 최전방을 향해 질주하도록 내보냈다. 적기가 발견했을 때는, 9대의 트럭이 이미 탄약을 싣고 올라간 뒤였다.

밴 플리트의 직무를 이어받은 제8집단군 사령관 테일러(Maxwell Davenport Taylor, 1901~1987) 중장(이 사람은 후에 베트남에서 온갖 나쁜 짓을 다 했다)이 한국군을 지휘하여 제60군단에 대해 반격하고 있을 때, 정웨이산은 성동격서 전술로 허를 찌르면서, 갑자기 다시 그에게 치명적인 한 방을 날렸다. 한국군의 반격이 한창일 때, 제67군단의 치우위가 갑작스럽게 쇄도해 오더니, 십자가산에 있는 한국군 제21연대를 모조리 소탕해버렸다.

유엔군 장교들은 이 소식을 듣고 놀라움을 감추지 못했다. 십자가산은 유명한 "모범적 진지"이자 "수도권의 보루"인데, 중국 군대가 뜻밖에도 1시간 20분 만에 2년 동안 힘들게 꾸려온 이 요새를 공격하여 점령한 것이다. 그렇다면 유엔군의 어느 진지가 그들에게 함락되지 않을 수 있단 말인가?

미군이 제2차 세계대전 이후 가장 걸출한 장교라고 공인하던 테일러는 이미 정신없이 이리 뛰고 저리 뛰어다니다가, 서둘러 다시 제67군단 쪽의 틈새를 막으러 갔다.

세 번째로 계략에 걸려들었다.

정웨이산은 또 남쪽을 가리키면서 북쪽을 공격하여, 테일러라는 이 미군의 새로 부임한 신예를 쩔쩔매게 만들었다.

제20병단의 두 번째 제대(梯隊: 전투나 행군을 할 때, 작전에 참여할 순서에 따라 몇 개의 부대들을 묶어 편성한 부대 단위-옮긴이)인 2개 사단이 동서 양쪽에서 갑자기 동시에 전장에 추가로 투입되어, 한국군 제5사단의 949.2고지와 제20사단 제62연대의 1089.6 진지를 향해 맹공을 개시했다.

정신을 못 차릴 정도로 얻어맞은 한국 제5사단도 더 이상 버티지 못했다. 15일 0시, 전쟁 초기의 광경이 나타났다. 즉 한국 제5사단은 철저하게 궤멸되어 뿔뿔이 흩어졌고, 또한 북한강의 6개 교량들과 찾아낼 수 있는 모든 배들을 단숨에 폭파시켜버렸다. 6월 15일, 정웨이산은 인솔 부대를 지휘하여 기세등등하게 금성을 향해 돌진하여, 이 전략적 요충지들을 일거에 탈취할 준비를 했다. 그런데 지원군 사령부 총사령부가 전쟁을 멈추라는 전보를 보내왔다. 미국인들이 이미 얻어맞아 중국과 조선 측에서 제시한 모든 조건에 동의하면서, 조선의 정전 협상이 합의를 이루었다.

5일 밤낮을 눈을 붙이지 못한 정웨이산은 곧장 작전실의 지도 위에 쓰러져 잠에 빠졌다.

제20병단은 이번 반격전에서 확실히 미국인들을 아프게 두들겨 팼다. 제60군단은 적 1만 4,800명을 섬멸하여, 제5차 전역에서 당한 분노를 토해냈으며, 희생당한 전우들을 위해 복수했다. 제67군단은 1만 3,500명의 적을 섬멸했는데, 치우위는 비록 마음속으로는 달갑지 않았지만, 형제 부대들 앞에서 미안해 하지 않아도 되었다.

제20병단의 행동 말고도, 제9병단과 인민군 제3·제7군단도 잇따라 적의 22개 대대급 이하 진지들에 대해 공격을 개시하여, 적 1만 1천 명을 섬멸했다. 하계 반격 전투의 제2단계라고 일컬어지는 이번 전투 과정에서, 한국 제5사단과 제8사단은 사실상 이미 섬멸되었다. 중국 군대는 잇달아 적의 51

개 연대급 이하의 진지들에 대해 65차례의 공격 작전을 진행하여, 모두 4만 1천 명의 적을 섬멸했지만, 자신들의 사상자는 단지 1만 9천 명밖에 안 되어, 적군과 아군의 사상자 비율은 2.1 : 1이었다. 제20병단만 해도 진지를 58평방킬로미터나 확대했다. 미국은 이미 정전하겠다는 뜻을 표명했는데, 이승만이 정전을 반대했기 때문에, 중국 군대는 이번에는 임시로 미군을 치는 것을 주된 목표로 삼았던 계획을 바꾸어, 한국군을 치는 것을 주된 목표로 삼았다.

28

중국과 조선 군대가 전체 전선의 도처에서 진행한 공세 작전이, 마침내 미국인들로 하여금 형세를 철저하게 깨닫게 해주었다. 즉 계속 완강하게 버티다가는 정말이지 어느 지경까지 패할지 모르며, 자칫하다가는 제2차 전역 때와 같은 참혹한 패배를 당할지도 모른다고 느끼게 해주었다.

전쟁포로에 대한 합의는 6월 8일에 이루어졌다. 우스운 것은, 한국 정부의 대표 최덕신(崔德新, 1914~1989)이 이승만의 명령을 받들어 협상에서 철수하자, 미국인들은 임시로 태국의 장군을 데려와 머릿수를 채웠다.

중국과 조선 측에서도 이를 웃어넘기면서, 못 본 체했다. 이 일은 확실히 국제적으로 커다란 웃음거리였다. 미국인들은 다급해지자, 한국인이 조선 정전 협상에 참가하지 않아도 대수롭지 않게 여겼다. 그리하여 전쟁포로 문제는 결국 미국인·태국인과 중국인·조선인이 담판하여 이루어진 것이라고 할 수 있다.

더욱 놀라운 것은, 협상에서 철수한 한국 대표 최덕신은 몇 년 후에 뜻밖에도 조선민주주의인민공화국 최고인민회의의 중요 구성원이 되었으니,[287] 역사는 정말이지 마술사이다.

----

[287] 1976년에 미국으로 이민한 최덕신은 전쟁 때 납북된 아버지의 묘소를 찾는다는 명목으로 북한을 자주 왕래하다가, 1986년에 평양에서 북한으로 영구 귀국하겠다고 발표했다.

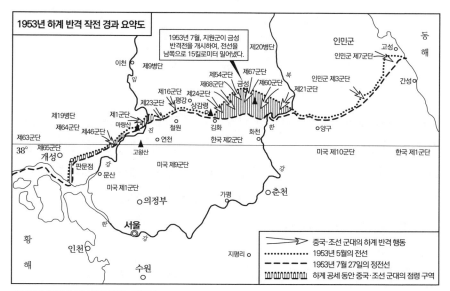

1953년 하계 반격 작전 경과 요약도

6월 15일, 조선 정전 협상은 마침내 완전 합의를 이루었다. 16일, 쌍방의 참모진이 실제의 접촉선에 따라 군사분계선을 다시 획정했는데, 미군 참모진은 찍소리도 못하고 140평방킬로미터의 땅을 중국과 조선 측에 떼어주었다.

바로 이때, 또 하나의 천막 안에서는 쌍방의 문서 전문가들이 글자 하나, 구두점 하나, 문장 부호 하나까지 정전 협정 문서를 심사하여 결정하고 있었다. 회의장 밖에서는, 세계 각지에서 갈수록 더 많은 기자들이 몰려들면서, 쌍방 사령관들이 정전에 서명하는 역사적인 순간을 기록할 준비를 하고 있었다. 지원군 사령관 펑더화이는 행장을 꾸리고, 19일에 조선으로 출발하여 서명할 준비를 했다.

지원군과 인민군 연합 사령부는 6월 15일 19시에 다음과 같은 명령을 발포했다: "6월 16일부터, 각 부대는 예외 없이 주도적으로 적을 향한 공격을 중지하라. 그러나 적이 우리에게 가하는 어떠한 공격에 대해서도, 응당 단호하게 타격을 가하라."

피를 아직 충분히 흘리지 않았는지, 어리석은 이승만은 아직 죽도록 두들겨 맞아야만 철저히 고분고분해질 것 같았다.

29

6월 18일, 조선 전쟁이 마침내 끝났다고 축하하던 각국의 인민들은 놀라움을 금치 못했다. 이승만이 6월 17일 심야에, "현지에서 석방"한다는 명목으로, 인민군 포로 2만 7천여 명을 협박하여 전쟁포로수용소를 떠나게 하더니, 한국 군대의 훈련 센터로 압송했다. 동시에 이승만은 소리 높여 "압록강을 향해 한 차례 전면적인 군사 공격을 진행하라"·"필요할 때는 단독으로 작전하라"고 외쳤다.

이승만은 전쟁을 치르려는 결심을 굳히고, 공개적으로 정전 조항을 거부했다: "지금의 조항에 따르면, 정전은 우리에게 죽음을 의미한다. 우리는 일관되게 마땅히 중국공산당 군대를 우리의 국토 밖으로 몰아내야 한다고 요구하였다. 설사 이렇게 되었을 때, 우리는 단독으로 싸우는 것도 마다하지 않겠다." 한국 국회에서도 다음과 같이 표결했다: "정전 조항을 만장일치로 반대한다."

이승만이 공공연히 정전 협정을 파기하는 행위는 전 세계의 공분을 불러일으켰다. 네루(Jawaharlal Nehru, 1889~1964)는 이에 대해 "매우 유감스럽지만 사람들이 대단히 반대하는 일"이라고 말했다. 각국의 여론은 한목소리로 이승만에 대해 "평화를 팔아먹은 반역자"·"무책임하고 비뚤어진 소인배"라고 크게 꾸짖었다. 처칠마저도 이승만에게 강력히 항의했다: "여왕의 정부는 이러한 배반 행위를 강력하게 규탄한다!" 유엔군을 규합했던 많은 서방 국가들은 이승만이 "유엔군 사령부의 권한을 위배했다"고 항의했다. 일부 국가들은 심지어 미국에게 이 꼭두각시를 교체하여 제거하라고 요구하기도 했다. 전해지기로는, CIA가 심지어 이승만의 암살과 정변에 대한 계획을 세웠다고 한다. 매우 낭패를 당해 곤경에 처한 미국 정부는 곧 포로를 석방한 일과는 무관하다고 완강하게 주장하면서, 악착같이 책임을 회피했다.

적의 내부가 매우 소란스럽자, 전략의 대가인 마오쩌둥은 당연히 이러한 기회를 놓치지 않았다:

"우리는 반드시 행동에서 중대한 표시를 해야만 비로소 형세에 보조를 맞추어, 적에게 충분한 압력을 가함으로써, 유사한 사건이 다시는 감히 발생하지 않도록 할 수 있으며, 아울러 우리 측이 주도권을 장악하기 쉽습니다."

6월 19일, 김일성과 펑더화이의 편지 한 통이 미국인들의 말문을 막히게 했다:

"우리는 당신들이 반드시 이번 사건에 대해 엄중한 책임을 져야 하며, 반드시 책임지고 석방된 모든 전쟁포로들을 즉각 되찾아 와야 하며, 이후로는 절대 같은 사건이 발생하지 않도록 보장해야 한다고 생각한다. ……도대체 군(유엔군을 가리킴) 사령부는 남조선 정부의 군대를 통제할 수 있는가 없는가? ……조선의 정전에는 도대체 이승만 집단을 포함시키는 것인가 아닌가?……"

그날, 수많은 중국의 당(黨)·정(政)·군(軍) 수뇌부가 베이징 첸먼(前門) 역에 와서, 정전 협정에 서명하러 개성에 가는 펑더화이를 배웅했다.

굉음을 내며 달리는 열차 안에서, 펑더화이는 수행 참모들과 함께 조선의 정세를 논의했다.

항미원조가 시작된 지 이미 3년 가까이 되었는데, 전쟁에서 승리한 한쪽의 군사 통솔자로서, 펑더화이의 마음이 얼마나 기쁠지는 생각하면 알 수 있었지만, 그는 오히려 조금도 방심하지 않았다. 이승만이 기왕 문제를 일으킨 이상, 반드시 엄중한 응징을 받아야 하며, 설령 잠시 정전 협정을 미루더라도 아쉬울 게 없었다. 펑더화이는, 만약 군사적으로 적에게 징벌적인 호된 공격을 가하지 않으면, 정전의 조속한 실현을 지연시킬 뿐만 아니라, 장차 정전 협정 체결 후에 조선 반도의 평화 국면을 안정시키는 데에도 영향을 미쳐, 세계의 평화에도 불리할 것이라고 생각했다.

펑더화이는 군사 전문가로, 지금까지 이미 온갖 적들과 30년 동안 혈전을 벌여왔다. 국내의 적 외에도, 그는 또한 18개 국가의 군대(유엔군에다 일본과 한국 군대까지)를 물리쳤다. 반평생의 군대 생활에서, 그는 적의 본질을 철저히 파악했는데, 막다른 골목에 몰리지 않으면 그들은 늘 온순해지지 않았다.

20일 오후, 펑더화이는 폐허가 된 평양에 도착한 뒤, 곧바로 리커농에게 전화를 걸었다. 2년 가까이 일선에서 설전을 벌여 승리를 거둔 리커농도 매우 기뻐했다:

"적들은 매우 허둥대고 있습니다. 어떤 미국 관리는 심지어 개탄하고 있습니다. 공산당은 늘 이승만이 미국인의 꼭두각시라고 선전해왔는데, 지금은 미국인이 오히려 정말로 그가 꼭두각시 역할을 맡아줄 수 있기를 바라고 있습니다. 펑 사령관님, 개성으로 오십시오!"

펑더화이는 한바탕 웃고 나더니, 흔쾌히 동의했다: "나는 반드시 가겠소, 반드시 가겠소."

회담장의 상황을 파악한 뒤, 펑더화이는 즉각 회창(檜倉)에 있는 지원군 사령부에 전화를 걸었다. 덩화와 양더즈는 모두 싸울 것을 요청하면서, 둘 다 이승만을 다시 한번 때려줄 수 있기를 바라고 있었다. 펑더화이는 매우 만족했다:

"저 이승만은 잘잘못을 알지 못하니, 다시 그에게 본때를 보여주는 것은 전적으로 당연한 일이오."

그날 밤, 펑더화이는 직접 전문을 작성해 마오쩌둥에게 보내, 정전 협정에 서명하는 것을 미루고, 다시 이승만의 군대 1만 5천 명을 섬멸하자고 건의했다.

마오쩌둥이 답신을 보내왔다: "다시 괴뢰군 만여 명을 섬멸하는 것은 매우 필요합니다."

천둥과 같은 맹렬한 기세로 식은 죽 먹듯이 '금성(金城) 대첩'이 시작되었는데, 그 전과의 크기와 진전의 순조로움은 중국의 장수들조차도 예상하지 못했다. 1만여 명의 적군만을 섬멸하려고 준비했던 중국 군대는 불과 며칠 동안에 뜻밖에도 7만여 명의 미군과 한국군을 단숨에 해치웠다.

30

7월 13일 밤 9시, 짙은 구름이 낮게 드리워져 천지는 온통 어두컴컴했으고, 날씨는 숨이 막힐 정도로 무더웠다. 중국 군대의 1,094문의 화포들이 정적 속에서 갑자기 일제히 포효했다. 동쪽의 북한강에서부터, 서쪽의 하감령(下甘嶺)까지, 수십 리에 걸친 적군 진지 위에는 짙은 연기가 몰려들었고, 납빛의 검은 구름에 온통 붉은 빛이 비추었다. 불과 28분 동안에 1,900톤의 포탄이 한국 수도사단·제3·제6·제8사단의 진지 위로 쏟아져 내렸다.

28분 동안에 1,900톤의 포탄을 발사한다는 건, 전쟁 초기의 중국 군대는 거의 감히 상상조차 할 수 없는 일이었다. 이는 중국 군대가 항미원조 기간 중에 규모가 가장 컸던 한 차례의 포격이었으며, 또한 중국 군대가 처음으로 전역의 지상 화력에서 우세를 차지한 경우였다. 이번 포격의 중점 방향은, 중국 군대의 화력 밀도가 전선 1킬로미터당 120문 정도에 달해, 그 밀도가 제2차 세계대전에서 가장 치열하게 싸웠던 독·소전 전장의 일반적인 기준에 도달했다.

『미국 제8집단군 간사(美國第八集團軍簡史)』는 다음과 같이 기록하고 있다: "사람들이 믿기 어려울 정도로 대량의 포화가 머리 위에서 휙휙 소리를 내며 날아갔다. 휙휙 소리 속에서, 그들은 희생을 무릅쓰고 용감하게 돌진하여 이 지역의 대한민국 방어선을 공격했다. 공산군의 맹렬한 공격하에, 전초 진지들은 하나씩 하나씩 무너져 내렸다."

천지를 뒤흔드는 포격이 막 끝나자, 제20병단의 신임 사령관인 양용과 정치위원인 왕평은 5개 군단을 지휘하여 금성 지역에 있는 4개의 한국군 사단을 향해 맹공을 개시했다. 양용은 호탕한 기백으로 이번 전투에 임했다. "삼양개태(三楊開泰)"[288]라고 했거늘, 마오쩌둥과 저우언라이는 말을 하면 반

---

[288] 중국의 새해 인사인 '삼양개태(三陽開泰)'에 빗대어, 저우언라이가 한국 전쟁에 참여했던 세 명의 뛰어난 양씨(楊氏) 성을 가진 장수들, 즉 양더즈·양청우·양용을 함께 지칭하는 말이다.

드시 행동으로 옮겼다. 양더즈와 양청우는 이미 잇달아 조선 전장에서 뛰어난 활약을 했는데, 양용을 출전시키지 않는다면 어찌 빈말이 되지 않겠는가? 마오쩌둥은 서둘러 자신이 아끼는 장수인 양용을 조선에 파견하여, 이 전쟁의 마지막 전투를 책임지게 했다. 양용은 전임인 정웨이산의 찬란한 전적을 보자, 자연히 그에게 뒤지고 싶지 않았다. 이 중국의 제2고급보병학교 교장은, 일에 착수했다 하면 그 기세가 마치 우렁찬 천둥과도 같았다. 마치 하늘과 사람이 서로 감응하듯이, 하늘에서 한바탕 커다란 천둥이 울렸다. 이 피비린내 나는 전쟁은 3년여 전에 호우 속에서 시작되었는데, 지금 그것은 또 억수 같이 쏟아지는 가운데 끝나려 했다.

제20병단은 단 한 시간 만에 전체 전선에서 적군 진지를 돌파했다. 번개와 포화의 밝은 빛이, 불시에 무리를 이룬 중국 병사들의 용감하게 돌진하는 모습을 비춰주었다. 전체 전장은 이미 중국 군대에 의해 지배되고 있었다.

한국 육군의 최고 정예 부대인 수도사단이 먼저 그 공격을 받았다. 전쟁 전에 한국 수도경비 사령부가 개편되어 만들어진 이 보병 사단은[289] 한국에서 가장 잘 싸울 수 있는 부대였고, 그 제1연대는 한국 군대에서 역사가 가장 긴 연대로, 별명이 '백호(白虎) 연대'였다.

백호 연대 연대장 최세인(崔世寅, 1926~1994) 대령은 중국 군대의 맹렬한 공격을 받고 정신을 못 차렸다. 그가 一자로 배치한 3개 대대 가운데 우익의 제2대대는 전투가 시작되자마자 중국인들이 일으킨 성난 파도에 모조리 휩쓸려버렸다. 최세인은 연대의 예비대인 제9중대와 제11중대에게 앞으로 나가 증원하라고 급히 명령을 내렸다. 제9중대는 출발하자마자 중국 군대의 포화 세례를 받고, 절반의 병력이 순식간에 사라져버렸다. 놀라 당황한 중대장은 부대를 해산시키고 부상을 당한 채 도망쳤다. 제11중대는 간신히 제1대대의 진지에 도착한 다음, 진지에서 제1대대와 함께 전멸했다. 최세인은 다급하여 허둥댔는데, 모든 통신망이 중국 포병에 의해 사라져버렸다.

---

289 수도경비 사령부는 1950년 7월 8일에 수도사단으로 개편되었다.

전체 수도사단은 중국인들의 포화가 이처럼 맹렬하다는 것을 감히 믿지 못했다. 월봉리에 있는 지원포(支援砲)들의 진지 위에는 순식간에 1천 발의 포탄이 떨어졌다. 이 대포들 전부가 비축하고 있던 포탄들보다도 수백 발이나 더 많았으며, 모든 한국의 포병들은 대포와 함께 사분오열되었다. 수도사단의 대포들이 미친 듯이 몇 시간 내에 모두 1만 6,588발의 포탄을 쏘아 최전방을 지원했지만, 계란으로 바위 치기로, 아무런 도움이 되지 않았다.

백호 연대 좌익의 제26연대도 결딴나고 말았다. 이 연대의 탱크 소대가 막 진지에 머리를 내밀자, 한바탕 머리 위로 빗방울처럼 쏟아져 내린 포탄들을 맞고, 선도하던 탱크는 즉시 폭파되어 하나의 불덩어리가 되어버렸으며, 나머지 두 대는 방향을 틀어 도주하여, 일선 방어 진지는 순식간에 붕괴되었다.

백호 연대와 제26연대가 잇달아 위급함을 알리며 구원을 요청하자, 최창언(崔昌彦, 1921~1988) 사단장은 어쩔 줄을 몰라 갈팡질팡했다. 정신을 좀 차린 뒤, 그는 백호 연대가 가장 위급하다고 판단하고, 즉각 기갑 연대에 명령하여 1개 대대의 화력을 신속히 이청동(二靑洞)으로 보내 지원하도록 했다. 기갑 연대장 육근수(陸根洙, 1923~1953)는 즉시 부하들을 소집하여, 온통 호언장담으로 가득한 연설을 한 다음, 비장하게 이청동으로 돌격하여 죽음을 맞이했다.

자정 무렵, 중국 군대가 제26연대의 모든 지상 진지들을 공격하여 점령하자, 한국 병사들은 전사자를 제외하고, 일부는 사방으로 흩어져 도망쳤으며, 일부는 후퇴하여 벙커와 땅굴로 들어가 굳게 지켰다. 애석하게도 중국인들은 땅굴을 팔 줄 알았을 뿐만 아니라, 땅굴을 파괴할 줄도 알고 있었으므로, 이들은 모두 벙커와 땅굴 속에서 폭사하고 말았다.

제26연대 제1대대장은 제1중대장이 외치는 한마디밖에 듣지 못했다: "적들이 지금 우리 벙커 위에 있는 안테나를 뽑고 있습니다." 곧바로 최전선 진지들과의 모든 연락은 두절되었다.

제1대대장이 여전히 어쩔 줄을 모르고 갈팡질팡할 때, 또 한 무리의 중

지원군이 공격하여 점령한 미군의 한 지휘소 모습

국인들이 회오리바람처럼 대대 본부로 쇄도해 왔다. 그가 막 두 명의 미군 고문과 한 무리의 수행원들을 데리고 지하의 땅굴로 숨어 들어오자, 폭파 통 하나가 곧바로 굴러 들어왔다. ……다행히도 대대장과 미군 고문은 운이 좋아, 부하들은 비록 거의 다 폭사했지만, 그들은 뜻밖에 무사했다.

　제1대대장은 길이 아니라는 것을 알고는, 뛰쳐나가 도망치기로 마음을 굳혔다. 미국 장교들은 진지 밖으로 머리를 내밀더니 놀라서 움츠러들었다. 바깥에는 포화가 천지를 뒤덮을 정도로 쏟아지고 있었다. 두 명의 미국인은 바닥에 털썩 엉덩방아를 찧더니, 십자가 성호를 그으면서, 〈제네바 협약〉을 외웠다. 그들은 포로가 되기로 마음을 굳혔다.

　제1대대장은 혼자서 길로 뛰쳐나가 도망쳤다. 제26연대 제2대대와 제3대대는 증원하러 가려고 시도하다가, 도중에 중국의 포탄에 맞아 각각 1백 명 정도 밖에 남지 않았고, 요행히도 살아남은 자들은 놀라서 방향을 틀어 도망쳤다.

　이때 백호 연대도 전멸할 때가 되었다.

　백호 연대 제2대대는 싸우면서 제2방어 지대인 '아이슬란드 방어선'으로 후퇴했는데, 그 누가 엉덩이 뒤쪽에서 바짝 쫓아오는 중국인들이 틈만 보이면 공격하리라고 알았겠는가. 또 제2대대와 제1대대가 결합하는 부분에서부터 뚫고 들어와 제2대대의 제5·제6·제7중대 등 3개 중대를 분할하여 포위하고, 대대 지휘관들조차도 수류탄을 던지리라고 누가 알았겠는가. 이 대대는 철저히 붕괴되었다. 나중에 인원수를 낱낱이 조사했을 때, 1천여 명이 정원인 대대에 단지 280명만이 도착 보고를 할 수 있었다.

제1대대는 더욱 빨리 결딴나버렸다. 제1대대장과 전투를 도우러 와 있던 제3대대장 및 30여 명의 패잔병들이 막 벙커로 숨어 들어가자, 한 중국 병사가 올라와 "지지직대며" 연기가 나는 폭파통 하나를 밀어 넣었다. 다음날 정오, 정신이 얼떨떨한 제1대대장은 비로소 자신이 도살장 속에 누워 있고, 전체 벙커에 있던 수십 명 가운데 자기 혼자만 요행히도 살아남았다는 것을 발견하고는, 이 대대장은 큰 소리로 엉엉 울면서 후방으로 도망쳤다.

바로 중국 군대가 백호 연대의 전선에 있는 부대를 포위하여 섬멸하고 있을 때, 용맹한 중국의 특수 부대가 곧바로 백호 연대의 연대 본부로 돌진했다.

31

지원군 제607연대 정찰 중대는 경험이 풍부한 부소대장 양위차이(楊育才, 1926~1999)가 인솔했는데, 우수한 정찰병 12명을 엄선했다. 이 소분대는 모두 한국군의 군복을 입고, 각 대원들은 모두 권총·자동소총·대전차수류탄 및 소이수류탄을 배분받았으니, 치아까지도 무장을 했다고 할 수 있었다. 이 밖에도 무전기·줄사다리·절단기 등 특수전 도구들을 짊어진 채, 한 명의 조선인 안내자를 데리고 출발했다.

백호 연대의 연대 본부는 최전방에서 20여 킬로미터 떨어진 금성 남쪽의 골짜기 안에 설치되어 있었다. 이곳은 이청동이라고 불렸는데, 지세가 매우 험준하고, 사방이 모두 깎아지른 절벽으로 둘러싸여 있으며, 단지 작은 길

하나가 전체 협곡을 관통하고 있어, 백호 연대의 연대 본부로 들어가려면 이 길을 거치지 않을 수 없었다.

12명의 중국 정찰병들은 출발한 뒤 빽빽한 숲으로 들어가, 산골짜기를 통과하여, 아무런 소리가 나지 않게 이청동을 향해 돌진해 가다가, 뜻밖에 목표로부터 겨우 6킬로미터 떨어진 용진교(勇進橋)에서 한국군 순찰 부대를 맞닥뜨렸다. 양위차이는 대담하게 혼자서 통역과 안내자를 데리고 가더니, 미군 고문이라고 속이면서 자발적으로 나아갔다. 양위차이는 또한 자신도 알아듣지 못하는 '영어'로 요란스럽게 지껄이면서 이미 놀라 허둥대며 어쩔 줄 모르는 한국 병사를 위로하고는, 이 고비를 순조롭게 돌파했다.

새벽 2시, 12명의 중국 정찰병들은 마침내 백호 연대 연대 본부의 마지막 전기 철조망이 있는 풀숲 앞에 몰래 도착했다. 적군 지휘소의 등불이 또렷이 보였고, 말소리조차도 들을 수 있었다. 다만 양위차이는 최세인이 뜻밖에 1개 탱크 중대와 1개 기갑 중대를 이동시켜 전선에서 20여 킬로미터나 멀리 떨어진 연대 본부를 지키고 있으리라고는 전혀 생각하지 못했다. 10여 대의 탱크와 20여 대의 장갑차 및 자동차가 백호 연대 지휘부의 중추를 삼엄하게 둘러싸고 있었다.

대전차 무기조차 없는데, 12명을 데리고 가서 수십 대의 장갑차 및 수백 명의 적을 상대로 싸우기는 어려웠다.

양위차이는 생각하다가, 탱크의 틈새 사이로 침투해 들어갈 준비를 했는데, 12명의 중국 정찰병들은 모두 이런 태도를 표명했다:

"어떤 어려움도 두려워하지 않고, 백호 연대의 연대 본부를 후벼내 버리겠습니다."

일이 공교롭게도, 바로 이 특수전 소분대가 행동하려 할 때, 한국의 대위 한 명이 때마침 귀신이 곡할 노릇으로 작은 순찰로 위에서 어슬렁거리고 있었다. 두 명의 중국 정찰병은 아무런 기척도 내지 않고, 놀라서 까무러친 이 장교를 양위차이 앞에 데려왔다. 아마도 양위차이가 중국 군대의 전쟁 포로를 우대하는 정책을 반복해서 설명한 것도 작용했을 것이고, 또한 12

개의 검은 총구멍들에 두려움도 느꼈을 것이기 때문에, 이 한국 장교는 매우 빨리 지난날의 잘못을 크게 뉘우치더니, 결국 12명의 중국 정찰병들을 데리고 작은 순찰로를 따라 곧장 연대 본부로 향했다. 중국 병사들은 목에 힘을 주고 탱크의 방어권을 통과할 때, 틀림없이 이 한국 장교에게 매우 고마워했을 것이다. 보초를 서고 있던 한국 초병은 자신의 직속상관이 길을 안내하는 것을 보고도, 의외로 한마디도 묻지 않았다.

연대 본부 입구에 들어서자, 이 중국 정찰병들은 곧바로 양의 가죽을 벗은 늑대처럼, 연대 본부의 문을 발로 걷어차서 열었다. 때마침 마음이 불에 타듯이 초조한 최세인과 막 도착한 임익순(林益醇) 부사단장이 긴급 작전회의를 열고 있었다. 백호 연대의 70여 명에 달하는 한국군 장교들이 자신의 의견을 말하고 있을 때, 양위차이가 문을 걷어차 열었다.

임익순과 최세인 및 장교들이 함께 고개를 돌려 입구에 한국군 군복을 입은 중국 병사들을 노려보았다. 부사단장과 연대장은 뒤쪽에 앉아 있다가, 확실히 심상치 않다는 것을 알고 창문을 넘어 도망쳤다. 나머지 장교들이 이 세상에서 마지막으로 본 장면은 총구에서 자신들을 향해 내뿜는 긴 불혀였다. 겨우 몇 십 초 만에, 중국 특수전 분대의 맹렬한 사격으로 백호 연대 연대 본부 소속 70여 명의 장교들이 전부 쓰러졌다.

문을 나설 때, 양위차이는 한눈에 시체가 가득 찬 그 회의실 벽에 철제 선반이 있는 것을 보았는데, 그 위에는 흰색 호랑이의 머리를 수놓은 군기(軍旗)가 걸려 있었다. 양위차이는 달려가 단번에 정교하고 아름답게 수놓은 이 공예품을 떼어냈다. 한국 최고 정예 연대의 연대 깃발은 이렇게 중국 군대의 전리품이 되었다.

양위차이는 백호 연대의 연대기를 품속에 넣은 다음 다시 총을 들고 방문을 나갔다. 나가면서 수류탄을 던져 뒤처리를 확실히 하는 것도 잊지 않았다.

이청동에서의 총소리는 한 시간 넘게 울려 퍼졌다. 12명의 중국 특수전 대원들이 백호 연대의 연대 본부를 완전히 뒤집어 놓았다. 지휘소를 타격한 뒤, 그들은 여전히 멈추지 않고, 다시 단번에 연대 본부 부근의 기름 탱크와 탄약고도 해치웠다. 폭발음이 여기저기서 울려 퍼졌고, 맹렬하게 활활 타오르는 불이 하늘을 벌겋게 물들이면서, 백호 연대 연대 본부 경비 부대는 난장판이 되었다. 하늘은 몇 명의 중국인이 와서 이렇게 만들었는지 알고 있었다. 살아남은 자들은 각자 급하게 멀리 도망쳤다.

나중에 전장의 통계에 따르면, 이 12명의 중국 정찰병은 뜻밖에도 한 시간 남짓 동안에 200여 명의 적군을 섬멸했다. 그 중에는 백호 연대 본부의 거의 모든 장교 70여 명도 포함되어 있었다. 그러나 중국 정찰병들 자신은 의외로 단 한 명도 죽거나 다치지 않았다.

이번 걸출한 특수 작전은 금성 전투의 승리에 중대한 역할을 했다. 훗날 〈백호 연대를 기습하라[奇襲白虎團]〉라는 제목의 영화로도 만들어졌고, '팔개양판희(八個樣板戲)'[290] 중 하나로도 만들어졌다.

32

임익순과 최세인은 도망친 뒤 방향을 잃고 서로 헤어졌다. 숨이 가빠 헐떡거리던 임익순이 스스로 숨을 만한 곳이라고 여긴 곳에 털썩 주저앉자, 몇 명의 중국 병사들이 조용히 둘러쌌다.

일찍이 백마산과 상감령에서 전공을 세웠던 한국 수도사단 부사단장 임익순은 이렇게 중국군에게 생포되었다. 그는 중국 군대가 조선 전장에서 생포한 적군의 최고위 장교였다.

임익순이 생포되었을 때, 전선에 가서 증원하던 기갑 연대장 육근수는 이리저리 헤매다가 중국 군대의 매복 공격권으로 들어갔다. 중국 군대가 한

---

[290] 혁명양판희(革命樣板戲)라고도 하며, 문화혁명 기간 중에 제작된 각종 공연 예술 작품들로, 주로 중국의 공산주의 혁명을 선전하는 내용을 담고 있다. 중국 전통의 경극을 기반으로 한 〈紅燈記〉·〈沙家濱〉·〈智取威虎山〉·〈海港〉·〈奇襲白虎團〉과 발레 무극(舞劇)을 기반으로 한 〈紅色娘子軍〉·〈白毛女〉, 그리고 교향곡 〈沙家濱〉 등 8개 작품이 대표적이기 때문에, "팔대양판희"라고 부른다.

지원군 병사들이 탱크의 엄호하에 적군 진지를 향해 돌격하고 있다.

바탕 집중적으로 빗발치듯이 탄환을 쏟아 부었고, 육근수는 즉각 이 탄환을 맞고 온 몸이 만신창이가 되고 말았다. 네 명의 충성심 강한 경호병들이 급히 그의 시체를 끌어내어, 이미 죽은 연대장을 들쳐 메고 사단 본부를 향해 뛰었는데, 그다지 멀리 가지 못해 다시 매복을 만나, 영원히 연대장을 모시고 쓰러졌다.

밤을 꼬박 새워 격전을 벌이다가, 날이 밝았다. 중국 군대가 놀랍고도 기쁘게 하늘을 바라보니, 구름이 짙고 큰비가 내려 미국 비행기가 올 수 없었다.

양용은 탁자를 치면서 말했다: "기존의 관행을 깨고, 낮에 공격한다!"

20대의 중국 탱크가 야간 전투 후에 다시 진지로 돌진해 올라가, 보병들과 함께 대낮에 연속으로 공격을 개시했다. 제20병단의 동쪽·중앙·서쪽 세 개 공격 집단의 점점 높아지는 공격의 파도를 대하자, 백마산과 상감령에서 아직 몇 차례 대등하게 싸울 수 있었던 한국군은 다시 원래의 모습으로 되돌아갔다. 14일 밤이 되자, 금성천(金城川)에 있던 적들이 모두 아군에 의해 섬멸되어, 한국의 수비 부대인 4개 사단은 궤멸적인 타격을 입었다. 중국 군대는 21시간 내에, 유엔군이 2년 동안이나 구축해 놓은 현대화된 방어 진지 내에서 9.5킬로미터를 밀고 나갔다. 이는 전쟁의 쌍방이 진지전 단계에서 시간당 밀고 나간 최고 기록이다.

7월 15일과 16일, 연속 이틀 동안, 제20병단의 서쪽 집단은 공격을 수비로 삼아, 계속 제한된 정도로 적의 종심을 향해 전과를 확대해 갔으며, 중앙 집단도 앞으로 밀고 나갔다. 동쪽 집단은 전에 당한 치욕을 한번 설욕한 제180사단이 다시 앞장서서, 남쪽으로 금성천을 건너 강을 등지고 진격했다.

이날, 제20병단은 가장 멀리 다시 8킬로미터를 밀고 나가, 모든 공격 임무를 승리로 마무리했다. 그리하여 전략적 요충지인 금성 지역이 모두 아군의 수중에 들어오자, 1년 넘게 중국과 조선의 전선에 박혀 있던 못이 깔끔하게 뽑혀버렸다. 이뿐만 아니라, 중국 군대의 선봉은 이미 곧바로 서울을 향하고 있어, 전장의 형세가 매우 유리했다(바로 중국 군대가 금성천을 탈취했기 때문에, 40여 년 후에 조선의 협상 대표가 꼿꼿하게 다음과 같이 답할 수 있었다: "10분이면 우리는 서울을 불바다로 만들 수 있다"[291]).

중국 군대의 신속하고 맹렬한 공격은 미국인들과 이승만 사이의 갈등을 급격히 격화시켰다. 미국인들이 이승만의 무능함을 꾸짖자, 이승만은 미군이 위급한 것을 보고도 구해주지 않는다고 꾸짖었다. 꾸짖고 나서, 클라크와 테일러는 어쩔 수 없이 다시 황급히 금성의 전선으로 달려가 반격을 지휘했다. 그들은 최대의 반격을 개시하겠다고 공언하면서, 잃어버린 땅을 탈환하려고 시도했다.

만약 중국 군대에게 이렇게 대승을 안겨주는 방식으로 전쟁을 끝낸다면, 유엔군의 체면도 크게 손상될 것이다.

테일러의 역습은 강력한 장애물에 부딪쳤다. 7월 18일부터 꼬박 열흘 동안, 유엔군 7개 사단의 매서운 반격을 받았지만, 제20병단은 단지 강을 등지고 있어 지켜내기 어려운 백암산(白巖山) 지역만 빼앗겼다. 7월 27일까지 싸워서, 양용은 한 치의 땅도 잃지 않았고, 전체 금성 전투에서 섬멸한 적군이 이미 5만 3천여 명에 달했다. 금성 대첩과 동시에, 정면의 전선에 있던

---

291 1994년 3월 19일, 북한의 핵확산금지조약(NPT) 탈퇴 등을 의제로 판문점의 '평화의 집'에서 남북 협상 대표가 회담을 벌였다. 이때, 북측 박영수 단장이 남측 송영대 단장에게 이렇게 말했다: "우리는 전쟁도 불사할 겁니다. 여기서 서울은 멀지 않습니다. 전쟁이 나면 서울도 '불바다'가 되고 말 것입니다. 송 선생 당신도 살아남지 못해요."

다른 각 군단과 인민군도 마치 피아노를 치듯이 소규모 공격들을 개시하여, 통틀어 1만 6천 명의 적을 섬멸했다. 이번 공격 작전을 결산하면, 중국 군대는 모두 7만 8천여 명의 적을 섬멸하고, 탱크만도 45대를 노획했으며, 178 평방킬로미터의 땅을 빼앗았다. 중국 군대의 사상자는 3만 3천여 명이었다. 따라서 적군과 아군의 사상자 비율은 2.3:1이었다.

중국 군대가 전장에서 보여준 완전히 새로운 전투력은 미국인들을 깜짝 놀라게 했으며, 정전 협상을 다시 끌면 끌수록 손실은 더 커질 수밖에 없다는 것을 깨닫게 해주었다.

33

금성 전역이 진행되던 같은 시기에, 미국인들은 마침내 중국과 조선에게 확실하게 정전을 승낙했다. 줄곧 거들먹거리던 해리슨이 이번에는 매우 엄숙했다. 그는 자신이 짊어지고 있는 중책을 잘 알고 있었다. 휘파람을 불기는커녕, 전혀 개의치 않고 다리를 꼬고 앉는 것조차도 감히 하지 않았다.

그 무렵 몇 차례의 회의는 그야말로 법정에서 심문을 받는 것 같았다.

중국과 조선 측이 물었다: "도대체 유엔군은 남조선 정부와 군대를 통제할 수 있습니까 없습니까?"

상대방이 대답했다: "협상이 이루어낸 성과로 인해, 당신들은 한국군을 포함한 '유엔군 사령부'가 정전 협정의 각 조항 규정들을 이행할 준비가 이미 되어 있다는 것을 확신할 수 있을 겁니다."

질문: "우리가 묻는 것은 남조선 군대가 도대체 유엔군 사령부의 통제를 받고 있느냐 아니냐 하는 것입니다."

대답: "받고 있소. 한국 군대는 '유엔군 사령부'에 속해 있소."

질문: "이미 합의된 정전 협정의 실시에 대해, 당신들은 남조선 정부와 군대가 방해하거나 위반하지 않는다고 보장할 수 있습니까?"

대답: "우리가 보장합니다. 한국은 어떠한 방식으로도 정전 협정 조항의

실시를 방해하지 않을 것입니다."

질문: "내가 묻는 것은, 만약 그들이 방해하거나 위반하면 어떻게 할 거냐는 겁니다."

대답: "대한민국이 정전을 위반하는 어떠한 침략 행위라도 한다면, 유엔군이 지지하지 않을 겁니다."

(자신과 함께 싸운 동맹국에게 침략이라고 했는데, 이는 국제관계사와 현대 전쟁사 모두에서 보기 드문 것이다.)

질문: "만일 남조선이 정전을 위반하여 공격을 개시하면, 정전을 보장하기 위해 조선과 중국 측이 필요한 행동을 취하여 공격에 저항할 때, 유엔군은 어떠한 태도를 취할 겁니까?"

대답: "유엔군은 정전 협정을 계속 준수할 것이며, 아울러 북한과 중국 측이 권한을 갖고 필요한 행동을 취해 침략에 저항하는 것에 동의하고, 정전을 보장합니다."

역사는 이 순간을 기록할 것이다. 즉 교전 상대에게 정전을 준수할 것을 보증하라고 한 것, 이것은 미국이 200년의 역사 동안 진행했던 100번 가까운 전쟁에서 아직 처음 있는 일이었다고.

몇 차례의 긴장된 협의를 거쳐, 쌍방은 7월 27일 정식으로 정전 협정에 서명하기로 약정했다.

34

정전 협정 체결이 임박하자, 오로지 천하가 어지럽지 않을까봐 걱정하던 장제스는 당황했다. 7월 16일, 국민당의 용맹한 장수 후롄(胡璉)은 1만여 명을 지휘하여 푸젠(福建)의 둥산다오(東山島)[292]를 향해 상륙 작전을 개시했다. 푸젠의 모든 지역 차량들은 즉각 미리 세워놓은 방안에 따라 현지에서

----

292 푸젠성과 광둥성 접경 지역에 있는 섬이다. 사실상 반도라고 할 수 있을 정도로 중국 본토와 가깝다.

화물을 막고 승객들을 내리게 한 다음, 부대를 태우고 급히 둥산다오로 달려가 구원했다. 불과 하루 만에, 일찍부터 진먼다오(金門島)의 원수를 갚으려고 벼르던 예페이(葉飛, 1914~1999) 상장이 지휘하는 부대가 후롄을 낭패하여 줄행랑치게 만들었다. 3천여 명 이상을 잃고 나서, 국민당이 "대륙으로 반격한"의 최대 작전은 실패하고 말았다.

장제스가 조선의 정전을 깨뜨리려던 계략은 파산을 선고했다.

7월 24일, 쌍방의 협상 대표들은 마지막으로 조선 전장의 군사분계선을 확정했다. 금성 대첩과 다른 지역의 승리로 인해, 중국과 조선 측은 6월 17일의 분계선보다 192평방킬로미터를 밀고 나갔다.

7월 27일 오전 9시, 판문점에 와서 이 역사적인 순간을 보고 증명할 200여 명의 기자들과 유엔군 장교들은 눈이 휘둥그레졌다. 정말이지 기적이었다. 고작 하룻밤 사이에, 전날 협상하는 데 사용했던 천막이 웅장한 목조 건물의 대청으로 바뀐 것이다. 완전히 조선식의 이 목조 건물 대청은 뜻밖에도 1천여 평방미터나 되었는데, 하늘을 향해 번쩍 들린 처마에 두공(斗拱: 지붕받침-옮긴이)이 있었으며, 장중하고 우아했다. 이것은 조선의 이상조 장군이 100여 명의 노동자들을 지휘하여 밤을 새워 조립한 것으로, 사용한 재료들 가운데 일부는 중국 동북 지방에서 실어온 것들이었다.

미국인들은 이 대청을 바라보며 잠시 동안 말을 하지 못했고, 많은 기자들은 손가락을 치켜들며 말했다: "공산당 사람들은 일 처리 효율이 매우 높다. 하룻밤 사이에 땅속에서 건물 한 채를 세워 올리리라고는 생각지 못했다."

이런 말들을 들으면서, 미국 대표들은 전쟁을 실패한 원인이 무엇인지 깨달은 듯했다.

대청 내부에는 쌍방 대표단의 모든 시설과 용품들이 마치 거울을 보는 것 같았다. 방향이 다른 것 말고는, 모든 것이 대칭이었으며, 누구도 하나라도 더 갖지 않았고, 누구도 하나라도 덜 갖지 않은 것이, 마치 이 전장의 결말을 보는 듯했다.

대청의 중앙에는 두 개의 장방형 회의 테이블이 나란히 놓여 있었는데, 이것은 쌍방 수석대표가 서명하는 테이블이었다. 서쪽 테이블에는 조선민주주의인민공화국의 국기를 세워 놓았고, 동쪽 테이블에는 유엔군의 깃발을 세워 놓았다. 회의 테이블 중간에 네모난 탁자가 하나 있었고, 거기에는 쌍방이 서명할 18부의 문건들이 놓여 있었다.

9시 30분, 쌍방의 각각 8명씩 팔에 완장을 찬 안전 요원 장교들이 동시에 서로 마주보고, 바른 걸음으로 대청에 들어서면서, 각자의 가죽 구두가 나무로 만든 바닥을 디디자 쿵쿵대며 산을 울렸다. 마치 어느 한쪽의 움직임이 조금이라도 작으면 곧 상대에게 약해 보이는 것이라고 여기는 듯했다.

이어서 쌍방의 서명할 요원들이 동쪽과 서쪽의 문으로 줄지어 입장했다.

10시 정각, 정적 속에서, 조선과 중국 대표단의 수석대표인 남일 대장과 유엔군 대표단의 수석대표인 해리슨이 어깨를 나란히 하고 남쪽 문을 통해 대청으로 들어와 각자 자리에 앉았다.

10분 안에, 쌍방은 18부의 〈정전 협정〉에 서명했다.

한국 사람은 〈정전 협정〉에 서명하지 않았다.

그런 다음, 남일과 해리슨은 각각 상대방의 9부씩의 〈정전 협정〉을 가지고 돌아가 자기쪽 사령관이 서명하게 했다. 국제관례에 따르면, 원래 쌍방 사령관이 여기에서 〈정전 협정〉에 서명해야 했다. 중국과 조선 측에서, 이승만이 서명 의식을 방해하거나 상대방 사령관을 암살하는 것을 방지하기 위해 이렇게 안전하고 확실한 형식을 취하자고 건의하자, 유엔군 측이 이 제의를 받아들였다.

10시 10분, 협정에 조인한 쌍방은 전장에서 물러났지만, 이때 금성의 전장에서는 여전히 싸움의 열기가 하늘을 찌르고 있었다. 정전 협정은 쌍방 대표가 10시에 서명한 때부터 다시 12시간이 지나야만(당일 22시) 비로소 효력을 발생할 수 있어, 그 전까지는 쌍방이 아직 전쟁 상태에 있었다.

헬리콥터가 즉각 중국과 조선 측이 서명한 협정문을 문산의 유엔군 사령부로 가져왔다. 유엔군 사령관 클라크의 안색은 서리처럼 차가웠으며, 한마디도 하지 않은 채 9부의 협정문 위에 자신의 이름을 서명했다.

서명한 다음, 클라크는 냉랭하게 기자들에게 말했다:

"우리가 실패한 점은 적들을 무찌르지 못한 것입니다. 적은 심지어 이전보다 더 강해졌으며, 더욱 위협적이 되었습니다."

이후, 클라크는 회고록에서 침통하게 기술했다:

"한반도의 전쟁은 우리 미국이 잘못된 시간에, 잘못된 곳에서, 잘못된 상대와, 잘못된 전쟁을 한 것이다. 그리하여 나는 역사상 승리하지 못한 정전 조약에 서명한 첫 번째 미국 육군 사령관이 되었다." "나는 고통을 느낀다."

이와 동시에, 미국 합동참모회의 의장이자 5성 장군인 오마 브래들리도 이와 비슷한 말을 했다.

유엔군 사령관이자 미국 4성 장군인 클라크의 말은, 누가 이 전쟁의 승리자인지 더욱 분명하게 말해준다.

클라크가 서명할 때, 남일 대장은 차를 몰고 평양으로 달려가고 있었다. 그날 밤 10시, 조선인민군 최고 사령관 김일성 원수는 평양의 수상 관저에서 정전 협정에 서명했다.

이때, 몇 년 후 타이완의 비밀 요원들이 일으킨 '카슈미르 프린세스(Kashmir Princess)' 기 폭파 사건[293]으로 희생되는 중국 대표단의 신문처장(新聞處長) 선젠투(沈建圖, 1915~1955)는 조수 퇀롄청(段連城, 1926~1998)을 데리고 개성의 송악산(松嶽山) 정상에 올랐고, 중국의 언어 전문가인 치우커안(裘克安)도 한쪽 다리를 절룩거리면서 산에 올라갔다. 그들은 정전했을 때의 야경을 보고 싶었다.

세 명의 중국인들이 송악산의 최고봉에 올랐을 때 본 것은 장엄한 야간

----

[293] 1955년 4월 11일, 에어 인디아(Air India) 소속 L-749A 컨스텔레이션(Constellation) 항공기가 남중국해에서 폭파되어 16명이 희생된 사건을 가리킨다. 홍콩 경찰은 인도를 방문하려던 저우언라이의 암살을 의도한 타이완의 비밀 요원인 저우즈밍(周梓銘)이 벌인 짓이라고 의심했지만, 타이완의 국민당 정부는 이를 부정했다.

전투 광경이었다.

전쟁을 멈추기 전 15분 동안, 쌍방의 진지에서 총과 포가 일제히 요란하게 울부짖자, 도처에서 포탄이 폭발하는 섬광, 예광탄의 여러 빛깔의 탄광 및 조명탄의 강렬한 뜨거운 불빛들이 조선 중부를 가로로 관통하는 200킬로미터 전선의 산과 들을 온통 붉게 물들이면서, 쌍방 모두 강철과 폭약으로 상대방을 향해 최후의 시위를 벌였다.

1953년 7월 27일 22시, 김일성이 서명을 마치는 마지막 순간에, 멀리 송악산 정상에 있는 세 명의 중국인들은, 전선에서 3년 동안 잠시도 멈추지 않고 미친 듯하던 포화가 1초 내에 갑자기 뚝 멈추고 순식간에 조용해지자, 온 하늘에 무수한 별들은 마치 비단 같았고, 밤바람 속의 화약 연기와 화약 냄새가 점점 사라지는 것을 경이롭게 바라보았다. 순식간에 이렇게 커다란 대비는 심지어 이들 세 명의 중국인들로 하여금 일종의 신비한 공포감을 느끼게 했다. 이들 세 명은 자신의 청각조차 의심했는데, 그들은 뜻밖에도 매미와 새가 우는 소리를 들었다.

정신을 차리고 나서, 쌍방 300만 명의 병사들이나 수천만 명의 백성들과 마찬가지로, 이 세계의 평화를 사랑하는 무수한 사람들과 마찬가지로, 이들 세 명의 중국인들은 펄쩍펄쩍 뛰면서 미친 듯이 소리를 질렀다. "평화다! 평화야!"

35

이 전쟁에서 승리한 중국의 총사령관 펑더화이는 이때 인민군 부사령관 최용건 차수(次帥)의 수행하에 개성에 왔다. 숙박한 곳은 바로 전쟁의 쌍방이 처음으로 회의를 했던 내봉장이다. 펑더화이가 중국과 조선 대표단의 성대한 환영 연회에 참석하고 있을 때, 한 줄의 차량 행렬이 평양의 수상 관저에서 김일성이 서명을 마친 〈정전 협정〉 문서를 가지고 개성으로 맹렬하게 달려갔다.

다음날 오전 9시 30분, 펑더화이는 지원군 회의실에서 중국의 전통적인 붓으로 〈정전 협정〉에 "彭德怀"라는 세 글자를 큼지막한 해서체(楷書體)로 썼다. 이 역사적인 때, 이 위대한 중국 총사령관은 무슨 생각을 했을까?

"선례가 생긴 이상, 장차 기회가 많아질 것이다……." 그는 미국인들에 대한 경멸로 가득했으며, 그는 미국인들에게 더욱 큰 타격을 가하지 못하는 것을 유감스러워 했다: "……그러나 당시 우리 쪽 전장의 조직이 막 궤도에 올랐는데, 그것을 충분히 이용하여 적에게 더욱 큰 타격을 가하지 못해, 좀 아쉬웠던 것 같다." 펑더화이는 훗날 감옥에서 자신이 〈정전 협정〉에 서명했던 때의 생각을 기록해 놓았다.

영국 기자 앨런 휘트닝(Allen S. Whiting)은 앞을 다투어 펑더화이와 인터뷰를 했다.

기자는 세계에 이렇게 말했다: "이 군사 지도자 얼굴의 미소를 통해, 당신들은 중국인들이 이 전쟁에서 승리했음을 알 수 있을 것이다."

이날 정오, 펑더화이는 중국 군대의 새로 등장한 신예 '지장(智將)'인, 제46군단의 겨우 36세인 사오취엔푸(蕭全夫, 1916~2005) 군단장에게, 자신이 제46군단에 가서 점검해보겠다고 말했다.

펑더화이의 시찰을 준비하기 위해, 사오취엔푸는 급히 제46군단으로 돌아가 최전방에서 비교적 멀리 떨어진 안전한 노선을 선정했다. 다음날, 펑더화이는 오히려 사오취엔푸의 거듭된 만류에도 불구하고, 스스로 가장 험준한 대덕산(大德山) 진지를 선택했다.

지프차는 단지 산의 중턱까지만 갈 수 있었고, 그 다음부터는 길이 없었다.

펑더화이는 차에서 내려 걸어가, 현지에서 산 중턱에 있는 중대의 회식에 참가했다. 매우 신이 난 병사들이 그에게 몇 가지 선물을 주었다: 추락한 미국 비행기의 잔해로 만든 네 벌의 젓가락이었는데, 그 위에는 각각 그와 마오쩌둥·저우언라이 및 주더의 이름이 새겨져 있었다. 병사들은 펑더화이에게 한 벌만 갖고, 나머지 세 벌은 꼭 마오 주석과 저우 총리 및 주 총사령관에게 전해 달라고 부탁했다. 지금까지 선물을 받은 적이 없던 펑더화이는 매우 기뻐하며 이 진귀한 선물을 받았고, 또 반드시 병사들의 부탁을 들어주겠다고 약속했다.

점심을 먹고 나서, 나이가 반백 살이 넘은 펑더화이는 걸어서 대덕산 주봉에 올랐고, 산 정상에서 그는 자리를 잡고 앉았다. 단숨에 병사들이 올려보내준 끓여서 식힌 찻주전자 물을 마시고, 흥미진진하게 병사들이 비행기 잔해로 만들어 준 젓가락을 꺼내 자세히 감상하고 나더니, 주위의 동지들에게 이렇게 말했다: "미국 놈이 하늘에서 떨어졌고, 그들의 큰 비행기는 지금 우리 손 안의 작은 선물이 되었소. 보아하니 하늘을 날아다니는 것은 우리가 지구 위에 앉아 있는 것처럼 편안하지 않은 것 같소. 여기서는 공중제비를 넘는 것도 두려워하지 않는데."

대덕산 정상에 서서, 멀리 보이는 것이라고는 온통 푸른 산뿐인 남쪽을 바라보았다. 펑더화이는 오랫동안 아무 말도 하지 않았고, 사오취엔푸는 옆에서 조용히 서 있었다.

한참 후에 펑더화이가 가볍게 말했다: "조선 전장은 아군이 미군과 겨루는 연병장이었어. 이 피와 불의 대결을 통해, 미군이 지금 정전에 서명한 것은 그나마 현명한 셈이야. 그러지 않았으면, 우리에게 쫓겨 임진강 속에서 자라에게 먹혀버렸을 거야."

펑더화이의 이 말은 조금도 과장된 것이 아니었다. 이때는 연달아 대승을 거두어 전의가 드높은 지원군의 많은 장교들은 거의 모두가 공격을 멈추기를 원치 않았다. 중국 군대는 이미 철원과 연천을 향해 공격할 새로운 계획을 세우고, 철저하게 '철의 삼각 지대'를 장악한 다음, 군대가 서울을 압박할 준비를 하고 있었다. 마오쩌둥은 중국 군대가 이때 이미 서울을 해방시킬 실력을 갖추고 있다고 여겼다.

젊은 군단장은 펑더화이의 말을 들으면서 피가 끓어오르는 것을 느낄 수밖에 없었다. 이런 사령관을 따라 사방으로 정벌할 수 있다는 건 정말이지 크나큰 행운이었다. 펑더화이의 영웅적인 기세와 호탕한 기개는 사오취엔푸를 크게 고무시켰다. ……15년 뒤, 선양(瀋陽) 군구(軍區) 부사령관 겸 참모장 사오취엔푸는 소련군 초병과 단지 수백 미터밖에 떨어지지 않은 전선에 직접 가서, 세계를 깜짝 놀라게 한 전바오다오(珍寶島)[294]의 자위(自衛) 반격전을 지휘했다. 시국(時局)을 어렵게 참고 견디던 저우언라이는 사오취엔푸가 전바오다오의 작전을 실제로 지휘한다는 것을 알자, 곧바로 크게 마음이 놓였다: "그렇다면 이번에 상대방이 호적수를 만났군. 만약 나의 기억이 잘못되지 않았다면, 이 사오취엔푸는 난징군사학원의 우등생이었어. 그는 상대방의 수법에 대해 손바닥처럼 들여다보고 있다고 할 수 있지……."

대덕산을 내려와, 사오취엔푸는 앞에서 자동차를 몰고 길을 안내하여, 펑더화이에게 군단 사령부로 가자고 요청했다. 도중에, 펑더화이가 타고 있는 차가 줄지어 있는 들것들 옆에 멈췄다. 사오취엔푸가 차를 돌려 왔을 때, 펑더화이는 들것 위에 있는 병사의 얼굴을 덮고 있는 홑이불을 들춰보고 있었다. 이 병사들의 유해는 막 찾아냈는데, 그들은 〈정전 협정〉에 서명하던 바로 그날 마답리(馬踏里) 동남쪽 산의 반격전에서 희생된 이들이었다. 그들은 평화가 도래했을 때 희생되었다.

펑더화이는 병사들의 시신 모습을 일일이 살펴본 뒤, 시신을 운송하는 간부에게 부탁했다:

"이들은 조국 인민의 영웅적인 자녀들로, 항미원조 전쟁의 승리는 곧 그들의 생명과 선혈로 바꾼 것이다. 여러분은 반드시 알맞은 곳에 잘 묻어주고, 위에 그들의 이름을 표기해 두었다가, 빠른 시일 내에 그들의 친족들에게 통지해 주기 바란다."

눈으로 희생된 병사들을 멀리까지 배웅한 뒤, 펑더화이는 몇 명의 병사들이 희생된 곳을 가서 보겠다고 고집했다. 사오취엔푸는 두려워했다. 그가 먼저 뛰어 올라가서 보니, 마답리의 남쪽 산은 미국의 정예 해병대 제1사단의 진지와 단지 300미터밖에 떨어져 있지 않았다. 포화는 말할 것도 없고,

---

[294] 소련과 중국 국경의 우수리강 하류에 위치한 길이 2킬로미터, 폭 800미터 정도의 작은 섬이다. 이곳에 주둔하던 중국과 소련 국경 경비병들 사이에 벌어진 난투극이 중국-소련 국경 분쟁(1969년)의 발단이 되었다.

들것 대원들이 적의 포화를 무릅쓰고 급히 부상병을 옮기고 있다.

미국 병사가 소총으로도 중국 군대의 최고 사령관을 가볍게 쏘아 쓰러뜨릴 수 있었다.

계속 만류하자, 펑더화이가 화를 냈다: "자네 사오취엔푸가 올라갈 수 있는데, 나 펑더화이가 왜 올라갈 수 없다는 거야? 우리의 병사들이 이 진지에서 목숨을 아끼지 않고 피를 흘렸는데, 설마 우리가 올라가서 한번 볼 용기도 없단 말야?"

미국 해병대 제1사단의 총구를 마주하고 서서, 펑더화이는 머리를 숙여 땅으로 스며든 커다란 흑갈색의 핏자국을 응시하면서 울먹였다: "이틀 전에 우리 병사들은 여전히 이 땅을 위해 용감하게 싸우면서, 목숨과 선혈을 바쳤다. 지금은 정전이 되었지만, 그들은 오히려 오늘의 평화를 보지 못하는데, 우리 살아 있는 사람들은……."

36만 6천 명의 중국 장병들이 이 전쟁에서 죽거나 다쳤다. 그 중 전투를 하다가 전사한 사람이 11만 4천 명, 중상을 당했다가 사망한 사람이 2만 1천 명, 병으로 사망한 사람이 1만 3천 명이다. 그 밖에 2만 1천 명이 전쟁포로

수용소에서 온갖 학대를 당했으며, 아직도 4천 명이 영원히 실종 상태이다. ……이를 대가로, 중국 군대는 모두 70여만 명의 적을 섬멸했다. 이렇게 열세인 장비로 이러한 전적을 거두었는데, 이는 세계 전쟁사에서의 기적이다.

펑더화이는 더 이상 말을 잇지 못하고, 두 줄기 눈물이 위엄 있고 의지가 강한 중국 총사령관의 얼굴에 흘러내렸다.

그도 단지 요행히 살아남은 사람일 뿐이었다.

후대에 남겨진 몫

딘 장군은 늘 그리워하던 조국으로 돌아갔다. 그는 기자들에게 이렇게 말했다: "나는 미국이 이곳에서 빨리 떠날수록 좋다고 느낍니다." 조선을 정복하는 것은 "완수할 희망이 없는 임무, 실현할 희망이 없는 사명, 도달할 희망이 없는 목표와 같습니다."

"중국을 공격하는" 문제를 말할 때, 딘은 이렇게 말했다: "우리는 바로 장제스처럼, 이 전쟁에서 승리를 거둘 수 없습니다……."

리지웨이는 회고록에서 깊이 생각하며 다음과 같이 적었다: "중국인들은 굳세고 사나운 투사들이었고, ……한국인들에 비해, 그들은 더욱 문명화된 적이었다."

비록 인정하지는 않았지만, 모든 한 세대의 미국인들은 조선 전쟁으로 인해 이 동방의 오래된 나라에 대해 새롭게 인식하기 시작했다. ……특히 이 전쟁의 진짜 내막을 알고 있는 미국의 군부와 정치 지도자들이 그랬다.

미국 역사학자는 미국을 좌지우지하던 사람들의 진짜 느낌을 이렇게 기록했다: "한국 전쟁이 마침내 정전했을 때, 미국 최고 군부와 정치 지도자들은 미국 국민들에게 낙관적인 소식 하나를 전했다. 그들이 사람들에게 준 인상은 이러했다: 미국은 사실상 승리했다. 왜냐하면 미국이 공산주의의 발전 추세를 저지했기 때문이다……. 그러나 미국의 고위 지도자들의 마음 속 깊은 곳과 비공식적으로 의견을 교환할 때에는 오히려 여전히 깊은 좌절감에 젖어 있었다. 이런 감정은 대중들에게 드러낼 수가 없기 때문에 특히 강렬해졌다. ……비록 미국 대중들 가운데 극소수의 사람들은 진짜 상황을 알고 있었지만, 미국 지도자들은 오히려 마음속에 속셈이 있었다. 그들은 일찍이 북한을 정복하여, 이승만의 한국과 합병시키려고 계획했으나, 그 계획은 뜻밖에 붉은 중국에 의해 좌절되었다. 1950년 9월에 인천에 상륙한 후, 미군은 다시 북한을 침략했는데, 그 유일한 이유가 바로 여기에 있었다.

미국의 지도자들은, 실패한 후에 진행한 전쟁은 실제로 목적이 없는 전쟁이라는 것을 알고 있었지만, 대중들은 알고 있는 사람이 드물었다. 사람들을 가장 낙담하게 한 것은, 붉은 중국인들이 형편없이 적은 무기와 웃음이 나올 정도의 원시적인 보급 체계를 이용하여, 뜻밖에도 대량의 현대적 기술과 선진 공업 및 첨단 무기를 보유한 세계 최강대국인 미국을 저지했다는 것이다."

지원군 장병들이 개선하여 귀국하고 있다.

1970년 8월, 미국의 프랑스 주재 무관 월터스(Vernon A. Walters, 1917~2002) 준장은 중국의 프랑스 주재 대사 황전과 비밀리에 만나 키신저 박사의 중국 방문을 위한 세부 절차를 논의했다.

한담을 할 때, 월터스가 황전에게 물었다: "대사님, 나는 당신이 전에 장군이었다고 들었습니다."

황전은 웃으면서 말했다: "당신은 상감령을 아십니까?"

월터스는 고개를 끄덕였다: "당연하지요. 나는 1951년에 한국에 갔는데, 미국 군인들은 모두 우리가 그 삼각형 산에서 매우 큰 대가를 치렀다는 것을 알고 있습니다."

황전은 매우 의기양양하게 말했다: "그게 바로 내 부대가 싸운 겁니다."

황전은 제15군단의 전신인 제2야전군 제9종대(縱隊)[295]의 초대 정치위원이

....
295 국공 내전 당시의 중국 인민해방군 편제의 하나로, 오늘날의 군단에 해당한다.

었다.

월터스는 놀라서 어리둥절했다: "그랬군요!"

황전이 말했다: "당신들의 장비는 매우 뛰어났지만, 우리는 사람들의 소질이 당신들보다 강했기 때문에, 당신들이 패했습니다."

월터스는 매우 솔직했다: "한국에 있을 때 우리는 이미, 중국의 지원군은 우리 미국이 두 차례의 세계대전 이래 맞닥뜨린 가장 강한 적수라는 걸 알고 있었습니다."

이때 쌍방은 이미 적대감이 상당히 없어졌다.

황전이 키신저가 군에 복무한 적이 있냐고 묻자, 월터스는 키신저가 세계대전 기간 중에 일반 사병이었지만, 그는 다른 사람에게 자신이 예비역 대위라고 말하기를 좋아한다고 했다.

황전은 웃기 시작했다: "아, 만약 그렇다면, 우리는 모두 장군이니, 그는 마땅히 우리에게 경례를 해야겠군요."

월터스가 대답했다: "그가 당신에게는 경례를 할 수도 있겠지만, 유감스럽게도 나에게는 경례를 하지 않을 겁니다."

두 사람은 함께 큰 소리로 웃었다.

1972년 7월 21일, 조선 전쟁 기간에 매파 인물에 속했던 미국 대통령 닉슨이 중국의 대지를 밟았다. 그가 저우언라이에게 자진해서 손을 내민 것이다. 단단한 얼음이 깨졌다.

닉슨은 솔직하게 저우언라이에게 말했다: "나는 미국의 이익을 위해 왔습니다."

미국인이 마침내, 미국의 이익도 중국과 떼어놓을 수 없다는 것을 인정한 것이다.

저우언라이와 닉슨의 회담 도중에, 두 사람은 함께 역사에 대해 한담을 나누었다. 저우언라이는 미국이 건국할 때를 말하면서, 프랑스가 일찍이 '지원군'을 파견해 워싱턴이 영국인들을 공격하는 것을 도운 일을 말하자, 닉슨이 즉각 말했다: "아닙니다. 그건 사실상 정규군이었습니다!"

조선인민군 최고 사령부가 중국 인민지원군에게 깃발을 증정하며 송별하고 있다.

중국 총리와 미국 대통령은 잠시 서로를 바라보며 웃었다. 미국인들은 확실히 약자를 괴롭히는 게 버릇이 되었지만, 그들은 강자를 존경하기도 한다. 중국인들이 항미원조 기간 동안에 보여주었던 행동이 그들로 하여금 깊은 존경심을 갖게 했다.

우리는 다음 사실을 영원히 기억해야 한다. 즉 세계에서 제멋대로 행동하는 미국인들은 단 두 번밖에 패배하지 않았다. 한 번은 조선에서이고, 다른 한 번은 베트남에서인데, 이 두 차례 전쟁의 진짜 상대는 모두 중국이었다는 점이다.

1974년 11월 29일, 위대한 중국의 군사 통솔자 펑더화이는 억울한 누명을 쓰고 칠흑 같은 병실에서 세상을 떠났다. 생애의 마지막 순간에 암으로 시달리며 매우 고통스러워하던 원수는, 생명의 마지막 힘을 다해 창문을 빈틈없이 가리고 있던 검은 종이를 가리키며 말했다:

"찢어버려, 찢어버려……."

펑더화이 생애의 마지막 소원은 바로 다시 빛을 볼 수 있게 되는 것이었다.

큰 재난(문화대혁명-옮긴이)이 지나가고, 원수의 인격적 위대함이 마치 아침 햇살처럼 영원히 사방을 환하게 비추자, 수많은 사람들이 모두 말했다: "그는 중국의 유일한 사내대장부였다."

펑더화이는, 중국 인민이 장차 영원히 영광으로 생각할 위대한 민족의 영웅이자, 세계 군사 역사상 걸출한 통솔자였다.

어떠한 전쟁이라도 당사국의 인민들에게는 약간의 무언가를 남기기 마련이다.

항미원조 전쟁은 중국인들에게 이루 다 향유할 수 없는 엄청난 자산을 남겨주었다.

중화인민공화국은 16개 국가의 연합군을 이웃 나라의 대지에서 일거에 격파하여, 논쟁의 여지가 없는 승리로써 자신의 강대함을 선언하고, 이 약육강식의 세계에서 마땅히 차지해야 할 위치를 철저하게 탈환했다. 만약 신중국 성립 전의 국내 전쟁이 중화인민공화국의 "개국 전쟁[開國之戰]"이었다면, 조선 전쟁은 바로 틀림없이 신중국의 "입국 전쟁[立國之戰]"이었다.

이 승리는 중국이 100년 동안 겪어온 국가적 치욕과 민족적 열등감을 씻어내 주었다.

"승리가 전에 없던 민족적 자긍심과 자신감을 불러일으켜, 머지않아 민족 진흥이라는 위대한 시대를 출현시킬 것이다." 중국의 철학자 숭이창(宋宜昌, 1948~)이 한 말이다.

수많은 우여곡절을 겪어온 뒤, 오늘날 중국인은 마침내 민족 진흥의 황금시대를 맞이했다. 그러나 또한 70여 년 전의 그 전쟁과 중국인의 오늘날 삶 사이의 내재적 관계를 얼마나 많은 사람들이 이해하고 있을까?

불후의 공적
─항미원조 전쟁의 개요

1950년 10월, 전쟁의 불길이 중국 동북 변경의 압록강 주변까지 번지면서, 조선민주주의인민공화국은 국가의 운명이 위태로웠고, 수도인 평양마저 함락되었다. 이때 100년의 전란을 겪고 난 중국은 할일이 태산 같았고, 각 방면에서 온통 심각한 어려움에 직면해 있었다. 당시 중국의 국민소득은 고작 426억 위안(대략 150억 달러로, 세계 13위)에 불과했고, 1인당 소득은 겨우 78위안(元)에 불과했다. 철강 생산량 61만 톤(세계 제26위), 원유 생산량 20만 톤(세계 제27위), 발전량 45억 킬로와트(세계 제25위), 군대 병력 550만 명(세계 제1위), 국방비 지출 28억 위안(약 1억 달러, 세계 제5위), 해군은 고작 군함 4만 톤밖에 보유하지 못했고, 공군의 군용 비행기는 채 300대도 안 되었다.

그러나 당시, 미국은 이미 건국한 지 174년이 지났으며, 국민소득 2,400억 달러(세계 제1위), 1인당 국민소득 1,600달러였다. 철강 생산량 8,785만 톤(세계 제1위), 원유 생산량 2,600만 톤(세계 제1위), 발전량 3,880억 킬로와트(세계 제1위), 군대 병력 150만 명(세계 제3위), 국방비 지출 150억 달러(세계 제1위), 군함 300만 톤에 군용 비행기 3만 1천 대를 보유하고 있었다.

미국과 중국 두 나라의 경제력과 군사력의 강약이 현격하게 차이가 나 비교가 되지 않는 상황에서, 중국의 국가 안보가 심각한 위협을 받는 엄중한 정세에 직면하자, 중국공산당 중앙과 마오쩌둥 주석은 전국 인민의 의지에 따라, 조선노동당과 조선 정부의 요청을 받아들이고, 의연하게 중국 인민지원군을 조직하여 "미국에 대항하여 조선을 돕고, 국가를 보위한다[抗美援朝, 保家衛國]"는 위대한 전략적 결정을 내렸다. 10월 19일, 중국 인민지원군의 첫 번째 참전 부대가 조선의 전선으로 이동하기 시작했다. 25일, 정식으로 미국을 중심으로 하는 유엔군과 전투를 벌였다.

① 전쟁의 시작과 종료 시간: 항미원조 전쟁은 1950년 10월 25일에 시작되어, 1953년 7월 27일에 종료될 때까지, 모두 2년 9개월 동안 계속되었다. 만일 조선인민군이 독자적으로 작전을 펼친 시간을 더하면, 3년 33일이다.

② 작전 지역: 북쪽으로는 압록강에서부터, 남쪽으로는 37도선까지였다가, 이후에는 38도선 부근으로 옮겨졌다.

③ 작전 병력: 적 쪽은 미국을 우두머리로 한 유엔의 깃발을 든 연합군으로, 모두 16개 국가의 군대였다. 미국 외에도, 그의 15개 추종 국가들이 있었다. 즉 영국·프랑스·캐나다·네덜란드·필리핀·태국·터키·뉴질랜드·호주·벨기에·콜롬비아·에티오피아·룩셈부르크·그리스·남아프리카 공화국으로, 이들을 통칭하여 16개국 연합군으로 부르며, 만약 한국을 포함시키면 17개국이 된다. 그 밖에 유엔군에 의료 부대를 파견한 5개국이 있는데, 바로 덴마크·인도·이탈리아·노르웨이·스웨덴이다. 이들 나라의 참전한 군대는 모두 당시에 가장 현대화된 무기와 장비를 갖추고 있었다. 특히 미국은 현대화된 기술과 장비를 갖춘 육·해·공군 외에, 원자폭탄도 갖고 있었다. 적 쪽의 조선 전장에서의 최대 군사력은 111만여 명에 달했다. 그 가운데 미군이 54만여 명, 한국군이 51만여 명, 추종 국가들의 군대가 4만 8천여 명이었다. 미국의 조선 파병 병력은 그들의 전체 육군의 3분의 1, 공군의 5분의 1, 해군의 거의 절반을 차지했다. 우리 쪽 참전국은 중국·소련(일부 공군을 출동시킴)·조선으로, 우리 쪽의 조선 전장에서의 최대 병력은 180여만 명이고, 그 가운데 지원군이 134만 명, 조선인민군이 45만 명이었다. 지원군이 연달아 조선에 투입했던 부대들은 모두 27개 야전군의 79개 보병 사단·12개 공군 사단·16개 포병 사단·10개 철도병 사단·10개 탱크 연대·2개 공안 사단·14개 공병 사단이었다. 잇달아 조선에 들어간 부대들은 전체 육군의 70%·공군의 41%·포병의 73%·방공군의 60%·탱크병의 30%·공병의 57%·공안군의 11%·철도병의 100%를 차지했다. 전쟁 기간에 적군과 아군

쌍방이 계속해서 전장에 투입한 총 병력은 모두 300여 만 명에 달했다. 적군과 아군의 총 병력 비율은 1 대 1.4였으며, 지상 부대는 1 대 1.7로 아군이 적군보다 우세했다.

④ 무기 장비의 수량과 성능 대비는 우리 쪽이 적 쪽보다 훨씬 열악했다. 적 쪽은 전쟁이 시작되었을 때(1950년 10월), 비행기 785대, 함정 106척, 탱크 886대, 대포 1,088문을 가지고 있었다. 전쟁 중에 적 쪽이 가장 많이 보유했을 때는, 탱크가 1,543대, 화포가 1만 9,530문, 함정이 310척(그 중 미군이 210척, 한국이 67척, 추종 국가들이 33척), 비행기는 2,082대(그 중 미군이 1,823대, 한국이 146대, 추종 국가들이 113대)에 달했다. 전쟁 기간 동안에, 적 쪽에서 출동한 비행기는 연 104만여 대로, 평균 매일 연 800대가 출동했으며, 가장 많이 출동한 날은 하루에 연 2,400대에 달했다. 우리 쪽은 해군이 없었고, 전쟁이 시작되었을 때는 탱크와 공군도 없었으며, 단지 3,510문의 화포밖에 보유하고 있지 않았고, 그 중 절대 다수는 75밀리 구경 이하의 경포(輕砲)들이었다. 전쟁 후기에 우리 쪽의 최전선과 제2선에 비행기가 가장 많았을 때는 1,043대(그 중 지원군이 366대, 조선인민군이 397대, 소련군이 280대)였으며, 화포는 1만 9,702문(그 중 지원군이 1만 4,986문, 조선인민군이 4,716문)이었고, 탱크는 792대(그 중 지원군이 430대, 조선인민군이 362대)에 달했다. 전쟁 중에 미국은 원자폭탄을 제외하고, 전략폭격기·항공모함·전투함과 심지어 세균탄을 포함한 모든 첨단 무기와 장비들을 사용했다. 이러한 작전 대상은 인민해방군 역사상 최초였을 뿐만 아니라, 세계 역사에서도 최초였다. 스탈린은 중국 군대가 칼과 창을 사용하여 라이플과 싸웠다고 평가했다.

1950년 10월 하순부터 11월 상순까지의 항미원조 전쟁 개전 초기에, 조선 전장에서 적군과 아군 쌍방의 병력과 장비 상황은 다음과 같다.

I. 쌍방의 병력 및 장비 현황

1. 유엔군

유엔군은 16개 국가의 군대로 구성되었다. 당시 조선 전장에 참전한 것은 미국·영국·캐나다·호주·프랑스·뉴질랜드·네덜란드·태국·그리스·터키·필리핀·한국 등의 군대이며, 미국 군대가 주를 이루었다. 전체 병력은 44만 4천여 명이었는데, 그 가운데 지상 부대가 34만 9천여 명, 해군 부대가 5만 9천여 명, 공군 부대가 3만 6천여 명이었다. 각종 유형의 군함 200여 척과 각종 작전 비행기 1,100여 대를 투입했다. 조선 전장에서 절대적인 제해권과 제공권을 보유했으며, 지상 부대의 병력과 장비도 절대적 우세를 차지하고 있었다.

유엔군 총사령부는 일본 도쿄에 두었고, 미국 극동군 총사령관인 더글러스 맥아더가 총사령관을 맡았다. 그리고 휘하에 미국 제8집단군과 제10군단·유엔군 해군 사령부(미국 극동 해군 사령부가 겸함)·유엔군 공군 사령부(미국 극동 공군 사령부가 겸함)를 관할했다.

(1) 유엔군 지상 부대: 미군 1개 집단군(제8집단군은 제1군단과 제9군단을 관할했다)과 1개 군단(제10군단)의 총 6개 사단 및 1개 공수 연대(공수 제187연대); 영국 보병 2개 여단(제27·제29여단); 터키 보병 1개 여단(제5여단); 뉴질랜드 포병 1개 연대(포병 제16연대); 태국 보병 1개 연대(제21연대); 캐나다 보병 1개 대대(제2대대); 호주 보병 1개 대대(제3대대); 필리핀 보병 1개 대대(제10대대); 프랑스 보병 1개 대대; 네덜란드 보병 1개 대대; 그리스 보병 1개 대대; 한국군 3개 군단(제1·제2·제3군단)의 총 10개 사단을 갖고 있었다.

미국 제8집단군(사령관은 월턴 워커)은 미국 제1·제9군단과 한국 제2군단의 총 8개 사단·1개 여단 및 1개 공수 연대를 지휘했으며, 조선 전장의 서부전선 작전 임무를 맡았다. 그 중 미국 제1군단(군단장은 프랭크 밀번)은 미국 기병 제1사단·미국 보병 제24사단·영국군 제27여단·한국군 제1사단을 지휘했고, 미국 제9군단(군단장은 존 콜터: John B. Coulter, 1891~1989)은 미국 보병 제2·제25사단과 미국 공수 제187연대를 지휘했으며, 한국 제2군단(군단장은 유재홍)은 한국군 제6·제7·제8사단을 관할했다.

미국 제10군단(군단장은 에드워드 알몬드)은 미국 해병대 제1사단·보병 제7·제3사단(미국 본토에서 일본으로 이동하는 동안에, 유엔군 총사령부의 예비대로서 준비했다)과 한국 제1군단(군단장은 김백일, 한국군 수도사단과 제3사단을 관할함)을 지휘했으며, 조선 전장 동부전선의 작전 임무를 맡았다.

한국 제3군단(군단장은 이형근)은 한국군 제2·제5사단을 관할했으며, 후방 경비 임무를 맡았다.

한국 국방부는 한국군 제9·제10·제11사단을 직접 관할했다.

미군 지상 작전 부대의 무기는 당시 세계에서 가장 현대화된 것들이었고, 기계화 정도와 화력 장비는 당시 세계 최강인 소련 육군의 동급 전투 단위를 능가했다. 그들의 보병 사단마다 탱크 149대·장갑차 35대·각종 화포 959문(유탄포 72문, 산포·야포·무반동포 등 직사포 120문, 박격포 160문, 고사포 64문, 로켓포 543문)을 보유했으며, 그 가운데 구경이 70밀리 이상인 화포(탱크포 포함)가 330여 문이었다. 미군 7개 사단과 제8집단군 총사령부는 총 6,049문의 각종 화포들을 갖추고 있었는데, 그 화포들은 구경이 크고, 사거리가 멀어, 강대한 화력 우위를 갖추고 있었다. 각 보병 사단들에는 또한 연락용 비행기 22대, 각종 자동차 3,800여 대(그 중 물자 수송 차량이 1,300여 대)를 갖추고 있어, 부대 전체가 기계화와 자동화를 이루고 있었으므로, 작전 행동이 기민하고 빨랐다. 또 각종 무전기 1,688대·암호기 145대를 갖추고 있어, 무선 통신이 직접 분대와 소대에까지 전달될 수 있었다. 거의 모든 소대들은 무선전화와 유선전화를 각각 1대씩을 보유하고 있었으며, 선진적인 통신 설비와 전장의 정찰 수단들을 갖추고 있어, 지휘와 연락이 원활하고, 편리하고, 빨랐다.

영국·캐나다·호주 부대의 무기 장비 또한 매우 현대화되어 있었으며, 미군의 장비와 거의 차이가 없었다. 터키 여단의 장비는 상대적으로 낙후되어 있었다. 한국군의 무기와 장비는 미군이나 영국군과는 비교적 큰 차이가 있었는데, 각 보병 사단마다 고작 각종 화포 392문(그러나 이 숫자도 지원군 3개 보병 사단이 보유하고 있던 화포와 비슷하거나 약간 많았다)밖에 갖추고 있지 못했으며, 탱크는 없었다.

(2) 유엔군 해군 부대: 미국의 제7함대·미국 극동 해군 부대와 기타 유엔군에 참가한 국가의 함정들로 구성되었다. 미국 해군 제7함대는 유엔군 해군의 주력으로, 각종 전함 170여 척을 보유하고 있었다. 함포의 화력으로 지상의 목표를 공격하는 것 외에도, 3개 항공모함 편대를 보유했으며, 각종 함재기 300여 대를 갖추고서, 작전 지원과 전략 전술 폭격 임무를 담당했다.

영국·캐나다·호주·뉴질랜드·태국·프랑스·네덜란드 등도 조선 전장에 소량의 전함 총 33척을 투입했는데, 그 가운데 영국 21척·캐나다 3척·호주 3척·뉴질랜드 2척·태국 2척·프랑스 1척(구축함)·네덜란드 1척(고속 경비정)이었다. 이 밖에도 한국 해군은 소형 작전함 46척을 보유하고 있었다.

미국 해군 작전 부대는 항공모함·항공모함 호위함·순양함·전투함·구축함·상륙함·소해함(掃海艦: 수뢰 제거함-옮긴이) 등을 갖추고 있었다. 항공모함에는 F4U 등 다양한 종류의 전투기·공격기·소형 폭격기들을 탑재하고 있어, 독자적인 작전과 지상 부대를 지원하는 작전 능력을 갖추고 있었다. 그밖에도, 미국 해군 제1해병 항공단은 미군 해병 제1사단과 조선 동부전선의 지상 작전을 지원하는 임무를 맡았다.

(3) 유엔군 공군 부대: 주로 미국 제5·제20·제13공군과 극동 폭격기 지휘부·항공 수송 지휘부로 구성되었으며, 각종 전투기 500여 대를 보유하고 있었다. 그 가운데 미군 제5공군은 유엔군 공군의 주요 작전 역량으로, 제8집단군의 작전 지원 임무를 담당했다. 극동 폭격기 지휘부는 일본에 주둔했으며, 주로 전략 폭격 임무를 수행했다. 제20공군과 제13공군은 일본 오키나와와 필리핀에 주둔했으며, 그 중 일부는 타이완에 주둔하면서, 작전 지원과 전략 폭격 임무를 협조하여 집행했다.

영국·호주·남아프리카 공화국·그리스 등도 조선 전장에 소량의 전투기 총 150대를 투입했는데, 그 가운데 영국 80대·호주 35대·남아공 28대·그리스 7대였다. 이 밖에도, 한국 공군은 각종 비행기 100여 대를 보유하고 있었다.

미국 공군의 작전 부대는 대부분 최신식 제트 전투기를 갖추고 있었는데, 주요 전투기는 F-80C '슈팅스타' 전투기·F-86 전천후 전투기였으며, 그 밖에 일부 F-51 머스탱 전투기가 있었다. 전략 폭격기 부대는 주로 B-29 '슈퍼포트리스(Superfortress)' 장거리 폭격기를 갖추고 있었으며, 소형 폭격기 대대는 주로 B-26 소형 폭격기를 갖추고 있었다. 미국 공군은 또한 RF-80A 정찰기와 RB-29 정찰기를 갖추고 있었으며, 공중 정찰에 사용되었다. T-6 '모스키토(mosquito)'[296] 전선 항공 관제기(Forward air control)는 주로 공중 통신과 지휘에 사용되었다. C-46·C-47·C-54·C-119 수송기들은 주로 작전 부대와 물자 등을 항공 수송하는 데 사용되었다.

미국 육·해·공군의 작전 부대는 무기와 장비 방면에서 절대적인 우세를 점했을 뿐만 아니라, 조선 전쟁에 참가한 부대들 모두가 풍부한 현대 작전 경험까지 갖고 있어, 총체적인 전투력이 매우 강했다. 미군 장교들은 모두 각급 군사학교에서 훈련을 받았고, 고급·중급 장교들은 모두 제2차 세계대전에 참전했으며, 일부는 제1차 세계대전에도 참전했다. 병사들은 모두 정규화된 훈련을 받아, 군사 기술이 비교적 숙련되어 있었다. 공군 조종사들은 실제 공중전에 참가한 적이 있었고, 비행 시간은 모두 1천 시간이 넘었으며, 일부 조종사들은 제2차 세계대전에서 독일 비행기와 일본 비행기를 5대 이상 격추시킨 '에이스 조종사'들도 있었다. 미군 작전의 특징은 주로 육·해·공군 3군이 연합한 일체화된 전방위적인 입체 작전으로 나타나는데, 각 군 병종(兵種)들의 합동 작전 능력은 세계 최강이었다.

---

[296] T-6는 원래 연습용으로 만들어진 비행기였지만, 일부 기종들이 전선 항공 관제기로 개조되면서 '모스키토'라는 별칭을 얻었다. 이 기종은 주로 한국 전쟁과 베트남 전쟁에서 사용되었다.

2. 조선과 중국 군대

(1) 조선인민군: 최고 사령관 김일성은 모두 6개 군단(제1·제3·제4·제6·제7·제8군단)의 총 18개 사단과 1개 탱크 사단(제105탱크 사단)·1개 탱크 여단(제17탱크 여단)·1개 해안 방어 여단(해안 방어 제1여단) 및 2개 독립 연대·2개 탱크 연대를 보유하고 있었다. 또한 적 후방에서 차단되어 있던 주력 부대 9개 사단과 제4·제7사단의 잔여 2개 보병 연대 외에 2개 대대·1개 포병 연대도 보유하고 있었다.

이때 조선인민군은 이미 한국군·유엔군과 4개월 이상 전투를 벌여, 부대의 소모와 손실이 막중했다. 조선인민군 최고 사령부가 지휘하는 부대들 중에는 단지 3개 남짓 정도의 사단들만이 여전히 계속 작전을 수행할 수 있었고, 38선 이남에 차단되어 있던 인민군의 주력은 대부분 돌아오지 못했으며, 새로 편성된 부대들은 아직 훈련을 마치지 못한 상태였다. 조선인민군은 당시 세 부분으로 나뉘어 있었다.

일부는 조선 북부의 중국-조선 국경 가까운 지역에 배치되어 있었는데, 3개 군단(제1·제3·제4군단)의 9개 사단에 1개 여단과 2개 독립 연대 외에도 1개 탱크 사단·1개 탱크 여단과 1개 탱크 연대가 있었으며, 모두 9만여 명이었다. 그 중 제1군단은 제46·제47사단(이들 2개 사단은 모두 새로 편성된 부대들로, 각각 1만 명씩이었다)·제105탱크 사단·제17탱크 여단과 1개 독립 연대를 관할했으며, 구성(龜城) 지구에 있었다. 제3군단은 제1사단(원래 있던 부대 5천 명)·제3사단(원래 있던 부대 3천 명)·제8사단(새로 편성한 1만 명)·제12사단(1만 명 중, 원래 있던 부대 2천 명 포함)·제13사단(새로 편성한 1만 명)·제15사단(1만 명 중, 원래 있던 부대 3천 명 포함)을 관할했으며, 강계(江界) 지구에 있었다. 제4군단은 제41사단(새로 편성한 1만 명)·해안 방위 제1여단(새로 편성한 6천 명)·제71독립 연대(새로 편성한 3천 명)·탱크 연대를 관할했으며, 풍산(豐山) 지구에 있었다. 이상의 부대들은 대부분 새로 편성된 부대들로, 훈련을 받고 있었다. 조선 최고 사령부가 지휘하면서 투입하여 유엔군의 북진을 저지할 수 있는 것은 단지 제1군단의 3개 사단뿐이었다.

다른 일부는 중국 동북 지역에서 휴식을 취하며 정비하고 있었는데, 3개 군단(제6·제7·제8군단)의 9개 사단과 1개 탱크 여단, 총 9만여 명이었다. 그 가운데 제6군단은 제18·제36·제66사단 및 1개 탱크 연대를 관할했으며, 랴오닝성(遼寧省)의 콴뎬(寬甸)에 있었다. 제7군단은 제32·제37·제38사단을 관할했으며, 지린성(吉林省) 화뎬(樺甸)·휘난(輝南)에 있었다. 제8군단은 제42·제45·제76사단을 관할했으며, 지린성 옌지(延吉)에 있었다. 이상의 부대들은 모두 새로 편성된 부대들이었다. 그 밖에 1개 군관학교가 지린성 통화(通化)에 있었고, 1개 항공학교(비행기 200여 대 보유)가 지린성 옌지에 있었다.

또 다른 일부는 38선 남북 지구에서 차단되어 있었으며, 모두 9개 사단 정도였다. 조선노동당 중앙과 인민군 최고 사령부의 명령에 따라, 제2선 부대로 통합 편성했으며, 최현(崔賢)의 지휘하에 강원도·황해북도·평안남도에서 활동했다. 그 밖에 제4사단의 잔여 부대 2개 대대·제7사단의 잔여 부대 2개 연대와 1개 포병 연대가 있었으며, 영원(寧遠) 이북 지구에 위치하고 있었다.

(2) 중국 인민지원군: 중국 인민지원군 총사령부는 조선의 평안북도 대유동(大楡洞)에 두었으며, 펑더화이가 총사령관 겸 정치위원, 덩화가 부사령관 겸 부정치위원, 훙쉐즈와 한셴추가 부사령관, 제팡이 참모장, 두핑이 정치부 주임을 맡았다. 이때 중국 인민해방군이 개편되어 중국 인민지원군 부대가 되었는데, 모두 6개 군단(제38·제39·제40·제42·제50·제66군단)의 18개 사단, 포병 3개 사단(포병 제1·제2·제8사단) 및 공병 2개 연대(제4·제6연대)와 고사포병 1개 연대(제1연대)를 보유했으며, 전체 병력은 약 30만 명이었다.

지원군 제38군단(군단장 량싱추, 정치위원 류시위안)은 제112·제113·제114사단을 관할했으며, 병력은 4만 4,500여 명이었다. 지원군 제39군단(군단장 우신촨, 정치위원 쉬빈저우)은 제115·제116·제117사단을 관할했으며, 병력은 5만 2,900여 명이었다. 지원군 제40군단(군단장 원위청, 정치위원 위안성핑袁升平)은 제118·제119·제120사단을 관할했으며, 병력은 4만 8,300여 명이었다. 지원군 제42군단(군단장 우루이린, 정치위원 저우뱌오)은 제124·제125·제126사단을 관할했으며, 병력은 5만 3,200여 명이었다. 지원군 제50군단(군단장 정쩌성, 정치위원 쉬원리에)은 제148·제149·제150사단을 관할했으며, 병력은 3만 6,600여 명이었다. 지원군 제66군단(군단장 사오신화이肖新槐, 정치위원 왕즈펑 王紫峰)은 제196·제197·제198사단을 관할했으며, 병력은 4만 1,200여 명이었다. 지원군 부대가 조선에 들어간 뒤, 제40·제39·제38군단(제42군단의 제125사단을 추가함)은 서부전선 전장인 온정(溫井)·운산(雲山)·희천(熙川) 이북 지역에 집중 배치되어, 각자 한국군 제6·제1·제8사단을 맞아 싸워 섬멸할 준비를 했으며, 제66군단은 철산 방향으로 전진하여, 영국군 제27여단을 저지할 준비를 했다. 제42군단(제125사단은 빠짐)은 동부전선 황초령·부전령 및 그 이남 지역에 배치되어, 미군 제10군단 및 한국군 제1군단을 저지할 준비를 함으로써, 서부전선 주력의 양 측면의 안전을 보장했다. 제50군단은 신의주 지구에 배치되어, 상황에 따라 서부전선 전장의 작전에 호응하여 싸울 준비를 했다.

　지원군 작전 부대의 무기와 장비는 매우 낙후되어 있었다. 조선에 들어간 초기에는 공군이 참전하지 않았을 뿐만 아니라, 해군도 참전하지 않았고, 탱크나 동력화된 장비들도 없었으며, 단지 소수의 일부 방공 무기와 대전차 무기밖에 없었다. 각 군단들은 각종 화포 520여 문(각종 직사포 108문, 각종 박격포 333문, 로켓포 81문)을 보유했고, 유탄포와 고사포는 없었으며, 그 가운데 직경 70밀리 이상의 화포는 190여 문이었다. 제50군단과 제60군단의 화포 보유량은 훨씬 적었다. 지원군 1개 군단의 화포는 고작 미군 1개 사단이 보유한 화포 장비의 절반을 조금 넘는 정도(54%)였다. 지원군에서 가장 먼저 조선에 들어간 6개 군단에는, 지원군 포병 부대의 화포들이 포함되어 있었는데, 각종 화포들을 모두 합쳐도 3천 문(그 중 유탄포가 320문, 고사포가 36문)이 안 되어, 미군이 보유한 전체 화포의 절반에도 미치지 못했다(약 45%). 지원군이 보유한 화포의 절대 다수는 항일 전쟁과 해방 전쟁 시기에 노획한 일본 군대와 국민당 군대의 장비들로, 화포들이 낡고, 형태가 잡다하고, 구경이 작고, 사정거리가 짧았으며, 탄약이 부족했다. 또 대부분 노새와 말이 끌어서 실어 나르거나 사람이 어깨에 메고 이동했으며, 화포의 위력이 작았고, 기동성도 떨어졌다. 지원군 1개 군단에는 단지 무선통신기가 69대뿐이었고, 유선전화는 375대뿐이어서, 고작 미군 1개 사단이 보유한 같은 장비의 4.5%와 34%에 불과했다. 각 군단들이 조선에 들어갔을 때에는 단지 임시로 100대 정도의 수송용 차량만을 배정받았다. 보병이 보유한 소총은 훨씬 잡다하여, 미국·소련·독일·일본과 구(舊)중국이 제조한 것들이 있어, "만국(萬國)"표 무기라고 불렀다. 구경(口徑)조차도 통일되어 있지 않았으며, 그 중 단지 절반 정도만이 연속 발사할 수 있는 자동소총이었고, 나머지는 모두 기본 설계가 19세기에 이루어진 수동 단발 보병 소총이었다. 지원군의 병참보급 보장 능력은 훨씬 열악했는데, 심지어 독립된 병참보급 보장 기구조차도 아직 설립되어 있지 않았으며(당시에는 동북 군구 병참보급부의 전방 지휘소가 조선에 들어간 부대의 보급을 담당했다), 미국 공군의 폭격이 봉쇄하는 상황에서, 수송은 한층 곤란이 가중되었다. 특히 함께 전진하면서 병참보급을 보장하는 능력이 매우 낮아, 연대 이하 부대의 작전과 생활 물자들은 모두 보병이 어깨에 메거나 등에 짊어지는 등 몸에 지니고 가는 것에 의지했다.

II. 항미원조 전쟁의 기본 전황

전쟁의 과정은 두 단계로 나뉜다. 제1단계는 전략적 반격 단계(기동전)이고, 2단계는 전략적 대치 단계(진지전)이다.

전략적 반격(기동전) 단계. 이 단계는 1950년 10월 25일에 시작되어, 1951년 6월 10일에 끝났다. 지원군의 작전 방침은 "기동전을 주로 하면서, 부분적인 진지전과 유격전을 서로 결합한다"는 것이었다. 작전의 성격은 기본적으로 전략적 반격이라 할 수 있었으며, 그 특징은 전역(戰役) 규모의 야간 작전과 전역들 사이의 간격이 매우 짧은 연속 작전이었다. 이렇게 모두 다섯 번을 싸웠는데, 바로 이것들이 모두 항미원조의 5대 전역이다. 이 다섯 차례의 전역들은, 비록 해방 전쟁 시기에 비해 작전 규모는 작았지만, 기본적으로 모두가 전략적인 성격을 갖는 전역들이었다. 왜냐하면 각 전역들은 모두 전체 전쟁의 판세와 관련이 있었고, 전쟁의 진행 과정들을 결정했기 때문이다. 다섯 차례 전역의 특징과 간략한 경과는 다음과 같다.

제1차 전역은 1950년 10월 25일에 시작되어, 1950년 11월 5일에 끝나기까지, 모두 12일 동안 진행되었다. 이번 전역의 특징은, 적군과 아군 쌍방이 기동하는 도중에 조우하면서부터 교전에 돌입했다는 것이다. 아군의 기본적인 의도는 전쟁의 형세를 안정시키고, 거점을 확보하여, 조선인민군이 북쪽으로 철수하여 정비하는 것을 엄호함으로써, 이후 작전을 위한 조건을 만들어내려는 것이었다. 지원군 참전 부대는 모두 6개 군단의 18개 사단이었고, 적군 참전 부대는 4개 군단의 10개 사단 및 1개 여단과 1개 연대였다. 적군과 아군의 병력 비율은 1 대 1.2(적군의 해군과 공군은 포함되지 않음)였다. 10월 19일, 지원군은 긴급한 상황에서 조선에 들어왔는데, 원래는 구성(龜城)·태천(泰川)·구장동(球場洞)·덕천(德川)·영원(寧遠)·오로리(五老里)를 잇는 라인을 탈취하고, 방어를 조직할 준비를 했다. 후에 적들은 지원군이 방어를 조직하려고 예정했던 지역들을 이미 넘어섰고, 또한 계속하여 병력을 나누어 무모하게 진격했기 때문에, 지원군은 곧 기동하면서 적을 섬멸하는 작전 방침을 채택하여, 적들이 아직 지원군의 참전이라는 전략상의 돌연성을 예상하지 못하고 있는 점과 병력을 나누어 무모하게 진격하고 있는 약점을 이용하여, 일부 병력으로(제42군단의 제125사단) 동부전선의 황초령 지역에서 방어를 진행하여 적의 진격을 저지했다. 동시에 주력(제38·제39·제40·제50·제66군단과 제42군단의 제125사단)을 서부전선의 선천(宣川)·구성·박천(博川)·운산(雲山)·온정(溫井)·희천(熙川) 등의 지역들에 집중시켜, 기동하면서 적을 각개 섬멸했다. 전역은 10월 25일에 시작되었다. 지원군은 대담하게 전역 우회(戰役迂迴)[297]를 실시하여, 전선의 주력 부대와 보조를 맞춰 단호하고 용감

---

[297] 전역 우회란, 전역 범위에서 적의 후방으로 우회하는 기동을 가리킨다. 적의 전역 배치가 양쪽 측면을 드러냈거나 간격이 큰 조건에서 실시한다. 적의 퇴로를 차단하고, 적의 증원을 저지하여, 정면 공격 부대와 측면 포위 부대가 협동하여 적을 섬멸하는 데 사용한다.

하게 공격하여, 전장에서 주도권을 획득하고, 첫 전투의 승리를 거둠으로써, 1만여 명의 사상자를 대가로 지불하고 1만 5,500여 명의 적을 섬멸했다. 적을 압록강 주변으로부터 청천강 이남으로 몰아내어, '추수감사절'(11월 23일) 이전에 조선을 집어삼키고 전쟁을 끝내려던 허무맹랑한 계획을 분쇄했다.

제2차 전역은 1950년 11월 6일에 시작되어, 12월 24일에 끝나기까지, 모두 29일간 진행되었다. 이번 작전의 특징은, 적을 깊숙이 들어오게 유인하여 정면 돌격과 전역 우회를 서로 결합한 것이다. 제1차 전역이 끝난 뒤, 적은 비록 지원군에게 심각한 타격을 입었지만, 여전히 지원군의 병력이 많지 않다고 잘못 판단하여, 지원군의 역량을 경시하고, 이른바 '크리스마스'(12월 25일) 공세를 개시하여, 전체 조선민주주의인민공화국을 점령하려고 망상했다. 이에 대해, 지원군은 일부러 약하게 보여, 적을 깊숙이 들어오도록 유인하고, 병력을 집중시켜 적을 각개 격파하여 소탕한다는 방침을 채택함으로써, 전선을 평양과 원산을 잇는 지역으로 밀어내는 전과를 쟁취했다. 이번 전역의 세력 배치를 보면, 지원군은 막 조선에 들어온 제9병단(제20·제26·제27군단을 관할함)이 동부전선 장진호(長津湖) 지구에서 기동 중이던 적 일부를 섬멸하는 성과를 쟁취했고, 동시에 서부전선의 박천·개천·덕천·영원 지구에 주력을 집중시켜, 적을 향해 역습을 실시했다. 제1차 전역의 교훈에 따라, 서부전선에서는 이중의 전역 우회를 채택하여, 2개 군단(제38·제42군단)으로 적 측면의 약한 부분(덕천·영원 지구)에서부터 돌파하고, 적의 종심을 향해 맹렬하게 공격하여 적의 퇴로를 차단했다. 주력 4개 군단(제39·제40·제50·제66군단)은 정면에서 합동 작전을 펼쳐, 전술적으로 분할하여 에워싸고, 각개 격파하여 적을 섬멸했다. 동부전선에서는 분할 포위하여 적을 여러 겹으로 도중에서 차단하여 공격하는 전법을 채택했다. 서부전선과 동부전선의 참전 부대는 겨울용 복장이 부족한 상황에서, 섭씨 영하 40도의 혹독한 추위를 무릅쓰고 힘들게 전투를 벌여 적군을 대파했는데, 아군 3만 7백 명의 사상자와 5만 명의 동상 환자를 대가로 지불하고, 적 3만 6천여 명을 섬멸했다. 또 유엔군을 일거에 400킬로미터나 물러나게 하여, 그들을 중국-조선 국경의 압록강 주변에서부터 38선 이남으로 몰아내고, 38선 이북의 양양(襄陽)을 제외한 조선민주주의인민공화국의 모든 영토를 수복했으며, 적을 38선 이남에서 방어로 전환하게 만들어, 조선의 전쟁 국면을 완전히 바꿔놓았다. 이번 전역은 항미원조 전쟁의 운명을 결정지은 가장 중요한 일전으로, 전역이 청천강 주변과 장진호 주변에서 발생했기 때문에, 외국에서는 "청장 전역[淸長之戰: 청천강, 장진호 전투─옮긴이]"이라고도 부른다.

　제3차 전역은 1950년 12월 31일에 시작되어, 1951년 1월 8일에 끝나기까지, 모두 8일간 진행되었다. 이번 작전의 주요 특징은, 주로 정치적인 측면을 고려하여 반드시 38선을 넘는 것이었다. 이 때문에 중국군과 조선군 부대들은 미리 방어 준비를 하고 있던 적을 향해 공격을 개시했다. 이 전역은 적들이 38선에 이미 구축해 놓은 진지를 이용해 진행하는 방어를 분쇄하기 위해, 적들에게 한숨 돌릴 기회를 주지 않으려고 시도했다. 중국군과 조선군은 5개 군단(제38·제39·제40·제50군단과 인민군 제1군단)으로 서부전선에서 동두천과 서울을 향해 주공격을 개시했고, 4개 군단(제42·제66군단과 인민군 제2·제5군단)으로 각각 제령리(濟寧里)·가평·춘천 방향과 자은리(自隱里: 강원도 홍천군 두촌면 소재 마을─옮긴이)·홍천 방향을 향해 공격을 개시했다. 작전 과정에서, 촉박하게 포화를 준비한 다음 곧 전체 전선에서 공격을 가하여, 적의 방어를 돌파한 뒤, 신속하게 제2제대(梯隊)를 투입하여 적의 종심을 향해 우회 돌격하여 적의 퇴로를 차단했다. 전체 전선이 37도선 부근에 이르렀을 때, 즉각 추격을 중지하고, 적극적인 방어 작전으로 전환했다. 이번 전역은 지원군이 조선에 들어간 뒤 최초로 미리 방어 준비를 하고 있는 적을 향해 진행한 대규모 공격이었다. 지원군과 조선인민군은 어깨를 나란히 하고 연속 7일 밤낮 동안 작전을 벌여, 중국과 조선 군대는 8,500명(그 중 지원군이 5,500명)의 희생을 대가로, 적 1만 9천여 명을 섬멸했고, 앞쪽으로 80킬로미터 내지 110킬로미터를 밀고 나갔다.

　제4차 전역은 1951년 1월 25일에 시작되어, 4월 21일에 끝나기까지, 87일간 진행되었다. 이번 작전의 특징은, 중국군과 조선군이 휴식을 취하며 정비하던 상태에서 어쩔 수 없이 급하게 방어로 전환하여, 공간으로 시간을 바꾸는 완강한 기동 방어 작전을 진행했다는 것이다. 이전의 세 차례 전역들에서, 적군은 중국과 조선 부대에게 연속으로 타격을 입고, 손실이 막중하자, 이번에는 어쩔 수 없이 37도선까지 물러나 병력을 집중한 뒤 잠깐 정돈하고는, 곧바로 지원군이 휴식하며 정비에 들어간 틈을 타서 북쪽을 향해 공격을 개시했다. 지원군은 연속으로 세 차례 전역을 치렀기 때문에, 인원 감소가 매우 컸고, 극도로 피로했는데, 부대는 휴식하면서 정비하지 못했고, 필요한 보충도 받지 못했다. 또한 혹독하게 추운 계절을 맞이하여 진지 구축이 쉽지 않았고, 식량이 부족한 데다, 수송선이 길어지면서 보급이 매우 힘들었다. 전역의 제1단계에서는, 3개 군단(제38·제50군단과 인민군 제1군단)이 서부전선의 한강 남북 지역에서 군건하게 방어하면서, 적의 주요 공격 집단들을 압박했고, 동부전선의 횡성 지구에서는 적을 깊숙이 유인하여, 주력 6개 군단(제39·제40·제42·제66군단과 인민군 제3·제5군단)이 반격을 개시했다. 동부전선에서의 반격은 승리를 거두었지만, 지평리의 공격은 패배하여, 전체 전선에서 적의 공격을 물리치지는 못했다. 전역의 제2단계에서는, 지원군이 전체 전선에서 기동 방어로 전환하여, 차례차례 적들을 저지했다. 각고분투하면서 적의 공격을 제지하여, 전선을 38선 남북 지역에서 안정시켰다. 이번 전역에서 아군은 5만 3천 명의 사상자를 대가로 적 7만 8천여 명을 섬멸했다. 적은 연속으로 87일간 공격했지만, 단지 100여 킬로미터밖에 진격하지 못해, 평균 매일 1.5킬로미터도 진격하지 못했고, 지원군은 전략 예비대를 엄호하여 집결할 시간을 얻었다.

제5차 전역은 1951년 4월 22일에 시작하여 6월 10일에 끝나기까지, 모두 50일 동안 지속되었다. 이번 작전의 특징은, 전역이 시작되었을 때, 아군 측은 적군의 상륙 계획을 분쇄하기 위해, 앞당겨 공격을 시작하여 전투를 개시했다는 점이다. 참전 부대는 모두 15개 군단으로, 원래 보유하고 있던 지원군 제9병단과 제39·제40군단 및 인민군 제1·제2·제3·제5군단을 사용한 것 외에, 막 조선에 들어온 2개 병단의 6개 군단(제3병단의 제12·제15·제60군단과 제19병단의 제63·제64·제65군단)도 투입했다. 전역의 기본적인 지도 사상은, 일부 병력으로 적의 방어를 돌파한 다음, 곧바로 적의 종심을 향해 공격을 확대하여 적의 전체 방어 체계를 분열시키고, 주력을 집중시켜 미리 섬멸하기로 예정한 적에 대해 양 측면으로 우회하여, 정면 공격과 합동 작전을 펼쳐 분할 포위한 다음, 적을 각개 섬멸한다는 것이었다. 전역은 모두 세 단계로 나눌 수 있다: 제1단계는, 지원군이 3개 병단의 12개 군단(인민군 1개 군단을 포함함)을 집중시켜 서부전선에서 주공격을 개시하고, 7일간 격전을 벌였다. 그 결과 50여 킬로미터를 밀고 나갔으며, 적 2만 3천여 명을 섬멸하고, 동부전선의 적 측면을 노출되게 만들어, 적의 주력이 춘천·서울 지구로 물러나 방어를 구축하게 만들었다. 제2단계는, 적이 지원군의 진격을 격파하기 위해 계속 북쪽을 공격하자, 지원군은 신속하게 부대 배치를 조정하고 주력을 이동시켜, 제3·제9병단과 인민군 김웅(金雄) 집단으로 동부전선의 적을 향해 주공격을 개시했다. 맨 먼저 주력의 일부를 집중시켜 미군과 한국군의 연결을 분리시키고, 현리(縣里) 지구의 적을 섬멸했으며, 이후에 종심을 향해 공격을 확대했다. 제19병단으로 서부전선에서 미군의 주력을 견제하면서, 적극적으로 보조를 맞춰 행동했다. 이 단계에서 한국군 제3사단과 제9사단의 대부분을 섬멸했으며, 제5사단과 제7사단을 섬멸했다. 제3단계는 전략적 이동을 실행했다. 적은 제때 전투 예비대를 이용해 아군에 의해 뚫린 틈새를 틀어막고, 동부전선과 서부전선이 서로 연결되는 방어 체계를 형성했다. 그런데 지원군은 연속으로 작전을 펼치느라, 식량과 탄약이 거의 바닥났기 때문에, 계속 공격하는 것은 이미 불가능해졌다. 결국 공격을 멈추기로 결정하고, 일부 병력을 이용해 기동 방어를 진행하여, 주력 부대가 이동하여 휴식을 취하면서 정비할 수 있도록 엄호했다. 이동 중에 지원군 제180사단은 막대한 손실을 입었다. 이번 전역에서 아군 측은 8만 6천 명을 잃는 대가로 적 8만 2천여 명을 섬멸했으며, 적의 수많은 물자와 장비를 소모시키거나 노획했으며, 막 조선에 들어와 참전한 부대를 단련시켰다.

이상 다섯 차례 전역에서의 기동전 작전의 중대한 수확은 주로 다음 두

가지였다: 첫째, 적 23만여 명을 섬멸했으며, 미국을 중심으로 하는 유엔군을 400킬로미터나 격퇴하여, 그들을 압록강 주변으로부터 38선까지 돌아가게 만들었고, 아울러 전선을 38선 부근에서 안정시킨 것이다. 둘째, 적군으로 하여금 전략적 공격에서 전략적 방어로 전환하게 했으며, 또한 정전 협상을 받아들이게 한 것이다.

전략적 방어를 실행하여, 한편으로는 싸우면서 한편으로는 협상을 벌임으로써, 승리로 전쟁을 마쳤다.

1951년 6월 11일부터 1953년 7월 27일까지가 항미원조 전쟁의 제2단계이다. 이 단계에서, 중국과 조선 군대는 "지구전을 펼치며, 적극적으로 방어한다"는 전략 방침을 집행하여, 진지전을 주요 작전 형식으로 삼고, 장기적인 적극적 방어 작전을 진행했다. 그 특징은 이렇다: 군사 행동과 정전 협상을 긴밀하게 보조를 맞추어, 한편으로는 싸우면서 한편으로는 협상하여, 두들겨 패서 협상을 촉진시켰으며, 투쟁이 격렬하고 복잡했다. 또 전선은 상대적으로 안정되어, 국지적인 공격과 방어 작전이 빈번했다. 그리고 전쟁을 하는 쌍방 모두 주도권을 쟁취하여 교착 상태를 타개하고, 자신에게 좀 더 유리한 지위를 강구하려고 힘썼다.

전략적 전환을 실행하여, 조선 정전 협상이 시작되었다. 제1단계 작전이 끝난 뒤, 전쟁 쌍방의 군사력이 균형을 이루자, 전장에서 서로 대치하는 국면이 형성되었다. 유엔군이 전장에 투입한 총 병력은 69만여 명까지 증가했고, 중국과 조선 군대의 총 병력은 112만여 명으로 증가했으며, 그 가운데 지원군이 77만여 명이었다. 그러나 기술과 장비 면에서, 중국과 조선 군대는 여전히 극단적으로 열세였다. 7개월 넘는 군사적 대결을 거치면서, 미국 정부는 이미 나날이 강대해지는 중국과 조선의 군대 앞에서, 그들은 이 전쟁은 이미 승리를 거둘 희망이 없으며, 만약 장차 주요 역량이 장기간 조선 전장에 빠져 들어가 있게 되면, 곧 그들의 유럽을 중심으로 하는 전 지구적 전략에 매우 불리하다는 것을 깨달았다. 게다가 국내외의 반전 정서가 나날이 고조되고 있었기 때문에, 전략적 방어로 전환하기로 결정하고, 실력을 기초로 삼아 중국·조선 측과 협상을 진행하여, "영광스러운 휴전"을 모색할 준비를 했다. 6월 초, 미국 정부는 외교 경로를 통해 중국·조선 측에 정전 협상을 통해 적대 행위를 끝내겠다는 뜻을 내비쳤다. 중국·조선 측은 다섯 차례의 전역을 겪으면서, 지금의 무기 장비 조건하에서 단시간 내에 적들의 강력한 군대를 섬멸하고, 장비가 뛰어난 100만 명이 넘는 적군을 바다로 몰아내려는 것은 현실과 동떨어진 생각이라는 것을 깊이 느끼고 있었다. 미국이 이미 협상을 원한다는 뜻을 나타낸 것을 감안하여, 중앙군사위원회와 마오쩌둥은 1951년 6월 중순에, "지구전을 충분히 준비하고 평화 협상 체결을 쟁취하여 전쟁을 끝낸다"는 전쟁 지도 사상과 군사적으로는 "지구전을 펼치면서, 적극적으로 방어한다"는 전략 방침을 제시하여, 지원군의 작전은 당연히 협상과 서로 보조를 맞추고, 서로 부응해야 한다고 요구했다. 이에 따라, 지원군은 적시에 전략적 전환을 진행하여, 기동전을 주로 삼던 것에서 진지전을 주로 삼았으며, 군사 투쟁을 주로 하던 것에서 군사와 정치(외교) 투쟁을 "동시에 병행하였다[雙管齊下]". 부대를 단련시켜 작전 능력을 제고하기 위해, 중앙군사위원회와 마오쩌둥은 작전을 지도하면서, "영고우피당(881쪽 참조-옮긴이)", 즉 소규모 섬멸전으로부터 점차 대규모 섬멸전으로 넘어간다는 방침을 제시했다.

1951년 7월 10일, 전쟁 쌍방은 조선 정전 협상을 시작했다. 이때부터, 전쟁은 무려 2년여 동안 싸우면서 협상하는 국면이 나타났다.

유엔군의 국지적 공세와 '교살 작전·세균전'을 분쇄했다. 1951년 7월 26일, 정전 협상에서 군사분계선 문제를 논의할 때, 유엔군 측은 자신들의 공군과 해군이 우세한 것을 보상하라는 것을 구실로 삼아, 군사분계선을 중국과 조선 군대가 있는 전선의 후방에다 그어야 한다고 무리하게 요구하면서, 1.2만 평방킬로미터의 땅을 싸우지도 않고 약탈하려 했다. 조선과 중국 측의 단호한 반대에 부딪힌 뒤에는 군사 공격으로 강압하여 조선과 중국 측으로 하여금 자신들의 요구를 받아들이게 하려고 시도했다. 8월 중순부터 10월 하순까지, 유엔군은 "단계별로 공격하여, 차츰차츰 밀고 나가는"

전법을 채택하여, 연속으로 하계·추계의 국지적 공세를 개시했다. 또한 8월부터는 무려 10개월에 달하는 중국과 조선 군대의 후방 보급을 차단하는 것을 목적으로 하는 "공중에서 교통로를 봉쇄하는 전투", 즉 '교살전'을 실시했다. 1952년 초, 미군은 중국과 조선의 군인과 인민에 대해 비밀리에 세균전도 진행했다. 이에 대해 중국과 조선의 인민군대는 강력한 반격을 가해, 항미원조 전쟁의 1951년 하계와 추계 방어전·반(反)'교살전' 및 반'세균전'에서 승리를 거둠과 동시에, 반'교살전' 투쟁 과정에서는 "강철 같은 수송선(輪送線)"을 확립했다. 이 기간에, 중국과 조선 군대는 정전 협상에 보조를 맞추면서, 여전히 전술적 반격 작전을 주도적으로 진행하여, 많은 최전방의 진지들과 10여 개의 섬들을 수복했다. 이런 형세하에서, 유엔군 측은 어쩔 수 없이 무리한 요구를 포기하고, 11월 27일에 조선·중국 측과 실제 접촉선을 군사분계선으로 삼기로 하는 합의를 이루었다.

아군 측은 전체 전선에서의 전술적인 반격과 상감령 전역을 진행했다. 1952년 봄, 유엔군 측은 조선과 중국의 전쟁포로들을 강제로 억류하기 위해, 이른바 "자유 의사에 따른 송환" 원칙을 제시하면서, 조선과 중국 측이 제시한 전부 송환하자는 주장을 반대하여, 정전 협상을 교착 상태에 빠지게 만들었다. 이때, 유엔군은 하계·추계의 국지적 공세가 패배한 교훈을 받아들여, 소규모의 공격 행동과 공군의 파괴 활동을 취하면서, 방어선을 유지한 채 그에 보조를 맞춰 협상을 진행했다.

지원군은 지구전을 견지하면서, 기존의 진지를 공고히 하고, 땅굴 진지를 골간으로 삼아, 야전 진지와 서로 결합시킨 지탱점식의 견고한 방어 체계를 창조적으로 구축했다. 그리하여 기동성을 띤 적극적 방어로부터 굳게 지키는 성격을 띤 적극적인 방어로 전환하여, 주로 전선을 굳게 지키거나 적들을 소모시키는 데 사용하는 진지 방어로부터 점차 적들을 섬멸하는 것을 위주로 하는 진지 공격으로 전환하자, 공격과 방어 작전이 모두 훨씬 주도적인 지위에 놓이게 되었다. 진지가 끊임없이 공고해짐에 따라, 중국과 조선 군대는 소규모로 적을 섬멸한다는 지도 방침하에, 광범위하게 소부대 전투 활동을 전개하여 유엔군에 대해 습격과 매복 공격을 통해, 중간 지대를 탈취하여 점령하고, 그들의 핵심적인 최전방 진지와 지탱점을 탈취함과 아울러, 점차 작전 규모를 확대했다. 1952년 가을, 중국과 조선 군대는 조직적이고 계획적으로 전체 전선에서 전역(戰役) 수준의 규모를 갖춘 전술적 반격 작전을 진행하여, 유엔군의 수많은 대대급 이하 진지들을 공격하여 점령했다(이를 "항미원조 전쟁의 1952년 추계 전술적 반격 작전"이라고 부른다). 이어서 상감령 전역에서도 승리를 거두고, 유엔군이 일으킨 비교적 규모가 크고 지속 시간이 비교적 길었던 '김화(金化) 공세'를 분쇄했다.

상륙 저지 작전 준비를 진행했다. 1952년 겨울, 조선 정전 협상은 여전히 진전이 없었다. 새로 당선된 미국 제34대 대통령 아이젠하워는, 만약 협상이 여전히 성공하지 못한다면, 모든 위험을 아랑곳하지 않고 온 힘을 다해 공격을 개시하겠다고 밝혔다. 이를 위해 유엔군 총사령관인 클라크는 특별 팀을 조직하여, 아군의 측후방으로 상륙할 계획을 마련했다. 이 때문에 중국과 조선 군대는 1952년 연말부터 대규모 상륙 저지 작전을 진행할 준비를 시작하여, 조선의 동부와 서부 해안의 방어 병력과 방어 진지를 강화하고, 대량의 작전 물자를 비축했다. 정면의 전장에서도 충분히 대비했다. 1953년 4월에 상륙 작전을 저지할 준비 작업이 전부 완료되자, 유엔군은 어쩔 수 없이 군사적 모험을 진행할 계획을 포기하고, 4월 26일에 조선·중국 측과 6개월 동안이나 중단되었던 정전 회담을 재개했다.

하계 반격 전역을 개시하여, 정전의 실현을 촉진했다. 지원군은 마오쩌둥이 "정전을 쟁취하되, 지연될 것에 대비하라. 그리고 군대 쪽에서는 마땅히 전쟁이 지연될 것을 감안하여, 오로지 싸움에만 신경 쓰고, 협상에는 신경 쓰지 말아야 하며, 해이해지면 안 된다"라고 한 지시에 따라, 정전의 실현을 촉진하기 위해, 인민군과 함께 항미원조 전쟁의 1953년 하계 반격 전역을 개시했다. 5월 중순부터, 잇달아 유엔군에 대해 세 차례의 규모가 다른 공격을 진행했다. 제1차와 제2차 공격 작전을 통해, 유엔군 측으로 하여금 타협하게 만들었다. 6월 8일, 전쟁포로 송환 문제에 관해 협의를 이루었다. 6

월 15일, 합의에 따라 군사분계선을 새로 조정하는 작업도 가까스로 완성되어, 정전 협정이 머지않아 조인될 무렵, 한국 당국은 뜻밖에 "현지에서 석방한다"는 명분으로, 전쟁포로들을 강제로 억류했으며, 또한 공공연하게 "단독으로 북진하자"고 떠들면서 협정의 조인을 깨려고 시도했다. 중국과 조선 군대는 효과적으로 정전을 실현하고 정전 이후에 더욱 유리한 지위를 차지하기 위해, 다시 한국 군대에게 타격을 가하기로 결정했다. 7월 중순에 금성 전역을 중심으로 하는 제3차 공격 작전을 개시하여, 유엔군 측으로 하여금 조선과 중국 측에게 정전 협정의 체결을 보장하지 않을 수 없게 만들어, 강력하게 정전의 실현을 촉진했다.

전쟁의 제2단계(1951년 6월 11일 이후부터 1953년 7월 27일까지-옮긴이)에서, 중국과 조선 인민군대는 적군 총 72만 명을 살상하거나 포로로 잡았다.

1953년 7월 27일, 전쟁의 쌍방은 조선 정전 협정에 서명했다. 이리하여 2년 9개월에 걸친 항미원조 전쟁은 중국과 조선 군민(軍民)의 승리와 미국의 패배로 끝났다.

이 전쟁 동안에, 미국은 육군의 3분의 1, 공군의 5분의 1, 해군의 거의 절반에 가까운 병력을 조선 전장에 투입했으며, 원자폭탄을 제외한 모든 현대화된 무기를 사용했지만, 뜻밖에 패배하고 말았다. 미군은 조선 전쟁 동안에 각종 작전 물자 7,300여만 톤을 소모했으며, 전쟁에 사용한 비용은 830억 달러에 달한다.

전쟁 동안에 중국 군대는 각종 물자를 합쳐 560만 톤을 소모했는데, 그 가운데 탄약이 25만 톤에 달했고, 전쟁 비용으로 62억 위안(元)을 지출했다. 중국 군대의 총 전투 손실은 탱크가 9대, 비행기가 231대, 각종 포가 4,371문, 각종 총기가 8만 7,559정이다.

3년 동안의 항미원조 전쟁에서 중국과 조선 두 나라 인민은 위대한 승리를 거두었다. 전쟁이 끝난 뒤 중국과 조선 군대는 적 109만 명을 섬멸했다는 전과를 발표했는데, 그 가운데 지원군이 적 71만여 명을 살상하거나 포로로 잡았으며, 미군 39만여 명을 살상하거나 포로로 잡았다고 발표했다.

또 적기 1만 2,224대를 격추시키거나 파손시켰고, 적군 탱크 3,064대를 격
파하거나 노획했으며, 적군 함정 257척을 격침시키거나 파손시켰고, 적군의
각종 포 7,695문을 격파하거나 노획했으며, 파손시키거나 노획한 적군의 각
종 작전 물자는 헤아릴 수 없다고 발표했다.

III. 항미원조 전쟁의 사상자 수

1950년 10월 25일에 참전하면서부터 1953년 7월 27일에 정전하기까지,
중국 인민지원군의 총 사망자는 11만 4천여 명이고, 전투와 비전투로 부상
을 입어 병원에서 치료받은 부상자는 38만 3천여 명이다. 그 가운데 치료되
지 않아 사망한 사람이 2만 1,600여 명인데, 부상자들 가운데 제2차·제3차
부상으로 인해 통계에 중복 집계된 사람들과 치료되지 않아 사망한 사람들
및 비전투 부상자를 제외하면, 원래 최종적으로 전투로 인해 사망하거나
부상을 당해 감원되었다고 확정된 인원은 36만 6천여 명이다.

사망이나 부상으로 인한 감원 외에, 지원군은 또한 2만 9천여 명이 실종
되었는데, 실종자 가운데 미국 측 전쟁포로수용소에 있던 2만 1,400여 명
을 제외하더라도, 여전히 8천여 명이 행방불명으로, 대부분이 진지에서 혹
은 포로로 잡힌 후에 사망한 것으로 추정된다.

이리하여 실종자를 더하면, 전체 항미원조 전쟁 동안에 중국 인민지원군
은 전투로 인해 모두 39만여 명을 잃었다고 확정할 수 있다.

전투로 인한 손실 외에도, 병원에서는 병에 걸려 입원하여 치료받은 군인
과 민간인이 연인원 45만여 명이고, 그 가운데 병으로 사망한 자가 1만 3천
여 명이다. 전사자와 부상을 입고 치료되지 않아 사망한 자 등 명확한 사망
자 및 실종된 뒤 이미 사망한 것으로 추정되는 자들을 더하면, 전체 항미원
조 전쟁 동안에, 중국 군인과 인민들 중 각종 원인으로 사망한 인원은 15만
6천 명 정도이다. 조선 측에서는 상세한 사상자 숫자를 발표하지 않고 있다.

[『해방군보(解放軍報)』의 공식 웨이보(微博)@군보(軍報) 기자가 2014년 10월 29일에 보도한 바에 따르면, 군보 기자는 29일에 거행된 지원군 열사 유해 안장식에서, 현재 이미 확인된 항미원조 열사는 모두 19만 7천여 명이라는 사실을 알았다고 한다. 주목할 만한 것은, 지원군이 집계한 전장에서 전사한 사람의 수는 결코 증가하지 않았지만, 열사의 칭호를 추인한 것은 증가했다는 점이다. 이는 결코 일부 매체가 해석한 바와 같이 이전의 통계 조건을 "변경"하거나 "뒤집은" 것이 결코 아니다. 그때 동북 지구의 민공(民工: 잡부─옮긴이)들 60만 명이 조선 전장으로 출전하여 근무했는데, 그들의 사상자 숫자가 이전에는 지원군 사상자 통계에 포함되지 않았기 때문이다.

구체적인 숫자를 보면, 현재 이미 확인된 항미원조 열사는 모두 19만 7,653명이다. 확인된 항미원조 열사 명단에는 항미원조 전쟁 기간에 희생되었거나 실종된 지원군 장병·전선을 지원한 민병(民兵)과 민공·전선을 지원한 작업자 및 정전 후부터 지원군이 귀국하기 전까지 조선민주주의인민공화국의 생산과 건설을 돕다가 희생되었거나 부상이 재발하여 희생된 인원을 포함하고 있다. 이 숫자는 민정부(民政府)[298]와 총정치부가 각 방면의 공문서 자료들을 수집 정리하여, 열사들의 자료에 대해 하나하나 확인하고 선별했으며, 여러 차례 특별 연구와 비교 대조 및 사실 확인을 거쳐서 비로소 최종 확정한 것이다.

유엔군의 사상자 수는 중국과 조선 측의 통계와는 현격한 차이가 있으며, 또한 전후(前後)의 통계가 일치하지 않는다. 1953년 10월 23일, AP통신이 한 가지 수치를 발표했는데, 유엔군 측의 사상자 및 실종자/포로 총 숫자는 147만 4,269명이며, 그 가운데 미국의 전투 사상자 및 실종자 수는 14만 4,360명이라고 했다.

1957년, 조선 전쟁 중에 미국 보병 제7사단장을 맡았고, 이후에 또 미국 극동 사령관·미국 육군 참모총장·미국 합동참모회의 의장을 역임한 리만

....
[298] 중국의 민정부는 사회 행정 관련 사무를 주관하는 국무원 산하 기관으로, 부서의 장(長)은 정부급(正部級: 3급, 중앙 부처 국장급에 해당)이다.

레니쳐(Lyman Lemnitzer, 1899~1988) 대장은 일찍이 서울에서 이에 대해 동의한다고 말했지만, 한국 측은 후에 이 숫자에는 민간인 사상자들이 포함되어 있다고 주장했다.

한국 군대가 밝힌 전쟁 손실 수치가 가장 혼란스럽다.

AP통신이 공개한 숫자에 따르면, 한국 측은 총 131만 2,836명의 손실을 입었으며, 그 가운데 전사 41만 5,004명, 부상 42만 5,868명, 실종 45만 9,428명, 포로 1만 2,536명이다.

그런데 1976년에 한국 국방부의 전사(戰史)편찬위원회가 출간한 『한국 전쟁사』에서는, 유엔군 측의 사상자 및 실종자/포로의 수는 116만 8,160명이며, 한국 군대의 손실은 98만 4,400여 명이고, 그 가운데 전사 22만 7,800여 명, 부상 71만 7,100여 명, 실종 4만 3,500여 명이라고 주장했다.

이 숫자는 중국과 조선 측이 한국군 사상자를 추정한 숫자와 차이가 큰 편은 아니지만, 한국 측의 또 다른 자료에서는 거기에 비군사 인원의 사상자 숫자도 포함되어 있다고 주장한다.

중국의 저명한 전쟁사 전문가인 쉬옌(徐焰) 대교(大校)는 이렇게 말했다: 한국군 측과 정부가 선후로 발표한 손실 숫자 및 미국 측이 밝힌 한국군의 손실 숫자는 서로 큰 차이가 있다. 전쟁 초기에, 인민군이 한때 한반도의 90% 이상의 땅과 인구의 92% 이상을 해방시켰을 때, 전체적으로 혼란에 빠져 있던 한국 정부와 한국군은 자신의 손실을 정확하게 집계하기가 매우 어려웠을 것이다. 당시 한국 군대는 늘 궤멸적인 패배와 혼란을 겪었으며, 뿔뿔이 흩어지거나 도주하는 인원이 대단히 많았다. 뿐만 아니라 한국군은 때로는 패배를 감추기 위해 손실을 축소하여 보고했고, 때로는 미국에게 더욱 많은 보충을 요청하기 위해 손실을 과장하기도 했다. 그리하여 한국군 자신이 보고한 손실 숫자는 30여만 명에서부터 98만여 명까지 다양한 주장들이 있으므로, 상세한 연구를 시작했는데, 한국 측이 인정한 최소치의 군인 전투 사상자는 약 30만여 명, 실종자는 10만여 명이며, 실종자 숫자 가운데 전쟁포로로 송환된 자는 겨우 7,800여 명뿐이다. 조선 전쟁 기간에 한국군의 정확한 사상자 숫자는 한국인 자신들도 명확하게 파악하지 못한 부정확한 계산이라고 할 수밖에 없다.

전쟁 기간에, 한국군은 여러 차례 전체적으로 혼란에 빠져, 그 통계 숫자는 매우 과장되어 있다. 미군 측의 숫자는 비록 변동이 있긴 했지만, 상대적으로 변동 전후의 수치가 비교적 일치한다.

미국 측이 최근 발표한 통계 수치에 따르면, 전체 전쟁 기간 동안에, 미국 군대의 전체 사망자는 3만 3,629명이고, 기타의 이유로 사망한 사람이 2만 600여 명, 부상자가 10만 3,248명, 포로가 되었다가 송환된 사람이 3,746명이며, 그 밖에 8,142명이 아직도 실종 상태인데, 이들은 사망자에 포함시켜야 할 것 같다. 이렇게 총 손실 인원은 16만 9,300여 명이다.

쉬엔 대교는 또한, 한국 군대에 비하면, 미국 군대의 이 통계 수치는 좀 더 믿을 만하다고 여긴다. 미국의 국가 체제에 비추어 볼 때, 사망자 숫자에서 큰 착오가 생길 가능성이 그다지 크지 않다. 그렇지 않으면, 만약 어떤 사람이 전사자 명단에는 올라 있지 않고, 조선 전쟁의 미군 전사 장병 기념비에는 이름이 새겨진다면, 전사자의 가족은 틀림없이 소란을 피울 것이고, 한번 소란을 피우면 여론계가 불러일으킨 큰 파문이 미국 정부를 매우 난감하게 만들 것이다.

여타 나라들의 군대 손실 상황은 아래 표와 같다.

	전사자	부상자	실종자	포로	합계
영국	710	2,278	1,263	766	5,017
터키	717	2,246	167	217	3,347
호주	291	1,240	39	21	1,591
캐나다	309	1,055	30	2	1,396
프랑스	288	818	18	11	1,135
태국	114	794	5	0	913
그리스	169	543	2	1	715
네덜란드	111	589	4	0	704

	전사자	부상자	실종자	포로	합계
콜롬비아	140	452	65	29	686
에티오피아	120	536	0	0	656
필리핀	92	299	57	40	488
벨기에/룩셈부르크	97	350	5	1	453
뉴질랜드	34	80	0	1	115
남아프리카 공화국	20	0	16	6	42
일본	약간 명	0	0	1	

이상을 합계하면, 여타 나라들의 군대 병력 손실은 대략 1만 7,200여 명이다.

군혼(軍魂)의 대결
—맥아더와 펑더화이

◈ 맥아더

기이하게도, 미국 5성 장군 더글러스 맥아더가 지휘한 첫 번째 전투는 중국 영토에서 진행되었는데, 이 전투에서, 그의 전우는 일본인이었고, 적은 러시아인이었으며, 전장은 중국의 동북 지방이었다.

미국의 군사(軍史)에는 이렇게 기록되어 있다: 1905년, 더글러스 맥아더 중위와 그의 아버지 아서 맥아더 중장은 루즈벨트 대통령에 의해 러일 전쟁의 군사 시찰단으로 파견되었다. 한번은 그가 "일본군이 러시아군이 지키고 있는 고지를 향해 공격을 개시했는데, 6차례나 격퇴당하는 것을 목격했다. 맥아더는 참지 못하고 들판을 가로질러 달려가 일본군을 격려하면서 그들을 이끌고 고지로 돌격해 올라가 승리를 거두었다."

맥아더는 이 전투에서 군인으로서의 용맹함을 충분히 과시했으며, 또한 그의 거칠고 오만한 면모도 드러냈다. 외교적 분쟁을 일으키기가 매우 쉬운 이 기괴한 전투가 일종의 조짐이라도 되는 듯이, 이 미국 군인이 아시아 땅·아시아 민족과 떨어질 수 없는 인연을 맺게 될 것이고, 그의 영광이 아시아 땅 위에서 이루어질 것이며, 마찬가지로 그의 치욕 또한 이 땅 위에서 당할 것임을 예시해주었다.

더글러스 맥아더는 틀림없이 미국의 제도·미국의 문화가 길러낼 수 있는 미국의 가장 우수한 군인이었다. 그는 군인 가정에서 태어났다. 그의 아버지 아서 맥아더는 19세 때, 군사적 재능이 출중했기 때문에 남북 전쟁 중에 대령으로 진급하여, 북군의 같은 계급 군인들 중 가장 나이가 어린 장교가 되었으며, 남북 쌍방 군대에서 가장 나이가 어린 연대장이기도 했다.

미국 남북 전쟁의 종결은 아메리카 제국이 형성되기 시작했음을 보여주는 상징이었다. 황야의 야만적인 힘으로 충만한 이 나이 어린 나라가 내부적으로 통일을 이룬 뒤, 세계 각국의 가장 모험 정신이 풍부한 이민자들로 이루어진 이 미국 민족은 즉각 야심만만한 확장을 개시했다. 제국 확장의 첫 번째 칼은 이미 매우 늙어빠진 스페인을 겨냥했다. 남북 전쟁에서 두각을 드러냈던 아서 맥아더는 아시아로 파견되어, 미국이 스페인의 오랜 식민지인 필리핀을 쟁취하는 전투에서 큰 공로를 세우자, 전투가 끝난 뒤 그는 곧바로 미국의 필리핀 군도 주재 사령관 겸 군사 총독이 되었으며, 중장으로 진급했다. 이것이 맥아더 가문이 아시아와 인연을 맺는 시작이었다. 그때 미국 육군 역사에서는 단지 12명의 중장 계급 장교가 있었는데, 아서 맥아더가 바로 그들 중 한 명이었다.

이렇게 가문이 찬란한 군인 가정에서 태어났으니, 가풍의 영향이 어린 맥아더의 군인 기질 형성에 작용했음은 말할 필요도 없다. 맥아더는 진지하게 군사적 재능은 타고났다고 스스로 인정했다: "심지어 나는 걸음마나 말을 배우기도 전에, 말 타기와 총 쏘기를 배웠다." 이렇게 맥아더가 군인의 길로 나아간 것은 거의 필연적인 일이었다는 것은 생각해보면 알 수 있다.

1899년, 나이 19세의 맥아더는 미국 육군 장교들의 요람인 웨스트포인트 사관학교에 입학했다. 이때의 맥아더는 당연히 자신이 장차 20년 후에 이 사관학교의 교장이 될 거라고는 생각하지 못했을 것이다. 미래의 교장은 갓 입학하자마자 자신의 매우 뛰어난 재능을 드러냈다. 웨스트포인트 사관학교의 전통에 따라, 맥아더는 고학년 생도들의 "아낌없는" 환대를 받았다. 웨스트포인트의 고학년 생도들은 평소에 저학년 생도들을 "단련시킬" "특권"을 갖고 있었는데, 미국인들은 이런 전통적인 "단련"이 진정한 군인이 반드시 명령에 절대 복종하는 기질을 기르는 데 도움이 된다고 여겼다(일본 사관학교의 수법이 이와 상당히 유사하다). 불행한 맥아더는 자신의 아버지가 유명한 장군이었기 때문에 더욱 많은 "돌봄"을 받았다. 어느 날 밤, 그는 바지를 완전히 벗고 수직으로 세워놓은 총검 위쪽에 쪼그리고 앉아서, 엉덩이가 반드시 총검에 닿아 있어 총검이 땅에 쓰러지지 않게 하라는 명령을 받았다. 이러한 자세가 인체에 가하는 고통은, 누구라도 한번 해보면 곧 알 수 있다. 맥아더는 오래 유지하지 못하고 다리에 쥐가 나면서, 녹초가 되어 총검 위에 주저앉았으니, 그 엉덩이의 처참한 모습은 생각해보면 알 수 있을 것이다. 이 사건은 매우 빨리 학교 측뿐만 아니라 더 고위층 인사들을 놀라게 하여, 법원 조사팀이 와서 웨스트포인트의 이 영예롭지 못한 방법을 조사했다. 맥아더는 뜻하지 않게 주요 증인이 되었는데, 그는 조사 팀에게 "단련"을 받았던 세세한 과정을 모조리 털어놓았다. 그러나 조사팀이 그에게 못된 짓을 한 고학년 생도의 이름을 밝히라고 했을 때, 이 나이 어린 생도는 명령에 불복종하면 학교에서 제명당할 위험을 무릅쓰고, 자신의 선배들을 팔아 넘기기를 거부하면서, 고귀하게 침묵을 지켰다. 이 일은 즉각 그에 대해 웨스트포인트 사관학교 생도들이 입을 모아 "이 녀석 괜찮은 놈인데"라고 칭찬하면서 다시 보게 만들었다. 이후부터 그는 웨스트포인트에서 순탄하게 지낼 수 있었다.

사관학교 시절, 맥아더는 뛰어난 재능으로 자신이 남들보다 우수하다는 것을 실증했다. 학업에서는 4년 가운데 그가 3년을 전체 학년에서 1등을 차지했고, 졸업할 때의 전체 성적은 98.14점이었다. 이는 웨스트포인트 25년 동안 생도가 취득했던 최고의 성적이었다. 군사 과목에서, 그는 미국 육군에서 사람들이 가장 누리고 싶어 하는 영예인 생도대의 제1대장(隊長)을 획득했다. 체육에서는 웨스트포인트 야구 대표 팀의 유격수였다. 중국의 기준에 따르면, 맥아더는 "지덕체(智德體)가 골고루 발달한" 훌륭한 학생이었다고 할 수 있다.

졸업한 뒤, 맥아더는 자기 아버지의 발자취를 따라, 공병 장교가 되어 필리핀으로 갔다. 이때부터 그는 이 나라와 뗄 수 없는 인연을 맺게 된다. 한

번은 근무 중에 맥아더가 두 명의 필리핀 독립운동 유격대원과 조우했는데, 매복 공격을 받는 상황에서 패배를 뒤집어 승리로 만들었다: "모든 국경지대의 주민들처럼, 나의 권총 탄환은 빗맞은 것 없이, 이들 두 사람을 현장에서 사살했다." 또한 바로 이때 근무하면서, 그는 막 법률학교를 졸업한 두 명의 필리핀 젊은이들—마누엘 케손(Manuel Luis Quezon y Molina, 1878~1944)과 세르히오 오스메냐(Sergio Osmeña, 1878~1961)—을 우연히 만났다. 이들 두 젊은 학생들은 몇 년 뒤에 모두 필리핀의 대통령이 되었고, 그들의 이후 운명은 서로 관련을 갖게 된다.

얼마 지나지 않아, 맥아더는 일본에 파견되어 아버지의 수행 참모가 되었다. 아버지 아서 맥아더는 당시 미국의 러일 전쟁 시찰 요원이었다. 부자 두 사람은 본래의 직무 외에 스파이 활동을 하게 되었는데, 아메리카 제국의 가장 우수한 젊은 장교는 이때부터 자신의 주요 적수가 되는 일본 제국을 자세히 살펴보기 시작했다. 맥아더는 직접 보면서 일본 군대를 이해하기 시작했고, 다음과 같은 결론을 얻었다: 일본의 고위 장교들은 좀 "잔혹하고 무정하며, 말수가 적고 과묵하며, 차갑기가 얼음이나 서리 같은 데다, 목적이 흔들리지 않는" 사람들이며, 일본의 보통 사병들은 "용감하고 두려움을 모른다". 또 그는 일본 제국의 전략적 의도를 날카롭게 예측했다: "이미 조선과 중국의 대만을 정복했으니, 그들은 반드시 손을 뻗어 태평양을 장악하여, 극동의 지배자가 되려 할 것이며, 이는 매우 분명하다." 이어서 부자 두 사람의 발자취는 동남아시아와 인도까지 두루 미쳤고, 도처에서 정보를 수집하면서, 맥아더는 식견을 키우고 견문을 넓혔다. 한 명의 제국주의자로서 그는 더욱 아시아의 아름다운 땅에 대해 군침을 흘리게 되었으며, 그는 자신이 갔던 나라들은 "나와 밀접한 관계가 있다"고 여겼다. 이러한 곳들은 "내 생애의 모든 세월을 한층 더 빛나게 해주었으며, 내 일생에 깊은 영향을 미쳤다." 그는 처음으로 아프리카에 발을 내디뎠던 유럽의 식민주의자들과 마찬가지로, 생소한 땅들에 대한 탐욕으로 충만했다: "나는, 미국의 미래와 생존은 아시아 및 그곳 섬들의 전초 기지에 밀접하게 연관되어 있음을 분명히 보았다." 자기 나라의 생존을 구실로 다른 나라 땅을 엿보는 것, 이것은 모든 제국주의자들의 가장 허울 좋으면서도 가장 흔히 사용하는 구실이었는데, 젊은 맥아더는 장차 아메리카 제국이 아시아를 지배하도록 하기 위해 평생 분투하게 된다.

짧은 스파이 생활을 마치자, 맥아더는 미국으로 돌아가서, 어느 나라 어느 군대에나 있는 용감한 기상이 넘치는 하급 장교들과 마찬가지로, 그도 어쩔 수 없이 하급 부대에서 매우 고통스럽게 9년을 참으며 견뎠다. 이 기간 동안에 뜻밖에도 몇 번이나 제대하여 사업을 할까도 생각했다. 군인의 기회는 언제나 전장에 있는 법이니, 그는 결국 미국과 멕시코의 충돌이 폭발할 때까지 참고 견뎠다. 멕시코의 황야에서 맥아더는 혼자서 적 후방에 잠입하여 정찰하다가 발각되었는데, 미친 듯이 날뛰는 카우보이 스타일의 추격전 과정에서, 맥아더는 적 7명을 사살하고 몸을 보전하여 후퇴했다. 이 전투는 전군에 널리 알려졌다. 이어서 제1차 세계대전 중에, 맥아더 대령은 레인보우 사단의 참모장을 맡았다. 그는 용감하게 싸웠기 때문에, 전쟁이 끝났을 때, 그는 미군 가운데 가장 많은 훈장(미국의 각종 훈장 12개와 몇 개의 프랑스 훈장)을 받은 장교가 되어 있었다. 그의 용감함과 함께 유명한 것으로는 또한 그가 자신을 내세우기를 좋아하는 성격도 있었다. 전투 중에 그는 철모를 쓰지 않고 천으로 만든 모자를 썼고, 몸에는 번쩍거리고 옷깃이 높은 털옷을 입었으며, 손에는 말 채찍을 들었고, 각반(脚絆)조차도 번쩍거렸다. 그래서 그의 별명은 "원정군 속의 플레이보이"였다. 그는 당시 미국 군대의 최고 실권자인 퍼싱(John J. Pershing, 1860~1940) 장군에 의해 "우리 모두의 가장 위대한 장교"라고 불렸다. 이리하여 그의 출세 가도는 순풍에 돛을 달았다.

제1차 세계대전이 끝난 후, 맥아더는 귀국하여 웨스트포인트 사관학교 교장이 되어, 탁월한 성과를 거둔 개혁을 단행했는데, 미국 역사가들은 이렇게 평가했다: "그가 미국 사관학교 방면에서 새로운 길을 개척한 노력은, 그가 현대 군대를 건설하는 데에서 이룬 가장 중요한 공헌들 중 하나이다."

맥아더는 "미국 현대 군사 교육의 창시자"로 칭송되고 있다. 1930년, 맥아더는 마침내 미국 육군의 최고위직에 올라, 육군 참모총장이 되었다. 이때 나이 50세로, 미국 육군 역사상 최연소 참모총장이었다. 당시는 바로 유명한 미국의 경제 대공황 시기로, 맥아더는 위아래 사람들을 분주히 찾아다니며, 재정이 극도로 부족한 상황에서, 온 힘을 다해 미국 육군의 이익을 지켜냈다. 그 기간에 또한 훈장이 잔뜩 달린 군복을 입고서 직접 거리를 돌아다니며 자신의 지난날의 전우들—워싱턴에서 시위를 하며 돌아다니던 미국의 제1차 세계대전 퇴역 노병들[299]—을 진압했다. 그리하여 미국 우익 정객들의 일치된 총애를 받았다.

1935년, 맥아더 참모총장의 임기가 만료되었는데, 아직 9년은 더 있어야 정년퇴직을 할 수 있었다. 그는 힘든 선택에 직면했다. 만약 그가 군대에 남으려면 스스로 신분을 낮추어 비교적 낮은 지휘 직무에 종사할 수밖에 없었다. 이때, 그가 필리핀에서 친교를 맺었던 젊은 변호사 케손이 그를 끌어들였다. 이때 그는 막 필리핀 연방의 대통령(당시의 필리핀은 아직 미국의 식민지였으며, 제2차 세계대전 후에 미국은 비로소 그의 독립을 허락했다)에 취임했는데, 케손이 맥아더에게 자신이 필리핀 군대를 창설하는 것을 도와달라고 초청했다. 맥아더는 자신이 선발한 참모장—후에 미국 대통령이 되는 아이젠하워—을 데리고 가서 흔쾌히 부임했다. 2년 뒤, 허영심이 대단히 강한 맥아더는 자신에게 필리핀 원수 계급을 달라고 케손을 협박했고, 이를 위해 그는 자신이 38년간 복무했던 미국 육군을 미련 없이 정식으로 물러났다. 우스운 것은, 이때 필리핀 군대는 아직 거의 존재하지 않았는데, 맥아더 자신은

---

299 보너스 아미(Bonus Army)라고 부른다. 1924년에 제정된 국가배상법에 따라, 미국 정부는 제1차 세계대전에 참전했던 퇴역 군인들에게 상여금을 지급해야 했다. 그러나 기금의 형성이 늦어졌기 때문에 퇴역 군인들은 상여금을 전혀 받지 못하고 있었고, 1929년 이후의 경제 대공황으로 인해 퇴역 군인들의 생계는 극도로 궁핍해졌다. 이에 퇴역 군인 및 그들의 가족들은 정부가 빠른 시일 내에 상여금을 지급할 것을 요구하면서 워싱턴에서 시위를 벌이자, 맥아더는 1932년 7월 28일에 현역 군인들과 6대의 탱크를 동원하여 시위대를 강제 해산했다. 이 과정에서 2명이 사망하고, 1천 명 이상의 부상자가 발생했다고 한다.

이 때문에 미국인들에게 "루손의 나폴레옹"이라고 비웃음을 샀다. 고위 장교로서, 허영심이 대단히 강하고 사욕이 지나치게 강한 것은 맥아더의 일생에서 치명적인 약점이었다.

맥아더가 필리핀 원수에 부임했을 때, 일본 제국의 군벌들은 북진하여 소련을 정벌할 것인가, 아니면 남하하여 남양 군도를 공격하여 미국·영국과 교전을 벌이는 대전략을 취할 것인가를 두고 언쟁이 그치지 않았다. 대변혁 시대의 격렬한 천둥소리는 머지않아 맥아더로 하여금 그가 오매불망 추구하던 풍운의 인물이 되게 한다. 일본 제국의 군벌들이 마침내 남진하기로 결심했을 때, 필리핀 군도가 가장 먼저 그들의 공격을 받았다. 당시 맥아더는 이미 다시 미국 육군에 들어가 현역으로 복무하고 있으면서, 미국 극동의 전체 육군과 공군을 통솔하고 있었고, 그가 이전에 관할하던 필리핀 군대는 전부 미국의 수비 부대에 편입되어 있었다. 당시 필리핀과 미국의 관계는 이로부터 어느 정도 알 수 있을 것이다.

일본 군대가 머지않아 불러일으킬 남진의 세찬 조류를 앞에 두고, 동양 민족들에 대한 멸시와 인종적 우월감 때문에, 맥아더는 일본 제국의 의도와 역량을 잘못 평가했다. 그는 일본인들은 절대로 감히 미국을 겨냥한 군사 행동을 공개적으로 취하지 못할 거라고 판단했다. 훗날 미국 역사학자는 이렇게 말했다: "그는 실수하여, 일본인들의 능력과 의도를 대단히 잘못 판단했다." 전략적 판단의 실수는 당연히 전장에서의 참패를 초래하기 마련이다. 일본군이 진주만을 기습한 바로 그날 조금 늦은 시각, 우연한 원인과 지휘에서의 실수 때문에, 맥아더의 공군력은 거의 대부분 중국 타이완에서 이륙한 일본군 전투기들에 의해 필리핀의 큰 비행장 몇 곳이 폭격을 받으면서 파괴되었다. 맥아더는 본래 이 일로 인해 엄격한 징계를 받아야 했지만, 이때 진주만 사건으로 정신이 없던 미국 군사 총사령부는 맥아더의 잘못을 파헤칠 생각도 하지 못했다[훗날 미국 군사 역사가는, 맥아더가 운이 좋게도 진주만의 해군 사령관인 킴멜(Husband Edward Kimmel, 1882~1968)이나 쇼트(Walter Campbell Short, 1880~1949) 육군 사령관처럼 치욕적으로 해임되는 운명을 피해 갔다고 말했다. 그들은 심지어 맥아더의 실수는 군사법정에 보고할 만한 일이었다고 말했다]. 이어서 맥아더의 주요 해군력인 잠수함 부대는, 사람들이 상상할 수도 없을 정도로 품질이 열악한 어뢰와 제공권 상실로 인해, 전투를 벌이자 엉망진창이 되어, 필리핀 군도를 지키는 역할을 상실해버렸다. 제공권과 제해권을 상실하자, 맥아더는 일본인들이 필리핀 군도에 상륙하는 것을 그냥 내버려둘 수밖에 없었다. 포악한 일본 육군 부대가 매우 빨리 루손 섬을 일소하자, 맥아더 휘하의 미국-필리핀 연합군은 일패도지했고, 맥아더 자신은 일본인들에 의해 마닐라의 호화로운 고급 호텔에서 패잔병들과 함께 곧바로 바탄 반도의 악취가 진동하는 땅굴 속으로 가서 최후의 저항을 했다. 견고한 진지에 의지하여, 맥아더는 일본군의 몇 차례 공격을 성공적으로 막아냈다. 이때 미군은 태평양 전장에서 연전연패했기 때문에, 맥아더가 바탄에서 저항에 성공한 것은 전체적으로 암담한 전쟁 국면에서 유일하게 빛났으므로, 미국 여론은 즉각 맥아더를 "바탄의 영웅"으로 치켜세웠다. 맥아더가 포로가 된 뒤에 생길 끔찍한 정치적 영향을 피하기 위해, 루즈벨트 대통령이 맥아더에게 바탄에서 철수하라고 명령하자(제1진으로 철수한 것은 미군의 암호 부대이다), 마지막 4척의 낡은 어뢰정에 의지하여, 맥아더와 그 가족들은 7만여 명의 미군을 내버려둔 채, 요행히 일본군의 해상 봉쇄선을 벗어나, 오스트레일리아로 달아나 다시 진용을 갖출 준비를 했다. 맥아더 자신마저도 그가 일개 패장에서 하룻밤 사이에 미국 국민들이 추앙하는 신화적인 인물이 되었으리라고는 전혀 생각하지 못하고 있었다. 훗날 미국 역사가가 분석하기를, 당시 일본군은 태평양을 휩쓸었고, 미국은 군사적으로 아무런 성과를 거두지 못하고 있었는데, 바탄의 영웅 맥아더가 교활한 일본인들을 속이고 구사일생으로 살아남는 데 성공하자, 이는 당시 암담해 하던 미국에 대해 말하자면 정말이지 한 방의 흥분제였다. 맥아더의 명성은 이리하여 절정에 이르렀고, 미국인 모두가 다 아는 전쟁 영웅이 되었으며, 수많은 미국 시민들은 그에게 대통령 선거에 출마하라고 요구했다.

　태평양 전장의 첫 전투에서 패배한 맥아더는 남서태평양 연합군 사령관으로 임명되었는데, 이때의 전황은 이미 일본군에게 불리한 변화가 발생하기 시작했다. 암호가 해독당하고 전술에서의 실수로 인해, 일본 해군은 미드웨이 섬에서 참패하면서, 전반적으로 전략적 공격 능력을 상실하고 말았다. 이어 피비린내 나는 과달카날 섬 쟁탈전 과정에서 미국 해병대와 미국 해군은 긴밀하게 협조하여 일본 해군으로 하여금 많은 피를 흘리게 만들었다. 맥아더는 또한 파푸아뉴기니에서 과도하게 확장하던 일본군 침입 부대를 성공적으로 물리쳤다. 일본 제국이 절대로 그와 필적할 수 없는 강대한 국력에 의지하여, 미군은 태평양 전장에서 즉각 전면적인 반격으로 돌아섰다. 맥아더의 군사적 재능은 미군의 반격 과정에서 비로소 진짜 빛을 발하기 시작했다. 비스마르크 해전 과정에서, 맥아더의 육상 기지 공군은 일본 수송선단을 통렬하게 공격하여, 거의 1만 명이나 되는 일본 병사들을 바다 속에 익사시켰다. 살라마우아-라에 전역(Salamaua-Lae campaign) 과정에서, 맥아더는 상륙 작전의 모든 정수를 배웠다. 이후 맥아더는 남서태평양 전장에서 요새를 공격하여 땅을 빼앗는 것이 마치 무인지경에 들어가는 듯했다. 휘하의 삼군(三軍)이 긴밀히 협조하도록 지휘하여, 수십 차례의 상륙 작전을 전개했으며, 그가 직접 지휘한 상륙 작전도 11차례나 되었다.

절대적으로 우세한 해군과 공군에 의지하여, 맥아더는 일본군이 점령한 섬들 속으로 종횡무진 돌격해 들어갔다. 그는 때로는 섬을 건너뛰고 작전을 펼쳐[300], 제해권과 제공권을 상실한 수십만 명의 일본군 정예 부대들을 뒤에 있는 고립된 섬에 남겨두어 산 채로 굶어죽게 만들었다. 또 때로는 강력한 상륙 작전을 개시하여, 주요한 섬들을 빼앗아 해군과 공군 기지를 건설함으로써, 다음번의 섬을 건너뛰는 작전을 위한 기초를 다졌다. 이렇게 그 용병술의 악랄하고 교활함은 섬을 지키는 일본군 부대들을 속수무책으로 만들어, 마치 독안에 든 쥐처럼 만들어버렸다. 이렇게 탁월한 효과를 거둔 반격은 맥아더의 군사적 재능을 남김없이 보여주었다. 1944년 10월 20일 새

---

300 맥아더는 이를 "건너뛰기 전략(leapfrogging strategy)"이라고 불렀다. 역사가들은 평가하기를, 맥아더의 이 전략이 태평양 전쟁의 종전을 앞당기는 데 큰 역할을 했다고 한다.

벽, 맥아더와 상륙 부대는 물을 건너 해안에 상륙했고, 마침내 극적으로 필리핀을 되찾았다. 그리하여 그가 필리핀에서 퇴각할 때 약속했던 "나는 반드시 돌아올 것이다(I shall return)."라는 말을 실천하고, 바탄을 탈출할 때의 굴욕을 철저히 씻어냈다. 1945년 9월 2일, 맥아더는 전함 '미주리(Missouri)' 호 위에서 일본의 항복을 받는 의식을 주관함으로써, 그는 마침내 감히 아메리카 제국과 패권을 다투던 일본 제국을 격파했으며, 그는 실질적인 일본의 독재자가 되었다. 그의 권력의 크기는 일본인들이 그를 "식민지 총독, 바쿠후(幕府) 시절의 쇼군(將軍)·차르"라고 부를 정도였다. 일본에 주재하던 기간에, 맥아더는 현대 일본의 건립을 위해 큰 공헌을 했다. 그는 일본인들이 다시 헌법을 제정하도록 허락하여, 천황(天皇)과 군정(軍政) 권력을 분리시켰다. 또 그는 일본인들로 하여금 자신들의 국회를 구성하게 했으며, 일본 역사상 최초의 '권리법(權利法)'을 부여하여, 일본 여성들이 새로운 사회적 지위를 획득하도록 했다. 한마디로 말해, 그는 현대 일본의 비약을 위한 기초를 다졌다. 그러나 반공의 필요성 때문에, 그는 일본의 사실상 최고 전범인 히로히토(裕仁) 천황을 친히 구제해주기도 했으며, 또한 여타 수십만 명의 크고 작은 일본 전범들을 마땅히 받아야 할 징벌에서 벗어나게 해줌으로써, 일본 군국주의가 부활할 수 있는 역사의 숨은 폐해를 남겨놓았다. 오늘날 일본에서 나날이 창궐하고 있는 극우 세력의 배후에는 바로 맥아더의 그림자가 있다.

　1950년, 조선 전쟁이 발발하자, 70세가 넘은 맥아더는 유엔군 총사령관으로 지명되어, 지구상에서 이보다 더 높을 수 없는 군직(軍職)을 맡았다. 이때, 미군은 조선인민군과 교전하여 여러 차례 패배했으며, 인민군은 조선 최후의 해안 진지인 부산 방어선에 있는 미군을 맹렬하게 공격하기 시작했다. 김일성은 이미 조선의 90%에 달하는 땅과 92%에 달하는 인구를 점령했다. 전장의 위기 국면을 맞이하자, 맥아더는 자신의 강력한 명망으로 다수의 의견을 물리치고, 인민군 전선 측후방인 인천에서 매우 대담한 상륙 작전을 실시하여, 조선인민군의 중간을 가로질러 포위함으로써, 그들에게 치명적인 참패를 안겨주었다. 아울러 재빨리 서울을 점령하여 대한민국을 다시 일으켜 세우고, 이어서 또 조선을 향해 대규모 공격을 개시했다. 인천 상륙은 군사 지휘 예술의 걸작으로, 전쟁사에서 세상을 깜짝 놀라게 한 사건이었다. 이는 맥아더가 가장 명예로웠던 때로, 그의 55년에 걸친 군인 생애에서 절정기였다. 당시 미국과 소련이 대립하는 '냉전'이라는 배경하에서, 그는 전체 서방 세계 최고의 전쟁 영웅이 되었으며, 전체 미국은 그에 대해 설설 기면서, 거의 그를 신으로 여겼다(맥아더 또한 줄곧 스스로 신이라고 생각했다). 이때 미국 군대는 이미 중국의 국경까지 압박했는데, 미군 비행기들은 중국의 변경 도시들을 계속 폭격했고, 제7함대는 중국 타이완 해협에 들어와 머물면서, 조선 전쟁과는 추호도 관계가 없는 중국에 대해 엄중한 위협을 가했다. 중국으로부터 계속 경고를 받은 미국 대통령 트루먼이 맥아더에게 중국이 참전할 것인지 여부를 물었을 때, 그는 매우 자신 있게 말했다: "만약 중국인이 평양에 진입하려고 시도한다면, 곧 가장 큰 규모의 살육이 한바탕 벌어질 것입니다." 그가 이 말을 했을 때, 매우 검소하고 성실한 중국의 군인 펑더화이는 이미 압록강의 맞은편 강변에 서 있었다. 중국과 미국 두 나라의 가장 걸출한 전사는 곧 한바탕 목숨을 건 대결을 펼치게 된다.

◆ 펑더화이

동시대의 절대 다수 공산당 장교들과 마찬가지로, 펑더화이도 농민 가정에서 태어났다. 뭔가 차이가 있다면, 그 가정의 빈곤한 정도가 사람들이 믿기 힘들 정도로 찢어질 듯이 가난했다는 것이다. 펑더화이는 말년에 이렇게 회고했다: "집 안에 있던 모든 가재도구들, 침대와 문짝까지 모조리 팔아치웠습니다. 몇 칸의 초가집 역시 저당 잡혔고, 두 칸의 방만 남겨두고 생활했는데, 맑은 날에는 해를 가릴 수 있었지만, 비가 올 때는 방 안이나 밖이나 똑같았고, 쇠솥은 물이 새서, 솜으로 단단히 틀어막아야 물을 끓일 수 있었습니다. 옷차림은 대단히 남루하여, 한겨울에 다른 사람들은 솜옷에 신발과 양말을 신었는데, 우리 형제들은 여전히 맨발에 짚신을 신었고, 몸에는 도롱이를 걸쳤으니, 원시인이나 다름없었습니다." 펑더화이가 어렸을 때의 가정 형편은 바로 당시 중국 농촌 사회가 아편 전쟁 이후 수십 년 동안의 전란을 거치면서 결국 철저하게 파산한 비참했던 상황의 실제 모습으로, 당시의 역사적 배경을 이해해야만, 비로소 훗날 왜 그렇게 목숨까지도 기꺼이 바치면서 모든 것을 아랑곳하지 않는 수많은 농민들이 중국공산당의 깃발 아래 모여들어, 신중국을 세우기 위해 피투성이가 되어 싸웠는지를 이해할 수 있다. 펑더화이는 바로 그들 가운데 걸출한 대표자였다.

펑더화이가 만 10세 되던 해에, 집안의 생계가 완전히 끊기자, 정월 초하루에 그는 어쩔 수 없이 동생과 함께 나가서 거지 노릇을 하면서, 약간의 밥을 구걸하여 굶어 죽지 않기를 바랐다. 시주하는 사람이 행운을 얻으려고 펑더화이에게 초재동자(招財童子)[301]냐고 물었을 때, 정직한 펑더화이가 거지라고 대답하자, 결국 그 사람은 그의 동생에게만 밥 한 그릇을 주었다. 펑더화이는 큰 눈이 휘몰아치던 그 정월 초하루를 영원히 잊지 못했다. 그 날 해가 질 때까지, 공화국 미래의 원수(元帥)는 동생을 데리고 다니면서 하루 종일 밥을 구걸하다가, 억지로 버티며 집에 돌아가는 도중에 땅바닥에 곤두박질치면서 배가 고파 정신을 잃고 말았다.

이때부터 펑더화이는 곧 구걸을 거부하고, 장작을 패거나 물고기를 잡거나 석탄을 캐거나 지주의 양을 키워주는 것에 의지하여 집안의 생계를 유지했다. 이때 그는 10대 초반이었지만, 매일 잠을 6시간도 자지 못했다. 약간 체력이 있을 때, 그는 또한 광산 노동자가 되어 석탄을 캤는데, 광산주가 도망쳤기 때문에, 2년 동안에 고작 4되[升]의 쌀을 임금으로 받았다. 15세 때, 후난성(湖南省)에 큰 가뭄이 들어, 굶주린 민중들이 자발적으로 지주의 집으로 몰려가 식량을 약탈하자, 반항 정신이 강했던 펑더화이는 앞장서서 참가했다가 관아에 체포되었다. 그는 둥팅후(洞庭湖)로 도망쳐 제방 공

---

[301] 불교에서, 선한 일을 하는 사람에게 행운과 재물을 가져다준다고 알려진 동자이다.

사를 하며 흙을 져 날랐는데, 2년 반 후에 고작 쌀 3석 반을 임금으로 받았다. 펑더화이의 어린 시절과 소년 시절은 바로 이렇게 매우 힘든 고난 속에서 지나갔으며, 힘든 생활은 그로 하여금 온갖 어려움을 겪으면서도 굽히지 않는 강인한 성격을 갖게 해주었다. 그런데 이는 바로 우수한 군인의 가장 중요한 자질이다. 또한 바로 이렇게 사회의 가장 밑바닥 생활은 펑더화이로 하여금 당시 중국 사회의 상황을 이해하게 해주어, 가난한 사람들을 위해 정권을 잡겠다는 목표를 세웠기 때문에, 그가 나중에 군벌 부대에서 병사가 되었을 때 늘 잊지 않고 생각한 것이 "지주를 죽이고, 농사를 지어 세금을 내지 않아야만 비로소 해방될 수 있다"는 거였다. 동시에 노동하는 인민들과 일체가 된 생활은 또한 그에게 흠잡을 수 없고 영원히 사람들이 경모하는 숭고한 도덕적 품성을 갖게 해주었다. 원수는 훗날 이렇게 회상했다: "유소년 시기에 이렇게 가난하고 힘들었던 삶이, 나에게는 단련이었어요. 이후의 세월 동안, 나는 늘 어린 시절의 경험을 회상하면서, 부패하지 말고 가난하고 힘든 인민들의 생활을 잊지 말아야 한다고 스스로를 채찍질했습니다."

증궈판(曾國藩, 1811~1872)이 거느리고 출격하여 태평천국을 무찌른 상군(湘軍)이 생겨나면서부터, 군인이 되어 밥을 먹는 것은 바로 후난(湖南) 젊은이들의 이상적인 활로였으니, 이른바 "후난이 없으면 군대를 구성할 수 없다[無湘不成軍]"고 했다. 펑더화이는 당시 입대한 대다수의 후난 젊은이들과 마찬가지로, 살기 위해 어쩔 수 없이 군인의 길로 나아갔다. 17세 때, 펑더화이는 후난 군대의 제2사단에 들어가 군인이 되었고, 이때부터 그의 전장에서의 삶이 시작되었다.

상군 제2사단은 군벌 부대였는데, 당시의 구(舊)군대는 완전히 군벌 개인이 권력과 이익을 탈취하는 도구였다. 그 부패와 어두움은 정말이지 필묵으로 형용할 수 없을 정도였고, 그 끔찍함의 정도는 오늘날 사람들이 상상하기 어려울 정도였다[이에 대해 관심이 있는 독자들은 펑위샹(馮玉祥, 1882~1948)[302]의 자서전인 『我的生活』을 보라]. 이러한 군벌 부대는 잠식력이 매우 강한 커다란 악의 소굴이어서, 무수히 많은 열혈 청년들이 나라에 충성할 마음을 품고 군인이 되었다가, 얼마 지나지 않아 생존을 위해 어쩔 수 없이 그들과 한 패거리가 되어, 군벌들의 내전 도구로 전락했다. 그러나 펑더화이는 이런 부대에서 꼬박 12년 동안 활동하면서도, 12년 동안 그는 시류에 휩쓸리지 않고 자신의 신념을 지키면서, 온전히 자신의 놀랄 만한 용맹함과 뛰어난 군사적 재능에 의지하여 일개 병사에서부터 한 걸음씩 진급하여 상군 주력 연대의 연대장이 되었고, 상군에서 가장 잘 싸우는 연대장으로 공인되었다. 더욱 대단한 것은, 그는 뜻밖에 상하 통제가 매우 엄격한 구군대에서 먼저 비밀리에 구빈회(救貧會: 빈곤 구제 모임-옮긴이)를 설립했다가, 나중에는 다시 당 조직을 건설하여, 마침내 대혁명이 실패하여 가장 침체했던 시기에 펑장기의(平江起義)를 일으켜, 공산당을 위해 장차 중국 혁명 전쟁에서 일거수일투족이 중요한 역할을 하는 군사적 역량을 키워냈다는 점이다.

펑더화이의 초기 상군 시절에는 이른바 위기가 도처에 도사리고 있었다고 할 수 있다. 그는 일찍이 직계(直系)[303] 군벌의 후방으로 파견되어 사복 정찰병(펑더화이는 이를 "정탐"이라고 불렀다)이 되었는데, 의심을 받고 체포되어 보름 동안 투옥되었고, 모진 고문을 여러 차례 당했다. 펑더화이는 이렇게 기억했다: "그 가운데 한번은 정말이지 견뎌낼 수가 없어서, 정찰병이라고 인정하고 죽어버리면 그만이라고 생각했다. 그러나 곧바로 그러지 않기로 다짐했다. 내가 정탐하러 와서, 임무를 완수하지는 못하고, 도리어 적에게 이용당해서는 안 되었다. 내가 인정하지 않고 죽겠다는데, 적들이 나를 어찌하겠는가!" 그래서 이를 악물고 말을 하지 않았고, 결국 증거 부족으로

<hr>

302 중국의 주요 군벌들 가운데 하나로, 청나라 마지막 황제의 퇴위(1912), 국민당 군대의 베이징 점령(1928) 등 중국 근대사의 주요한 사건들에서 큰 역할을 했다. 하지만 1929년에 국민당 정권에 반기를 들었다가 장제스에게 패배했고, 그 이후에는 이전과 같은 군사적·정치적 위상을 다시는 누릴 수 없었다.

303 직계 군벌이란, 민국 시기 군벌들 가운데 위안스카이(袁世凱)가 이끌던 북양(北洋) 군벌의 한 계파로, 이 계파의 우두머리들이 대부분 직예(直隸: 지금의 허베이河北) 출신이었고, 여러 가지 정치 이념에서 공통점이 있었기 때문에 붙여진 이름이다. 대표적인 인물이 펑궈장(馮國璋)이며, 정치적으로 영국과 미국에 우호적이었고, 옛 지주 계급을 대표했다.

석방되었다. 작전에서 용감했기 때문에, 6년간 출정하여 전투를 치르는 동안, 펑더화이는 이등병, 일등병, 부분대장에서부터, 분대장, 부소대장, 소대장, 중대장 대리로 점차 진급했다. 이때, 소박한 계급의식이 발동하여, 펑더화이는 일부 우수한 병사들을 부추겨서 군대 내에 비밀 조직인 '구빈회'를 설립했다. 이 비밀 단체는 마오쩌둥의 "지부(支部)는 중대에 설립한다[支部建在連上]"[304]는 군대 건설 책략과 방법은 달라도 효과는 같은 절묘함이 있었으며, 이후 펑더화이가 이끄는 부대에서 매우 중요한 핵심적인 역할을 했다. 그리하여 그 부대로 하여금 다른 군벌 부대와는 달리 강인한 전투력을 유지하게 해주었다.

펑더화이는 중대장을 맡고 있던 기간에, 현지의 거물 악질 토호인 오우성친(歐盛欽)을 비밀리에 처형했는데, 이 사실이 누설되는 바람에 체포되어, 성도(省都: 성 정부 소재지-옮긴이)로 압송되어 처형당하게 되었다. 호송 도중에 그를 동정한 병사가 몰래 그의 포승을 느슨하게 풀어주자, 라도다오허(撈刀河)[305]를 건널 때, 펑더화이는 돈을 수색하러 온 소대장을 물속에 처박아 버리고, 필사적으로 포승줄을 벗어나 도주했다. 그를 동정하던 병사가 허공에 총을 몇 방 발사하고 일을 마무리하여, 펑더화이는 요행히 목숨을 부지하고 옛 분대장의 집으로 도망쳐 잠시 피신했다. 여기에서 그는 구빈회의 핵심 회원들[그 중에는 훗날 공산당 초기의 유명한 장군이자 홍군 제3군단장이 되는 황공뤠에(黃公略, 1898~1931), 홍군 제8군단장이 되는 리찬(李燦, 1901~1931) 등이 포함되어 있었다]과 회합하여, 함께 구빈회의 4조항으로 된 회칙을 다음과 같이 의결했다: 첫째, 지주를 멸하고, 경작하는 자가 토지를 소유하게 한다. 둘째, 서양인을 멸하고, 불평등 조약을 폐기하며, 세관과 조차지를 회수하고, 영사(領事) 재판권을 취소한다. 셋째, 산업을 발전시켜, 빈민을 구제한다.

---

304 1927년, 마오쩌둥이 제창한 마르크스주의 실천 방안 중 하나이다. 공산당이 군대를 통제하기 위해 군대 내부에 4단계의 당 조직(軍委, 團委, 營委, 連支部)이 존재해야 하는데, 그 가운데 말단이 되는 지부를 중대에 설치해야 한다는 것이다.
305 후난성 창사(長沙)를 관통하여 흐르다가 상강(湘江)으로 합류하는 하천이다.

넷째, 사병 자치를 실현하고, 구타·체벌·군량(軍糧) 횡령을 반대하며, 재정 공개를 실현한다. 이렇게 몇 가지 소박한 반제국주의·반봉건주의적 회칙으로부터 펑더화이가 무엇을 지향했는지 알 수 있으며, 그가 후에 어째서 고관의 높은 봉급을 포기하고, 중국 혁명이 가장 침체되어 있을 때 공산당을 선택했는지에 대해 이상하게 느껴지지 않을 것이다. 그는 일심으로 가난한 사람들을 위해 정권을 잡으려고 했으며, 민족을 위해 독립을 쟁취하려고 했다. 지적해 둘 것은, 펑더화이의 이 행위는 상군의 10대 참형죄(斬刑罪) 가운데 "작당하여 사리사욕을 꾀한 자는 참형에 처한다[結黨營私者斬]"라는 목숨을 잃는 계율을 위반한 것이었으니, 그의 담력과 식견은 이를 통해 짐작할 수 있다.

상군을 떠난 후의 펑더화이는 사방에서 활로를 찾다가, 광둥(廣東)으로 가서 월군(粵軍)[306]의 가로회(哥老會: 청나라 말기에 만들어진 비밀 결사 조직-옮긴이)와 유사한 부대에 잘못 들어갔는데, 정상적인 조직이 아니라는 것을 알고 사직한 뒤 귀향했다. 또 창사(長沙)에 가서 노동자가 되려고도 했는데, 연줄이 없어 실패한 다음 고향에 돌아가 농민이 될 준비를 했다. 바로 이때, 새로운 기회가 찾아왔다. 전장에서 그가 연대장 위안즈(袁植)의 목숨을 두 번 구해준 적도 있었고, 또 그의 뛰어난 군사적 재능 때문에, 위안즈는 황공뤼에와 리찬으로 하여금 펑더화이에게 후난군관강무단(湖南軍官講武團, 이는 사실상 지방 보병군관학교였다)에 응시하라고 전하게 했다. 그런데 그는 여전히 살인죄 지명 수배범이었기 때문에, 그는 학교에 입학할 때 원래의 이름인 "펑더화(彭得華)"를 "펑더화이(彭德懷)"로 바꿨고, 이 이름은 훗날 전 세계를 위압하는 이름이 되었다.

군관학교를 졸업한 뒤, 펑더화이는 다시 상군 제2사단의 원래 부대로 돌아가서 중대장을 맡았는데, 이때 뜻밖의 변고가 발생했다. 제2사단장 루디핑(魯滌平)이 광둥으로 들어가 쑨중산(孫中山: 쑨원)에게 의탁하려고 했는데,

---

306 광둥 지역을 기반으로 했던 군벌이다.

연대장 위안즈의 태도가 애매모호하자, 루디펑은 그의 재간을 두려워하여 위안즈를 암살했다. 그러자 위안즈의 부대는 크게 두려워하여, 대대장 저우칭(周磬)을 추천하여 연대장을 맡게 했으며, 또한 펑더화이를 사단 본부에 파견하여 정보를 탐문하게 했다. 펑더화이는 필사의 각오로 사단 본부로 가서, 루디펑이 부하들의 마음을 안심시키기 위해 뜻밖에 위안즈를 위해 크게 빈소를 차렸다는 것을 알았다. 펑더화이의 성정은 곧고 정직하여, 루디펑의 암살 수단은 펑더화이에게 매우 큰 의분을 불러일으켰다. 그는 연대로 돌아온 뒤 곧바로 저우칭에게 루디펑의 명령을 따르지 말고, 부대를 이끌고 상상(湘鄕)·용펑(永豐) 일대로 물러가 휴식을 취하며 재정비하자고 건의했다. 저우칭은 일처리가 우유부단하고, 추호도 지략이 없었으므로, 지략과 용맹함을 함께 갖춘 펑더화이의 어떤 말이나 계책도 모두 듣고 받아들였다. 결국 펑더화이의 말을 따르는 바람에, 그의 연대는 와해되는 운명을 피할 수 있었다. 이듬해 봄, 저우칭은 곧 펑더화이를 대대장 대리로 임명했고, 펑더화이는 그 재능으로 인해 사실상 이 부대의 핵심 인물이 되었다.

1926년 봄, 북벌군(北伐軍)[307]이 활발해지면서, 상군 제2사단은 개편되어 국민혁명군 독립 제1사단이 되었고, 펑더화이는 연대장 대리가 되어 인솔 부대를 지휘하여 예팅(葉挺, 1896~1946)과 협력하면서 우창(武昌)을 공격했다. 이는 미래의 인민군대 부총사령관이 최초로 공산당 사람과 교류한 사건이다. 펑더화이는 재물을 탐내거나 도박을 하지 않았으며, 아편도 피우지 않고 매춘도 하지 않으면서, 병사들과 함께 하나가 되어 싸웠고, 구군대의 장교들과는 확연히 달랐다. 그가 거느리는 부대는 군기가 엄격하고 분명했으며, 전투력이 매우 강해, 상군 내에서 매우 보기 드물었다. 그의 뛰어난 군사적 재능과 고상한 인격은 곧바로 공산당 사람들의 관심을 샀다. 공산당 초기의 가장 우수한 장교들 중 한 명인 두안더창(段德昌, 1904~1933, 후에

---

307 1924년 9월, 쑨중산이 지도하는 국민당을 중심으로 한 반외세·반봉건 세력이 연합하여 외세를 몰아내고 북부의 군벌을 타도하기 위해 조직한 연합군으로, 정식 명칭은 '국민혁명군(國民革命軍)'이다.

억울하게 죽임을 당했는데, 그가 만약 죽지 않았더라면 적어도 대장급의 인물이 되었을 것이다)이 그때 펑더화이 부대의 사단 정치부 비서장을 맡고 있었는데, 그는 즉시 기회를 포착하여, 공산주의 이론을 펑더화이에게 주입해주었다. 소박한 반제 반봉건 사상을 품고서 여러 해 동안 본모습을 감춘 채 군벌 부대에 섞여 들어가 있던 펑더화이가 이 완벽한 체계를 갖춘 선진 이론을 접했을 때 어떤 느낌이었을지는 생각해보면 알 수 있을 것이다. 그는 일생의 길과 분투할 목표를 찾았다고 느끼자, 두안더창에게 입당하겠다고 제안했지만, 공산당의 당시 정책은 상군 부대 안에서 당원을 확대하지 않는다는 것이어서, 펑더화이의 바람은 실현되지 못했다. 그러나 이때, 그는 이미 공산당과 한마음이 되어 있었다.

북벌이 결정적인 승리를 거두었을 때, 장제스는 4·12 반혁명 정변을 일으켰고, 쉬커샹(許克祥, 1890~1964)은 창사에서 '마일사변(馬日事變)'[308]을 일으켰는데, 혁명에 참여한 군중에 대한 학살의 참혹함은 듣는 사람들을 깜짝 놀라게 했다. 이어서 반란군 샤더우인(夏斗寅, 1886~1951)은 우창을 향해 공격하여, 예팅과 격전을 벌였다. 펑더화이는 먼저 사단장 저우청에게 창사로 진군하여 쉬커샹을 진압하자고 건의했고, 또 북쪽으로 진격하여 예팅과 함께 샤더우인의 부대를 섬멸하자고 건의했지만, 모두 거절당했다. 이는 펑더화이에게 매우 깊은 충격을 주었다. 그는 훗날 이렇게 회고했다: "나는 쉬커샹이라는 이 조그만 반동 세력에 대해서도 진압해 나갈 수 없다고 느끼자, 화가 나면서도 부끄러웠다. 나는 저우청과 10년 가까이 함께 일해온 이른바 미운 정 고운 정이 일순간 사라졌다. 그 전까지 나는 저우청에게 조금이나마 애국심이 있다고 여겼는데, 그때 그는 혁명이 손상되고, 민중과 공산당이 학살당하는 것을 보고도 수수방관하고 있었으니, 무슨 애국심이 있단 말인가? 나는 더 이상 그의 도구가 될 수는 없었다!" 펑더화이는 이때 이미

---

308 1927년 5월부터 6월까지, 국민당 소속 장교들이 국공 합작 상대인 공산당에 불만을 품고, 제1차 국공 합작 파기와 공산당 토벌을 주장하면서 일으킨 일련의 군사 반란과 백색 테러를 가리킨다.

구군대와 결별하기로 결심했다.

큰 파도가 모래를 씻어내야 비로소 금을 볼 수 있듯이, 장렬한 대혁명이 실패한 뒤, 펑더화이는 극도의 백색 공포 속에서 결연하게 중국공산당에 가입함과 동시에, 부대 안에 비밀리에 당 조직을 건설했다. 이어서 펑장기의를 일으켜, 자신의 연대를 중국 공농홍군 제5군(第五軍)으로 개편했다. 보통 사람이 보기에는, 펑더화이의 이러한 목숨을 건 선택은 당연히 매우 힘든 일일 것이다. 그는 거지에서부터 분투하여 상군 내에서 명성이 뛰어난 연대장까지 올랐는데, 손에 넣었던 고관의 두둑한 급료를 포기하고, 어렴풋한 이상을 위해 당시의 불법 정당이던 공산당을 따라 앞날을 가늠할 수 없는 길을 나아갔으니, 정말이지 어찌 쉬웠다고 하겠는가! 그러나 펑더화이 자신은 도리어 이것이 자연스러운 과정이라고 여겼으며, 그는 여태껏 자신의 운명을 고려하지 않았다. 그는 중국 민족이 낳아 길러낼 수 있는 가장 우수한 인재였다.

펑더화이는 펑장기의 이후, 즉시 부대를 이끌고 3성(후베이성·후난성·장시성-옮긴이)에서 '합동 토벌[會剿]'을 분쇄하고, 후베이·후난·장시의 변구(邊區)[309]를 건립했다. 이때 난창기의(南昌起義)[310]와 추수기의(秋收起義)[311] 이후의 잔여 부대는 이미 마오쩌둥과 주더가 홍4군(紅四軍)으로 편성하여, 징강산 근거지를 건립했다. 훗날 공산당은 내부의 각기 연원이 다른 여러 군사 세력들을 우스갯소리로 "산터우(山頭: 산채를 지어 놓은 산머리-옮긴이)"라고 불

---

309 중국의 민주 혁명 시기에, 중국공산당이 적은 강하고 자신들은 약한 형세에 근거하여, 적의 통치력이 취약하고, 대중적 기초와 지리적 위치 등이 혁명 근거지로 삼기에 유리한 몇몇 성들의 경계 지역에 설립한 농민 혁명 근거지를 가리킨다.
310 1927년 8월 1일, 중국공산당 중앙의 결정에 따라, 저우언라이 등이 북벌군 3만여 명을 이끌고, 장시성 난창에서 일으킨 무장 봉기를 가리킨다.
311 1927년 9월 9일, 마오쩌둥이 후난성 동부와 장시성 서부에서 이끄는 홍군이 일으킨 제1차 무장 봉기를 가리킨다. 7월 15일, 왕징웨이(汪精衛)가 이끄는 우한(武漢)의 국민당 정부가 '공산당과 결별'을 공개 선언하고, 혁명을 배반했다. 중국공산당은 이때부터 지하로 들어갔고, 대혁명은 실패했다. 8월 7일, 공산당 지도부는 한커우(漢口)에서 긴급 회의를 소집하여, 토지 혁명과 국민당 반동파에 대한 무장 반항을 전개하기로 방침을 정하고, 대중적 기초가 비교적 양호한 4개 성에서 농민을 조직하여 추수기의를 일으키기로 결정했다.

렀는데, 펑더화이가 이끄는 홍5군(紅五軍)과 주더·마오쩌둥이 이끄는 홍4군
은 바로 공산당에서 당시 가장 먼저 가장 강대했던 두 개의 '산터우'였다. 2
년여 동안의 때로는 흩어지고 때로는 합치는 매우 힘들고 어려운 합동 작전
을 겪고 나서, 펑더화이의 홍5군은 홍3군단(紅三軍團)으로 발전했고[그 사이
에 펑더화이는 8천 명의 정예병을 이끌고 허지엔(何鍵, 1887~1956)이 이끄는 상군 무
리 3만 명을 맞아 싸웠으며, 창사를 공격하여 점령했다. 이는 토지 혁명 전쟁 시기에
공산당이 유일하게 탈취했던 성 정부 소재 도시였다], 주더와 마오쩌둥의 홍4군은
홍1군단으로 확대되었다. 1930년 8월, 주더·마오쩌둥과 펑더화이가 용허(永
和)에서 제3차 회합을 갖고, 제3군단은 제1군단과 함께 홍1방면군(紅一方面
軍)을 조직하자고 제의했는데, 펑더화이가 이 제의에서 결정적인 역할을 했
다. 이어서 펑더화이는 여러 의견들을 물리치고 부대를 인솔하여 동쪽으로
간강(贛江)을 건너 홍1군단과 합동 작전을 벌였다. 이리하여 비로소 이후 중
앙 소비에트 구역[蘇區]의 건립과 4차례에 걸친 '포위 토벌[圍剿]'을 물리치
고 승리를 거두었다.

중앙 소비에트 구역에서 제5차 '포위 토벌'에 맞서 싸우고 있을 때, 마오쩌
둥이 지휘권을 빼앗겼기 때문에, 극단적으로 경직화된 교조적인 독일인 리
더(李德)가 실질적으로 홍군을 통제했다. 그의 지휘가 제1방면군으로 하여금
싸우는 족족 패배하게 만들자, 펑더화이는 분노를 억제할 수 없어, 처형당할
위험을 무릅쓰고 직접 마주하고 리더를 질책했다: "자식이 아버지의 밭을
팔아먹고도 마음이 아프지 않소!" 리더는 우레와 같이 펄펄뛰며 노발대발했
다: "봉건적이다, 봉건적이야. 당신은 군사위원회 부주석에서 면직되어 불만
이군." 펑더화이는 분노하여 꾸짖었다: "당신은 염치가 없소!" 펑더화이가 군
대 내에서 명망이 있었기 때문에, 리더는 감히 그에 대해 조치를 취하지는
못하고, '우경(右傾)'이라는 레테르를 붙이는 것으로 사태를 마무리했다. 펑더
화이는 당시 감히 코민테른을 대표하는 리더를 마주하고 강경한 말로 반박
한 유일한 홍군 장교였다. 얼마 지나지 않아, 리더가 지휘하는 중앙 홍군은
패배하여 결국 더 이상 갈 곳이 없는 지경이 되자, 장정이 시작되었다.

장정 후기에, 장궈타오가 분열을 일으키는 바람에, 마오쩌둥은 어쩔 수 없이 제1방면군을 이끌고 단독으로 북진했다. 당시 홍군은 근육이 완전히 사라지고 허약해져서 뼈대밖에 남지 않았다. 전투력을 보존하기 위해, 펑더화이는 주도적으로 부대를 축소 편성하자고 제의하고, 결연하게 자신의 제3군단의 번호를 없애고, 부대를 제1군단에 합병시켰다. 그리고 제1방면군을 '항일선견대(抗日先遣隊)'로 명칭을 바꾸고, 대외적으로는 '산간 지대[陝甘支隊: 산시(陝西)와 간수(甘肅)의 부대'라는 뜻-옮긴이]'라고 불렀으며, 펑더화이가 지대 사령관을 맡고, 마오쩌둥이 정치위원을 맡아, 부대를 이끌고 류즈단(劉志丹, 1903~1936)이 있는 산베이의 근거지로 출발했다. 우치전(吳起鎭)에서, 펑더화이는 7천 명의 매우 피로하고 허약한 홍군을 직접 지휘하여 추격해 오는 1만 명의 기병을 무찌르고, 지극히 힘들고 어려웠던 장정을 마쳤다. 마오쩌둥은 즉시 다음과 같은 시(詩)를 지어 펑더화이에게 선사했다: "산은 높고 길은 험하고 골짜기는 깊은데, 기병(騎兵)은 그대가 종횡무진하도록 놔두는구나. 누가 감히 칼을 휘둘러 말을 세울 것인가. 오로지 우리 펑 대장군뿐이로다[山高路險溝深, 騎兵任你縱橫. 誰敢橫刀立馬, 惟我彭大將軍]." 그러자 펑더화이는 이 시의 마지막 구절을 "오로지 영용한 홍군뿐이로다[唯我英勇紅軍]"라고 고쳐 마오쩌둥에게 돌려주었다. 이 일을 통해 당시 두 사람의 신뢰가 얼마나 깊었으며, 펑더화이가 중국 혁명사에서 얼마나 중요한 지위에 있었는지를 알 수 있다.

일단 근거지를 보유하자, 홍군은 즉시 황토 고원에 확고하게 자리를 잡고서, 즉시 국민당 군대의 산베이에 대한 제3차 포위 토벌을 분쇄했다. 산베이는 땅은 넓은데 인구가 희박하여, "약소한 홍군의 좋은 근거지이자, 강대한 홍군의 시작점"(펑더화이의 말)이었다. 홍군이 만약 황토 고원에 포위되어 사수한다면 장차 어떠한 앞날도 없을 것이므로, 마오쩌둥은 즉각 동쪽으로 황하를 건너 확장하여, 산시(山西)에 근거지를 세울 계획을 세웠고, 펑더화이는 곧바로 홍군의 항일선봉군(抗日先鋒軍) 사령관을 맡아(마오쩌둥이 정치위원을 맡았다) 홍군 제1방면군을 이끌고 동쪽의 산시에서 패권을 잡고 있던 군벌 옌시산(閻錫山, 1883~1960) 토벌에 나서, 그를 크게 격파했다. 이어서 홍군은 또한 산베이로 되돌아와 서부 원정군을 편성하여 제2방면군과 제4방면군의 북상을 지원했는데, 펑더화이는 직접 서부 원정군 사령관을 맡아 군대를 이끌고 산청바오(山城堡)에서 후종난(胡宗南, 1896~1962)에게 대승을 거두었다. 이 전투가 시안사변(西安事變)의 발발을 촉진시켰으며, 바로 이것으로 제2차 국내 혁명 전쟁을 끝냈다.

시안사변 이후, 국민당과 공산당이 협력하여 외국의 침략에 대응하면서, 홍군은 국민혁명군(國民革命軍) 제8로군(第八路軍)으로 개편되었고, 주더가 총사령관, 펑더화이가 부사령관을 맡았다. 두 사람은 직접 2만 8천 명의 수많은 전투를 경험한 노련한 홍군 장병들을 이끌고 동쪽으로 황허를 건너 적 후방으로 깊숙이 침투하여 항일 최전선으로 떠났다가, 화베이(華北)에서 30만 명의 일본군을 맞이하여 싸웠다. 8년의 혈전을 통해, 팔로군은 점령당한 지구에서 일본군과 결사 항전을 벌여, 1억 명 가까운 인구를 해방시켰고, 6대 해방구를 건립했다. 그리고 자신은 거의 100만 명의 병력과 160만 명의 민병(民兵)을 보유하게 되었고, 두 명의 일본군 중장을 사살했으며(전체 항일 전쟁 동안에 중국 군대는 3명의 일본군 중장을 사살했다), 중국을 침략한 일본군의 절반 이상과 절대 다수의 괴뢰군[僞軍: 일본이 만주에 건립한 괴뢰국인 만주국 군대-옮긴이]을 견제하고, 적 50여만 명을 섬멸했다. 펑더화이는 팔로군의 전방 총사령관이 되어 적의 후방에서 지속적으로 항전을 벌였으며, 부대를 이끌고 화베이와 생사를 함께했으니, 중화민족에 대해 말하자면, 펑더화이는 그 공이 매우 위대한 민족의 영웅이라 할 만하다.

항전이 끝나자, 장제스는 다시 한번 내전을 일으켰다. 이때, 펑더화이는 공산당 안에서 이미 중앙군사위원회 부주석이자, 해방군 부총사령관 겸 총참모장이었으니, 군대 내에서의 지위가 마오쩌둥과 주더 바로 다음이었다. 당 중앙위원회를 수호하기 위해, 펑더화이는 저우언라이로 하여금 총참모장을 대리하도록 제의하고, 자발적으로 서북 야전군 사령관을 맡겠다고 지원하여, 2만 정의 총들마다 겨우 5발 내지 10발의 탄약밖에 없는 병력을 이끌고 후종난이 이끄는 28만 명의 정예 부대를 맞이하여 싸웠다. 그 결과 3년 동안에, 펑더화이는 적은 병력으로 많은 병력에게 승리를 거두면서, 수십 차례의 전투를 벌여, 중국 서북 지역을 휩쓸었고, 국민당 군대 50여만 명을 섬멸하여, 중국 영토의 5분의 2를 해방시켰다. 그는 해방 전쟁 동안에 "서북 지방 전쟁의 신[西北戰神]"이었다.

펑더화이는 서북 지방을 평정하고, 신중국의 수립을 맞이했다. 이때, 출신이 빈한한 펑더화이는 이미 몇 차례나 비서에게 군대에서 물러나 건설에 종사하겠다는 생각을 내비쳤다. 그는 이미 서북 지방 인민들이 빈곤을 벗어나도록 하기 위해 여생을 바치기로 결심했다. 바로 이때, 조선 전쟁이 발발했다. 미군의 가장 우수한 통솔자인 맥아더는 조선인민군을 대파하고, 승세를 타 압록강으로 곧장 진격했으며, "압록강은 중국-조선의 국경이 아니다"라고 큰소리치며 떠들어댔다. 그 휘하의 미국 극동 공군은 이미 여러 차례 중국의 국경 도시와 연해 선박들을 공습하여, 중국 국경의 안전을 직접 위협했다. 그리고 중국 동남 연해 방향에서, 맥아더는 심지어 직접 중국 타이완 섬으로 날아가, 막 대륙에서 쫓겨난 장제스와 만나, 대륙에 대해 "방어적 공습"을 진행하기로 협의하여 결정하고, "타이완과 펑후(澎湖) 열도를 보위하기로" 약속했다. 또한 국민당 부대를 "신속하고 아낌없이 제공하여" 조선에 가서 작전하는 일을 깊이 있게 토의했다. 미 제국주의의 거듭되는 도발에 직면하자, 중국 정부는 더 이상 참을 수 없어, 조선에 출병하기로 결정했다. 펑더화이는 마오쩌둥이 출병하기로 결정하는 데에 결정적인 한 표를 던졌고, 또한 총사령관이 되어 출정했으며, 중국 인민지원군을 거느리고 출격하여 맞아 싸웠다. 중국과 미국 두 나라의 가장 걸출한 명장들은 곧 조선에서 목숨을 건 결투를 벌이게 된다.

◈ 대결

만약 단순히 물질적 조건만 비교해보면, 펑더화이가 맥아더와 조선에서 대결하는 것은 필패의 형국이었다. 맥아더 휘하의 미군 1개 군단은 탱크 430대(그가 지휘하는 전체 유엔군은 거의 2천 대의 탱크를 보유하고 있었다)를 보유하고 있었는데, 펑더화이가 초기에 조선에 인솔하여 들어간 6개 군단에는 단 한 대의 탱크도 없었다. 미군 1개 군단은 1,500문의 대구경 화포를 보유하고 있었고, 1개 사단은 432문의 유탄포와 카농포(구경이 대부분 155밀리·105밀리)를 보유하고 있었는데, 지원군 1개 군단은 단지 36문의 화포만을 보유하고 있었고, 1개 사단은 12문의 산포(山砲, 구경이 대부분 75밀리)만을 보유하고 있어, 화포의 대비는 상대방이 42배나 많았다. 통신 연락 수단을 보면, 미군 1개 사단은 1,600대의 무전기를 보유하고 있어, 무선 통신이 소대와 분대에까지 곧바로 도달했는데, 지원군 1개 군단의 무전기는 수십 대 뿐이어서, 간신히 대대까지만 갖출 수 있었고, 대대 이하의 통신 연락은 주로 보행·호루라기·신호 나팔과 소량의 신호탄에 의지했다. 보급 방식을 비교해보면, 미군의 병참보급 수송은 전부 기계화되어 있어, 1개 군단이 자동차 7천 대를 보유하고 있었는데, 지원군 주력인 제38군단은 자동차를 단지 100대밖에 보유하고 있지 않았고, 제27군단은 45대밖에 보유하고 있지 않았다. 소화기(小火器)를 비교해보면, 미군은 전부 자동화된 무기였는데, 지원군은 과거 전장에서 노획한 온갖 나라들이 만든 단종되었거나 낙후된 무기들이었다. 예를 들어 제38군단 전투병의 90%는 여전히 일본군이 1905년에 설계한 38식 보병총을 사용하고 있었다. 그리고 공군력은 훨씬 더 차이가 커서, 미군의 1,100대의 전투기에 대해, 지원군은 단 1대의 비행기도 응전할 수 없었을 뿐만 아니라, 방공 무기조차도 극도로 부족했다. 전체 지원군은 당시 단지 36문의 노획한 낡아빠진 75밀리 일본제 고사포밖에 보유하고 있지 않았다. 게다가 또한 12문은 압록강에 남겨두어 나루터를 지켜야 했으므로, 처음에 조선에 갖고 들어간 것은 결국 오래되어 강선이 마모된 일본제 고사포 24문뿐이었다. 레이더로 말할 것 같으면 1대도 없어, 공중 목표의 수색은 전적으로 눈과 귀에 의지했다. 해군은 쌍방이 전혀 비교를 할 수 없었으니, 미군은 전 세계에서 가장 강한 함대를 보유하고 있었다.

조선 전장에 300척의 군함을 투입했고, 아울러 조선의 동서 해안을 철저하게 통제했는데, 지원군의 해군 역량은 전무했다. 설령 병력을 대비해보더라도, 펑더화이는 우세하지 못했다. 그가 제1진으로 전장에 투입한 병력은 단지 6개 보병 군단의 약 30만 명뿐이었고, 그와 협력하여 작전할 인민군은 거의 전부 격파되어 전투력이 없다고 할 만했으며, 재편성하고 있었다. 그런데 맥아더가 지휘하는 유엔군과 한국 부대는 42만 명이나 되었다. 당시 쌍방의 역량에 엄청난 격차가 있었기 때문에, 후에 스탈린은 펑더화이가 맥아더와 대결한 것을 가리켜, "칼과 창을 사용하여 라이플과 싸운 것"이라고 말했다. 이와 같이 종합적으로 엄청나게 우세한 상태에서, 맥아더는 펑더화이와 교전을 벌이기 전까지는 중국이 감히 조선 전쟁에 개입했다는 것을 전혀 믿지 않았다. 중국 정부가 "만약 미군이 38선을 넘는다면, 우리는 곧 출병하여 참전할 것이다"라고 한 경고가 잇달아 워싱턴에 전달되었을 때, 맥아더는 이렇게 판단했다: "우리는 저우언라이의 성명이 정치적 위협을 가하는 데 더욱 많은 의미가 있다고 생각한다. 중국은 전쟁을 일으킬 능력이 없으며, 그들은 그에 상응하는 공업력을 갖추고 있지 못하다. 그리고 38선은 어떠한 군사적 의미도 없다. 그것은 위도선에 불과하며, 유엔군이 그것을 넘는 것을 저지할 어떠한 힘도 없다." 그는 심지어 트루먼을 향해 대중 앞에서 가슴을 치며 말했다: "어떤 중국인이라도 한국에 들어온다면, 그들은 곧바로 분명히 치명적인 재난에 직면할 겁니다. 중국인들이 그러한 어리석은 일을 시도하지는 않을 겁니다."

중국공산당의 군사 역량에 대해, 맥아더는 온통 경멸조로 말했다: "만약 중국인이 감히 참전한다면, 나는 단지 소총에만 의지하여 전투하는 중국인의 시체가 온 들판을 뒤덮게 만들 것이며, 전체 전장을 도살장으로 만들 것이다." "만약 중국인들이 평양으로 전진하려고 시도한다면, 곧 최대 규모의 도살이 벌어질 것이다." 그는 심지어 국민당 군대를 지휘하여 대륙에 반격을 가하는 몽상까지 하면서, 이렇게 말했다: "나는 중국인들의 목표는 타이완이라고 생각한다. 그들은 단지 허장성세로 우리를 북한에 빠뜨린 다음,

갑자기 남쪽에서 타이완을 공격할 것이다. 일단 중국공산당이 타이완에 대한 공격을 개시하면, 나는 즉각 가서 중국공산당에 대한 반격을 지휘하여, 그들로 하여금 피로 해협을 물들이게 할 것이며, 참담한 패배를 당하게 할 것이다! 아마도 중국공산당은 이로 인해 완전히 붕괴될 것이다!" 이때 인천에서 대승을 거둔 맥아더는 그야말로 너무 오만방자해져서, 그는 나약한 중국인들은 절대로 감히 이 세계적인 명장인 자신과 싸우지 못할 것이며, 단지 자신이 조선을 정복하는 것을 빤히 바라볼 수밖에 없을 것이라고 확신했다. 그는, 중국인들은 자신이 마음대로 처리할 수 있는 한 덩어리의 진흙 덩어리에 불과하다고 생각했다. 후에 지원군 부사령관이 되는 홍쉐즈 장군은 맥아더의 당시 심리 상태가 "사유의 사각 지대에 빠져 있었다"고 말했다. 미국의 정보 부서는 전쟁 후에 애석해 하며 말하기를, 당시 맥아더에게 제공했던 모든 정보들은 "귀머거리의 귀에 전달해준 것"이라고 말했다.

이와는 반대로, 펑더화이는 조선 전쟁과 맥아더 본인에 대해 매우 진지하게 연구하고 있었다. 조선 전쟁이 발발하자, 멀리 중국 시안에서 서부 지역 건설을 계획하고 있던 펑더화이는 곧바로 비서 양평안에게 조선의 지도를 구해 놓으라고 명령했다. 당시 중국의 각종 자료들은 매우 부족하여, 제1야전군의 작전 지도 창고에는 외국의 지도들이 전혀 없었다. 양평안이 온 시내를 뛰어다니면서 비로소 한 폭의 개략적인 조선 지도를 구입해와서, 펑더화이의 사무실 벽에 걸어놓고 매일 펑더화이에게 조선의 전황을 보고했다. 맥아더 본인에 대해, 펑더화이는 참모들에게 즉각 그의 심리적 특성과 전략 전술에 대해 분석하라고 지시했다. 그는 심지어 맥아더의 전기를 구해 직접 읽었다(이후 펑더화이가 전쟁에서 이기고 귀국할 때까지도, 그는 줄곧 『맥아더』라는 책 한 권을 지니고 있었다). 훗날 펑더화이와 함께 근무했던 직원이 회상하기를, 펑더화이가 맥아더를 연구한 목적은 세계적인 명장 맥아더를 싸워서 이길 수 없다는 미신을 타파하고, 그와 싸울 준비를 하는 것이었다고 했다. 맥아더의 개인사와 그의 전쟁사를 자세히 연구한 뒤, 펑더화이는 맥아더가 오만방자하고, 자기만 옳다고 여기며, 허영심이 매우 강하다는 약점을 간파했다. 그는 신변의 직원들에게 이렇게 말했다: "맥아더에게 무슨 신기(神氣)가 있다고 보지 마라, 그는 금박을 입힌 점토 보살일 뿐이다." "맥아더는 자기 얼굴에 온통 금을 입히면서, 단지 그는 자신이 다섯 관문을 통과하며 여섯 장수를 벤 것만 말할 뿐, 자신이 맥성(麥城)에서 패배한 일을 말하지는 않는다.[312] 그는 루손에 상륙한 이야기만 할 뿐, 밤중에 필리핀에서 꼬리를 사리고 도망쳤던 이야기는 하지 않는다!" "맥아더는 매춘부가 되려 하면서도 열녀문을 세우려 하며, 장제스와는 난형난제라고 할 수 있을 정도로, 좋은 말은 다 하면서도, 온갖 나쁜 짓은 다한다." 평더화이는 그의 부하에게 훈계했다: "맥아더의 루손 상륙은 남의 공을 훔쳐 자신의 공으로 만든 것이다. 그의 전적과 지휘 재능에 대해 실사구시적이고 사실대로 대처하고, 절대 과장하지 말아야 하며, 더구나 미신과 두려움에 빠져서는 안 된다. 맥아더가 중국과 조선 인민에 대해 저지른 엄청나게 많은 죄행은, 피값이 산더미 같으니, 피값은 반드시 피로써 되돌려주어야 한다! 중국과 조선 인민은 반드시 완전한 자신감을 가져야만 맥아더라는 저 종이호랑이를 싸워서 이길 수 있다!" 1950년 10월 19일 밤, 평더화이가 대군보다 먼저 혼자서 조선에 들어가면서, 중국과 미국의 두 명장의 대결은 막이 올랐다.

손자(孫子)는, "자신을 알고 상대를 알면, 백 번을 싸워도 위태로워지지 않는다[知己知彼, 百戰不殆]"고 말했다. 맥아더는 오만방자하고 안하무인이어서, 미군의 역량을 잘못 측정하여 전쟁에서 승리할 수 없었으며, 상대방인 중국의 군사 역량과 자신의 호적수인 평더화이에 대해서도 전혀 알지 못했다. 그러나 평더화이는 미군과 맥아더 본인의 강점과 약점에 대해 전면적이고 철저하게 이해하고 있었으므로, 전쟁의 저울에서 승리하는 쪽은 이미 살며시 평더화이 쪽으로 기울어져 있었다.

평더화이가 조선에 들어가기 전에, 중국 정부는 이미 공개 성명을 발표하

---

312 『삼국연의(三國演義)』의 관우(關羽)가 조조군 휘하 여섯 장수의 목을 베면서 다섯 관문을 통과하여 큰 승리를 거두었으나, 결국 맥성에서 패배하여 죽게 되는데, 이 고사를 맥아더에 비유하여 표현했다.

여 미국에게 정식으로 경고했다. 전략적으로는 "후발제인(後發制人: 상대가 먼저 공격해 오기를 기다렸다가 적을 제압함)"의 방식을 채택했지만, 중국이 언제 어디로 출병할 것인지는 엄격하게 비밀을 지켜가며 시행했다. 그리하여 국내에서는 어떠한 출병 소식도 발표하지 않았고, 조선에 들어가는 부대의 도강 작전은 매일 해질 무렵에 시작되어 새벽에 끝났다. 또 조선에 들어간 뒤에는, 낮에는 숨어 있다가 밤에 나왔으며, 매우 엄격한 방공 조치를 취하여 적에게 발견되는 것을 피했다. 당시에는 심지어 낮에 적기가 하늘에 나타나면, 모든 장병들은 반드시 제자리에서 움직이지 말아야 했으며, 설령 폭탄이 자신의 머리 위에 떨어지더라도 반걸음도 움직이면 안 된다고 규정했다. 그 결과 적기가 밤낮으로 끊임없이 감시하는 상황에서, 중국의 30만 명 가까운 대군이 조선에 들어가서도 뜻밖에 1주일 동안 전혀 발견되지 않아, 완전한 돌연성(突然性)을 달성해냈다. 그러나 이때 승기를 잡았다고 생각한 맥아더는 결국 이미 언론사로 하여금 유엔군의 어느 부대가 어느 날 어느 곳으로 진격할 거라는 소식을 공개하여 발표하게 할 정도로 부주의했다. 따라서 펑더화이는 미국 방송사의 방송을 들으면, 맥아더의 다음 행보를 대략적으로 알 수 있었다.

전장의 형세에 대해 아무것도 모른다고 할 수 있던 맥아더는 이때 단지 말에게 압록강 물을 마시게 한다는 한 가지 생각밖에 없었다. 그는 부대를 동서 두 전선으로 나눔과 동시에, 중국-조선의 국경을 향해 무모하게 돌진하게 했다. 동부전선은 미국 제10군단과 한국 수도사단·제3사단으로 구성하여, 조선의 동해안을 따라 북쪽을 향해 빠르게 진격했고, 서부전선은 미국 제8집단군과 한국 제2군단의 총 6개 사단과 1개 여단에 1개 공수 연대를 추가하여 중국-조선 국경에 있는 초산(楚山)과 강계(江界)를 향해 돌진했다. 동부전선과 서부전선 사이의 간격은 80여 킬로미터에 달했으며, 그 사이에는 낭림산맥·태백산맥 등 큰 산맥들이 가로막고 있어, 두 전선 간에는 전혀 연결할 수 없었다. 뿐만 아니라, 서부전선의 부대는 맥아더의 낙관적인 태도에 영향을 받아, 조선인민군이 이미 조직적인 저항 능력을 상실한 상황에서, 단지 일부 소탕 작전만 남겨두면 곧 조선 전쟁을 끝낼 수 있을 거라고 오판했다. 그리하여 뜻밖에 각각 연대와 대대 단위로, 수백 명이 몇 문의 대포를 가지고 한 팀으로 나뉘어 압록강을 향해 무모하게 돌진했다. 그들은 펑더화이가 22년 동안 끊임없이 혈전을 치러, 세계에서 실전 경험이 가장 풍부하다고 할 수 있는, 호랑이와 늑대처럼 용맹한 군대를 이끌고 앞쪽에서 그들을 기다리고 있다는 것을 전혀 알지 못했다.

펑더화이가 원래 정했던 작전 계획은, 조선에 들어간 다음 우선 평양과 원산 이북으로 가서 산악 지형을 이용하여 진지 방어 작전을 펼치면서 시간을 끌다가, 6개월 후에 소련제 신식 장비들로 교체하여 훈련을 마치고, 공중과 지상에서 모두 적군에 대해 압도적으로 우세한 조건들을 갖춘 다음에, 다시 평양과 원산 등지로 공격해 간다는 것이었다. 그러나 맥아더의 무모한 돌격이 뜻밖에도 곧바로 펑더화이에게 기회를 제공해주었다. 이때 어떤 한국 부대가 이미 중국-조선 국경까지 진격하여, 직접 중국 영내의 목표에 대해 포격을 가하자, 펑더화이는 즉각 원래의 작전 계획을 변경하여, 병력을 나누어 무모하게 진격하고 있는 적에 대해 급습을 가했다. 1951년 10월 25일, 펑더화이는 항미원조 전쟁의 제1차 전역을 개시하여, 동부전선에서는 제42군단을 사용하여 북진하는 적을 저지했으며, 서부전선에서는 연속으로 몇 개의 한국군 연대급과 대대급 부대들을 섬멸했다. 지원군과 한국 군대가 이미 며칠 동안 교전을 벌였는데, 맥아더는 중국이 출병했다는 소식에 대해 여전히 의심을 품고서 조금도 개의치 않는 태도를 취하고 있었다. 한국 군대가 한 무리의 중국 전쟁포로들을 잡았을 때, 맥아더는 포로 심문 보고서를 보더니 뜻밖에도 이렇게 말했다: "한국에 들어온 중국공산당 군대가 조직을 갖추고 있음을 말해주는 확실한 증거는 없다." 그러면서 여전히 부대에게 계속 무모하게 돌격하여 추수감사절 이전에 조선을 점령하라고 명령했으니, 그야말로 눈뜬장님과 다를 바가 없었다. 홍쉐즈 상장은 후에 이렇게 회고했다: "조선에 들어간 뒤, 우리는 맥아더에 대해 한층 더 이해하게 되었는데, 그는 매우 오만하고, 주관적이고, 고집이 세고, 경력이 풍부했다. 매우 많은 제2차 세계대전의 명장들이 모두 그의 부하였으며, 그는 오만하여 안하무인이었다. 그가 보기에는, 맥아더 그 자신이 일본에 앉아 있기만 하면, 중국공산당 군대는 감히 압록강을 넘어올 수 없었다. 당시의 맥아더는 완전히 일종의 사유의 사각 지대에 들어가 있었다."

11월 1일, 중국과 미국 두 나라 군대가 운산에서 처음으로 교전을 벌여, 제39군단이 미국 육군의 정예 사단인 기병 제1사단을 대파했다. 미군 1,800명을 섬멸하고, 대포 180문과 탱크 28대를 노획하여, 중국과 미국 두 나라 군대의 첫 번째 교전에서 승리를 거두었다. 11월 1일 밤, 펑더화이는 청천강 이북의 적군은 분산된 상태에 있는 5만여 명밖에 안 되지만, 자기 편은 12만 명 내지 15만 명을 집중하여 작전에 투입할 수 있다고 판단하고, 즉각 총공격을 개시했다. 제38·제39·제40·제66군단 등 4개 군단이 측후방으로 우회하여 정면 공격을 결합시키는 전법을 사용하여, 청천강 이북의 적군 주력을 분할하여 완전 섬멸하는 데 힘쓰기로 결정했다. 그날 밤, 펑더화이는 적군을 향해 전면적인 공격을 개시했지만, 기병 제1사단의 운산에서의 패배가 맥아더의 경각심을 불러일으켜, 그로 하여금 상대방의 강대함을 깨닫게 해주었다. 그의 서부전선 우익의 한국군은 이미 완전히 섬멸되었고, 좌익의 미군과 영국군이 포위당할 위험에 처하자, 그는 즉각 11월 3일에 서부전선 전체 전선에 명령하여 청천강 이남으로 철수하도록 했다. 미군과 한국군은 기계화 장비의 우세를 이용하여 신속하게 완전히 퇴각했는데, 제38군단과 제66군단은 도로가 막혀 있었고, 또 공습과 적의 상황에 대한 허위 정보를 고려했기 때문에, 측후방으로 우회하여 적의 퇴로를 차단하는 임무를 완수하지 못했다. 11월 5일이 되자, 전장의 형세는 매우 분명해졌다. 서부전선의 유엔군과 한국 군대는 이미 청천강 이남으로 퇴각하여, 지원군이 청천강 이북의 적을 섬멸한다는 계획은 이미 실현할 수 없게 되었고, 휴대하고 있던 식량과 탄약 보급도 이미 모두 소모되자, 펑더화이는 즉각 공격을 중지하라고 명령하여, 부대의 실력이 드러나지 않게 했다. 11월 7일이 되자, 동부전선에서 저지 임무를 담당했던 제42군단도 후퇴를 시작했으며, 항미원조 전쟁의 제1차 전역은 이렇게 끝났다.

전장에서 13일을 기한으로 삼았던 전역에서, 펑더화이는 1만여 명의 사상자를 대가로 맥아더 휘하의 약 1만 5천 명의 병력을, 편성할 수도 없을 정도로 섬멸하고, 첫 번째 전역의 승리를 거두었으며, 맥아더의 속사정을 탐색하고, 현대화된 유엔군과 한국군의 작전에 대해 초보적인 경험을 얻었다. 동시에 펑더화이는 직무를 완수하지 못한 장교들을 호되게 비판하면서 교훈을 총결했다. 이 전역에서 펑더화이와 맥아더는 모두 마찬가지로 전역이 목표로 삼았던 의도를 완전히 실현하지는 못했다: 펑더화이는 청천강 이북에서 적을 섬멸한다는 계획을 완수하지 못했고, 맥아더는 추수감사절 전에 조선 전체를 점령한다는 계획을 완수하지 못했으니, 두 사람 각자 만족하지 못했다. 두 통솔자는 모두 긴박하게 다음 전쟁 형세를 생각했다. 지원군이 아직 실력을 전면적으로 드러내지 않은 상황에 맞추어, 펑더화이는 맥아더에게 거대한 함정을 파기로 결정했다. 맥아더의 매우 오만방자하고 안하무인적인 심리적 특징을 이용하기 위해, 펑더화이는 전체적인 전략 방침을 다음과 같이 제시했다: "적에게 약한 모습을 보여주어, 적의 교만함을 증가시킴으로써, 싸워서 이긴다." 그는 작전 회의에서 다음과 같이 지적했다: "미군의 주력은 아직 손실을 입지 않았고, 적은 아군 병력에 대해 아직 분명히 알지 못하여, 여전히 압록강을 향해 대거 공격하려고 하니, 나는 마땅히 고의로 약한 모습을 보여 그 예봉을 피하고, 싸우면서 후퇴하여 적들을 현혹시킴으로써, 그들을 깊숙이 들어오도록 유인할 것이다. 아군은 30킬로미터 내지 50킬로미터를 후퇴한 다음, 기동전을 펼치면서 적을 섬멸할 기회를 기다린다." 펑더화이는 즉시 1천여 명의 전쟁포로를 석방하도록 명령했는데, 포로를 풀어줄 때 매우 많은 거짓 정보도 흘려주었다. 그 거짓 정보는 대략 다음과 같은 것이다: "우리는 병력이 많지 않고, 단지 압록강에 있는 수력발전소 몇 곳을 지키려 할 뿐이다. 그 발전소들의 전력이 없으면, 우리의 동북 지역에 있는 공장들이 가동될 수 없다……" "우리가 너희를 풀어주었으니, 너희는 더 이상 네이팜탄을 우리에게 사용하지 마라……" "우리는 식량이 바다나, 철수하여 귀국할 것이다······." 동시에 펑더화이는 서부전선의 각 군단들에게 청천강과 대동강 이북 지역을 적에게 넘겨주라고 명령했다. 동부전선에서는 미군으로 하여금 북진하도록 놔두고, 주력을 적군의 측면으로 이동시켜, 산 속으로 들어가 철저하게 위장한 채, 낮에는 연기를 피우지 않고, 밤에는 불빛을 보이지 않으면서, 청천강 주변과 장진호 주변에 큰 그물을 펼쳐놓고, 맥아더라는 대어를 낚을 준비를 하도록 명령했다. 당시 김일성은 펑더화이의 이러한 전법에 대해 잘 이해하지 못하고, 첫 전투에서 승리했으니, 마땅히 그 승세를 타고 청천강 이남으로 추격해야 한다고 생각했다. 펑더화이의 대답은 매우 차분했다: "전쟁은 일방의 생각만으로 할 수는 없고, 전쟁의 지휘는 형이상학으로 할 수 없으며, 마땅히 변증법을 사용해야 합니다."

수십 년 뒤, 미국 육군사(陸軍史)학자 베빈 알렉산더는 다음과 같이 썼다: "중국 군대의 제1단계 공세는 이미 맥아더와 합동참모회의에 극도로 엄중한 경고를 보냈다. 그 공세는 신속하고 맹렬하고 과감했으며, 규모가 커서, 사람들을 놀라게 했다. 중국인들은 일찍이 위협하면서 말하기를, 만약 미군이 밀어붙인다면, 그들은 곧 정면에서 통렬한 공격을 가하겠다고 했다. 그들은 이미 이러한 위협을 행동에 옮겼는데, 미군 통솔자는 뜻밖에도 이 경고를 무시하고, 다시 호랑이굴로 들어갔으니, 이는 정말로 이해하기 어렵다."

베빈 알렉산더는 사후(事後)에, 맥아더가 다시 호랑이굴로 들어가서 펑더화이의 함정에 빠진 것은 이해하기 힘든 일이라고 느꼈다. 맥아더 본인은 오히려 당시 그가 다시 북진하는 것은 자연스러운 일이라고 생각했으니, 그는 철저히 펑더화이에게 걸려든 것이다.

일찍이 11월 4일, 펑더화이가 전장에서 일부러 공세를 약화시켰을 때, 맥아더는 곧 함정에 빠졌다. 그는 합동참모회의가 중국의 개입에 관해 질문한 전보에 대한 답신에서 다음과 같이 분명하게 보증했다: "수많은 논리에 부합하는 이유들이 이러한 일(중국의 대규모 출병)이 발생하지 않을 것임을 증명하고 있습니다. 그리고 또 이러한 가능성이 지금 당장 성립할 수 있다는 것을 말해주는 충분한 증거도 아직 없습니다." 그의 낙관적 태도에 영향을 받은 맥아더의 정보처장 윌러비 소장은 심지어 이렇게 자신 있게 말했다: "나는 일찍이 그들의 수법을 간파하고서, 나는 그들이 이렇게 할 것이라고 예측했다. 나는 일찍이 베이징에서 하는 일은 허장성세가 아닌 것이 없다고 말했다."

펑더화이가 적을 기만하는 일련의 조치들을 전개함에 따라, 맥아더는 더욱 자신의 판단을 굳게 믿었다. 그는 자신이 중국-조선 국경에 대해 실시했던 대규모 폭격으로 중국의 후속 부대가 조선을 지원할 통로를 이미 철저하게 차단했기 때문에, 이미 조선에 들어간 중국 군대가 다시는 감히 그를 공격하지 못할 거라고 생각했다. 그는 중국이 조선에 들여보낸 부대는 2만 명이며, 아무리 많아도 6만 명을 넘지 않는다고 판단했다. 그는 심지어 감히 조선에 들어온 중국인들을 전부 압록강 이남에서 차단시키고 모조리 섬멸할 계획을 세웠다.

당시 미국 군대 내에도 일부 현명한 사람들이 있었으니, 노련하고 신중한 국방부 장관인 5성 장군 마셜은 이렇게 말했다: "중국 부대는 세계적으로 전투를 벌인 시간이 대단히 길고, 지상 작전 경험이 매우 풍부한 군대로, 절대 가볍게 여겨서는 안 된다." 그는 또 이렇게 말했다: "제2차 세계대전 기간과 종전 이후, 나는 중국에 갔던 적이 있다. 여러분은 중국인들을 경솔하게 믿으면 안 된다. 세계 고대의 위대한 병법가인 손자가 바로 중국인으로, 그들의 전략 기술은 매우 우수하다. 중국공산당 군대는 일본을 물리쳤고, 또한 장제스의 수백만 대군도 무찔렀다. 무슨 '지원군'이라는 건 우리를 속이는 것이고, 아마도 그들의 정예 부대일 것이다. 마오쩌둥은 일관되게 첫 번째 전투는 반드시 이겨야 한다고 주장해왔으니, 우리 미국과 교전할 병사들은, 그가 틀림없이 우수한 장병들을 선택했을 것이다. ……중국인들은 역사적으로 의리를 따지는 민족으로, 그들은 수수방관하지 않을 것이니, 우리는 마땅히 신중해야 한다." 그러나 이 모든 경고도 고집스러운 맥아더를 움직이지 못하자, 그의 고문이 된 윌리엄 시볼드(William J. Sebald, 1901~1980)

가 맥아더의 주의를 환기시키기 위해 "중국 공산군의 힘을 낮게 평가해서는 안 됩니다. 그들은 대규모 전투를 치렀던 최근의 경험을 갖고 있는데, 중국에서 벌인 세 차례의 대규모 전투에서 그들은 장제스의 백만 대군을 섬멸했습니다"라고 말했을 때, 맥아더는 자신 있게 말했다: "북한에 침투한 중국인들은 3만 명을 넘을 수 없소. 눈과 얼음으로 뒤덮인 곳에 10만 명이 있다면, 틀림없이 미국 공군에 의해 발견되었을 것이오."

시볼드가 다시 물었다: "중국인들이 만약 단지 당신이 말씀하신 것처럼 그런 소수의 병력만 파견했다면, 또 무슨 용도일까요?"

맥아더가 대답했다: "중국의 출병은 상징적인 것으로, 그들이 같은 공산주의 이웃 나라를 돕는다는 성의를 증명하면서도, 그들의 체면을 손상시키지 않은 상황에서 북한에서 철수할 수도 있다는 것이오. 나는 반드시 전쟁을 곧 끝낼 것이오."

오늘날 우리가 역사를 되돌아보면, 맥아더가 막 패배하고 나서도 여전히 이 정도로 거만할 수 있었다는 것은 확실히 믿기지 않는다. 펑더화이의 정교하고 뛰어난 지휘 기술은 의심할 여지 없이 맥아더가 이렇게 치명적인 판단을 하게 한 가장 중요한 요소였다. 그러나 맥아더의 극도로 방자하고 오만한 개인의 성격 및 당시 중국 국력의 허약함과 매우 치욕적인 근대 100년의 대외(對外) 전쟁사, 그리고 미국 국력의 전에 없는 강대함도 맥아더가 감히 이렇게 자신만만해 했던 중요한 원인이었다.

추수감사절 전에 전쟁을 끝내는 것은 이미 불가능해지자, 맥아더는 즉시 총공격을 개시하여, 크리스마스 전에는 반드시 압록강에 도달하여 전체 조선을 점령하겠다고 사방에 공개적으로 떠벌였다. 펑더화이는 이 말을 귀로 듣고 마음속으로 웃었다. 지원군 장교가 그에게 맥아더가 꾐에 넘어갈 것인지를 물었을 때, 맥아더의 성격과 심리를 철저하게 파악하고 있던 펑더화이는 웃으면서 말했다: "맥아더는 허풍을 떨면서, 성탄절 전에 압록강 주변까지 도달하겠다고 했으니, 오지 않을 리가 있겠는가? 그는 세계적 명장인데, 오지 않으면 그는 이 세계적 명장이라는 체면을 잃게 될 것이네." "우리가 좋은 미끼를 잘 배치해 놓았으니, 대어가 낚일 걸세."

맥아더 부대의 전진 속도가 충분히 빠르지 않아, 아직 그물에 들어오지 않았을 때, 펑더화이는 다시 명령을 내렸다: "귀한 손님을 초청하기 위해, 다시 요리를 좀더 내놓아라!" "맥아더가 대담하게 전진하도록 유인하기 위해, 각 군단은 적을 저지하되 너무 심하게 저지하지는 말고, 적이 공격하면 아군은 곧바로 후퇴했다가, 다시 빠르게 10킬로미터를 후퇴할 것을 명령한다!"

펑더화이의 거듭된 속임수에 맥아더는 마침내 철저하게 걸려들었다. 맥아더는 이렇게 발표했다: "유엔군이 압록강 연안에 대해 실시한 공군의 공격이, 이미 중국공산당의 후속 부대로 하여금 전장에 진입할 수 없게 만들었고, 적들은 병력 부족과 장비의 열세 때문에 싸워서 패배할까 두려워 물러났다." 공고가 발표된 뒤, 맥아더는 또한 직접 비행기를 타고 압록강 상공으로 가서 공중 정찰을 했는데, 얼어붙은 큰 강을 제외하고 그는 어떤 것도 볼 수 없었다. 일본으로 돌아간 뒤, 맥아더는 즉각 부대를 향해 이렇게 방송했다: "중국인들은 참전하지 않았고, 전쟁은 2주 내에 끝날 것입니다. 가능하면 신속하게 압록강에 도달하고, 귀국하여 성탄절을 보냅시다!"

맥아더가 발표할 때, 그의 동부전선과 서부전선 부대들은 모두 이미 지원군에 의해 유인되어 예정된 지점에 도달했으며, 측면은 드러나고, 후방은 텅비어 있었다. 이렇게 되자, 그는 완전히 펑더화이의 함정에 걸려들었다.

"전쟁은 적을 속이는 일이다. 그러므로 할 수 있으면서도 할 수 없는 것처럼 보이고, 쓰면서도 쓸 수 없는 것처럼 보여야 한다[兵者詭道也. 故能而示之不能, 用而示之不用]." 펑더화이가 중국 병학(兵學)이 수천 년 동안 축적해온 정수를 발휘하여, 맥아더에 대해 이롭게 해주어 유인하고[利而誘之], 약하게 보여서 교만하게 만들자[卑而驕之], 서방 군사의 거장인 맥아더는 매서움을 알지 못하고, 결국 펑더화이의 동양식 전략 전술의 함정으로 곤두박질치면서 파고들었다. 이제 펑더화이는 바로 그가 혼란에 빠져 있는 틈을 타 공격하여 취할 것[亂而取之]이다.

1950년 11월 25일 오후 4시, 맥아더의 서부전선 좌익인 덕천 시외의 산 위에서 줄줄이 솟아오르는 신호탄에 따라, 산속에 숨어 있던 펑더화이 휘하의 제38군단 장병들이 한국 제2군단 제7사단을 향해 맹렬한 공격을 개시했다. 이와 동시에 제42군단은 영원(寧遠) 시내에 있던 한국 제2군단 제8사단을 공격했다. 그 밖에 4개 군단이 정면에 있던 미국 제8집단군의 제1군단과 제9군단을 향해 정면으로 돌격을 개시하자, 200킬로미터 폭의 전선에는 군대 신호나팔 소리·나팔 소리·호루라기 소리와 총포 소리가 가득 울려 퍼지면서, 중국 군대가 22년 동안의 혈전 과정에서 모색해낸 일련의 야간 전투법이 신(神)과 같은 위력을 크게 발휘했다. 제38군단과 제40군단은 하룻밤 사이에 한국 제2군단을 갈라놓았고, 또 다음날 낮에는 적군과 아군 쌍방이 한데 뒤섞여 있어 미군 비행기들이 폭격을 하지 못하는 틈을 타, 한국 제2군단을 완전히 섬멸했다. 그리하여 맥아더 서부전선의 좌익을 철저하게 무너뜨리고, 미군과 한국군의 서부전선에 커다란 구멍을 뚫어놓았다. 이어서 제38군단이 이 거대한 구멍을 따라 미국 제1군단과 제9군단 배후의 개천과 삼소리를 향해 안쪽으로 우회하여 공격해 들어갔고, 제42군단은 숙천과 순천을 향해 바깥쪽으로 우회했다. 펑더화이는 이들 2개 군단과 정면에 있는 4개 군단으로 이중의 포위망을 구축하고, 미국 제8집단군을 평양 이북에서 함께 포위하여 완전 섬멸했다.

매우 교만하고 횡포하며, 승리할 수 있다는 자신감에 잔뜩 사로잡혀 있던 맥아더는 당시 펑더화이의 맹렬한 공격을 받고 정신을 차리지 못해, 그는 전선에서 무슨 일이 발생했는지 전혀 알지 못했다. 11월 26일까지 서부전선 우익의 한국 제2군단은 섬멸되었고, 서부전선 좌익의 미국 제2집단군은 아직 정주와 태주를 향해 북진하며 공격하고 있었다. 이 상황을 보고, 펑더화이는 거의 턱이 빠지도록 웃어댔다. 11월 28일 8시가 되자, 제38군단이 삼소리로 돌진해 들어가, 청천강 이북의 미국 제8집단군에 대해 3면을 포위하자, 맥아더는 비로소 서부전선의 중국 군대가 도대체 무엇을 하려고 하는지 알았다. 바로 그가 아연실색하여 어쩔 줄 몰라 하던 시각인 그날 밤 10시, 펑더화이 휘하의 제20·제27군단이 낭림산맥에서부터 돌격해 나와 동부전선의 미국 해병대 제1사단과 미국 보병 제7사단을 포위하여 다섯 부분으로 갈라놓았다. 맥아더는 그제야 마침내 그가 마음속으로 매우 얕보았던 "나약한 중국인"의 식욕이 얼마나 강한지 알게 되었다. 그는 즉각 미국 정부에 보고하기를, 중국인들이 자신의 부대를 "전부 섬멸하려 한다"고 했다. 한 역사학자는, 이것은 맥아더가 펑더화이와 꼬박 한 달 동안 교전을 벌이고 나서야 내린 전장의 실제 상황에 부합하는 최초의 판단이라고 말했다. 이때까지도, 그는 자신을 이렇게 참혹하게 만든 중국 군대의 사령관이 누구인지조차도 모르고 있었다.

11월 29일 오전, 맥아더는 모든 전선에 퇴각하라는 명령을 내렸다. 맥아더의 퇴각 명령이 내려지자, 청천강 이북의 미국 제8집단군은 즉시 남쪽으로 도망치기 시작했다. 미국 제9군단의 퇴로를 열기 위해, 미국 제2사단은 북쪽에서 남쪽을 향해, 미국 기병 제1사단은 남쪽에서 북쪽을 향해 삼소리를 공격했다. 제113사단이 가장 격렬한 저지전을 펼치는 상황에서, 펑더화이는 직접 휴대용 무전기를 통해 사단 정치위원인 류시위안을 격려했다: "병사들에게 전하시오. 여러분은 잘 싸우고 있소. 우리의 주력 부대가 지금 여러분 쪽으로 접근하고 있으니, 여러분들이 조금 더 힘을 내서, 계속 미국인들을 틀어막아 적들이 도망치지 못하게 하시오!" 펑더화이의 직접적인 지휘하에, 제113사단 장병들은 마치 쇠못처럼 삼소리와 용원리의 두 곳 교통 요충지를 지키면서, 50여 시간 동안 혈전을 지속하여, 남쪽과 북쪽에서 돌격해오는 적들로 하여금, 쌍방이 서로 1킬로미터도 채 떨어져 있지 않았지만, 줄곧 바라만 볼 뿐 접근하지는 못하게 하여, 합류할 수 없게 만들었다. 12월 1일이 되자, 패배하여 부대를 편성하지도 못한 미국 제9군단은 어쩔 수 없이 2천 대의 자동차와 탱크를 버리고, 부상병들을 내버려 둔 채, 서쪽으로 방향을 돌려 미국 제1군단과 합류하여 숙천의 해안 도로를 따라 남쪽으로 도주했다. 펑더화이의 매서운 공격을 받자, 맥아더의 "크리스마스 전에 전쟁을 끝낸다"는 계획은 대규모 궤멸로 바뀌어버렸다. 며칠 전까지도 여전히 의기양양하던 맥아더는 이제 "북한의 산비탈에 있는 여뀌 풀만 봐도 벌벌 떨었다". 미국의 당시 국무장관이던 애치슨은, 맥아더가 "순식간에 낙관의 꼭대기에서 실망의 심연으로 빠져버렸다"고 말했다.

"미국 역사상 노정이 가장 긴 퇴각"이 시작되었다. 열흘 만에, 서부전선의 미군은 400킬로미터를 패주하여, 38선 이남에 도착하고서야 간신히 걸음을 멈추었으며, 제8집단군의 사령관인 워커 중장조차도 패퇴하던 도중에 자동차가 전복되어 사망했다. 이와 동시에, 동부전선의 미국 제10군단도 중국 군대에 의해 흥남항을 쫓겨났으며, 미국 군대에서 가장 잘 싸운다는 해병대 제1사단은 1만 1천여 명으로 감원되어, 미국 역사상 가장 궤멸적인 타격을 받았다. 미국인들 스스로 이렇게 말한다: "이는 미국 건군(建軍) 역사상 가장 체면을 구긴 패배였다." 미국의 전 대통령이었던 후버(Herbert Clark Hoover, 1874~1964, 미국 제31대 대통령)는 솔직하게 인정했다: "미국은 한국에서 공산당 중국에게 패배했으며, 세계에는 어떠한 부대도 중국인들을 충분히 격퇴할 수 없다."

12월 24일, 평더화이는 항미원조 제2차 전역을 승리로 마무리하고, 38선 이북의 양양(襄陽) 일대를 제외한 조선민주주의인민공화국의 모든 영토를 수복하여, 조선의 전세를 완전히 바꿔놓았다. 뿐만 아니라, 평더화이가 이 전역에서 승리한 영향은 조선을 훨씬 뛰어넘어, 그의 승리는 새로운 하나의 세계적 강국이 굴기했음을 직접 선언했다. 미국인들은 이렇게 평가했다: "한국의 재난이 끼친 영향은 맥아더가 전장에서 패배한 것을 훨씬 뛰어넘었다. 유엔이 한반도를 통일한다는 희망을 깨뜨렸을 뿐만 아니라, 중화인민공화국이 최초로 중요한 전쟁에서 서방의 군대를 물리치는 전적을 거둔 국가로 변화했을 때, 마치 하룻밤 사이에 중국은 곧 세계 강국의 대열에 뛰어든 것 같았다." 두 통솔자 개인의 대결에 대해 말하자면, 청천강 주변과 장진호 주변에서 펼쳐진 세계를 뒤흔든 큰 전투 과정에서, 평더화이는 중국을 잘 안다고 허풍을 떠는 맥아더에게 전투학 과목을 가르쳐주었다고 할 수 있을 것이다. 중국 군대 전통의, 적의 후방으로 우회하여 포위하는 전술은 맥아더의 시야를 넓혀주었고, 그의 찬란한 군인 생애를 참패로 끝나게 해주었다. 만약 철학의 각도에서 이 전역을 본다면, 또한 이는 단지 200년의 역사밖에 갖지 못한 벼락부자 국가의, 힘을 믿고 약한 자를 괴롭히며 힘으로 승리를 쟁취하는 것을 숭상하는 천박한 군사 사상이, 5천 년의 문명사를 가진 국가의, 정의를 위해 군대를 일으키는 것을 숭상하고 책략에 의지하여 승리하는 군사 사상에게 패배했다고 할 수 있다.

오만방자하고 안하무인인 맥아더는 이번 참패 후에 미국 군부와 정계의 신임을 완전히 잃었다. 패배하여 초조해진 맥아더는 자신의 체면을 만회하기 위해, 끊임없이 전쟁을 확대해야 한다고 떠들어대면서, 설령 세계 대전을 일으키는 것도 전혀 꺼리지 않았다. 이는 조선 전쟁의 규모를 제한하여 가능한 한 일찍 전쟁을 끝낸다는 미국 정부의 외교 방침과 배치되었고, 그 관점은 미국 전체의 이익에 심각한 해를 끼쳤다. 그는 이 때문에 트루먼 대통령과 완전히 사이가 틀어져, 트루먼의 칙령에 의해 군직에서 해임되어 현역에서 물러났고, 의기소침하게 미국으로 돌아가, 치욕적으로 그의 군인 생애를 끝마치고 말았다. 기자가 펑더화이에게 맥아더의 해임에 대한 생각을 물었을 때, 펑더화이는 웃으면서 말했다: "맥아더는 올해 나이가 이미 70세의 고령이어서, 전투에서 패하자 곧 제정신이 아니었소. 일찍이 집으로 돌아가 여생을 보내야 했는데, 보아하니 트루먼이 그보다는 조금 더 현명한 것 같소." 이렇게, 중국과 미국 두 나라의 세계적인 명장 사이의 대결은 맥아더가 펑더화이의 손에 참패하고 끝났다. 한 가지 언급해 둘 만한 것은, 맥아더가 이때까지도 자신을 무너뜨린 상대가 펑더화이라는 것을 아직 몰랐다는 점이다.

◈ 평가

펑더화이와 맥아더는 중국과 미국이 길러낸 가장 우수한 전사이자 걸출한 통솔자라는 것은 추호도 의심할 수 없다. 그들은 모두 기나긴 군인의 생애를 거쳤다. 맥아더는 펑더화이를 만나기 전에 미국 육군에서 51년 동안 복무하면서, 다섯 차례의 전쟁을 겪었고, 이 다섯 차례의 전쟁에서 그는 모두 승리자였다. 그리고 펑더화이는 맥아더와 맞붙어 싸우기 전에 이미 34년간 거의 싸우지 않은 날이 없는 전장의 삶을 거쳐 오면서, 극도로 흉포한 일본 육군을 포함한 모든 적들을 무찔렀다. 그들은 모두 매우 혁혁한 군사적 업적을 이루었으며, 곧장 각자 직업 군인 생애의 최고점에 도달했다. 펑더화이는 중국 인민해방군 부사령관·중국 인민지원군 사령관·중화인민공화국 원수였다. 맥아더는 미국 육군 참모총장·유엔군 사령관을 역임한 아메리카 합중국 육군 5성 장군이었다.

　이들 두 통솔자는 모두 보기 드문 군사 천재였다. 맥아더는 사관학교에서 이미 매우 뛰어난 군사적 재능을 뚜렷이 드러냈으며, 그는 일반적인 사관학교의 교육 체제가 길러낼 수 있는 가장 우수한 장군감이었다고 할 수 있다. 그러나 펑더화이는 전장에서 가장 우수한 사병·부분대장·분대장……이었는데, 전쟁에서 공을 세움에 따라 점차 진급하여 가장 우수한 장교가 되었으니, 그는 이렇게 전쟁 자체가 길러낸 가장 우수한 실전 통솔자였다. 훗날 팔로군에게 패했던 옛 일본군의 어떤 장교는 펑더화이를 대표로 하는 중국공산당 장교들의 공통점에 대해 심사숙고하여 다음과 같이 결론지었다: "중국공산당 장교들의 절대 다수는 체계적인 사관학교 교육을 받은 적이 없고, 그들은 모두 전장에서 직접 전쟁을 하면서 전쟁을 배웠다. 그랬기 때문에 그들은 그들의 상대방보다 전쟁의 본질을 한층 더 깊이 깨닫고 있었다. 따라서 그들은 또한 그들의 상대방보다 더욱 강력했다." 상당히 깊이 있고 예리한 이 결론은 그가 몸소 체득한 것일 뿐 아니라, 또한 맥아더가 왜 펑더화이에게 패했는지에 대해 몇 가지 가르침을 줄 수도 있다.

　개인의 용감함을 논하자면, 두 통솔자는 모두 흠잡을 게 없으며, 그들의 용기와 희생정신은 모두 각자 군대의 모범이었다. 맥아더는 젊은 시절에 단기필마의 카우보이식 전투로 전군에 이름을 떨쳤으며, 인천에 상륙할 때에는 나이 70세의 고령임에도 직접 '마운트 맥킨리(USS Mount McKinley)' 호

함정을 타고 출정하여 진두를 제압했다. 펑더화이는 젊었을 때 모든 전투에서 반드시 몸소 병사들의 앞에 서서 직접 위험을 무릅썼다. 홍군 시기에 장시성(江西省) 위두(雩都)를 공격할 때, 펑더화이는 직접 부대를 이끌고 돌격하여 맨 먼저 성(城)에 오름으로써, 부하들로부터 매서운 비판을 받았다. 줄곧 고급 장교가 될 때까지 그는 여전히 기회만 있으면 반드시 최전선으로 가서 군대를 지휘했는데, 일찍이 원수가 백단대전(白團大戰)[313] 때 참호를 딛고 서서 적군의 동태를 관찰하는, 광범위하게 유포된 사진 한 장을 남겼다. 사진사의 회고에 따르면, 촬영 지점은 일본군 진지에서 불과 1킬로미터도 떨어지지 않은 곳으로, 사진에서 뜻밖에 총탄이 지나가는 것을 볼 수 있다고 한다. 항미원조 전쟁 때, 펑더화이는 마오쩌둥이 출병하기로 결정하는데 결정적으로 중요한 한 표를 던졌고, 이어서 반백 살이 넘은 몸으로 직접 최고 사령관이 되어 출정하여, 세계 최강의 미군과 결전을 벌였다. 두 통솔자의 용감하고 위세가 있는 기개는 모두 중국과 미국 두 나라 군대 각자의 영원한 긍지이자 정신적 상징이다.

지휘 스타일을 논하자면, 두 통솔자는 모두 군사적 책략이 풍부한 전략형 장수였다. 맥아더의 인천 상륙은 인민군의 정면을 피해, 그들의 측후방으로 상륙하여 그들에게 치명적인 일격을 가했으니, 군사의 정예 세력이자 지휘 예술의 걸작이라고 부를 만하며, 그를 일컫는 "상륙 작전 대가"라는 칭호의 비범한 점을 충분히 대표했다. 세상 사람들은 대부분 펑더화이의 작전 스타일은 용맹함을 위주로 한다고 여기지만, 그의 진면목을 연구한 사람들은 비로소 펑더화이의 작전은 용맹과 책략을 겸비하고 있으며, 결코 그의 별명인 "장비(張飛)"처럼 그렇게 단순하지 않다는 것을 알게 된다. 항미원조 전쟁은 특히 그가 평생 했던 작전 지휘들 가운데 뛰어난 지혜를 대표한다. 조선을 도와 싸우는 동안, 펑더화이는 준비되지 않은 상태에서 적을 맞이하는 것처럼 위장하려고, 첫 번째 전투에서 작은 승리를 거두어 교만해

---

313 1940년 8월 20일부터 1941년 1월 24일까지, 허베이성(河北省) 일대에서 팔로군과 일본군이 벌인 전투를 가리킨다.

진 적을 위해 거짓으로 후퇴했다. 그리고 도중에 적을 속이기 위한 포진을 빈틈없이 배치하여 맥아더라는 이 세계적인 명장을 농락하면서 혼란스러워 갈피를 잡지 못하게 만든 다음, 그를 함정에 빠뜨려 통렬하게 공격했다. 그리하여 측면 우회와 정면 공격을 결합함으로써 세계에서 장비가 가장 선진적인 미군을 대파했다. 그 책략의 정교함과 심오함은 그의 평생의 탁월한 지휘 예술의 축소판이라 할 수 있으며, 후대 병법가들의 영원한 본보기가 되기에 족하다.

중화 문명은 5천 년의 찬란한 역사를 갖고 있으며, 수많은 군사 천재들이 출현했다. 중화민족은 장수들에 대해 매우 엄격한 일련의 기준들을 갖고 있어, 전쟁에서 세운 공은 단지 중화민족이 장수의 역사적 지위를 평가하는 한 측면에 불과하다. 전국 시대의 명장 백기(白起)는 군공이 너무 커서 진(秦)나라가 더 이상 상을 내릴 수 없을 정도였고, 군사적 재능의 걸출함은 육국(六國)[314]으로 하여금 그에 대해 말만 들어도 무서워 떨게 했지만, 그는 지나치게 잔인했기 때문에, 후세에 전통적으로 역사가들은 줄곧 그를 중국의 명장 계보에 포함시키기를 거절했다. 손자는 말하기를, "장수는, 지혜롭고, 믿을 수 있고, 어질고, 용맹하고, 엄격해야 한다[將者, 智信仁勇嚴也]"고 했다. 이 다섯 가지 측면이 함께 기준에 도달할 수 있어야만 비로소 중화민족이 공인하는, 후세가 경모할 수 있는 영웅이 될 수 있다. 중화민족이 장수를 평가하는 기준으로 보면, 맥아더는 펑더화이에 훨씬 미치지 못한다.

우선, 맥아더는 일생 동안 정의로운 전쟁도 했지만, 정의롭지 못한 전쟁도 했다. 마치 히틀러의 장수들이 더 잘 싸웠음에도 기껏해야 인류 정의의 치욕 기둥 위에 못 박혀 있는 것과 마찬가지로, 맥아더가 출정하여 싸운 역사에도 몇 개의 영원히 지울 수 없는 치욕의 낙인이 남아 있다. 멕시코와 필리핀에서, 그는 미 제국주의의 이익을 대표하여 그 지역에서 민족의 독립과 국가와 주권을 위해 싸운 유격대원들을 도살했다. 조선에서, 그는 다른

---

[314] 진(秦)나라와 함께 중국의 패권을 다투던 초(楚), 한(韓), 위(魏), 조(趙), 제(齊), 연(燕) 등 여섯 나라를 가리킨다.

나라의 내정에 간섭하고, 다른 나라의 영토를 침략하고, 그 나라 사람들을 도살하여, 그가 출정하여 싸운 역사에 가장 치욕적인 한 페이지를 남겨놓았다. 그러나 펑더화이가 평생 종사한 전투들은 모두 민족의 독립을 추구하고 국가의 주권을 쟁취하기 위해서였다. 그는 조국을 위해 싸웠고, 조국의 인민을 위해 싸웠고, 조선에서는 특히 정의로운 국제주의의 의무를 이행하여, 이웃 나라 인민을 침략자 군대의 위험에서 구해냈다. 그의 전쟁 깃발에는 언제나 인류의 정의와 양심이 나부꼈으며, 그는 중국 인민의 영원한 존경과 추앙을 받을 뿐만 아니라, 조선 인민의 영원한 존경도 받고 있다(조선 인민은 그에게 최고 훈장인 "1급 국기 훈장"과 "조선민주주의인민공화국 영웅" 칭호를 수여했다). 이 점에서 말하자면, 그는 맥아더보다 훨씬 우월하다.

다음으로, 펑더화이는 평생 동안 작전에서 모두 적은 수로 많은 수를 이겼으며, 열악한 장비로 우세한 적을 이겼다. 처음 34년 동안은 싸우면서 심지어 모든 것을 적으로부터 취했으며, 적을 섬멸하고 노획하는 것에 전적으로 의지하여 스스로 발전해왔다. 징강산에 있을 때, 펑더화이는 일찍이 800명의 병력으로 적군 3만 명이 다섯 방면에서 포위 공격하는 것에 맞서, 주더와 마오쩌둥의 홍4군이 멀리 도망치도록 엄호했으며, 포위를 돌파한 뒤에는 다시 적과 한 달 동안 공방을 펼치면서, 283명의 병력과 총으로 적군 무리 속에서 멀리 위두 시내를 급습하여 적 700명을 섬멸했다. 이 두 차례의 전투는 비록 규모는 작았지만, 펑더화이 평생 동안의 작전 환경의 열악함과 작전 조건의 곤란함을 매우 구체적으로 보여주며, 인민군대의 성장 과정과 전투력이 비할 데 없이 용맹했음을 매우 잘 알게 해준다. 펑더화이의 이 두 차례의 전투를 이해했다면, 펑더화이가 조선에 있을 때 다음과 같이 두 번 탄식하며 했던 말도 이해할 수 있을 것이다: "만약 우리 군대가 장갑화(裝甲化)를 실현한다면, 지구 전체가 벌벌 떨 것이다!" "만약 우리 군대가 미군의 장비를 가질 수 있다면, 진즉 미군을 바다로 쫓아냈을 것이다!" 마찬가지로 중국 군대에게 포로가 된 한 미군 장교의 마음속 생각도 이해할 수 있을 것이다. 중국 군대의 무기 장비를 한번 실컷 모욕하고, 또 장비가 이렇게 낙후된 상대에게 패배한 것에 대해 유감을 느낀 다음에, 그 미군 장교는 이렇게 말했다: "미국은 좋은 무기는 갖고 있는데, 중국과 같은 보병 부대는 갖고 있지 않다. 만약 미국이 몇 개의 중국 보병 군단을 가지고 있고, 거기에 우리 미국의 무기를 갖춘다면, 우리 미군은 천하무적으로 어떤 적이라도 싸워서 이길 수 있을 것이다!"

그런데 맥아더가 평생 벌인 작전은 모두 미국의 강대한 국력이 견고하게 뒷받침해 주었다. 멕시코인·필리핀인과의 싸움은 물론이고, 제1차·제2차 세계대전과 조선 전쟁도, 그는 모두 상대방보다 월등히 우수한 무기와 물질적 역량을 보유하고 있었다. 그의 작전은 일관되게 다수로 소수를 이겼고, 강한 힘을 믿고 약한 자를 능욕했다. 이는 미국 역사가들조차도 부인하지 못하는 역사적 사실이다. 그리고 조선에서의 대결 과정에서, 그는 매우 미세한 병력 차이(병력 숫자로는 미국이 중국에 비해 약간 적었다-옮긴이)와 숫자로 표현할 수 없는 장비의 우세와 물질적 조건으로도, 오히려 펑더화이에게 패해 낙화유수가 되었으니, 두 통솔자의 실력 차이에 대해서는 많은 말을 할 필요가 없다.

그 다음으로, 개인의 인격을 비교해보면, 맥아더는 더더욱 펑더화이와는 비교하기 어렵다. 맥아더의 강한 허영심과 오만방자한 성격은 세계 각국의 장교들 중에서도 보기 드물었다. 그의 인격적 결함도 미군이 조선에서 참패한 중요한 요인들 중 하나였다. 미국인 스스로도 전혀 거리낌 없이 이 점을 인정한다. 미국의 한 역사학자는 이렇게 말한다: "중국공산당 군대는 미군에게 재앙에 가까운 참패를 안겨주었고, 미국의 위신을 땅바닥에 떨어뜨렸으며, 또한 맥아더를 이때부터 다시는 일어서지 못하게 했다. 그는 미군 가운데 지휘 임무를 가장 오랫동안 맡았던 명장이지만, 조선 전쟁 기간에, 그는 오만방자하고, 힘을 믿고 약한 자를 괴롭히고, 적을 얕보고 자만했기 때문에, 지휘에서 엄중한 잘못을 저질러, 미군이 참패하게 만들었다." 군인은 본래 응당 명령에 복종하는 것을 천직으로 여겨야 하는데, 맥아더는 오히려 오랜 관록에 의지하여 여러 차례 명령을 어기고 항명했다. 그는 미군 최고

통수권자인 미국 대통령 트루먼을 손에 쥔 장난감으로 여겼다. 그와 트루먼 간에 암투를 벌인 일은 세계 군사 역사에서 유명한 일이다. 트루먼은 그에 대해 "비열하고 저질스럽게 명령을 어기고 복종하지 않으며", "그는 언제나 남의 공을 가로채고 과오를 떠넘기며, 패배했을 때는 상관과 부하들을 탓하고, 자신은 책임을 지지 않는 장군"이라고 말했다. 미국의 국무장관 애치슨은 아예 그를 "맥아더 폐하"라고 불렀다. 상사들이 내린 이러한 평가는 사실상 군인에게는 영원히 지울 수 없는 오점이다. 그리고 부하들에 대해 말하자면, 맥아더는 또한 늘 부하들의 공을 자신이 차지하려고 하여, 부하들에게도 그다지 좋은 인상을 남기지 못했다. 아이젠하워는 맥아더의 참모장을 맡았던 적이 있는데, 그는 이때의 경험을 회상하면서, "맥아더의 밑에서 연기의 기술을 배웠다"고 비꼬았다. 그의 한국에서의 직속 부하이자 후임자인 리지웨이는 다음과 같이 거침없이 솔직하게 말했다: "맥아더는 자기 자신을 내세우기를 좋아합니다. ……그는 일부러 고상하고 도도한 마음을 길렀고, 그것이 마치 천재의 특징이라도 되는 양 여겼는데, 곧바로 그것은 전혀 어울리지 않는 것으로 변해버려, ……그로 하여금 사령관이 자신의 부하들로부터 얻어야 할 비판적인 의견과 정확한 평가를 잃게 만들었습니다. 그의 고집불통에 남의 의견을 듣지 않는 성격이……때로는 그로 하여금 간단하여 알기 쉬운 논리도 따져보지 않은 채 남의 의견을 무시하고 자기 고집대로만 하게 만들었습니다. 그가 자신의 판단에 대해 굳게 믿어 의심치 않은 것은, 그로 하여금 일관되게 정확한 예감을 갖도록 해주었으며, 또한 결국은 그로 하여금 명령을 어기고 따르지 않게 만들었습니다."

한마디로 말하자면, 맥아더는 미국인 스스로도 인정하는, 인격에 매우 큰 결함이 있는 사령관이었다. 미국의 기준으로 말하자면, 그는 명장이었지만, 중국 전통의 장군에 대한 요구 조건에 따라 말한다면, 그는 합격할 수 없는 통솔자였던 셈이다. 바로 맥아더의 이러한 인격적인 결함 때문에, 그는 말년에 미국 국민들에게 푸대접을 받았다. 미국의 군사사학자 러셀 위글리(Russell Frank Weigley, 1930~2004) 선생은 『미국 육군사(*History of the Unit-*

ed States Army)』에서, 귀국 후의 맥아더를 대했던 미국 대중들의 태도를 이렇게 냉정하고 객관적으로 소개했다: "맥아더의 이미지는 사람들의 마음속에서 매우 빨리 사라졌고 냉담해졌다. 대중은 그들이 제한된 전쟁에 대해 실망을 느낀 것을 표현한 전투 영웅을 환영했지만, 대중에게 맥아더가 전면 전쟁의 위험을 무릅쓰고라도 좌절을 만회하는 방법을 받아들이라고 요구하는 것은 별개의 일이었다." 미국의 역사학자는 이렇게 생각한다. 즉 트루먼 정부는 군사법정에 명령을 거역한 죄로 맥아더에 대해 기소와 재판을 충분히 제기할 수도 있었지만, 그들은 그렇게 하지 않았는데, 왜냐하면 해임은 허영심이 매우 강한 맥아더에 대해 이미 충분한 징벌이 되었기 때문이라는 것이다. 귀국한 뒤, 맥아더는 명목상 한 회사의 이사장을 맡았지만, 실제로는 줄곧 은거하듯이 생활했다. 이러한 생활이 자신을 내세우기 좋아하는 맥아더에게 커다란 고통이었으리라는 것은 생각해보면 알 수 있을 것이다. 1964년 4월 5일, 맥아더가 세상을 떠났으니, 향년 84세였다.

그러나 펑더화이는, 오늘날 그 이름이 중국에서 이미 위대한 인격의 상징이 되었다. 말년에, 그는 자신의 빛나는 군인 생애보다 더욱 찬란하게 빛나는 일을 해냈다. 조선에서 귀국한 뒤, 펑더화이는 중앙군사위원회의 일상 업무를 주관했는데, 그의 재임 기간은 중국 군대 현대화 건설의 첫 번째 황금기였다고, 군계(軍界)에서 공인되어 있다. 1955년, 중국공산당이 장군을 임명할 때, 펑더화이는 10대 원수(元帥)들 가운데 두 번째에 이름을 올렸다. 개국 장수들의 뭇 별들이 찬란하고, 누구 하나 남보다 뛰어나고 전공이 탁월하고 책략이 심오한 인재가 아닌 사람이 없었는데, 펑더화이는 나라를 세운 10명의 개국 장수들 가운데 두 번째 서열에 오를 수 있었다. 이는 많은 장수들이 진심으로 승복하고 모두가 바라던 일이었다.

펑더화이의 말년은 15년 동안의 비판과 투쟁, 8년 동안의 투옥, 4년 동안의 조용한 무명 생활이었다. 그러나 펑더화이가 루산에서 했던 직언은 그의 진리성(眞理性)의 힘을 갈수록 강력하게 드러내주었다. 1965년, 마오쩌둥은 이녠탕(頤年堂)에서 펑더화이에게 이렇게 말했다: "아마도 진리는 당신쪽에 있는 것 같소." 1978년, 중국공산당은 마침내 진리는 확실히 펑더화이의 손에 있다는 것을 인식하고, 펑더화이의 누명을 벗겨주기로 결정하면서[315], 펑더화이 원수는 역사의 진정한 승리자가 되었다.

중국 인민들은 펑더화이가 감옥에서 생활했다는 것을 알고 난 뒤에야 비로소, 원수의 말년은 전장이 바뀐 것에 불과했으며, 비인간적인 학대를 받으면서 원수는 진리를 위해 투쟁했고, 어떤 굴복도 하지 않았다는 것을 알았다. 그가 루산에서 왜 본심과 달리 자아비판을 했는지[316]에 관해 이야기할 때, 그는 이렇게 말했다: "차라리 나 개인을 망가뜨릴지언정, 결코 나로 인해 우리 당과 군대에 해를 입힐 수는 없었습니다." 어떤 사람이 그가 당한 일로 슬퍼하자, 그는 오히려 루산 회의의 후과는 그가 인민에게 죄를 지은 것이라며 가슴 아파했다. 어떤 사람이 그의 문제는 그 편지가 잘못되었기 때문이라고 말하자, 그는 오히려 이렇게 말했다: "전체적으로 말하자면, 그 편지는 안 쓸 수도 있었습니다. 그러나 나 개인으로 말하자면, 그때 쓰지 않을 수가 없었습니다. 무릇 인민의 이익이 훼손되는 문제를 보고도 말을 하지 않는다면, 그게 무슨 공산당원이라 하겠습니까! ……."

펑더화이는 평생 진리를 추구했고, 사심이 없어 두려울 것도 없었다. 유년 시절에는 굶주림과 추위를 상대로 싸웠고, 조금 자라서는 어둡고 부패한 사회와 싸웠으며, 청년 시절에는 나라를 구하기 위해 모색했다. 평생 국가와 인민을 위해, 일편단심 생명의 위협을 무릅쓰면서 자신을 돌보지 않고 분투했다. 그는 비록 신분이 고급 통솔자였지만, 중국 군대에는 뜻밖에 그가 사병들과 동고동락하면서 보통 사병들에 대해 여러 모로 보살폈던 수많은 감동

---

315 1978년 12월 18일부터 22일까지 진행된 중국공산당 제11회 삼중전회(三中全會)에서, 문화혁명 당시에 당이 저지른 오류들을 전면적으로 규명하고 수정하는 작업이 이루어졌는데, 이 과정에서 펑더화이도 명예를 회복했다.

316 1959년 7월 2일부터 8월 16일까지 46일 동안 루산에서 열린 중국공산당의 정치국 확대회의와 제8차 팔중전회가 원래 대약진 운동의 공과를 따져보기 위해 열렸다. 회의에서 펑더화이가 한 발언을 꼬투리 잡아 누명을 씌워 숙청하려는 음모가 진행되었다. 결국 펑더화이는 수많은 당 간부와 군대 간부들로부터 십자포화를 당하자, 견디지 못하고 마오쩌둥에게 자신을 비판하는 내용의 편지를 보내고, 투옥되었다.

적인 이야기들이 전해오고 있다. 또 그는 비록 군인이었지만, 중국 인민은 그가 백성들과 하나가 되어, 마음으로 인민의 고통을 걱정했던 아름다운 이야기들을 무수히 전해주고 있다. 1974년 11월 29일, 펑더화이는 억울한 누명을 쓰고 세상을 떠났다. 원수의 별은 서쪽으로 져 제자리로 돌아갔고, 원수는 생명으로 개인 인격의 위대한 열반을 완성했다. 불과 몇 년 뒤, 요행히 살아남은 원수의 전우들이 중국의 면모를 바꾸는 개혁 개방을 시작하면서, 원수의 별의 빛은 마침내 중화의 대지를 환히 비추게 되었다.

펑더화이는 중국공산당의 자랑이며, 중국 군대의 전설이며, 중화민족의 영웅이며, 중국 인민의 영원한 성좌(星座)이다. 그 자신이 대표하는, 인민을 위해 정의를 위해 아낌없이 분골쇄신한 인격의 힘은, 그로 하여금 중국 역사에서의 지위와 영향력을 일개 단순한 군대 통솔자가 도달할 수 있는 최대의 범위를 훨씬 뛰어넘게 만들었으니, 중화민족이 일찍이 이렇게 "진정한 사람"을 보유했었다는 것은 정말로 영광이다.

역사는 잊지 않는다
—항미원조 전쟁 과정에서 소련의 중국에 대한 군사 원조

　전쟁은 적군과 아군 쌍방의 인력·지력 및 물력의 대결이다. 중국 인민지원군이 항미원조 전쟁에서 승리를 거둘 수 있었던 것은, 전쟁 무대의 막전 막후에서 최고 한도로 사람의 주관능동성이라는 이 전쟁의 결정적 요소를 발휘한 것 외에도, 중국 군대의 위에서 아래까지 모두가 매우 중시했던 무기와 장비라는, 전쟁에서 매우 중요한 물질적인 요소와도 관계가 있다. 항미원조 전쟁 전에 준비를 시작하면서부터, 지원군의 무기와 장비가 낙후된 상황을 바꾸기 위해, 중국공산당 중앙위원회 최고 지도층은 시종일관 게을리하지 않고 최대한 노력함과 아울러, 당시 우호적인 이웃인 소련의 강력한 원조를 받아, 중국 군대의 무기와 장비를 전체적으로 크게 개선함으로써, 마침내 전쟁 과정에 싸울수록 더욱 강해졌다. 그리하여 항미원조 전쟁의 위대한 승리를 거두었을 뿐만 아니라, 근대 이후 최초로 육군 무기와 장비의 표준화와 초급 수준의 현대화를 초보적으로 완성했다. 더불어 전쟁 과정에서 아무것도 없던 상태에서 중국 공군의 강대한 매의 날개를 연마해냈으며, 또한 강대한 지상 포병도 조련해냈고, 중국 장갑병의 늠름한 철갑을 단련해냈다. 조금도 과장하지 않고 말해, 현대 중국 군사력 장비의 기초는 거의 모두가 이 정의로운 전쟁 과정에서 소련이 중국에 제공한 군사 원조에서 비롯되었다. 중국 인민은 소련 인민이 당시에 제공한 소중한 원조와 지원을 영원히 잊지 않을 것이며, 역사는 잊지 않는다.

　1949년 10월 1일, 이제 막 화약 연기 속에서 빠져나온 중국 인민해방군 육·해·공 3군의 사열을 받는 부대는, 오직 진짜 전쟁만이 단련해낼 수 있는 묵직하고 웅장한 발걸음으로 톈안먼 광장을 성큼성큼 나아갔다. 머지않아 전국적으로 승리를 거두게 되는 이 기나긴 행렬의 씩씩한 행군 대열은, 전체 군대가 제공할 수 있는 가장 우수한 장비들을 모아 개국 지도자들에게 사열을 받았다. 열병 과정에서 펼쳐 보인 무기들로는 소총·자동소총·경기관총·중기관총·박격포·대전차포·산포(山砲)도 있었고, 중형 트럭들과 10륜 대형 트럭이 끄는 75밀리 야포·105밀리와 150밀리 유탄포·37밀리와 75밀리 고사포도 있었다. 그러나 톈안먼 광장에 모인 군중의 흥분한 함성이 성루 위에 있는 지도자들 마음속의 걱정을 일소할 수는 없었다. 그들은, 깨끗하게 반짝반짝 빛나고 검푸른색이 감돌며 병사들이 애지중지 아끼는 그 무기들이 거의 전부 일본군과 국민당군의 수중에서 노획한 전리품이라는 것을 알고 있었다. 당시 21년간 끊임없이 나라를 세우기 위해 혈전을 치른 중국 군대는, 군사와 정치 소양은 뛰어났지만, 무기와 장비는 오히려 가지각색이고, 표준이 매우 일치하지 않고, 대부분 제2차 세계대전 이전에 생산된 구식 장비들이었다. 신중국 자신의 초라한 무기 제조 공장에서는 단지 소량의 경화기와 탄약밖에 생산하지 못했고, 정말로 번듯한 것은 하나도 만들어내지 못했다. 당시 인민해방군은 200여만 정의 무기를 보유하고 있었는데, 그 가운데 보병 소총은 구경이 13종에 달했다. 각각 독일·미국·영국·일본·이탈리아·러시아·프랑스 등 20여 개 국가에서 생산된 것들이었으니, 병사들이 가진 것은 정말이지 "다국적 제품" 총기류들이었다. 군 전체의 지상 제압용 화포는 약 1만 7천 문이었는데, 구경이 모두 14종이나 되었으며, 각각 7개 국가에서 제조한 약 40가지 모델들이었다. 그 가운데 화력이 약한 소형 박격포가 절대 다수를 차지하여, 수량이 전체 화포 숫자의 82%였고, 산포와 야포가 14.5%, 유탄포와 카농포가 3.5%였다. 그러나 현대화되고, 구경이 가장 크고, 성능이 비교적 좋다고 할 수 있는 미국제 M-1식 155밀리 유탄포는 군 전체에 35문뿐이었다. 통계에 근거하여, 인민해방군의 장비 중 화포와 총기류만 보면, 24개 나라의 98개 무기 공장에서 생산되었고, 그 품종은 무려 110종에 달했으며, 낡고, 잡다하고, 성능이 나쁘고, 혼란스러웠다. 이것이 바로 당시 중국 군대가 보유한 무기와 장비의 전체적인 모습이었다.

아편 전쟁부터 신중국이 수립될 때까지, 중국 민족은 거의 끊임없이 109년 동안 전쟁을 강요받아 오면서, 온 나라의 상하 모두가 극도로 전쟁을 혐오했는데, 천안문 상공의 비둘기피리[鴿哨][317]가 마침내 중국 인민들로 하여금 평화의 서광을 보게 해주자, 개국 지도자들은 한층 더 지체 없이 업무의 중심을 평화 건설로 전환하려고 생각했다. 비록 인민해방군의 무기 표준화와 업무를 새롭게 바꾸는 일이 매우 절박했고, 또한 티베트 지역과 연해의 수많은 섬들은 하루라도 빨리 해방되기를 기다리고 있었으며, 수백만 명의 토비들은 아직 숙청되지 않았지만, 후세 사람들은 당시의 역사 자료들을 살펴보다가 뜻밖에 다음과 같은 사실을 발견했다. 즉 본래 국민당과 공산당 쌍방의 주요 군수 공업 역량을 합병한 신중국의 군수 산업은 마땅히 100년 이래 가장 강대하고 가장 완전해야 했지만, 당시 군수 공장들은 오히려 대다수가 감축되고 합병되어, 10만 명의 군수 공장 노동자들 가운데 뜻밖에도 9만 명이 1951년 전후 1년 반 내지 2년 동안, 생산을 중지한 채 생활비(쭙쌀)를 지급받는 상태였으니, 중국 지도자들이 당시 전쟁을 끝내고 평화 건설을 하려고 급히 서두르던 절박한 심정은 생각해보면 알 수 있을 것이다.

항미원조는 중국 정부가 조선 정부로부터 출병 요청을 받고 나서 급히 결정된 것이다. 당시 신중국이 성립된 지 막 1년밖에 안 되어, 국내에서는 바로 대규모 재건이 시작되었고, 부대는 이미 부대원들을 제대시키기 시작했으며, 군수 생산도 이미 지방 건설에 자리를 내주고 있었는데, 상대해야 할 적은 오히려 세계에서 무기와 장비가 가장 선진적이고 가장 강대한 미군과 유엔군 부대였다. 중국 군대는 다급한 상황에서 조선에 들어가기로 예정된 동북 변방군의 실력을 강화하는 데 최선의 노력을 다했다. 동북 군구(軍區)는 창고에 있던 것들을 모조리 그러모아, 변방군을 위해 소총 2천 정, 경

---

[317] 비둘기 꼬리에 달아서, 비둘기가 날아다니면 소리가 나게 만든 호루라기를 가리킨다.

기관총 540정, 중기관총 76정, 60밀리 박격포 179문, 81밀리 박격포 45문, 92밀리 보병포 55문, 화염병 2천 개를 보충해주었다. 총후근부(總後勤部: 총병참부—옮긴이)는 중기관총 28정, 82밀리 박격포 71문, 산포 17문, 대전차지뢰 2천 개를 조달했다. 그러나 최대한 노력하여 강화하고 난 뒤의 동북 변방군 화력은 미군에 비하면, 아직도 턱없이 부족했다.

동북 변방군은 제38·제39·제40군단으로 구성되었으며, 나중에 또 제42군단을 보강했다. 제42군단은 해방군 가운데 전투력이 가장 강한 부대로, 원래는 중원 지역에 주둔하던 군사위원회의 전략 예비대였으며, 그들의 무기와 장비 수준은 전체 군의 다른 부대들보다 훨씬 우수했다. 그 중에서도 또한 제39군단이 가장 강했으며, 미국제 무기 장비 부대라고 불렸다. 제39군단의 당시 장비 수준은 평균적으로 각 중대마다 소총 120정·자동소총 36정·경기관총 9정·60밀리 박격포 3문을 보유했고, 각 대대마다 중기관총 6정·81밀리와 82밀리 박격포 3문을 보유했고, 각 연대마다 92식 보병포 4문·대형 박격포 3문을 보유했으며, 군단 소속 포병 대대는 3개의 산포 대대(각 대대마다 12문의 산포 보유)와 1개 로켓포 중대를 거느리고 있었다.

그러나 1950년 9월의 전투력 통계표에 따르면, 제39군단의 실제 장비는 일본제 38식 소총 7,320정, 79식 소총 1,512정, 미국제 스프링필드 소총 2,408정, 미국제 자동소총 3,058정, 체코제 경기관총 790정, 미국제 M1918식 경기관총 168정, 영국제 브렌(BREN)식 경기관총 117정, 미국제 M1917식 중기관총 155정, 일본제 92식 중기관총 7정, 60밀리 박격포 260문, 81밀리 박격포 82문, 82밀리 박격포 15문, 120밀리 박격포 12문, 미국제 107밀리 화학박격포 12문, 중국제 6연발 102밀리 로켓포 9문, 92식 보병포 36문, 41식 산포 12문, 미국제 75밀리 산포 12문이었다.

이를 통해 알 수 있듯이, 설사 당시 해방군에서 장비의 수준이 가장 강해 미국제 무기 장비 부대라고 불렸던 제39군단이라 할지라도, 소총·자동소총·기관총만 해도 4개 국가에서 제조한 9가지 모델들을 갖추고 있었고, 화포는 더욱 많아서 서로 다른 국가의 10가지 모델들을 갖추고 있어, 실제로 여전히 대량의 구식 잡다한 무기들을 갖추고 있었다. 소총 가운데 일본의 38식 소총의 숫자가 더구나 절대적인 우세를 차지하고 있어, 이른바 미국제 무기라는 것이, 사실은 약간의 미국제 자동소총·경기관총 및 60밀리 박격포를 비교적 많이 갖추고 있음에 불과할 뿐이었다.

동시에 장비 실력표도 여전히 부대의 실제 상황을 완전히 반영하지는 못했으니, 이러한 무기들의 절대 다수는 수년 동안 전쟁의 시련을 거치면서 노획한 것들로, 구경은 닳아서 커졌고, 파손되어 수리를 해야 하는 상황이 매우 심각했다. 당시 동북 인민정부도 이 때문에 일부 공장의 정상적인 생산 임무를 중단하고, 변방군이 수리해 달라고 공장으로 보낸 장비들을 온 힘을 다해 급히 수리했다. 통계에 따르면, 동북 군구 소속의 제51·제54 무기 공장에서만 해도 소총 358정, 경기관총 71정, 각종 화포 494문을 긴급히 수리했다고 한다. 제13병단은 따져본 다음, 변방군은 미군에 비해, 화력 면에서는 연대 이하 부대에 탱크가 없다는 것을 제외하고, 경화기의 화력은 같은 편제의 미군 부대에 비해 차이가 그다지 크지 않다고 판단했다. 그러나 사단과 사단 이상 부대의 중화기 화력은 차이가 매우 커서, 효과적인 대전차 무기와 방공 무기가 가장 부족했고, 이미 편성하기로 확정한 사단 소속 대전차포 대대와 군단 소속 고사포 대대들은 모두 무기가 부족하여 편성할 수 없었다.

중국 군대 총사령부가 당시 총결해낸 바에 따르면, 부대가 출국하여 작전할 무기와 장비는 공군의 엄호가 없다는 것을 제외하더라도, 여전히 4가지 커다란 문제들이 있었다: 첫째, 장비 전체가 낙후했고, 무기가 천차만별이다. 둘째, 구조가 불합리하고, 중화기가 부족하며, 화력이 부족하다. 셋째, 수송 장비가 부족하고, 기계화 정도가 낮으며, 기동성이 부족하다. 넷째, 보급이 어렵다.

당시 중국은 공업이 낙후했고, 원자재는 부족했고, 경제가 어려웠기 때문에, 미군과 싸우는 데 반드시 필요한 중장비들은 국내에서 거의 생산할 수 없었다.

새는 쩍쩍 울면서 친구를 찾는다. 1950년 10월 7일, 미군이 중국의 경고를 아랑곳하지 않고, 제멋대로 38선을 넘어 대거 북진하더니, 중국-조선 국경을 향해 거침없이 쳐들어왔다. 8일, 저우언라이는 급히 모스크바로 날아갔는데, 그의 사명 중 하나는 바로 국제공산주의운동의 우두머리인 스탈린에게 중국 군대의 실정을 전하고, 긴급히 군수품을 주문하는 것이었다.

중국은 급박한 상황에서 소련을 향해 군사 원조를 청했다. 그 이유는 물론 당시 중국·소련·조선이 함께 사회주의 진영에 속해 있었고, 중국의 항미원조는 당시 소련을 우두머리로 하는 사회주의 진영을 보위하기 위한 전투이기도 했으며, 또한 전통적 역사의 연원과 심리적인 요소도 있었다.

세계 현대사에서, 소련 공산주의자들은 중국 혁명에 대해 줄곧 매우 진실하게 동정적인 태도를 갖고 있었고, 또한 힘껏 지지해주었다. 객관적으로 역사를 돌아보면, 이러한 동정과 지원은 국민당과 공산당을 구분하지 않았으며, 심지어 국민당에게 좀더 많이 주기도 했다. 쑨중산(孫中山)이 국민당 군사력의 기초를 다지는 황푸군관학교를 창설할 때, 군벌에게 협박당한 당당한 대총통도 단지 500정의 소총으로 학교를 세울 수밖에 없었다. 그리하여 황푸군관학교의 당 대표인 랴오중카이(廖仲愷, 1877~1925)는 군벌이 운영하는 무기 공장에 가서 애걸복걸하고서야 30정의 소총을 구했는데, 중간에 또 1정은 훗날 해방군 대장이 되는, 당시 젊은 군사학교 생도인 천경이 총의 노리쇠를 분실하는 바람에, 실제로는 단지 29.5개의 소총밖에 없어, 보초를 세우기에도 부족했다. 총만 있으면 왕초라고 믿는 군벌들은 이 때문에 황푸군관학교를 완전히 얕잡아보았다. 쑨중산이 어떤 회의에서 황푸군관학교를 자랑하면서, 모두 황푸에서 배워야 한다고 하자, 결국 회의에 참석한 윈난(雲南)계 군단장인 판스성(范石生, 1887~1939)은 오히려 몹시 불복하더니, 회의가 끝나자 곧바로 경멸하듯이 장제스를 흘겨보며 말했다: "장(蔣)씨, 당신이 황푸에서 무슨 놈의 학교를 운영한다고! 당신의 그 형편없는 무기 몇 개는, 내가 1개 대대만 파견하면 곧 당신의 무기를 완전히 빼앗을 수 있어!" 장제스는 부끄럽기도 하고 화도 나고 두렵기도 했다.[판스성은 나중에 공산당에 큰 은혜를 베풀었다. 중국공산당이 난창기의를 일으켰다가 실패한 후의 잔여 부대들은, 주더가 옛 전군(滇軍: 민국 시기 윈난 지역의 군벌 부대들을 일컫는 말-옮긴이)과의 관계를 이용하여 판스성의 부하로 등록해놓고 나서야 숨을 돌릴 수 있었으며, 또한 마오쩌둥이 파견해온 허창공(何長工, 1902~1987)에게 발견되고서야 주더와 마오쩌둥은 징강산에서 부대가 합류할 수 있었다. 훗날 중국공산당은 한 편의 TV 드라마를 촬영하여 판스성을 기념하기도 했다.]

바로 그때, 소련이 1차로 1정당 500발의 탄약을 배정한 러시아제 최신형 소총 8천 정을 선박으로 비밀리에 황푸다오(黃埔島)로 싣고와, 황푸군관학교를 무장시켰는데, 당시 이 총들은 중국 대륙의 가장 우수한 1개 보병 사단을 족히 무장시킬 수 있었다. 미친 듯이 기뻐하는 청년 생도들은 직접 화물을 나르면서, 이제부터 혁명의 밑천을 갖게 되었다고 기뻐하며 말했다. 불완전한 통계에 따르면, 1924년부터 1927년 사이에, 소련은 황푸군관학교에 학교 운영비 200만 루블·소총 2만 6천 정·탄약 1,200만 발·기관총 90정·탄띠 4천 개·대포 24문·포탄 1천 발을 보내주었으며, 그 중 1925년에 원조한 무기의 가치 56만 4천 루블은 아직 통계에 포함되지 않았다고 한다. 당시 황푸다오에는 곳곳에 크고 작은 무기고들이 임시로 설치되자, 이번에는 반대로 매우 갖고 싶어 하는 크고 작은 군벌들이 처지가 바뀐 장제스에게 무기를 좀 달라고 간청했다. 득의양양한 장제스는 자신의 말을 곧잘 듣고 기꺼이 몸과 마음을 바쳐 충성하는 자들에게만 약간의 낡은 총을 주었다. 역사는 결코 잊지 않는다. 바로 이렇게 소중한 무기 원조와 자금 원조의 기초 위에서, 바로 소련의 서열 5위의 개국 장군인 바실리 블류헤르(Vasily Blyukher, 1889~1938) 원수가 직접 단장을 맡은 황푸군관학교 고문단의 훈련을 받아, 국민당과 공산당 쌍방은 비로소 각자 최초의 군사력을 조직할 수 있었다는 사실을. 조금도 과장하지 않고 말하자면, 소련의 군사 원조가 없었다면, 황푸군관학교도 없었고, 북벌(北伐)도 없었고, 중국 현대 혁명사도 없었을 것이다.

항일 전쟁 과정에서, 또한 소련은 중국이 가장 위험한 재난에 처해 있던 항일 전쟁 초기에, 중국에 대해 전 세계에서 유일하게 대규모 군사 원조를 해주었다. 후에 제2차 세계대전 과정에서 세계에 명성을 떨친 주코프(Georgy Zhukov, 1896~1974) 원수와 추이코프(Vasily Chuikov, 1900~1982) 원수는 모두 중국 국민정부의 군사 고문을 맡아 중국 인민의 항전을 도왔으며, 소련은 또한 항일 전쟁 중에도 중국에 대해 가장 큰 원조를 한 국가들 중 하나이기도 하다. 훗날 소련의 저명한 경제사 전문가인 슬라드코프스키(Sladkovsky)의 통계에 따르면, 소련은 중국공산당이 항일 전쟁을 벌이고 있을 때 중국에게 비행기 904대·탱크 82대·견인차 602대·자동차 1,516대·대포 1,140문·중기관총과 경기관총 9,720정·소총 5만 정·탄약 1억 8천만 발·폭탄 3만 1,600발·포탄 약 200만 발 및 기타 대량의 군수 물자를 지원했다. 이 숫자는 견인차 602대(중국 측 통계에는 24대이다) 외에는, 대체로 중국 역사학자들 대다수가 인정하고 있다. 이 밖에도, 수많은 소련 조종사들이 직접 중국에 들어와 참전했으며, 일부 인원은 중국 인민의 항전 사업을 위해 중국 땅에서 희생되기도 했다.

항일 전쟁 말기가 되자, 소련군은 직접 대일(對日) 선전포고를 하고, 중국에 들어와 일본 침략군 가운데 최정예인 100만 명의 관동군도 섬멸했다. 따라서 소련이 중국의 항일 전쟁 초기에 세계 유일의 대규모 군사 원조를 해주지 않았다면, 중국의 항전은 전략적 방어기로부터 전략적 상호 대치기로 전환하기가 대단히 순조롭지 못했을 것이다. 또 항전 후기에 소련군의 직접적인 참전이 없었다면, 중국은 전략적 반격 단계에서 그렇게 신속하게 전면적인 항전의 위대한 승리를 거두기도 매우 어려웠을 것이다. 역사는 잊지 않을 것이다. 소련이 국민정부에게 원조를 함과 동시에, 중국공산당에게도 소량의 원조를 해주었다는 것을. 그 가운데 가장 큰 자금 원조는 왕자샹을 시켜 직접 옌안에 미화 30만 달러의 현금을 가져다준 것이다. 오늘날 이 숫자는 매우 적게 보이겠지만, 이는 당시 촉박했던 산베이의 중국공산당에게는 절대적인 거액이었다. 설사 화폐 가치로 계산하더라도, 당시의 미화 30만 달러는 지금의 1천만 달러라는 거액에 해당한다.

최근에, 중국 인민의 정의로운 해방 사업에 대한 소련의 군사 원조 관련 자료들은 이미 대부분 기밀이 해제되었는데, 대다수의 중국 학자들이 이미 인정한 숫자는 다음과 같다: 해방 전쟁 과정에서, 소련이 일본군에게서 노획한 소총을 중국공산당에게 제공한 것이 60만 정 정도이다. 그리고 해방 전쟁이 발발했을 때, 인민해방군 전체 127만 명이 갖고 있던 소총은 겨우 44만 7천 정이었고, 국민당군이 중국을 침략한 123만 명의 일본군에게 노획한 소총도 70만 정에 불과했다. 린뱌오는 일찍이 대규모 결전을 벌이기 전날 밤 스탈린에게 다음과 같이 원조를 요청하는 전문을 보낸 적이 있다: "우리는 당신들이 우리에게 준 그 무기들로 30개 보병 연대와 2개 산포 대대를 무장했습니다." "우리에게 20만 정의 소총·1만 5천 정의 기관총·7천 정의 중기관총·700문의 연대와 대대 박격포·1천 문의 중대 박격포·100문의 고사포·200문의 산포와 야포 및 비교적 많은 수의 탄약과 20개 사단이 사용할 통신 장비(주로 무전기와 전화)를 해결할 방도를 강구해주십시오. 이 무기들은 용감한 붉은 군대가 노획한 일본 무기들 중에서 떼어 주시기 바랍니다. 만약 일본 무기가 많이 남아 있지 않으면, 독일 전리품 중에서 떼어 주시기 바랍니다." 스탈린은 비록 린뱌오의 이 요구를 직접 만족시켜 주지는 않았지만, 몇 차례에 걸쳐 조선 주둔 소련군을 통해 동북 야전군에게 조선 주재 일본군에게서 노획한 무기와 탄약을 차량 2천 대 분량이나 제공해 주었다. 조선은 당시 소련군이 통제하고 있어, 스탈린의 승인이 없었다면, 조선 주재 소련군은 어찌 되었든 간에 감히 이 무기들을 떼어 줄 수 없었을 것이다. 얼마 지나지 않아 중국 동북 지방의 검은 대지에서는 랴오선(遼瀋) 전투[318]의 격렬한 총성과 포성이 울려 퍼졌다. 역사는 잊지 않을 것이다. 중국 인민 해방 전쟁의 위대한 승리에도 소련 인민의 군사 원조의 공헌이 일정 부분 포함되어 있다는 것을.

---

[318] 제2차 국공 내전 당시, 1948년에 중국공산당이 랴오선에서 국민당 군대를 격파하고, 당시 중국에서 가장 산업화되어 있던 만주를 차지함으로써, 전세를 역전시켜 승기를 잡게 되는 중요한 전투이다.

저우언라이는 소련에 가서, 맨 먼저 중국 군대의 가장 시급한 문제를 해결했다. 그가 가져간 군사 물품 주문서에는, 긴급하게 구매해야 할 무기 장비의 두 가지 목록이 있었다. 첫 번째 목록은 소련 정부에게 3개월 내에 인도해 달라고 요구하는 물품들이었다: 화포류가 11종(100~200밀리 대구경 카농 유탄포·100~122밀리 대구경 유탄포·구경 85밀리와 76밀리 카농포·76밀리 산포·57밀리 대전차포·85밀리와 76밀리 고사포·37밀리 고사포·로켓포·대구경 고사기관총)에 도합 2,114문(정)이며; 차량류가 10종(견인차·수송차·수리차·기중기차·구급차·오토바이 등)에 도합 3,301대인데, 그 가운데 수송차가 1,500대이며; 또한 관측 기기 18종·통신 장비 8종·탄약 2종도 있었다. 두 번째 목록은 5개월 이내에 인도해 줄 것을 요구하는 물품들이었다: 화포류가 10종에 도합 2,046문(정), 차량류가 9종에 도합 3,286대, 관측 기기가 18종, 통신 장비가 6종, 탄약이 2종이었다.

이 두 가지 목록의 물품 주문서에는, 화포와 수송차의 수량이 가장 많았다. 이는 중국 군대가 장비 상황과 작전이 직면한 곤란함에 근거하여 세심하게 계산한 것이었다. 제공권이 없음을 고려하여, 주문한 4,160문(정)의 화포들 가운데 방공에 사용할 것들이 2,736문(정)으로, 전체 화포의 약 3분의 2를 차지했고, 지상 작전에 사용할 것은 1,424문이었다. 당시 가장 먼저 조선에 들어가기로 결정된 지원군 제13병단 소속 4개 군단의 계산에 따르면, 평균 각 군단마다 57~200밀리 화포 356문씩을 분배할 수 있었는데, 이 숫자는 미군 1개 사단의 352문보다 조금 많은 것으로, 미군 1개 군단의 장비와는 여전히 매우 큰 차이가 있었다. 그러나 중국 군대는 우세한 병력을 집중하여 작전하는 데 뛰어나, 기동전과 민첩한 전술을 채택함으로써, 화포 숫자의 부족을 어느 정도 보완할 수 있었다. 병참보급 수송 임무가 힘들고 버거운 데다, 동시에 또한 제공권이 없었기 때문에, 적의 공습을 받아 쉽게 파괴되었으므로, 주문한 6,587대의 차량 중에는 수송차가 주를 이루었으며, 모두 3천 대였다.

중국 정부가 항미원조 전쟁을 진행하기 위해 소련에 제출한 첫 번째 군수품 주문서는 주로 긴급한 것들이었다. 이 주문서 외에, 저우언라이도 주문서를 제출하여 탱크와 장갑차를 요구했다. 스탈린은 모두 매우 시원스럽게 승낙했으며, 또한 중국에 싸게 파는 것도 원칙적으로 동의하여, 중국은 소련에게 차관을 빌려 분할 상환할 수 있었다. 소련 측의 강력한 지지하에, 중국의 첫 번째 군수품 주문은 순조롭게 달성되었다. 이 무기와 장비들은 후에 정해진 시간에 맞추어 중국에 인도되어, 지원군의 작전과 수송의 어려움을 대단히 크게 완화시켜 주었으며, 전장에서 매우 큰 위력을 발휘했다.

1951년 2월 1일, 저우언라이와 중국 주재 소련 군사 대표단 단장인 자하로프 대장은 각각 중국과 소련 양국 정부를 대표하여 소련이 중국 정부에게 군사 차관을 제공하는 것에 관한 협정에 서명함으로써, 소련이 중국에게 12억 3,500만 루블의 차관을 제공하여, 중국이 항미원조 전쟁을 수행하는 데 필요한 군사 장비·탄약 및 철로 자재를 구매하는 데 사용하기로 확정했다. 그리하여 1950년 10월 19일에 항미원조 전쟁 출병 전의 군수품 주문은 반값으로 지불했고, 철로 자재의 주문은 25%를 할인하여 지불했다. 이것이 바로 훗날 말썽이 되어 시끄러웠던 3년 동안(1959년부터 1961까지-옮긴이) 자연 재해 시기의 소련 채무 반환 문제의 유래이다.

첫 번째 군수품 주문 후, 저우언라이는 실전의 필요에 근거하여 또 몇 번 보충했으며, 모두 마오쩌둥 명의로 스탈린이나 소련 측 주무 부서에 추가 주문서를 제출했다. 예를 들어, 미국 비행기의 맹렬한 폭격에 대처하기 위해, 1950년 12월 29일에 또 소련식 구경 12.7밀리 고사기관총 2천 정을 주문함과 아울러, 소련의 기준에 따라 1정당 상응하는 기본 수량의 탄약을 배정해 달라고 요구했다. 스탈린은 답신을 보내 동의함과 동시에, 고사기관총 1정당 탄약 1천 발을 휴대한다고 설명해주었다. 이 무기는 휴대하기가 간편하여, 당시 전방 작전과 철도 주변에 있던 부대에 분배해주어 사용하기에 매우 적합했다.

1950년 10월 25일, 항미원조 전장에서 첫 번째 총성이 울려 퍼졌다. 10일 뒤인 11월 5일, 저우언라이는 마오쩌둥을 대신하여 스탈린에게 보낼 전보초안을 작성하고, 스탈린에게 36개 보병 사단의 경화기를 구입하겠다고 제안했다. 전보의 내용은 이랬다: 우리 인민해방군의 보병 장비의 주된 공급원은, 과거에는 적으로부터 노획했기 때문에, 총과 대포의 구경이 매우 난잡하여, 탄약의 생산이 매우 어려우며, 그 중에서도 특히 소총과 기관총 탄약의 생산이 매우 적습니다. 이번에 조선 전쟁에 참가한 지원군의 12개 군단 36개 사단은 소총 및 기관총 총탄을 기준량의 6배 분량밖에 휴대하고 있지 않아, 이후 계속 작전을 하면 보충하는 데 대단히 곤란을 겪을 것입니다. 그리고 무기의 교체는, 만약 무기 생산에 변화가 없다면, 1951년 하반기나 되어야 시작될 수 있을 것입니다. 당장의 어려움을 해결하기 위해, 1951년 1월과 2월에 우리 36개 사단의 다음과 같은 경화기 장비들을 주실 수 있는지 고려해 주시기 바랍니다: 소련제 소총 14만 정과 탄약 5,800만 발, 소련제 자동소총 2만 6천 정과 탄약 8,000만 발, 소련제 경기관총 7,300정과 탄약 3,700만 발, 소련제 중기관총 2천 정과 탄약 2천만 발, 공군용 권총 1천 정과 탄약 10만 발, TNT 폭약 1천 톤.

이 전보는 저우언라이가 군사위원회 총참모부의 녜룽전 등과 회동하여 구체적으로 논의한 뒤에 작성한 것으로, 중국 육군의 무기와 장비가 정규화해 나가기 시작했다는 중요한 상징이다. 전보에서 한번에 36개 보병 사단의 경화기를 구매하겠다고 제시했는데, 이는 중국 군대의 역사에서 유례가 없던 일이다. 11월 9일, 자하로프 대장은 저우언라이에게, 스탈린이 답신을 보내와 중국이 필요로 하는 보병 무기들을 공급하기로 동의했으며, 1951년 1월과 2월의 정해진 시기에 물품을 인도하기로 했다고 전했다.

1951년 1월부터, 소련은 계약서에 따라 계속해서 무기와 장비를 만저우리(滿洲里)를 거쳐 중국으로 보냈다. 중국 측은 받은 다음, 모두 동북 지방에 집중적으로 보냈다. 동북 지방의 철로를 따라 있는 병참 기지에는 무기와 탄약이 산처럼 쌓여 있어, 조선에 들어가 작전을 하는 모든 부대들은 우선 동북 지방에서 무기를 교체하거나 보충함과 아울러 정돈하고 훈련한 후에 다시 이동했다. 가장 먼저 편제 전체의 부대가 무기를 교체한 것은 1월 말과 3월에 동북 지방에 집결한 두 번째 작전 부대인 제19병단과 제3병단의 총 18개 사단으로, 거의 소련제 무기로 교체한 후에 조선으로 출발했다. 제9병단이 조선에서 휴식을 취하며 정비하던 기간에, 국내에서 차출하여 보충하는 신병과 고참병 4만여 명이 3개 사단의 무기를 가지고 갔다. 이어서 세 번째 작전 부대인 제20병단의 2개 군단은 동북 지방에 가서 준비할 때 무기를 교체했다.

이때, 바로 전선에서 작전을 펼치고 있던 제13병단 6개 군단의 18개 사단은 아직 무기를 교체하지 못하고 있었고, 세 번째 작전 부대는 제20병단을 제외하고, 제2야전군의 2진으로 북쪽으로 이동한 3개 군단의 9개 사단 등은 보충이나 무기 교체를 기다리고 있었다. 36개 사단의 경화기 분배는 고작 9개 사단 것밖에 남아 있지 않아 너무 부족했는데, 동시에 전방에서는 빈번하게 위급함을 알리며 다음과 같이 구원을 요청해 왔다: 대구경 화포와 대전차 대포 등 중화기의 분배가 너무 적어서, 작전의 수요에 부응할 수 없으니, 공급을 늘려주기 바란다. 중국 측은 이 상황을 스탈린에게 통보했다.

스탈린은 재빨리 마오쩌둥에게 답신을 보내, 폴란드가 금년에 자신들의 군수품 주문을 포기했기 때문에, 소련은 금년에 중국에 추가로 공급할 수 있으며, 아울러 이에 상응하여 1951년도의 군사 차관액도 증가시켜 줄 수 있다고 했다. 5월 25일, 쉬샹첸(徐向前, 1901~1990) 원수가 소련으로 가서 60개 사단의 장비를 구매하겠다고 요구했으며, 또한 소련이 중국의 무기 공장 건설을 원조해 달라고 요청했다. 6월 하순, 가오강이 모스크바로 가면서, 60개 사단의 무기와 장비 주문서를 가지고 가서, 소련 측이 그해(반 년 이내)에 전부 인도해 줄 것을 희망했다. 이 주문서에는 경화기와 중화기를 포함한 모든 장비들이 포함되어 있었다.

뜻밖에도, 소련 측은 이 주문서를 감당하기 어렵다고 느꼈다.

제2차 세계대전 과정에서, 소련은 거대한 희생을 치렀고, 국가는 크게 원기를 잃었다. 남성의 희생이 매우 많아, 남녀 비율이 균형을 잃었는데, 놀랍게도 1 대 8이나 되었다. 중국군의 구매 대표단이 보니, 비록 전쟁은 이미 끝나고 5년이나 지났는데도, 소련 호텔의 직원들은 여전히 다수가 손이 잘렸거나 다리가 없는 장애인들이었고, 서부의 일부 대도시들에는 곳곳에 무너진 건물들이 널려 있었으며, 공장이 가동되는 곳은 몇 곳 되지 않았다. 당시 미국과 소련이 대치하고 있던 엄중한 국제 형세에 비추어, 소련은 국방과 관련이 있는 중공업을 우선 집중적으로 발전시켰고, 민생과 관련이 있는 수많은 경공업을 배제했기 때문에, 인민의 생활은 여전히 매우 어려웠다. 당시 중국 대표단이 외출하여 살펴보니, 소련의 백성들이 먹는 것은 모두 검은 빵이었고, 또 길게 줄을 서서 구매하였다. 각지에서 대표단 단원들을 초대하여 식사를 했는데, 접대하는 것은 흰색 빵이었지만, 소련 직원들은 모두 검은 빵을 먹었다. 접대할 때 만약 담배를 제공한다면, 고급 대접이라고 할 수 있었다. 비록 소련 경제도 갖가지 어려움에 직면해 있었지만, 스탈린은 중국이 조선에 출병하기로 결정한 뒤에도 여전히 국제주의 정신을 견지하면서, 중국 인민의 반제국주의 투쟁을 원조하려고 노력했다. 그는 이번 협상을 책임지고 있는 소련군 총참모부에게, 중국이 군대를 잘 건설하도록 도우라고 당부했다. 소련 각료 평의회 부주석인 불가닌(Nikolai Bulganin, 1895~1975)은 쉬샹첸 등을 접견할 때에도, 중국과 조선 두 나라 인민의 항미 투쟁을 위해 원조를 제공하고 싶으며, 할 수만 있다면 반드시 원조하겠다고 밝혔다. 그러나 소련은 당시 국민 경제의 비례가 심각하게 균형을 잃은 상황에서, 군수 산업 생산도 이미 포화 상태였다. 한편으로, 소련은 자신의 국방 군수 산업 생산 임무를 반드시 완수해야 했고, 다른 한편으로는, 중국이 주문한 무기와 장비(육군 외에, 공군과 해군도 있었다)도 서둘러 생산해야 했다. 이밖에 조선인민군 6개 군단의 장비 공급 및 동유럽 몇몇 국가들의 군수품 주문도 책임지고 있었다. 이 때문에, 소련은 이미 그해 중국 정부의 이번 주문을 완수할 여력이 없었다. 당시 중국 측은 소련의 생산 능력이 얼마나 되는지 결코 알지 못하여, 이번 주문은 단지 1차 주문 때 소련이 3개월 만에 36개 보병 사단의 무기를 넘겨주었던 상황에 근거하여 계산해냈을 뿐이다.

6월 24일, 스탈린은 마오쩌둥에게 답신을 보내, 소련은 1년 내에 60개 사단을 무장시킬 주문품을 완성하는 것은 불가능하다고 말했다. 군수품 생산자들과 군사 전문가들은, 1년 내에 10개 사단의 무기와 장비를 제공하는 것조차도 전혀 상상할 수 없으며, 단지 1951년 하반기부터 1954년 상반기까지 해야 비로소 완수할 수 있을 것이라고 판단했다. "나는 일찍이 이 기한을 단축해보려고 온갖 궁리를 다하여, 하다못해 반년이라도 단축해보려 했지만, 유감스럽게도 조사해본 결과 가능하지 않았습니다." 28일, 스탈린은 다시 마오쩌둥에게 전보를 쳤다: "금년에 생산할 10개 사단의 장비 외에, 나머지 50개 사단의 장비는 반드시 내년과 후년에 여러 번에 나누어 다 넘겨 드리겠습니다." 결국 그는 반년의 시간을 단축했다.

　소련에 어려움이 있다는 것을 알고 나서, 마오쩌둥은 30일에 답신을 보내, 마땅히 소련의 생산과 수송 능력에 따라 처리해야 한다고 표명했다. 즉 3년 내에 60개 사단의 장비 공급을 완수하되, 1951년에는 10개 사단의 공급을 완수하기로 했다. 얼마 지나지 않아, 소련은 곧 쉬샹첸에게 통지하기를, 원래 1951년에 제공하기로 했던 60개 사단은, 10개 사단으로 줄이고, 나머지 50개 사단의 장비 주문은 1952년 1월부터 매월 1.5개 사단씩 공급하여, 1954년 상반기까지 모두 중국에 공급하겠다고 했다. 중국이 두 번째로 제출한 60개 사단의 장비 교체 계획은, 원래 전부 조선 전장에서 사용하려 했고, 중앙군사위원회는 작전과 장비 교체의 보조를 맞춰 나갈 것을 고려했으나, 소련 측 생산 능력의 한계로 인해 1951년 내에 전부 제공할 수 없었기 때문에 실현되지 못했다. 실제로 60개 사단의 무기와 장비의 대략 절반 정도가 정전 전에 제공되었기 때문에, 조선 전장에서 사용되었다. 중국은 당시 또한 전쟁을 1954년까지 끌 준비도 하면서, 그때가 되면 전부 장비를 교체한 부대를 전투에 투입하려고 했다. 1954년, 조선 전쟁이 정전한 지 1년 후, 소련 측은 60개 사단의 무기와 장비를 중국에 전부 인도했다. 이때까지, 중국은 소련의 차관으로 도합 각종 총기류 88만 4천 정, 화포 8,900여 문, 레이더와 탐조등 800여 개, 관측 기기 9만 8천 개, 총탄 8억 6천만 발,

포탄 1,069만 발, 공사 차량 990여 대 및 일부 화생방 및 폭파 기기를 구매했다.

그 중 전쟁 기간 동안에, 소련은 중국 군대에게 64개 육군 사단과 22개 공군 사단의 무기를 제공했는데, 몇 번에 걸쳐 나누어 도착한 무기와 장비는, 항미원조 전쟁에서 승리를 거두는 데에서는 물론이고, 중국 군대의 무기와 장비가 현대화로 나아가는 과정에서도 모두 대단히 큰 역할을 했다.

항미원조 기간에 소련의 중국에 대한 군사 원조가 갖는 더 큰 의의는, 중국이 또한 소련이 제공한 것들을 이용하여 소련제 무기와 탄약을 모방하여 만들 기회를 갖게 되었다는 데 있다. 소련의 도움을 받아, 수많은 국내의 무기 공장들을 신속하게 수리하고 확장하고 새로 건설했다. 오늘날, 중국은 이미 의심할 여지 없는 세계 군사 강국의 대열에 들어섰는데, 중국의 오늘날 현대화된 군사 공업의 기초는 바로 거의 모두가 이 전쟁에 보내준 소련의 원조에 기초를 두고 있다. 이 주제를 논하려면 별도로 긴 글을 써야 하므로, 여기에 하나하나 세세하게 기술하지는 않겠다.

오늘날 우리가 역사를 돌이켜보면, 의심할 수 없는 것은, 이미 역사의 연기 속으로 사라진 소련이 몇몇 사안들에서는 중국 인민의 감정과 이익에 손상을 가하기도 했지만, 중국 인민의 혁명과 정의로운 사업에 매우 중요한 도움도 주었다는 점이다. 이러한 도움들은 때로는 심지어 중국 인민이 민족의 존망이 걸린 가장 위급한 시기에 처해 있을 때, 전 세계에서 받은 유일하고 거대한 원조였다. 중국 인민은 이 점을 영원히 잊지 않을 것이며, 역사는 잊지 않을 것이다. 그러나 항미원조 시기에 소련이 중국을 원조하는 과정에서는 몇 가지 불쾌한 점들도 있었으니, 사람들에게 가장 책망을 받았던 것은 다음과 같은 몇 가지 문제들이다.

첫째는 소련이 원조한 무기들 중에는 일부 낡은 무기와 품질이 나쁜 무기들이 있었다. 예를 들어, 제1차분 36개 사단의 경화기들 중에는 352정의 제1차 세계대전 때 사용된 맥심(Maxim) 중(重)기관총(M1910 모델-옮긴이)이 있었는데, 제공된 소총들은 1930년식 모신나강(Mosin-Nagant Model 1891/30)

소총이었다. 이들 낡아빠진 소총들은 모두 제2차 세계대전 때 사용되었고, 대부분이 전장에서 회수한 것들로, 부속품들조차 온전하지 않았으며, 대다수가 너무 오래 사용한 것들이었다. 조선의 겨울 날씨는 추워서, 늘 이 소총들의 노리쇠가 얼어붙자, 많은 지원군 병사들은 어쩔 수 없이 적들이 공격해 올 때는 황급히 발판으로 노리쇠를 당겨 사격을 해야 했는데, 이 때문에 분개하여 이런 소총을 "발판총[脚蹬槍]"이라고 불렀다. 또한 일부 85밀리 포를 장착한 T-34 탱크는 76밀리의 구식 모델의 포로 교체되어 있었고, 어떤 탱크들에 나 있는 얼룩덜룩한 탄흔들은 막 새로 칠한 페인트로도 감춰지지 않아, 녜룽전 원수는 우스갯소리로 "공신(功臣) 탱크"라고 불렀다. 훗날 수많은 사람들은 이러한 상황은 곧잘 눈앞의 작은 이익을 탐내는 러시아인 민족성의 소치라고 생각했으며, 유럽에서 운반해온 수많은 신무기들이 극동 소련군에 의해 구형 모델로 바뀌었다고 생각했다. 실제로 우리가 만약 다른 각도로 바꿔 생각할 수 있다면, 아마도 몇몇 역사 문제에 대한 관점에서 새로운 깨우침을 얻을 수 있을 것이다. 소련 해체 이후에 각종 자료들은 모두, 20세기의 70년대와 80년대에, 소련은 매년 새로 수확한 식량의 4분의 1이 관리 계획의 문제와 저장을 잘못했기 때문에 헛되이 썩어서 못 먹게 되었다고 지적하고 있으니, 관리를 잘못하는 것은 러시아인들의 오래된 병폐임을 알 수 있다. 당시 큰 전쟁이 비로소 끝나자, 소련군은 1,200만 명에서 급격히 200만 명으로 감축되면서, 수많은 무기들을 창고에 넣어 보관했다. 소련은 3개월 내에 단숨에 중국에게 36개 보병 사단의 경화기들을 제공했다. 당시 유라시아 대철도의 수송 능력도 매우 낮았는데, 이것은 결코 작은 숫자가 아니어서, 바쁘게 서두르다가 약간 착오가 발생했으리라는 것도 이해할 수 있는 일이다.

둘째 문제는 중국이 소련에게 빚진 무기 대금 문제였다. 항미원조 기간에 중국 인민은 조선 인민에게 정말로 사심 없는 국제주의의 원조를 제공했다. 희생당한 십 수만 명의 장병들과 소모한 엄청난 양의 무기나 물자들에 대해 모두 조선 인민들로 하여금 단 한푼의 돈도 내게 하지 않았다. 지원군 장병들이 먹은 식량조차도 모두 국내에서 운송해왔고, 또 몇몇 특수한 상황에서는 최선을 다해 일부 조선 인민의 식량 문제도 해결해주었다. 이것이야말로 공산주의자들의 진정한 국제주의의 사심이 없는 정신을 진실로 구현한 것이며, 또한 중국과 조선의 우호를 위해 강철 같은 기초를 다졌다. 그러나 소련은 중국에게 자신을 우두머리로 하는 사회주의 진영을 위해 싸울 것을 요청했지만, 중국으로 하여금 무기 대금을 지불하라고 요구했다. 비록 모두 싼 가격에 차입하는 형식으로 구매했지만, 이러한 상업 행위는 군사(軍事) 공산주의 생활에 익숙한 수많은 중국의 나이든 1세대 혁명가들의 마음속에서 불만을 불러일으켰다.

전체 항미원조 전쟁 기간을 통틀어, 소련은 중국에 64개 육군 사단과 22개 공군 사단의 장비를 제공했다. 그 가운데 대부분의 장비는 유상(가격을 할인해 준 것도 포함)으로 제공한 것이었다. 이 시기에 중국이 소련에게 빚진 무기 대금은 30억 위안인데, 1955년에 소련이 뤼순·안둥에서 철수할 때, 또 외상 금액 약 10억 위안의 장비를 유상으로 넘겨주었다. 이렇게 1950년부터 1955년까지, 중국은 소련에 도합 56억 루블(13억 달러에 해당)의 빚을 졌고, 그 가운데 절반 정도는 항미원조 전쟁에 사용한 무기 차관이었다. 이 채무는 이자와 함께 1965년까지 전부 상환했다. 그에 비해, 제2차 세계대전 동안에 소련이 미국으로부터 빌려 쓴 약 100억 달러의 물자는, 1970년대에 이르러서야 상징적으로 3억 달러를 상환하기로 동의했다.

1960년대에 중·소 관계가 악화된 뒤, 어떤 사람은 중국에 3년 동안 경제적 곤란이 출현한 주요 원인을 소련이 "부채 상환을 독촉한" 탓으로 돌리기도 하는데, 이는 결코 역사적 사실이 아니다. 중국의 소련에 대한 부채 상환이 최고조에 달했던 시기는 1959년부터 1964년까지로, 바로 경제가 가장 곤란했던 즈음이었으니, 채무 상환은 의심할 여지 없이 재정 부담을 가중시켰다. 그러나 중국의 이 시기 평균 매년 채무 상환액은 10억 위안이었고, 이 시기에 매년 국가의 재정 지출은 평균 400억 위안 이상이었으니, 채무 상환액은 단지 국가의 연간 재정 지출의 40분의 1만을 차지하여, 같은 기간에 중국이 대외 원조한 액수에도 아직 미치지 못했다. 따라서 이는 당연히 경제적 어려움을 초래한 주요 원인이 될 수는 없었다.

지금 솔직히 말하자면, 소련이 당시 제공한 대규모 군사 원조가 없었다면, 중국 군대는 항미원조 전쟁의 찬란한 승리를 거두기가 대단히 어려웠을 것이다. 항상 말을 솔직하게 하는 펑더화이 총사령관이 한번은 전군(全軍) 회의에서 조금도 거리낌 없이 말했다: "지금 전선이 안정된 것은 투쟁 과정에서 얻어낸 것입니다. 즉 싸우면서 안정시켜 왔습니다. 그 이유는 우리의 장비가 개선되었기 때문입니다. 아군이 출국했을 때 1개 사단이 보유한 포는 미군 1개 대대의 보유량보다도 적었는데, 이제 우리의 모든 사단마다 300여 문씩의 포를 보유하게 되었습니다. 또한 유탄포도 있고, 진지도 개선되었으며, 전투 경험도 풍부해졌는데, 이들 세 가지 조건이 안정되어 온 데에는, 장비의 개선이 가장 중요했습니다."

바로 소련의 군사 원조가 항미원조 전쟁의 승리와 중화민족에 대해 갖는 중대한 의의 및 중국 군대의 건설에 대해 갖는 중대한 작용을 보면, 이 무기 비용을 지출한 것은 중국에게는 여전히 매우 가치가 있는 것이었다.

역사는 이러한 유감스러움을 기록함과 동시에, 또한 일부 매우 감동적인 역사적 순간들을 포함하는 다음과 같은 중국과 소련 인민의 진실한 우정도 기록하고 있다:

소련 공군은 일찍이 1950년에 선진적인 미그(MiG)-15 전투기를 보편적으로 갖추었지만, 중국 측에서 전투기를 구매하겠다고 제시했을 때, 소련 측에서는 단지 이미 시대에 뒤쳐진 미그-9 전투기를 제공하는 데에만 동의했다. 중국이 미그-9의 성능이 미국의 F-84 전투기에 비해 크게 뒤떨어진다고 말하자, 소련인 군사 고문은 도리어 크게 화를 내면서, 당신들이 감히 사회주의 소련이 생산한 무기의 우월성에 대해 의심을 품을 수 있느냐고 말했다. 결국, 어쩔 수 없이 이 문제는 스탈린에게 보고되었는데, 스탈린은 곧바로 소련 측 담당자들을 크게 나무라면서, 당장 중국에 372대의 미그-15 전투기를 무상으로 제공하기로 결정했다.

1951년에 중국은 소련으로부터 37개 보병 사단의 장비를 주문하여 구입한 후, 조선인민군 장비가 부족한 것을 고려하여, 자신의 장비도 심각하게 부족한 상황에서, 허리띠를 바짝 졸라매고, 그 가운데 2개 사단의 장비를 무상으로 조선인민군에게 보내주었다. 스탈린은 이 사실을 알고 난 뒤, 매우 감동하여, 즉시 무상으로 중국 20개 사단의 장비를 보내주기로 결정했다.

이 모든 것들은, 역사가 잊지 않고 있다.

[주: 본문에서 소련 군사 원조의 주요한 수치들은 장민(张民)·장슈쥐엔(张秀娟) 저, 『周恩来与抗美援朝战争』, 상하이인민출판사(上海人民出版社)에서 인용했다.]

조선 상공의 매
—미그-15와 F86에 관한 이야기

　당시 조선의 하늘에는 흰색 오각성(五角星) 표지를 그린 비행기들이 하늘을 덮고 해를 가렸으며, 지상의 모든 것들을 폭격하여 초토화해 버렸다. 미국 공군은 오만하게 선언했다: "조선의 낮과 태양은 우리의 것이다." 그러나 곧바로 팔일(八一) 항공기 휘장[319]을 그린 새로운 군대가 조선 하늘의 초연 속으로 돌진하여, 미국 공군과 맹렬한 전투를 벌였다. 곧 한 대 또 한 대 기나긴 검은 연기를 늘어뜨린 미국 비행기들이 지상으로 추락하자, 미국 공군 참모총장 반덴버그 대장은 깜짝 놀라 말했다: "공산당 중국은 거의 하룻밤 사이에 세계의 주요 공중 강국 중 하나가 되었다."

　지원군 조종사들은 모두 갓 육군 군복을 벗은 지 얼마 안 되는 전투 영웅들로, 대다수는 단지 프로펠러 비행기를 타고 수십 시간밖에 비행하지 못했고, 제트기로는 단지 10여 시간의 응급 전투 훈련만 한 채, 뒤를 돌아보지 않고 용감하게 푸른 하늘로 날아올랐다. 아울러 세계 최초로 제트 전투기끼리 벌인 대결전 과정에서, 1천 시간 넘게 비행한 미국의 제2차 세계대전 에이스들을 무서워서 벌벌 떨게 만들면서, 세계 공중전 역사상 전에 없던 기적을 창조했다. "장인이 일을 잘하려면, 반드시 먼저 그 공구를 날카롭게 해야 한다[工欲善其事, 必先利其器]."[320] 이 기적이 일어난 것은, 물론 지원군 공군 조종사들의 용감무쌍함과 뛰어난 기술 때문이지만, 그들이 사용한 전투기와도 관련이 있다. 이 전투기들은 바로 당시 세계에서 가장 선진

---

319 1927년 8월 1일에 발생한 난창기의(南昌起義)를 상징한다.
320 자공(子貢)이 공자에게 어떻게 인(仁)을 행할 수 있는지 묻자, 공자가 대답한 말이다.

적인 것으로, 미국인들이 두려워하며 "절대 무기"라고 부르던 미그-15였다. 미그-15는 소련 최초의 후퇴익(後退翼: 날개가 몸통과 직각을 이루지 않고 뒤쪽으로 젖혀져 있는 것을 가리킨다-옮긴이) 제트 전투기로, 그 이름은 중국 공군과 소련 공군의 뛰어난 전적(戰績)과 함께 세계 항공사에 영원히 남을 것이다.

세계 최초로 실제 사용된 제트기는 1942년에 독일인들이 연구 제작에 성공한 Me262이다. 독일 공군은 일찍이 그것이 우수한 질(質)로써 양(量)을 이겨 승리의 국면으로 전환되기를 기대하면서, 혁명적인 제트식 추진 기술을 이용하여 하늘에서 절대적인 우세를 차지하고 있던 연합군의 프로펠러식 전투기 무리들을 격파했다. 이를 위해, 독일의 유명한 에이스이자 전투기 총감인 갈란트(Adolf "Dolfo" Joseph Ferdinand Galland, 1912~1996) 장군은 심지어 특별히 각 전투기 부대에서 많은 뛰어난 조종사들을 선발하여, 레흐펠트(Lechfeld)비행장에서 독일군 제44전투비행단(Jagdverband 44)을 창설하자, 사람들은 "전문가 전투단"이라는 별명을 붙여주었다. Me262는 전장에 투입된 뒤, 상대의 속도를 가볍게 따라잡거나 따돌리며 연합군 조종사들을 어안이 벙벙하게 만들었다. Me262의 번개처럼 빠른 속도에 비하면, 연합군의 프로펠러 비행기들은 마치 공중에서 닻을 내려 "고정된" 것처럼 움직이지 않았다.

그러나 혁명적인 Me262는 비록 연합군 공군에 대해 강렬한 충격과 거대한 심리적 동요를 조성하기는 했지만, 너무 적은 숫자와 아직 성숙되지 않은 기술적 결함 때문에[321], 제트 시대를 열었던 이 선진 무기와 "전문가 전투단"은 결국 패배 국면을 만회하지는 못했다. 미국과 소련이 독일 본토로 진격했을 때, 빼앗은 과학 기술의 핵심 중 하나가 바로 자신들보다 훨씬 앞서 있던 독일의 제트 항공 기술이었다. 미국은 유럽에서 대량의 Me262의 기술 자료를 가져와 상세히 연구한 다음, Me262기 날개의 맨 앞쪽에 부착된 작

---

[321] 이·착륙하는 시점에는 지나치게 속도가 낮아 연합군 전투기들의 손쉬운 표적이 되었다고 한다. 때문에 제44전투비행단은 일부 조종사들을 차출하여 Me262가 이·착륙할 때, 엄호할 수 있는 프로펠러 전투기들을 운용해야 했다.

미그-15기(원본에는 없는 그림)

은 날개(Leading Edge Slat-옮긴이)[322]가 저속으로 착륙하는 비밀이라는 것을 발견하고, 후에 조선 전장에서 크게 자신의 존재감을 과시하는 F-86 세이버 전투기에 사용했다. 소련은 더욱 자신의 점령 구역에서, 많은 기술 팀들을 독일의 각 제트기 생산 기지와 비행장에 깊숙이 침투시켜 철저하게 빼앗았다. 그들은 독일 동부의 베른부르크에서 융커스(Junkers) 사(社)의 유모(Jumo)-004 엔진을 노획하여 원하는 바를 성취했으며, 또한 이를 바탕으로 모방한 RD-10형 엔진을 제작했다. 독일의 패전 직전에, 소련의 미코얀(Mikoyan) 비행기 설계국(設計局)은 제트 비행기의 연구 제작 작업을 개시했다. 엔진은 비행기의 심장인데, 우수한 엔진을 갖게 되자, 미코얀은 곧장 쌍발(雙發: 엔진이 두 개라는 뜻-옮긴이) 제트기인 미그-9을 만들어냄과 동시에 500대를 생산했다. 이 기종은 소련의 제1세대 제트 비행기로, 성능은 결코 그다지 뛰어나지 않아, 미국이 같은 시기에 생산한 F-80이나 F-84와 큰 차이가 없었다. 모두 "과도기형 비행기"에 속했으며, 주요 장비들은 조종사들이 제트 비행기의 조종과 사용을 숙지하도록 하기 위해 부대에 제공되었다. 소련 공군은 미코얀 설계국이 더 나은 제품을 내놓기를 기대했다. 그들이

---

[322] 양력(揚力)을 조절하기 위해 비행기 앞날개의 맨 앞쪽 가장자리에 부착되어 있어, 상승하거나 하강할 때 움직이는 작은 날개를 가리킨다.

차세대 전투기에 대해 요구한 것은, 시속 1천 킬로미터가 넘고, 화력이 강하며, 수직 상승 속도가 높고, 1만 미터 이상 비행하는 기동성이 강한 것이었다. 미국의 강대한 전략 폭격기의 위협에 직면했으므로, 소련 공군은 새로운 전투기의 주요 적수는 폭격기라고 제시했다. 미그-9의 추진력이 부족한 결점을 보완하기 위해, 영국의 넨(Nene) 엔진 기술[323]과 독일의 Me262 후퇴익 기술을 흡수한 기초 위에서, 미코얀 설계국은 1947년에 소련 공군을 기대 이상으로 기쁘게 한 신제품을 내놓았다. 그것이 바로 항공기 역사에서 초특급 거성(巨星) 중의 하나이자, 생산량 누계가 1만 6,500대나 되는 미그-15기이다.

전후의 제1세대 제트 전투기 중, 미그-15는 그 어떤 것보다 뛰어난 대표작이다. 미그-15는 단엽 중익기(中翼機)[324]로, 전체가 금속(알루미늄 합금) 재질의 응력외피(應力外皮) 구조[325]이며, 각 날개의 위쪽 면에 두 개씩의 익도(翼刀)[326]가 달려 있다. 수직 꼬리날개가 매우 크고, 수평 꼬리날개는 수직 꼬리 날개의 위쪽에 높이 달려 있어서, 이 비행기를 식별하는 뚜렷한 표지가 된다. 랜딩기어는 앞바퀴가 하나 뒷바퀴가 두 개이고, 접어 넣을 수 있다. 1인용 조종실은 승압(昇壓) 밀폐식이며, 조종석 뚜껑은 뒤쪽으로 미끄러지면서 열리며, 후기에는 탄력에 의해 튀어나가는 의자를 장착했다. 흡기구는 비행기의 맨 앞에 달려 있으며, 엔진은 기체의 뒷부분에 장착하여, 전형적인 미그기의 외형 양식을 확립했다. 미그-15의 무기 체계는 3문의 기관포인데, 1문은 37

---

323 제2차 세계대전 직후, 영국은 소련에 적대적이었던 보수당 대신 소련에 우호적인 노동당이 집권했다. 노동당 정권은 소련의 공식 요청을 받고, 민간용으로 사용하겠다는 약속과 함께 롤스로이스 사가 개발한 넨 엔진 기술을 소련에 제공했다. 이 엔진은 당시 소련이 자체 제작한 엔진보다 2배의 추력을 가졌다고 한다.

324 단엽이란, 주날개가 한 겹으로 된 것을 가리키며, 상하 두 겹으로 된 것을 중엽이라 한다. 또 주날개가 동체의 위쪽에 있는 형식을 고익기, 동체의 아래쪽에 있는 형식을 저익기라고 하며, 그 중간에 있는 것을 중익기라고 한다.

325 stressed skin 혹은 모노코크(monocoque) 구조라고도 하며, 골조와 외피를 완전히 일체로 만들어, 응력(변형력)의 집중을 분산시켜 주는 표면을 가리킨다.

326 영문으로 wing fence라 하며, 주날개의 위쪽에 비행기 몸통 방향으로 평행을 이루어 칼날처럼 튀어나와 있는 구조물을 가리킨다. 고속으로 날 때 비행기의 안정성을 강화시켜주는 역할을 한다.

밀리 구경 N-37형이고, 2문은 28밀리 구경 NR-23형으로, 모두 기체의 하부에 장착되어 있으며, 200발의 탄환을 갖추고 있어, 화력이 매우 강력했다. 지원군 장병들은 훗날 회상하기를, 미군기들은 미그-15의 기관포 한 발만 맞으면 거의 구조되지 못했다고 하는데, 37밀리 기관포 한 발만 맞으면 휘발유통 같은 큰 구멍이 생겼기 때문이다. 비행기는 대부분 한 발만 맞으면 곧 추락했다. 소련군은 본래 미군의 B-29 같은 전략폭격기를 공격하기 위해 장착한 화력이었으니, 포탄의 위력이 너무 작으면 대형 폭격기를 격추시킬 수 없었을 것이다. N-37포는 원래 비행기의 대전차용으로 탑재한 것이니, 위력이 얼마나 컸을지는 당연히 생각해보면 알 수 있을 것이다. 그런데 미그-15의 주요 호적수인 F-86은 이 점에서 약간 결점이 있었다. F-86은 거의 순전히 공중전을 위해 설계되어, 그것이 설정한 상대는 대형 폭격기가 아니라 소형 전투기였다. 따라서 그것은 화력의 밀집도를 추구하여, 단지 6정의 고속 사격이 가능한 12.7밀리 항공기용 기관총만 장착했고, 1,602발의 탄환을 갖추고 있었지만, 탄환의 위력이 너무 작아, 때때로 지원군 비행기가 수십 발의 탄환을 맞고도 안전하게 귀환할 수 있었다. 그러나 공중전 과정에서 훨씬 쉽게 상대의 밀집된 화력에 의해 손상을 입었다. 항상 F-86 조종사들은 원망하며 말하기를, 그가 1,600발의 탄환을 전부 쏘았는데도, 여전히 미그기는 구불구불 날면서 도망치는 걸 빤히 쳐다보았다고 했다. 지원군 공군 제4사단의 대대장 리용타이의 미그-15는 잇달아 12대의 F-86으로부터 습격을 받아, 비행기가 30여 발을 맞았고, 모두 56곳이 손상되었는데도 안전하게 기지로 귀환하여, 소련군의 로보프 군단장에게 "맞아도 부서지지 않는 공중의 탱크"라는 찬사를 받았다.

같은 시기의 미국 제트 전투기와 비교하면, 미그-15는 다방면에서 우위를 차지했고, 여러 가지 성능 지표가 당시 세계 최고 수준에 도달해 있었다. 당시 미국 공군이 갖추고 있던 세 가지 제트기들 가운데, F-80과 F-84는 대체로 미그-15에 의해 따라잡혔고, 오직 F-86 세이버의 성능만이 그와 대등한 수준이었다. 미국인들이 조선의 공중전 과정에서 미그-15에게 큰 고통을 당한 뒤, 북대서양조약기구(NATO)는 줄곧 소련의 무기를 폄하해 왔던 방식에 따라 미그-15에게 그 이유를 알 수 없는 "Fagot(장작 다발)"이라는 별명을 붙여주었다. 미국인들은 자신의 군용기에는 오히려 전부 예컨대 "Eagle(독수리)"·"Fighting Falcon(싸우는 매)" 같은 위풍당당하고 듣기 좋은 별명을 붙여주었다. F-86의 별명은 상당히 괜찮은 "세이버(Sabre)"[327]였지만, 몰래 자신들의 몹시 놀란 마음을 감추지 않고, 미그-15를 "절대 무기"라고 불렀다.

정확히 말하자면, 미그-15의 최초 참전은 조선이 아니라 중국이었다. 신중국이 성립된 후, 정신을 못 차리던 장제스는 여러 차례 공군을 파견하여 상하이 등지를 폭격했다. 신중국은 당시 방공 역량이 대단히 취약했고, 항공병은 아직 정식으로 편성되지도 않아, 국민당 공군의 미친 듯한 파괴를 막을 방법이 없었다. 중국과 소련 양국 정부의 협의와 결정을 거쳐, 소련군은 1개 혼합 방공 집단을 파견했고, 1950년 2월 16일에 상하이·쉬저우(徐州) 지역에 진주하여, 그 지역의 방공에 협조했다. 이 집단은 바로 미그-15 전투기를 갖추고 있었으며, 중국에 온 전투기들은 일률적으로 중국 공군의 항공 휘장을 그려 넣고 참전했다. 4월, 미그-15가 최초로 국민당 비행기를 요격하는 전투에 참가했는데, 이것이 미그-15가 처음 참가한 실전이었다. 4월 28일, 칼리니코프 소령이 국민당 정찰기 1대를 격추했다. 5월까지, 소련군은 잇달아 장제스 군대의 비행기 5대를 격추하여, 장제스 군대의 비행기가 침범하여 교란하는 활동을 크게 약화시켰다.

1950년 6월 19일, 중국 인민해방군 공군이 최초의 작전 부대인 혼성 제4여단을 창설했는데, 여단장을 맡은 이는 뜻밖에도 창강(長江)을 도하하여 상하이에서 싸웠던 제3야전군의 맹장이자, 제27군단장인 녜펑즈였다. 10월, 소련 방공 부대가 잇달아 귀국하면서, 장비들은 유상으로 중국에게 넘겨주었다. 최초로 38대의 미그-15를 혼성 제4여단에게 넘겨 주자, 인민 공군은 이를 기초로 최초의 제트기 비행 부대를 창설했다.

---

[327] 군도(軍刀)라는 뜻으로, 칼날 부분이 구부러져 있는 묵직한 검이다. 오늘날 펜싱 경기의 '사브르' 종목이 여기에서 유래했다.

1950년 6월 25일, 조선 전쟁이 발발하여, 미국을 우두머리로 하는 유엔군 공군이 참전한 이후에는 실력이 상대인 조선보다 훨씬 강대했기 때문에, 전투가 지상 작전보다 훨씬 순조롭게 확대되었다. 당시 조선 인민공군은 창설된 지 2년도 지나지 않았고, 조종사들은 아무런 작전 경험이 없었으며, 전투 공격 부대는 단지 2개 연대뿐이었는데, 모두 178대의 제2차 세계대전 시기의 프로펠러식 야크(Yak)-9과 일류신(Ilyushin)-10[328] 공격기뿐이었다. 그러나 미군은 거의 1천 대의 F-80과 F-84 제트 전투기, 그리고 프로펠러기의 최고 제품이자 제2차 세계대전 때의 가장 우수한 전투기인 P-51 머스탱을 투입했으며, 조종사들 또한 대부분이 제2차 세계대전에 참가하여 1천 시간 이상 비행한 노련한 조종사들이었다. 그 중에는 가브레스키(Frandis Stanley "Gabby" Gabreski, 1919~2002)나 데이비스(George Andrew Davis Jr., 1920~1952) 같이 명성이 뛰어난 제2차 세계대전의 에이스들도 적지 않았다. 이 때문에 매우 빠르게 인민군 공군을 모조리 소모시켜, 조선의 하늘을 철저하게 통제했으며, 더구나 조선의 땅을 폭격하여 온통 폐허로 만들어버렸다. 바로 미국 공군의 전투기들은 제멋대로 행동하면서 전체 폭격 편대의 폭탄을 도로 위에 있는 소달구지 하나에까지 모두 쏟아 부을 때, 미그-15가 조선의 상공으로 돌진해왔다. 소련 공군이 비밀리에 참전한 것이다.

　　미그-15가 조선에 들어갔는데, 이는 스탈린이 직접 내린 명령이었다. 중국과 소련 양국이 체결한 합의에 따라, 소련 정부는 그들의 국토 방공 부대 중에서 정예 요격 사단인 제324사단을 차출하여 중국 동북 지방의 기지에 비밀리에 배치했다. 이 부대는 전부 미그-15로 무장했으며, 휘하에 3개 연대를 거느리고 있었고, 연대마다 35대 내지 40대의 비행기를 보유하고 있었다. 사단장은 소련의 국가 보위 전쟁(독일과의 전쟁-옮긴이)에서의 최고 에이스이자, 세 차례나 소련 영웅 칭호를 받았고, 독일 비행기 62대를 격추시킨 코체더브(Ivan Nikitovich Kozhedub, 1920~1991) 대령이었다. 11월 초, 그들은

---

328 제2차 세계대전 당시 소련군이 개발한 공격기 Il-2의 개량형이다. Il-2는 전 세계 군용 항공기 중에서 가장 많이 생산된 기종(3만 6천 대 이상)으로 알려져 있다.

먼저 조선 영토에 들어가 순찰 경계를 했으며, 최초로 개시한 임무는 압록강 철교를 보위하여, 중국 군대의 작전 부대와 병참보급이 순조롭게 이 생명의 다리를 통과하여 조선의 전장에 투입되도록 보호하는 것이었다.

1950년 11월 1일, 압록강 상공에서 P-51 전투기를 몰고 있던 한 무리의 미국 조종사들은 갑자기 출현한 미그-15에 놀라 아연실색했다. 그들은 보고하기를, 기체가 날렵하고 빼어나며, 날개가 뒤쪽으로 젖혀져 있는 이 비행기는 빠르게 높이 상승하여, 가뿐하고 쉽게 F-80과 P-51을 뒤로 따돌릴 수 있는 데 비해, 미국 비행기들은 마치 공중에 "닻을 내리고 있는 것" 같다고 했다.

미국과 소련 양국 군대의 공중에서의 첫 만남은 차가운 대치였으며, 쌍방 모두 아직은 심리적 적응기였다. 이 적응기를 거치고 쌍방이 정신을 차리자, 즉시 큰 전투를 벌였다. 11월 8일, 4대의 미그-15와 4대의 F-80이 압록강 대교 상공에서 조우하자, 즉각 높이 상승하거나 낮게 달아나면서 기관총과 기관포를 주고받았는데, 이는 세계 항공사상 최초의 제트기 공중전이었다. 미그기의 성능이 현저하게 우수했지만, 미국인들은 매우 다행스럽게도, 이 미그기 조종사들이 막 프로펠러 비행기에서 제트기로 교체한 지 얼마 지나지 않아, 기술이 부족했고, 운도 좋지 않았으므로, 공격이 효과를 거두지 못했다. 그리하여 쌍방은 한바탕 치열한 전투를 벌였으나, 모두 전과를 거두지 못하고 각자 분한 마음으로 돌아갔다. 그러나 미국인들의 행운은 단 하루 동안만 유지되었다. 다음날 2대의 미그기가 곧 공격을 개시했다. 크고 작은 포를 함께 발사하면서, 일찍이 일본 상공을 제멋대로 날아다니던 제2차 세계대전 당시 폭격기의 왕인 B-29 한 대를 공격하여 만신창이로 만들었다. 이 비행기는 비틀거리며 간신히 남쪽으로 돌아갔는데, 착륙할 때에는 더 이상 버티지 못하고 땅바닥에 곤두박질치면서 5명의 승무원이 사망했다. 이는 미그-15가 조선에서 거둔 첫 번째 전과라고 할 수 있다. 이후 미그기는 또 프로펠러 비행기 몇 대를 잇달아 격추시켰다. 하지만 11월 18일 오후, 매서운 미국 해군 항공병들이 칼을 빼들고 출전했다. 항공모함에서 이

류한 F9F 제트기 한 대가 미그기 한 대를 격추시켰는데, 이는 미그-15기가 조선 전장에서 당한 첫 번째 손실이었다. 이후 쌍방의 공중전은 닥치는 대로 공격하면서, 더 이상 초기의 조심스러움이 없어졌으며, 만나기만 하면 곧 눈이 벌개져서 죽도록 공격했을 뿐만 아니라, 규모도 갈수록 커지면서, 줄곧 2년 반 이후까지 지속되다가 전쟁이 끝나고 나서야 멈출 수밖에 없었다.

가장 먼저 참전한 소련군 제324사단장 코체더브는 제2차 세계대전 때 소련군의 최고 에이스였다. 코체더브 본인은 이번 전쟁 과정에서 전과를 거두지 못했다. 그는 전체 소련의 누구나가 다 아는 전투 영웅이었기 때문에, 혁혁한 명성을 잃는 것을 허용할 수 없어, 스탈린이 친히 명령을 내려 그가 하늘에 올라가 싸우는 것을 허락하지 않았다. 그러나 코체더브는 제트 전투기 시대에 지금까지 아무도 그 전적을 뛰어넘을 수 없는 에이스를 데리고 갔으며, 그 때문에 제트기 공중전의 만족을 느낀 셈이다. 그가 바로 23대의 확인된 격추 기록을 가진 제196연대장 페펠야예프(Yevgeny Pepelyaev, 1918 ~2013) 대령이다. 페펠야예프 이후, 참전을 가장 많이 한 이스라엘 공군의 최고 에이스의 전적도 20대를 넘지 못했다. 재미있는 것은, 공중전 초기에 페펠야예프 연대장이 사단장 코체더브를 직접 맞대고 한바탕 매섭게 따진 적이 있는데, 바로 그 한바탕 매섭게 따진 것이 소련 공군으로 하여금 공중전에서 좋은 성과를 거두기 시작하게 했다는 점이다.

페펠야예프가 이끄는 제196연대는 당시 소련의 최정예 전투기 부대로, 모든 조종사들은 누구보다도 뛰어난 '인재'들이었다. 소련에서는 평소에 정규 전투 준비 당직 임무를 맡는 것 외에도, '공중 의장대'로서 붉은 광장의 열병식과 투시노(Tushino)[329] 항공 축제의 에어쇼 비행 공연 임무도 맡았다. 조선 전쟁이 발발한 뒤, 소련 공군의 최선봉 부대로서 제196연대는 즉각 긴급 전투 준비 상태에 돌입했다. 즉시 전체 연대의 조종사들은 명령을 받고 육로를 통해 중국의 안둥(安東, 지금의 단둥)에 도착했으며, 미그-15기는 분해하

---

[329] 모스크바 북쪽에 있는 마을 이름이다. 소련 공군은 이곳에 있는 공군 기지에서 매년 5월부터 8월 사이에 소비에트 에어쇼를 개최했다.

여 중국으로 운반하여 다시 조립했다. 이때의 소련 정부는 미국 정부와 정면 충돌할 생각이 없었으므로, 페펠야예프는 공중전에서 조선어나 중국어를 사용하도록 명령을 받았다. 그리하여 순식간에 연대 전체가 언어 강화 보충학습반으로 변했지만, 이러한 벼락치기 언어 학습 효과는 생각해보면 알 수 있을 것이다. 페펠야예프는 이 때문에 현장에서 직속상관인 사단장 코체더브를 찾아가서 단도직입적으로 소리쳤다: "조종사들이 조선어를 사용하면 훈련 과목을 완수할 수 없고, 지휘관들 또한 조선어를 할 줄 모릅니다. 세상에 어느 누구도 자신이 할 줄 모르는 언어를 사용하여 작전할 수는 없습니다!" 코체더브는 어쩔 수 없다는 표정으로 대답했다: "이것은 최고 통수권자의 지시다."

미국인들과 정면으로 충돌하지 않기 위해, 겁을 먹고 갑작스럽게 조선어와 중국어를 배우는 소련인들이 결코 알지 못했던 것은, 사실 그들의 상대방도 공중에서의 교전이 미국과 소련 간에 큰 전쟁을 일으킬 후과에 대해 역시 가슴을 졸이며 몹시 두려워했다는 사실이다. 미군 조종사는 일찌감치 이미 자신들의 상대가 똑같이 코가 높고 푸른 눈의 백인종이라는 것을 발견했으며, 미군의 감청기에서는 러시아어 비행 명령이 이미 가득 울려 퍼졌지만, 미군 조종사들은 비행기에서 내리자마자 곧 엄격한 명령을 받았다: "누구라도 감히 공중에서 보았던 일을 발설하면, 즉각 군법으로 처리할 것이다!" 이는 전형적인, 때리는 쪽이나 맞는 쪽이나 양쪽 모두 놀란 경우라고 할 수 있다. 우스운 것은, 중국인들도 함께 맞장구를 치면서, 눈 가리고 아웅 하듯이 이 소련 조종사들은 "러시아계 중국 민족"이라고 말했다는 점이다. 추정컨대, 이것도 스탈린의 생각이었던 것 같다.

1951년 4월 1일, 페펠야예프는 제196연대를 이끌고 처음으로 참전했는데, 이륙 전에 조종사들은 공중전 중에는 반드시 조선어를 사용해야 한다는 엄명을 다시 받았다. 결국 만우절에 벌어진 이 대규모 전투 과정에서, 불쌍한 제196연대는 공중에서 말조차도 어떻게 해야 할지 몰라, 지휘 기구는 완전히 마비되었으며, 가장 어리석은 전투를 벌였다. 이날 2대의 미그-15가 격추되었는데, 미국 측은 아무런 손실도 없었다. 분노한 페펠야예프는 비행기에서 내려 사단장을 찾아가 크게 따졌다: "다시 우리에게 외국어를 사용하게 한다면 곧 죄를 짓는 겁니다! 사단장님이 제기랄 직접 가서 시험 삼아 싸워 보십시오!"

62대의 독일 비행기를 격추시켰던 코체더브는 화를 내지 않았고, 페펠야예프가 분풀이를 끝내도록 기다렸다가 조용히 한마디만 했다: "다음번에는 자네가 상황을 살펴가며 알아서 적절하게 행동하게."

코체더브의 묵인은 즉각 효과를 나타냈다. 4월 4일, 페펠야예프가 두 번째로 부대를 이끌고 출격하자, 조종사 셰바노프(Fyodor Shebanov, 1921~1951)가 곧바로 F-86 한 대를 격추시켰다. 이는 제196연대의 첫 번째 전과였다. 페펠야예프 본인은 5월 20일에 기관총을 발사하여 F-86 한 대를 격추시켰고, 이후로는 점점 걷잡을 수 없었다. 소련의 공식 통계에 따르면, 페펠야예프는 모두 19대의 적기를 격추시켰고, 그 중 14대는 미국 자료를 통해 확인되었다. 그리고 소련이 조선 공중전 과정에서 또 한 명의 에이스인 수트야긴(Nikolai Sutyagin, 1923~1986)이 격추했다고 선전한 23대의 전과 가운데 미국 측은 단지 13대만 인정했다. 그 밖에, 페펠야예프의 또 다른 4대의 전과가 있어 호위기의 인증을 받았지만, 사진 증거가 없었기 때문에 공식 전과에는 포함되지 않았다. 그러나 오늘날의 매우 많은 자료들은 여전히 페펠야예프의 전과 통계를 23대로 기록하고 있다. 페펠야예프 본인의 견해에 따르면, 그의 총 전과는 25대여야 하며, 현재 매우 많은 러시아의 자료들은 25라는 이 숫자를 채택하고 있다. 더욱 중요한 것은, 페펠야예프가 또한 영웅 부대를 데리고 왔다는 것으로, 이 제196연대가 조선 전쟁 과정에서 거둔 총 전과는 무려 108대나 되었다. 1993년에 조선 전쟁 종전 40주년에 즈음하여, 페펠야예프는 초청을 받아 다시 조선을 방문하여, 조선의 지도자 김일성의 접견을 받고 훈장을 받았는데, 바로 이번 방문이 서방으로 하여금 페펠야예프의 성취와 행적을 알게 해주었다. 1995년에 페펠야예프는 처음으로 미국을 방문하여, 미국의 저명한 에이스 조종사인 가브레스키(가브레스키는 제2차 세계대전 동안에 P-47을 능수능란하게 잘 다루었으며, 모두 28대의 독일 비행기를 격추시켜, 유럽 전장에서 미국 최고의 에이스가 되었다. 그가 조종했던 전투기 기종인 P-47의 별명이 "큰 우유병"이었기 때문에, 사람들은 그를 "우유병의 고수"라고 불렀다. 조선 전쟁 동안에 그는 또한 F-86을 몰고 6.5대의 미그-15기를 격추시켰다.)를 만났는데, 이번 만남은 서방 측이 조선 전쟁 과정에서 소련 에이스 조종사의 성취와 행적을 알게 되는 발단이 되었다. 90세가 넘은 나이의 페펠야예프는 2013년에 95세를 일기로 사망했다.

소련 공군이 비밀리에 참전한 지 겨우 2개월이 되었을 때, 새로 창설된 중국 공군이 실전에 참여하기 전의 공격 훈련을 거쳐 정식으로 조선 전장에 들어와 대대적으로 공중전에 투입되었다. 지원군은 우선 소련 공군의 인솔하에 공중전을 배웠고, 부대는 모두 소련 공군과 함께 섞여 주둔했으며, 늘 하나의 비행장을 함께 사용했다. 조선 전장에서 중국 최고의 에이스이자 9대를 격추시킨 전과를 가지고 있는 중국 공군 사령관 왕하이(王海, 1925~2020) 상장은 수십 년 후에, 당시의 소련 붉은 군대 노병들의 대표단을 중국으로 초청했다. 왕하이 상장은 환영회에서 세 가지를 말했다: "우리 중국 공군은 여러분이 우리를 도운 것을 영원히 잊지 않을 것입니다. 첫째, 여러분은 우리에게 기술을 가르쳐 주었습니다. 둘째, 여러분은 우리를 인솔하여 싸웠는데, 우리가 처음 나갔을 때부터 여러분은 우리들에게 싸우는 것을 가르쳐 주었습니다. 셋째, 우리 중국 조종사들은 모두 원래 술을 마시지 않았는데, 여러분은 매일 밤 우리에게 술 마시는 것을 가르쳐 주었습니다. 그때 너무 힘들었습니다. 항미원조 과정에서 가장 많을 때 나는 하루에 세 번 이륙했는데, 내가 일부러 시험해 보았더니, 하루에 세 번 이륙하면 살이 1킬로그램 빠졌습니다. 처음에 우리 조종사들은 술을 마시지 않았는데, 소련군과 한 식당에서 식사를 하면서, 우리가 술을 마실 줄 모르자 여러분은 곧 우리에게 술을 마시도록 강요했습니다. 결국 우리는 배웠으니, 여러분께 감사드립니다!"

중국 공군은 조선 전장에서 미그-15를 몰고 혁혁한 전과를 올렸다. 그 용감무쌍함은 이미 매우 많이 기술되어 있어, 더 이상 일일이 기술하지는 않겠지만, 한 가지 자세히 보충해두어야 할 것이 있다. 기존의 권위 있는 주장은, 중국 조종사 장지후이에게 격추당한 조지 앤드류 데이비스는 60차례 출격하여 14대를 격추한 조종사로, 미군의 조선 전장에서 최고 에이스라는 것이었다. 그러나 최근에 또 하나의 주장이 제기되었다. 미국 공군 제51연대 제16중대의 조셉 맥코넬(Joseph C. McConnell, 1922~1954)이 16대를 격추하여, 그야말로 미군의 조선 전쟁에서 최고 에이스라는 것이다. 그러나 이 트리플 에이스도 일찍이 조선 상공에서 중국 조종사 장다오핑에게 격추되어, 낙하산을 펴고 뛰어내린 뒤 H-19 헬리콥터에 의해 바다에서 구조되어 돌아갔다(조선 전쟁 후, 맥코넬은 1954년에 성능 개선 비행기의 시험 비행 도중에 사망했으며, 미국에서는 그의 전기를 출판했고, 또한 그의 생애를 바탕으로 하여 각색된 영화[330]도 만들어졌다). 중국 공군 사령부는 장다오핑에게 특별히 그의 전적을 실증하는 회신을 보냈다. 그 전문(全文)은 다음과 같다:

장다오핑 동지, 안녕하십니까. 귀하가 공군 당위원회에 보낸 「"공군 당위원회는 본인이 미국의 '트리플 에이스' 조종사 맥코넬을 격추했음을 확인해줄 것을 간청함"에 관한 보고」는 잘 받아보았습니다. 공군 수장의 지시에 따라, 우리는 이에 대해 철저한 조사와 논증을 진행했습니다. 미국이 출판한 『한국 전쟁에서의 미국 공군』[331] 등 관련 자료들은 기재하기를, 1953년 4월 12일, 제51연대는 하마터면 또 한 명의 에이스 조종사를 잃을 뻔했다고 하면서, 맥코넬 대위는 피격되어 손상된 그의 비행기에서 낙하산을 타고 탈출하여 황해로 떨어졌는데, 다행히 제3항공 구조 대대의 헬리콥터 한 대가 즉각 그를 구조했다고 합니다. 이미 확보한 사료들과 관련 있는 옛 동지들의 회고에 근거하여, 공군 당위원회 상무위원들의 논의를 거쳐, 귀하가 항미원조 전쟁 기간 중인 1953년 4월 12일에, 북조선 구성(龜城) 부근의 공중전 과정에서 미국 공군 제51연대의 에이스 조종사인 조셉 맥코넬

---

330 1955년에 개봉한 "The McConnell Story"를 가리킨다.
331 Robert Frank Futrell, *The United States Air Force in Korea, 1950-1953*을 가리킨다.

이 조종하던 비행기를 격추했다는 것을 확인했음을 인정합니다. 이 기회를 빌어, 귀하가 항미원조 전쟁과 공군 건설 과정에서 세운 공훈과 공헌에 대해 숭고한 경의를 표합니다.

중국 인민해방군 공군 사령부(날인)

장다오핑 자신도 에이스 조종사로, 7대를 격추한 전과 기록을 보유한, 중국 공군의 2급 전투 영웅이기도 하다.

중국 공군의 전과는 찬란했지만, 심각한 대가도 치렀다. 왕하이 상장은 말년에 다음과 같이 회고했다: "나는, 주더 총사령관이 우리에게 한마디 하기를, 용감함에 기술을 더하면 곧 전술이 된다고 한 말을 또렷이 기억하고 있습니다. 그때의 열정을 생각해보니, 확실히 그러했습니다. 사심이 없어야만 두려움이 없어질 수 있고, 두려움이 없어야만 비로소 용감해져 죽음을 두려워하지 않을 수 있습니다. 물론, 지금 냉정하게 생각해보면, 우리가 치른 대가도 매우 컸습니다. 나의 기억은 매우 또렷한데, 항미원조에서 우리는 상대방의 330대를 격추시켰고, 150대에게 손상을 입혔습니다. 나 자신도 미국에 의해 격추되었는데, 나는 낙하산을 타고 뛰어내렸습니다. 우리의 부연대장 이상 간부들 116명이 희생되어, 대가가 매우 컸습니다. 이들 116명의 조종사는 1개 사단에 못지않습니다. 항미원조가 후기에 이르자, 우리 조종사들은 낙하산을 타고 뛰어내리기도 하고 희생당하기도 하여, 별로 많이 남지 않았습니다. 우리 연대의 부중대장 이상 간부들을 다 합쳐서야, 겨우 12명을 채워 날아올랐습니다. 우리 대대는 비록 매우 큰 전적을 거두었지만, 4명의 조종사들을 잃었습니다. 모두 8명의 조종사가 있었으니 50%가 희생된 것입니다. 희생당한 이들은 각각 순성루(孫生祿), 류더린(劉德林), 옌쥔우(閻俊武), 톈위(田宇)입니다. 우리는 살아남을 수 있었습니다. 우리는 요행히 살아남은 자들입니다. 항미원조에서 이렇게 큰 승리를 거두느라, 얼마나 많은 사람이 희생되었습니까? 국가가 지금 이렇게 건설되느라, 얼마나 희생되었습니까? 혁명가와 군사 전문가들만 해도 얼마나 희생되었습니까? 어떤 한 사람이 바꿔낸 것이 아니라, 혁명 선열들이 피를 흘려가며 희생하여 바꿔낸 것입니다."

중국 공군의 전적은 미그-15의 특별히 우수한 성능과도 떼어놓을 수 없다. P-51·F-80·F-84 등 성능이 미그-15보다 떨어지는 전투기와 싸우면, 미그기의 전손교환비(戰損交換比)[332]가 매우 낮았지만, F-86이라는 동일한 기술 수준의 전투기와 싸우면, 미그기의 전손교환비는 매우 높았다.

F-86과 미그-15의 기술 수준은 큰 차이가 없었지만, 단지 각자 특기가 있었다. 미그-15는 기체가 간편하고, 추력비(推力比)[333]가 크고, 높이 날아오르는 성능이 좋았으며, 상승 한계도 F-86보다 1천 미터 더 높았다. 반면 F-86은 선회하는 성능이 좋았고, 급격히 수평으로 이동할 때 쉽게 소용돌이에 말려들지 않는 것이 미그-15보다 우수했다. 쌍방 조종사들은 마음껏 지혜와 용기를 겨루면서, 각자 자기 전투기의 장점을 이용하여 서로 다른 새로운 전술을 발명하여 상대방을 제압했다. 중국의 조종사들은 미그-15의 수직 기동성이 좋은 장점에 맞춰 세계 공중전 역사를 뒤흔든 "YOYO" 전술이라는 뛰어난 기술을 연마해냈다. "YOYO"라는 말은 한 시대를 풍미했던 요요 장난감에서 유래했는데, 일설에 따르면 당시 미군 조종사들은 중국 조종사들이 이 전술을 사용하는 것을 보았을 때 놀라서 "요! 요!" 하고 크게 소리친 것에서 비롯되었다고도 한다. 요컨대, 이것은 미국 공군이 당시 가장 두려워하던 전술로, 중국어로 된 정식 문헌에서도 수직으로 기동하는 공중전 전술을 "요요(喲喲)" 전술 혹은 "야오야오(搖搖)" 전술로 번역하고 있다. 그 구체적인 전법은, 미그-15기 무리가 F-86이 올라갈 수 없는 고도까지 날아올라 선회한 다음, 쌍을 이루어 아래쪽의 F-86에 대해 교대로 내려다보며 공격하면서, F-86 편대를 통과하여 수직 공격을 한 다음, 또 고공으로 높이 올라가서 다시 내려다보며 공격을 하거나 전장을 떠나는 것이다.

---

[332] 아군 비행기 한 대가 손실당할 때, 적군 비행기 몇 대에게 손실을 입히는가를 나타내는 비율
[333] 엔진의 추진력을 기체의 중량으로 나눈 값을 가리킨다.

그런데 미군 조종사들은 F-86의 수평 기동 성능이 좋은 장점을 이용하여 마찬가지로 세상에 널리 알려진 둥그렇게 둘러싸는 전술을 발명했다. 그 구체적인 전법은 한 무리의 F-86이 둥그렇게 둘러싸는 진형을 형성하여, 서로 선회하면서 엄호하여, 미그기를 수평 공중전에 들어오도록 유인하다가, 미그기가 감히 꼬리를 물고 앞에 있는 전투기를 공격하기만 하면, 즉각 수평 성능이 더욱 좋은 세이버 엄호기의 반경을 가르는 공격을 당하게 된다. 미그기는 둥그렇게 둘러싸는 진형 안에 빠져들기만 하면 대부분은 액운을 피하기 어려웠다.

병법에서 이르기를, "운용(運用)의 묘(妙)는 마음 하나에 달려 있다[運用之妙, 存乎一心]"[334]고 했다. 진정으로 공중전에서 좋은 전적을 거두려면 또한 조종사가 전투기를 장악하여 전투기의 성능을 충분히 발휘해야 한다. 5대를 격추시킨 전적을 가진 중국의 에이스 조종사 한더차이와 미국의 더블 에이스 해럴드 에드워드 피셔(Harold Edward Fischer Jr., 1925~2009)의 전투가 바로 전장에 나가 능력을 발휘한 전형적인 사례라고 할 수 있다. 당시 피셔는 미군에서도 최정예인 요격 비행 팀의 구성원으로 국경을 넘어 중국 다부(大埔)비행장을 기습했는데, 마침 착륙하고 있던 한더차이 편대장기가 공격하여 손상을 입혔다. 결국 뒤따라 착륙하던 한더차이는 비록 눈이 벌개졌지만, 직접 피셔를 바짝 뒤쫓아 추격할 수 없었다. 그리하여 기수를 들어 올려 높이 올라갔다가 다시 내려다보며 그를 공격하여 격추시켰다. 훗날, 이미 친한 친구가 된 두 조종사가 중국에서 즐겁게 만났을 때, 피셔가 한더차이는 세계에서 최고 뛰어난 전투기 조종사라고 거듭 칭찬하자, 한더차이는 군인 특유의 솔직함으로 이렇게 말했다: "당신의 기술은 나보다 뛰어납니다. 내가 당신을 격추시킨 건 당신이 잘못 동작했기 때문입니다. 만약 당신이 줄곧 아래쪽을 향하고서, 그 정도의 크기가 아니라, 큰 경사도와

---

334 『송사(宋史)』「악비전(岳飛傳)」에 나오는 문장으로, 악비가 자신의 상관인 종택(宗澤)에게 했던 말이다. 이 말의 의미는, "교묘하고 융통성 있게 운용하는 것은, 전적으로 머리를 잘 써서 생각하는 데 달려 있다"는 것이다.

작은 각도로 곧바로 전환했다면, 나는 어떠한 방법도 없어, 내가 방향을 바꿔 당신을 지나갈 수 없었는데, 당신이 잘못 동작하는 바람에, 나에게 당신이 격추된 것입니다."

　　바로 상대방의 전투기 성능이 이처럼 우월했기 때문에, 미국과 소련 쌍방 모두 상대방의 비행기를 상세히 연구하여 자신의 항공 과학기술 수준을 향상시키려고 했다. 그리하여 조선의 하늘에서, 한바탕 뛰어난 비행기 쟁탈 대전을 펼쳤다.

　　1951년 5월, 한 무리의 의기양양한 소련 시험 비행 조종사들이 "F-86 한 대를 노획할 방법을 생각해보라"는 스탈린의 명령을 받들어 페펠야예프의 제196연대에 왔다. 모두가 알다시피, 오직 조종사들 중 가장 뛰어난 사람들만이 시험 비행 조종사가 될 수 있다. 눈이 머리 위에 달려 있는 이 녀석들은 입만 열면 제196연대의 미그기를 빌릴 수만 있으면, 하늘에 날아올라 F-86 한 대를 "포위하여 사로잡음"과 동시에 그것을 동북 지방에 강제로 착륙시키겠다고 경멸하듯이 말했다. 또한 "그 전적을 제196연대의 장부에 남겨두겠다"고 오만하게 말했다. 실전 경험이 풍부한 페펠야예프는 조금도 거리낌없이 이 오만한 녀석들을 비웃으며 말했다: "나는 너희들의 전적은 필요 없다. 원치도 않는다. 너희들이 만약 하찮은 목숨을 건질 수 있다면 다행으로 여기겠다."

　　과연 소련의 가장 우수한 시험 비행 조종사들로 구성된 "F-86 포획 팀"은 죽음의 팀이 되었다. 공중전과 시험 비행은 역시 별개의 일이었다. 온전한 F-86을 얻기 위해, 소련군 시험 비행 조종사들은 감히 상대의 치명적인 부위를 공격하지 못했는데, F-86은 도리어 목숨을 걸고 반격하여 추격 체포에서 벗어날 수 있었다. 결국 포획 팀은 첫 번째 출전에서 고급 시험 비행사 한 명을 잃었고, 또 다른 2대의 전투기가 심각한 손상을 입었다. 8일 뒤에 두 번째 요격 비행에 나섰는데, 팀을 인솔하는 지휘관마저 안둥에서 비행기가 추락하여 희생되었다. 전체 팀에서 잇달아 4명의 우수한 시험 비행 조종사들이 희생된 뒤, 결국 좋은 말로 위로 받으면서 권유받고 모스크바로 돌아갔고, "포위하여 사로잡는 작전"은 오랫동안 미뤄둘 수밖에 없었다.

끝내 스탈린의 명령을 완수한 것 또한 페펠야예프 대령이었다. 1951년 10월 6일 오전의 공중전 과정에서, 페펠야예프가 쏜 37밀리 기관포 한 발이 F-86의 조종석 뚜껑 뒤쪽 가장자리를 적당하게 맞추면서 폭발했다. 피격된 미국 비행기 조종사는 조종석 뚜껑이 손상되는 바람에 순조롭게 낙하산을 펴고 뛰어내릴 수 없자, 온몸으로 능력을 발휘하여 조선의 한 해변에 불시착했고, 곧 헬리콥터에 의해 구조되었다. 그러나 의외의 사태가 발생했다. 이 F-86이 검은 연기를 내뿜으며 추락할 때, 더욱 낮은 고도로 비행하던 소련 공군 제176연대의 셰베르스토프(Konstantin Yakovlevich Sheberstov, 1919~1953) 대위가 조종하던 미그기를 만났다. 셰베르스토프 대위는 황급하게 몇 발의 기관포를 발사함과 동시에 바짝 뒤따르면서 이 '세이버' 전투기가 불시착할 때까지 감시하다가, 미국 비행기 조종사가 구조되는 전체 과정을 목도했고, 기지로 돌아온 뒤 자신이 이 '세이버' 전투기를 격추시켰다고 보고했다. 페펠야예프는 부득불 사진 두루마리 필름을 꺼내 그와 대조했는데, 그 결과 셰베르스토프의 두루마리 필름은 자신의 주장을 증명하지 못했다. 또한 당시 F-86의 도장색은 단지 두 가지밖에 없었다. 하나는 흑백 줄무늬였고 다른 하나는 노란색 줄무늬였다. 페펠야예프는 자신이 격추한 것은 전자라고 했고, 셰베르스토프는 자신이 격추한 것은 후자라고 했는데, 후에 기술 요원의 조사 검증을 거쳐, 이 F-86은 흑백 줄무늬일 뿐만 아니라, 조종석 뚜껑 뒤쪽에 포탄 구멍이 있다는 것을 실증함으로써, 이 전과를 페펠야예프의 장부에 기록했다.

한편에서는 소련 조종사들이 여전히 공적을 다투고 있었고, 다른 한편에서는 아직 완전하다고 할 만한 '세이버' 전투기를 탈취하려고 쌍방 조종사들이 이미 한 덩어리가 되어 싸우고 있었다. 이 F-86은 간석지에 불시착했고, 해안에서 대략 1킬로미터 떨어져 있었다. 미국 비행기는 필사적으로 폭격하고 소사하면서 파괴하려고 시도했고, 소련군 조종사들은 계속 날아올라 포탄을 막아내면서 아직 손에 넣지 못한 이 전리품을 보호했는데, 이 광경이 무척 참혹했다. 조수가 차올라 이 '세이버'를 물속에 잠기게 하자, 이 혈전은 비로소 끝났다. 페펠야예프는 이렇게 회고했다: "우리는 7대의 미그-15기를 잃었지만, '세이버'를 격추시키지 못했는데, 다행히 곧바로 밀려온 밀물이 그 비행기를 물에 잠기게 했습니다."

어두운 밤이 된 틈을 타, 500명의 지원군 장병들이 밧줄을 이용해 필사적으로 끌어당겼다. "영차, 영차"하면서 마침내 이 세이버를 해안으로 끌어올린 다음, 소련 작업자들이 밤새도록 분해하여 차에 실어 그것을 중국으로 운반해 갔다. 미국인들은 다음날 아침에 이 비행기가 보이지 않자, 다급히 도로를 따라 미친 듯이 추격했다. 기체 앞부분의 운송을 담당했던 소련군 엔지니어 테벨레프는 이렇게 회고했다: "미국인들이 하마터면 우릴 죽일 뻔했습니다. 우리가 터널 입구에 접근하고 있을 때, 바로 '야간 순찰자'라고 부르는 B-26 폭격기 한 대를 발견했습니다. 우리는 급히 터널로 돌진했고, B-26의 로켓탄도 잇달아 날아왔습니다. 다행히도 로켓탄이 터널 안 10여 미터까지 날아 들어와 벽에 부딪혀 폭발했는데, 우리는 이미 터널 안쪽 약 100미터 지점까지 들어가 있었습니다."

피로써 바꾼 '세이버'가 중국 안둥으로 옮겨지자, 페펠야예프와 소련 조종사들은 모두 신이 나서 창공에서 목숨을 걸고 싸웠던 그 비행기의 조종석에 앉아, 소련인들이 줄곧 미국인들을 이기지 못했던 "인체공학적인 특성"을 마음껏 체험했다. 페펠야예프는 (조종석의) 시야를 계산해보고는, 이렇게 경탄했다: "나는 조종석 안쪽의 의자에 앉아보았고, 우리 모두 앉아보았는데, 조종석의 배치가 알맞아, 우리가 받은 인상은 고급 세단 안에 앉아 있는 것 같았다." 이 에이스 조종사가 F-86의 장점에 대해 직접 체험하여 느낀 것은, 첫째로 조종석의 쾌적함이 미그-15보다 좋았고, 둘째로 계기판의 품질이 더 좋았다. 예를 들어 지평의(地平儀: 비행기 안에서 신체의 전후좌우 기울기를 나타내는 기기로, 영문으로는 artificial horizon displays라고 한다-옮긴이)를 보면, 미그-15의 지평의는 비행기가 30도를 초과하여 회전하면 곧 혼란을 일으켰다. 셋째로 조종석의 시야가 넓었다. F-86의 조종석 뚜껑 유리의 위치는 조종사의 허리 부분에 맞출 수 있지만, 미그-15의 조종석 뚜껑 유리는 조종사의 목 부위까지만 닿았다."

재미있는 것은, 온몸에서 전장의 기운이 느껴지는 이 '세이버'가 모스크바로 보내진 뒤, 대령은 또 한 차례 훈계를 받았다는 점이다: "당신들은 그 진흙을 깨끗이 씻어내고 나서 우리에게 운반해 올 수는 없었소?"

소련인들의 행운은 연달아 왔다. 얼마 지나지 않아 두 번째로 비교적 온전한 '세이버'를 얻게 되었다. 1952년 7월, 중국 인민지원군의 고사포 부대가 한바탕 미친 듯이 쏘았는데, 뜻밖에도 미국 공군 제4전투기 연대장인 마후린(Walker Melville "Bud" Mahurin, 1918~2010) 대령을 격추시켰다.

미국 공군 제4전투기 연대는 제2차 세계대전 동안에 독일 비행기를 총 1,006대나 격추시켜, 미군에서 적기를 가장 많이 격추시킨 연대였으며, 또한 미군 에이스 조종사가 가장 많은 연대였다. 미군은 적기 5대를 격추시킨 사람을 에이스 조종사라고 부르는데, 제4연대는 바로 30명 가까운 에이스를 보유하고 있었다. 이후 1989년까지, 제4연대는 또한 미군 중에서 가장 먼저 F-15E로 전투기를 교체했으며, 걸프전 과정에서 이라크군을 먼저 돌격함과 아울러 우수한 전과를 거두고도, 단지 2대의 F-15E만을 잃었다. 그리하여 미국 공군 전투기 부대들 가운데 연속으로 조선 전쟁·베트남 전쟁·걸프 전쟁에 참가한 극소수의 공훈 부대가 되었으며, 이 부대는 미군 전투기 부대들 가운데 논쟁의 여지가 없는 최고 에이스였다. 장지후이에게 격추된 데이비스는 바로 제4전투기 연대의 트리플 에이스였으며, 연대장인 마후린 대령은 제2차 세계대전 동안에 20대의 격추 기록을 가진, 미국에서 이름이 널리 알려진 쿼드러플(Quadruple) 에이스 비행 영웅이었다. 그는 F-86을 몰고 "지상 공격 시험"을 진행하면서, 직접 편대를 이끌고 군우리(軍隅里, 항미원조 전쟁사를 잘 알고 있는 사람이라면 모두 알고 있는 지명)의 조차장(調車場: 철도에서 객차나 화차를 연결하거나 분리하는 곳-옮긴이)을 폭격할 때 지원군에게 격추되었다. 에이스는 역시 에이스인지라, 마후린은 의외로 조선의 어떤 산지에 죽음을 무릅쓰고 땅에 떨어지면서 착륙에 성공하여, 단지 손목만 부러졌고, 추락한 뒤에 지원군의 포로가 되었다(제2차 세계대전 때, 그는 독일인의 포로가 된 적도 있다). 추측컨대, 당시 고사포의 화력이 매우 매서워, 마후린은 낙하산을 타고 탈출할 수 없자, 비로소 어쩔 수 없이 이와 같은 장거를 이룬 것 같다. 이 세이버 전투기의 잔해도 상당히 온전했으므로, 소련은 비교적 온전한 2대의 F-86을 보유하게 되었다. 소련군의 과학 연구 기구는 즉시 그것을 분해하여 상세히 연구했다. 그 중에서 소련군에게 가장 큰 이득을 가져다준 것은 바로 F-86의 레이더 기관포 조준기였다.[335] 미국의 각종 전투기 조준기는 세계에서 가장 발전된 것이자, 또한 미군의 극비 중에서도 극비였다. 제2차 세계대전 때, 미군 폭격기는 피격되어 추락하기 전에, 폭격기 승무원들이 반드시 완수해야 할 임무들 중 하나가 바로 폭격 조준기를 떼어낸 다음 바다에 던져버리거나 혹은 땅바닥으로 던져 으스러지게 하여 철저하게 파괴하는 것이었다. F-86의 기관포 조준기는 바로 당시 전 세계에서 가장 선진적인 레이더 기관포 조준기였다.

소련 공군이 시험해보니, 이 레이더 기관포 조준기는 914미터나 멀리 떨어진 곳에서도 여전히 매우 정확하게 조준할 수 있었는데, 가련한 미그-15는 이때에도 여전히 1939년에 설계한 광학 조준기를 사용하고 있었다. 소련 공군 기술부의 마코비치 중위는 즉각 세이버 전투기 조준기의 선진적인 특징들을 연구 보고서에 써 넣었는데, 이 때문에 크게 고통을 당하리라고는 생각하지 못했다. 당시 중국 동지들이 낙후된 미그-9기는 필요 없다고 하자, 소련 동지들은 너희들이 감히 사회주의 무기의 우월성을 어찌 의심느냐고 격노하여 말했다. 그런데 하찮은 일개 중위가 뜻밖에도 미국 무기가 우수하다고 말했으니, 그게 있을 수 있었겠는가!

자신은 잘못이 없다는 것을 증명하기 위해, 매우 승복할 수 없던 중위는 즉시 세이버 조준기의 레이더 주파수에 맞추어 레이더 경보 수신기(Radar

---

335 F-86의 조준기는 광학 조준기(A-1CM Gunsight)에 거리를 측정할 수 있는 소형 레이더 (AN/APG-30 Radar)를 결합시킨 형태로, 소련은 이 장치를 복제하여 미그-17에 장착했다. 이 때문에 미그-17이 베트남 전쟁에서 미군 전투기를 격추하는 데 큰 효과를 보았다고 한다.

Warning Receiver-옮긴이)를 하나 만들었다. 이 간단한 수신기는 미그-15의 꼬리에 설치되어, 세이버의 기관포 조준기가 발사하는 신호를 탐지함과 동시에 조종사에게 경고를 보낼 수 있었다. 후에 이 장치는 지원군 조종사들에 의해 "호미기(護尾器: 꼬리를 지켜주는 기계-옮긴이)"라는 형상적 이름으로 불렸다. 중위는 10개의 호미기를 가지고 중국에 가서 미그기에 설치했는데, 이 장치가 때때로 거짓 경보를 울렸기 때문에, 조종사들이 처음에는 이 기계를 믿지 않았고, 어떤 사람은 심지어 그것을 꺼놓고 사용하지 않았다. 어느 날 한 소련군 연대장이 압록강 상공에서 순찰할 때, 호미기가 갑자기 경보를 울렸다. 연대장은 고개를 돌려 두 차례 수색을 했는데도 적기를 발견하지 못하자 귀찮아서 호미기를 껐다가, 1분 후에 연대장은 마음이 놓이지 않아 다시 호미기를 켰더니, 경고음이 갑자기 조정석에 울려 퍼졌다. 연대장이 고개를 돌려보니, 2대의 F-86이 이미 자리를 차지하는 데 성공하여, 발포할 준비를 하고 있었다. 원래 이 간단해 보이는 녀석이 경보를 울리는 거리는 뜻밖에도 7~8킬로미터나 되었다. 이 연대장은 호미기가 미리 울린 경보 덕분에 요행히 손상만 입고, 기나긴 검은 연기를 내뿜으며 간신히 귀대하여 자신의 목숨을 구했다. 또한 감히 진실을 말한 마코비치 중위의 전도를 되찾아주었다.

더 재미있는 것은, 미군 자신의 일부 실력자들은 복에 겨워 복을 알지 못하고, 레이더 조준기를 전혀 대수롭지 않게 여겼다는 점이다. 미군의 제2차 세계대전 당시 유럽 전장에서 최고 에이스이자, 28대의 독일 비행기를 격추시킨 가브레스키는 1951년 7월에 처음으로 미그-15를 격추시켰는데, 그는 말하기를 자신은 원래부터 레이더로 거리를 측정하는 조준기를 사용하지 않았다고 했다. 그렇다면 어떻게 조준했을까? 조선 전장에서 미국 공군 제51연대장에 부임한 가브레스키는 이른바 "수완이 뛰어난 사람이 일도 대담하게 한다[藝高人膽大]"는 말에 걸맞은 사람이었다. 원래 그는 자신의 풍부한 경험에 의지하여, 매번 비행기에 오를 때마다 입 안의 껌을 뱉어 좌석의 유리에 붙여 두었다가, 그 껌을 이용하여 조준했다. 전 세계에서 감히 이렇게 할 수 있었던 건 바로 이 사람 혼자뿐이었을 것이다. 그러나 이 매우 담대한 자도 5대를 격추시킨 전과를 가진 중국의 에이스 조종사 리란마오(李蘭茂, 1927~2008)에게 격추되었다.

소련은 나무랄 데 없는 항공 과학 연구 기관과 강대한 항공 과학 기술 실력을 갖고 있었지만, 세이버의 설계와 기술은 소련 항공 과학 기술 요원들에게도 매우 높은 가치가 있었다. 설령 모방하여 만들지 않거나 똑같이 만들지는 않더라도, 충분히 실물 분석을 통해 상대방의 설계 구상과 기술 경로 및 제조 기술을 배울 수 있었다. 이는 자신의 항공 과학 기술이 진보하는 데 매우 유익한 점이었다. 자기 쪽의 몇몇 취약한 분야들, 예컨대 기관포 조준기에 대해 말하자면, 직접 수준을 향상시킬 수 있었다. 이 때문에 냉전 시기에 소련은 바로 KGB의 경제 기술 정보 부문의 공작을 매우 중시하여, 수많은 미국 무기들이 세상에 나온 지 얼마 지나지 않아, 곧 그것과 생김새가 거의 똑같은 소련제 "쌍둥이 형제"가 세상에 나왔다. 이는 공공연한 비밀이기도 했다.

같은 목적으로, 미국인들도 똑같이 수단과 방법을 가리지 않고 미그-15를 그렇게 하려고 했다. 전쟁 기간에, 미국 공군도 10만 달러의 장려금을 걸고, 누군가 미그-15를 몰고 귀순해 오기를 희망했지만, 전쟁이 끝나기 전에 장려금은 지급되지 못했다. 전쟁이 끝난 뒤인 1953년 9월 21일, 조선인민군 공군 중위 노금석(盧金錫, 1932~)이 미그-15 bis[336]를 몰고 한국 김포의 공군 기지로 망명하자, 미군은 비로소 하늘을 날 수 있는 미그기 1대를 손에 넣었지만, 노금석은 무슨 10만 달러에 대해 자기는 들어본 적이 없다고 밝혔다. 조선 공군의 보복을 막기 위해, 이 비행기는 즉각 분해되어 미국으로 실려갔고, 미군은 가장 우수한 조종사를 불러와 매우 갖고 싶어 하던 그 미그-15를 테스트했다. 그들 중에는 "전투기 마피아의 대부"라고 일컬어지던 보이드(John Boyd, 1927~1997)와 한 시대의 총아라고 일컬어졌

---

336 미그-15 초기 모델의 개량형으로, 한국 전쟁 기간 동안에 개발되어 생산되었다.

고 전 세계에서 최초로 음속을 돌파했던 유명한 에이스 조종사인 척 예거(Charles Elwood "Chuck" Yeager, 1923~2020)가 있었다. 시험 비행이 끝난 뒤, 이 비행기는 다시 조선 공군의 표식을 그려 넣어, 라이트-패터슨 공군 기지(Wright-Patterson AFB)에 있는 미국 국립 공군 박물관(Nation Museum of the United States Air Force)에 전시되었다.

전해지기로는 어떤 기자가 척 예거에게 이렇게 물었다고 한다: "당신은 F-86과 미그-15 가운데 어떤 비행기를 선택하여 공중전을 하시겠습니까?"

매우 잘 처신할 줄 알았던 척 예거는 F-86에 대한 험담과 미그-15에 대한 칭찬을 하고 싶지 않았지만, 그는 필경 진정한 조종사였고, 또 마음에 없는 말도 하고 싶지 않았다. 결국 그는 다음과 같이 영리하게 에둘러 말했다:

"작전 중에는 비행기가 결코 가장 중요한 게 아니고, 관건은 누가 조종석에 앉느냐입니다."

전투기 조종사는 사실 모두가 이렇게 가장 영리한 자들이다.

조선 전쟁 후, 미그-15는 중국 국토 방공 작전[337]에서 또 혁혁한 공을 세웠고, '세이버'는 1960년대 인도-파키스탄 전쟁(1965년)에서 위세를 떨쳤다. 기술이 능숙한 파키스탄 조종사들은 낡은 세이버를 몰고 인도인들에게 상당히 큰 고통을 겪게 해주었다. 이러한 공을 세운 비행기에 대한 인상이 매우 깊어서, 훗날 1980년대에 파키스탄인들은 또한 중국인들과 합작하여 '슈퍼 세이버'를 만들려고 했다.[338]

그러나 이것은 또 다른 이야기이다.

....

[337] 1958년의 제2차 타이완 해협 위기를 가리킨다.
[338] 파키스탄 공군은 중국이 미그-19를 국산화한 J-6를 사용했는데, 1980년대에 이를 대체하기 위한 저가의 다목적 전투기를 도입하려고 했다. 그리하여 중국과 합작으로 "F-7M 세이버-II"를 개발하려고 했으나, 예상치 못한 개발비 상승으로 이 계획은 무산되었다. 그러나 중국과 파키스탄은 지속적으로 군사 교류를 진행했고, 결국 2003년에 파키스탄 공군은 중국과 합작으로 제작된 JF-17을 갖게 되었다.

항미원조의 에피소드
—차오몐(炒麵)에 얽힌 이야기

중국 고대의 군사 전문가는 일찍이 다음과 같이 깊고 예리하게 총결했다: "군마가 움직이기 전에, 군량이 먼저 간다[軍馬未動, 粮草先行]". '먹는' 문제는 어떤 군대라도 가장 먼저 반드시 해결해야 하는 문제이다. 먹는 문제를 해결하지 못하면, 군대가 아무리 잘 싸울 수 있어도 멸망의 운명을 피할 수 없다. 군사 전문가는 심지어 일부 군사 평론가들을 이렇게 비웃었다: "비전문가는 전략을 이야기하고, 전문가는 병참보급을 이야기한다." 어떻게 먹는 문제를 해결하고, 무엇을 먹고, 어떻게 먹을 것이며, 더 나아가 어떻게 먹어야 전투력을 발휘하게 할 것인가? 현대 군대에서, 이 방면의 학문은 심지어 과학 연구에서부터 교육까지, 생산까지, 다시 조직 기구까지의 방대한 전문적인 체계로 해결해야 한다. 그런데 인민군대의 찬란한 전쟁사에서는, 심지어 각각 몇 가지 식품 이름들이 서로 다른 역사 시기의 대단히 힘들고 어려웠던 전투 정신을 직접적으로 대표하고 있어, 군대의 역사에 조금이라도 흥미를 느끼는 사람들은 이 몇 가지 식품 이름들을 들으면 곧 그것이 말해주는 것이 인민군대의 어느 한 역사 단계의 분투 과정인지를 알 것이다. 예를 들어, "홍미반(紅米飯), 남과탕(南瓜湯: 호박탕), 야채가 하루 동안 허기를 채워주었다", 이것은 징강산 시기에 공농홍군이 어렵게 창업하던 생활 장면이다. "초원을 지나가며, 쇠가죽을 씹어 먹었다", 이것은 장정 시기 홍군의 매우 강인한 의지의 상징이다. "좁쌀과 소총으로[小米加步槍], 장제스를 타도하자", 이것은 해방 전쟁 시기 인민군대가 신중국을 건립하기 위해 용감하게 앞으로 나아가던 전투 구호이다. "차오몐 한 입에 눈[雪] 한 입", 이것은 바로 중국 인민지원군이 조선 전장에서 세계 최강의 서방 16개국 연합군에 맞서 싸울 때 고생했던 전투 장면을 가장 사실적이고도 가장 간명하게 알려주는 전쟁터 모습이다.

"차오몐 한 입에 눈 한 입", 당시 지원군 장병들은 이렇게 가장 원시적인 물질적 조건에 의지하여 미국이 규합한 유엔군을 물리치고, 그들을 중국-조선의 국경으로부터 400킬로미터나 물러나게 하여, 침략자들을 그들이 전쟁을 일으킨 출발점인 38선에서 저지했다. 그러나 '차오몐'이 도대체 어떤 것인지, 그 배후에는 또 얼마나 감동적인 이야기들이 간직되어 있는지, 오늘날은 이미 매우 적은 사람들밖에 모르고 있다[많은 젊은이들은 지원군이 '차오몐(炒麵)'을 먹었다는 말을 듣고 맨 처음 보이는 반응은, 뜻밖에도 지원군의 생활이 꽤 괜찮았으니, '차오몐티아오(炒麵條: 일종의 볶음면-옮긴이)'을 먹었을 거라는 것이다].

항미원조 전쟁은 중국 군대가 지금까지 치른 가장 규모가 큰 대외 전쟁들 중 하나이자, 또한 인민군대가 처음으로 나라 밖에서 벌인 작전이다. 전쟁의 강도는 국내 전쟁 시기의 비교적 초보적인 근대화 전쟁으로부터 갑자기 당시 가장 현대화된 고강도 전쟁으로 높아졌고, 강력한 공중 우세를 갖춘 적군을 맞이하여, 수십만 명의 지원군 장병들이 나라 밖으로 나가자, 곧바로 어떻게 식사를 할 것인가라는 커다란 문제에 부닥쳤다. 항미원조 초기에, 지원군은 단 한 대의 비행기도 없었고, 조선에 갖고 들어간 방공 무기는 단지 강선이 거의 닳아 없어진, 일본군에게서 노획한 구식 75밀리 고사포 36문과 100여 정의 고사기관총뿐이었다. 레이더는 한 대도 없어서, 공중 목표를 수색하는 것은 오로지 귀로 듣고 눈으로 바라보는 것에만 의지했다. 거의 아무런 방공 능력이 없었으니, 은폐하여 공습을 피하는 것에 의지할 수밖에 없었지만, 상대는 가장 강력한 미국 공군이었다. 당시 미군이 조선 전장에 투입한 공군력은 거의 2천 대의 전투기와 폭격기를 보유하여, 조선의 하늘을 완전히 지배했으며, 그 폭격의 강도는 오로지 "미쳐 날뛰었다"라는 말로밖에 표현할 수 없었다. 조선의 군사 목표와 가치 있는 민간용 목표를 모조리 폭파한 뒤, 미국의 폭격 행동은 심지어 매우 "시시했음"이 미국 공군 사료에 여러 차례 기록되어 있다. 어떤 때는 전체 편대의 B-29 대형 폭격기가 모든 폭탄을 도로 위에 혼자서 지나가는 소달구지나 심지어는 자전거 위에까지 퍼부으면서 즐겼다. 미국이 중국 군대가 조선에 들어온 것을 알아차린 뒤에, 미국 극동 공군은 더욱 밤낮으로 미쳐 날뛰듯이 폭격했다. 특히 도로·교량 등 교통 요충지와 교통 시설에 대해서는 엄밀하게 봉쇄하여, 사람 한 명 차 한 대도 그냥 놔두지 않았다. 이렇게 매우 강도 높은 공습하에서, 지원군의 병참보급 역량은 막대한 손실을 입었다. 최초로 조선에 들어온 부대의 전체 자동차가 1,300대에 불과했지만, 고작 1개월 만에 1천 대가 폭파되었으니, 평균 매일 30대 이상이 미국 비행기에 의해 공중에서 폭격당했다. 제38군단은 조선에 들어올 때 100대의 자동차를 보유했는데, 조선에 들어온 지 20일 만에 사용할 수 있는 게 단지 6대뿐이었으며, 제27군단은 45대의 자동차를 보유하고 있었는데, 7일 만에 39대를 잃었다. 이처럼 엄혹한 상황에서, 지원군의 식량과 부식은 제때 보충하기가 어려웠을 뿐만 아니라, 설령 보충하더라도 밤이든 낮이든 불을 피워 밥을 지을 수가 없었다. 적기는 어디든지 밥 짓는 연기와 불빛을 발견하기만 하면, 곧바로 들이닥쳐 미친 듯이 마구 폭격을 해대자, 지원군은 긴급하게 휴대하기에 편리한 야전 식품을 가져와 장병들의 가장 기본적인 생존 욕구를 충족시켜 주어야만 했다. 그리하여 차오몐이라는, 당시 중국 군대가 찾을 수 있었던 이 가장 좋은 야전 식품이 바로 시대의 요구에 의해 생겨남과 동시에, 곧 중국에 이름이 널리 알려졌으며, 인민군대의 야전 식품 역사에 찬란한 한 페이지를 영원히 남겨놓았다.

차오몐은 중국 북부 지방의 전통 식품으로, 바로 차오미(炒米: 쌀을 볶아서 만든 식품-옮긴이)가 남부 지방의 전통 식품인 것과 마찬가지이다. 지역에 따라 같지 않기 때문에, 차오몐의 제조 원료는 약간 차이가 있다. 예를 들면, 산시(山西)에서는 기장쌀·강낭콩·옥수수를 주요 재료로 쓰고, 룽중(隴中: 중국 서남부 고원 지대를 일컫는 명칭-옮긴이)에서는 옥수수·쌀보리·사탕무 뿌리를 주요 재로로 쓰며, 동북 지방에서는 밀·콩·고량미(高粱米)를 원료로 사용한다. 각지에서 차오몐을 만드는 원료는 비록 다르지만, 그 제조 방법과 먹는 방법은 별 차이가 없다. 모두 원료들을 잘 볶은 다음 일정 비율로 갈아서 가루로 만들면, 언제라도 먹을 수 있는 차오몐이 된다. 따라서 차오몐과 오늘날 젊은이들이 알고 있는 차오몐티아오는 완전히 다른 것으로, 그것은 당장 먹을 수 있도록 분말 상태로 요리해놓은 음식이다. 먹을 때에는 끓는 물을 사용하는데, 끓인 물을 붓고 저어서 죽처럼 만들면 된다. 오늘날, 감[柿]즙과 차오몐을 혼합하면 스차오몐(柿炒麵)이 되며, 이것은 여전히 산시성 남부 일부 지방의 아침 식사이다. 많은 지방에서는 차오몐이 심지어 그 지방의 명산품인 경우도 있다. 산시성 제저우(解州)의 차오몐유차(炒麵油茶)·쥐취엔차오몐(左權炒麵)은 모두 그 지방의 가장 유명한 간식이다. 이것들은 먹을 때 단지 약간만 더 신경을 써서, 찐 고구마·홍시로 그것을 반죽하여 죽처럼 만들어 먹는 것이다. 팔로군은 일찍이 북쪽으로 출정하여 여러 해 동안 싸운 적이 있고, 팔로군 총사령부 또한 장기간 쥐취엔현[左權縣, 예전의 랴오현(遼縣)]에 주둔했으므로, 차오몐과 같은 민간의 즉석 편의 식품이 확실히 낯설지 않았을 것이다.—어떤 자료에는 심지어 전(前) 팔로군 총사령부 요원이 쥐취엔에 돌아가 정경을 접하고 보니 감개가 무량하여, 그해의 품질이 좋지 않았던 "감껍질쌀겨차오몐[柿子皮糠炒麵]"을 먹어야 한다고 지정하여, 결국 그 지역 현정부(縣政府)로 하여금 크게 골머리를 앓게 했다는 이야기까지 기록되어 있다. 뿐만 아니라, 절대 다수의 사람들이 생각하듯이 인민군대가 조선에서 비로소 차오몐을 먹기 시작했다는 상황도 다르다. 일찍이 홍군 시기에, 인민군대는 차오몐과 뗄 수 없는 인연을 맺었다. 장정 시기에 초원을 지나갈 때, 3대 방면군(方面軍: 전략·전술상으로 일정한 방면에서 독립적으로 활동하는 부대-옮긴이)은 모두 쌀보리면[靑稞麵]을 주요 식품으로 삼았는데, 여기서 말하는 '쌀보리면'은 실제로는 '쌀보리차오몐[靑稞炒麵]'으로, 모두 초원을 지나기 전에 볶아서 잘 갈아 만든 쌀보리면 가루였다. 우리는 자주 각종 장정 회고록들에서 저우언라이·허룽 등의 지도자들이 법랑 그릇을 들고서 식량이 바닥난 병사들에게 쌀보리면을 골고루 나누어주었다는 이야기를 볼 수 있는데, 이 법랑 그릇 안에 담겨 있던 쌀보리면이 실제로는 바로 쌀보리차오몐 죽이었다. 주제를 벗어난 이야기를 한 가지만 더 하자면, 중앙 홍군이 두 차례의 "포위 토벌[圍剿]"에 맞서면서 숨어서 기회를 엿보고 있을 때 먹었던 것이 차오미인데, 이는 남방에서는 단지 쌀밖에 생산되지 않았기 때문이다. 이로부터 알 수 있듯이, 차오미·차오몐과 같은 민간 즉석 편의 식품은 인민군대가 당시 찾을 수 있었던 가장 좋은 야전 식품이었음이 확실하다. 따라서 차오몐이 조선의 전장에 출현했고, 심지어 한때 지원군의 주식이 되었던 것은 거의 필연적인 일이었다.

그렇다면 누가 차오몐을 조선 전장에 가져가자고 구체적으로 제의했을까? 주장이 매우 많은데, 어떤 주장에 따르면, 당시 동북인민정부 주석을 맡아, 실제로 지원군의 후방인 동북 지역의 병참보급 업무를 책임지고 있던 가오강이라고 한다. 그러나 룽중 지역에서는, 현지 인민들 사이에서 왕전 장군이 신장(新疆) 지역으로 진격하기 전에 룽중을 지나가다가, 현지의 차오몐을 먹고는 입에 침이 마르도록 칭찬했으며, 곧 지원군 총사령관 펑더화이에게 추천했다고도 한다. 그러자 현지의 한 작가는 심지어 감동하여 「차오몐 찬가[炒麵頌]」를 써서, 룽중 지역의 차오몐이 항미원조에 중대하게 공헌한 것을 찬미했다고 한다. 그러나 이러한 주장들은 모두 정부의 공식 인정을 받지는 못했고, 권위 있는 주장은 다음과 같다. 즉 여러 해 동안 전쟁이 계속되면서 조선은 이미 만신창이가 되었다. 조선 인민에 대해 말하자면, 자신들의 생계를 유지하는 것조차도 대단히 어려운 문제였으므로, 중국 국내의 전쟁에서처럼 현지 군중이 식량을 제공하는 것을 기대하는 것은 현실적이지 못했으며, 미군기들의 미친 듯한 폭격 때문에, 수십만 명의 조선에 들어온 부대들은 불을 피워 밥을 짓기도 매우 어려웠다. 이렇게 긴박한 절체절명의 시기에 위와 같은 상황을 감안하여, 당시 동북 군구 병참부장 겸 정치위원을 맡고 있던 리쥐쿠이 장군은 자신이 서로군(西路軍)에서 적에게 쫓길 때 천 리 길을 구걸하며 옌안으로 돌아가던 도중에, 백성들이 준 차오몐을 먹었는데, 먹기에 편리하고, 보관하기도 좋았다는 것을 생각해냈다. 차오멘의 위와 같은 특징에 근거하여, 리쥐쿠이는 차오몐을 지원군의 휴대용 건조 식품으로 삼자고 제의했다. 그는 동북 군구 후근부(後勤部: 병참부-옮긴이)로 하여금 먼저 적당량의 차오미와 차오몐 견본품을 만들게 하여, 전선으로 보내 시험 삼아 사용해보았다. 이어서 리쥐쿠이는 또 지원군이 시험 삼아 사용했던 차오몐 견본품을 지원군 총사령부에도 보냈는데, 펑더화이와 몇몇 부사령관들은 시험 삼아 사용한 결과를 알았고, 또 차오몐 견본품을 직접 시식해본 다음 매우 기뻐하며, 즉시 국내에 긴급 전보로 회신했다: "가져온 차오미 견본품은 매우 훌륭하다. 쌀을 갈아서 가루로 만든 다음, 빨리 보내라!" 이리하여, 차오몐은 인민군대 최초의 형태를 갖춘 야전 식품이 되었다.

차오몐은 휴대하기도 편하고 먹기도 편했기 때문에, 즉각 지원군 장병들의 열렬한 환영을 받았다. 지원군 노병은 이렇게 회고했다: "조선에 들어갔을 때, 우리의 모든 물건, 육중한 물건들은 모두 국내에 남겨두었는데, 옷도 포함되어 있었습니다. 옷은 입고 있는 것 한 벌이었고, 배낭은 없었으니, 무엇을 짊어졌을까요? 먹을 것입니다. 차오몐을 짊어지고 탄약을 짊어졌어요. 바로 사람이 먹는 것과 소총이 먹는 것들입니다. 그래서 항미원조 행군이 힘들 때는 주로 차오몐에 의지했어요. 차오몐 한 움큼에 눈 한 움큼. 겨울에 어디 물을 마시러 갑니까, 산비탈에 눈이 50센티미터나 쌓여 있는데." 지원군 부사령관 홍쉐즈는 이렇게 회고했다: "차오몐은 70%의 밀과 30%의 콩·고량미·옥수수 등의 재료들로, 볶아서 가루로 만든 다음 0.5%의 소금을 넣고 혼합하여 만든, 운반과 저장이 쉽고 먹기에 편한 식품입니다. 전투할 때, 모두들 길쭉한 차오몐 자루를 몸에 걸치고 있다가, 배가 고프면 차오몐 한 움큼을 집어 입 안에 넣고, 다시 눈을 몇 입 먹으면서, 그대로 계속 전투를 할 수 있었습니다."

차오몐을 언급하려면 반드시 지원군 장병들이 그것을 휴대하던 도구, 즉 차오몐 자루[炒麵袋]에 대해서도 반드시 언급해야 한다. 그것도 항미원조의 공신이다. 차오몐 자루의 직경은 약 10센티미터이고, 길이는 1미터 남짓으로, 행군할 때 병사들은 그것을 좌우 양 어깨에 비스듬하게 멨다. 이것이 바로 당시 지원군 병사들의 표준적인 야전 식량 휴대 도구였는데, 이 차오몐 자루는 얼마나 많은 차오몐을 담을 수 있었을까? 주장은 일치하지 않는다. 제38군단의 전투 영웅 장빙룽(張炳榮)은 이렇게 회고했다: "한 사람당 한 개의 쌀자루를 가졌고, 그 안에는 2개월의 표준에 따라 차오몐·비스킷 및 통조림을 준비해 놓았습니다." 추샤오윈(邱少雲)의 분대장이자, 1등 공신인 수오청더(鎖成德)는 이렇게 회고했다: "조선에 들어간 뒤, 한 사람당 70근(斤)의 차오몐·8개의 수류탄·500발의 탄약을 배급 받았습니다." 이로부터 지원군의 당시 병사 한 사람이 짊어졌던 양의 크기를 생각해보면 알 수 있다. 미국 제8집단군 사령관 밴 플리트 4성 장군조차도 지원군의 차오몐 자루에 대해 깊은 인상을 받았다: "(지원군의) 식량은 쌀과 잡곡을 갈아서 가루 상태로 만든 것으로, 긴 관 모양의 자루 안에 담았으며, 필요할 때에는 16일 동안 유지할 수 있었다." 당연히 밴 플리트가 말한 이 숫자는 비교적 정확하다고 해야 한다. 그가 얻은 숫자는 분명히 미군 정보 담당 부서가 정확한 계산을 통해 얻은 결과였을 것이다. 사실, 지원군은 차오몐 자루에 의지해서는 단지 7일 동안의 공격 작전밖에 유지할 수 없었다.

이 밖에도, 지원군이 먹은 차오몐은 철저하게 통일된 기준이 없었다. 대다수 차오몐은 달콤한 맛이었고, 또한 차오몐의 품질도 보증할 수 없었다. 참전했던 한 노병은 이렇게 회상했다: "그 차오몐은 맨 처음에는 대단히 좋았습니다. 고운 분말로 볶아서 만든 것으로, 안에는 설탕·참깨·땅콩이 섞여 있어 아주 먹기 좋았는데, 이후로 점점 바뀌었습니다. 바짝 말린 고량미를 볶아 만드는 것으로 바뀌었고, 설탕·참깨·땅콩이 있기는 어디에 있어요? 먹으면 씁쓸하면서도 떫어서, 목으로 넘어가지도 않았어요. 먹으면 뱃속에서는 부글부글 끓으면서 신물이 넘어왔고, 대변은 굳어서 나오지 않았어요." 또 다른 노병은 이렇게 회상했다: "매일 각 분대마다 3명을 차출하여 온 산과 들판에서 야채를 캐서 허기를 채웠고, 나머지 인원은 진지를 지키며 참호를 팠습니다. 품질이 좋은 차오몐 상자들이 매우 빠르게 전선으로 보내졌습니다. 참깨와 설탕이 섞여 있었으며, 포로들조차도 함께 차오몐과 차오몐으로 만든 '차오몐 만두[炒麵饅頭]'를 먹었습니다."

차오몐이 통일된 기준이 없고 품질이 보증되지 못했던 원인은, 우선 당시 중국의 국력이 매우 빈약하여, 지원군이 먹는 차오몐이 결코 통일된 전문적인 식품 공장에서 기준에 따라 생산되지 못하고, 북방의 각 성(省)들, 특히 동삼성(東三省)의 각 기업 단위들과 동원된 인민 군중들이 분산된 채 볶아서 만들었기 때문이다. 항미원조에서 가장 결정적이었던 제2차 전역 전후로는, 당시 지원군의 병참보급을 책임지고 있던 동북 군구의 후근부가 전선에 대량으로 차오몐을 공급하기 시작했는데, 수요량이 많아서, 지원군 장병 1인당 매월 정량의 3분의 1에 맞추어 공급하더라도, 1,482만 근의 차오몐이 필요했다. 그런데 동북 지구에서 젖 먹던 힘까지 발휘하더라도 1천만 근밖에 해결하지 못하자, 부족분은 국내의 다른 지역들이 도와서 해결할 수밖에 없었다. 당시 동북 지구는 매달 1천만 근의 차오몐 생산 목표를 달성하기 위해, 거의 전 인민을 총동원했다. 동북인민정부는 심지어 특별히 「차오몐 임무 수행에 관련한 몇 가지 규정」이라는 공문을 발송하여, 동북 지구 각 대도시들의 당(黨)·정(政)·군(軍) 각 계통과 각 단위의 1일 차오몐 생산 의무량을 확정했다. 이어서 동북국(東北局)은 또한 특별히 "차오몐과 삶은 고기 회의[炒麵煮肉會議]"를 소집했다. 회의에 참가한 인원들은 뜻밖에도 당시 동북 지구의 당·정·군 기관의 전체 책임자와 각 시의 시장 및 일부 성(省) 정부 책임자들을 모아, 특별한 주제로 차오몐 제조와 삶은 고기 생산 업무의 계획과 임무를 논의하여 배당했다. 오늘날까지도, 인터넷상에서는 여전히 당시 하얼빈(哈爾濱)·선양(瀋陽) 등 동북 지구에 있는 몇몇 대도시들의 일부 기관 단위들이 차오몐 생산 임무를 완수했다는 보고들을 찾아볼 수 있다.

지원군 장병들에게 충분한 차오몐을 공급해 달라는 요구를 만족시켜 주기 위해, 동북 지구와 전국의 기타 차오몐 제조 임무와 관련된 지구의 당·정·군·민은 즉시 행동에 옮겼다. 그리하여 전체 북부 중국에서 남녀노소가 일제히 동원되어 모든 가정에서 서둘러 차오몐을 만드는 열풍을 빠르게 불러 일으켰다. 심지어 저우언라이 총리를 포함한 중앙 지도자들까지도 바쁜 업무 중에 시간을 쪼개 베이징시 일부 단위의 기관 간부들 및 인민 대중들과 함께 직접 차오몐을 만들었다. 저우 총리 등 중앙 지도자들이 직접 차오몐을 만든다는 소식이 조선의 전선에 전해지자, 지원군의 수많은 장병들에게 매우 큰 정신적 격려가 되었다. 중앙의 고위 지도자들이 직접 지원군을 위해 차오몐을 만들었다는 건 결코 거짓말이 아니다. 제38군단의 한 부소대장이었던 주광천(朱光臣)은 회상하기를, 부대가 차오몐을 배분받을 때, 그가 받은 차오몐 자루에는 뜻밖에도 신중국 수립 초기에 오랫동안 농업 업무를 주관했던 중앙의 지도자인 덩즈후이(鄧子恢, 1896~1972)의 이름이 또렷하게 적혀 있는 것을 보고, 그는 당시 매우 감동했다고 한다: "그것이 당시에 얼마나 영광스러운 일이었던지!" 한 가지 언급해둘 만한 것은, 당시 베이징의 공더린(功德林) 감옥에서 노동하며 개조를 진행하고 있던 국민당 전범들까지도 동원되어 지원군 장병들을 위해 차오몐과 차오미를 만들었다는 것이다. 더구나 이들 구시대의 장병들은 매우 성실하게 참여했다. 그들도 모두 전장에서 배를 곯아보았기 때문에, 그 심정을 잘 알고 있었던 데다, 또한 자기 민족의 군대가 유엔군을 물리칠 수 있어서 스스로 자랑스럽게 여겼다.

오늘날, 우리가 그 기세등등하던 세월의 지난 일들 속에 몰입하여, 당시 전체 중국 인민이 모두 한마음으로 적과 맞서 항미원조한 이야기에 감동할 때, 반대로 또한 무겁게 되돌아보지 않을 수 없다. 지원군은 매달 1,482만 근의 차오몐을 필요로 했다. 이를 톤으로 환산하면 7,410톤에 불과하다. 오늘날 현대화된 대형 식품 가공 기업의 하루 식품 가공 능력이 1만 톤을 상회하니, 지금은 하나의 기업이 완수할 수 있는 임무인데, 당시에는 위로는 총리부터 아래로는 전범들까지, 지역 범위로는 거의 절반이나 되는 인력과 물력을 동원해야만 비로소 겨우 완수할 수 있었으니, 100년 동안의 전란을 겪고 난 중국의 당시 허약함이 어떤 정도에 이르렀었는지는 생각해보면 알 수 있을 것이다. 따라서 당시 차오몐이 품질을 보증할 수 없었고, 맛도 완전히 일치하지 않았던 원인은 이해하기 어렵지 않다. 바로 이와 같았기 때문에, 우리는 신중국과 지원군 장병들이 이렇게 어렵고 궁색한 물질적 조건하에서, 세계에서 가장 강대한 서방 16개국 연합군을 물리치고, 항미원조 전쟁의 위대한 승리를 거둔 데 대해 마음속에서 우러나오는 감복을 느끼지 않을 수 없다.

차오멘이라는 가장 기본적인 생존 욕구를 만족시켜줄 수 있는 이 즉석 식품이 있어서, 지원군 장병들은 용감하게 싸워, 조선의 전쟁 국면을 반전시킨 제2차 전역에서 승리를 거두었다. 병사들은 차오멘이 큰 곤란을 해결해준 것을 고마워하여, 심지어 "차오멘을 위해 공을 세우자!"라는 구호를 외치기도 했다. 제3차 전역을 준비하기 위해, 펑더화이는 다시 홍쉐즈에게 중앙군사위원회와 동북 군구에 보낼 보고서를 작성하게 했다. 보고서에서는 이렇게 밝혔다: "적기의 파괴 때문에, 낮이나 밤이나 모두 불을 피워 밥을 짓기가 어렵습니다. 야간 행군 작전에서, 모든 부대가 동북 지구에서 전방에 보내온 차오멘에 대해 매우 고마워하고 있습니다. 이후에 다시 강낭콩과 쌀에 소금을 첨가하여 만든 차오멘을 보내주기 바랍니다." 이리하여 차오멘은 곧 기동전 기간에 지원군의 주식이 되었다.

항미원조 제3차 전역에서 지원군은 단번에 38선을 돌파하여 서울을 점령했는데, 전군이 차오멘에 의지하여 전투력을 유지했다. "38선을 통과하여, 눈 녹인 물에 차오멘을 버무리자"라는 말이 순식간에 지원군 안에서 가장 유행하는 순커우류(順口溜)[339]가 되었다. 이 노래는 바로 당시 지원군 장병들의 일상생활의 실제 모습이기도 했다. 그러나 시간이 지남에 따라, 차오멘이라는 이 비상 식품의 결함도 남김없이 드러났다. 수많은 병사들의 입안에 커다란 물집이 생겼고, 야맹증에 걸리기도 했다. 홍쉐즈 상장은 이렇게 회고했다: "차오멘, 이것은 장기간 군대의 주식으로 삼기에는 적합하지 않아요. 왜냐하면 인체는 다양한 영양소를 필요로 하지만, 차오멘의 영양 성분은 너무나도 단순하고, 여러 가지 비타민이 부족하여, 장기간 먹으면 병사

---

[339] 즉흥적인 문구에 가락을 붙여 노래하는 중국 전통 민간 예술 장르의 하나이다.

들의 체력과 건강에 영향을 주어, 전투력에 영향을 미치기 때문입니다." 예를 들어, 차오몐은 수분을 적게 함유하고 있어, 장기간 먹으면 상초열(上焦熱: 변비가 생기거나, 눈·코·입에 염증이 생기는 병-옮긴이)이 생기기 쉬워, 수많은 병사들이 구각염(口角炎)에 걸렸고, 더욱 장기간 차오몐을 먹으면, 배가 터질 듯이 부풀어 올랐다. 그래서 어떤 병사는 농담으로 이렇게 말하기도 했다: "차오몐을 나무에 걸어 놓으며, 비행기도 공격하지 않을 거다." 지원군 지휘관들은 차오몐을 많이 먹어서, 차오몐을 집어 들면서 농담을 하기도 했다. 그들은 다음과 같이 자조하는 말을 지어냈다: "마오 주석이 가오강에게 전화를 걸어, 가오강으로 하여금 지원군에게 좋은 면[好麵]을 많이 보내라고 했는데, 가오강이 귀가 어두워서, 지원군에게 차오몐(炒麵)을 많이 보내라고 알아들었다.[340] 그래서 모두가 매일 차오몐을 먹을 수밖에 없게 되었다."

당시의 중앙 지도자들도 차오몐을 먹는 것이 결코 지원군의 식량 문제를 해결하는 장기적인 계책이 될 수 없다는 것을 깨달았다. 홍쉐즈가 귀국하여 업무를 보고할 때, 경제를 주관하던 천윈이 특별히 그를 불러 이렇게 물었다: "지원군이 장기간 차오몐을 먹는 데 무슨 문제가 있습니까?" 홍쉐즈가 대답했다: "당연히 문제가 있습니다. 많이 먹으면 속이 쓰립니다." 천윈이 초조하게 말했다: "따뜻한 식사를 먹지 못하면 안 됩니다. 반드시 장병들이 몇 끼라도 따뜻한 식사를 먹을 방법을 생각해내야 합니다." 마오쩌둥은 많은 병사들이 영양 결핍으로 야맹증에 걸렸다는 말을 들었을 때, 부대에 영양을 증강시켜 주고, 병사들에게 매일 계란 한 개씩을 먹게 하라고 더욱 절박하게 요구했다(그가 내린 이 임무를 완수하기 위해, 후에 진지전 기간에 홍쉐즈는 전방으로 대량의 계란 가루를 실어 보냈다).

지원군 장병들이 장기간 차오몐을 먹는 곤궁한 광경과 비교하여, 미군의 조선 전쟁 과정에서의 식량에 대해서도 한번 언급해둘 만하다. 그것은 바로 세계 군용 식품의 역사에서 명성이 높은 C-레이션(C-ration 혹은 Ration type

---

340 '하오몐(好麵)'과 '차오몐(炒麵)'의 중국어 발음이 비슷하여 잘못 알아들었다는 뜻이다.

C)이다. C-레이션은 제2차 세계대전 시기에 탄생했다. 제2차 세계대전 동안에 독일군과 소련군 병사들이 항상 굶주리던 바로 그 시기에, 미군이 야전 식품으로 식사를 보장해준 방법은 그들의 우월성을 충분히 보여주었다. 당시 미군의 전선이 아주 길게 늘어나면서, 병참보급이 계속 공급하기 어려워졌다. 당시 통조림 기술이 이미 상당히 발달해 있었으므로, 미군은 곧 긴급하게 통조림을 중심으로 하는 야전 식품을 연구하여 제조함과 아울러, 또한 병사 1인당 하루 식사 기준에 따라 단독으로 포장함으로써, 휴대하기에 간편했다. C-레이션이라고 명명된 이 야전 식품은 제2차 세계대전 동안에 미군이 가장 많이 보고 가장 많이 먹었던 식량이다. C-레이션의 품종은 매우 풍부하여, 매끼니 식사마다 모두 육류 요리 통조림·단맛 식품 통조림·사탕이나 과자 통조림이 하나씩 포함되어 있었으며, 심지어 12가지의 선택 가능한 메뉴가 있었다. 조선 전쟁 기간에 미군의 음식은 그들이 제2차 세계대전 시기에 사용했던 C-레이션을 계속 사용하도록 보장했을 뿐만 아니라, 또한 거기에다 과일 통조림과 과자와 빵을 첨가했다. 미군은 잘 만들어진 식품을 냉장한 다음, 다시 대형 수송기로 미국 본토에서 한국으로 공수했다. 미군 병사는 식사를 하는 데 문제가 없었을 뿐만 아니라, 식품의 품종도 매우 많고 영양도 풍부했다. 추수감사절에 미국 병사들은 특별히 공수해온 칠면조까지도 먹었으며, 심지어 처음 한국에 온 미군은 물이 맞지 않아 한국의 물을 잘 마시지 못하자, 한때 미군은 마시는 물조차도 일본에서 공수해왔다.

항미원조 전쟁에서 기동전 시기의 마지막 전역인 제5차 전역이 시작되기 전, 펑더화이는 일거에 유엔군을 바다로 몰아내고 철저하게 한국을 해방시키려고 생각했다. 제5차 전역이 시작된 뒤, 지원군은 한때 37도선까지 도달했지만, 무거운 부담을 견디지 못한 보급선이 이때까지 견디다가 결국 완전히 단절되면서, 차오몐마저도 공급되지 못했다. 자오난치(趙南起, 1927~2018) 장군의 회상에 따르면, 당시의 식량은 단지 전선 부대의 최저 필요량의 20%밖에 충족시키지 못했고, 탄약도 중요 지점에만 공급할 수 있어, 37도선에 도달한 중국 군대의 군단장과 사단장 모두 죽조차도 먹지 못했다. 예를 들어 제63군단장 푸충비의 하루 식량은 길에서 주워온 한 줌의 콩을 볶은 것이었고, 왕진산 병단의 대부분 병사들은 배가 고파 나무껍질과 풀뿌리를 먹다가 중독되어 사망하기도 하여, 차오몐 자루 속이 텅텅 비어 아무 것도 없는 지원군 병사들은 철수할 수밖에 없었다. 이후의 조선 전쟁은 진지전 시기로 접어들었고, 전선은 기본적으로 38선 부근에서 안정되었다.

지원군의 차오몐과 미군의 C-레이션의 이야기를 이해했다면, 왜 지원군 병사들이 비록 매우 용맹했지만, 결국 조선 문제의 근본적인 부분을 철저하게 해결하지 못했는지를 기본적으로 알았을 것이다. 또한 미군을 우두머리로 하는 유엔군이 비록 싸우는 족족 패했지만, 결국은 여전히 38선에서 간신히 방어선을 유지하게 된 원인도 알았을 것이다. 그것은 중국 군대의 높은 사기·뛰어난 전략 전술·강대한 전투력이 극단적으로 곤궁한 물질적 기초에 의해 제약 받았기 때문이다. 그리고 당시 전 세계에서 최고의 물질적 역량을 보유하고 있던 미군과 38선에서 힘의 균형을 이루었기 때문에, 쌍방은 결국 담판을 통해, 기본적으로 38선을 따라 정전 협정을 이루었다.

한 가지 언급해둘 만한 것은, 항미원조가 진지전으로 접어든 뒤, 지원군의 방공 역량이 매우 크게 강화되고 병참보급의 수송 상태가 개선됨에 따라, 지원군 장병들은 마침내 "차오몐 한 입에 눈 한 입"의 생활을 끝냈다는 점이다. 수많은 최전방 진지의 부대들이 아침에 요우티아오(油條: 기름에 튀겨서 만든 빵의 일종-옮긴이)와 더우장(豆漿: 일종의 두유-옮긴이)을 마실 수 있었으니, 이는 바로 진지전 시기에 지원군이 싸울수록 강해졌던 한 가지 이유이다. 그리고 아군 과학 연구 부문의 연구를 거쳐, 분말 상태의 차오몐은 곧 덩어리 상태의 차오몐 압축 건조 식품으로 진화했고, 아울러 상감령 등지의 전투 과정에 직접 적용되었다. 영화 〈상감령〉에서 관객들은 그것의 모습을 볼 수 있다. 오늘날까지, 개량을 거친 압축 건조 식품은 여전히 중국 군대 내에서 상당한 역할을 발휘하고 있다.

항미원조 전쟁은 이미 70여 년이 지났고, 차오몐이라는 이 중국 군대의 공훈 식품은 이미 영웅시대의 일종의 정신적 상징이 되었다. 70여 년 동안,

중국 군대의 군용 식품에는 이미 엄청난 변화가 있었다. 특히 개혁개방 이후, 중국의 군용 식품은 더욱 빠르게 발전하는 시기로 접어들었다. 오늘날, 중국 인민해방군의 군용 식품은 야전 식품·원항(遠航: 원양 항해) 식품·구급 식품 및 통용(通用) 식품 등 크게 네 분야로 나뉘는데, 각 분야별로 식품의 종류들이 매우 많아서, 설령 상당히 높은 계급의 병참보급 전문 장교일지라도 모두가 반드시 자세하게 설명할 수는 없을 것이다. 전체 실상을 정말로 이해하고 있는 사람은 아마도 총후군수장비연구소(總後軍需裝備研究所)의 몇몇 전문가들밖에 없을 것이다. 뿐만 아니라, 사람들이 들으면 그야말로 어리둥절해 할 몇몇 첨단 기술 기능성 식품들, 예컨대 '액체 에너지봉[液體能量棒]'·'증력 캡슐[增力膠囊]'·'전해질 음료 분말' 등도 조용히 중국 군대의 군영에 들어갔다. 차오몐으로부터 이러한 갖가지 훌륭하고 종류도 많고 영양도 풍부한 각종 군용 식품들로 발전했다. 이는 바로 중국 군대가 현대화를 향해 성큼성큼 나아가고 있고, 중국의 국력이 빠르게 발전하고 있다는 하나의 증거이기도 하다.

마지막으로 또 하나 실제 이야기를 하자면, 많은 군대 마니아들은 익히 잘 알고 있는데, 그야말로 중국군 특수 부대 병사들이 우수함을 보여주었던 "에르나 돌격(Erna Raid)"[341] 국제 정찰병 경연 대회에서 있었던 일화이다. 비바람이 몰아치는 황혼에, 중국 정찰병 대표 팀은 강가의 수풀 속에 잠복하여, 날이 어두워진 뒤 적의 방어선을 돌파할 기회를 엿보고 있다가, 그 얻기 어려운 짬을 내어, 대원들이 조용히 저녁 식사를 했다. 얼핏 보니 어떤 대원이 포장된 봉지를 뜯고는 그 안에 빗물을 조금 붓자, 순식간에 마법과도 같이 뜨끈뜨끈한 쌀밥으로 변했다. 어떤 대원은 수통 안의 물을 반합에

---

[341] 1941년 여름에 핀란드군과 에스토니아 출신 자원병들로 이루어진 에르나 정찰 부대(Erna long-range reconnaissance group)가 에스토니아의 숲과 늪 지대를 이동하면서 활동했던 것을 기념하여, 1994년에 에스토니아의 특수 부대들이 에르나 정찰 부대가 이동했던 길을 따라가며 훈련을 진행했는데, 이 훈련을 "에르나 돌격(Erna Raid)"이라고 부른다. 1995년부터는 몇몇 외국의 특수 부대들도 이 훈련에 참가하여 순위를 가리는 대회를 열었다. 2002년 대회에서, 중국의 특수 부대는 에스토니아가 아닌 외국 참가 팀으로는 최초로 우승하는 기록을 세웠다.

붓더니, 10여 분 후에는 맛있고 열기가 후끈후끈한 국수를 먹었다. 이것이 바로 중국 군대의 '자열야전식품(自熱野戰食品)'이다. 또 어떤 대원은 심지어 배불리 먹고 난 뒤 죽 통조림을 따서 죽을 마셨다. ……3박 4일 동안 진행된 21개 항목의 고강도 대항 과정에서, 중국 군대가 파견한 참가 대원들은 총후군수장비연구소가 제공한 한 세트의 야전 식품을 먹었기 때문에, 소중한 시간을 절약했을 뿐만 아니라, 제때 영양을 보충하고 체력도 회복했다. 중국군의 참가 대원들은 대회 참가 단체들 중 총점 1위를 차지한 뒤, 흥분하여 야전 식품이 큰 공헌을 했다고 말했다. 대회가 끝난 뒤, 중국 군대의 당시 조선 전장에서의 상대였던 미군의 한 참가 대원이 중국군 대원이 휴대하고 있는 야전 식품에 매료되어, 중국군의 참가 대원에게 교환하자고 제의했다. 그는 중국군 야전 식품을 맛보고 나더니, 좋아하면서 연달아 칭찬했다: "OK, 매우 훌륭합니다. 중국의 야전 식품은 정말 대단히 훌륭합니다!"

〈서평 1〉 존엄은 용감한 자의 칼끝에 있다

– 중국 근대사를 끝맺은 전쟁

다이쉬(戴旭)

조선 전쟁이 발발한 지 이미 60여 년이 지났다. 어떤 연령의 중국인이라도 단지 우리 중국의 판도(版圖) 오른쪽 위 모서리를 얼핏 보기만 해도 많은 사람들의 귓가에는 "雄赳赳, 氣昂昂(씩씩하고 기세당당하게)"[342]라는 군가 소리와 끊이지 않는 총포 소리가 울려 펴질 것이다. 그것은 나이가 고작 1살밖에 안 된 신중국(新中國)이 국제주의의 의무와 국가 안보의 필요에 의해 과감하게 출병하여, 세계 최강대국 및 그 군대와 목숨을 걸고 전투를 벌였고, 아울러 거대한 승리를 쟁취한 전쟁이었다. 이는 신중국과 그 군대의 위세를 떨친 전쟁이었을 뿐만 아니라, 근대의 중국이 여러 차례 서방 열강에게 패배했던 굴욕을 설욕한 전쟁이기도 했다.

아편 전쟁으로부터 항미원조 전쟁에 이르기까지 중국은 끊임없이 110여 년의 전쟁을 겪었는데, 국재 전쟁을 제외하고 외적으로부터 지키기 위한 전쟁에서 독자적으로 외적에게 승리를 거둔 기록은 드물었다. 그러나 1950년에 이 역사는 모두 다시 씌어졌다. 마오쩌둥과 그 시대 중국공산당 사람들이 중화민족의 역사에서 이룩한 역사적 공훈은 비할 수 없이 탁월한 것이었다. 미국 작가협회 회장이었던 해리슨 솔즈베리(Harrison Evans Salisbury, 1908~1993)[343]는 대장정에 관해 평가할 때, "인류의 정신은 일단 분기하면,

---

[342] 한국 전쟁 당시 중국 군대의 군가였던 〈중국 인민지원군 전가(中國人民志願軍戰歌)〉의 첫 소절이다.
[343] 제2차 세계대전 당시 〈뉴욕 타임즈(New York Times)〉의 모스크바 특파원으로 활동했으며, 소련 및 중국공산당에 관한 책들을 저술했다.

그 위력이 무궁구무진하다"고 썼는데, 상감령에서 다시 한번 당시 중국인의 하늘을 찌르는 영웅적 기개를 드러내주었다.

이 일전을 통해서 오만한 미국인들은 체면을 잃었을 뿐만 아니라, 몇 년 전에 충분히 승복하지 않고 중국에서 무기를 내려놓았던 일본인들조차도 중국인들이 확실히 일어섰다고 진심으로 믿기 시작했다. 이 일전은 세계 화교들로 하여금 기를 펴게 했으며, 많은 해외 영재들로 하여금, 모든 하천들이 바다로 흘러들어 가듯이 조국으로 돌아오게 만들었다. 이 일전은 세계의 많은 국가들로 하여금 잇달아 손을 뻗어 신중국을 받아들이도록 만들었으며, 매우 많은 기적들이 세계 근대 전쟁사와 국제 관계사에 기록되도록 만들었다. 따라서 무궁무진한 깨달음을 제공하여 현재와 미래의 사람들에게 돌이켜보며 음미하도록 해준다.

이 때문에 나는 리펑(李峰) 선생이 저술한 『決戰朝鮮』을 읽었을 때, 마음 속에서 마치 천군만마가 내달리는 것 같았다. 이 전쟁 이야기에 대해 20세기 60년대에 태어난 중국인들은 대부분 수없이 들어서 자세히 알고 있을 것이다. 나는 줄곧, 중화민족이 사지에 처해 있다가 나중에 살아난 전쟁으로서, 중국인이라면 마땅히 종교 신도 같은 경건함과 정성스러움을 뛰어넘어 그 전쟁의 모든 세세한 부분들을 잘 기억해야 한다고 생각해 왔다. 리펑 선생의 이 책이, 내가 보기에는 바로 세세한 부분에서부터 역사를 해독하고 기억하고 있다. 비록 이 책이 그러한 종류의 유일한 저작은 아니라 할지라도, 이 책은 '얄타 회담'에서부터 시작하여, 이 전쟁을 파노라마식으로 기록하고 있다. 이는 바로 깊이감과 입체감이 있으면서도, 현대 역사학적으로도 상당한 가치를 지니고 있다.

그러나 가장 중요한 것은, 나는 또한 작자가 은연중에 행간에 표현하고 있다고 생각한다. 그것은 바로 지금의 중국과 미래 시대에 대한 깊은 애정의 의탁이다. 평화는 양보에 기대서 얻는 것이 아니다. 신중국 성립 이전의 만청(晚淸: 청나라 말기를 일컫는 말로, 제1차 아편 전쟁이 일어난 1840년부터 1911년의 신해혁명으로 청나라가 멸망하는 1912년까지를 일컫는다-옮긴이)과 민국(民國)

시대는, 1840년 아편 전쟁 이래로, 계속해서 세계의 크고 작은 열강들에 대해 100년 동안 양보했다. 그 결과 류큐(琉球)를 양도하고 타이완(臺灣)을 잃었으며, 동삼성(東三省)을 넘겨주고 북평성(北平城: 오늘날의 베이징-옮긴이)을 잃어, 거의 나라가 망하고 민족이 멸절할 지경에 이르렀음에도, 통치자들이 줄곧 환상하고 있던 평화를 바꾸지는 못했다. 마침내 이처럼 목숨을 건 전쟁을 치르고 나서야 비로소 죽음 속에서 구사일생으로 살아남을 수 있었다. 신중국이 막 성립되자, 미국을 우두머리로 하는 16개 국가들이 또 8국 연합군(八國聯合軍)[344]의 관성적 사고에 따라, 기세등등하게 군대를 중국의 문 앞에 파견했다. 그러나 이번에 그들이 마주친 것은 머리를 조아리고 허리를 굽실거리며 불평등 조약에 서명하던 중국인이 아니라, 조금도 두려워하지 않고 용감하게 "대포와 기관총으로 변론하는" 새로운 중국인이었다. 신중국이 항미원조 전쟁의 승리를 획득하고, 더 나아가 올가미 같은 각종 불평등 조약들을 불태워 버리자, 평화의 햇살이 처음으로 중국인의 찬란한 웃는 얼굴을 비추었다.

존엄은 용감한 자의 칼끝에 있다. 진정한 검객이라면, 상대의 칼 아래에 쓰러질 수는 있어도, 결단코 상대의 칼 아래 무릎을 꿇을 수는 없다. 국가와 민족도 반드시 용감하게 칼을 꺼내야만, 정글의 법칙이 성행하는 이 세계에서 최소한의 존엄과 생존 권리를 얻을 수 있다.

조선 전쟁이 발생한 지 이미 70여 년이 지났다. 오늘날의 중국은 예전과 마찬가지로 평화를 사랑하지만, 오늘날 중국의 주변 환경은 여전히 적의를 갖고 있는 군사 기지·군사 동맹·핵무기·도박과 마약 및 테러리즘 등 연속적인 "파쇄 지대(破碎地帶: 발칸 반도에서부터 중동·카슈미르 지역·히말라야 남측을 거쳐 동남아시아에 이르는 분쟁 지역을 가리킨다-옮긴이)"가 둘러싸고 있다. 일본 평론가 미야자키 마사히로(宮崎正弘)는 1년 동안, 중국의 주변 국가들을 둘

---

[344] 의화단 사건(1899~1901) 당시 베이징을 점령했던 8개 열강들, 즉 영국·프랑스·독일·이탈리아·오스트리아-헝가리 제국·러시아·미국·일본의 연합군을 가리킨다.

러보고 깊이 있게 조사한 다음, 중국이 "완전히 지연정치(地緣政治)³⁴⁵에 의해 포위되어 있는 국가"라는 사실을 발견했다. 몇몇 국가들은 공공연하게 중국의 영해와 섬들을 침략하여 점령하고 있으며, 몇몇 국가들은 제멋대로 무력 도발을 하고, 화교들을 위협하고 있으며, 민족 분열주의자들은 기고만장하여 날뛰고 있다. 경제 영역에서는, 바로 중국을 겨냥하여 "폭력배 같은" 세계적인 무역 공세를 가하고 있으며, 해적들까지도 계속 성가시게 굴고 있다.

나라 밖의 우환이 엄중한 데다, 나라 안의 걱정거리도 염려할 만하다. 관료 사회에는 부패의 풍조가 만연해 있고, 민간에서는 배금주의가 성행하고 있다. 30여 년의 개혁개방을 거치면서, 중국은 부를 축적하기는 했지만, 상당히 많은 국민들은 태평한 세상에 안주한 채 진취적인 생각을 하지 못하여, 일찍이 신중국을 세계에 우뚝 서게 했던 상무(尙武) 정신은 거의 사라져 버렸다.

지금 이 순간, 경천동지했던 전쟁을 되돌아보면서 심사숙고하여, 싸울 수 있어야만 평화를 가질 수 있고, 용감하게 싸울 수 있어야만 평화를 말할 수 있다는 역사의 계시록을 되새긴다면, 아마도 약간이나마 각성제 작용을 할지도 모른다. 신중국이 머리를 들고 힘차게 나아갈 수 있었던 까닭은, 황지광이 중국인의 앞에 서 있었기 때문이다.

오늘날의 중국은 온 세계에 평화와 우의를 제창하고 있지만, 단지 2천여 년 전에 공자가 거듭하여 열국(列國)을 주유하면서 어디에 가서든 오로지 '화(和)'라는 글자를 되뇌었던 방식에만 의지해서는 안 될 것이다. 용맹한 정신이 없는 민족은 어떠한 굴기(崛起)와 부흥도 말해서는 안 되며, 다른 나라에게 최소한의 존중이라도 받고, 자신의 가장 기본적이고 합법적 권익을 지키는 것조차도, 사실상 이루기 어렵다. 어떤 학자는 여전히 중국이 무슨 '소프트 파워'를 발휘해야 한다고 떠벌이고 있다. 힘이라는 건 분명히 '하드'한 것인데 '소프트'와 '파워'를 억지로 한데 연결하는 것은, 단지 자기만 속일

---

345 지리적 요소를, 국가의 정치 행위에 영향을 미치거나 심지어 결정하게 하는 기본 요소라고 간주하는 정치 이론으로, 지리정치학이라고도 한다.

수 있을 뿐, 다른 사람들을 속이지는 못할 것이다. 소프트하다는 건 부드러운 것이며, 소프트 파워는 하드 파워의 그림자이다. 늙은 소는 어디에서나 평화를 구하면서도 늘 위급해지고, 호랑이는 소리를 내지 않으면서도 스스로 안전을 구하지 않는다. 이치는 지극히 간단하다. 자연계의 법칙은 인류 역사 속에 존재할 뿐만 아니라, 현실과 미래에도 여전히 드러나지 않게 작동한다는 것이다.

역사가 만약 미래를 명확히 보여줄 수 없다면, 그것은 지난날의 지난 일들에 불과할 것이다. 리펑 선생이 심혈을 기울여 쓴 이 책을 믿고 읽은 다음에, 21세기의 중국인들은 아마도 좀 참신한 감명을 받게 될 것이다.

붓 가는 대로 썼으며, 전쟁을 겪지 않은 노병의 선배에 대한 회상이나 후배에게 부탁하는 말인 셈이다. 동시에 또한 나로 하여금 상당히 긴 시간 동안, 격정을 불태웠던 세월을 회상하게 해준 리펑 선생에게 감사드린다.

다이쉬

저명한 군사 전략 전문가이자, 공군 대교(大校)이다. 주로 중국의 새로운 군대 건설과 미국의 전 세계적 전략과 대중국 전략을 연구하고 있으며, 스스로 기꺼이 중화의 응견(鷹犬)이 되어 국가에 하명을 청한다고 말한다.

저서로는 『盛世狼煙』, 『20世紀世界空戰』, 『海圖騰』, 『C形包圍』가 있다. 견해가 독창적이며, 사상적으로 첨예하고, 관점이 날카로우며, 문체가 예리한 데다, 언어가 생동감이 넘쳐, 각계의 열렬한 반향을 불러일으키고 있다.

〈서평 2〉 대가 없는 존엄은 없다

사수(薩蘇)

리펑의 『決戰朝鮮』은 나를 매우 감개무량하게 했다.

우리는 항미원조 전쟁이 중국에 대해 갖는 의의를 계산할 수가 없다.

매번 항미원조 전쟁을 이야기할 때마다, 현대 사회의 여론은 대단히 복잡해진다. 우리는 왜 싸웠는가?

조선의 동토(凍土)에 고이 잠들어 있는 중화의 아들 딸, 국가의 이익과 전략적 완충, 중국-타이완 해협에 진입한 제7함대, 오늘날 조선의 우리에 대한 태도, 세계로부터 받는 존중, 철의 장막에서의 굶주림, 군인의 충성과 용감함, 한국의 번영, 국방의 상징으로 변화한 군대, 가치관의 변화, 뛰어난 전술 등, 천변만화하여, 사람들로 하여금 평가할 수 없게 한다.

그런데 만화경과도 같은 문장들의 깊은 곳에서, 내가 본 것은 단 두 글자, 바로 '존엄(尊嚴)'이다.

일본에서 나는 대량의 갑오 전쟁(즉, 청일 전쟁-옮긴이)에 관한 사료들을 읽었다. 뜻밖이었던 것은, 전쟁이 발발하기 전에 일본은 산하이관(山海關)을 칠 생각이나 준비도 없었을 뿐만 아니라, 심지어 압록강을 치는 작전 계획조차도 없었다는 것이다. 중국이라는 이 대국에 대해, 일본인들은 비록 이 나라가 연약하다는 것을 알고는 있었지만, 수백 년 전에 도요토미 히데요시(豐臣秀吉)가 명나라의 대포 소리에 근심하다가 죽어서 남아 있는 두려움이, 여전히 일본으로 하여금 침략의 발걸음을 떼지 못하게 했다.

누가 일본군을 중국으로 진격하게 만들었는가?

일본인의 기록은 다소 황당한 내용을 담고 있다. 즉 평양에서 예즈차오(葉志超)가 버려두고 간 대량의 장비를 노획함에 따라, 일본군의 사기가 크게 진작되었기 때문이라는 것이다. 청나라 군대 육군의 야전포와 연발총은 일본군의 장비보다 더 선진적이었지만, 전투를 벌이기만 하면 궤멸되자, 일본군으로 하여금 중국에 대한 '새로운 인식'을 갖게 했다. 그러나 그들은 여전히 압록강에서 멈추라는 명령을 준수하여, 감히 함부로 강을 건너지 못했다.

이때, 강 건너편에서 청나라 기병 부대가 왔는데, 그것은 바로 이른바 '팔기철기(八旗鐵騎)'였다. 일본군은 단지 30명의 선봉 부대가 강을 사이에 두고 사격을 가함과 아울러, 참호를 파고 방어 준비를 했다. 그런데 예상치도 못하게 청나라의 기병대 수백 명은 즉각 벌떼처럼 몰려서 도망쳤으며, 참패하고 말았다. 그러자 일본군 소대장이 스스로 결정하여 강을 건너 추격했고, 뒤이어 일본군들이 곧바로 뒤따랐다.

명령을 위반했으니 어찌 되었을까? 승리자는 질책당하지 않았다. 확실하게 말하자면, 명령을 위반한 그 일본 병사는 단지 한 가지 사실을 발견했을 뿐이다.

이 순간부터, 중국의 존엄은 일본인의 마음속에서 이미 완전히 없어지고 말았다.

이 순간부터, 9.18사변[346]과 7.7사변[347]의 씨앗은 이미 싹트고 있었다. 중국이 조금이라도 반항하기만 하면, 일본은 "지나(支那)를 응징"했기 때문에, 일본인이 보기에 그 시대의 중국인들은 근본적으로 '존엄'이라는 두 글자가 어울리지 않았다.

일본인이 보기에는 이랬는데, 동맹군으로서의 미국인이 보기에는 어땠을까? 영화 〈하이잉(海鷹)〉에서 어떤 미국 병사가 손전등으로 국민당 장교의 얼굴을 비추는 장면이 있는데, 그건 완벽한 사실이다. 인도 람가(Ramgarh)의 군영(軍營)[348]에서 중국의 장교가 받은 것이 이런 대우였다. 중국 군대의

---

346 1931년 9월 18일, 일본군이 만주를 침공하기 위한 구실을 조작하려고 철도를 폭파하여 군벌 장쭤린(張作霖)이 죽여놓고, 장쉐량(張學良)을 범인으로 지목하면서 군사 행동을 개시했다. 이 사건으로 인해 만주 사변(1931~1932)이 시작되었다.

347 1937년, 7월 7일 오후에 일본군 병사 한 명이 점호 시간보다 20분 정도 늦게 복귀하는 사소한 일이 빌미가 되어 중국군과 일본군 사이에 전투가 발생했다. 그리고 결국 이 일은 중일 전쟁(1937~1945)의 발단이 되었다.

348 제2차 세계대전 당시 중국 국민당 군대의 일부가 인도 비하르(Bihar) 주의 람가에 주둔

총사령관인 장제스에 대해서까지도, 스틸웰은 조금도 개의치 않고 그를 '땅콩'이라고 부를 수 있었다. 중국 타이완의 친구가 다음과 같은 이야기를 들려주었다: 미국인의 교만함과 횡포함이 민족 자존심이 강한 장제스로 하여금 참을 수 없게 만들자, 장징궈(蔣經國)를 보내 미국의 타이베이 소재 사무소를 때려 부순 다음, 폭도들이 한 짓이라고 평계를 대면서, 배상 문제를 처리했는데, 이는 화풀이를 위한 것이었다.

단지 화풀이는 할 수 있었지만, 또한 배상도 해야 했다. 장제스 선생이 결코 나라를 사랑하지 않는 것은 아니었는데, 그에게는 방법이 없었다. 누가 국민당 군대의 1개 사단을 일본의 1개 대대에게 쫓겨 도망치게 했는가?

그때 중국인은 존엄이 없었다.

어떤 사람은, 존엄이 무슨 쓸모가 있냐고 한다. 이 존엄을 위해 수십만 명이 조선에서 목숨을 잃지 않았는가.

전쟁을 좋아하는 정상인은 없다. 특히 중국인은 그렇다. 중국인은 예로부터 전쟁을 좋아하는 민족이 아니었다. 존엄은 가볍게 펄럭이는 느낌이 아니고, 제왕이 누리는 것이 아니다. 존엄은 사실로써 선고하는 것인데, 중국은 정말로 다시는 그렇게 가볍게 정복되지 않았다.

존엄이 없는 국가란, 바로 타인의 침략과 유린을 유인하는 국가다. 옛 사람은 말하기를, "하늘이 주는 재물은 취하지 않으면 길하지 않다[天與之財, 不取不吉]"[349]고 했다. 이는 역사에서 변할 수 없는 사실이다. 항일 전쟁 전의 중국은 군대가 없었던 게 아니고, 수백만 명이나 있었다. 중국에는 애국자도 없지 않았다. 마오쩌둥은 거인이었고, 쑨중산도 그러했다. 심지어 위안스카이(袁世凱)는 세상을 떠날 때 자부하면서 슬프게 탄식하기를, "일본에 대해 대적(大敵) 한 명을 잃는구나"라고 했다. 그러나 다른 사람들이 여전히 왔다. 왜냐하면 '너희 중국은 속이기가 쉽고, 강산은 매우 아름답지만, 너희

하면서 미군에게 군사 훈련받은 적이 있었다.

349 『사기(史記)』 「월왕구천세가(越王句踐世家)」의 "天與弗取, 反受其咎(하늘이 주는데 취하지 않으면, 도리어 그 허물을 받는다)"에서 유래한 말이다.

중국은 너의 집을 지켜내지 못한다'는 것을 알고 있었기 때문이다.

우리는 자유를 위해 희생하는 용기를 존중한다. 그리고 우리는 또한 평등과 자유라는 건 존엄한 사람과 존엄한 국가들 사이의 일이라는 것도 알고 있다. 그래서 조선이라는 이 땅에서 우리가 선고한 것은, 바로 우리는 그런 권리를 갖고 있다는 것이다.

미국인들은 조선 전쟁이 끝난 뒤, 조선 전쟁 기념비를 하나 세웠는데, 기념비에는 "Freedom is not free(대가 없는 자유는 없다)"[350]라고 썼다. 그것이 의미하는 것은 이렇다: 조선 전쟁에서 희생되었거나 베트남 전쟁 등 각지에서 전사한 미국 병사들, 제2차 세계대전 중 유럽이나 태평양의 각 섬들에서 전사한 병사들까지 포함하여, 그들은 모두가 자유를 위해서 희생했다는 것이다. 다시 말하면, 미국이 오늘날 자유로운 사회가 될 수 있었던 건 이러한 사람들 덕분이라는 것이다.

항미원조 전쟁이 끝나고 나서는, 어떤 국가도 감히 중국에 와서 단 하나의 지방조차도 침략하여 차지하지 못했다. 중국과 조건을 협의했다. 항미원조 전쟁은 우리에게 존엄을 얻게 해주었으며, 또한 우리에게 평화를 누릴 권리를 보유하게 해주었다. 그 뒤로 지금까지 중국에 대해 무력을 사용하는 것은 사람들로 하여금 거듭해서 의심하고 고심하게 하는 일이 되었다.

우리 같은 보통 사람들에게 평화와 권리를 얻게 해주고, 지원군은 희생되었다. 그 혜택을 본 것은 한 가정이나 한 가문이나 한 정부만이 아니라, 모든 중국인—심지어 어쩌면 중국에 대해 전쟁을 일으켰다가 죽은 외국인들까지 포함해서—이다. 지원군의 피는, 우리 같은 보통사람들을 위해 흘린 것이다.

중국 인민지원군의 희생자들은 청산(靑山)과 함께 푸르게 빛나고 있다.

우리는 마땅히 감격해야 한다.

우리는 흔히 이미 손에 넣은 것들을 소홀히 여긴다. 그렇다면 우리는 언

----

350 미국 워싱턴 D.C에 있는 한국전 참전 용사 기념비(Korean War Veterans Memorial)에 새겨져 있다.

은 다음 잊지 않도록 하기 위해, 혹시 언젠가 우리가 비석이라도 하나 세워, 조선 전쟁의 희생자들뿐만 아니라, 항일 전쟁과 과거 나라를 지키는 전쟁의 희생자들도 기념한다면, 그 비문은 아마로 이러해야 할 것이다.

"대가 없는 존엄은 없다."

내가 생각하기에는 이 『決戰朝鮮』이라는 책은, 바로 조선에서 희생된 그 중국 군인들을 위해 우리의 마음속에 그런 기념비를 하나 세워주었다. 작가의 노고에 감사를 드린다.

사수

저명한 역사문학 작가이자 군사평론가로서 신랑(新浪) 블로그에서 1억 회에 가까운 조회 수를 기록하여, "문단 밖의 고수"·"탁월한 스토리텔러"라고 불린다. 일본에서 여러 해 동안 거주했으며, 중국인들이 전면적으로 일본인들을 이해하도록 하는 데 독특한 공헌을 하여, 중국의 루스 베네딕트(Ruth Benedict, 1887~1948)라고 불린다.

저서로는 『中國廚子』, 『京味九侃』, 『夢裏關山走遍』, 『北京段子』, 『與"鬼"爲隣』, 『那些中國人』, 『尊嚴不是無代價的: 從日本史料揭秘中國抗戰』 등이 있다. 그 중 『與"鬼"爲隣』은 중국판 『국화와 칼(The Chrysanthemum and the Sword)』에 비유된다.

〈서평 3〉『決戰朝鮮』은 좋은 책이다

팡쥔(方軍)

나는 얼마 전 좋은 책을 보았는데, 제목이 『決戰朝鮮』이었다. 내가 왜 이 책을 보았는가? 원래 2010년 "양회(兩會)"[351] 기간에, 전국정협위원(全國政協委員)이자 군사과학원(軍事科學院) 세계군사연구부(世界軍事硏究部)의 전 부부장인 뤄위안(羅援)이 중궈왕(中國網)·왕이(網易)[352]와 인터뷰할 때, 항미원조 전쟁을 성대하게 기념해야 한다고 제의한 적이 있다. 나는 본래 항일 전쟁에 대한 화제에 줄곧 흥미를 느끼고 있었지만, 이 뉴스가 있고 난 다음 항미원조 전쟁에 대해서도 관심을 갖기 시작했다.

나는, 군사과학원의 뤄위안이 "항미원조를 성대하게 기념해야 한다"고 제시한 몇 가지 이유에 주의를 기울였다.

첫째, 과거를 잊는 것은 배반을 의미한다. 그리고 또한 마땅히 신중국 성립 60주년의 기회를 이용해, 우리의 혁명 영웅주의와 애국주의 정신을 더욱 확대 발전시켜야 한다. 그 연로한 동지는 매우 설득력 있게, 우리는 죽는 것은 두렵지 않지만, 잊혀지는 것이 두렵다고 말했다.

둘째, 뤄위안은, 러시아에는 〈군인 지위법〉이 있고, 독일에도 〈군인 지위법〉이 있으며, 미국에는 〈군인 복리 대우법〉이 있다고 말했다. 나는, 현역 군인이든, 예비역 군인 또는 퇴역 군인이든, 혹은 그들의 가족 구성원이든 막론하고, 그들이 사회에서 어떤 법률적 지위에 있으며, 그들이 어떤 대우를 받아야 하며, 어떤 복리를 받아야 하는지, 이러한 것들이 매우 규범적인 법률로 범위가 확정되거나 보장되어 있지 않다고 생각한다.

---

[351] 매년 '전국인민대표대회' 개최 기간에 '중국인민정치협상위원회'도 개최되기 때문에, 이 두 회의를 약칭하여 '양회'라고 부른다.

[352] 중국의 대표적인 통신사 겸 포털 사이트

군인은 특수한 집단이기 때문에, 〈중화인민공화국 헌법〉에서 우리 군인은 국가로부터의 소환에 무조건적으로 복종해야 하고, 우리의 선혈과 목숨으로 국가의 주권과 영토를 온전히 지켜내야 한다고 규정하고 있다. 이러한 특수한 의무 때문에, 그들은 특수한 대우를 누려야 한다.

셋째, 뤄위안은, 항미원조 전쟁에 참가한 노병들 중 건재한 사람이 많지 않다고 했다. 자신이 60주년을 말하고 있는 그때, 그들 연로한 동지들이 15세일 때 군대에 들어갔다고 가정한다면, 이제 75세라고 했다. 항미원조 전쟁이 60여 년이나 흘렀으니, 우리가 당시의 지원군이나 어린 전사들을 보면, 그들이 전쟁터로 떠날 때 만약 15세였다면, 이제는 모두 75세로, 모두가 노인들이다.

더구나 앞으로의 시간은 그들에게도 매우 소중할 것인바, 나는 마땅히 시간을 재촉하여 그들을 포상하고, 그들의 역사에 대해 인정해 주어야 한다고 느낀다. 특히 항미원조 전쟁에 대해, 나는 이 전쟁이 우리 중국공산당 사람들이 독립적이고 자주적으로 영도한 첫 번째 대외 전쟁이라고 생각한다. 또한 이 전쟁은 나라의 영예를 떨쳤고, 우리 군대의 위엄을 떨쳤으며, 중국인의 기개를 크게 증대시켰다. 당시 우리가 상대한 것이 누구였던가? 우리가 상대한 것은 8국 연합군보다 배가 많은 16개국 연합군이었고, 우리는 16개국 연합군을 물리쳤다. 이 전쟁 과정에서, 우리 중국 인민지원군은 우리 중국 인민의 기개를 구현했고, 지원군의 정신의 확립했다.

나는 아래 신화사(新華社) 보도를 검색해보았다:

금년 10월 25일은 중국 인민지원군이 항미원조를 위해 출국하여 싸운 60주년 기념일이다. 바로 후진타오(胡錦濤) 주석이 말한 바와 같이, 이 전쟁은 위대한 반침략의 정의로운 전쟁이었다. 조선민주주의인민공화국이 절체절명의 위기에 처하고, 우리나라의 안전이 엄중하게 위협받는 상황에서, 당중앙(黨中央)과 마오 주석은 "미국에 대항하여 조선을 도와, 국가를 보위한다(抗美援朝, 保家衛國)"는 현명한 정책을 결정했다. 그리고 펑더화이 동지를 사령관으로 하는 중국 인민지원군은 압록강을 건넜고, 백만 명에 달하는 중화의 우수한 아들딸들이 연이어 조선에 들어가 싸워, 세계를 깜짝 놀라게 하는 영웅적인 업적을 창조해냈다. 막 해방된 중국의 인민은, 모두가 마음을 하나로 모아, 의식(衣食)을 절약하고, 온 힘을 다해 전선을 지원했다. 2년 9개월에 걸쳐 피투성이가 되어 싸웠고, 마침내 조선 인민과 함께 이 전쟁에서 승리를 거두었다. 항미원조 전쟁의 승리는, 침략자들이 조선민주주의 인민공화국을 침탈하려는 계략을 분쇄하고, 신중국을 보위해냈으며, 아시아와 세계의 평화를 수호해냈다. 그리고 중국 인민의 민족정신을 대단히 크게 진작시켰고, 우리의 민족적 자신감과 자부심을 증강시켰을 뿐만 아니라, 또한 세계의 모든 평화를 사랑하는 국가와 인민들을 크게 고무시켰으며, 세계 반침략 전쟁사에 찬란한 한 페이지를 썼다.

이상은 모두 정부 당국의 공식 보도다. 나는 리펑 선생의 저작을 보고 나서, 항미원조에 대해 더욱 깊은 인식을 갖게 되었다.

원래 나는 항미원조에 대해 오해하고 있었다. 1991년, 내가 일본에 유학하고 있을 때, 일본인이 쓴 책을 한 권 보았다. 그는 다음과 같이 분석하고 있었다: "중국이 만약 조선에 출병하지 않았다면, 미국인들은 중국을 공격하지 않았을 것이다. 중국은 조선에 출병하여, 본국 경제에 거대한 손실을 초래했다. 게다가 소련이 미국과 아시아에서 세력 판도를 쟁탈하는 데 도움을 주었다."

리펑 선생의 저작을 보고, 나는 완전히 견해를 바꿨다. 리펑이 쓴 『決戰朝鮮』이라는 이 책은 웅대한 기세, 간결한 언어, 왕성한 격정, 상세하고 확실한 사료로써, 중국 인민지원군의 항미원조 역사를 사실적으로 재현해냈다. 또한 저자 리펑은 『決戰朝鮮』을 쓰기 위해 대량의 도서를 참고했는데, 이러한 진지한 학문적 태도는 사람들을 탄복하게 한다.

나는 이 책을 아주 좋아하며, "書如其人(글은 그 사람과 같다)"이라는 것을 확실히 알게 되었다. 이 말이 의미하는 것은 이렇습니다: 글을 잘 쓰려면, 작가가 반드시 재덕(才德)을 겸비한 좋은 사람이어야 한다. 나의 아버지는 루거우차오(盧溝橋) 사변 후에 팔로군에 참가하셨고, 신중국 성립 후에는 중국청년출판사에서 근무하셨다. 나는 어려서부터 많은 작가들을 보아왔다. 천즈푸(陳智富) 선생께서는 나에게 이렇게 말씀하셨다: "확실히 '글은 그 사람과 같다'. 리펑은 은사(隱士)로, 명리(名利)에 구애되지 않으며, 사람됨이 점잖다. 이번 『決戰朝鮮』에는 작가의 자서(自序)와 약력 소개가 있어, 독자들이 작가와 창작 상황에 대해 한층 이해하기 쉽다." 이 점이 바로 매우 좋다.

팡쥔(方軍)

중국작가협회 회원이자, 저명한 항전(抗戰) 구술(口述) 역사 연구자이다. 1997년에 일본 유학에서 귀국했고, 베스트셀러인 『我認識的鬼子兵』을 출간하여 중국도서장(中國圖書獎)과 우수도서장(優秀圖書獎)을 받았다. 이 책은 뤼정차오(呂正操) 장군이 서문을 쓰고, 츠하오톈(遲浩田) 장군이 축전을 보내, 중국인들의 깊은 생각을 불러일으켰다. 2005년에 출간한 도서 『最後一批人』은 각계의 열렬한 반향을 불러일으켰다.

수년 동안, 이 책을 쓰기 위해 그는 직접 항일 전쟁을 경험했던 "최후의 사람들", 즉 옛 팔로군, 옛 신사군(新四軍), 국민당의 항일 전쟁 장병, 중국을 침략했던 일본군 노병, 일본군에 의해 강제 노역을 했던 노동자, 강제로 끌려가 성노예가 되었던 할머니, 당시 귀국해 항일 전쟁에 참여했던 화교, 동북항일연군(東北抗日聯軍)에 참여했던 전사, 중국을 도왔던 미국 공군 등의 노인들을 인터뷰하는 데 힘을 쏟았다. 그는 이렇게 생각한다: "중국과 일본의 15년 전쟁[353]을 직접 경험했던 최후의 사람들은, 바로 전쟁에 대한 거작(巨作)의 마지막 한 페이지인데, 직접 겪은 사람들이 자연히 소멸되자, 이 거작이 곧 인류 문명 발전 역사라는 서고(書庫) 안에 다시 갖다 놓았다."

---

[353] 1931년에 발발한 만주 사변부터 중일 전쟁이 끝난 1945년까지의 전쟁을 가리킨다.

중국인 인명록(한자 병기)

(ㄱ)

가오강(高崗)
가오루이신(高瑞欣)
가오룬톈(高潤田)
가오쇼우룽(高守榮)
가오쇼우위(高守余)
가오위에밍(高月明)
간스치(甘泗淇)
거우윈밍(勾雲明)
거전웨(葛振岳)
관총구이(關崇貴)
구중원(谷中蚊)
궈바오헝(郭寶恒)
궈진성(郭金升)

(ㄴ)

녜룽전(聶榮臻)
녜펑즈(聶鳳智)
니우위안펑(牛元峰)
니즈량(倪志亮)
닝셴원(寧賢文)

(ㄷ)

덩샤오핑(鄧小平)
덩웨(鄧岳)
덩즈후이(鄧子恢)

덩팡즈(鄧芳芝)
덩화(鄧華)
동비우(董必武)
동춘루이(董存瑞)
두안더창(段德昌)
두안룽장(段龍章)
두위밍(杜聿明)
두이더(杜義德)
두핑(杜平)
딩간루(丁甘如)

(ㄹ)

라오후이탄(饒惠潭)
라이촨주(賴傳珠)
라이파쥔(賴發鈞)
랴오관시엔(廖冠賢)
랴오야오샹(廖耀湘)
랴오중카이(廖仲愷)
랴오청즈(廖承志)
량싱추(梁興初)
량즈지엔(梁志堅)
런비스(任弼時)
렁수궈(冷樹國)
레이잉푸(雷英夫)
레이전후이(雷振輝)
룽스창(龍世昌)

루디핑(魯滌平)
루저(蘆哲)
루푸이(茹夫一)
뤄루이칭(羅瑞卿)
뤄룽환(羅榮桓)
류광즈(劉光子)
류더린(劉德林)
류더성(劉得勝)
류롄성(劉連生)
류바오핑(劉保平)
류보청(劉伯承)
류사오치(劉少奇)
류산번(劉善本)
류샤오지(劉紹基)
류수안(劉暄)
류시위안(劉西元)
류야러우(劉亞樓)
류야즈(柳亞子)
류용신(劉涌新)
류위안공(柳元功)
류위티(劉玉堤)
류전(劉震)
류젠화(劉建和)
류즈(劉峙)
류즈단(劉志丹)
류하이칭(劉海淸)

류화이전(劉懷珍)　　　린보취(林伯渠)　　　송신안(宋新安)

리다(李達)　　　　　린쉐부(林學逋)　　　송원훙(宋文洪)

리다안(李大安)　　　　　　　　　　　　　송펑성(宋鳳聲)

리더(李德)　　　　　　　**(ㅁ)**　　　　수오청더(鎖成德)

리더성(李德生)　　　　마오안잉(毛岸英)　　수위(粟裕)

리디산(李狄三)　　　　마오쩌둥(毛澤東)　　수전린(粟振林)

리란마오(李蘭茂)　　　마인추(馬寅初)　　　수커즈(蘇克之)

리러즈(李樂之)　　　　마푸야오(麻扶搖)　　순성루(孫生祿)

리바오장(李寶江)　　　모싱차이(莫性才)　　순잔위안(孫占元)

리바오청(李寶成)　　　모우둔캉(车敦康)　　순훙다오(孫洪道)

리샹(李湘)　　　　　　　　　　　　　　순훙파(孫洪發)

리셴녠(李先念)　　　　**(ㅂ)**　　　　쑹메이링(宋美齡)

리수이칭(李水淸)　　　보이보(薄一波)　　　쉐웨(薛岳)

리융타이(李永泰)　　　비우빈(畢武斌)　　　쉬궈푸(徐國夫)

리웨이(李偉)　　　　　　　　　　　　　쉬빈저우(徐斌州)

리전(李震)　　　　　　**(ㅅ)**　　　　쉬샹첸(徐向前)

리중런(李宗仁)　　　　사오신화이(肖新槐)　쉬스요우(許世友)

리쥐쿠이(李聚奎)　　　사오위린(邵毓麟)　　쉬스유(許世友)

리즈민(李志民)　　　　사오징광(蕭勁光)　　쉬스전(徐世禎)

리찬(李燦)　　　　　　샤오취엔푸(蕭全夫)　쉬에즈가오(薛志高)

리창린(李長林)　　　　샤더우인(夏斗寅)　　쉬원리에(徐文烈)

리창성(李長生)　　　　샤오융인(肖永銀)　　쉬웨(徐銳)

리청팡(李成芳)　　　　샤오잉탕(肖應棠)　　쉬커샹(許克祥)

리촨구이(李全貴)　　　샤오징광(蕭勁光)　　쉬하이둥(徐海東)

리커눙(李克農)　　　　샤오커(蕭克)　　　쉬화이탕(徐懷堂)

리타오(李濤)　　　　　샤오화(蕭華)　　　스바오산(石寶山)

리톈유(李天佑)　　　　샹쇼우즈(向守志)　　스잉(石瑛)

리페이(黎非)　　　　　선무(沈穆)　　　　스저(師哲)

리푸춘(李福春)　　　　선젠투(沈建圖)　　　시웅더웨이(熊德偉)

리한(李漢)　　　　　　선톈빙(沈鐵兵)　　　시중쉰(習仲勛)

린뱌오(林彪)　　　　　쑹스룬(宋時輪)　　　싱자성(邢嘉盛)

쑨광산(孫光山)　　　　왕야챠오(王亞樵)　　　　웨이리황(衛立煌)
쑨리런(孫立人)　　　　왕양(汪洋)　　　　　　웨이스시(魏世喜)
　　　　　　　　　　왕용(王勇)　　　　　　웨이웨이(魏巍)

(ㅇ)　　　　　　　왕웨이(王巍)　　　　　　웨이지에(韋杰)
야오창촨(姚長川)　　　왕웨화(王月花)　　　　　위수(玉樹)
야오칭샹(姚慶祥)　　　왕윈루이(王蘊瑞)　　　　위안성핑(袁升平)
양건스(楊根思)　　　　왕자샹(王稼祥)　　　　　위안스카이(袁世凱)
양다이(楊大易)　　　　왕전(王震)　　　　　　위안즈(袁植)
양더즈(楊得志)　　　　왕전팡(王振邦)　　　　　위전(余震)
양디(楊迪)　　　　　　왕젠안(王建安)　　　　　위징산(于敬山)
양리산(楊立三)　　　　왕즈펑(王紫峰)　　　　　위창신(于長新)
양상쿤(楊尙昆)　　　　왕진산(王近山)
양용(楊勇)　　　　　　왕청(王成)
양전톈(楊震天)　　　　왕칭슈(王淸秀)　　　　　**(ㅈ)**
양지에(楊傑)　　　　　왕톈바오(王天保)　　　　자오난치(趙南起)
양징위(楊靖宇)　　　　왕펑장(王風江)　　　　　자오란톈(趙蘭田)
양청우(楊成武)　　　　왕푸즈(王扶之)　　　　　자오롄산(趙連山)
양펑안(楊鳳安)　　　　왕피리(王丕禮)　　　　　자오바오퉁(趙寶桐)
예젠잉(葉劍英)　　　　왕핑(王平)　　　　　　자오샤오윈(趙霄雲)
예췬(葉群)　　　　　　왕하이(王海)　　　　　　자오즈린(趙子林)
예팅(葉挺)　　　　　　왕허량(王合良)　　　　　자오지린(趙繼林)
예페이(葉飛)　　　　　왕헝이(王恒一)　　　　　장궈타오(張國燾)
옌시산(閻錫山)　　　　우궈장(吳國璋)　　　　　장궈화(張國華)
옌쥔우(閻俊武)　　　　우량공(吳良功)　　　　　장난성(張南生)
오쉰산(趙順山)　　　　우루이린(吳瑞林)　　　　장다오핑(蔣道平)
오우성친(歐盛欽)　　　우바오광(吳寶光)　　　　장밍위안(張明遠)
완푸라이(萬福來)　　　우샤오시엔(武效賢)　　　장빙룽(張炳榮)
왕밍(王明)　　　　　　우슈추안(伍修權)　　　　장쉐량(張學良)
왕성리(王聖禮)　　　　우신촨(吳信泉)　　　　　장신위안(張信元)
왕성스(王盛軾)　　　　우청더(吳成德)　　　　　장원룽(張文榮)
왕순칭(王順淸)　　　　원위청(溫玉成)　　　　　장원톈(張聞天)
　　　　　　　　　　　　　　　　　　　　　장원위(張蘊鈺)

장윈이(張雲逸)

장융-후이(江擁輝)

장정하오(蔣正豪)

장제스(蔣介石)

장주량(張祖諒)

장즈롱(張子龍)

장즈차오(張志超)

장지후이(張積慧)

장징궈(蔣經國)

장징야오(張景耀)

장쿠이인(張魁印)

장타오팡(張桃芳)

장푸(張甫)

장푸단(張孚淡)

장화(張華)

쟝차오(江潮)

저우뱌오(周彪)

저우원리(周文禮)

저우원차오(周問樵)

저우종한(周宗漢)

저우춘촨(周純全)

저우칭(周磬)

정쉬판(鄭需凡)

정웨이산(鄭維山)

정쩌성(曾澤生)

정치(鄭起)

정치구이(鄭其貴)

주광천(朱光臣)

주더(朱德)

주웨칭(朱月淸)

증궈판(曾國藩)

지톄중(季鐵忠)

지펑페이(姬鵬飛)

징가오커(邢高科)

(ㅊ)

차오공허(曹共和)

차오관화(喬冠華)

차오다린(曹大林)

차오위하이(曹玉海)

차이우(蔡愚)

차이윈전(柴雲振)

차이정궈(蔡正國)

차이청원(柴成文)

천겅(陳賡)

천밍수(陳銘樞)

천시롄(陳錫聯)

천예(陳耶)

천윈(陳雲)

천이(陳毅)

천자이다오(陳再道)

천청(陳誠)

천푸성(陳福生)

천하이촨(陳海泉)

추샤오윈(邱少雲)

추이룬(崔倫)

추이싱농(崔醒農)

추이싱롱(崔醒龍)

추이젠공(崔建功)

추촨위(褚傳禹)

취시우산(屈秀善)

치엔주앙페이(錢壯飛)

치우위(邱蔚)

친겅우(秦庚武)

친지웨이(秦基偉)

(ㅋ)

캉성(康生)

(ㅌ)

타오용(陶勇)

탄정(譚政)

탕징중(湯敬仲)

텅다이위안(滕代遠)

톈위(田宇)

톈중쥔(田忠俊)

퇀롄청(段連城)

(ㅍ)

판스성(范石生)

판톈언(范天恩)

팡신(方新)

팡즈이(方子翼)

펑더칭(彭德淸)

펑더화이(彭德懷)

펑위샹(馮玉祥)

펑전(彭眞)

펑팅(楓亭)

펑파칭(馮發慶)

푸안슈(浦安修)

푸야이(傅涯一)

푸충비(傅崇碧)

피딩쥔(皮定均)

(ㅎ)

한더차이(韓德彩)

한밍양(韓明陽)

한셴추(韓先楚)

허룽(賀龍)

허링덩(何凌登)

허샹닝(何香凝)

허우셴탕(侯顯堂)

허웨신(何岳新)

허이칭(何易淸)

허잉친(何應欽)

허지엔(何鍵)

허진녠(賀晉年)

허창공(何長工)

훙쉐즈(洪學智)

화룽이(華龍毅)

황공뤼에(黃公略)

황궈중(黃國忠)

황용성(黃永勝)

황쟈푸(黃家福)

황전(黃鎭)

황지광(黃繼光)

황진밍(黃金明)

황커청(黃克誠)

후디(胡底)

후롄(胡璉)

후종난(胡宗南)

【참고 문헌】

1. 『罗斯福正传』内森·米勒 著, 新华出版社

2. 『领袖毛泽东』师哲 著, 红旗出版社

3. 『从雅尔塔到板门店』华庆昭 著, 中国社会科学出版社

4. 『第一次较量』徐焰 著, 中国广播电视出版社

5. 『朝鲜战争』李奇微 著, 军事科学出版社

6. 『朝鲜战争』日本陆战史研究 著, 国防大学出版社普及会

7. 『为了和平』杨得志 著, 长征出版社

8. 『王牌飞行员』王盼, 玉文 编, 知识出版社

9. 『出兵朝鲜』叶雨蒙 著, 北京十月文艺出版社

10. 『插上翅膀的龙』刘智慧 著, 解放军文艺出版社

11. 『热血冰山』王咸金 著, 中共中央党校出版社

12. 『远东朝鲜战争』玉树增 著, 解放军文艺出版社

13. 『从东线到西线』郭宝恒·王恒一 著, 辽宁人民出版社

14. 『王牌军』王坊·玉文 编, 知识出版社

15. 『五岭逐鹿』李国伟 著, 珠海出版社

16. 『开辟通天路』权延赤 著, 中国少年儿童出版社

17. 『百战将星』冷梦 著, 解放军文艺出版社

18. 『蓝天鏖战』小叶秀子 著, 华艺出版社

19. 『冈村宁次』李德福 著, 世界知识出版社

20. 『8·23炮击金门』沈卫平 著, 华艺出版社

21. 『王牌战机』王盼·苏庆谊·于晓飞 著, 知识出版社

22. 『板门店谈判』柴成文·赵勇田 著, 解放军出版社

23. 『战将』张正隆 著, 解放军出版社

24. 『黄土地红土地』李彦清 著, 解放军出版社

25. 『生命在电波中闪光』崔伦·裴慧英 等 著, 解放军出版社

26. 『军人生来为战胜』金一南 著, 解放军出版社

27. 『空战在朝鲜』王苏江·王玉彬 著, 解放军出版社

28. 『十九颗星』小埃德加·普里尔 著, 军事译文出版社

29. 『艾奇逊回忆录』艾奇逊 著, 上海译文出版社

30. 『在志愿军总部』杜平 著, 解放军出版社

31. 『聂荣臻回忆录』聂荣臻 著, 解放军出版社
32. 『麦克阿瑟』小克莱·布莱尔 著, 解放军出版社
33. 『马歇尔』伦纳德·莫斯利 著, 解放军出版社
34. 『保卫祖国领空的战斗』林虎 著, 解放军出版社
35. 『开国将军轶事』吴东峰 著, 解放军出版社
36. 『世界空中作战八十年』中国人民解放军 空军指挥学院研究部 编, 上海科学普及出版社
37. 『摊牌』张嵩山 著, 江苏人民出版社
38. 『红朝传奇』权延赤 著, 内蒙古人民出版社
39. 『餐桌旁的领袖们』 权延赤 著, 内蒙古人民出版社
40. 『坦克与作战』兰长羽·孙旭 著, 国防工业出版社
41. 『血天冰地』李成志 著, 花山文艺出版社
42. 『雄师苦旅』李人毅·翟仲禹 著, 解放军出版社
43. 『抗美援朝战争回忆』洪学智 著, 解放军出版社
44. 『周恩来与抗美援朝战争』张民·张秀娟 著, 上海人民出版社
45. 『抗美援朝战争实录』解力夫 著, 世界知识出版社
46. 『朝鲜我们第一次战败』贝文·亚历山大 著, 中国社会科学出版社
47. 『朝鲜大空战』赵建国、马爱 著, 中国人事出版社
48. 『秘密使命』弗农·阿尔特斯 著, 世界知识出版社

이 밖에도 처칠(Sir Winston Leonard Spencer-Churchill), 클라크(Mark Wayne Clark), 김일성, 수위(粟裕), 왕진산(王近山), 양용(杨勇), 친지웨이(秦基伟), 황전(黄镇), 레이잉푸(雷英夫), 사오소린(邵毓麟) 등의 회고록, 전기(传记), 제20·제27·제38·제40·제42·제15군단 등 모든 군사(军史) 및 『军事史林』, 『军事历史』, 『中国空军』, 『世界军事』, 『军事文摘』 등의 정기 간행물들도 참조했다. 또한 이 책에 실려 있는 전투 상황에 관한 전황도(戰況圖) 8컷은, 이 책에서 묘사한 전쟁의 전모를 좀더 직관적으로 이해할 수 있게 도와준다. 이 전황도들은 쉬옌(徐焰) 동지가 저술한 『第一次较量』에서 발췌했으며, 이에 대해 삼가 감사드린다.

세계의 미술 5

THE HISTORY
OF INDIAN ART

인도미술사

세계의 미술 5

인더스 문명부터 19세기 무갈 왕조까지

인도미술사
THE HISTORY OF INDIAN ART

왕용(王鏞) 지음 ┃ 이재연 옮김

인더스 문명부터
19세기 무갈 왕조까지

왕 용 ┃ 지 음
이 재 연 ┃ 옮 김

다른생각

다른생각